民商法学家

MINSHANGFA XUEJIA

民商法学家（第14卷）

张民安 主编

隐私权的性质和功能

张民安 主编
林泰松 副主编

中山大学出版社
SUN YAT-SEN UNIVERSITY PRESS
·广州·

版权所有　翻印必究

图书在版编目（CIP）数据

隐私权的性质和功能/张民安主编；林泰松副主编. —广州：中山大学出版社，2018.10
（民商法学家·第14卷/张民安主编）
ISBN 978-7-306-06433-2

Ⅰ.①隐⋯　Ⅱ.①张⋯　②林⋯　Ⅲ.①隐私权—研究—中国　Ⅳ.①D923.04

中国版本图书馆CIP数据核字（2018）第206745号

出 版 人：	王天琪
策划编辑：	蔡浩然
责任编辑：	蔡浩然
封面设计：	方楚涓
责任校对：	杨文泉
责任技编：	何雅涛
出版发行：	中山大学出版社
电　　话：	编辑部 020-84111996，84113349，84111997，84110779
	发行部 020-84111998，84111981，84111160
地　　址：	广州市新港西路135号
邮　　编：	510275　　传　真：020-84036565
网　　址：	http://www.zsup.com.cn　　E-mail:zdcbs@mail.sysu.edu.cn
印 刷 者：	广州家联印刷有限公司
规　　格：	787mm×1092mm　1/16　46.125印张　709千字
版次印次：	2018年10月第1版　2018年10月第1次印刷
定　　价：	99.00元

如发现本书因印装质量影响阅读，请与出版社发行部联系调换

主编特别声明

　　提出新观点，倡导新观念，援引新资料，解决新问题，推动中国民商法理论的创新和民商法学的进步，是《民商法学家》一贯的宗旨，也是《民商法学家》主编一直以来所追求的目标。

　　《民商法学家》主编张民安教授和副主编林泰松律师凭借良好的专业素质、外语水平以及与国内外民商法理论界和民商法实务界的良好关系，从理论和实务、国内和国外两个角度诠释了当代民商法的最新理念，揭示了当代民商法案例中所蕴含的内涵，提升了我国民商法的理论水准，为我国立法机关科学地制定民商法提供了理论支撑，为我国司法机关科学妥当地解决纷繁复杂的民商事案件提供了理论指导。

　　尊敬的读者，如果您在《民商法学家》中读到所援引的任何案例、法官的判词、学者的精辟论述和提出的学术观点，并在撰写文章或出版著作时引用，请您遵守最基本的学术规范和尊重作者最基本的权利，加上"转引自张民安主编的《民商法学家》"等字样，以体现对作者和译者艰辛劳动的尊重。因为，学术虽然是开放的，但是，作者的劳动是应当得到保护的，只有这样，在学术上倡导新观念、提出新观点的学者才能真正体现其价值。

序

一、两大法系国家和我国法律均保护他人的隐私权免受侵犯

在当今两大法系国家和我国，他人享有的隐私权均受到法律的保护，当行为人侵犯他人享有的隐私权时，法律均会对他人的隐私权提供法律保护。

在美国，《美国侵权法复述（第二版）》第652A条至第652I条对隐私权的法律保护做出了规定。根据这些规定，在美国，隐私权包括四种：侵扰他人安宁的隐私侵权行为、公开披露他人私人事实的侵权行为、公开丑化他人形象的隐私侵权行为以及擅自使用他人姓名或者肖像的隐私侵权行为。一旦行为人实施这些隐私侵犯行为，他们就应当对他人遭受的损害承担赔偿责任，包括赔偿他人所遭受的隐私利益的损害、精神痛苦和特殊损害。[①]《美国侵权法复述（第二版）》所规定的这四种隐私权被称为传统的隐私权，也就是在计算机和互联网出现之前的隐私权。随着计算机和互联网的出现，美国隐私权法当中出现了三种新的隐私权：场所隐私权（包括私人场所隐私权和公共场所隐私权），信息性隐私权和自治性隐私权。[②] 无论是侵犯他人的场所隐私权还是侵犯他人的信息性隐私权和自治性隐私权，行为人均应当对他人遭受的损害承担赔偿责任。

在法国，现行《法国民法典》第9条对隐私权即私人生活受尊重权做出了明确规定，该条规定：任何人均享有私人生活受尊重的权利，除了责令行为人赔偿他人所遭受的损害之外，法官能够采取一切

[①] 张民安主编：《信息性隐私权研究》，中山大学出版社2014年版，序言，第1页。
[②] 张民安主编：《信息性隐私权研究》，中山大学出版社2014年版，序言，第1页；张民安主编：《自治性隐私权研究》，中山大学出版社2014年版，第1－11页；张民安主编：《场所隐私权研究》，中山大学出版社2016年版；张民安主编：《公共场所隐私权研究》，中山大学出版社2016年版。

措施，阻止行为人实施侵犯他人亲密私人生活的行为，或者停止他们正在实施的侵犯他人亲密私人生活的行为，诸如扣押侵犯他人私人生活的材料、没收侵犯他人私人生活的材料或者采取其他适当的措施。在情况紧急时，独任法官能够颁布采取这些措施的命令。①

在我国，立法者没有在1986年的《中华人民共和国民法通则》（以下简称《民法通则》）当中对隐私权做出明确规定。当行为人侵犯他人隐私权时，他们是否应当承担侵权责任，《民法通则》没有做出明确规定。但在1988年的《关于贯彻执行〈中华人民共和国民法通则〉若干问题的意见》当中，最高人民法院对《民法通则》规定的名誉权做出了扩张解释，认为名誉权包含了隐私权，因此，当行为人侵犯他人隐私权时，他们应当根据名誉侵权责任制度承担侵权责任。②

在2009年的《中华人民共和国侵权责任法》（以下简称《侵权责任法》）当中，我国立法者首次对隐私权做出了规定，这就是该法当中的第2条，除了对其他17种具体的主观权利做出了规定之外，该条也明确规定，侵犯他人隐私权，应当对他人承担侵权责任。该条规定：侵害民事权益，应当依照本法承担侵权责任。本法所称民事权益，包括生命权、健康权、姓名权、名誉权、荣誉权、肖像权、隐私权、婚姻自主权、监护权、所有权、用益物权、担保物权、著作权、专利权、商标专用权、发现权、股权、继承权等人身、财产权益。

在2017年的《中华人民共和国民法总则》（以下简称《民法总则》）当中，我国立法者不仅对普通隐私权做出了明确规定，而且还对一种特殊形式的隐私权即信息性隐私权做出了规定，其中的普通隐私权被规定在第110条当中，该条规定：自然人享有生命权、身体权、健康权、姓名权、肖像权、名誉权、荣誉权、隐私权、婚姻自主

---

① 张民安：《法国民法》，清华大学出版社2015年版，第88页；张民安：《法国人格权法（上）》，清华大学出版社2016年版，第538—539页。
② 张民安：《隐私合理期待理论研究》，载张民安主编《隐私合理期待总论》，中山大学出版社2015年版，第43页；张民安、丘志乔主编：《民法总论》（第五版），中山大学出版社2017年版，第325页。

权等权利。而信息性隐私权则被规定在第111条当中,该条规定:自然人的个人信息受法律保护。任何组织和个人需要获取他人个人信息的,应当依法取得并确保信息安全,不得非法收集、使用、加工、传输他人个人信息,不得非法买卖、提供或者公开他人个人信息。①

"在我国《民法总则》所规定的两种隐私权当中,第110条所规定的隐私权属于传统隐私权,也就是非网络时代的隐私权,而第111条所规定的信息性隐私权则属于网络时代的隐私权。立法者之所以专门对信息性隐私权做出规定,是因为在我国当下,个人的信息存在被收集、整理、存储、泄露、出卖的风险,引起了社会公众的严重关切。"②

问题在于,隐私权的性质是什么?隐私权的功能是什么?在两大法系国家和我国,虽然立法者均对隐私权做出了明确规定,但是,他们既没有明确隐私权的性质,也没有明确隐私权的功能。因此,这些问题应当由学者做出回答。不过,基于不同的考虑,两大法系国家和我国的学者或者对这样的问题做出了非常简单的回答,或者做出了异常复杂的回答。总的来说,法国学者和我国学者对这样的问题做出的回答非常简单,而美国学者则对这样的问题做出了非常复杂的回答。

二、大陆法系国家民法学者对隐私权的性质和功能做出的简略说明

在法国,几乎所有的民法学者均认为,隐私权在性质上属于非财产权,属于非财产权当中的一种人格权,此外,某些民法学者还认为,隐私权在性质上也属于一种自由权。③

首先,法国民法学者普遍认为,隐私权在性质上属于一种非财产权。在法国,民法学者普遍将主观权利分为两大类即财产权(droits

---

① 张民安、丘志乔主编:《民法总论》(第五版),中山大学出版社2017年版,第325–326页。
② 张民安、丘志乔主编:《民法总论》(第五版),中山大学出版社2017年版,第325–326页。
③ 张民安:《法国的隐私权研究》,载张民安主编《隐私权的比较研究》,中山大学出版社2013年版,第143–145页。

patrimoniaux）和非财产权（droits expatrimoniaux）。所谓财产权是指他人所享有的具有金钱价值、经济价值、物质价值、商事价值并且能够通过金钱方式客观确定其价值大小和多少的主观权利。所谓非财产权，则是指他人所享有的其本身不具有金钱价值、经济价值、物质价值、商事价值并且无法通过金钱方式客观确定其价值大小和多少的主观权利。换言之，所谓财产权，是指具有财产价值并且能够以金钱方式评估其价值的主观权利；所谓非财产权，则是指仅仅具有道德价值、无法通过金钱方式确定其价值大小的主观权利。①

财产权与非财产权之间的差异表现在，虽然它们在性质上均是主观权利，但是，它们的特征存在非常重大的差异：作为一种主观权利，财产权能够转让，能够作为遗产加以继承，能够予以强制执行，受到诉讼时效的限制；而作为一种主观权利，非财产权则不能够转让，不能够作为遗产加以继承，不能够予以强制执行，不受诉讼时效的限制。②

隐私权之所以在性质上不是财产权而是非财产权，是因为隐私权没有金钱价值、物质价值，它仅仅具有道德价值、非金钱价值；隐私权无法转让、无法继承，不能够强制执行，不受时效期间的限制。

其次，法国民法学者普遍认为，隐私权在性质上属于一种人格权。在法国，就像财产权包括物权和债权等不同类型的主观权利一样，非财产权也包含不同类型的主观权利。无论法国民法学者之间存在怎样的差异，他们均普遍承认，非财产权包括了人格权。在法国，非财产权包含哪些类型？对此问题，法国民法学者之间存在不同意

---

① Henri et Leon Mazeaud Jean Mazeaud Francois Chabas, Leçons de droit civil, Tome Premier, Introuduction à l'étude du droit, 12e édition, Montchrestien, p. 262; Gérard Cornu, Droit civil, Introuduction au droit, 13e édition, Montchrestien, pp. 31 – 33; Christian Larroumet Augustin Aynès, Introuduction à l'étude du droit, 6e édition, Economica, p. 303; Rémy Cabrillac, Introduction générale au droit, 10e édition, Dalloz, p. 79; Philippe Malinvaud, Introuduction à l'étude du droit, 15e édition, LexisNexis, p. 303.
② Gérard Cornu, Droit civil, Introuduction au droit, 13e édition, Montchrestien, pp. 41 – 43; Christian Larroumet Augustin Aynès, Introuduction à l'étude du droit, 6e édition, Economica, pp. 307 – 312; Rémy Cabrillac, Introduction générale au droit, 10e édition, Dalloz, p. 83; Philippe Malinvaud, Introuduction à l'étude du droit, 15e édition, LexisNexis, p. 303.

见。某些民法学者认为,非财产权包括家庭权和人格权。① 某些民法学者认为,非财产权包括三种:严格意义上的人格权、人的身份权以及基本自由。② 在法国,作为一类非财产权,人格权的类型众多,除了包括生命权、身体权之外,人格权还包括肖像权、姓名权、无罪推定受尊重权以及私人生活受尊重权等。换言之,隐私权属于人格权。既然隐私权属于一种人格权,而人格权的目的在于保护自然人身体的完整性和道德的完整性,因此,隐私权的功能也仅仅是保护自然人的道德完整性,防止行为人通过侵犯他人的私人生活而影响他人的道德完整性。

最后,法国少数民法学者也承认,隐私权在性质上属于一种自由权。在法国,著名学者 Carbonnier 就采取此种做法,他明确承认隐私权在性质上也属于一种自由权,他指出:"在法国,虽然司法判例对他人隐私权的保护所采取的方式多种多样,但是,人们趋向于将他人享有的隐私权分为两大类:其一,生活方式;其二,亲密关系。"③ Carbonnier 认为,无论是他人对其生活方式享有的隐私权还是他人对其亲密关系享有的隐私权,所有隐私权在性质上均属于一种自由权。

一方面,他人对其生活方式享有的隐私权在性质上属于一种自由权,Carbonnier 指出:"作为权利主体,所有人均能够按照自己的意愿选择其生活方式:或者忙忙碌碌的工作,或者无所事事的休憩,或者过着凡夫俗子所过的尘世生活,或者过着离群索居的隐居生活,或者为人妻,或者为人夫,等等。对于所有人而言,他们享有的这些权利均是建立在他们享有的自由基础上。对于那些承租别人的房屋居住的承租人而言,如果他们不能够在所承租的房屋内自由地开展自己的生活,则他们享有的此种自由是不完全的。十分确定的是,作为一般原则,承租人在其承租的房屋内仍然享有此种自由。当然,应当承认

---

① Rémy Cabrillac, Introduction générale au droit, 10e édition, Dalloz, pp. 40 – 43; Philippe Malinvaud, Introuduction à l'étude du droit, 15e édition, LexisNexis, pp. 305 – 307.
② Christian Larroumet Augustin Aynès, Introuduction à l'étude du droit, 6e édition, Economica, pp. 312 – 314.
③ Jean Carbonnier, Droit civil, Introduction Les personnes La famille, L'enfant, Le couple, puf, p. 517;张民安:《法国的隐私权研究》,载张民安主编《隐私权的比较研究》,中山大学出版社 2013 年版,第 144 页。

的是,从生活层面来说,承租人享有的此种自由可能会受到一定的限制,此种限制为出租人或者共同承租人合法利益的维护所必要。"①

另一方面,他人对其亲密关系享有的隐私权在性质上也属于一种自由权,Carbonnier指出:"法律考虑让他人对其生活享有一定的秘密空间,对于这些秘密空间,他人享有要求第三人予以规避的权利。现代民法理论认为,他人有权要求其他人尊重其具有私人特征的事实,也就是享有独处权。实际上,他人享有的此种独处权的性质仍然属于他人的自由权。当他人从事某种活动时,他人有权反对行为人以他人的名义或者形式将他人所从事的活动对社会公众公开,这是他人享有的至高无上的人格权。"②

三、我国民法学者对隐私权的性质和功能做出的简略说明

在我国,即便是在立法者没有对隐私权做出明确规定的时候,基于我国台湾地区民法学者的影响,我国民法学者也普遍承认隐私权的存在,认为在他人享有的隐私权受到侵犯时,基于他人的诉讼请求,法官应当责令行为人对他人承担赔偿责任。③ 在今时今日,除了我国立法者明确在《侵权责任法》和《民法总则》当中对隐私权做出了规定之外,我国民法学者也普遍承认隐私权的存在。问题在于,隐私权的性质是什么?隐私权有什么样的功能?对于这些问题,除了宣称隐私权属于一种人格权之外,我国民法学者很少做出明确说明。

在我国,民法学者普遍承认,隐私权不仅在性质上属于一种人格权,而且还属于一种具体人格权,不属于一般人格权的组成部分。在我国,由于受到德国民法学者④尤其是我国台湾地区民法学者的影

---

① Jean Carbonnier, Droit civil, Introduction Les personnes La famille, L'enfant, Le couple, puf, p. 517;张民安:《法国的隐私权研究》,载张民安主编《隐私权的比较研究》,中山大学出版社2013年版,第144-145页。
② Jean Carbonnier, Droit civil, Introduction Les personnes La famille, L'enfant, Le couple, puf, p. 518;张民安:《法国的隐私权研究》,载张民安主编《隐私权的比较研究》,中山大学出版社2013年版,第145页。
③ 张民安:《隐私权的起源》,载张民安主编《隐私权的比较研究》,中山大学出版社2013年版,第1-36页。
④ 张民安:《法国人格权法(上)》,清华大学出版社2016年版,第227-244页。

响，在对人格权做出分类时，我国民法学者普遍将人格权分为一般人格权和具体人格权两类。不过，与德国民法学者普遍将隐私权视为一般人格权组成部分①的做法不同，我国民法学者普遍将隐私权视为一种具体人格权。实际上，一般人格权和具体人格权的区分理论也仅仅是《德国民法典》以及受其影响的我国台湾地区民法上的理论，无论是在法国还是在我国，此种理论根本就没有存在的法律根据、理论根据。②

在2017年的《民法总则》通过之前，我国民法学者采取此种理论，认为隐私权属于一种具体人格权。例如，在2007年的《民法学》当中，江平教授就采取此种理论，因为他明确指出，除了诸如生命权、身体权和健康权等属于具体人格权之外，具体人格权还包括隐私权。③ 再例如，在2007年的《民法》当中，王卫国教授也采取此种理论，认为隐私权属于一种具体人格权，因为他明确认定，除了身体权、生命权和自由权属于具体人格权之外，姓名权、肖像权和隐私权也属于具体人格权。④ 同样，在2010年的《民法》当中，魏振瀛教授也采取此种理论，将隐私权视为一种具体人格权，就像他将姓名权、肖像权和名誉权视为几种具体人格权一样。⑤ 在2017年的《民法总则》通过之后，我国民法学者仍然采取此种理论，将隐私权视为一种具体人格权。⑥

如果隐私权在性质上属于一种具体人格权，则它当然就具有人格权的一般性质。在我国，人格权有哪些性质？对此问题，我国民法学者普遍做出了回答，他们认为，人格权不仅在性质上属于一种非财产

---

① 张民安：《法国人格权法（上）》，清华大学出版社2016年版，第239－240页。
② 张民安：《法国人格权法（上）》，清华大学出版社2016年版，第494－512页；张民安：《一般人格权理论在法国民法中的地位》，载《法治研究》2016年第1期，第113－130页。
③ 江平主编：《民法学》，中国政法大学出版社2007年版，第72－75页。
④ 王卫国主编：《民法》，中国政法大学出版社2007年版，第75－79页。
⑤ 魏振瀛主编：《民法》（第四版），北京大学出版社2010年版，第633－634页。
⑥ 陈华彬：《民法总则》，中国政法大学出版社2017年版，第244－245页；王利明：《民法总则》，中国人民大学出版社2017年版，第254页；梁慧星：《民法总论》（第五版），法律出版社2017年版，第93－99页。

权,而且还属于一种支配权,不仅属于一种绝对权,而且也属于一种专属权。① 因为这样的原因,隐私权既属于一种非财产权即人格权,也属一种支配权,② 不仅是一种绝对权也是一种专属权。

在我国,针对传统隐私权而言,我国民法学家所主张的此种理论可能具有合理性,而在今时今日,此种理论至少针对一种隐私权即我国《民法总则》第 111 条所规定的信息性隐私权是无法适用的。在计算机尤其是互联网产生之前,个人的信息无法被有效地、大规模地加以收集、公开并因此形成具有极大市场价值的所谓大数据。因为在计算机和互联网之前,个人的信息或者仅仅保留在积聚的群体成员的记忆当中,或者通过书面文字的方式保留在政府的档案当中,人们既无法将这些信息快速地、廉价地、方便地收集起来,也没有办法将这些信息大规模地加以复制、公开或者转让。③

随着计算机尤其是互联网的普遍应用,政府或者私人机构收集或者处理他人私人信息的情况发生了根本性的变化,因为互联网和计算机除了拥有最为强大的信息收集能力之外,也拥有最为强大的整合、处理他人私人信息的能力。一是,互联网和计算机能够确保政府机构或者私人机构在免受空间、地域、时间限制的情况下收集他人的私人信息;二是,互联网和计算机能够确保政府机构或者私人机构以最廉价的、最高效的或者最快捷的方式收集他人的私人信息;三是,互联网和计算机能够确保政府机构或者私人机构收集他人以各种各样的方式存在的私人信息,诸如他人留下的文字信息、声音信息、图片信息、视频信息等;四是,互联网和计算机能够确保政府机构或者私人机构将所收集的海量信息予以储存、加工整合、比对并且在此基础上建立起更大的甚至无所不包的数据库;五是,互联网和计算机能够确保政府机构或者私人机构将它们收集、储存、整合加工的信息按照它

---

① 梁慧星:《民法总论》(第五版),法律出版社 2017 年版,第 91 – 92 页。
② 张新宝:《隐私权的法律保护》,群众出版社 1998 年版,第 15 – 17 页。
③ 丹尼尔·J. 索洛韦伊:《隐私权与权力:计算机数据库与信息性隐私权隐喻》,孙言译,载张民安主编《信息性隐私权研究》,中山大学出版社 2014 年版,第 121 页;张民安主编:《信息性隐私权研究》,中山大学出版社 2014 年版,序言,第 10 – 11 页。

们的意愿在其内部或者外部予以交换、使用。①

因为政府机构和商人拥有了前所未有的收集、加工和处理他人信息的能力，在他人自愿同意或者不得不同意行为人对其个人信息加以收集、加工和处理时，行为人当然有权收集、加工和处理他们所收集到的他人的信息。此时，行为人与他人之间就信息收集、加工和处理方面所达成的协议是否合法有效？答案当然是合法有效的，因为，此种信息收集行为、加工行为和处理行为，或者建立在立法者的明确规定的基础上，或者建立在他人默示同意甚至明示同意的基础上。然而，如果我们坚持传统的隐私权理论，则此种协议无效，因为，虽然他人对其个人信息享有隐私权，但是，在生前，他人不得将其作为隐私的信息转让别人；在死亡之后，他人的个人信息也不得作为遗产继承，这就是所谓的隐私权属于一种专属权的理论，已如前述。

除了传统人格权的理论无法解释信息性隐私权之外，传统人格权的理论也无法解释场所隐私权的问题。因为根据人格权与财产权的区分理论，我国民法学者普遍认为，一种权利要么在性质上是人格权，要么在性质上是财产权，它不可能同时构成人格权和财产权。② 实际上，此种理论至少在私人场所隐私权领域是无法自圆其说的。当他人的场所在性质上属于私人生活场所时，如果他人对该种私人场所享有财产所有权，当行为人基于刺探、窥探他人私人生活的目的而进入该私人场所时，他们实施的非法侵入行为不仅侵犯了他人对其私人场所所享有的财产所有权，而且同时侵犯了他人对其私人生活场所所享有的隐私权。基于他人的选择，法官或者根据不动产侵入侵权责任制度责令行为人对他人承担侵权责任，或者根据场所隐私权理论责令行为人对他人承担侵权责任。③

在我国，除了对隐私权的性质做出了上述简要的说明之外，我国

---

① 张民安主编：《信息性隐私权研究》，中山大学出版社 2014 年版，序言，第 12 - 13 页。
② 江平主编：《民法学》，中国政法大学出版社 2007 年版，第 38 页；魏振瀛主编：《民法》（第四版），北京大学出版社 2010 年版，第 36 页；王利明：《民法总则》，中国人民大学出版社 2017 年版，第 240 页；梁慧星：《民法总论》（第五版），法律出版社 2017 年版，第 71 - 72 页。
③ 张民安：《场所隐私权研究》，载张民安主编《场所隐私权研究》，中山大学出版社 2016 年版，第 38 - 45 页。

民法学者普遍没有对隐私权的功能做出明确说明。在我国,几乎所有的民法学者均没有对民法承认隐私权的目的做出说明。因此,立法者规定隐私权的目的究竟是什么,我们无法从我国民法学者的民法著作当中得到答案。在《隐私权的法律保护》当中,张新宝教授对这样的问题做出了说明,他认为,隐私权的目的有四个:维护个人的安宁与安全;维护自然人的人格尊严,使其免受精神痛苦;保护诸如人的隐私权,树立良好的社会道德风尚,匡正新闻出版业界的职业新闻;为某些高科技产品的开发、利用提供价值判断。①

实际上,隐私权的目的取决于隐私权的类型,因为隐私权的类型不同,它们的目的也不同。如果他人享有的隐私权属于侵犯他人安宁的隐私侵权,则该种隐私权的目的在于保护他人私人生活的安宁,防止他人的私人生活安宁被侵犯。② 如果他人享有的隐私权属于公开他人私人生活的隐私侵权,则该种隐私权的目的在于保护他人的私人生活在未取得他人同意的情况下免受公开。③

如果他人的隐私权属于自治性隐私权,则该种隐私权的目的在于保护他人所享有的就其私人事务自由做出决定的权利,防止行为人尤其是政府将他人的行为视为非法。④ 如果他人享有的隐私权属于信息性隐私权,则该种隐私权的目的在于保护他人的信息被行为人以计算机和互联网的方式加以收集、整理、存储、公开或者出卖等等。⑤

如果他人享有的隐私权属于场所隐私权,则该种隐私权的目的在于保护他人在私人场所和公共场所的一举一动、一言一行,防止行为人对他人在私人场所和公共场所的活动实施监控。⑥ 尤其是,如果行为人对其在公共场所的一举一动、一言一行享有主观上的隐私期待并且如果他们在主观上的隐私期待是合理的,则隐私权保护他人尤其是公民的合理隐私期待,防止行为人尤其是政府执法人员在公共场所对

---

① 张新宝:《隐私权的法律保护》,群众出版社1998年版,第17-20页。
② 张民安主编:《侵扰他人安宁的隐私侵权》,中山大学出版社2012年版。
③ 张民安主编:《公开他人私人事务的隐私侵权》,中山大学出版社2012年版。
④ 张民安主编:《自治性隐私权研究》,中山大学出版社2014年版。
⑤ 张民安主编:《信息性隐私权研究》,中山大学出版社2014年版。
⑥ 张民安主编:《场所隐私权研究》,中山大学出版社2016年版;张民安主编:《公共场所隐私权研究》,中山大学出版社2016年版。

他人实施搜查、扣押等非法行为。①

四、美国学者对隐私权的性质和功能做出的说明

在1890年的《哈佛法律评论》上,通过借用法国隐私权法的理论,Samuel D. Warren 和 Louis D. Brandeis 发表了在美国甚至是在整个英美法系国家均具有深远影响的论文即《论隐私权》。在该文当中,他们首次在英美法系国家主张隐私权和隐私侵权理论,认为隐私权应当作为一种独立的权利得到保护,而不应当再像过去那样将其肢解为不同的利益并因此通过形形色色的不同侵权责任制度加以保护,他们将此种隐私权称为"独处权"。②

自19世纪末期以来,经过美国立法者、法官和学者艰苦卓绝的努力,Samuel D. Warren 和 Louis D. Brandeis 在1890年所主张的隐私权、独处权不仅在美国得到了普遍承认,而且还处于不断发展的过程当中。因为,为了应对以计算机和互联网为代表的最新科技给他人尤其是公民的隐私所带来的致命威胁,人们在承认隐私权的基础上建立和发展了一系列新的隐私权,诸如公共场所隐私权、自治性隐私权、信息性隐私权等,让隐私权的内容越来越丰富,已如上述。

然而,在隐私权得到不断发展并且其内容越来越丰富的今天,美国学者仍然对隐私权的性质和隐私权的功能争论不休,就像他们对隐私权的界定莫衷一是一样,因为不同的人对隐私权的性质和功能做出的说明是不同的,就像不同的人对隐私权做出的界定是不一样的③一样。例如,某些学者认为,隐私权在性质上属于一种人格尊严权;某些学者认为,隐私权在性质上属于一种自由权;某些学者认为,隐私权在性质上属于一种自治权;还有某些学者认为,隐私权在性质上属于一种财产权或者准财产权;等等。为了让读者对此有一个感官上的

---

① 张民安主编:《隐私合理期待总论》,中山大学出版社2015年版;张民安主编:《隐私合理期待分论》,中山大学出版社2015年版。
② Samuel D. Warren & Louis D. Brandeis, The Right to Privacy, 4 Harv. L. Rev. 193 (1890), pp. 193 – 220;塞缪尔 D. 沃伦、路易斯 D. 布兰迪斯:《论隐私权》,陈圆欣译,载张民安主编《隐私权的界定》,中山大学出版社2017年版,第1–27页。
③ 张民安主编:《隐私权的界定》,中山大学出版社2017年版。

了解，笔者仅仅对隐私权性质中的几种理论做出简要的说明。

（一）作为一种人格尊严的隐私权

在美国，在隐私权的性质问题上，某些学者采取人格尊严权的理论，认为隐私权实质上是一种人格尊严权，或者至少部分包含了人格尊严权的内容，如果行为人侵犯了他人的隐私权，他们应当就其侵犯他人人格尊严权的行为对他人承担侵权责任。主张此种理论的最著名学者当属美国纽约大学的 Edward J. Bloustein 教授。

在1960年的《加利福尼亚法律评论》上，通过对自1890年以来一直到1960年时止的所有涉及隐私侵权的案件做出的全面分析，Prosser 教授发表了自己最著名的学术论文即《论隐私权》。在该文当中，他认为隐私权即隐私侵权并不是单一的"独处权"，而是由四种不同类型的隐私侵权所构成的一种侵权责任制度，这就是：侵扰他人安宁的隐私侵权行为、公开披露他人私人事实的隐私侵权行为、公开丑化他人形象的隐私侵权行为以及擅自使用他人姓名或者肖像的隐私侵权行为。①

在其《论隐私权》当中，Prosser 教授究竟将隐私权视为一种什么性质的权利？对此问题，美国纽约大学的 Edward J. Bloustein 教授做出了回答，他认为，当 Prosser 教授将隐私权和隐私侵权分为上述四种不同类型时，他实际上就否定了隐私权和隐私侵权的独立存在。因为，在他所谓的四种独立的隐私侵权行为当中，没有任何一种隐私侵权是保护他人的隐私利益：侵扰他人安宁的隐私侵权保护他人所享有的免受精神痛苦的利益，公开披露他人私人事实的隐私侵权和公开丑化他人形象的隐私侵权保护他人所享有的名誉利益，而擅自使用他人姓名或者肖像的隐私侵权则保护他人对其姓名和肖像享有的财产利益。②

---

① Prosser, Privacy, 48 Calif. L. Rev. 383 (1960)；威廉 L. 普罗瑟：《论隐私权》，凌玲译，载张民安主编《隐私权的界定》，中山大学出版社2017年版，第28-93页。
② 爱德华·J. 布斯坦：《作为人格尊严表现形式的隐私权——对 Prosser 教授〈论隐私权〉一文的回应》，王梓棋译，载张民安主编《隐私权的性质和功能》，中山大学出版社2018年版，第29-68页。

换言之，Edward J. Bloustein 教授认为，虽然 Prosser 教授宣称他所谓的四种侵权在性质上属于隐私侵权，但实际上，他所谓的隐私侵权要么是一种保护他人免受精神痛苦的侵权，要么是一种名誉侵权，要么是一种财产侵权。Edward J. Bloustein 教授认为，隐私权和隐私侵权既不是一种保护他人免受精神痛苦的侵权，也不是一种名誉权和名誉侵权，更不是一种财产权和财产侵权，而是一种人格尊严权和人格尊严侵权，因为无论行为人所实施的侵犯行为时侵扰他人的安宁、公开披露他人私人的事实、公开丑化他人的形象还是擅自使用他人的姓名或者肖像，他们的行为均侵犯了他人所享有的人格尊严权。①

Edward J. Bloustein 对隐私权和隐私侵权所具有的人格尊严权和人格尊严侵权性质做出了明确说明，他指出："隐私侵权背后的利益决定了诉讼的性质，决定了可适用的抗辩，也是法院考虑是否给予法律救济和如何平衡各种社会利益间冲突的核心。所以，我的观点是，所有的隐私侵权案件背后的利益都是同一的，即人类尊严和人格特性。而这一点对隐私权法的发展是至关重要的。假设我的命题正确，隐私所代表的利益就不是他人的内心安宁、名誉以及姓名、肖像的物质价值，那么法院需要面对各种不同利益之间平衡和妥协的问题，就更类似胁迫、故意伤害以及非法监禁等案件之中的利益冲突，而非精神损害、名誉侵权以及侵占案件之中的冲突。"②

在美国，除了 Edward J. Bloustein 将隐私权和隐私侵权等同于一种人格尊严权和人格尊严侵权之外，还有某些学者也采取此种理论，他们认为，在分析政府执法人员对公民的住所或者其他场所实施搜查或者扣押行为时，人们不能够仅仅适用隐私权和隐私侵权理论，而应当适用或者同时适用人格尊严权和人格尊严权侵权理论。因为，当政府执法人员对公民的住所或者其他场所实施非法搜查、扣押行为时，

---

① 爱德华·J. 布斯坦：《作为人格尊严表现形式的隐私权——对 Prosser 教授〈论隐私权〉一文的回应》，王梓棋译，载张民安主编《隐私权的性质和功能》，中山大学出版社 2018 年版，第 63 – 68 页。
② 爱德华·J. 布斯坦：《作为人格尊严表现形式的隐私权——对 Prosser 教授〈论隐私权〉一文的回应》，王梓棋译，载张民安主编《隐私权的性质和功能》，中山大学出版社 2018 年版，第 67 页。

他们实施的行为往往侵犯了公民所享有的人格尊严权。①

(二) 作为一种自由权的隐私权

在美国,在隐私权的性质问题上,某些学者采取自由权的理论,就像法国某些学者一样,他们也认为,他人享有的隐私权实质上是一种自由权,当行为人侵犯他人享有的隐私权时,他们实质上侵犯了他人享有的自由权。

例如,在《从隐私权到自由权——Lawrence 一案后的〈美国联邦宪法第四修正案〉》当中,托马斯·P. 克劳克就采取此种理论,他认为,在著名的 Lawrence v. Texas 一案②中当中,美国联邦最高法院放弃了隐私权的理论,在人际交往领域采取了自由权理论。托马斯·P. 克劳克认为,在分析他人基于自愿交往而与别人建立的亲密关系时,隐私权的理论是不足以保护他的利益免受侵犯的,因为隐私权的理论往往以所公开的信息属于私人信息作为条件。而他人基于自愿与别人所建立的亲密关系未必都会发生在私人场所。为了对人际交往关系提供更好的保护,人们应当放弃隐私权的理论并以自由权的理论取而代之。③

托马斯·P. 克劳克指出:"当 Warren 一案的受诉法院认定《美国联邦宪法第四修正案》《美国联邦宪法第五修正案》以及《美国联邦宪法第十四修正案》都保护'隐私权'时,该法院可能犯了一个理论性错误。在适用隐私权理论时,我们很容易将其理解为是与公共相悖的理论,即只保护那些非公共性的事物。联邦最高法院一直将隐私权解释为秘密的、独立于社会公众之外的信息,公民为了保护其隐私也应当将自己隔离于社会之外。但正如我们所见,隐私权和公共事物并不是绝对对立的事物,当公民将个人生活与亲密的人分享时,公

---

① 约翰·D. 卡斯堤略内:《人格尊严理论与〈美国联邦宪法第四修正案〉》,陈圆欣译,载张民安主编《隐私合理期待总论》,中山大学出版社 2015 年版,第 446–483 页。
② 539 U. S. 558 (2003).
③ 托马斯·P. 克劳克:《从隐私权到自由权——Lawrence 一案后的〈美国联邦宪法第四修正案〉》,敬罗晖译,载张民安主编《隐私合理期待分论》,中山大学出版社 2015 年版,第 369–434 页。

民虽然不再期待该信息仍然成为完全的隐私信息,但是他也不希望社会大众能够知悉该信息。由于联邦宪法所保护的隐私权并不仅仅是一项禁止政府侵入的程序性权利,因此上述修正案所面临的最大危险并不在于对隐私权理论的分享,而在于对自由权的保护方式。相对的,宪法第四修正案在被理解为保护公民的自由权,使公民免受政府不合理搜查的同时,也可以被理解为保护公民在公共场所的自由权。宪法第四修正案和正当程序条款都保护公民的隐私权,而隐私权是自由权的重要方面,因此可以说,宪法第四修正案和正当程序条款都对公民的自由权起到一定的保护作用。无论从理论还是实践的角度,只有当政府无法控制公民的人际间社会生活时,公民才能够真正享有自由权。联邦宪法序言中关于自由权的承诺,以及宪法第四修正案的言外之意,都是为了更好地对公民进行保护。宪法第四修正案所保护的人身、住宅、文件以及财产等,都是公民进行日常生活、免受政府控制的重要生活要素。"①

(三) 作为一种自治权的隐私权

在美国,在隐私权的性质问题上,某些学者认为,隐私权在性质上仅仅是一种自治权,因为当人们说他人享有某种隐私权时,他们实质上并不是享有隐私权,而是享有宪法所赋予的明示政府监管的自治权。在美国,主张隐私权实质上是一种自治权的最著名学者当属路易斯·亨金。在其著名的文章《隐私与自治》当中,他对美国联邦最高法院将他人所享有的免受政府干预的避孕权、堕胎权视为一种隐私权的做法深感不满,认为它的做法是对隐私权的误读,因为如果他人享有免受政府干预的避孕权、堕胎权的话,则他人所享有的这些权利在性质上绝对不是美国联邦最高法院所谓的隐私权,而是他人所享有的一种自治权,因为这些权利是宪法赋予公民的自治区域。②

---

① 托马斯·P. 克劳克:《从隐私权到自由权——Lawrence 一案后的〈美国联邦宪法第四修正案〉》,敬罗晖译,载张民安主编《隐私合理期待分论》,中山大学出版社 2015 年版,第 421-422 页。
② 路易斯·亨金:《隐私与自治》,李倩译,载张民安主编《自治性隐私权研究》,中山大学出版社 2014 年版,第 223-245 页。

（四）作为一种财产权的隐私权

在美国，在隐私权的性质问题上，某些学者认为，隐私权尤其是其中的信息性隐私权在性质上属于一种财产权[①]、知识性财产权[②]或者准财产权。

五、《民商法学家》第 14 卷对隐私权的性质和功能的集中关注

在我国当今的法学界，由于受到了我国台湾地区学者的影响，民法学者普遍认为，隐私权理论最早源自美国，是由美国两位学者 Samuel D. Warren 和 Louis D. Brandeis 在 1890 年首先提出来的。此种论断当然是站不住脚的，因为隐私权的理论最早源自法国，在 1890 年主张隐私权理论时，Samuel D. Warren 和 Louis D. Brandeis 还直接和间接地受到了法国隐私权理论的影响，尤其是受到了法国立法者的影响。[③] 不过，即便美国不是隐私权理论的发源地，它至少是将隐私权理论发扬光大的地方，因为在当今两大法系国家和我国，没有哪一个国家的隐私权理论能够丰富得过美国，包括作为隐私权发源地的法国。因此，在隐私权的问题上，美国可谓后来居上，成为推动隐私权理论不断从广度和深度两个方面发展的动力。这样的表现可谓多种多样，不一而足。就隐私权的性质和功能而言，美国学者的观点要比任何国家的学者的观点更加丰富多彩。

为了让我国民法学者对美国隐私权理论的最新发展有所了解，尤

[①] 杰西卡·利特曼：《信息性隐私权与信息性财产权》，张雨译，载张民安主编《信息性隐私权研究》，中山大学出版社 2014 年版，第 255 – 278 页；杰西卡·利特曼：《信息性隐私权与信息性财产权》，张雨译，载张民安主编《信息性隐私权研究》，中山大学出版社 2014 年版，第 279 – 336 页；理查德·S. 墨菲：《个人信息的财产性：隐私侵权的经济根据》，孙言译，载张民安主编《信息性隐私权研究》，中山大学出版社 2014 年版，第 367 – 402 页。

[②] 帕梅拉·萨缪尔森：《作为智识性财产权的隐私权》，张雨译，载张民安主编《信息性隐私权研究》，中山大学出版社 2014 年版，第 337 – 366 页。

[③] 张民安：《隐私权的起源》，中山大学出版社 2013 年版，第 1 – 36 页；张民安主编：《隐私权的界定》，中山大学出版社 2017 年版，序言，第 1 – 5 页。

其是为了促进我国民法学者对隐私权一般理论的研究，笔者在《民商法学家》第 14 卷当中对隐私权的一般理论做出介绍。具体来说，《民商法学家》第 14 卷共五编，所介绍的主要内容有三：其一，隐私权的性质，由第一编和第二编做出介绍，包括作为人格尊严权的隐私、作为自由权的隐私、作为准财产权的隐私、作为亲密关系的隐私、作为社会利益的隐私、作为语境完整性的隐私、作为社会问题的隐私和作为行为概念的隐私，以及作为概念的隐私和作为社会问题的隐私等。其二，隐私权的功能，由第三编和第四编做出介绍，包括隐私权为何重要、隐私权重要性的表现有哪些、隐私权对自由的保护、隐私权对人格尊严的保护、隐私权对个人亲密关系的保护、隐私权对个人信息控制的保护等。其三，隐私侵权责任当中的损害确定和隐私侵权责任的抗辩事由。

《民商法学家》第 14 卷之所以能够顺利出版，除了主编和各著译者的努力之外，还得益于中山大学出版社和蔡浩然编审的鼎力支持，在《民商法学家》第 14 卷即将出版之际，本书主编真诚地对他们表示由衷的感谢！

张民安教授
2018 年 5 月 22 日
于广州中山大学法学院

目 录

第一编　隐私权的性质（一）

隐私的哲学范畴 ………… 斐迪南·斯克曼 著　杨雅卉 译
　一、导论 ……………………………………………………（1）
　二、隐私领域的哲学问题 …………………………………（2）
　三、对各种隐私论文的批评性讨论 ………………………（6）

作为人格尊严表现形式的隐私权
　——对 Prosser 教授《论隐私权》一文的回应
　………………… 爱德华·J. 布斯坦 著　王梓棋 译
　一、导论 ……………………………………………………（29）
　二、Prosser 教授对隐私侵权案件的分析 ………………（31）
　三、对 Prosser 教授分析的评价 …………………………（32）
　四、宪法、制定法及普通法对隐私的保护 ………………（57）
　五、结论：隐私侵权是对他人人格尊严的侵犯 …………（63）

作为自由权的隐私权
　………………… 罗伯特·B. 哈尔博格，Jr. 著　丁双玥 译
　一、导论 ……………………………………………………（69）
　二、对"隐私"这个术语的界定 …………………………（71）
　三、作为一种自由权益的隐私和作为一种自由权的隐私
　　…………………………………………………………（75）
　四、McCloskey 对隐私的解读 ……………………………（81）
　五、Benn 对隐私权的解读 ………………………………（92）
　六、隐私权的来源 …………………………………………（102）

作为准财产权的隐私 …… 劳伦·亨利·肖尔茨 著　谢晓君 译
　一、导论 ……………………………………………………（110）
　二、目前已有的隐私侵权判断方法及其局限 ……………（113）

三、作为准财产权的隐私 …………………………………（118）
四、将隐私视为准财产权的含义 …………………………（129）
五、结语 ………………………………………………………（134）

作为亲密关系的隐私权
………… 海蒂·雷默·安德森 著　林泰松、魏凌 译
一、导论 ………………………………………………………（136）
二、亲密关系的定义 …………………………………………（138）
三、在亲密事实的基础之上对隐私案例进行分类和归类……（143）
四、视隐私为亲密的有益之处 ………………………………（152）
五、结语 ………………………………………………………（157）

作为社会利益的隐私 ……… 黛比·V.S. 卡斯珀 著　谢晓君 译
一、导论 ………………………………………………………（158）
二、作为个人利益的隐私 ……………………………………（160）
三、为什么要关注隐私 ………………………………………（161）
四、隐私的经典社会学 ………………………………………（165）
五、结语 ………………………………………………………（176）

第二编　隐私权的性质（二）

作为语境完整性的隐私权 …… 海伦·尼森鲍姆 著　谢晓君 译
一、导论 ………………………………………………………（178）
二、三个原则 …………………………………………………（183）
三、语境完整性 ………………………………………………（193）
四、结语 ………………………………………………………（209）

隐私和起源：语境完整性在第三方当事人隐私中的适用
……………………………… 史蒂文·宾果 著　魏凌 译
一、导论 ………………………………………………………（212）
二、文献研究 …………………………………………………（214）
三、语境完整性和数字信息 …………………………………（216）
四、语境完整性和隐私风险评估 ……………………………（220）
五、结语 ………………………………………………………（224）

隐私和语境完整性：框架及具体适用
………… 亚当·巴斯、阿努藩·达塔、约翰·C. 米切尔、
海伦·尼森鲍姆 著 魏凌 译

- 一、引言 ………………………………………………… (225)
- 二、语境完整性概述 …………………………………… (228)
- 三、语境完整性的公式模型 …………………………… (230)
- 四、政策、结合与一致性 ……………………………… (235)
- 五、隐私立法的表达 …………………………………… (238)
- 六、与其他模型的比较 ………………………………… (243)
- 七、结语 ………………………………………………… (247)

书本上的隐私和实践中的隐私
………… 肯尼斯·A. 班贝格、迪尔德丽·K. 穆丽根 著 魏凌 译

- 一、导论 ………………………………………………… (250)
- 二、重新评估书本上批评美国隐私政策的主要观点 …… (255)
- 三、调查实践中的隐私：采访首席隐私官得出的经验
  证据 …………………………………………………… (261)
- 四、访谈的境况：实践中的隐私解释方式 …………… (276)
- 五、对政策争论所造成的影响 ………………………… (287)
- 六、结语 ………………………………………………… (299)

作为社会问题的隐私和作为行为概念的隐私
………………………… 斯蒂芬·T. 马古利斯 著 魏凌 译

- 一、导论 ………………………………………………… (303)
- 二、隐私是什么：隐私的定义问题 …………………… (304)
- 三、从两种隐私理论当中所获得的认知 ……………… (306)
- 四、隐私所带来的事物：隐私的好处和损失 ………… (307)
- 五、作为社会问题的隐私 ……………………………… (309)
- 六、当前的社会问题 …………………………………… (311)
- 七、作为行为概念的隐私 ……………………………… (316)
- 八、结语 ………………………………………………… (318)

作为概念的隐私和作为社会问题的隐私：多维度的发展理论
……… 罗伯特·S. 劳费尔、玛克辛·乌尔夫 著 谢晓君 译

- 一、导论 ………………………………………………… (320)

二、基本假设与观点 ……………………………………（321）
三、隐私的维度 …………………………………………（324）
四、控制、选择与隐私 …………………………………（335）
五、影响 …………………………………………………（338）

第三编 隐私权的功能（一）

隐私权的重要性 ……………詹姆斯·雷切尔 著 凌玲 译
 一、导论 …………………………………………………（340）
 二、初论隐私权的重要性 ………………………………（340）
 三、再论隐私权的重要性 ………………………………（344）
 四、一个被简化的构想 …………………………………（350）

隐私、亲密关系和人 …………杰弗里·H. 雷曼 著 杨雅卉 译
 一、Judith Jarvis Thomson 的观点与 Thomas Scanlon 的
  观点 ……………………………………………………（353）
 二、James Rachels 和 Charles Fried 的观点 …………（357）
 三、Stanley I. Benn 的隐私基础理论 …………………（365）
 四、隐私与人格的关系 …………………………………（368）
 五、结语 …………………………………………………（374）

现代民主国家的隐私 …………艾伦·F. 威斯汀 著 魏凌 译
 一、隐私与政治制度 ……………………………………（375）
 二、西方民主国家之间隐私平衡的差异 ………………（379）
 三、不同的"感官文化"所形成的不同隐私类型 ………（381）
 四、西方民主下的隐私和私人生活 ……………………（384）
 五、个人隐私的功能 ……………………………………（386）
 六、个人追求心理的平衡 ………………………………（394）
 七、组织隐私的功能 ……………………………………（397）

隐私的目的 ……………………杰弗里·罗森 著 谢晓君 译
 一、导论 …………………………………………………（408）
 二、社会公众的误解 ……………………………………（409）
 三、将隐私公之于众 ……………………………………（412）
 四、行为人应当了解他人的什么问题 …………………（414）

五、作为自治权的隐私 …………………………………………（416）
隐私的自由价值 …………… 鲍德韦因·布鲁因 著　魏凌 译
　　一、引言 ……………………………………………………（419）
　　二、隐私、自由和认知 ………………………………………（423）
　　三、隐私和消极自由 …………………………………………（429）
　　四、隐私和消极自由的认知 …………………………………（434）
　　五、结语 ……………………………………………………（439）

第四编　隐私权的功能（二）

隐私、分离与控制 …………… 史蒂夫·马修斯 著　谢晓君 译
　　一、导论 ……………………………………………………（440）
　　二、隐私的两种模式 …………………………………………（442）
　　三、隐私的范围 ……………………………………………（443）
　　四、不能简化隐私道德性方面的解释 ………………………（445）
　　五、建立不同的隐私解释 ……………………………………（448）
　　六、露阴癖患者 ……………………………………………（452）
　　七、如何最好地或最大可能地实现隐私 ……………………（454）
　　八、通过自主权表达隐私 ……………………………………（455）
　　九、结语 ……………………………………………………（456）
隐私的社会心理功能 ………… 巴里·施瓦兹 著　魏凌 译
　　一、导论 ……………………………………………………（457）
　　二、隐私的群体保护功能 ……………………………………（458）
　　三、隐私有助于社会地位的区分 ……………………………（459）
　　四、隐私和偏差 ……………………………………………（461）
　　五、隐私和建筑物 …………………………………………（463）
　　六、去隐私化 ………………………………………………（469）
道德性隐私权的性质和价值
　　…………………… J.安吉洛·克里特盖尔 著　凌玲 译
　　一、导论 ……………………………………………………（471）
　　二、理想中的道德性隐私权理论 ……………………………（473）
　　三、道德性隐私权的性质 ……………………………………（474）

四、道德性隐私权的价值 ……………………………… (480)
　　五、两个相互矛盾的道德性隐私权理论 ……………… (486)
　　六、结语 ………………………………………………… (497)
隐私、自由与对人的尊重 ………… 斯坦利·I. 本 著　凌玲 译
　　一、导论 ………………………………………………… (499)
　　二、隐私与尊重人的一般原则 ………………………… (502)
　　三、一般原则的适用 …………………………………… (512)
　　四、"私人事务"与个人构想 …………………………… (514)
　　五、结语 ………………………………………………… (524)
隐私权的三分法
——安宁隐私权、独居隐私权和私密性决定隐私权
　　………………… 加里·L. 波斯特维克 著　黄淑芳 译
　　一、导论 ………………………………………………… (526)
　　二、隐私权和空间理论 ………………………………… (528)
　　三、安宁隐私权 ………………………………………… (531)
　　四、独居隐私权 ………………………………………… (536)
　　五、私密性决定隐私权 ………………………………… (545)
　　六、对安宁隐私权、独居隐私权和私密性决定隐私权的
　　　　简要概括 …………………………………………… (556)
　　七、结语 ………………………………………………… (560)

第五编　隐私侵权责任和隐私侵权责任的抗辩事由

隐私损害的界定 ……………… M. 瑞恩·卡罗 著　孙言 译
　　一、导论 ………………………………………………… (561)
　　二、为何要对隐私损害划定界限 ……………………… (564)
　　三、隐私损害的界限与核心属性 ……………………… (571)
　　四、反对理由 …………………………………………… (584)
　　五、结语 ………………………………………………… (591)
侵犯他人隐私权所承担的损害赔偿责任
　　………………… 迪尔曼·乌尔里克·阿梅隆 著　韩林平 译
　　一、导论 ………………………………………………… (592)

二、德国联邦法院管辖范围内的法律研究现状 …………（594）
三、Caroline Ⅰ一案判决的影响 ……………………………（601）
四、德国法中与公民基本权利相关的《基本法》第 5 条和
　　"横向影响"原则 …………………………………………（614）
五、英国法对《欧洲人权公约》的内化 ……………………（619）
六、结语：德国法对英国法的价值 …………………………（620）

隐私侵权所产生的收益赔偿责任
………………………………………斯尔克·哈德尔 著　韩林平 译
一、导论 ………………………………………………………（624）
二、主要英美法系国家和地区相关现行法律概况 …………（625）
三、隐私侵权收益赔偿责任的规范性做法 …………………（633）
四、结语 ………………………………………………………（644）

公众人物与私人事务 …………苏珊·M. 吉尔斯 著　张雨 译
一、导论 ………………………………………………………（645）
二、公众人物原则在宪政性书面名誉侵权法中的发展 ……（646）
三、Bartnicki v. Vopper 一案之前，隐私权法中的公众人物
　　原则充满了矛盾与冲突 …………………………………（648）
四、冲突还在继续——Bartnicki v. Vopper 一案 ……………（654）
五、公众人物原则在隐私侵权责任制度中的发展趋势 ……（661）
六、结语 ………………………………………………………（671）

隐私权与《美国联邦宪法第一修正案》的价值
………………………………………肖恩·M. 斯科特 著　黎晓婷 译
一、导言 ………………………………………………………（672）
二、平衡个人隐私权与《美国联邦宪法第一修正案》的
　　方法 ………………………………………………………（674）
三、新的判断标准与《美国联邦宪法第一修正案》 ………（682）
四、新的判断标准与医疗信息披露 …………………………（698）
五、结语 ………………………………………………………（708）

第一编　隐私权的性质（一）

隐私的哲学范畴

斐迪南·斯克曼[①]著　杨雅卉[②]译

目　次

一、导论
二、隐私领域的哲学问题
三、对各种隐私论文的批评性讨论

一、导论

　　隐私这一话题对人的吸引力丝毫不逊色于其重要性。尽管我们都承认隐私在抽象意义上所具有的价值，但是，仍然存在着许多理由使我们对隐私的意义苦思冥想，并使我们对隐私的重要性产生怀疑。在很多人看来，隐私为欺骗和虚伪创造了滋长的环境。在人们犯下的种种错误中，有相当一部分是在隐私的掩护下所铸就的，一旦木已成舟，隐私就给这些犯下罪行的人们提供保护，使他们不必为自己的罪行承担责任。在公众为道德责任问题而激烈争辩时，隐私权往往成为这一争辩中的拦路虎。在隐私的荫蔽下，许多实质上不合法的行为都可以被论证为合法行为；如果没有了隐私的荫蔽，人们就会一丝不苟地对这些行为进行理性讨论，而不是置之不理，既不将它们公之于众，也不对它们进行调查。关切自身隐私的行为可能被视为一种道德

[①] 斐迪南·斯克曼（Ferdinand Schoeman），美国南加利福尼亚大学法学院教授。
[②] 杨雅卉，中山大学法学院助教。

上怯懦的标志，这些人以隐私作为借口，拒不阐清自己的所作所为，也就无须面对可能随之而来的厌恶之情。而在某些人看来，隐私可能是一种由文化背景所决定的敏感性，他们认为这种敏感性使得人们在面对选择性披露的时候变得更为脆弱。同时，这种说法还认为，由于不了解他人的内心世界，人们在比较之下会产生自卑感和不幸的耻辱感，在人们面对这些情感时，隐私这种敏感性同样会使他们变得更为脆弱。最后，还有一些人认为，隐私牺牲了社会性导向以及倡导无私奉献的价值观、制度与习俗，并以此为代价对个人主义价值观和个人主义的制度与习俗给予鼓励，从而促进了非社会甚至反社会态度的发展。

本文主要聚焦于哲学方面的隐私，包括隐私的定义、隐私的正当性及其证明、隐私与其他价值之间相互的内在联系，还包括对隐私重要性的评估。在本文中，笔者希望达到以下两个主要目标：①考察与隐私相关的主要哲学问题；②考察在隐私领域特别有影响力的论文，并将它们置于相应的哲学背景之下，对其贡献做出一些批判性的评论。尽管笔者能力有限，但是，在对这些与隐私相关的哲学讨论进行考察与评论时，笔者还将致力于从相应的学术背景和历史背景出发看待这些问题。

二、隐私领域的哲学问题

（一）隐私的性质

人们给"隐私"提出了各式各样的定义。①有些人认为，隐私是一种主张或者权利，其内容是个人得以确定哪些与自己有关的信息可能会被传达给别人。Westin（1970）、Flaherty（1972）[1][2] 都持这一观点，另外，Gerety（1977）[3] 也在一定程度上持这一观点。②隐

---

[1] Westin, Alan. 1967. Privacy and Freedom. New York: Atheneum Press. For a comprehensive inventory of the privacy literature see O'Brien 1979.
[2] Flaherty, David. 1972. Privacy in Colonial New England. Charlottesville: University of Virginia Press.
[3] Gerety, Tom. 1977. Redefining Privacy. Harvard Civil Rights? Civil Liberties Law Review 12: 233 – 296.

私也被有些人定义为对下列事项的控制行为：(a) 与个人自己有关的信息；(b) 与个人身份相关的私密信息；或者 (c) 谁能与自己产生接触。Gross (1971)、Fried (1968)①、Parker (1974)② 和 Polyviou (1982)③ 都将隐私定义为某种形式的控制。③Gavison 和 O'Brien 则将隐私定义为一种状态或情形，在这种状态或情形下，他人与自己产生的接触受到限制。

一个人享有多少隐私和一个人的隐私权是否受到侵犯是两个问题，我们要能够对两者进行区分，而且这一点非常重要。既然如此，将个人享有的隐私权与个人享有隐私的状态或情形区分开来似乎就是至关重要的。同时，个人对与自己相关的信息进行控制和个人如何实施这种控制也是两回事，对这两者的区分也很重要，因此，同样地，一个人是否处在享有隐私的状态和一个人是否能对这种状态加以控制是两个不同的问题，不要将这两者混为一谈也似乎很关键。

对于隐私概念的定义，包括 Gavison (1980)④、Gross (1967⑤、1971⑥) 和 Henkin (1974)⑦ 在内的好些学者都认为，我们应当仔细地将隐私和自主权区分开来；在他们看来，虽然隐私可能会涉及谁能与公民的个人关系人或个人信息产生联系，但是，对于谁能控制个人生活中通常被认为具有私密属性的活动——比如堕胎行为或采取计生手段的行为——隐私和这一问题之间并没有直接联系。

Benn 和 Gaus (1983)⑧ 提出，隐私这一概念比上述各种说法所认为的要更为复杂。他们将隐私看作一种社会性概念，它既有规范人

---

① Fried, Charles. 1968. Privacy. Yale Law Journal 11: 475–493.
② Parker, Richard. 1974. A Definition of Privacy. Rutgers Law Review 27: 275–296.
③ Polyviou, Polyvios. 1982. Search and Seizure: Constitutional and Common Law. London: Duckworth.
④ Gavison, Ruth. 1980. Privacy and the Limits of the Law. Yale Law Journal 89: 421–471.
⑤ Gross, Hyman. 1967. The Concept of Privacy. New York University Law Review 42: 34–54.
⑥ Gross, Hyman. 1971. Privacy and Autonomy. In Nomos XIII: Privacy, ed. J. Roland Rennock and John Chapman, pp. 169–181. New York: Atherton Press.
⑦ Henkin, Louis. 1974. Privacy and Autonomy. Columbia Law Review 74: 1410–1433.
⑧ Benn, Stanley I. and Gaus, Gerald. 1983. "The Public and the Private: Concepts and Action." In The Public and the Private in Social Policy, ed. Stanley I. Benn and Gerald F. Gaus, pp. 3–27. London: Croom Helm and St. Martin's Press.

们行为的规范性方面，又有描述状态的描述性方面，隐私就是通过这两方面相结合的方式构建了人们的社会互动。根据 Benn 和 Gaus 的观点，隐私影响着我们体验世界的方式，因此，隐私调节着我们的制度、习俗和行为，使之符合规范，从而规制着我们在所处环境中所遭遇到的一切。

（二）隐私是否具有系统性及独立性

现在，我们的讨论将转向哲学家们所提出的一些实质性道德问题。我们先来探究这样一个问题：一直以来，在"隐私问题"的大标题下聚集着许多议题，对于这些议题，是否存在某种根本性的东西使这些议题区别于其他的问题，从而聚集为一个协调的整体呢？对此，一些持否定态度的人认为，被贴上隐私问题标签的案件其实各式各样、相差悬殊，它们相互之间不过存在一些名义上的或是流于表面的联系而已。而另一些人则认为，当我们从道德上为隐私主张进行辩护时，最终其证明必然会指向一些完全独立于任何隐私议题的原则。这一观点所最终得出的结论是，在道德上隐私不具有独立性。为了达到本文的目的，笔者将会涉及这样的方面：在隐私主张这一"具有系统性的主题"当中，绝大部分的隐私主张之间存在共同点。要在道德上对隐私主张进行辩护，就要通过和隐私完全独立的一些原则达到这一目的，笔者将把这些原则称为"独立的主题"。

一些研究隐私理论的学者既不承认隐私主张是具有系统性的主题，也不承认隐私主张是具有独立性的主题，他们认为，各类隐私主张中存在着各种各样的价值，其中，在每个类别的隐私主张中都有一些价值正面临这样一种危险：它们是许多其他社会问题与这些隐私主张所共有的价值；而这些共有的价值削弱了隐私主张的系统性和独立性。目前隐私领域的讨论十分繁复，然而，如果我们摒弃所有关于隐私的争论，仅仅从道德标准和法律范畴出发捍卫我们对隐私的关切，我们也可以很好地达到目的；正是这个原因推动了隐私讨论中繁复局面的形成。

还有一种观点是隐私案件当中存在某种根本性的东西使得隐私具有系统性和独立性，支持这种观点的人认为，在隐私的简化版解释中，有一些特别的、与人们的道德或社会角色相关的东西被忽略了——这些被忽略的东西超越了被分析的特定案件，普遍存在。许多哲学家认为在隐私关切中存在着一些独一无二的东西，但是，持这种观点的哲学家们在另一个问题上还存在着相当大的分歧：什么构成了隐私的本质？其中一些哲学家认为，我们关切自身的人格和尊严，希望它们不受侵犯，正是这种对自身人格和尊严的关切将各式各样的隐私案件凝成一体。还有一些哲学家则认为，我们之所以有可能构建起各种各样的社会关系，并且有可能与他人分享最深刻的爱意，正是因为我们有隐私这一关键构件，这些哲学家认为，在社会关系的构建中享有的这种重要地位才是隐私问题所共有的东西。在另一些哲学家看来，人们会保护自己的"私人生活"或是和自我有关的私密的一切，而隐私问题就是它在这一过程中所扮演的角色。

（三）隐私是否与文化有所关联

隐私的构建取决于文化的不同，关于这一点，人们提出了两个问题。其一，是不是所有人都认为隐私事实上具有重要性。如果答案是否定的，这可能表明隐私显得多余，因此它不过是一种可有可无的社会价值。第二个问题所关注的是，我们的生活是否有哪些方面从本质上来说就具有私密性，而不仅仅是因为遵循传统而具有私密性。这个问题和另一个问题息息相关：对私密性而言，是否存在衡量标准。

人们所处的社会是否对隐私有着普遍性关切，这是一种特定的文化背景，人们对隐私的尊重与否是否取决于这种文化背景呢？有些研究隐私的学者试图揭示出这一问题的答案。社会上完全可能出现有些人对隐私持冷漠态度，不仅如此，有些人还认为这种对待隐私的冷漠态度是可取的。在那些试图揭示隐私尊重和文化背景之间的关系的学者的眼中，隐私增强了人们对羞愧和尴尬的敏感度，并通过这种方式让人类变得更脆弱。在他们看来，这种敏感度之所以会产生，是因为人们没有认识到这样一个事实：自己的情况其实普遍存在，而不是怪胎般的特殊存在。持这种看法的人认为，隐私这种制度或习俗助长了社会中欺骗行为，从而助长了社会中的虚伪、人与人之间的剥削，甚至是助长了人们的非社会或反社会倾向。

对于隐私规范而言，文化背景可有可无，这一假设招致了各种各样的回应。在这个论点所衍生出的问题中，其中一个显而易见的经验性问题就是：是否存在这样一种文化，在这种文化之下，隐私既未得到承认，也未被制度化？从更理论的角度上进行俯瞰，我们会发现人们提出了这样一些看法：从心理上来说，隐私对于人格的发展实际上必不可少；或者，从逻辑上来说，隐私对于人格的发展实际上必不可少；又或者，从逻辑上来说，我们要想发展重要、亲密的人际关系，以及获取非常重要的个人经历，隐私必不可少。

上述的第三种看法认为，从逻辑上来说，我们的人际关系和个人经历的发展都有赖于隐私这一基础，这种观点给我们提供了这样一些思考：其一，持这种观点的人声称，亲密关系中包含有放弃某些东西的行为——而在其他关系中不可能有这样的行为发生。其二，持这种观点的人认为，除了选择性的自我披露之外，其他方式的领域内不可能发展出亲密和信任。其三，在持这种观点的人看来，只有在我们能够控制哪些"观众"得以接触到我们所展现出的各种"面孔"时，这种环境下才能存在多种多样的社会关系以及对社会生活至关重要的角色，而不是每个角色不分主次。

是否所有的文化都重视隐私的价值是一个问题，人们的生活中是否有哪些部分本质上就具有私密性是另一个问题，我们要将两者区分开来。有些人认为，尽管隐私很重要，但是，社会所尊重的隐私是什么却无关紧要；重要的是，有些区域或其他事物的私密性得到了标明。另一些人认为，和一个人的内心自我相关的事物就在本质上具有私密性，尽管他们承认，在一个人的外在自我中，哪些部分具有私密性需要由社会环境决定。还有一些人认为，每一种人际关系都由社会所定义，社会划分出一个人的哪些部分是他人可以接触到的，哪些部分是他人不可接触到的，由此定义不同的人际关系。

三、对各种隐私论文的批评性讨论

我们已经枚举出隐私讨论中所提出的好些哲学问题，现在我们将转向这些问题的历史沿革，对其进行更详细和更具批判性的讨论。隐私领域的论文大致可以分为三类：意在对隐私进行定义的论文，着重讨论隐私在道德层面上的核心的论文，在道德层面上对隐私的价值进行质疑的论文。而为隐私的重要性进行辩护的论文主要遵循两种相关联的论述思路：①这种思路意在表明，和对隐私的尊重相比，对人的尊严的尊重更为普世化，而前者是后者的一个关键组成部分。学者们之所以提出这些主张，是因为希望达到这样一种状态：人们拥有道德上的完整性、独立性以及自我意识，自我意识既包括认识到自己在道德上具有人格与价值的自我意识，也包括认识到自己拥有自我观点、追寻生命意义的自我意识。②这种思路想要表明的是，我们作为社会人拥有各种各样的人际关系，如果要过上有意义的生活，每一种人际关系都各有自己的重大意义；而要让人们明白这一点，隐私就必不可少。这两种思路都试图证明，在对隐私的尊重与特定的个人理想、社会理想或政治理想之间存在某种联系。

而在道德层面上对隐私表示怀疑的论文则通常采用以下两种思路：①有些人认为，隐私所保护的利益并不是真正独立的，也不具有道德上的意义，因此，隐私所保护的利益并不能构成一个独立的道德范畴。②另一些人认为，保护隐私并认可隐私的制度或习俗可能会对个人有害，因为这一做法会使得个人在心理上变得脆弱，此外，这种做法还会主张非社会态度或者反社会态度的发展，从而不利于社会发展。虽然本文的重点是探讨哲学方面的问题，但是，在我们认识隐私的性质与作用的过程中，其他许多学科也贡献良多。尽管哲学家们推测，对隐私的需求程度是在特定的文化背景下由整个社会所决定，但是，还有许多人类学方面的数据以及社会学理论对这个问题给出了自己的答案。对于隐私的作用，Goffman（1959）① 和 Simmel（1950）②提出了一种宽泛的理论性描述。为了弄清楚他们的理论，笔者开始关注一些人类学的观点，这些观点对适用隐私制度的社会机构做出了研究和解释。

Robert Murphy 撰写了《社会距离与面纱》一文，③ 在这篇文章中，Murphy 致力于从理论和实践两个方面讨论社会距离机制的功能，比如说隐私。在 Murphy 看来，隐私为所有社会所承认并制度化，不仅如此，无论是对于维护社会关系，还是对于维护自我意识，隐私都

---

① Goffman, Erving. 1959. The Presentation of Self in Everyday Life. Garden City: Doubleday & Co.
② Simmel, Georg. 1950. The Sociology of Georg Simmel. Ed. Kurt Wolff. Glencoe: Free Press.
③ Murphy, Robert. 1964. Social Distance and the Veil. American Anthropologist 66: 1257 – 1274.

必不可少。

　　Murphy 提出，保持距离、断绝联系和有所保留就是一个人建立和维护社会关系的手段。自我披露和自我保留是所有社会关系的必要组成部分，但是我们可以发现，在两种情况下，其重要性特别明显：①在一些最难以维护，但是对当事各方来说也是最为重要的人际关系当中；②在那些最容易出现角色冲突和预期落空的人际关系中。

　　有一种观点是隐私和文化息息相关，由于人类学文献涉及这一观点，Alan Westin（1970）对人类学文献做了一番研究。Westin 的结论是，尽管其表现形式可能千差万别，但是，在所有已知的人类社会中，隐私都是一种文化上的价值。Westin 指出，西方人有许多行为被认为是他们对隐私不存在关切的证据，然而事实上，这些行为正是由隐私规范所构成的，并且，出于这一原因，即使这些行为无法被现实中的高墙所保护，它们还是可以得到心理上的荫蔽。

　　尽管第一次对隐私进行系统性的明确讨论出现在 Warren 和 Brandeis 在 1980 年所撰写的文章①中，但是，对于隐私的兴趣绝不是前无古人。早在 Warren 和 Brandeis 的文章之前就有人为了解决隐私问题而做出努力，为了在更广泛的学术背景下对隐私进行哲学讨论，笔者将对这些早期的隐私讨论进行回顾。生活中与隐私有关的方方面面很早就被认识到了，只不过是藏身于其他主题之下。举几个实例，法律承认私人财产，我们可以从中注意到对隐私的保护；《美国联邦宪法第一修正案》保护公民的信仰自由，我们可以从中注意到对隐私的保护；经过批准，政府执法人员可以对公民的房屋和个人财物实施搜查行为，《美国联邦宪法第四修正案》对这种经过批准的合法搜查行为进行了限定，规定了在哪些情形下可以实施该搜查行为，我们可以从中注意到对隐私的保护；还有《美国联邦宪法第五修正案》，该修正案规定公民不承担自证其罪的法律义务，我们可以从中也可以注意到对隐私的保护。无论是这些法律制度本身，还是它们与隐私之间的

---

① Warren, Samuel and Brandeis, Louis. 1890. The Right to Privacy. Harvard Law Review 4: 193 – 220.

关系，O'Brien（1979）①、Landynski（1966）②、Lasson（1937）③、Taylor（1964）④ 和 Polyviou（1982）都对此做过深刻的探讨。早在 Warren 和 Brandeis 的文章面世之前 17 年，英国法学家兼哲学家 James Fitzjames Stephen 就在其经典作品《自由、平等与友爱》⑤ 中对隐私做出了如下说明：

无论在什么情况下，法律和公众舆论都应当给予隐私以严肃的尊重。明确地定义出隐私的范围并不可行，但我们可以将它概括地描述出来。我们生命当中所有私密和微妙的人际关系都具有这样一种性质：一旦将其置于冷酷无情的观察之下，或者是以错误的方式将其置于充满感情的观察之下，就将给个人造成巨大的痛苦，甚至可能在道德层面上对个人造成持久的伤害。能对隐私造成侵害的不仅仅是陌生人的侵扰行为，强迫或劝说某人将自己的感情暴露在过多的注视之下，或是将他人的评论看得过于重要，都可能对隐私造成侵害。我们对语言的运用完全相同，这一点给这个问题提供了一个几近完美的实践测试。但凡是能够被称之为不得体的行为，或多或少都对隐私造成了侵害。

在这一段文字中，Stephen 强调了几个重点：①隐私主要涉及个人生活的私密方面；②隐私主要涉及人际关系当中微妙的方面；③当和自己有关的特定事项为他人所知时，人们所关切的事情当中，有一部分包括他人会对所知的事项做出特定理解，以及他人会就自己对该事项意义的理解而对其做出特定的判断；④隐私当中的内容包括允许个人自由决定自己的内心感受何时可以由他人所探知，他人能探知到什么程度；⑤对个人情感公开进行特定种类的侮辱行为可以看作侵犯他人隐私的行为。这几点都在文章随后的部分得到了更详细的阐述，

---

① O'Brien, David. 1979. Privacy, Law, and Public Policy. New York: Praeger Special Studies.
② Landynski, Jacob. 1966. Search and Seizure and the Supreme Court: A Study in Constitutional Interpretation. Baltimore: Johns Hopkins University Press.
③ Lasson, Nelson. 1937. The History and Development of the Fourth Amendment to the United States Constitution. Baltimore: Johns Hopkins University Press.
④ Taylor, Telford. 1964. Two Studies in Constitutional Interpretation. Columbus: Ohio State University Press.
⑤ Stephen, James Fitzjames. 1873. Liberty, Equality and Fraternity. New York: Henry Hold and Co.

并且，Stephen将它们看作洞察隐私的中心所在。

许多小说家都提到了Stephen提出的上述问题，对此，我们可以以Henry James在此期间撰写的一些作品为例。在1888年出版的小说《反射炉》①中，James对比了对待隐私的两种不同态度，分别由Probert一家和Dosson一家两个家庭所代表。在小说中，Probert一家因为自己成了公众所瞩目和品评的对象而心烦意乱。一家诽谤成性的社会报纸刊登了一篇文章，Probert一家在这篇文章中被公之于众，从而经历了一场"拷问"。Probert一家对于公开曝光既厌恶又恐惧，而另一方面，Dosson一家对于Probert的这种反应却十分困惑。在James笔下，Dosson先生对公开曝光的态度是这样的：

在Dosson先生的内心深处，他认为，如果这些人真的做了坏事，他们就应当为自己感到羞耻，而他也不会（因为这事被公开）对他们有一丝怜悯。如果他们并没有做什么坏事，就没有必要因为别人知道了这事就这么大吵大闹。

虽然这种想法很落后，但是，Dosson一家所展现出的是一种讨人喜欢的个人美德和家庭美德。无论是对自己的隐私关切，还是对他人的隐私关切，《反射炉》当中所出现的隐私关切成了一种阶级基础，但对于基本体面的生活，隐私关切并非不可或缺。

在James发表于1893年的小说《私人生活》②中，一个著名剧作家的私人生活被塑造成了完全独立的一个部分，私人生活中的剧作家和他的公众形象截然不同。私人生活中的人生是这位剧作家的创作来源，有趣的是，它还是这位剧作家社交能力的基础。再提供一个例子，说明James在隐私方面的先见之明。James在1886年发表了小说《波士顿人》，③这篇小说回答了这样一个问题：在完全献身于政治和公共事业，无暇顾及自己的私人领域时，人们能否过上完整的生活。（这就提出了一个有趣的问题：公私截然分离的生活迫使人们在两者之间做出艰难的，甚至是悲剧性的选择，这种情况是否有可能避免？

---

① James, Henry. 1888. The Reverberator. New York: Macmillan.
② James, Henry. 1946. The Private Life. In Fourteen Stories by Henry James, ed. David Garnett. London: Rupert Hart-Davis.
③ James, Henry. 1886. The Bostonians. New York: Macmillan.

是否存在公私融合得更好的生活方式？例如，如果我们重新定义职业化的概念，使得其中也包括对个人的家庭关系和家庭责任进行认可，就可以使人们更为认真负责地投入工作。

就在 Warren 和 Brandeis 的文章面世前几个月，《斯克里布纳杂志》上发表了一篇文章，论述了个人对于特定名誉的权利。文章作者 E. L. Godkin（1890）[1] 认为，谣言是社会生活中不可避免且根深蒂固的一个方面，并且是为法律所允许的，他试图将谣言和公开个人信息的行为相区分。Godkin 观察到：

与个人隐私相关的谣言现在被印刷出来，使得其受害者顶着自己的所有缺陷被人所瞩目，离受害者所在地或是住所十万八千里的人也都知道了他的糗事；最糟糕的是，这些印刷出来的谣言将所有细节都清清楚楚地告知了世人。对许多受害者来说，因此所造成的最大痛苦是，他现在坚信他在街上碰到的每一个人都对他的愚蠢行为、他的不幸、他的轻率之举或是他的弱点心知肚明，而他之前以为这些事情从未传播出自己的家庭小圈子。

在接下来对各隐私文章的讨论中，有些文章通过强调个人价值观捍卫了隐私在道德层面上的重要性，我们首先从这些文章开始，其次我们要考察的文章则是从维护重要人际关系的方面来论证隐私在道德层面上的重要性，最后我们会考察各种对隐私提出质疑的文章（这只是一个大致的结构，为了对文章进行哲学上的批判，或者是重要的历史性批判，我们将把一些文章整合起来）。

（一）隐私与个人尊严

我们对隐私的讨论终于转向了更具技术性的方向，我们将首先讨论的是一些捍卫隐私的文章，它们普遍强调了隐私尊重和对尊重个人尊严之间的关系。我们就从讨论 Warren 和 Brandeis 的文章《论隐私权》开始。尽管 Warren 和 Brandeis 也提到了隐私的一些方面，比如得以独处，比如可以控制他人对自己私密想法的接触，但其文章真正的焦点是公开或公开传播个人生活的隐私部分所引发的隐私侵犯行

---

[1] Godkin, F. L. 1890. Rights of the Citizen, Part IV-To His Own Reputation. Scribner's Magazine 9: 58–67.

为。两位作者提出，文明的进步使我们产生了新的敏感性，也使我们变得更为脆弱，因此，文明的进步实际上催生了我们对隐私的需求。这一观点反映出，两位作者认为，我们对隐私的需求并非固有的，而是在文化的复杂程度达到一定阈值时才随之而来。他们还认为，生活的强度和复杂性日益增加，这使得个人与世界保持一定距离的能力变得至关重要。最后，技术发展和行业发展，以及某种媒体的出现——那种致力于细致报道私人生活中的丑闻，而非致力于报道当下政治经济问题的媒体——所导致的结果就是置礼义廉耻于不顾，毫无底线地对"神圣的私人领域以及家庭生活"进行攻击。

尽管 Warren 和 Brandeis 从未定义出隐私是什么，然而，他们为了捍卫隐私的重要性将它与其他各种各样的价值联系起来，包括个人独处的权利，以及对个人人格不受侵犯的尊重。两位作者指出，这些原则与个人对自己的看法有关，与别人对该个人的看法也有关，除此之外，他们没有对这些原则进行进一步探索。Warren 和 Brandeis 所感兴趣的，不仅仅是为一个越来越经常出现的特定问题找出法律上的补救措施，他们承认，对于他们所提出的这些案件，法律在过去的处理也一直差强人意。但是，他们认为，法律在处理这些案件时的便利十分危险，因为这些便利是以忽视基本问题为代价换来的。我们应当明确地认识到一个问题：当法律能将社会互动中基本的道德变量清晰地表达出来时，法律就成熟了。人们对 Warren 和 Brandeis 的文章有着各种各样的回应，其中有一种值得我们特别注意，这种回应对 Warren 和 Brandeis 的文章持彻底怀疑的态度。有些作者发现，Warren 和 Brandeis 试图做出的法律修改使得各种法律保护变得混乱不堪。比如说，Harry Kalven (1966)① 就认为，对于什么样的公开行为才是非法公开行为的问题，Warren 和 Brandeis 没有任何解释，而是把这个疑问留给了读者——或许除了给出一个内涵过于广泛的标准：任何未经本人同意而提到该公民的公开行为都是对该公民隐私的初步侵犯行为。在 Kalven 眼中，Warren 和 Brandeis 将自己的观点限制了起来，仅仅针对是旨在将一种公开披露行为变为可诉的行为，这就是那些将

---

① Kalven, Jr., Harry. 1966. Privacy in Tort Law-Were Warren and Brandeis Wrong? Law and Contemporary Problems 31: 326-341.

通常认识中的尊严践踏在脚下的公开披露行为——接下来本来应当给非法公开行为的定义勾勒出一个可以令人理解的轮廓。在 Kalven 看来，当 Warren 和 Brandeis 不给自己画地为牢的时候，他们所展现的是自己面对问题的迟钝，包括没有意识到披露行为实际包含的新闻价值的问题，以及没有意识到维护新闻自由的重要性。

Warren 和 Brandeis 的文章发表后，美国的侵权法在 70 年间获得了极大的发展，William Prosser 在他极具影响力的（1960）论文[①]中总结了美国侵权法的这些发展，并指出，隐私相关的法律实际上规定了四个不同种类的隐私侵犯行为，并且保护着三种不同的利益。

隐私侵权行为下属的四种不同类别的隐私侵扰行为分别是：

（1）侵扰他人安宁或私人事务的隐私侵扰行为。这种侵扰行为可以是现实性的、可见的，或者是以电子形式实施，该侵扰行为必须侵入某一空间，而且该侵入行为会令一个有理性的人感到高度反感。这种侵扰行为必须是行为人无权实施的行为。Prosser 认为，在此情况下，隐私相关法律所保护的利益是公民免于在情绪上感到不适的利益。

（2）公开他人的私人事务，而且行为人所公开的私人事务是会令该公民感到尴尬的隐私侵扰行为。这种隐私侵扰行为涉及三个不同的要素：①行为人所实施的披露行为必须是公开的，而不是私密性质的；②行为人所披露的事实必须是具有私密性质的事实，而不是发生在公共场所的事实，也不是已经在公共档案中记录在案的事实；③行为人所公开的事实必须使得一个有理性且具有正常情感的人感到反感。在此情况下，隐私相关法律所保护的利益主要是声誉，但同时也保护情绪安宁的利益。

（3）公开丑化他人形象的隐私侵扰行为。这种隐私侵扰行为所涉及的是将一些看法、陈述或行为归到他人身上的行为，并且这些看法、陈述或行为会使得一个有理性的人感到反感。在此情况下，隐私相关法律所保护的利益是与声誉和情绪安宁相关的利益。

（4）行为人为了自己在金钱方面的利益，以此为动机，未经他人同意而擅自使用他人的姓名、肖像或其他身份标识的隐私侵扰行

[①] Prosser, William. 1960. Privacy. California Law Reivew 48: 383 – 422.

为。在此情况下，隐私相关法律所保护的利益是所有权权益——一种财产权益。

虽然 Prosser 似乎承认 Warren 和 Brandeis 提出公开个人信息侵权行为的基本法律主张，也就是说，个人有保证自己的私人生活不被公开的隐私利益，这一利益被包含在一个统一的隐私关切中。但是，隐私侵权行为所危及的是什么呢？在这个问题上，Prosser 和 Warren、Brandeis 双方的观点重点不同，各有侧重。在 Warren 和 Brandeis 看来，受到危及的是一种神圣的东西，这种东西与不可侵犯的人格之间存在联系。而对 Prosser 而言，这里的问题是保护公民的声誉，以及保护公民免于在情绪上感到不适。Brandeis 和 Warren 认为隐私是一种具有系统性和独立性的价值，而 Prosser 认为隐私是不同利益的复杂集合体，隐私当中的这些利益和法律意图普遍保护的其他价值是一样的，因此，隐私在功能上并不具有特定的独立性。

对于将隐私与其他利益或权利进行合并的说法，在对隐私问题的持续争论中，浮现出了两个问题。其一，有许多各种各样的利益和隐私有着千丝万缕的联系，从这些利益的方面对隐私进行分析能帮助我们正确地定义隐私的概念吗？（笔者之前将这一问题称为隐私的系统性问题。）其二，比起从其他需要保护的重要价值的方面对隐私进行分析，从其他利益的方面对隐私进行分析是否能表明隐私的独立性（笔者之前将这一问题称为隐私的独立性问题）。我们将会看到，学者们很可能认为，在隐私标题之下得到保护的利益很重要，但并不具有独立性，而且已经有学者持这种观点了；持这种观点的学者认为，隐私仅仅代表着指向各种利益和价值的一种方式，而这些利益和价值的重要性已经在许多不同的权利标签下得到了承认。

在 Prosser 的文章发表后不久，Edward Bloustein（1964）[1] 以捍卫 Warren 和 Brandeis 的观点为己任，对 Prosser 的攻击发起了反击。Bloustein 在他的反击中处理了上述提到的"与其他利益进行合并"的问题，并且兼顾了该问题的两个方面。其一，Edward 说明了隐私侵犯行为所危及的价值是人类的基本价值，它们比 Prosser 口中隐私

---

[1] Bloustein, Edward. 1964. Privacy as an Aspect of Human Dignity: An Answer to Dean Prosser. New York University Law Review 39: 962 – 1007.

侵犯行为所危及的价值更为崇高，更具有系统性。其二，Bloustein 认为，在隐私中存在一些具有独特性的东西，从这个意义上说，在讨论某些特定情况或案件的时候，我们不能在不抛弃道德视野的情况下对这些具有独特性的东西熟视无睹。

Warren 和 Brandeis 认为，在隐私的作用中，"不受侵犯的人格"处于核心地位，而 Bloustein 意图将"不受侵犯的人格"这一概念掰开揉碎。"不受侵犯的人格"当中还包含着其他类似的概念，比如个人尊严和完整性、个人的独一无二性和个人的自主权。Bloustein 认为，对于这些价值的尊重——不仅仅是对类似情绪安宁、声誉和所有权收益这些利益的尊重——对我们的隐私关切而言，既是其基础，也是将其凝聚为一个整体的凝聚力。对个人而言，决定自己的思想、情感、情绪和有形物品会与谁产生联系是一种权利，而这种权利的基础就是上述对人格尊严的全方位尊重。在 Bloustein 看来，Prosser 提到的每个部分都是相互分离的，Bloustein 试图说明，在 Prosser 对隐私的分析中，某种核心的东西被遗漏了，或者是大大缩水。以侵扰他人安宁的隐私侵扰行为为例，Bloustein 认为，这种隐私侵扰行为所主要危及的并不是情绪安宁，而是会被该侵扰行为所侮辱的人格尊严。他指出，当个人生活中特别私密或私人的方面受到了侵扰，受到侵扰的个人就可能遭受到侮辱，而不一定是遭受到精神创伤或痛苦。即使受到侵扰的个人遭受到了痛苦，这也是个人认识到自己的尊严和自由为人所侵犯的结果。在个人因为隐私侵扰行为而遭受的伤害中，这种痛苦本身并不是伤害的核心。此外，即使个人对于在自己身上所发生的隐私侵扰行为一无所知，他仍然可能遭受到伤害——如果我们将隐私侵扰行为所带来的伤害主要视为对情绪安宁的扰乱，那么我们就无法解释这种伤害。

Bloustein 还认为，参考"不受侵犯的人格"这一概念，还能使我们对法律中与隐私相关但并未划归侵权法的部分进行分析，比如《美国联邦宪法第四修正案》就是如此。在短斤少两的隐私分析中，隐私侵权和隐私之间的关系只要是出现在侵权法之外的法律里，就会被直接略过。

在 Bloustein 看来，一个完全为公众所监督的人会失去自己独一无二的自主权，以及认识到自己是一个个体的自我意识——简而言之，就是在道德上失去自己的人格。这样的个人会迎合他人的期望，最终成为一个纯粹的随处可见的合格产品——除了成为一个千篇一律且一团糟的存在之外，他什么都不是。Prosser 和其他人所提出的隐私分析就短斤少两，完全没有提到隐私与个人关切之间的联系。

和 Bloustein 以及在他之前的 Warren 与 Brandeis 一样，Stanley Benn (1971)① 认为，在我们探索隐私在人类社交中所发挥的作用时，就会涉及对人尊重概念中的一些基本的东西。Benn 想要解决两个与隐私相关的问题：①如果一个人希望处在不被他人观察或报道的情况下，或者他希望在这种情况下实施行为，那么他的这种愿望有什么重要之处呢？②生活中是否存在一些领域并非因为社会习俗具有私密性，而是在本质上就具有私密性，并且因此这些领域比起人们意欲保持私密的其他事项值得人们给予更多的隐私尊重？

当我们尊重个人在隐私情况下实施行为的选择时，这种尊重的基础是什么，第一个问题就与此相关。

在 Benn 对处理这个问题的描述中，个人意识到自己是按照自身意愿处理事情的行为实施者。Benn 认为，对人的尊重包括认识到这样一个事实：别人所做的事情会影响到自己作为行为实施者而处理事情的自身意愿。其他人的某些行为可能会阻挠自己实现目标，或者是对自己所选择的生活条件造成侵犯。典型的情况是，他人的存在迫使我们考虑这样一个事实：我们的行为正在被他人观察，并且他们正从自己的角度对我们进行评判。这会对身为社会人的人们产生深刻的影响。这样的情况迫使个人承认自己的一些与众不同的看法。如果一个人希望自己的行为免于受到这样的审查和评判，对这个人的尊重当中就应当包含给这一偏好提供一个道德上的推定。也就是说，除非我们有特定的理由来违背个人的意愿对其进行观察，否则就不应当这么做。在 Benn 看来，对人的尊重实际上是通过两个原则来管理我们的社会交往：①意识到在做出选择的基础上，别人对于这个问题有自己的看法；②只要别人的选择在道德上是可行的，就要尊重别人的选择。

---

① Benn, Stanley I. 1971. Privacy, Freedom and Respect for Persons. In Nomos XIII: Privacy, ed. J. R. Pennock and J. W. Chapman, pp. 1–26. New York: Atherton Press.

当 Benn 对秘密观察个人的行为提出反对意见时，他同样使用了这些原则。尽管秘密观察行为不会影响个人对自身行为的看法，但它仍然削弱一个人在理性基础上做出选择并实施行动的能力。对自己所处环境的无知会阻挠个人做出理性选择。此外，如果行为人在明知的情况下故意改变个人实施行为的环境，并对个人隐瞒这一事实，那么，就不能说行为人对人尊重。当别人选择保持隐私的时候，我们就应该尊重他们的隐私，Benn 想要表明，我们之所以这样做，不仅仅是因为我们不想因为违背别人的意愿而招致厌恶。在 Benn 看来，侵入他人的隐私会破坏他人做出理性选择的能力。因为我们是理性的行为实施者，我们有自己的个人观点，所以我们的隐私需要得到尊重，而不是因为我们是堆积痛苦反应或愉快反应的仓库。

Benn 接着处理第二个问题：人们的生活中是否有哪些方面在本质上就具有私密性。他认为，和个人的道德品质联系最为紧密的东西——有自己的观点和选择的能力——在本质上就具有私密性，和其他仅仅因为人们想要使其保持私密而获得私密性的事项相比，它们值得人们给予更多隐私尊重。个人的自我意识和其身体之间存在着联系，这种联系的私密性使个人的身体在本质上具有了私密性。因此，和生活其他方面的隐私偏好相比，与个人身体相关的隐私偏好值得人们给予更多隐私尊重。如果要精确地说个人所处的环境中，哪些部分属于其自我的延伸，因而使这些部分应当得到与个人期望相同的隐私尊重，那么答案将会因社会环境不同而异。

Benn 将自己所假设的自主权前提作为道德上的基础，到目前为止，Benn 的隐私观点看起来似乎仅仅是建立在这一基础之上。因为有了自主权，个人在道德的层面上就有权以自己选择的方式，或者是在自己选择的环境中实施行为，只要不存在令人信服的道德理由能推翻个人的选择。因此，具有私密性的决定并没有和开始溜旱冰这样的普通决定有什么显著区别。一个人在私密情况下进行思考和实施行为的能力中，有哪些部分在道德上具有独特性呢？对于这个问题，Benn 在论文的最后一部分将其思想进行了深化。

Benn 认为，我们的隐私理想与我们对生活和性格的理想紧密地交织在一起。其中包括：我们对个人人际关系的理想、我们想要成为自由公民的理想，以及我们想要在道德层面上享有自主权的理想。由于在道德层面上享有自主权的理想和人际关系的理想与隐私有关，所以本文中列出的其他作者也曾对其做出探索，此处不再赘述。然而，Benn 对于成为自由公民的理想的叙述却是独一无二的。Benn 认为，我们所说的自由人概念中，就包括了这样一点：个人只有在合理、合法的保护范围内，才能受到别人的控制和审查。换句话说，人们有权享受私人生活。只有出于尊重他人权利的目的，人们才需要负起社会责任；只有在公民自愿承担义务或者出现了特殊的道德层面上的紧急情况时，人们才有义务为全社会谋幸福。

George Orwell 在小说《1984》中描绘的图景向我们展现出，在 Benn 所描述的无限制社会中生活会是什么样子。或许有人会提出，我们不需要冒险接受一个极权主义的政府当局，人们可以在需求的基础上承担起为他人谋福利的义务，就像他们在自愿承担义务的基础上承担起为他人谋福利的义务一样。

Jeffrie Reiman（1976）[1] 比起我们考察的其他作者更甚，他提出，从道德层面上的个人关切方面对隐私进行专门保护非常重要，而摒弃了任何对个人的社会需求或社会方面的关切。Reiman 的论点是，隐私所代表的是一种社会礼节，个人对自己享有道德上的权利，隐私通过赋予个人以这种道德权利的方式代表了社会礼节。隐私是社会习俗的重要组成部分，这套社会习俗使社会认识到个人的身体和精神都属于他自己，个人对自己的这种所有合情合理，并使所有个体也都认识到这一点。Reiman 推测，个人对自己的感知在道德上是独特的存在，它使人们认识到别人的私人空间，然而一旦离开了社会制度和习俗的指引，这种感知既无法发展也无法存在。

在对道德上的自主权以及人格进行讨论时，Reiman 认为，个人享有对自己的道德权利并不仅仅意味着个人能够决定自己会实施什么行为、能够决定什么能束缚自己的行为。在 Reiman 看来，个人享有对自己的道德权利，这其中还涉及我们对于自主权和人格的理解，这种理解就是我们的决定能力，用以决定我们的思想和身体如何与别人互动。

---

[1] Reiman, Jeffrey. 1976. Privacy, Intimacy and Personhood. Philosophy and Public Affairs 6: 26 – 44.

在对 Reiman 的立场进行思考的过程中，我们可能会问：如果人们对于自己的行为享有自主权，但是对于谁能接触自己的思想和身体却不享有自主权（因为失去这方面的控制和对自己的行为享有自主权是兼容的），那么人们可能会失去什么呢？Reiman 认为，从规范性的意义上来说，在谁能接触自己思想的问题上，一个人的控制权越大，我们就越能够认为，他的思想确实属于他本人。个人应当能够控制他人对自己思想的接触，如果没有与此相一致的社会习俗，人们就无法对自己的意识享有道德上的权利。在 Reiman 看来，如果个人的控制被剥夺，从而无法控制他人对自己思想的接触，那么在这种控制被剥夺之后，个人将不再把自己看作一个人。

（二）隐私与人际关系

我们现在将转而检验另一种对隐私的辩护，这种为隐私辩护的说法在解释人们维护重要人际关系和维护私密生活的能力时，强调了隐私的所起到的作用。Charles Fried 在他影响重大的（1968）的论文[①]中认为，涉及隐私的公序良俗同时也和个人的道德、个人的完整性以及社会人格的基本方面有关，这些公序良俗发挥了许多实际作用，贡献良多。至于对自我的定义，Fried 指出，个人的意识中所浮现出的各种想法使个人在不同的情况下选择做出不同的反应，这是某种能力的核心所在，而正是这种能力使得一个人最终会成为某种特定的人。

个人的道德人格与社会人格的发展具有同等的基础性，这两者构成了人们建立重要亲密关系的能力，包括爱情、友谊和信任关系等各种重要的亲密关系。这些亲密关系由特定的态度所激励，它需要个人自发地对他人放弃一部分内在的自我。分享的能力和资格是前提，这种前提第一时间保证了自己所分享的个人信息的安全性。因此，隐私以及由隐私所产生的自我意识和对自我的所有权构成了爱情和友谊的必要条件，也构成了某种能力的必要条件，这种能力被我们用于调节一些不那么亲密的重要人际关系。我们在理论上期待个人能控制他人对自己的内在自我的接触，如果失去了这种控制，重要的人际关系就不可能出现，甚至无法以人类互动的模式对其进行设想。对于与他人

[①] Charles Fried, Privacy, (1968) Yale Law Journal 77, pp. 475 – 493.

分享自己生活的特定部分的问题会做出什么样的决定，个人对这一问题的感知是独立的，而这种独立的感知将一类人际关系和其他人际关系分开来，也就是信任关系、爱情和友情，这一类人际关系无法由其他人际关系演化而来。

Fried 继续声称，如果某人无法与特定的其他人分享自己的自我，则这个人既无法投入一段友情，也无法投入一段爱情。此外，一个无差别地与他人分享自身信息的人将没有手段能使自己与他人建立起这一类特殊人际关系。

Fried 对隐私在亲密关系方面所发挥的作用进行了分析，但这一分析却遭到了抨击，因为有人认为，Fried 的分析过于强调信息的分享行为，而对个人关怀方面则关注不够。无论这种抨击力度如何，Fried 的理论给许多为隐私辩护的其他理论打下了基础，这些理论以完整性的概念或是亲密关系的发展前景为基础，对隐私进行分析。

和 Fried 相似，Robert Gerstein 在他的（1978）[1] 论文中认为，没有隐私就不可能有亲密关系。Gerstein 的分析对比了人们在人际关系中可能会有的两种不同状态：作为参与者或者作为观察者。作为参与者，人们要做的就是完全沉浸其中，在这段关系中抛弃自己独立的自我意识。在这种状态下，人们会变得热情似火，被对方吞噬、融合。与之相反的是，作为亲密关系的观察者，个人会使自己远离这种抛弃自我意识的状态，并对此持理性态度。

提出这种思想上的区别后，Gerstein 认为，通常来说，亲密的人际交往和亲密的人际关系的当事各方一般都是参与者，而非观察者。不过，在个人意识到自己正被他人所观察和评判的时候，个人作为参与者参与人际交往和人际关系的状态有可能发生改变。当个人沉浸在一段亲密关系中时，一旦他认识到自己成了他人所观察的对象，他在这段亲密关系中熊熊燃烧的忘我情绪就很可能被这种认识所破坏。在 Gerstein 看来，亲密关系还涉及一种心醉神迷的内在关注，这种内在关注可能因为理性判断而分心或削弱。理性判断通常以独立心智的标准或是非个人化、非情绪化的标准来评估人际关系的价值。

在另一种对隐私以及隐私和亲密关系之间有何联系的论述中，

---

[1] Gerstein, Robert. 1978. Intimacy and Privacy. Ethics 89: 76–81.

Gerstein (1982)① 认为，一条大一统的通往隐私的道路不是从隐私的定义开始，而是从解释私人生活开始。Gerstein 将私人生活描述为一个大家普遍认同的概念，他认为私人生活就是和我们的身份认同联系最紧密的那部分生活，在正式规则的束缚下，私人生活不可能存在。控制和监控都可以毁掉私人生活。因此，拥有私人生活的前提是，有能力在没有社会约束的情况下做出选择，或者是自由行动。

Gerstein 认为，对于个人性格的发展而言，私人生活起着核心作用，因为私人生活给人们提供了一个环境和条件，在这种环境和条件之下，人们可以选择和其他人不同的生活。最重要的是，私人空间给个人提供了资源和看待问题的角度，使得个人能够对支配社会生活的社会规范做出自己的独立评判。如果没有了私人空间给个人提供的这个角度，个人就会完全被社会规范所吸收同化。

James Rachels (1975)② 再次沿袭了 Fried 的隐私分析传统，介绍了自己对隐私的讨论：他认为，一个恰如其分的隐私解释应当满足两个条件。其一，有一个恰如其分的标准能解释隐私在普通情况下的重要性——普通情况是指公民并未尝试将什么不光彩的事掩盖起来的情况。其二，一个恰如其分的隐私解释将会有助于解释是什么使得特定信息与别人无关，同时，也会有助于解释为什么窥探被视为无礼的行为。

在解释普通情况下隐私为什么具有重要性的过程中，Rachels 研究发现，与不同人际关系相关联的是不同的行为模式。每种人际关系都会涉及这样一个概念：对这种人际关系的各方当事人而言，什么样的行为才是适当而得体的行为？此外，对人际关系中的每一方当事人而言还会涉及另一个概念，这就是每一方当事人相互之间认为对方拥有什么种类和程度的信息是适当而得体的。因此，对于第一个问题，也就是为什么隐私在普通情况下具有重要性，Rachels 给出的答案是，对于一个人保持多样人际关系的能力而言，隐私是这种能力的核心

---

① Gerstein, Robert. 1982. California's Constitutional Right to Privacy: The Development of the Protection of Private Life. Hastings Constitutional Law Quarterly 9: 385 – 427.
② Rachels, James. 1975. Why Privacy is Important. Philosophy and Public Affairs 4: 323 – 333.

所在。

　　Rachels 在解决第一个问题时对标准的讨论为他对第二个问题的讨论建立了基础，第二个问题所涉及的是，什么东西使得和个人有关的信息与他人无关。如果在两个人的人际关系中，没有任何一个部分使得另一个人有权获取和个人有关的某些信息，则这些信息就与另一个人无关。

　　Rachels 的讨论所得出的其中一个结论就是，大概只有在两个人之间的人际关系使得另一个人有权获取与个人相关的信息时，另一个人对这些信息的求索才是适当而得体的行为。不过，这一结论也导致了一种情形，这就是，没有任何信息在本质上比其他信息更为私密。我们中的大部分人都会觉得，即使雇主有兴趣知道他的雇员是否计划在职业生涯的最初几年就怀孕，雇主的这种兴趣也可以理解，但雇主向雇员询问这样的问题仍然是不适当的：雇主询问这个问题侵犯了雇员的隐私。我们的直觉认为，有些信息在客观上，或者是在我们的认知中要比其他信息更为私密，这种私密性与人际关系无关，而 Rachels 的隐私分析并未对这种直觉做出解释。

　　Ruth Gavison 对隐私做了综合而广泛的（1980）讨论，这一讨论的内容十分丰富，以至于在像这篇文章一样有限的篇幅里提炼出它的核心和重点几乎不可能。Gavison 阐述了一些隐私的积极作用，她认为隐私促进了自由、道德和智力的完整，还促进了重要人际关系的发展，同时促进了自由社会理想的发展；笔者会将自己的评论集中在 Gavison 笔下的这些积极作用上。

　　对于个人完整性和维护重要人际关系的方面，Gavison 指出，有时，人们会不同意，而且不能忍受其他的价值或行为，尽管他们承认其合法地位。在这种情况下，隐私就顾及了重要的人际交往，而无需对出现深刻分歧的领域进行处理。隐私使得人们事实上加深了对观点和行为的忍受度，这一点很难得到直接承认。有些情况处理既存在分歧有需要合作，在处理这些情况时，人性有其耐受极限，而隐私反映出的是我们这一耐受极限的提升。

　　除了在重要的人际关系中帮助各方当事人维持其个性之外，隐私还给人们提供了情感上和智力上的空间，用以对不受欢迎的想法进行评论，使人们能够在没有社会制裁压力的情况下对这些想法和问题深思熟虑。对于持有不受欢迎观点的个人而言，隐私使他们有可能为自己的立场寻求支持，同时，隐私使他们能够致力于以更容易为公众所接受的方式表达自己的观点。

如前所述，Gavison 指出，通过避免执行其中的某些标准或规范，隐私缓解了个人标准和社会规范之间的紧张关系。对于适用规范还有争议的情况而言，这一点特别重要，尽管这一领域的情绪调节方式广为人知，而且大家都对其有着深刻的感受。隐私会庇护个人选择，使之免受社会规范的调整，和同性恋关系或堕胎相关的决定就属于此种被隐私所庇护的个人选择之列。

在讨论自由社会这一概念的时候，Gavison 也提到，即使是在以自己的开放包容为傲的社会之中也仍然存在一种危险，这就是，偏离普遍规范的行为仍然存在招致敌意的可能性。严格地说，这种可能性将对个人本应自由实施的行为产生影响，对其加以限制。因此，这一点主要适用于人们认为很少或几乎没有行为规范的领域。隐私提供了一种环境和条件，在这种环境和条件之下，这种行为不会产生问题。

Gavison 在隐私问题上的立场是，她认为隐私代表着道德价值和社会价值当中一些既基础又独立的东西。她指出，由于一直以来，我们并不承认隐私是一个独立的法律范畴和法律分类，因此，相关的法律论证往往趋向于将分析简化。在法庭上，人们期待对隐私的辩护以借由其他由法律认可的价值表达出来。她认为，隐私主张持久而稳定，对隐私主张的法律认可也逐渐发展起来，这些都证明了，隐私保护着一些重要的东西，这些东西是其他法律范畴或法律分类未能充分涵盖的。

（三）对隐私提出质疑的观点

现在，我们要转向和隐私相关的质疑性观点。一般来说，质疑性的隐私讨论会强调两个观点。其一，尽管许多隐私利益可能都很重要，但是，如果我们要分析隐私案件当中被危及的重大道德问题，我们就必须从独立于隐私或隐私权的方面入手进行分析。因此，在隐私权之下，隐私无法构成一个重要道德范畴或道德分类，即使在完全不提及隐私的情况下，我们想要借由隐私所表达的东西仍然可以畅通无阻地被表达出来。其二，为隐私而辩护的学者们没能提出强有力的证据，他们没能证明在隐私尊重蔚然成风的社会中为什么会有社会和个人的道德堕落。我们接下来要讨论的论文中就提到了这两个问题。

Judith Jarvis Thomson（1975）[1] 提出了两个质疑性隐私观点中的第一个。尽管 Thomson 认为隐私利益很重要，笔者仍然对她所提出的观点存疑，因为她既不认为隐私权具有系统性，也不认为隐私权具有独立性。Thomson 认为，无论一个人的隐私权当中包含了什么，这些东西都可以通过使用像财产权以及人身权这样的概念被充分表达出来。在 Thomson 看来，隐私的重要性和合法性完全是派生性的。只有在一些比隐私权更为基础的其他权利遭到侵犯时，公民的隐私权才随之遭到侵犯。

为了给这一隐私解释举出一些实例，Thomson 提出，当行为人阅读他人的私人文件时，使行为人的行为不合法的原因确切地说应当是这些文件属于个人；而在对文件的所有权中，其中一部分就是自由决定谁能接触到这些文件的权利。根据 Thomson 的观点，当行为人通过他人房屋的受遮挡窗户对房屋内的人进行窥视时，使行为人的行为不合法的原因确切地说应当是，公民的人身权当中包含了直接涉及谁能观看自己的权利。如此一来，侵犯隐私权的情况都可以被看作依赖于财产权和人身权之上。

当然了，任何对隐私的辩护都会提及其他的权利或目标。Thomson 的主张是，采用隐私概念在道德层面上并没有什么启发性，隐私权所提供的只是我们可以通过主张其他权利所实现的东西，这一点我们十分清楚。

让我们设想这样一个例子，从而证明隐私权当中确实存在一些独一无二的东西，使之无须屈从于财产权或是人身权。假设我们可以使用两种类型的声波拦截器。第一种类型的声波拦截器会对声波所传递的内容进行录音。另一种类型的声波拦截器将声波转化为人类可以使用的能源，但并不会对声波所传递的内容进行录音。现在我们从道德的角度对这两种声波拦截器的使用行为进行比较。如果有两个人，这两个是邻居，并各自拥有其中一种类型的声波拦截器，他们在自己的住所中使用接收器收集别处传出的声波，此时，我们会说这两个人的声波收集行为同样地侵犯了我的权利吗？如果我并不喜欢我邻居的声

---

[1] Thomson, Judith Jarvis. 1975. The Right to Privacy. Philosophy and Public Affairs 4: 295–314.

波-能源转换装置,我也不愿意成为这位邻居降低能源开支的工具,我有权制止这位邻居收集我的声波吗?一个人的声波可能被他人以各种潜在的方式所使用,无论一个人在自己被他人所用的问题上享有什么样的权利,我们都不能认为这些权利能一股脑排除大量的对个人声波的潜在使用。

使用带录音功能的声波转换器的邻居确实侵犯了我的权利,Thomson 也同意这一点。之所以说这种使用我声波的行为侵犯了我的权利,是因为这种行为侵犯了我的隐私权,用 Thomson 的话说,并不是因为它违反了我决定如何处置自己声波的权利。正如我们提到过的,即使行为人对标的物的使用行为未经标的物所有人同意,所有人对标的物的所有权也不必然排除任何的使用行为,因此,在这里,援引对声波的所有权并不合适。事实上,在这种情况下,我们承认的任何所有权权利都建立在我们承认隐私权受到侵犯的前提之上。从这些分析我们能得出的是,如果不援引内涵明确的隐私权,我们就无法解释某些特定行为的不合法性,因为援引其他权利进行解释则这些行为具有合法性。如果不援引隐私,我们将无法画出道德上的界线,而做到这一点非常重要。

在另一篇对隐私提出质疑的论文中,Richard Posner(1978)[①] 的观点和在他之前的 William Prosser 相似,他认为,"隐私利益"的标题下所保护的各种利益并不具有独立性。Posner 还认为,我们通常设置个人隐私权的方式对社会有害,因为这种方式的经济效率低下。Posner 感兴趣的是,找到一个福利计划,这个计划将使社会对生产的投资和有用信息的交流最大化。这一标准将用于给各种信息设置隐私权。

至于信息的交流沟通问题,根据 Posner 的观点,只有在允许自由接触他人会导致通信的完全消除,或者因为其中包含其他误导性信息导致通信价值下降的情况下,才应当用法律对隐私进行保障。例如,建议学生与可能导致不实评估的学生进行接触,从而降低了这一建议对于潜在雇主或毕业生所在院校的价值。

个人信息可以被分为两种类型:败坏名声的个人信息和不会败坏

[①] Posner, Richard. 1978. The Right of Privacy. Georgia Law Review 12: 393-422.

名声的个人信息。根据 Posner 的说法，如果败坏名声的个人信息属实，那么，我们就存在社会动机使得会和这个人打交道的人都接触到这一败坏名声的个人信息。精准的信息使其他人得以用可靠的方式和这个人进行核实的人际交往。在 Posner 看来，对可能与个人进行人际交往的其他人揭示败坏这个人名声的信息就相当于揭露一个欺诈骗局。因为这种披露行为让别人能够在人际交往中成为更明智的"消费者"，要达到社会性的效率最高，就要将对败坏名声的个人信息的权利投资于整个社会，而不是将其投资于担心被揭穿的个人。

至于不会败坏名声的个人信息和错误信息，让个人阻止这些信息广为传播所产生的价值要高于让这些信息自由传播所产生的价值。不会败坏个人名声的信息不会改变他人与个人进行人际交往的基础，因此对于社会来说，这种信息是无用的。虚假信息会妨碍人们做出理性决策，因此虚假信息的传播是无用的。对于人们为什么想要将自己的私人信息作为隐私保留起来的问题，Posner 的解释十分具有启发性。在 Posner 看来，当人们意图维护某种社会优势或经济优势的时候，他们对沉默最感兴趣。

Richard Wasserstorm（1978）[①] 同样认为，不透露与自己有关的信息可能在道德上相当于欺骗，因此我们可以推定这是不当行为。Wasserstorm 引入了众多评估隐私的基本原理，这些基本原理主要是和我们对人格的理解以及对人性弱点的认识有关，随后，Wasserstorm 为隐私的质疑建立起了一个可能的基础。他将自己的观点置于他称之为"反文化"的背景之下进行考虑。

Wasserstorm 认为，如果我们认为自己应当为某些思想或行为感到尴尬或羞耻，那么在接受了这个概念之后，它可能会使我们变得更为脆弱。一旦我们发现别人和自己是那么的相似，我们的缺陷也并非独一无二或与众不同，那么我们的脆弱性就会减少。在 Wasserstorm 看来，保留和沉默构成了维持这种脆弱性的前提。

Wasserstorm 提出，我们认为隐私中包含的很多种行为是羞耻的行为，但这并没有什么用处。然而人类学证据表明，我们之所以将某

[①] Wasserstrom, Richard. 1978. Privacy: Some Arguments and Assumptions. In Philosophical Law, ed. Richard Bronotport: Greenwood Press.

些行为看作内在的隐私,是因为被特定的文化所同化。我们在某处觉得自己只能在私下里做的事情在别处可能是自然而然可以公开实施的行为。Wasserstorm 推测,我们可以改变对这些行为的约定俗成的看法,从而在更大的范围里将这些行为合理化。

Wasserstorm 再次提出,在反文化的背景下,同样可以推测出隐私对虚伪和欺骗加以鼓励。如果人们将自己的隐私处理得更为自在,他们的个人性格就会变得更坚固,当他们在别人面前展示真实的自我时,也会更少地感觉到威胁和压力。

在 Wasserstorm 提出的反文化模式下,Posner 和 Wasserstorm 所描绘的人性就是如此。人们在根本上达成了统一。我们的行为随着自身所处的环境所改变,有时是出于真实自我的表示,有时不是。如果我们不向那些可能和自己进行人际交往的人揭示出自己是什么样的人,我们就可能是进行欺骗,虽然可能是不完全的欺骗。此外,在 Wasserstorm 对隐私的批评意见中还隐含了一个观点。他认为,这个世界是由我们对人类心理的认识、我们在道德上的可信赖性以及人类学上所称的人所专门构建起来的,我们的隐私利益即使不完全消失,也会从根本上逐渐减少。在 Posner 和 Wasserstorm 看来,我们的隐私和我们希望隐瞒的东西之间有着自然而然的联系,因为这种隐瞒的行为可能为我们在人前打造出一个不同于真实自我的形象。

所有这些关于隐私理论的前提、所描绘的图景都随时准备好接受批评意见。也许人们可以通过不同的方式来随机应变,随着环境的改变做出不同的行为,而无须在任何环境下做出不是出于真实自我的行为。人们并不仅仅是一件东西,从这个意义上说,人可能真的是非常复杂的存在。人们或许在自己的生活中有不同的方面,他们认识到保持这些不同的方面非常重要,但他们还未弄清楚这些不同的方面是怎么有机组合成生活这个整体的。自我的概念是一个完整的基石,它解释了人类在不同环境下所实施的行为的一致性为什么在几场理论的论战中都受到了抨击。哲学家 Walter Mischel (1968)[1] 曾经提出,我们之所以提出自我——所谓的无论什么环境下都具有的行为上的一致性——其中的一个主要原因并未在社会习俗中得到很好的确立。这一发

---

[1] Mischel, Walter. 1968. Personality and Assessment. New York: John Wiley & Sons.

现使得还并不同意的自我概念在理论上成了无源之水、无本之木。Mischel 对各种认知启发式策略进行了概述，这些策略鼓励我们不因为环境的多变而改变自己所呈现的性格特征，而是将真实的自我展现出来，Mischel 通过这些概述填补了这一漏洞。Goffman（1959）和《舞台学校》——一部社会分析作品——的作者也都认为，我们在生活中的各种不同环境里表现出不同的个人性格，但是，并不存在什么作为基础而存在的核心个人性格。

除了保留信息的作用外，人们可能怀疑隐私的作用还包括隐瞒信息。比如说，我们前面讨论过的一些观点就认为，在调节、维护不同种类的社会关系以及调节、维护个人的自我意识的问题上，隐私十分重要。无论是政治上还是社会上，人们都承认隐私利益的作用——它给个人提供了生活中的一个免受他人以客观的外部视角对自己进行监管和窥视的空间。这种免受约束的自由允许人们的需求建立在内在价值基础上的意义。此外，由于某些信息在个人生活中起到的种种作用，个人可能会希望将某些信息保留为私人信息。有些信息可能被认为具有特别之处，因此我们在该信息对关切该信息的人具有特别意义的情况下给予其肯认和尊重，但仅仅是在这种情况下。在其他情况下披露这些信息，可能对个人造成打击，使其人格重要的方面被玷污、贬损或降低（Henry James 所称的"污损"用在这里再合适不过了）。对于这些说法，Schoeman（1984）的文章中有详细的回应。①

---

① Schoeman, Ferdinand. 1984. Privacy and Intimate Information. In the Philosophical Dimensions of Privacy: An Anthology, ed. Ferdinand Schoeman. Cambridge: Cambridge University Press.

作为人格尊严表现形式的隐私权
——对 Prosser 教授《论隐私权》一文的回应

爱德华·J. 布斯坦[①]著 王梓棋[②]译

目　次

一、导论
二、Prosser 教授对隐私侵权案件的分析
三、对 Prosser 教授分析的评价
四、宪法、制定法及普通法对隐私的保护
五、结论：隐私侵权是对他人人格尊严的侵犯

一、导论

　　自 Warren 和 Brandeis 发表他们那篇经典论文《隐私权》[③] 以来，时间已经过去了 3/4 个世纪了。在这段时间里，美国涌现了一大批案件[④]，它们都以隐私权为依据而做出判决；美国也出台了一系列制定法律规范，它们大都明确承认隐私利益[⑤]；美国学者也发表了一篇又

[①] 爱德华·J. 布斯坦（Edward J. Bloustein），美国纽约大学法学院教授。
[②] 王梓棋，中山大学法学院助教。
[③] Warren & Brandeis, The Right of Privacy, 4 Harv. L. Rev. 193 (1890).
[④] See, e. g., Annot., 138 A. L. R. 22 (1942); Annot., 168 A. L. R. 446 (1947); Annot., 14 A. L. R. 2d 750 (1950).
[⑤] N. Y. Civ. Rights Law § § 50–51; Okla. Stat. Ann. tit. 30, § § 839.40 (1951); Utah Code Ann. § § 76–4–7, 76–4–9 (1953); Va. Code Ann. § 8–650 (1950).

一篇的学术论文，专门论述隐私权问题。① 然而值得一提的是，直到今天我们仍忍不住困惑，隐私权所保护的利益到底是什么性质的？这种困惑在1956年一位杰出的联邦法官将隐私法律状态描述为"飓风中的小草堆"② 时就开始存在。到了1960年，侵权法领域的泰斗Dean Prosser教授撰写的一篇全面分析隐私的文章实际上批判了Warren和Brandeis的文章，他认为隐私根本不是一个独立价值而是一个糅和了名誉、心理安宁以及无形财产等利益的合成体。③

而我这篇文章的目的就是试图提出一个隐私权的普遍理论，以此协调法律两极分化的趋势，这有助于把被飓风吹散的稻草重拾成草堆。目前对隐私一般理论的需求可谓迫在眉睫。首先，这些隐私案件和评论的混乱状态违反了所有理性的一项基本原则，即一堆分立离散的规则需要一种普遍解释原则。其次，概念上的无序对法院审理案件也有不利影响：隐私案件中缺少明确的利益规范使被告侵犯的利益这一构成要件不明，导致司法判决不能达成一致。最后，对隐私案件中利益的分析是至关重要的，因为我们这个科技日新月异的社会引发了各种新奇古怪和令人惶恐的侵权类型。④ 一个社会处理这种伴随新科技而来的影响的能力，部分取决于我们能在多大程度上化解这种施加于我们法律体系之上的威胁，即如何适用我们过去的法律制度来解决新的问题。

---

① E. g., Feinberg, Recent Developments in the Law of Privacy, 48 Colum. L. Rev. 713 (1948); Green, Right of Privacy, 27 Ill. L. Rev. 237 (1932); Lisle, Right of Privacy (A Contra View), 19 Ky. LJ. 137 (1931); Nizer, Right of Privacy: A Half Century's Developments, 39 Mich. L. Rev. 526 (1941); O'Brien, The Right of Privacy, 2 Colum. L. Rev. 437 (1902); Winfield, Privacy, 47 L. Q. Rev. 23 (1931); Yankwich, Right of Privacy: Its Development, Scope and Limitations, 27 Notro Dame Law. 499 (1992).
② Ettore v. Philco Television Ettore v. Philco Television Broadcasting Co., 229 F. 2d 481 (3d Cir. 1956) (Biggs, CJ.).
③ Prosser, Privacy, 48 Calif. L. Rev. 383 (1960) [hereinafter cited as Prosser, Privacy].
④ See, e. g., Brenton, The Privacy Invaders (1964); Dasb, Knowlton & Schwartz, The Eavesdroppers (1959); Gross, The Brain Watchers (1962); Packard, The Naked Society (1964); Big Brother 7074 is Watching You, Popular Science, March 1963; 1410 is Watching You, Time, Aug. 1963; Hearings Before the Subcommittee on the Use of Polygraphs as "Lie Detectors" by the Federal Government of the House Committee on Government Operations, 88th Cong., 2d Sess., pt. 3 (1964).

当然，隐私的概念除了法律范畴内的内容，还涉及心理、社会以及政治等领域①。我将略过这些领域内隐私的定义或仅是说到时顺便提及一下。我也不准备对诸如隐私侵权的法律救济或者隐私侵权的构成要件之类的问题做详细说明。我的分析同样不涉及组织和团体的隐私问题。我的主旨目标仅锁定在这些纷繁复杂的案件和法规中冠之以个人隐私之名的这种利益或者社会价值。

我认为要做到这一点需要相当详细地读透 Prosser 教授对隐私侵权的分析，而后发现隐私侵权和涉及隐私的其他法律依据之间概念上的联系。我之所以认为应该采取此种思路——首先着力于一些典型侵权案件以及 Prosser 教授对其的分析——而非其他，是因为隐私现代发展史的起点始于侵权，并且 Prosser 教授是侵权领域到目前为止最有影响力的当代学者。Warren 和 Brandeis 是隐私"发现"者，他们视隐私为一种特有的侵权救济。无论我们把隐私视为一种侵权救济有多么局限或是不充分，可是追溯隐私的发展史，隐私概念被法院认可的缘由正是对这种侵权民事救济的专门需求。我们不能忽略了这一点，这是 75 年来从零星的普通法判例中提炼出来的精髓。

我之所以将自己对隐私意义的探索围绕在对 Prosser 教授观点的详细参读上，就是因为他对当代隐私法律发展的影响力可以与 Warren 和 Brandeis 相提并论。他对隐私下的定义几乎影射到了过去 10 年每一个隐私判例当中，并直接反映在《美国侵权法复述（第二版）》中。在这种情况下，如果他犯了某些错误，那么当务之急就是说明他的错误及原因并提出另一种可行思路。

二、Prosser 教授对隐私侵权案件的分析

虽然行文没有对 Warren 和 Brandeis 那篇称为法律传奇的文章进行赤裸裸的学术批判，但 Prosser 教授在 1960 年发表的那篇文章却实际上达到了此种效果；虽然他并没有过多用词，但按照他的分析得到的结论即是：Warren 和 Brandeis 关于隐私侵权的观点是错误的。因为，经查阅"记录的 300 余案件"，这些案件虽然表面上都是请求不

---

① See, e. g., Arendt, The Human Condition (1958); Hoffer, The True Believer: Thoughts on the Nature of Mass Movements (1951); Orwell, 1984 (1949).

当侵犯隐私权的救济,他总结道,但事实上"这是四种类型侵权的综合而非一种侵权"。更令人意外的结论是,他认为这四种侵权侵犯了"四种不同利益",并且这四种利益之间并没有共同的地方。

Prosser教授认为案件中存在的"四种侵权类型"是：其一,侵扰原告的居所安宁和安静或者侵入其私人事务；其二,公开披露原告让人尴尬的私人事实；其三,为了被告的利益而擅自使用原告的姓名或者肖像；其四,在公众面前丑化原告。这四种隐私侵权保护了几种不同的利益：侵扰他人安宁的隐私侵权保护他人免受精神痛苦的利益,公开披露他人私人事实的隐私侵权和公开丑化他人形象的隐私侵权保护了他人对其名誉享有的利益,而擅自使用他人姓名和肖像的隐私侵权则保护他人对其姓名和肖像享有的财产利益。

因此,根据Prosser教授的分析,广受关注的隐私权实际上已经沦落为一种空壳。隐私权不仅不是一种新的、基本性的和独立的法律权利,而且它所保护的也不是一种独一无二的、基本的且相对容易忽视的利益。假设Prosser教授的说法成立,那么隐私侵权就演变为名誉侵权、故意施加精神痛苦（intentionally inflicted emotional trauma）或者擅自使用他人姓名或肖像的一种形式,并不存在一种所谓"隐私侵权"的形式。不只如此,我们所称"隐私"的社会价值或者利益就不再是独立的,而仅是建立在心理安宁、名誉和无形财产等受社会既有保护的利益之上的一种复合价值。

三、对Prosser教授分析的评价

（一）与Warren和Brandeis观点的对比

验证Prosser教授对隐私概念的解释和分析是否正确的方法之一是将Prosser的观点与Warren和Brandeis的那篇文章做比较。看看这些学识渊博的学者是否是真的提出一种"新型侵权",还是仅仅新瓶装旧酒,给过去的侵权形式换了个新名字。

我们或许可以从刺激Warren和Brandeis这篇文章产生的背景着手。Brandeis的传记作者写道："1883年1月25日,那时Warren已经和Mabel Bayard小姐结婚了,Mabel Bayard小姐是参议员Bayard的女儿。他们在波士顿后湾区（波士顿上层社会住宅区）订了客房服

务，并开始尽情娱乐。周六晚报（Saturday Evening Gazette）特别用'名门贵族'的主题，不出意外地报道了他们奢华挥霍的享乐细节。这惹恼了 Warren，他将这事同 Brandeis 提起。结果就是那篇伟大文章的问世。"①

这篇文章本身就是 Warren 不堪八卦消息疯狂围攻的产物，并对这种困境进行了理性角度的思考和普遍意义上的探究。"快照和新闻媒体已经大量入侵了神圣的私人领域和家庭生活，各式各样无孔不入的机械装置预示着'人们在密室中的私语都将被大肆地宣扬出去'预言的成真。无论从哪个角度而言，媒体都明显越过了社会礼节和风化的边界。八卦不再是一种恶意的闲言碎语，而是变成了一宗买卖，而且它在追求商业化利润的同时也变得厚颜无耻起来。为满足一些低级趣味的需求，日报上竟增开披露性关系细节的专栏。为了获得游手好闲之辈的青睐，一个个专栏充斥着张家长李家短的是非八卦，而这些信息都只能通过侵入家庭生活才能获得。"②

因此，Warren 和 Brandeis 被这些汹涌如潮的私人生活新闻所侵扰。但是在他们看来，究竟是什么使得这些八卦新闻非法？站在侵权法的角度，这些八卦新闻侵犯了何种价值和利益？换句话说，人们是怎么被这些八卦所伤的？

他们的文章不止一次提到媒体制造的"八卦新闻"所引发的"精神痛苦"。他们这样说道，"现代企业和科技发明已经彻底侵犯了他人的隐私，使其忍受精神压抑和痛苦，这种痛苦远远大于他们因为身体受到伤害所遭受的痛苦"。他们提到，那些遭受此种痛苦的人又会成为八卦新闻或者其他企业报道的主题。

Warren 和 Brandeis 这些对精神痛苦的阐述似乎是对 Prosser 教授观点的支持，因为这似乎至少在某个侧面表明，隐私权保护了人们免受故意施加精神痛苦的权利，人们提起这类隐私侵权诉讼的主要依据是因为这的确造成了他们感情的伤害。③ 然而，这样一种结论无法从

---

① Mason, Brandeis: A Free Man's Life 70 (1960).
② Warren & Brandeis 195 – 196.
③ It should be noted, however, that Dean Prosser regards the Warren & Brandeis article as devoted primarily to one of the four torts he identifies, namely to "public disclosure of embarrassing facts", and he regards the interest invaded in this tort as being that of reputation. Prosser, Privacy 392.

Warren 和 Brandeis 的文章中得到证明，相反，他们清楚明白地否认了这点。他们指出，尽管"侵扰他人安宁的隐私侵权的法律救济看似只涉及对精神损害的补救，但法律并不对这种纯精神损害提供救济，无论行为人的行为给他人造成了何种精神痛苦，即便此种行为是鲁莽甚至是恶劣的，如果行为人的行为原本是合法的，他人也不得要求行为人对其承担赔偿责任"。他们进一步把隐私侵权和"精神痛苦"区分开来，认为隐私侵权是"一种法定伤害""本身即是一种非法行为"，而"精神痛苦"仅仅是损害赔偿的一项构成要素。因此 Warren 和 Brandeis 认为，虽然行为人对他人私人事务说三道四会让他人遭受精神痛苦，但这并非行为人的行为非法的原因，对他们来说，精神痛苦仅是隐私侵权这种独立侵权的副产品。

他们同样不认同 Prosser 教授的此种观点："公开披露他人私人事务的隐私侵权"以及"公开丑化他人形象的隐私侵权"是一种名誉侵权或者名誉损害。他们认为，"名誉侵权法的原则和隐私法完全不同，名誉侵权实际上损害的是个人同社会的外在关系"，因为名誉侵权会降低别人对自己的评价，由此名誉侵权行为非法的原因在于这种侵权行为是"对事实的扭曲"。而隐私侵权则相反，它强调的是行为人对"精神"的非法行为，它损害了他人"自我的建立"并且"伤害了他人的情感"。更重要的是，隐私侵权不像名誉侵权那样是建立在对事实虚假的描述上，隐私权的重要意义不仅在于"阻止别人对他人私人生活进行错误的描述，更重要的在于根本就应防止描述行为的发生"。

Warren 和 Brandeis 承认对他人私人生活的隐私侵权确实会涉及他人的所有权或财产权利。即便这样，他们的结论也是否定的：尽管隐私侵权有时表现为对他人姓名或肖像等物质利益的占用，但这并非这种侵权行为构成非法的原因所在。这种结论是令人惊讶的，因为隐私权首先被法律所承认，就是始于普通法上对文学和艺术作品财产权的保护以及商业秘密的判例。尽管 Warren-Brandeis 的分析大都以公开披露他人私人事务的隐私侵权案件为主，但他们也没有遗漏未经他人同意使用其姓名或肖像的案件，对这些案件的理论分析也有力地驳斥了 Prosser 教授的观点，因为后者以保护财产所有权为据定义了擅自使用姓名或肖像这一隐私侵权类型。

Warren 和 Brandeis 在他们文章的开篇就宣称,他们认为"一般认为是普通法上文学和艺术财产权的法律原则,可被合理解释为对一些恶劣的隐私侵权行为提供了一种法律救济"。不过,他们将普通法对这种财产的保护和制定法对版权的保护区分开来。普通法允许著作权人"完全支配这些作品的发表并且按照自己的意愿决定是否出版它们",而著作权法则相反,它的目的是为了"保护著作权人因出版所得的所有利润"。

在 Warren 和 Brandeis 看来,普通法和制定法对文学艺术作品保护目的的这种区别正是理解普通法上文学艺术作品权利背后意义的关键。对文学艺术作品的普通法保护实际上是"隐私权一般原则在普通法领域内的应用",因为"这些作品(普通法上财产权)的价值并不在于获取出版所得利润的权利,而在于著作权人可支配其出版与否的权利所获得的内心安宁和平静"。正是因为如此,"很难将普通法上的权利看作一项财产权"。

普遍认为,法院承认对隐私侵权的救济机制——"保证每个人享有他的想法、感情、情绪和旁人交流至何种程度的决定权"。不过在多数情况下,这些法院也仅是将判决局限于对财产的保护。在 Warren 和 Brandeis 看来,这些法院的判决"从狭义上说"都蕴含着没有物质利益即没有财产权的思想。财产的概念被法院当成是构成法律救济的依据,而实际上产生法律救济的根源根本不在此。换言之,我们说文学艺术作品享有普通法上的财产权并不是说侵犯这种权利是对他人姓名或肖像等物质利益的破坏或占用,而仅仅意味着法律为这种侵权提供了一种法律救济。

总而言之,Warren 和 Brandeis 认为,对他人私人事务的隐私侵权之所以构成违法行为,不是像 Prosser 教授分析的那样:因为这种行为伤害了他人、导致了他人精神痛苦或是构成对他人姓名、肖像等物质利益的擅自使用。虽然无孔不入的媒体对私人生活的渗透完全可产生上述这些结果,但是这不是导致这些行为构成非法的本质原因。在上述情况中,即使 Warren 太太的名誉没有受到任何污蔑,即便她内心的宁静没有被打破,即使他们的生活节奏没有被打乱,我们仍应认定对她和她丈夫私生活的公开行为是非法的,构成对法律所保护利益的侵犯。

那么，什么才是构成行为非法的本质？遗憾的是，这些知识渊博的学者们在描述隐私侵权所侵犯的利益方面远不如他们在认定它并非侵犯了什么利益方面那么成功了。这或许在某种程度上解释了，为什么在成百上千的案例以 Warren 和 Brandeis 确立的隐私权概念为依据判决之后，Prosser、Harper 和 James[①]、《侵权法复述》[②] 以及一些权威学者[③]对隐私下的定义却又明白地被 Warren 和 Brandeis 所否定。

Warren 和 Brandeis 明显察觉到，"隐私"一词本身就是对自由无阻的媒体所威胁到的利益完全充分的形容。他们认为，任何人都享有隐私权，都享有独处的权利，并且对他们而言，这就是一个对他们所关注的利益足够充分的描述。尽管公开披露他人生活的侵权方式大致类似于侵害他人名誉的侵权方式，但行为人公开披露他人生活所侵害的权利并非他人的名誉权，而是他人的独处权。这种独处权所蕴含的利益也不是保护他人免受精神痛苦的权利，尽管精神痛苦通常是伴随着隐私侵权而产生。并且，尽管他人对其文学和艺术作品所享有的普通法上的财产权是隐私权的一种实例，但隐私所保护的利益并不和金钱价值相混淆。

Warren 和 Brandeis 给予了"他人的权利"和"他人的利益"一个"隐私"的名字，并说明隐私利益和其他权利和价值是存在差别的，不过仅此而已。或许在通过特征挖掘和不断尝试找到隐私的内在原则后，我们可以发现更进一步的线索来探明他们所说隐私利益的实质所在。因此，正如我所指出的，他们一度提到，隐私不像名誉那样是一种"物质"价值，它仅是一种"精神"价值。他们再三强调，从某些方面说，隐私侵权涉及人的精神层面，涉及"对他人自我构建和自我感情的影响"。

他们对隐私所要保护的利益最重要的陈述是："保护他人私人书信和所有私人作品……不受任何形式公开的法律原则，实际上并不是有关保护他人私人财产的法律原则，而是有关保护他人人格不受侵犯

[①] Harper & James, Torts § 9.6 (1956).

[②] Restatement, Torts § 867 (1939).

[③] See, e. g., Davis, What Do We Mean by "Right of Privacy"?, 4 S. D. L. Rev. 1 (1959); Green, The Right of Privacy, 27 Ill L. Rev. 237 (1932); Pound, Interests of Personality, 28 Harv. L. Rev. 343 (1915).

的法律原则。"我将他们所提出的"人格不受侵犯的原则"理解为个人的独立、尊严和完整。这是因为此种原则将人的本质界定为独一无二的人和自我决定的人。我们西方宗教伦理的传统强调个人的尊严和意志独立,普通法上保护他人"文学和艺术作品"的权利,就是决定他的想法、感情和情绪与外界交流至何种程度的权利。正是这些文学和艺术作品案件使 Warren 和 Brandeis 提出了隐私权的理论,因为对他们而言,否定他人是否享有将自己的作品公布于众的决定权是不符合信奉人格尊严和价值的西方传统观念的。如果缺少这种权利,那么他人作为一个人的存在性要降低,他人对自己命运的掌控将不复存在。

因此,我认为激发 Warren 和 Brandeis 写下他们文章的原因正是他们担心气焰嚣张的媒体对私人生活的渗透将会破坏他人的人格尊严和自我完整,阉割他人的个人自由和独立。诚如我的分析,那么 Prosser 教授对隐私的分类明显和 Warren-Brandeis 那篇"自发表以来最有影响力的法律评论"所提出的观点相冲突,因为后者提出了"新型侵权"而不只是给"旧式侵权"冠以新名。①

正如上文所指出的,Prosser 教授对隐私案件的分析以以下两点结论而著称:其一,并不存在一种单一类型的隐私侵权,而是四种不同的隐私侵权类型;其二,这些侵权类型所保护的利益并非一种利益,而是三种不同的利益,其中的任何一种利益都不能完全冠以隐私利益之名。我相当怀疑有任何案件可以支撑他的这些结论。

(二) 侵扰他人安宁的隐私侵权案件

Prosser 教授对隐私侵权所做的第一种分类是侵扰他人安宁的隐私侵权。此种类型的隐私侵权案件通常包括被告采用非法或不合理手段来披露原告私人生活的案件。例如,有一个案件就是关于被告未经原告允许而窥探原告分娩过程。② 美国密歇根州法院在 Warren 和 Brandeis 发表那篇文章 9 年之前,就公开宣布这种非法侵权是可以提起诉讼的,因为"原告所处神圣性的领域不容旁人未经原告允许就

---

① Gregory & Kalven, Cases on Torts 883 (1989).
② De May v. Roberts, 46 Mich. 160, 9 N. W. 146 (1881).

擅自踏入，除非确实由于紧急需要"。

另一个佐证案件就是 Rhodes v. Graham. 一案①。在该案中，被告在未经原告许可的情况下不仅窃听了原告的电话，而且还安排速记员对原告的电话内容进行了记录。法院支持了原告要求被告予以损害赔偿的诉讼请求，宣称"正如在报纸杂志上公开他人事务或者以其他方式侵害他人私人事务是恶劣的隐私侵权行为一样，窃听他人电话的行为也是恶劣的隐私侵权行为"。在另一个涉及原告的房子被非法侵入的同类案件中，法院适用《美国联邦宪法第四修正案》——禁止不合理的公权力行为——也支持了原告损害赔偿的诉讼请求②。

这些案件中所保护的利益和价值是什么？对此，Prosser 教授的回答是"（侵扰他人安宁的隐私侵权案件）可提起诉讼的依据明显是这种行为属于故意施加精神痛苦的侵权行为"。然而实际上，法院承认存在精神损害的这些案件中没有一个是以故意施加精神痛苦为依据做出判决的。而且，除了一个案件以外，其他所有案件的判决都是在法院承认故意施加精神痛苦是一项独立的诉讼依据之前做出的③，并且在绝大多数情况下，典型的侵扰他人安宁的隐私侵权案件和故意施加精神痛苦的案件是有很大区别的。④ 再者，Prosser 教授和其他学者⑤也认为"严重精神痛苦"的特殊损害是提起故意施加精神痛苦诉讼必要的构成要件。但是，许多支持侵扰他人安宁的隐私侵权诉讼的判决明确表示特殊损害并不是构成隐私侵权的必要要件。除极个别案件外，似乎这些案件的当事人甚至都没有主张自己遭受了严重精神抑

---

① 238 Ky. 225, 37 S. W. 2d 46 (1931).
② Young v. Western & A. R. Co., 39 Ga. App. 761, 766 - 767, 148 SE. 414, 417 (1929).
③ The exception is West Virginia. Roach v. Harper, 143 W. Va, 869, 105 S. E. 2d 564 (1958); Monteleone v. Cooperative Transit Co., 128 W. Va. 340, 36 S. E. 2d 475 (1945) (dictum).
④ In at least two instances, however, courts have cited privacy cases for the proposition that there may be recovery for mental suffering without physical impact or physical injury. State Rubbish Collector Ass'n v. Sillznoff, 38 Cal. 2d 330 240 P. 2d 282 (1952); Kuhr Bros. v. Spakas, 89 Ga. App. 885, 81 S. E. 2d 491 (1954).
⑤ See, e. g., Sams v. Eccles, 11 Utah 2d 289, 358 P. 2d 344 (1961); Magruder, Mental and Emotional Disturbances in the Law of Torts, 49 Harv. L. Rev. 1033 (1936); Restatement, Torts § 46 (Supp. 1948).

郁或痛苦。即便是在一个原告主张被告的行为导致自己遭受了严重精神损害的案件中，法院也清楚地表明，即使没有这种精神损害，原告也可得到法律救济。

所以在我看来，Prosser教授关于侵扰他人安宁的隐私侵权案件的观点引人争议最重要的原因是，他忽视了这些诉讼主张的本质：即侵扰他人安宁的隐私侵权降低了他人的人格，是对他人人格尊严的侮辱。一位母亲抚养孩子而免受不必要打扰的法定权利并不必然保护她情绪的平静，而是意味着对她个性和人格尊严的尊重。当这种权利被侵犯时，她会感觉愤怒或受辱，并不见得是精神抑郁或痛苦。即使结果是她确实经受了焦虑或者其他精神损害，这些后果本身也是由对她的侮辱行为带来的。

根本事实就是，我们西方文化传统对个性的定义包括了他人不受别人侵扰的权利。这种自我隔离和自我支配的方式实则代表了人身自由和尊严的本质，是我们文化传统的一部分。当他人的住宅可能被别人侵入、他人的谈话可能被别人窃听、夫妻和家庭之间的亲密生活可能被别人窥探时，某种程度上说，他人已经不存在什么人格尊严，甚至可以说他人作为一个人的概念也受到极大考验。一个可以任意侵扰他人生活的人成了他人的掌控者，可以说，这种侵扰他人安宁的隐私侵权事实上是暴君手中的利器。

我认为，行为人实施的侵扰他人安宁的隐私侵权行为之所以违法，其原因并非它给他人带来了精神痛苦，而是它对他人人格尊严的贬损和对他人人格身份的打击。电话监控、窃听或未经允许侵入他人住所等侵权或许会引发他人痛苦和尴尬，但是这并不是导致这些行为非法的原因。它们之所以是非法的，不是因为它们会导致他人的精神受到伤害，而是因为它们造成了他人人格的降低。[1]

这种观点得到了一些判例的支持，因为在这些判例中，法院明确以联邦宪法禁止不合理的人身搜查和逮捕为依据，判决被告就其隐私

---

[1] See Arendt, The Human Condition (1958); Hoffer, The True Believer: Thoughts on the Nature of Mass Movements (1951); Orwell, 1984 (1949).

侵权行为承担损害赔偿的责任①。诚然，这些案件并没有直接说侵扰他人安宁的隐私侵权的非法性在于，它降低了他人的尊严、贬损了他人的人格。但是，这些要求损害赔偿的宪法性权利主张是朝着这个方向的迈步，最起码反驳了该种侵权的诉讼依据是故意施加精神痛苦的观点。

在上述这些侵权案件中，一些不同于损害赔偿形式的救济就更接近我们的正题了。美国联邦最高法院已经明确宣称，《美国联邦宪法第四修正案》保护公民免受隐私侵扰并且这种保护潜在目的是维护个人自由②。在我看来，这些案件代表着对不合理的侵扰行为构成非法侵权的确认，因为这些行为侵犯的是宪法对他人个人自由的保护。

因此，从早期的 Boyd 一案到最近的 Silverman v. United States 一案③，美国联邦最高法院明确阐述了"《美国联邦宪法第四修正案》赋予了公民一种可以撤离至自己家中而免受政府任何不合理侵扰的权利"，并且这种权利是"宪法所保障的自由和安全的题中之意"④。联邦最高法院宣称"《美国联邦宪法第四修正案》禁止任何不合理的搜查可被解释为对隐私权的捍卫"⑤，不仅如此，联邦最高法院还声明："捍卫公民隐私不被政府等公权力不合理地侵犯是社会自由的基础。"⑥

在所有的这些案件中，如果侵权人是政府等权力机关，那么毫无

---

① Young v. Western & A. R. Co., 39 Ga. App. 761, 148 S. E. 414 (1929); cf. Walker v. Whittle, 83 Ga. App. 445, 64 S. E. 2d 87 (1951).

② See, e. g., Silverman v. United States, 365 U. S. 505 (1961); Wolf v. Colorado, 338 U. S. 25 (1949); United States v. Lefkowitz, 285 U. S. 452 (1932); Gouled v. United States, 255 U. S. 298 (1921); Boyd v. United States, 116 U. S. 616 (1886); Lopez v. United States, 373 U. S. 427, 439 (1963) (Brennan, Douglas, and Goldberg, JJ., dissenting); Poe v. Ullman, 367 U. S. 497, 549 – 550 (1961) (Harlan, J., dissenting); OnLee v. United States, 343 U. S. 747, 763 (1952) (Douglas, J., dissenting); Goldman v. United States, 316 U. S. 129, 136 – 137 (1942) (Murphy, J., dissenting); Olmstead v. United States, 277 U. S. 438, 469, 476 – 479 (1928) (Brandeis, J., dissenting); cf. Public Utilities Comm'n v. Pollak, 343 U. S. 451, 467 (1952) (Douglas, J., dissenting).

③ 365 US. 505 (1961).

④ Boyd v. United States, 116 U. S. 616, 630 (1886).

⑤ United States v. Lefkowitz, 285 U. S. 452, 464 (1932).

⑥ Wolf v. Colorado, 338 U. S. 25, 27 (1949).

疑问，对该种侵权的救济形式要和普通私人之间的侵权有所不同。但是这并不代表着一个 FBI（美国联邦调查局）实施的侵扰行为和你邻居对你实施的侵扰行为之间的非法性有何不同，也不是说这两类案件的诉讼依据是不一致的。当然，一个警察对你电话的窃听毋庸置疑比已分居的配偶窃听你的电话对个人自由的威胁更大，但这两种侵权类型的非法性是一致的。所以，由一系列《美国联邦宪法第四修正案》判例产生的隐私概念可广泛适用，即使在一些案件中宪法第四修正案未能成功救济。在这一点上，Brandeis 对 Olmstead 一案[①]的异议意见特别有借鉴意义。在该案中（判决是在《美国联邦电子通讯隐私法案》颁布之前），联邦探员违反禁止性条款窃听被告的电话从而得到了被告的犯罪证据，被告认为这种违反《美国联邦宪法第四修正案》而得到的证据应予以排除。联邦最高法院的多数意见认为，由于这种行为并未构成对原告住所的侵入，因此不属于《美国联邦宪法第四修正案》所保护的范围，于是认定由此获得的证据可作为判案依据。大法官 Brandeis 和 Holmes 持异议意见。从 Brandeis 的异议意见中明显可以看到，在他那篇关于隐私权的文章发表近 40 年后，较之他早期关注不合理公开他人私人事务的侵权，他现在愈发关注恶劣、嚣张地侵扰他人私人事务的案件。他开始密切关注恶意电话监控、窃听等侵权，并将这看作媒体对私人生活渗透而产生的恶果。

　　或许是出自谦虚的原因，他没有全盘引用自己的文章，但是他"突出"的一些段落几乎是逐字照搬了他的文章，并且他的异议意见所隐含的概念体系与他的文章也是一致的：他的文章旨在解除行为人通过"现代发明和商业手段"以及"高科技机械装置"对他人隐私实施的威胁，异议意见则针对"科技发明"引发的触角更广泛的侵犯他人隐私的方式。他们的文章试图将普通法引至保护"人类精神本质"的方向上，引至承认对他人"想法、感情和情绪"的法律保护上；异议意见则试图扩大宪法保护的范围，使其包含"人类精神本质"，以保护美国公民的信仰、想法、感情和情绪。

　　Brandeis 的那篇隐私权著作和他的异议意见是如此相似，这完全表明在他写下异议意见时就认为，《美国联邦宪法第四修正案》的意

[①] 277 U. S. 438, 471 (1928).

图是保护他人人格尊严不受侵犯，这也是他在早期那篇文章中所提到的普通法上的隐私权利所隐含的原则。更近一些，美国联邦最高法院的 Murphy 大法官对这个概念做了更明确的界定。在对 Goldman 一案的异议意见中，他写道，"《美国联邦宪法第四修正案》捍卫个人隐私权"，而在描述这种权利时他引用了 Warren 和 Brandeis 的那篇文章和大量隐私侵权案件。Brandeis 和 Murphy 的异议意见——应当指出在这些案件中，联邦最高法院都是在区分《美国联邦宪法第四修正案》的保护范围而没有分析案件所含有的社会价值——为主张"侵扰他人安宁的隐私侵权案件"背后的社会利益是个人自由，是同样被《美国联邦宪法第四修正案》所保护的利益，提供了权威支撑。

（三）公开披露他人私人事实的隐私侵权案件

Prosser 教授对隐私侵权所做的第二种分类是对他人私人事实的公开披露。当然，这种案件涉及新闻媒体对他人私人生活进行的新闻报道、电影拍摄者将他人的私人生活拍摄成电影以及报纸杂志将他人的私人生活写成文章刊登发表等等。这一领域内两个代表性的案件是 Melvin v. Reid 一案[①]和 Sidis v. F-R Publishing Corp. 一案。[②] 在前一个案件中，被告使用原告真实姓名（嫁人之前的名字）拍了一部电影，描述了她过去从妓和被控谋杀的经历。电影所披露的丑闻和耸人听闻的行为是原告很多年前的历史，而现在原告则过着体面和受人尊敬的生活。于是原告向法院起诉，认为被告的电影侵犯原告享有的隐私权，导致其遭受了损害。加利福尼亚州法院判决支持了原告的诉讼请求，认为被告直接侵害了原告根据 Warren 和 Brandeis 的文章所建立的隐私权，侵害了原告由美国联邦宪法所保障且不可剥夺的"享受和保护生活和自由，获得、占有和保护财产，追求和获得健康和幸福的权利"。而在后一个案件中，《纽约人》（New Yorker）杂志刊登了一篇名为《他现在身处何方》的文章，此文记述了一个数学少年天才在成年后如何变成行端诡秘隐士的经历。原告 Sidis 认为这一文章侵犯了其隐私权，诉至法院。法院认为，尽管这篇报道是真实且怀

[①] 112 Cal. App. 285, 297 Pac. 91 (Dist. CL App. 1931).
[②] 113 F. 2d 806 (2d Cir. 1940).

有恶意的,"报道对他人私人生活细节的披露是残忍的",并且被告也的确侵犯了原告 Sidis 的隐私权,但法院最终还是拒绝了 Sidis 的诉讼请求。因为法院认为原告系公众人物,公众人物因为特殊的社会角色,其事业和生活容易引起公众的兴趣,这篇文章迎合了公众对少年天才的兴趣,具有新闻价值。"个人隐私权和对公众人物报道的新闻价值之间的矛盾不可避免。"法院总结道,因为 Sidis 是一个"公众人物",所以在"不可避免的冲突"上,公众合理的兴趣要优先于公众人物的隐私权。

在讨论了 Melvin 一案、Sidis 一案和一些类似案件后,Prosser 教授总结道:"这种类型的隐私侵权显然和侵扰他人安宁的隐私侵权不同,这种侵权所保护的利益是他人的个人名誉。"如上所述,这种观点和 Warren 和 Brandeis 的观点大相径庭,在我看来,和这些案件的本质也是格格不入的。

甚至在任何公开披露他人私人事务的案件判决做出之前,Warren 和 Brandeis 就极力主张名誉侵权案件和隐私侵权案件之间存在明显区别[1],Prosser 教授从未考虑过这方面内容。公开披露他人私人事务的侵权案件和名誉侵权案件建立在"根本不同的原则"之上,因为前者是对他人"不容侵犯的人格"的冒犯而后者是对他人名誉的毁损[2]。而且,前者的侵权手段是不合理的公开他人私人事务,而后者的侵权手段则是做出虚假的事实陈述。"隐私权的重要性不仅体现在阻止别人对他人私人生活进行错误的描述,更重要的在于根本就应防止此种描述的发生。"坦白地说,在 Melvin 一案和许多其他这种类型的案件中,他人确实都会主张名誉损害作为公开披露行为的损害结果,包括公众轻蔑、谩骂以及嘲笑等。但在我看来,这种主张只是隐私侵权非法性所附带产生的损害,比如在 Sidis 一案中,即使被告是采用同情而非嘲讽的手法描述原告的私人生活,其行为仍构成隐私侵权。

---

[1] This is not accidental, of course, since most, if not all, of these cases rely on Warren and Brandeis' analysis.

[2] Warren & Brandeis 197; cf. Themo v. New England Newspaper Publishing Co., 306 Mass. 54, 27 N. E. 2d 753 (1940).

原告在这些案件中的主张并非针对公众对所披露的事情所采取的态度或意见——无论这些事情是真或假，友善或恶意——而是针对他们生活的某些方面在公众前面一览无余。从这个层面上说，公开披露他人私人事务的诉讼依据和侵扰他人安宁的隐私侵权一样；实际上，公开本身就构成一种侵扰，就好像成千上万双眼睛突然聚拢在窗户外来围观你的私人生活一样。当报纸刊登一副畸形新生儿的照片时①，他的父母并不会担心他们遭受任何名誉上的损害结果。他们更多的是感到侮辱和窘迫，因为整个世界都在围观他们的人生悲剧。医院和报纸并没有权利以这种方式来干预他人私人生活。同样地，当行为人关切、详细地描绘他人的生活时，即使这种描绘是满怀同情的，他人也将被迫面对公众了②，此时他人的诉讼理由并非他人名誉的丧失，反而是他人名声的建立。这种侵权的非法性在于它把默默无闻之辈曝光于舆论焦点下，将其私人生活变成了一个公开景观。

不当公开他人债务案件③和发布他人医疗照片的案件④的非法性也是一致的。诉讼的产生不是人们因为原告的负债或是畸形病患会对原告采取不同的态度——尽管他们可能的确会这样——而是这种公开涉及他人私人生活的事实代表了对原告人格尊严的压迫和冒犯。

名誉侵权和公开披露他人私人事务的隐私侵权最根本的区别是，它们对公开的要求是不同的。虽然名誉侵权和公开披露他人私人事务的隐私侵权一样均将公开看作行为人对他人承担侵权责任的构成要件，但名誉侵权当中的公开不同于公开披露他人私人事务的隐私侵权当中的公开。在名誉侵权当中，行为人仅需将其对他人名誉具有毁损性质的虚假陈述对他人之外的任何一个人公开就足以让他们对他人承担名誉侵权责任；而在公开披露他人私人事务的隐私侵权当中，行为

---

① Bazemore v. Savannah Hosp., 171 Ga. 257, 155 S. E. 194 (1930); Douglas v. Stokes, 149 Ky. 506, 149 S. W. 849 (1912).
② Cason v. Baskin, 155 Fla. 198, 20 So. 2d 243 (1944).
③ Trammell v. Citizen's News Co., 285 Ky. 529, 148 S. V. 2d 708 (1941); Brederman's of Springfield, Inc. v. Wright, 322 S. W. 2d 892 (Mo. 1941)
④ Banks v. King Features Syndicate, 30 F. Supp. 353 (S. D. N. Y. 1939); Feeney v. Young, 191 App. Div. 501, 181 N. Y. Supp. 481 (2d Dep't 1920); Griffin v. Medical Soc'y, 11 N. Y. S. 2d 109 (Sup. CL 1939).

人必须将他人的私人事务向社会公众或者至少是相当多的人公开,才足以让他们对他人承担隐私侵权责任。如果行为人仅将他人的私人事务向他人之外的一个人或少数人公开,则他们无需对他人承担隐私侵权责任,除非行为人是通过不当窥探的方式获得他人私人信息并公开他人私人信息,或者通过违背承诺、违反保密义务的方式公开他人私人事务。如同 Prosser 在引用案件来支撑自己观点时所指出的那样:"如果被告将原告没有清偿债务的事情刊登在报纸上,或者是张贴在公共街道的公告板上,又或者是在大街上大声喧嚷,则他们的行为构成对原告的隐私侵权;除了佐治亚州初级法院的一个判决有不同意见之外,理论界达成了共识:如果仅是将这种信息向原告的雇主或是任何其他个人甚至是小群体披露并不构成隐私侵权,除非行为人与他人之间存在违反合同、信托或是约定义务等可以产生独立法律救济的情形。"

这意味着公开披露这一构成要件存在一些例外情况,首先我们可以很容易排除一种表面上类似公开披露的例外情况:非法窃取了他人私人信息而后进行了披露行为,此时的披露行为本身足以构成侵权行为。此时的披露,无论是对一人还是对多人,并非侵权行为违法的本质而只是增加损害赔偿的砝码。所以这种情况根本不是公开披露规则的例外。但是,如果他人因为相信行为人会对其信息予以保密而将其个人信息透露给行为人,当行为人违反他人的信赖而将他人的个人信息予以公开时,他人有权要求行为人对其承担隐私侵权责任,即便行为人仅将他人的个人信息向有限的受众公开,也是如此。但在这里,行为人的披露行为构成非法的原因不在于披露本身,而在于此时的披露违反了行为人和他人之间的信任关系。行为人无论是对一个人还是对多个人进行披露,在披露行为开始的瞬间就已经构成了侵权。

如果行为人与他人之间不存在信任的违反行为,则当行为人公开披露他人私人或私密信息时,他们仅在公开披露的情况下才构成隐私侵权。为什么在这类案件中要区分是向一人还是多人披露,而不像在名誉侵权案件中一样直接计算损害赔偿数额?在判断行为人公开他人欠债的行为是否构成隐私侵权时,隐私侵权法为什么要区分行为人是将他人欠债的事实告诉他人雇主还是广而告之两种情况?在名誉侵权案件中,一项主张是否可诉取决于其传播的事实而不论公开的程度,那为何隐私案件的可诉性有时取决于公开披露的程度？

原因很简单，因为名誉侵权是建立在对他人名誉的毁损上，而隐私侵权则是建立在对他人个性的打击之上。虽然在隐私侵权案件中，他人的名誉可能会在人们心中遭到损害，但除非存在违反信任关系的例外情况，否则需要披露的对象是大众且披露的事实属实时，隐私侵权法才会责令行为人就其公开他人私人生活细节的行为对他人承担隐私侵权责任。

如果一个一直以来品行端正的女性被污蔑成妓女，她理所当然地可以通过名誉侵权获得成功的法律救济，即使这种污蔑只对一人进行了散播。丧失别人对我们的尊重正是名誉侵权的诉讼依据。但假设没有任何违约情形的存在，当行为人将一个受人敬仰的女性曾经为风尘女子的往事披露给了她的几个朋友或是一群朋友时，该女子无法对行为人提起隐私侵权诉讼，无论她朋友对她有多彻底的改观和评价。公开披露他人私人事务的隐私侵权的依据不是别人对他人看法的改变，而是将他人的私人生活公众化。这造成了对他人自尊的损害，因为这让他的私人生活可供公众参观。名誉侵权的诉讼依据是，行为人实施的名誉侵权行为造成了别人对我们的错误看法，不论别人是一个人还是多个人；而公开披露他人私人事务的隐私侵权行为对他人的损害则表现在，它将他人的生活摊开在公众面前。在名誉侵权中，他人被掠夺的是名誉；而在公开披露他人私人事务的隐私侵权案件中，他人丧失的是其个性和人格。

应当承认，没有一个法院按照 Prosser 教授关于公开披露他人私人事务的观点对案件进行分类。当然也没有任何法院采用 Prosser 教授对这些案件的分析。以上我的分析，大多是 Warren 和 Brandeis 文章观点的演绎。并且这种观点得到了 Melvin 一案的支持，Melvin 一案是这类隐私侵权案件的典型代表，该案以宪法保障人民的生命、自由和幸福为依据做出判决。即使宪法条款对隐私的这种保护是模糊的，但该案判决指明了隐私保护有别于名誉利益的保护，它是将人格尊严和自我完整作为诉讼的依据。

倘若把这些案件拿来和侵扰他人安宁的隐私侵权案件一起探讨，这种分析可以得到更进一步的支持。许多侵扰他人安宁的隐私侵权的案件都是依照公开披露他人私人事务的隐私侵权案件的判例做出的，反之亦然。① 如果说 Prosser 教授的分析是对的，那么这种关联就是不正确的，至少是被误导了。我认为相同情况下对比，认同侵扰他人安宁的隐私侵权和公开披露之间相互依赖的关系并为它们提供一个基本原理的理论较之将其看作两种完全不同的侵权更有道理。侵扰他人私人生活和公开披露他人私人事务其实就是两种损害他人个性和人格尊严的方式，他们之间唯一的区别就是侵害的手段不同而已。

回到上述 De May 一案中原告分娩的情况，此时诉讼发生的原因是，被告在非必要的情况下未经原告授权参观了原告的分娩过程。在密歇根州法院看来，这就是对"神圣领域"的"玷污"。但假设被告经授权观礼原告孩子的诞生，但随即将原告分娩过程的细节透露给媒体，原告也同样会产生"神圣"被玷污的愤怒感。报纸未征得原告允许而刊登了对产房的描述，包括那些痛苦的呻吟、喜悦的笑声、夹杂辱骂或是鄙俗的语言以及故作镇定地对爱人的宽慰等等产房中的私密行为，和侵扰他人安宁的隐私侵权一样，都构成对原告人格和尊严的冒犯和攻击。这种公开行为同侵扰他人安宁的隐私侵权一样，造成了我们道德和情感的伤害。

当然，De May 一案得出的推论并不适用于所有的侵扰他人安宁的隐私侵权和公开披露的案件。某些情况下，公开披露偶尔看到的或听到的内容也是对他人的冒犯，并且他人可据此提起诉讼，但是这种行为本身并不属于侵扰行为，比如一名记者"撞上"了一个私人社会联谊集会。有些时候，他人私生活细节的公开并非一定是通过行为人的秘密观看或者窃听来实施的，而是通过某种公开记录的方式来实施的，例如，他人拖欠的债务或者他人不堪回首的过去等等。不过，披露的信息即便不是通过实施侵扰行为而得到的，他人也可对公开披露他人私人事务的侵权行为提起诉讼；反过来说，这并不能佐证这几种侵权类型所保护的利益是不一样的。唯一能说明的只是，公开他人私人事务的隐私侵权和侵扰他人安宁的隐私侵权是以各自不同的方式

---

① See, e. g., McDaniel v. Atlanta Coca-Cola Bottling Co., 60 Ga. App. 92, 2 S. E. 2d 810 (1939); Pritchett v. Board of Comm'rs, 42 Ind. App. 3, 85 N. E. 32 (1908); Rhodes v. Graham, 238 Ky. 225, 37 S. W. 2d 46 (1931); Roach v. Harper, 143 W. Va. 869, 105 S. E. 2d 564 (1958).

给他人造成人格的降低或者侮辱。

既然这两种隐私侵权所保护的利益是一致的，为什么人们没有看到它们所保护的利益同为身份利益？我认为，这是因为，通过日趋嚣张的科技手段对他人实施的侵扰要比公开他人私人事实的威胁形式出现得更晚。在行为人通过"侦探、窃听或电话监控方式"侵扰他人的行为出现之前，美国的报刊对他人私人生活的公开报道早已成为美国日常生活的一部分。在 Warren 和 Brandeis 写这篇文章时，通常的邻里窥探因为不能引起公众的兴趣并不被他们关注，而不寻常的偷窥，譬如电子设备的使用还没出现。这或许解释了为什么他们的文章忽略了最早的三种对抗物理性质的侵扰他人安宁的隐私侵权的方式，即非法侵入他人私人领地之诉、防"偷窥"（peeping tom）的制定法①以及《美国联邦宪法第四修正案》。然而，在 Brandeis 写下他对 Olmstead 案（电话窃听）的异议意见时，他已经看到了科技侵扰发展到同疯狂的媒体所带来的侵扰不分伯仲的程度。

让我们再从另一个角度来了解一下公开披露他人私人事务的隐私侵权案件产生的社会历史背景：Warren 和 Brandeis 直到 1890 年才写了他们的那篇文章，而那时，美国大都市的出版社正处于转型期，它们试图尝试一些新型的报道，更重要的是，美国人生活的社会模式开始从小城镇向大都市过渡。当时，一大批学者都指出，对私人事务的飞短流长无疑就是人类社会的一种本质特征，小镇里对他人生活隐私热烈、娴熟且孜孜不倦的传播和大都市出版社最高级的记者别无二致②。那么，为什么直到"新型发明""大量机械装置"和八卦记者的涌现，直到"八卦……已经变成了一宗买卖"时代的到来，才使得 Warren 和 Brandeis 意识到我们对隐私的迫切需要？

尽管我们不应该做这种泾渭分明的区分，但显然乡村式的生活方式已经太根深蒂固了——乡里街坊之间的家长里短和大都市媒体业的八卦兜售相反，它们并未触及人类自尊和尊严。全力回避、回应、澄

---

① See, e.g., La. Rev. Stat. Ann. § 14: 284 (1950); N.Y. Pen. Law § 721; Bishop, Criminal Law 88 1122 - 1124 (9th ed. 1923); 4 Blackstone, Commentaries § 168 (6) (Cooley ed. 1859); Wharton, Criminal Law and Procedure § 1718 (12th ed. 1932).

② Hicks, The Limits of Privacy, The American Scholar, Spring, 1959, p. 185; Ruebbausen, Book Review, N. Y. L. J. Vol. 151, No. 106, p. 4 (May 29, 1964).

清还可应对人们的传言，而对于新闻报道这些是行不通的。篱笆后的轻语闲谈多少显得有些人情味，透着点柔和的温度，不似那冰冷刻板的印刷体，显得冷漠而无情。八卦新闻在街坊乡亲之间产生并迅速传播，其中一些人知晓这些消息后或许会怜悯和同情当事人。而且邻里之间多少有一些相互依存的关系，彼此都有容忍义务，尤其是对一些不那么友善的流言蜚语。

鉴于这种社会转型的背景，公众对邻里间私人生活的传闻并不重视。然而，新闻报纸作为一种广泛传播的媒介，它向大批对报道毫不知情的读者传播其报道，这就对大众产生了一种固定和强制的影响。由于所有这些原因，人们本来对那些流言并不相信或半信半疑，新闻报道的出现使人们相信这些流言，它已然化身为真相和事实的代言词，让大众认为其报道事项的真实性是毋庸置疑的。

因此，仅在报纸或其他形式的媒体出现后，他人的人格才会真正因为这些媒体对其私人事务的公开而受到降低。不同于公开披露他人私人事务的隐私侵权，名誉侵权诉讼则历经久远，因为一人的名誉可能会因为随口几句话或是随手几笔字就处于危险中。然而就我们所知，隐私权直到我们生活城市化才慢慢浮现，这种城市化也包括了诸如媒体的公司化，所以只有到这时我们才能意识到人格尊严和个性所面临的迫在眉睫的威胁。

（四）擅自使用他人姓名和肖像的隐私侵权案件

Prosser 教授对隐私侵权所做的第三种分类是，行为人为了商业目的而擅自使用他人姓名和肖像的隐私侵权。他认为这种类型的侵权所保护的利益"与其说是一种精神性利益，不如说是一种财产所有权性质的利益，也就是原告对其作为人格表现形式的姓名和肖像所享有的排他性使用权"。

在 1902 年，住在纽约州的 Abigail Roberson 发现一家面粉公司未经她同意，擅自把她的照片刊登在面粉广告上。她深觉羞辱与困窘，认为其名誉被损毁，导致了其精神和身体的双重痛苦，因此控告该面粉公司侵犯她的隐私权[①]。但纽约州上诉法院以 4 比 3 的票数拒绝了

---

① Roberson v. Rochester Folding Box Co., 171 N.Y. 538, 542 – 543, 64 N.E. 442, 448 (1902)(dissenting opinion).

她的诉讼请求,他们认为 Warren 和 Brandeis 提出的隐私权利在美国司法体系中并未有先例。多数意见表明,原告在这种情况下须证明"被告违反了承诺的信赖关系或者原告所主张的财产权利是受到法律保护的"。而在本案中,原告并没有证据证明这两项内容的存在。

在 Roberson 一案判决的 3 年后,佐治亚州最高法院也面临了同样的案件,不过他们做出的判决和 Roberson 一案截然相反。在 Pavesich v. New England Life Ins. 一案①中,原告的照片未经他同意而被报纸拿来做人寿保险的广告,广告展示了原告购买了该种人寿保险并且因此生活得更好了。在该案中,原告没有力图维护其所有权利益,只是请求被告赔偿使用他的姓名所得的商业利润,不过由于他并非名人,被告对他姓名或肖像使用的利润甚至都不够诉讼成本。何况该案原告的情况也不像 Roberson 一案,Pavesich 没有因为其照片被公布而遭受什么严重的精神损害。

在该案中,法官责令被告赔偿原告损失的根据是被告侵犯了原告的隐私权。在做出此种判决时,佐治亚州法院主要根据 Warren 和 Brandeis 文章的观点,认为原告享有的隐私权是"自然法"派生出来的,它得到美国联邦宪法和佐治亚州宪法的保护,因为这些宪法认为"公民的自由非经正当法律程序不得被剥夺"。这么铿锵有力的判词表明法院对该种侵权行为"愤慨难平",因为法院指出:"当他人看到行为人为了商事目的而以类似于做广告的方式使用其肖像或姓名时,他人对此抱有的反感态度并非不正常的而是正常的:只要广告商为了商业目的而利用他人的肖像或姓名,他人便能意识到他的自由被剥夺了。他可意识到的即是他目前被另外一人所控制,他不再自由,他成了一个毫无自由希望可言的奴隶,向一个冷酷的主人卑躬屈膝。一个存在真实本性或是人类正常意识的人,一定都会真切地存在这种被奴役的感觉。"

Pavesich 一案在隐私权的发展史上具有里程碑式的意义,它不仅在擅自使用他人姓名和肖像的隐私侵权领域被广泛援引,而且也在侵扰他人安宁的隐私侵权和公开披露他人私人事务的隐私侵权领域被广泛引用。在我看来,像 Pavesich 一案这样涉及擅自使用他人姓名或肖

---

① 122 Ga. 190, 50 SE. 68 (1905).

像的案件所保护的利益同侵扰他人安宁的隐私侵权和公开披露他人私人事务的隐私侵权所要保护的利益没有任何不同。这种利益并非 Prosser 所说的"一种财产所有权",而是人格尊严权益。为广告目的而对他人照片或姓名进行使用和大肆向世界公开他人私人生活的细节一样都是对他人人格的贬损。用 Pavesich 一案的判词来说,当被告为了商业目的使用他人姓名或肖像时,原告会"意识到他的自由被夺走了","他不再自由了"。所以,当一个年轻姑娘的照片被用来促销狗食时,她因此向伊利诺伊州法院主张"受到羞辱""尊重和欣赏的丧失"和随之而来的精神痛苦。法院引用伊利诺伊州宪法保护生命、自由和追求幸福的权利作为依据支持了她的诉讼请求。[①] 类似地,律师的姓名被用来做影印器材广告的案件[②]、使用年轻女士衣着泳衣的照片来宣传瘦身产品的案件[③]或是原告的照片被拿来给止痛药打广告的案件[④],诉讼主张的依据皆为这些行为造成了他人人格的屈辱、贬损和降低,而并非他人遭受的金钱或财产损失。

　　这些案件和公开披露他人私人事务的隐私侵权案件的唯一区别是,前者是通过将他人的姓名或肖像商品化的方式来降低他人的人格尊严,而后者则是通过公开他人生活的私密事项的方式来降低他人的人格尊严。也就是说,在公开披露他人私人事务的隐私侵权案件中,造成他人人格和个性贬损的原因是将他人的私人事项变成了一场展览。而在擅自使用他人姓名或肖像的隐私侵权案件中,造成他人人格和个性贬损的原因则是对他人人格身份的商品化。

　　不过,这种侵权案件确实有可能导致利益的混淆,因为大部分诉讼的提起正是由于他人的姓名或肖像基于商业用途和目的而被行为人所使用。这似乎表明他人被侵害的是一种财产或商业利益。然而这种结论毫无疑问是错误的,因为,一方面,如我已经指出的,大部分案件中所使用的姓名或肖像并没有实际商业价值,或者是仅有名义上的价值——几乎不值得提起诉讼。事实上,可获救济的是一般损害而非

[①] Eick-v. Perk Dog Food Co., 347 Il. App. 293, 106 N. E. 2d 742 (1952).
[②] Fairfield v. American Photocopy Equip. Co., 138 Cal. App. 2d 82, 291 P. 2d 194 (Dist Ct. App. 1955).
[③] Flake v. Greensboro News Co., 212 N. C. 780, 195 S. E. SS (1938).
[④] Foster-Mlilburn Co. v. Chinn, 134 Ky. 424, 120 S. W. 364 (1909).

特殊损害,这本身就代表着对这类案件保护的权益是财产利益论调的一种反驳。另一方面,认为这些案件中原告主张的是一种财产权利的观点,没有看到原告的主张所扮演的真实角色。为什么他人的个人肖像在被基于商业目的使用的情况下他人可以提起侵权诉讼?而在许多情况下,当他人的肖像被使用时,他人不能提起侵权诉讼?例如,当他人的肖像被别人在公共场所拍摄时,他人实际上默示了行为人对其肖像公开的同意;当新闻媒体将其肖像用于报道事件时,他人也不能提起侵权诉讼。这是因为对他人照片的商业使用是对他人姓名或肖像的商品化,而这确实有损他人人格尊严。正如一个法院曾指出的,"我们所要抵制的就是对他人的人格进行商业利用,这种利益是我们应当保护的对象"①。

他人不会赞成行为人在未经其同意的情况下对其姓名或者肖像的擅自使用行为,这也正是对他人照片的商业使用令人反感的原因所在。为商业目的而使用他人照片的行为实际上是将人变成商品的行为,使其沦为经济需求和别人利益的奴仆。在一个警惕将人类价值商品化的社会里,违背他人意愿而使其成为商业的一部分必然是对其人格尊严的贬损。

另一个导致 Prosser 教授等学者认为擅自使用他人姓名和肖像的隐私侵权侵犯的客体是财产利益的原因是,有些案件的原告是公众人物,而对他们姓名或肖像的使用会产生商业价值。在这些案件中,如同 Frank 法官所说,"当行为人未经公众人物的同意就将他们的姓名或者肖像用在报纸杂志上、公交车上、火车上或者地铁上来为其产品做广告时,公众人物与其说是遭受了精神损害,毋宁说是遭受了财产损失,因为他们没有获得行为人原本应当支付给他们的广告使用费"②。从这些案件中,我们可得到的结论很简单:在特殊情况下,当原告是一个公众人物时,他们对其姓名、肖像的商业使用是对其财

---

① Hill v. Hayes, 18 App. Div. 2d 485, 488, 240 N. Y. S. 2d 286, 290 (1st Dep't 1963). See also Birmingham Broadcasting Co. v. Bell, 266 Ala. 266, 96 So. 2d 263 (1957); Gautier v. Pro-Football, 304 N. Y. 394, 358, 107 N. E. 2d 485, 487 – 488 (1952); Spahn v. Messner, Inc., 43 Misc. 2d 219, 226, 250 N. Y. S. 2d 529, 537 (Sup. Ct. 1964).

② Haelan Labs., Inc. v. Topps Chewing Gum, Inc., at 868; Gautier v. Pro-Football, Inc., at 361, 107 N. E. 2d at 489.

产利益的占用。但我们需要特别注意，即使是从这方面说，这种案件和 Pavesich 一案、Eick① 一案是有区别的：这些案件中的原告并不是公众人物。换句话说，只有当原告是公众人物时，其姓名和肖像才具有商业价值，被告对原告姓名和肖像的使用才构成对其财产利益的侵占。

有些人因此主张这些案件涉及的权利实际是一种"公开权"（right of publicity）而非隐私权。然而，从这些所谓"公开权"的案件就得出涉及他人姓名、肖像的商业使用的案件都是建立在财产利益之上的结论显然是不对的。而且，"公开权"的概念忽略了一个重要事实，即只有当社会承认他人对其姓名、肖像享有使用和支配的隐私利益时，他人姓名和肖像才能形成商业价值。只有当社会承认和允许个人享有持续占有和使用的权利时，这种财产才变成一件可自由买卖的商品。同样，除非他人有权阻止行为人对其姓名和肖像的商业使用行为甚至非商业使用行为，否则他人的姓名或肖像不会产生任何金钱上的价值。

因此，根本不存在所谓的"公开权"，而仅仅存在一种权利，即隐私权。只不过在某些情况下，我们自动放弃隐私来获得一些商业价值。每个人都有权阻止别人对其人格的商业利用，不仅是因为这是对其商业价值的占用，更是因为这是对其人格尊严的损害。不过当他人自愿放弃这种权利时，他人的姓名或者肖像可以产生一些市场价值。如果行为人未经他人同意而为商业利润使用其姓名、肖像等，他人实际上遭受了经济损失，不过这种损失是他若放弃隐私可拥有的经济价值。而所谓的"公开权"不过是对他人选择出售其隐私权而获价值的一种称呼。

不可否认的是，现实生活当中往往存在着这种情况：有时候，行为人未经他人同意而公开其姓名、肖像的行为不仅没有受到他人的反对，反而受到他人的欢迎。这种使用行为并不会造成他人羞辱感或者社会评价的降低，比如，把一个美丽而不知名的姑娘的照片做成了全国发行唱片的封面，她或许反而会因为成为一个现代"灰姑娘"而欣喜若狂。因为现在她是一个知名的公众人物了，走到哪儿都引人注

---

① See Eick v. Perk Dog Food Co., 347 IIIA. pp. 293, 106 N. EM2d 742 (1952).

目,她的照片和名字成为人们争相抢购的商品。我们不禁要问,如果他人的个人尊严没有受到损害,如果他人的姓名或相貌的商业价值非但没有贬值反而得到升值,那么此时是否存在隐私侵权呢?

我个人认为,这种情况仍属于隐私侵权,尽管当事人不会对此提起诉讼,即便这种侵权不会引起社会同情,因为即便当事人提起诉讼,除了一个名义上的判决外,他并不能获得什么实质性的救济。这种案件与此种情形十分相似:医生虽然治愈了病人,但他仍然要对病人承担侵权责任,因为医生超出病人事先同意的范围对其进行治疗[①]。无论其动机多么正当,结果多么成功,也无法避免认定这种"触碰"是不正当的事实。

在我看来,行为人未经同意他人为商业用途而使用他人的姓名或肖像就构成对他人的隐私侵权,即使这种使用没有导致他人遭受精神痛苦,甚至是符合他人的主观愿望或是带来了巨大商业利润。这是因为,这种行为之所以非法的原因在于,它在客观上减少了他人的个人自由,而非其造成了他人感情的伤害或是财产的占用。

在某种意义上讲,我同意 Prosser 教授的观点:"争论这种权利是否可归类为财产权是毫无意义的",因为正如 Warren 和 Brandeis 很久以前就提出的那样,我们多少都感觉"所有法律承认的权利都有拥有或占有的特征(如果这是区分一种权利是否属于财产利益的标准),那么把这些权利称作财产权也似乎没什么不妥"。但正如 Warren 和 Brandeis 所言,在某种程度上讲,我们是否可以把因为擅自使用他人姓名或肖像的侵权行为所产生的损害赔偿请求权看作一种财产权是至关重要的。这种重要性体现在,由此我们可以发现擅自使用他人姓名或肖像的隐私侵权同公开披露他人私人事务的隐私侵权、侵扰他人安宁的隐私侵权的共同基础。在 Prosser 眼中,这些侵权类型所保护的利益都不同;而在我看来它们所要保护的利益是同一的,即他人的人格尊严和个人特性,用 Warren 和 Brandeis 的话来说就是他人"不容侵犯的人格"。

[①] Cf. Mohr v. Williams, 95 Minn. 261, 263, 104 N. , . 12, 16 (1905); Prosser, Torts 83 – 84 (2d ed. 1955).

（五）公开丑化他人形象的隐私侵权案件

Prosser 教授对隐私侵权所做的第四种也是最后一种分类是"公开丑化他人形象"的隐私侵权。他认为这类案件一般表现为"原告的照片被用来解释一本书或是一篇文章，而二者并没有任何合理联系"，或者是"将原告的姓名、照片以及指纹收纳在一个用来指认罪犯的公开罪犯相片集里，但事实上他并不涉及任何犯罪行为"。他认为这些案件都涉及原告的名誉并且"显然和前几种类型的侵权案件不同"。我同意 Prosser 认为这种案件涉及他人名誉的观点，但我不同于他的地方在于，我试图说明这些案件同样涉及对他人人格和尊严的损害，而这是所有隐私案件都具有的特征。对名誉的诋毁只是对他人自我完整性侵害的一个方面。

加利福尼亚州的两个损害赔偿请求案件是对此的最佳说明。这两个案件的原告是 Gill 夫妇，他们在自己的营业场所拍摄了一张两人拥抱的照片，这张照片分别被两篇以爱为主题的文章刊登出来。在其中一篇文章中，照片被用来配图说明"爱情的错误类型——除了性交往之外什么都没有"[①]；在另一篇文章中，该照片并没有指向什么特别内容[②]。在对前一篇文章的出版社提起的诉讼中，原告成功获得救济；然而原告在第二个案件当中所提出的诉讼主张并没有得到法院的支持。使用别人在公共场所给他人所拍照片且在未加任何评论的情况下将他人的照片刊登出来的行为并不被认为是对他人个人尊严的冒犯，因为 Gill 夫妇选择在公共场合拥抱的事实其实是对隐私的放弃，他们的行为暗含了对这样一种公开的默认。然而就其照片配以虚假和污辱的评论就是另外一回事了。尽管这种评论或许不是名誉侵权因此不能提起名誉侵权诉讼，但其招致公众对私人照片的纷纷议论，这将无害的公开变成了不正当且不合理的人格损害。公开他人形象且导致公众对他人形成错误和污辱的评价是该种侵权构成非法的要件。

公开丑化他人形象的隐私侵权的非法性其实和擅自使用他人肖像

[①] Gill v. Curtis Publishing Co., 38 Cal. 2d 273, 239 P. 2d 630 (19S2).

[②] Gill v. Hearst Publishing Co, 40 Cal. 2d 224, 253 Pad 441 (1953). Leave to amend the complaint was granted.

侵权的非法性没有区别。Gill 夫妇相拥的照片既不能被行为人用来作为贬损他们之间的爱情的方式，也不能被行为人在未经他们同意的情况下用来为激情香水做广告。这两种情况的公开都"违反了正常社会礼仪，侵犯了他们作为一个人所享有的身份利益。（值得一提的是受理该案的法院，加利福尼亚州地区上诉法院引用加利福尼亚州宪法保护公民追求和获得幸福的权利支持了 Gill 夫妇的诉讼请求，而这恰好和该院对 Pavesich 一案这类擅自使用他人姓名肖像案件的判词如出一辙）"。

公开丑化他人形象的隐私侵权诉讼发生的条件和为商业目的擅自使用他人姓名、肖像侵权一致，侵权构成非法的原因也一样。并且事实上，大部分 Prosser 教授引用的例子——包括 Pavesich 一案——都是擅自使用他人姓名、肖像的案件。

如前文所述，我认为 Prosser 之所以将这两类案件区分开来，是因为他错误地认为，擅自使用他人姓名、肖像的隐私侵权行为所侵犯的是他人的财产利益。倘若你认为，将两个普通人拥抱的照片用来做商业广告的行为之所以违法，是因为此种行为侵犯了他们对自身姓名和肖像的财产利益，那么你就会把公开丑化他人形象的侵权——比如，配图说明行为人的行为代表了一种堕落的爱情方式——归类为一种和擅自使用他人姓名或肖像的侵权根本不同类型的侵权类型。但是反过来，一旦认为擅自使用他人姓名和肖像的行为构成非法的原因在于这种行为冒犯了他人的人格尊严，那么这两种案件的相似点就显而易见了。这两种侵权只是对他人姓名和肖像的两种不同的公开方式，实则都是对他人人格尊严的侵犯。

近年来，名誉侵权法领域内的新趋势是将传统侵权涉及不到的人格侮辱和打击纳入其调整范围。① 这对某些类型的案件是极有意义的，比如，公布他人的照片并将其描绘为一个完全畸形的人②，或是使用一个业余运动员的照片来给巧克力做商业广告③，这些案件均可以通过名誉侵权诉讼而获得法律救济。这些案件被认为是"违反名

---

① See Wade, Defamation and the Right of Privacy, 15 Vand. L. Rev, 1093 (1963).
② Burton v. Crowell Publishing Co., 82 F. 2d 154 (2d Cir. 1936).
③ Tolley v. J. S. Fry & Sons Ltd., [1931] A. C. 333.

誉侵权法而构成对原告隐私的恶意侵犯，因为任何败坏原告名誉的描述都是一种诋毁，这会让社会中相当一部分的人对其形成错误印象，尽管这种评价不是认为原告有不道德或者不良行为"[1]。

名誉侵权法的这种趋势其实和公开丑化他人形象的隐私侵权的发展趋势是一致的，甚至可以说是其翻版。这明显表明隐私法为名誉侵权法的发展提供了一种有效途径。从这个角度说，是隐私法有效地解释了名誉侵权案件，而不是像 Prosser 所认为的那样，名誉侵权法帮助解决了隐私法律问题。

四、宪法、制定法及普通法对隐私的保护

除了以上介绍的四种隐私侵权类型外，Prosser 的理论还存在着另一个致命缺点，即其理论导致了隐私在侵权和非侵权领域内不可调和的矛盾。如果隐私侵权被看作精神痛苦、名誉侵权或侵占的混合，那么我们很难在隐私侵权案件和各种并不涉及侵权主张的隐私保护形式——宪法、制定法和普通法对隐私的保护——之间找到任何联系。

事实上，隐私侵权和其他保护隐私的法律原则有着相同的脉络，它们背后的社会利益和价值也是同一的。比如，《美国联邦宪法第四修正案》明确规定，政府不得不合理地侵犯公民的住宅和搜查公民的人身；美国联邦最高法院也曾多次指出，这种保护正是宪法捍卫公民自由和安全的实质体现。如果说侵扰他人安宁的隐私侵权的诉讼依据是故意施加精神痛苦，那么这种侵权和《美国联邦宪法第四修正案》之间将不会存在理论上的联系。但倘若视侵扰他人安宁的隐私侵权案件的诉讼依据为对人类尊严的损害以及对人性的打击，那么它和《美国联邦宪法第四修正案》之间的关系就很明显了。

表面上看，被告未经原告允许就观礼其婴儿的诞生，与政府在刑事调查中将麦克风钉入墙中来窃听原告住宅内通话的 Silverman 一案是存在区别的，因为，前者是原告对侵扰其生活安宁的私人提起的侵权诉讼，而后者则是原告对侵扰其生活安宁的政府机构所提起的诉讼。但是这两种侵权非法的实质原因是一样的，即这两种行为均侵犯了他人的个人独立和自由。一个高度重视个人自由的民主国家不可能

---

[1] Themo v. New England Publishing Co., 306 Mfass. 54, 55, 27 N. E. 2d 753, 754 (1940).

只惩治私人侵扰他人安宁的隐私侵权而对政府机构侵扰他人的隐私侵权忍气吞声，侵权法上的救济和宪法条款虽是不同的法律，但都是用来保护同一种利益。

公开披露他人私人事务的隐私侵权案件、擅自使用他人姓名或肖像的隐私侵权案件以及公开丑化他人形象的隐私侵权案件也是一样，个人尊严在这些案件中和在 Silverman 一案、De May 一案等一些侵扰他人安宁的隐私侵权案件中一样，都受到挑战。对他人个人自由的尊重不仅要求我们保护他人的住宅免受侵扰，而且还要求我们防止对他人私人生活进行不合理的公开，防止通过对他人名字、肖像的商品化和公开丑化他人形象来降低他人人格，因为上述每一种侵权都构成对他人人性的侵犯，对他人尊严的贬损。确实，《美国联邦宪法第四修正案》只保护公民免受州政府或是联邦政府实施的侵扰他人安宁的隐私侵权行为的损害。然而这并不意味着，《美国联邦宪法第四修正案》保护公民住宅和人身不受不正当侵犯代表的利益和私人侵扰背后的利益不一致。此外，每州都有类似《美国联邦宪法第四修正案》的法律规定①，有些州还明确规定此种规定同样适用于私人侵扰。因此，《美国联邦宪法第四修正案》保护公民住宅免受不正当的侵犯、人身不受不合理搜查的条款保护的利益同隐私侵权法所保护的利益实际上是一致的。不能否认，我们应当考虑《美国联邦宪法第四修正案》所涉及其他情况的案件，但它们都和这些侵权案件一样，旨在保护他人的人格尊严。

同样的价值也可在大量将侵扰他人安宁的隐私侵权规定为犯罪的制定法中找到依据。最古老的大概莫过于一些所谓"防偷窥"的制定法，这些法规将透过窗户窥探他人住宅等物理性窥探规定为一项轻罪。随着现代社会偷窥技术的发展，偷窥技术电子化的到来也催生了新版本的"防偷窥法"。《联邦通信法》(*Federal Communications Act*)将行为人未经他人同意私自窃听他人电话内容并将这些内容公开的行为规定为犯罪。② 在美国纽约州、伊利诺伊州以及内华达州，法律明

---

① Frankfurter, J., dissenting in Monroe v. Pape, 365 U. S. 167, 209 (1961), sets forth a complete list of these state search and seizure provisions.

② 48 StaL 1103 – 1104 (1934), 47 U. S. C. § 605 (1958).

确规定，当行为人"使用仪器设备"窃听他人的电话内容时，或者当行为人实施了单纯拥有窃听设备的行为时，他们的行为都构成犯罪行为①。

很明显，这些制定法意图规制的侵权行为和上述侵扰他人安宁的隐私侵权案件是一样的。这些制定法中有些除刑事制裁外还提供了民事救济。有些法院还直接在刑事制裁上附加民事救济，即通过适用这些刑事制定法——就像侵权法上的惯常做法一样来定义，导致损害赔偿发生的侵权行为的非法性。

比如在 Reitmaster v. Reitmaster② 一案中，被告违反了《联邦通信法》第 605 条的窃听条款，原告据此提出诉讼并请求损害赔偿。尽管陪审团在认定被告构成违反窃听条款后没有同意原告的损害赔偿请求，代表第二巡回区上诉法院撰写意见的 Hand 法官明确指出，被告违反《联邦通信法》第 605 条同样也可产生损害赔偿的民事责任。他写道："虽然《联邦通信法》并没有明确规定行为人应当就其违反该法的行为对他人承担民事侵权责任，但是我认为应当适用民事学说，认定行为人应当就其违法行为对他人承担民事责任，因为在没有相反规定的情况下，该法应当被解释为一种刑事法律，而且是为了特定的群体利益制定的，因此当特定群体当中的成员遭受侵害时，他们当然可以要求行为人对其承担民事责任，即便该法仅规定了刑事制裁。"

首先，法官依据刑事法律判决行为人就其实施的犯罪行为对他人承担民事侵权责任，这种民事和刑事的双重救济表明，这两者所保护的利益是同一的，即他人的身份利益。③ 其次，这也有力地反驳了 Prosser 教授认为侵扰他人安宁的隐私侵权的诉讼依据是故意施加精

---

① See Ill. Stat. Ann. ch. 38, §§ 14-1 to 14-7 (1961); Nev. Rev. Stat. § 200.650 (1957); N. Y. Pen. Law § 738. It should be noted that, under the New York statutes, evidence gained by means of illegal eavesdropping is inadrnissible in a civil suit. See N. Y. C. P. L. R. § 4506.

② Reitmaster v. Reitmaster, 162 F. 2d 691 (2d Cir. 1947); United States v. Goldstein, 120 F. 2d 485 (2d Cir. 1941).

③ See Ill. Stat. Ann. ch. 38, §§ 14-1 to 14-7 (1961); cf. Pa. Stat. Ann. tit. 72, § 2443 (1958).

神痛苦的观点,因为如果他的理论成立,在侵扰他人安宁的隐私侵权案件中,他人需证明自己遭受了精神损害,行为人才对其承担民事责任,然而实践中并没有这种要求。其次,应当指出,Hand 法官在 Reitmaster 一案中所阐释的理论为纽约州判定行为人承担民事侵权责任提供了一种更方便的途径,因为纽约州的制定法仅明确规定行为人需对为商业目的或广告宣传使用他人姓名或肖像的行为承担民事侵权责任。

另一种保护公民人格不被降低的制定法是禁止行为人公开披露各种秘密信息的制定法。比如,我们都被法律要求为了人口普查等相关调查而向美国联邦政府披露大量信息——它包括个人信息也包括商业信息①。但是,所有这些信息都属机密且受到法律保护,如果有人未经授权或许可而披露这些信息,则其行为构成犯罪。比如《国内税收法典》(*Internal Revenue Code*) 就有类似披露禁止的规定,它禁止行为人披露为征税而收集到的涉及私人生活和商业事务的信息。② 相似的例子还有,《美国法典》(*United Stated Code*) 第 18 条有一个宽泛的禁止,规定政府机构及其工作人员不得公开披露涉及各种商业运营的机密信息,否则要受到刑事处罚。③

州法中也可寻见这样的例子,例如纽约州的《公务员法》(*Public Officer's Law*) 中就有这样的规定(虽然没有规定刑事后果),它禁止公务人员擅自披露任何其在任职期间获得的机密信息。④ 该州刑法上也有类似的规定,比如有条款将电话或电报公司的职员披露其在雇佣期内得到的信息的行为规定为犯罪。⑤ 该法的其他章节有条款规定,当选的政府官员或监票人以候选人名义披露投票人信息的行为构成轻罪⑥。再比如,《社会福利法》(*Social Welfare Law*) 规定,公

---

① Census Act, 13 U. S. C. §§ 221-224 (1954); cf. Hearings on the "Confidentiality of Census Reports" Before the House Committee on Post Office and Civil Service, 87th Cong., 2d Sess. (1962).
② Fed. Tax Reg. § 301.6103 (a) (1964).
③ 18 U. S. C. § 1905 (1948).
④ N. Y. Pub. Officers Law § 74.
⑤ N. Y. Pen. Law §§ 553, 5S4, 734 (1).
⑥ N. Y. Pen. Law § 762.

开披露接受或申请公众援助人名字的行为构成犯罪,所有社会福利机构获得和交流的信息,和所有遗弃或失足少年的记录一样,都属机密信息①。

纽约州的其他制定法也提供类似保护,这说明这些法律救济所保护的利益都是同一的。比如《校正法》(Correction Law) 就有条款禁止刑事犯罪记录和数据等机密信息的公开②,《普通商事法》(General Business Law) 禁止职业私家侦探公开其雇主收集的信息③,《民事权利法》(Civil Rights Law) 禁止相关调查机构公开其私下获得的证据④。还有,《教育法》(Education Law) 禁止征集、接收或者透露涉及个人申请失业补助相关信息的行为。⑤

列明联邦和纽约州法等一些对私密信息披露进行管制的制定法,当然不是为了做到无一遗漏地详尽展示。我只是想说明——应当指出,还有类似不计其数的行政法规也是一样——法官判决行为人就其公开披露他人私人生活的行为对他人承担民事责任,同这些联邦和州的制定法所要保护的利益都是同一的,都是为了保护他人的身份利益。

按照 Warren 和 Brandeis 文章的理论,法官对媒体侵扰和商业利用的隐私侵权做出了回应。立法机关也对这些有损他人人格尊严的威胁做出了回应,虽然在 Warren 和 Brandeis 写那篇文章时这些威胁还没有产生实质影响。只有在 20 世纪初,电话和电报深入公众生活,成为窃听个人隐私和窃取商业秘密的普遍手段时,隐私侵权才真正用来保护个人尊严不受侵犯。窃听私人通话和披露所得信息除了偶尔可以得到他人的一些不法行为之外并没有什么别的正面影响,相反,这会使得他人私人生活的重要方面暴露于众,受到各方参观、监督和观察,久而久之,公众对这些通信设备的信任将被摧毁。《联邦通信

---

① N. Y. Soc. Welfare Law § § 136, 372, 258 (2). These provisions are evidently mandated by § 402 (a) (8) of the federal Social Security Act.
② N. Y. Correc. Law § 615, 616 (2i) (3).
③ N. Y. Gen. Bus. Law § 32.
④ N. Y. Civ. Rights Law § 73 (8).
⑤ N. Y. Educ. Law § 1007.

法》第605条①和各种州制定法的目的就在于阻止这种后果,当然他们是否成功,就是另外一回事了。

在 Warren 和 Brandeis 的文章之后,另一个唯一能引起公众关心的隐私问题,就是我们发现我们的个人信息越来越多地被政府的记录或文件所保存。我们当然不能否认政府机构可以依法要求这些信息,无论是为了提供社会福利、进行人口普查还是为了征税等目的,虽然这些行为本身也构成了对我们的侵扰。但是大部分人都认同在上述这些行为中我们获得了社会的福利,而这需要个人信息的给付,这是值得付出隐私的代价来换取的结果。但这种默示协议建立在一个前提上,即他人为上述目的而给出的个人信息不会被别人所利用。

我们接受要告知税收员或是人口普查调查员他们需要知道的事实,不过我们并没有准备让他们把这些事实公布于众。只有在禁止侵扰结果被公布的前提下,这种侵扰才可以被容忍。这解释了为什么很多州的制定法要求我们向政府机构进行个人信息披露时明确规定禁止政府机构进行信息公布的行为。不仅如此,这还解释了为什么存在一些一般性规定,它们禁止公务员公开披露因任职而获得的个人信息。再次申明,我不是意图对这些防泄密制定法的实际效用发表什么评论意见,只是单纯描述这些法律的目标。

我认为,从另一个角度而言,有关侵扰他人安宁的隐私侵权方面的制定法和有关公开披露他人私人事务方面的制定法中类似的规定,侵扰他人安宁的隐私侵权案件和公开披露他人私人事务的隐私侵权案件的相似性,说明了这些隐私侵权贯穿着共同的法律原则。无论是侵扰他人安宁的隐私侵权还是公开披露他人私人事务的隐私侵权,都仅仅是损害他个人自由和尊严的外在表现形式。普通法为公开披露他人私人事务的隐私侵权和侵扰他人安宁的隐私侵权的民事救济提供了法律依据。同样,立法机关制定了大量的法律规范来防止窃听和信息泄露以及对社会默许的侵扰(如人口普查或征税等信息调查等)的结果进行公开的行为。这些制定法和普通法一样,通过确保不把人们的生活变成透明玻璃,通过扼制公开行为来保护他人的人格尊严。并且,就像侵扰他人安宁的隐私侵权案件和公开披露他人私人事务的隐

---

① 48 Stat. 1103 – 1104 (1934), 47 U.S.C. § 605 (1958).

私侵权案件的关系一样，规制公开披露的制定法弥补了侵扰方面制定法的不足，保证了他人人格的完整性免受窥探之耳目的侵扰，以及那些令人毫无办法的消息传播及公众围观。

五、结论：隐私侵权是对他人人格尊严的侵犯

Prosser 教授已经将隐私侵权案件描述为"是四种类型侵权的综合而非一种侵权"，"除了共同的名字之外实际上是四种不同类型的侵权"。此外，他还认为隐私法律状态之所以仍是"飓风中的小草堆"——这是首席法官 Biggs 在 Ettore v. Philco Television Broadcasting Co.① 一案中提出的说法——的原因在于我们没有"独立和区分"这四种侵权。

同他相反，我认为隐私侵权就是一种侵权类型，侵犯的是同种利益。而且，我认为这些侵权案件同依据《美国联邦宪法第四修正案》判决的刑事案件，禁止偷窥、窃听、窃取和占有窃听窃取设备的刑事制定法以及禁止政府机构公开披露机密信息的刑事或行政法规贯穿了同样的基本原则。

我们用来定义和描述基本人性价值的词语不可避免地会存在模糊且不明确的地方。因为，一方面，人类的希冀和渴望属于人类心理状态和经验，故而难以捉摸；另一方面，诗人和先知或许比教授们更擅长宣言式的社会目标。不过所幸的是，我们有些法官拥有先知般的视野和诗人般的措辞能力。

在他成为美国联邦最高法院的大法官之前，Brandeis 就曾写道："隐私权代表的基本利益就是他人不容侵犯的人格。"大概 40 年后，在 Olmstead 一案中，他被新型侵扰的手段所警示，更全面地定义了这种受到威胁的利益："立宪者通过制定宪法来保卫有利于我们追求幸福的条件。他们意识到人类精神利益、人类情感和智力等等的重要性。他们深知，个人生活的痛苦、欢乐和满足只有部分来自于物质世界。因此他们要努力保护美国人民的信仰、想法、情绪和感受。他们赋予公民以对抗政府的权利——独处权，并将这种权利视为对文明社

---

① 229 F. 2d 481 (3d Cir. 1956).

会的公民应该享有的最全面也是最有价值的权利。"① 从那时起,美国联邦最高法院的其他大法官们也开始不断解释和扩大隐私的含义,并将隐私权定义为追求幸福的一个方面。②

侵权法领域同样见证了这种联系。在这一领域中的两个代表案件是 Melvin v. Reid 一案和 Pavesich v. New England Life Ins. Co. 一案,其中一个是所谓的公开披露他人私人事务的隐私侵权案件,另一个是所谓的擅自使用他人姓名或肖像的案件或者公开丑化他人形象的案件,它们都依据宪法保障公民追求幸福的权利而得到救济。Cobb 法官在 Pavesich 一案中的判决中写道:"每个人都有以他习惯和舒服的方式来享受其生活的权利,这种方式会因为每个人的性格和本性不同而有所不同,只要令他愉悦的这种方式没有侵犯旁人的合法权利或是违反法律和政策规定。保障他人人身安全的权利不只是意味着保证他人身体和其所拥有的有形财产不受侵犯,同样,仅仅允许他人不蹲监狱或是远离其他形式的人身限制远非个人自由的全部意义。自由意味着他人可以选择按照自己的意志而生活,只要这不会干预到别人或公众的生活。有些人或许想要与世隔绝的生活方式,有些人或许希望成为公众焦点,还有些人希望生活在既保有隐私又有人际互动的生活中……每一种生活方式都是他人个人自由选择的结果,任何旁人或公众都无权擅自干预他人享有的这种自由权利。"③

有人或许会认为这些依据社会目标而为的司法判决对隐私权的论述是模糊的。但我却认为这些判决恰到好处地描述了隐私权利。遗憾的是,律师的措辞表达总是如此有限。他们在隐私判例中总是动不动就谈精神伤害、抑郁、耻辱、绝望、焦虑、精神疾病、侮辱、精神折磨和精神错乱等,而没有充分看到这些损害之间的区别。大法官 Brandeis 和 Cobb 法官让我们看到,隐私案件中的利益,从某种程度上说是一种精神层面的利益而非财产或名誉利益。不仅如此,他们还

---

① Olmstead v. United States, 277 U. S. 438 (1928).
② See, e. g., Poe v. Ullman, 367 U. S. 497, 522 (1961) (dissenting opinion of Harlan, J.); Public Util. Comm'n v. Pollak, 343 US. 451, 467 (1952) (dissenting opinion of Douglas, J.); Goldman v. United States, 316 US. 129, 136 (1942) (dissenting opinion of Murphy, J.).
③ 122 Ga. 190, 50 S. E. 68 (1905).

让我们理解，这种精神利益并非某种创伤、精神疾病或是精神痛苦，而是一种人格特性，是一种自由。

对隐私的侵犯威胁到我们意志的自由，其影响和殴打、胁迫以及监禁一样。正如我们会将后几种侵权视为对"他人正常的人格尊严"① 的冒犯，是对他人的个性和自由的冒犯一样②，我们也应当将隐私侵权视为对他人尊严的侵犯。和很多其他侵权类型不同的一点在于，这种侵权造成的损害不能修复，导致的亏损不能被损害赔偿很好地填补。因为这种侵权侵害的是我们的个性，是我们作为一个人的尊严，对隐私侵权的法律救济代表的是社会对人类精神利益不应受到威胁的认同，而非对我们实际所受损害的补偿。

区分隐私侵权和其他侵权类型的关键就在于，隐私侵权是通过侵害他人人格尊严和个性的方式来实施的。一个被猥亵的妇女③和一个分娩过程被参观的孕妇所遭受的侮辱不相上下。为商业目的而展览一个女人的照片和违反她的意志将她留在一个游艇上④，她身份所遭到的贬损和降低是相当的。在所有的这些案件中，都存在着对他人个性的干预，以及对他人个人按其自由意志活动的干预。区别在于这些干预的性质。一种是对他人人身直接的物理干预；而另一种冒犯，属于物理性地侵扰他人的私人事务以及使用一些设备技术公开他人的私人生活。

如果他人生活的每一分钟都被迫面对公众，他人的每一个需要、想法、欲望、幻想或者满足都要受到公众的围观，那么，他人的个性和人格尊严已经被剥夺无剩，他人的个性已被打磨殆尽：一直被公开，于是他人不再有什么自己的观点；一直被关注，于是他人的愿望永远符合社会惯例；一直被展览，于是他人的感情丧失了独特的人性温暖而只有那些最浮于表面的知觉。这样的一种存在——即使他人还

---

① The phrase is used in the Restatement of Torts to describe an "offensive battery", i. e., one not involving bodily harm. Restatement, Torts § 18 (1934).
② Gregory and Kalven describe privacy as a dignitary tort in the index to their casebook, but seem to treat it as within the mental distress category in the text. See Gregory & Kalven, Cases on Torts 883–899, 1307 (1959).
③ Hatchett v. Blacketer, 162 Ky. 266, 172 S. W. 533 (1915).
④ Whittaker v. Sanford, 110 Me. 77, 85 AtL 399 (1912).

是有知觉的，也早已不堪一击，因为他早已丧失了私人生活的感觉与体会，丧失了作为一个独立存在的人所应具备的基本特性。

这种独立人格的概念可在我们的文化传统和宪法中觅见踪迹。为了保护他人的个性得以发展，我们的隐私权法会制裁行为人，如果他们恶意或者以不合理方式侵犯他人的个性得以发展的必要条件的话。这是隐私法的社会价值所在，这种价值不只存在于侵权法之中，还存在于广大的其他领域的法律之中。

坦白地说，定义隐私法律所保护的利益本身并没有"解决"任何隐私问题：它并不为任何种类的隐私侵权案件提供任何现成的解决方案。首先，并不是每一个对隐私利益的威胁都足以构成产生民事责任的侵权，能够形成法律救济。作为一个现代文明社会生活背景下的个人，他人都将不可避免地要经受一些社会审视，比如来自他人邻居的了解。所以，即使是他人的隐私利益被侵犯了，我们要衡量的是，在一些特定情况下，这种侵权是否达到一个恶劣或是极度不合理的程度以至于可提起诉讼。其次，即使明显存在隐私侵权，我们接着面临的问题就是，行为人是否依据一些政策法规或社会价值而享有免责特权。最明显的抗辩事由就是符合公众兴趣的新闻自由免责特权，而这些新闻和信息不可避免地有时要通过侵犯他人隐私权益的方式才能获得。最后，隐私利益性质的界定并没有解决利益冲突问题，只是解释了我们在考虑隐私问题时需要考虑的一个因素。那么，就有人或许要疑惑了，将隐私视为一种独立利益、一种侵权还是四种侵权又有什么区别呢？隐私侵权保护的是否是人类尊严，它和其他法律法规保护的利益是否相同又有何重要性呢？

法律的理解和研究，和别的学科一样，都是一个从特殊到一般的过程。直到各种不同情况下的法律救济可以被一个共同规则或原则所解释，直到法律达到较统一的状态，变成一个有效且更运作自如的理解工具。然而，达到概念上的统一并不是终极目标，这些还得成为推动法律发展的工具。Prosser教授抱怨，隐私案件中存在的"像其他侵权案件中保护被告的抗辩、防御及限制统统被抛弃了，要么大打折扣要么干脆忽略"。这正是因为他将侵扰他人安宁的隐私侵权视为一种故意精神损害，但在侵扰他人安宁的隐私侵权案件中，法院并没有以"存在真实且严重的精神损害"为依据做出判决，而这是故意施加精神痛苦案件中的构成要件；因为他认为，公开披露他人私人事务的隐私侵权案件和公开丑化他人形象的隐私侵权案件涉及的是名誉损害，于是他惊讶于审理这些案件的法院放弃了对被告的诸多保护原则，比如披露材料真实性以及存在特殊损害的要求，这是名誉侵权法所树立的平衡个人名誉利益和新闻自由的机制；因为他将擅自使用他人姓名或肖像的行为看作一种对财产利益的占用行为，类似于普通法上商号或商标的使用，所以他不解为何这些案件丝毫没有存在普通法上对商号和商标认为是必须且恰当的限制。

Prosser 教授对这些案件不解和关注的原因建立在他对隐私侵权救济所保护的利益的定义之上。按照 Prosser 教授的观点，如果侵扰他人安宁的隐私侵权是为了保护他人内心安宁，那么认同这些法律抗辩似乎就符合情理了。同理可推其他类型的隐私侵权。然而，如果他对隐私侵权背后的利益定位不准确的话，那么侵权的实际发展状况，如上所述，事实上同他的理论南辕北辙，完全是另一番面貌。

隐私侵权背后的利益决定了诉讼的性质，决定了可适用的抗辩，也是法院考虑是否给予法律救济和如何平衡各种社会利益间冲突的核心。所以，我的观点是，所有的隐私侵权案件背后的利益是同一的，即人类尊严和人格特性。而这一点对隐私权法律的发展是至关重要的。假设我的命题正确，隐私所代表的利益就不是他人的内心安宁、名誉以及姓名、肖像的物质价值，那么法院需要面对各种不同利益之间平衡和妥协的问题，就更类似胁迫、故意伤害以及非法监禁等案件之中的利益冲突，而非精神损害、名誉侵权以及侵占案件之中的冲突。

对隐私案件背后社会价值的定位同样有助于界定一些新型法律救济的性质，这些法律救济是为应对现代技术所带来的新型隐私威胁而生的。立法机关为抑制当代复杂精密的电子窃听手段制定了大量刑事法规，证据规则则提供禁止公开披露窃听的"毒树之果"的保护，这都和普通法对侵扰他人安宁的隐私侵权的保护如出一辙，只要我们将对侵扰他人安宁的隐私侵权的普通法保护同样视为对人格尊严的捍卫。这些制定法很明显不是为了保护各种形式的精神伤害或痛苦而制定的，而是为了在传统普通法之外给予他人人格尊严以更强有力的制定法保护。

现代社会常常剥夺他人的人格尊严,这会使他人产生裸露的感觉,从现代社会暴露他人私人生活的其他手段中,我们也可以得出类似结论。随着社会发展,政府和广大公司的人事部门开始对他人的个人生活展开各种新奇的调查。个人问卷调查、心理测验越来越普遍,一些类似测谎仪等挖掘个性的仪器也开始被广泛运用,而在此之前只有爱人、挚友或是医生会使用这些方式。而采用这种方式收集的信息又特别容易被各种电子机械手段所窃取、关联或恢复。窥探他人私人行为的新技术和这种对他人个人信息进行电子处理的设备的结合威胁到他人内心深处想法和感觉的揭露,使这种甚至连"密室中的私语"都算不上的心理状态可能"被大肆宣扬出去"。

如果从普通法对侵扰他人安宁的隐私侵权的救济以及公开披露他人私人事务的隐私侵权案件的视角来看,我们或许可以更好地抓住心理测验、测谎仪以及个人数据电子储存设备所带来的问题实质。这些新技术和设备威胁到的利益仍是一样的。对你进行问卷调查或心理测验和将你的卧室开放任别人耳目窥探一样,都能让你感觉你在世界上的生活就像是裸露一般。对我们私人生活可能变为公众景观的担心很容易被不断强化,尤其是想到我们不想公开的那些事实被键盘或是录音磁带所记录下来,很容易被别人获取,甚至是任何进出的职员都可以按下那些播放键时,我们不免不寒而栗。

当然,这并不是说,隐私侵权案件中的利益协调机制可直接适用于解决一些公共问题,也就是,这些由于精密复杂电子窃听设备、探究他人心理活动的技术手段以及电子数据处理设备大量运用而产生的问题。这也不意味着这些隐私侵权救济的发展可以为这些新问题提供什么法律或社会应对措施。而仅仅表明,在这两种情况下,社会对人格尊严的关注开始落到问题的实质上,并指明解决一类问题的法律传统也可被用来解决另一类问题。

作为自由权的隐私权

罗伯特·B. 哈尔博格，Jr.[①]著　丁双玥[②]译

目　次

一、导论
二、对"隐私"这个术语的界定
三、作为一种自由权益的隐私和作为一种自由权的隐私
四、McCloskey 对隐私的解读
五、Benn 对隐私权的解读
六、隐私权的来源

一、导论

　　历史上，有数不胜数的文章和书籍讨论过隐私权。[③] 在这些文章和书籍中，有一篇文章近乎成功地从道德理论中引申出了隐私权，这篇文章就是 Stanley I. Benn 的《隐私、自由和对人的尊重》[④]。也有一篇文章近乎全面地批判了 Benn 的理论，这就是 H. J. McCloskey 的《隐私和隐私权》[⑤]。笔者支持 Benn 文章的观点，反对 McClosky 文章

[①] 罗伯特·B. 哈尔博格，Jr. （Robert B. Hallborg, Jr.）美国纽约州大学哲学系教授。
[②] 丁双玥，中山大学法学院助教。
[③] W. A. Parent, "Recent Work On The Concept Of Privacy", American Philosophical Quarterly, Vol. 20, No. 4, October 1983, contains an excellent bibliography of articles and books on privacy.
[④] Stanley Benn, "Privacy, Freedom and Respect for Person" in Privacy：Nomos XIII, edited by Pennoch and Chapman, Atherton Press, New York (1971), pp. 1 – 26.
[⑤] H. J. McCloskey, "Privacy and the Right to Privacy", Philosophy, Vol. 55, (1980), pp. 17 – 35. Law and Philosophy 5 (1986) 175 – 218. ⓒ 1986 by D. Reidel Publishing Company.

的批判，但是笔者仅对 Benn 文章的主旨做辩护，并不涉及其文章的细节。实际上，从表面来看，笔者所主张的隐私权的来源与 Benn 对此问题的观点几乎没有什么相似之处。这是因为，尽管 Benn 在解释隐私权的来源时有着非常好的出发点，但其过程中却遗漏了几个至关重要的步骤。当然，在分析隐私权的来源时，笔者采取的出发点与 Benn 的出发点是相同的。Benn 将其出发点称为，尊重人们作为选择者的理论。笔者将自己的出发点称为，尊重个人自由的理论：这一理论包含几项不同的关于自由的基本理论。笔者认为，一旦我们接受了一种关于隐私和隐私权的似乎合理的观念，那么我们就可以从一些关于自由的基本理论中直接引申出隐私权。如果能成功地论证这种观点，那么，笔者就能帮助像 Benn 一样的学者们，尝试从自由、民主社会的永恒价值观中引申出隐私权，并因此确保其永恒的地位。

如果要对隐私权进行严肃的讨论，那么，对读者来说势必有很多要求。因为这一主题涉及的问题极其重要，但也非常困难，并且极具争议。然而，笔者提出的论证是非常易懂的，本文是对两个重要的隐私理论的回应。文章大部分篇幅都致力于对先前理论的详细研究。笔者对这些理论有很多评论并且有的评论是较为复杂的。这些评论的目的就在于说明以本文文末提出的方式引申出隐私权的必要性。

为了使本文易于理解和评价，笔者试图将文章分为以下几个部分。文章第二部分包含对一些术语的界定，这些术语被用于讨论 Benn 的文章和 McCloskey 的文章以及论述笔者如何引申出隐私权。在文章的第三部分，笔者将开始论述如何引申出隐私权。笔者会论证，隐私所包含的权益实际上是一种自由权益，正如笔者在第二部分中所做的界定一样，这与其外部表现出来的恰恰相反。所以，如果我们确实享有隐私权，那么，它实际上是一种自由权。关于此观点的论证将包含对自由权益的分析，并且这一论证将采纳一个基本道德理论，即人们有义务尊重个人自由。在经过详细的研究后，我们会发现这一理论与 Benn 提出的尊重人们作为选择者的理论十分相似。因此，笔者赞成 Benn 的出发点。

当然，在能够证明 Benn 的观点为什么以及怎样是必然正确的观点之前，笔者必须面对 McCloskey 对 Benn 观点的有力批判，因为这些批判实际上也是对笔者分析的整体方向的挑战。McCloskey 认为，隐私所包含的权益是一种自成一格的独特权益。特别是，他指出，隐私所包含的权益并不是自由权益中的一种，因此，隐私权也不是自由权的一种。我们需要非常认真地对待 McCloskey 提出的这些观点。笔者在文章第四部分仔细分析了这些观点并证明 McCloskey 的观点丝毫不能说明隐私所包含的权益不是一种自由权益。在文章第五部分，笔者将指出 Benn 理论的真正薄弱点，并证明只有通过相当多的修正，他的理论才能够成立。

在文章最后一部分（第六部分），笔者将提出并捍卫自由的基本理论，这些基本理论将用来论证隐私权如何从一般的自由权中引申出来。文章第六部分第一小部分所采用的基本理论将论证宪法上的隐私权的必要性和宪法上的隐私权的来源。在文章第六部分第二小部分中，笔者将叙述关于道德上的隐私权的类似理论和来源。对于宪法上的隐私权与道德上的隐私权之间的不同之处，笔者将在文章第二部分做出解释。

二、对"隐私"这个术语的界定

笔者提到"隐私"这个术语时，它意味着某种行为状态，这就是，当他人"秘密地"实施任何行为时，他人不被别人察觉的状态。根据此种界定，所谓隐私权，是指他人所享有的在秘密地实施任何行为时免受别人察觉的权利。"察觉"一词代表其字面的普通含义，"被察觉"包括他人的行为被看到和他人的声音被听到。此外，笔者对隐私权的定义与 Judith Jarvis Thomson 在其《论隐私权》[①] 一文中对隐私权的定义是类似的。Thomson 认为，隐私权包括他人所享有的免受别人看见的权利和免受别人听见的权利。但是，笔者对隐私权的定义与 Thomson 对隐私权的定义有一个重要的不同点，尽管笔者对隐私权的定义也是指不被别人所见和不被别人所闻的权利，但是，笔者的隐私权受到一个重要的限制，这就是，只有在"秘密地"实施行为时，他人才享有隐私权。Thomson 认为，隐私权并不受此约束，更确切地说，她认为当一个人公开地实施行为时，他就"放弃"了其隐

[①] Judith Jarvis Thomson, "The Right to Privacy", 4 Philosophy and Public Affairs, No. 4 (Summer 1976) pages 295 – 314 at page 304.

私权。① 笔者认为 Thomson 对这一问题的看法是完全错误的。人们只有在享有某些权利的情况下，才谈得上放弃这些权利，人们只能放弃自己拥有的东西。因为当人们公开地实施行为时，他们就不再享有不被别人所见和不被别人所闻的权利，在一个自由、民主的社会中，人们公开地实施行为时，他们就不再享有这样的权利了。笔者将在文章下一部分具体解释此问题。所以，当人们公开地实施行为时，并不意味着他们放弃了不被别人所见和不被别人所闻的权利，而仅仅是丧失了这些权利。隐私权必须受到这一重要的限制。

"公开地"和"秘密地"这两个术语在本文中出现频率很高。人们可能会有疑问："秘密地实施行为的权利（暂且不论此权利到底意味着什么权利）与隐私权不是同样的吗？"换句话说，"当人们秘密地实施行为时不被别人所见的权利"不就是在解释"秘密地实施行为的权利"吗？秘密地实施行为的权利不是明显地包含不被别人所见的权利吗？笔者认为并非如此。当然，这个问题实际上是这样的：我们应该享有秘密地实施行为的权利，笔者暂且将这种权利描述为隐居权。同时，我们也应该享有隐私权——人们在秘密地实施行为时免受别人注意的权利。从法定权利的角度来讲，如果我们想要享有隐居权，我们首先应该享有隐私权。但是实际上，享有隐居权并不必然意味着我们享有法定的隐私权。

Winston Smith 是 George Orwell 所写的小说《1984》的主人公，我们来仔细思考一下关于 Winston Smith 的情形。Winston Smith 是大洋国（小说将世界分为三个国家：大洋国、欧亚国和东亚国）的公民，在大洋国这个超级大国中，国家已经彻底废除了隐私权并不遗余力地确保国内没有个人隐私的存在。Smith 有一间私人公寓，只有他一人居住在这里。至少，除了（镇压思想自由的）思想警察以外，Smith 可以拒绝别人进入他的公寓。因此，在某种意义上，他享有秘密地实施行为的权利或者隐居权，稍后笔者会更清楚地解释这种意义。然而，Smith 的公寓里安装了（具有监视与监听功能的）电幕。这种电幕是一种双向电视装置，它一方面能向 Smith 播放政府设计的

---

① Judith Jarvis Thomson, "The Right to Privacy", 4 Philosophy and Public Affairs, No. 4 (Summer 1976) pages 295 – 314 at pp. 301 – 302.

节目，另一方面也能使政府看到 Smith 公寓中发生的任何事情。笔者愿意这样描述 Smith 的情形：Smith 享有一项秘密地实施行为的法定权利，他可以向公众主张这一权利，并且他也应该享有一项法定的隐私权。但是实际上，他并不享有隐私权。至少，他并不享有免受政府侵害的隐私权。

他人在"秘密"状态下或者在"隐居"状态下意味着他人身处的场所只有他有权进入而别人无权进入。这种场所必须以这样的方式构建，即这种场所能够防止别人非常随意并毫不费力地察觉到场所内发生的事情，并且它必须建立在一个公众无权占有的地方。"非常随意并毫不费力地察觉到"意味着别人不用凭借特殊的手段就能够察觉到场所内发生的事情，例如，别人没有必要使用真正存在的或想象的监视技术，就像大洋国使用的"电幕"或者 Judith Jarvis Thomson 在文章中列举的 X 光射线装置[1]一样。回到 Smith 的情形，我们可以认为 Smith 似乎享有可以向其邻居主张秘密实施行为的权利，并且他也享有可以向其邻居主张的隐私权（当然，在政府鼓励孩子们检举告发他们的家人、邻居时，对于 Smith 是否还享有这些权利，我们可能并不十分确定）。至于 Smith 是否享有可以向政府主张的这些权利，人们可能会认为，Smith 既不能向政府主张秘密地实施行为的权利——因为思想警察有特权可以随心所欲地进入他的公寓——也不能向政府主张隐私权。当然，人们可能会想象对大洋国的法典做一些更改，法典可以规定思想警察在进入 Smith 的公寓前需要获得中立的法官颁发的搜查令，但是，政府在 Smith 公寓中安装电幕的行为并不需要得到搜查令的允许。在这种情况下，Smith 或许享有某种可以向政府主张的秘密地实施行为的权利，但是他仍然不享有法定的隐私权。

笔者使用"公开地"这一术语意指所有非秘密实施的行为。

笔者所定义的隐私权必须与另一种权利有所区别，虽然这种权利也经常被称作"隐私权"（"the right to privacy"），而它实际上是与人们从事各种各样的性行为的权利紧密相关的一种权利。笔者并不倾向于将这种权利称作"隐私权"。相反，笔者更愿意称之为"实施私

---

[1] Judith Jarvis Thomson, "The Right to Privacy", 4 Philosophy and Public Affairs, No. 4 (Summer 1976) pages 295 – 314 at p. 295.

密行为的权利"("a right to engage in private conduct"),因为这种权利是指人们相信他们在这个领域享有秘密地实施各种行为的权利,但前提是秘密地实施该种行为。

笔者认为,"隐私权"("the right to privacy")本身就是他人享有的秘密地实施行为的自由权,如果笔者的这种观点是正确的话,那么从以下这种意义上来看,"隐私权"所包含的各项权利和"实施私密行为的权利"所包含的各项权利或许可以统称为"隐私权权利束"("privacy rights"):它们都是自由权,但只有在人们秘密地实施行为时,人们才享有这种自由权。这种界定的相似性不应该被这样理解,即"隐私权"所包含的各项权利的来源与某些学者用来证明人们享有"实施私密行为的权利"的论证具有相同的性质。笔者并没有试图从自由的基本理论中引申出"实施私密行为的权利"所包含的各项权利。关于这一问题,学者 John Stuart Mill[1] 和学者 H. L. A. Hart[2] 等人已经做了充分研究。

笔者将从自由的基本理论中引申出两种不同的隐私权。其中的第一种,笔者称之为宪法上的隐私权。享有宪法上的隐私权就意味着,权利享有者可以向政府主张,其秘密实施的行为免受政府的监控。笔者将这一权利称为宪法上的隐私权而不是一般法律上的隐私权,是因为这项权利极其重要,不允许立法机关以简单的立法行为改变或废除这一权利。这一权利应该是我们法律制度中永恒存在的一个部分,因此它应是我们宪法的一部分。其中第二种,笔者称之为道德上的隐私权。享有道德上的隐私权就意味着,权利享有者可以向别人主张,其秘密实施的行为免受别人觉察(无论这一权利是否由法律强制实施)。

笔者之所以提出这两种有区别但是有相似来源的隐私权,是因为笔者认为适用于个人与政府之间矛盾的自由权理论与适用于个人之间矛盾的自由权理论是有区别的。笔者将在介绍宪法上的隐私权的来源和道德上的隐私权的来源时详细说明这种区别。

---

[1] John Stuart Mill, On Liberty, Liberty of Liberal Arts, New York, 1956.
[2] H. L. A. Hart, Law, Liberty and Morality, Vintage Books, Random House, New York 1966.

现在来谈一下笔者在论述这些来源时所使用的论证方式。在从自由权的基本理论中推导出隐私权时，笔者使用的推理方式是义务论的方式。当然，功利主义的思维在论证中也发挥了至关重要的作用。尽管，笔者并不试图通过功利主义的思维找到从自由权理论中推导出隐私权的正当理由，但是，当笔者在论证隐私所包含的权益是某种类型的自由权益时，功利主义的思维可以论证这种观点的合理性。如果隐私没有任何功利价值，特别是没有促进行为自由的价值的话，那么笔者对于隐私所包含的权益是某种类型的自由权益的论证，就会变得不合逻辑，并且，笔者试图从自由权基本理论中推导出隐私权的尝试也会失败。因此，笔者的论证以众所周知的常识为先决条件，这就是，隐私具有极高的功利价值。对于此点，笔者不会做详尽的阐述。

如果隐私确实具有如此之高的功利价值，那么，唯一要求笔者做出一些详尽解释的就是从自由权的基本理论中推导出隐私权的理由。因为笔者进行这些推导看起来仅仅是有独创性的智力活动。而笔者努力进行这些推导的原因在于，尽管隐私在促进行为自由方面确实具有很高的功利价值，但是为了促进公众安全而侵犯隐私也具有很高的功利价值。有时，隐私所具有的功利价值与侵犯隐私所具有的功利价值几乎是不相上下的。这种想法使我们无法确保我们享有稳固的隐私权。因此，笔者将从自由权的基本理论中推导出隐私权，以确保人们享有一个不会被轻易废除的隐私权，确保隐私权成为法律制度中永恒的一个部分。

三、作为一种自由权益的隐私和作为一种自由权的隐私

认为自由权益仅仅是实施某种行为的权益，这种观点十分常见。社会哲学家和政治哲学家以及自由、民主主义法学家也都认为，一般的自由权既是道德的基本原则也是法律的基本原则。这项权利可以这样表述，即除非有相反的充分的理由，否则，人们有权实施他们选择实施的任何行为。因此，William Blackstone 在其所著的《英国法释义》中写道："政治自由或个人自由是社会（自由）的一部分，这种自由虽然是天赋的自由，但是为了普遍的公众利益，这种自由有必要受到人法的制约（这种限制就足够了），这样做也是权宜之计。因此，尽管人们制定的法律会减少天赋的自由，增加法律规定的人类享

有的自由，但是我们还是会选择制定这样的法律，限制行为人对其他公民实施伤害行为。然而，无论是君主，还是贵族，是公民还是议员，他们实施的任何对国民意愿的肆意的、无缘无故的限制都是某种程度的暴政。……政府组织结构或框架的设计、法律制度的设计，其目的都在于维护法律规定的公民自由，这种自由意味着，除了出于公共利益的需要，政府可以监督或限制公民的自由之外，公民对于自己的行为享有完全的控制权。"①

近年来，某些自由主义哲学家否认存在任何意义上的一般的自由权。例如，Ronald Dworkin 认为："出于功利主义的原因，基于公众利益或者公众福利减少我的自由的众多法律都是合理的；正如 Bentham 提出的，尽管这些法律减少了我的自由，但它们实际上并没有剥夺我有权享有的任何利益。我并不会产生这样的想法，即我有权驾驶汽车在列克星敦大道上随意行驶，但是政府可以基于特殊的理由合理地废除我的权利（并将列克星敦大道设置为单行道）。这种想法是非常荒谬的，因为政府根本不需要有什么特殊的理由才能合理地废除我的权利，它只需要一个合理的根据，那就是关于此问题的立法行为。所以，虽然我能够享有政治上的自由权，但是这一权利受到诸多约束性法规的削弱或侵犯，因此所谓的自由权是非常弱势的权利，根本无法与像平等权这样的强大权利相提并论。一般的自由权根本不存在于能和平等权相匹敌的强大权利之列。"②

实际上，根据法院做出的取消种族隔离的法令，少数民族享有平等受教育权，Dworkin 据此反对认为一般的自由权可以超越少数民族平等受教育权的观点。他认为，根据法院做出的取消种族隔离的法令，自由权是具有可废除性的，对于 Dworkin 提出的这一结论，人们或许是认可的，但是，人们也会认为其主张一般的自由权是不存在的这种观点是夸大其词的。Blackstone 也并没有主张自由权是由若干不可废除的自由权利组成的。笔者并不接受这种观点。并且，笔者认

---

① William Blackstone, Commentaries On the Law of England: A Facsimile of the First Edition of 1765 – 1769; University of Chicago Press, Chicago (1979). BkI, Ch. 1 at page 121 – 122.
② Ronald Dworkin, Taking Rights Seriously. Harvard University Press, Cambridge, Massachusetts. 1978. Page 269.

为，任何人都不需要为了相信一般的自由权在某种意义上是存在的而接受这种观点。笔者认为，自由主义哲学家可能会对 Joel Feinberg 提出的界定方法感到满意，Joel Feinberg 认为，一般的自由权是一种"权利范畴"或是一种"指导理念"。例如，在谈及普遍的生命权时，Feinberg 认为："普遍的生命权并不是一系列特殊的有效的权利主张，而是一种对立法目的的指导理念，当我们作为立法者、法官或者道德主体去判断各种各样的权利主张时，这种指导理念能够引导我们为了人类的生命做出最好的判断。类似的分析方式也同样适用于'自由权'和'财产权'。"①

在笔者看来，一般的自由权是这样一种权利，即权利人可以向政府主张，除非它们有充分的理由，否则它们不得剥夺、妨碍或限制权利人的自由。它们只能出于公众利益限制人们的自由，实际上，政府必须有合理的理由让人们相信其对自由的限制可以实现预期的结果（某种公众利益），并且，政府对自由的限制不得超过足以实现其预期结果的合理程度。

对这种自由权的保障是我们政治制度永恒不变的定位。同样地，这种自由权也是引申出永恒隐私权的良好开端。无可否认的是，虽然这是一个良好的开端，但这并不能给予我们更多帮助。这种一般的自由权过于弱势，无法引申出非常有力的隐私权，即很难被其他权益推翻的隐私权。实际上，笔者并不会仅仅从这种一般的自由权中引申出隐私权。除了这种一般的自由权以外，笔者还会从自由权的其他基本理论中引申出隐私权。之所以有必要寻找自由权的其他基本理论，其中一个原因就是，如果对隐私权的保护仅仅像对一般的自由权的保护一样，而不给予隐私权更多保护的话，那么，政府就可以像限制列克星敦大道上的汽车交通一样，随意地通过立法行为限制人们的隐私权了。人们的隐私不应被政府如此轻易地妨碍。当然，除此之外，就像 Blackstone 所叙述的和 Dworkin 所理解的一样，一般的自由权是只能向政府主张的一项权利。我们仍然需要从自由权的基本理论中引申出权利人可以向其他个体主张的隐私权。

---

① Joel Feinberg, Social Philosophy, Prentice-Hall, Inc. Englewood Cliffs, New Jersey, 1973. Page 71.

我们稍后再来分析这些基本理论。笔者首先想要说明的是，为什么隐私所包含的权益可以被合理地视为一种能够适用这些基本理论的自由权益。笔者必须先来研究这一问题，即隐私所包含的权益引起的概念上的问题，因为笔者在前文中已经界定，隐私所包含的权益是指对某种行为状态享有的权益，这种行为状态就是，他人秘密地实施行为时不被别人察觉的状态。但是，一般的自由权通常被视为选择实施任何行为的权利，而由于隐私所包含的权益不是对实施某种行为所享有的权益，因此，除非有相反的充分理由，否则从表面来看，隐私所包含的权益并不是一种自由权益，并且也不能适用自由权的基本理论。

为了证明隐私所包含的权益并不是其表面看起来的样子，而是一种自由利益，我们需要重新认识自由的概念。然而，这种重新认识几乎是一种革新。在接下来的分析中，笔者仅仅是试图捕捉人们在谈论自由时脑海中所考虑的部分因素。①

当人们说一个人有权利做某事时，他们的意思是，这个人有权利以其自己选择的方式（除非有充分理由禁止他以其选择方式实施这一行为），在自己选择的环境下（除非有充分理由禁止他在其选择环境下实施这一行为），实施某一行为。例如，当我们说我们有权步行时，这句话中包含多个权利，其中就必然明确地包含从一个地方走到另一个地方的自由权，也就是实施某种行为的权利。我们同样会认为，只要我们选择的行走方式不会令别人极其痛苦或极其厌恶，我们就有权以我们选择的任何方式行走。例如，行走的权利就包括，行走的人可以快步走，也可以慢步走，甚至可以变速走；他可以选择独行也可以选择与他人同行。此外，我们同样认为，只要我们选择的行走环境不会令别人极其痛苦或极其厌恶，那么步行的自由权也包括在我

---

① For a more complete analysis of the concept of liberty see Feinberg, Social Philosophy, at Chapter One. While I accept much of Feinberg's analysis of the concept of liberty, my analysis of concept of liberty appears to differ from his at a critical point. My analysis of concept of liberty permits me to classify the interest in privacy as a type of liberty interest. His analysis of the concept of liberty apparently does not permit him to classify the interest in privacy as a type of liberty interest. He consider it instead to be an interest in "life" or in "the quality of life". See Feinberg, Ibid., at page 61.

们选择的任何环境下行走的权利（笔者会简短地讨论对环境的选择应遵循的条件）。例如，步行的自由权就包括，行走的人可以在白天行走，也可以在夜晚行走；可以在艳阳下行走，也可以在狂风暴雨中行走；可以在室内行走，也可以在室外行走；可以公开地行走，也可以秘密地行走。

毫无疑问，那些想要限制上述条件下步行自由权的人必须要承担这一责任，即证明其限制是正当的。但是，如果有人主张其享有证明步行自由的正当性的自由，那么他就没有义务证明其主张是否合理。或许对很多人而言，没有必要有意地缓慢行走、在室外行走或者在狂风暴雨中行走，所以实施这些行为的自由权看上去是非常微不足道的自由权。但毫无疑问的是，这确实是自由权，在上述条件下步行的权益是一种自由权益。因为这并不是一项令别人难以忍受的自由权益，所以它具有合理根据可以成为一项自由权。因此，无论是国家还是个人想要禁止别人自由行走，那么他就有义务证明其禁止这一行为的正当性。

当然，牢记这一点十分重要，这就是，一般的自由权并不保护行为人选择的所有行为方式或行为人选择的所有行为环境。因为，确实可能存在充分的理由可以禁止行为人以某些行为方式或在某些行为环境下实施一种行为，就如确实可能存在充分的理由可以完全禁止行为人实施一种行为一样。例如，我们不享有欺压别人的自由权（尽管，欺压他人的权益确实是一项自由权益），因此，我们不能在欺压别人的环境下实施某一行为（尽管，在这种环境下实施某一行为的权益确实是一种自由权益）。

公开地行走的自由权益并不会让别人难以忍受，因此，它具有合理的根据可以成为一项自由权。然而，大家都知道戈黛瓦夫人的故事，她希望她一丝不挂地在热闹的公共大道上行走时，没有人会观察她。对于身处热闹的公共大道并且需要或者想要得知大道上发生了什么事情的人们来说，如果要满足戈黛瓦夫人的这种愿望，那么他们将是很难忍受的。因此，戈黛瓦夫人并不享有在公共大道上行走时（无论是否穿着衣服）不受别人观察的自由权。

正如笔者前文所述，一般的自由权必然地包含一定程度的不确定性。毫无疑问的是，并不是人们选择的所有行为环境，无论其是否会让别人感到难以忍受，都应该被视为自由权益的一种要素。因为人们选择的某些行为环境可能与其想要实施的行为完全无关。例如，我希望生活在一个没有同性恋邻居的环境中。即使这种权益可能会令别人难以忍受，但是我想要生活在一个没有同性恋邻居的环境中的权益是否应该被视为一种自由权益呢？或者，我希望我所任职的大学内完全不存在对果蝇这种生物的研究，因为我个人极其鄙视果蝇。即使这种权益并不值得尊重，但是我希望享有的这种权益是否应该被视为一种自由权益呢？对于这种问题，笔者很难给出迅速、坚定的回答。无疑的是，某些行为环境相比于其他行为环境而言，需要我们更加严肃地对待。毫无疑问，当我们说我们有权以我们想要的方式、在我们想要的环境下实施某一行为时，我们所指的行为环境通常是指那些对人们的行为自由有重大影响的行为环境。这些行为环境对于促进行为自由具有很高的功利价值，它们无疑是自由权的关键组成部分。当然，当我们认为某种行为环境并不会对人们实施某种行为的决定产生任何重要的影响时，我们就不会将此种行为环境视为自由权益的一个要素。

考虑到上文中的分析，笔者会这样定义一般的自由权。除非有充分理由完全禁止人们实施一种行为，或者有充分理由禁止人们以某种方式实施这种行为，又或者有充分理由禁止人们在某种环境下实施这种行为，否则，只要人们所选择的行为环境与其行为自由有着合理的联系，那么，人们就有权以他们选择或可能选择的方式、在他们选择或可能选择的环境下，实施他们选择或可能选择实施的行为。这就是一般的自由权。

在重新定义了自由权益的概念和自由的一般理论之后，我们就能够理解将隐私所包含的权益视为一种自由权益为什么是合理的。有时候，在实施某些行为时，我们想要（或可能想要）免受别人察觉，或者我们会在别人不会察觉到我们的环境下实施这些行为。所以，我们可能会认为，在实施某些行为时免受别人察觉的一般权益，是一种自由权益，因为这种权益是指在一定的环境下实施某种行为的权益，并且这种行为环境与人们想要实施的行为紧密相关。如果要求实施某种行为时免受别人察觉的权益在任何情况下都能够实现，那么，实现这种权益就会令别人难以忍受。很明显，当我们身处热闹的公共大道或者人行道时，如果我们主张自己享有免受别人察觉的权利，那么，这种权利就会令别人难以忍受,实际上对整个社会来说,这是灾难性的权利。因此,我们并不享有这种权利。但是,对于秘密地实施行为时免受别人察觉的权益来说,情况就是完全不同的了。所有人都享有秘密地实施行为时免受别人察觉的权利,这种权利不会对其他社会成员施加任何负担。人们主张这种权利不会妨碍别人履行对社会其他成员所承担的合理注意义务。并且,这项权利也并不要求任何人或所有人煞费苦心地避免看到别人。无论主张秘密地实施行为时免受别人察觉的权利会给别人施加怎样的负担,这种负担实际上都是相对较轻的。

毫无疑问,我们享有秘密地实施行为时免受别人察觉的权益,其本身就不是一个道德上受谴责或令别人难以忍受的权益。因为,它是一种行为环境,这种行为环境与我们想要怎样实施某种行为息息相关,也因为,这种权益也不是一个道德上受谴责或令别人难以忍受的权益,至少初步来看,它有合理的根据可以成为一项自由权。

四、McCloskey 对隐私的解读

到目前为止,笔者已经试图证明,将隐私所包含的权益——人们秘密地实施行为时免受别人察觉的权益——视为一种自由权益是合理的,此外,如果我们享有隐私权的话,将隐私权视为一种自由权也是合理的。如果笔者的观点是正确的话,关于自由的某些基本理论就可以用来证明隐私权是一种特殊的自由权,隐私权值得人们给予最大的尊重。

但是,在提出自己的论证之前,笔者想先对 H. J. McCloskey 提出的批判观点做出令人满意的反驳。因为 McCloskey 明确且着重强调,隐私所包含的权益并不是自由权益、自主权益或者自治权益,它是一种自成一格的独特权益,并且,相比于自由权益、自主权益或者自治权益来说,隐私所包含的权益的位阶低于这些权益。[1]

如果 McCloskey 的观点是正确的话,那么,笔者的论证就无法继续进行了。笔者相信自己可以成功反驳他的观点。当然,McCloskey 提出了很多论证理由,并且这些理由都值得我们高度关注。McClos-

---

[1] McCloskey, "Privacy and the Right to Privacy", at page 38.

key 将多个假设、命题和论点紧密地联系起来并进行了讨论，通过这些讨论他得出了自己的观点。笔者将证明，一旦将这些假设、命题和论点加以区分并分别研究，那么我们就可以明显地看到，McCloskey 既无法反驳隐私所包含的权益是一种自由权益的观点，也无法反驳隐私权是一种基本的自由权的观点。

由于 McCloskey 的观点既重要又复杂，所以笔者针对其观点的讨论不可避免地需要较长的篇幅。笔者会尽力以易于理解的方式组织下面的讨论。我将通过下述结构研究 McCloskey 的观点：首先，笔者会从 McCloskey 的文章中引用其论点原文，这样就可以使读者对 McCloskey 的观点形成一个总体的认识。其次，笔者将概括地说明其观点包含的三个基本要素。最后，笔者会分别分析每一个要素。

接下来，我们先来看看 McCloskey 对隐私和自治或自由之间的关系做了怎样的分析。

"对隐私的尊重也是对个人自治的尊重。"对这句话的很多种解释都试图将隐私与自由联系起来，将隐私与自治联系起来。显然，隐私与对隐私的尊重是相互联系的，自治与对自治的尊重是相互联系的。许多侵犯隐私权的行为同样违反了尊重自治的义务，许多侵犯隐私权的行为也涉及不尊重别人意愿。但是，不尊重别人的意愿并不意味着不尊重别人的自治。因此，未被受害人发现的秘密监视行为（不尊重别人意愿的行为）并不涉及不尊重别人的自治。试想，有一个女孩被一位她认识的男人监视，她自己对此并不知情，她可能愿意这个男人看到她的裸体，也可能并不愿意。如果，这个男人对此事一直三缄其口并且女孩也对他所做之事毫不知情，那么，女孩的意愿是否受到了任何形式的强制呢？曾有观点认为，即使是这种秘密的、未被别人发觉的侵犯别人隐私的行为，也涉及对别人意愿的强制，使别人丧失了自治。因为这位女孩希望自己的行为免受别人监视。如果她被别人监视，那么，她就无法自由地选择实施那些在未被监视的情况下可以实施的行为。笔者认为，以下两个回答就足以反驳上述观点。首先，假设这位女孩十分希望她所爱的男人能够秘密地欣赏她的美丽，即使如此，她所爱的男人在未经她允许的情况下秘密地监视她的行为，仍然是侵犯她隐私的行为。但是，她所爱的男人实施的行为并没有违背她的意愿。更进一步来看，别人实施或者没有实施的很多事情，都与我们的意愿相违背。投票决定让一位在任的工作人员离职，这种行为违背了这位工作人员的意愿。但是，投票行为并没有侵犯他的自治，更谈不上侵犯他的隐私。如果认为侵犯别人隐私的行为，必然涉及违背别人意愿、侵犯别人自治的话，那么，这种对自治的认识就意味着，世界上只能有一人享有自治权，别人为了尊重这个人的自治权都将承担成为其奴隶的风险。"①

笔者概述一下 McCloskey 的观点。笔者将 McCloskey 的讨论分为三个部分。

第一部分从开始到"但是，不尊重别人的意愿并不意味着不尊重别人的自治"这一句是第一部分。在这一部分中，McCloskey 提出，那些认为隐私权实际上是一种自由权的观点，必定采用了特殊的且错误的关于自由的观念。

第二部分从"因此，未被受害人发现的秘密监视行为（不尊重别人意愿的行为）并不涉及不尊重别人的自治"这一句开始，一直到"如果，这个男人对此事一直三缄其口并且女孩也对他所做之事毫不知情，那么女孩的意愿是否受到了任何形式的强制呢？"这个问题。在这一部分，McCloskey 主张，如果能采用正确的关于自由的观念，那么隐私权就不能简单地被视为一种自由权。

第三部分从"曾有观点认为，即使是这种秘密的、未被别人发觉的侵犯别人隐私的行为，也涉及对别人意愿的强制，使别人丧失了自治"这一句开始，一直到文末。在这一部分，McCloskey 提出两个观点：第一，主张隐私权是自由权的人不仅采用了特殊的关于自由的观念，除此之外，如果这些人没有进一步犯概念性错误，他们也不可能得出隐私权是自由权或自治权的结论。第二，主张隐私权是自由权的人采用的所谓特殊的关于自由的观念，实际上也是错误的。

很明显的是，如果 McCloskey 的上述观点是正确的，那么，笔者对隐私权的研究就完全是徒劳的了。因此，他的观点值得笔者审慎地评价。笔者将逐步分析他对每一个部分的讨论。

"对隐私的尊重也是对个人自治的尊重。对这句话的很多种解释都试图将隐私与自由联系起来，将隐私与自治联系起来。显然，隐私

---

① McCloskey, "Privacy and the Right to Privacy", at pp. 25–26.

与对隐私的尊重是相互联系的,自治与对自治的尊重是相互联系的。许多侵犯隐私权的行为同样违反了尊重自治的义务,许多侵犯隐私权的行为也涉及不尊重别人意愿。但是,不尊重别人的意愿并不意味着不尊重别人的自治。"①

在这段开场白中,McCloskey 暗示了其论述的方向。他承认,隐私与自治之间多少有些许联系。他提出,"许多侵犯隐私权的行为同样违反了尊重自治的义务"。这一主张并不是全面的肯定,它恰好说明,有一些侵犯隐私权的行为并没有违反尊重自治的义务。正如我们所见,McCloskey 的确在其讨论的第二部分中提出,行为人实施的秘密侵犯隐私权(此处的隐私权指人们在秘密地实施行为时免受别人觉察或监视的权利)的行为并没有违反尊重自治的义务。这说明,McCloskey 认为隐私和自治之间的联系并不是概念上的,换句话说,他认为,隐私权本质上并不是一种自由权。因为,如果隐私权是一种自由权,那么每一个侵犯隐私权的行为,无论是秘密的还是公开的,都同样是侵犯自由权的行为,也就是违反尊重别人自治的义务的行为。

McCloskey 在其文章的其他段落中讨论过其认为隐私和自治之间存在何种关系。② 简要概括一下,他认为二者之间的关系完全是手段与目的地关系或者功利的关系。就是说,他认为尊重个人隐私之所以重要,仅仅是因为它是确保个人自治的手段。他认为,由于我们享有自治权,所以我们就有一种"派生"的权利(隐私权),这种派生的权利作为确保行为自治的手段,是非常重要的。

在提出"许多侵犯隐私权的行为同样违反了尊重自治的义务"这一主张后,McCloskey 紧接着提出了一个令人疑惑的观点,即"许多侵犯隐私权的行为也涉及不尊重别人意愿"。显然,就像 McCloskey 前文所主张的观点,即从概念上讲,尊重隐私的义务与尊重自治的义务是不同的,在此,McCloskey 继续使用同样的措辞并提出,从概念上看,尊重隐私的义务与尊重别人意愿的义务也是不同的。实际上,我们在其讨论的第三部分可以看到,McCloskey 明确地主张,从

---

① McCloskey, "Privacy and the Right to Privacy", at p. 25.
② McCloskey, "Privacy and the Right to Privacy", at pp. 31 – 34.

概念上讲，尊重隐私的义务与尊重别人意愿的义务是不同的。这一主张令人疑惑之处，就在于 McCloskey 并没有讨论隐私与个人自由之间的关系或隐私与个人自治之间的关系。不尊重别人意愿（人们做某事或不做某事的意愿）的行为与不尊重别人自治的行为到底有什么关系呢？

答案就是，McCloskey 相信那些认为隐私权是自由权的人一定有着特殊的观念，即个人自治包括使别人完全按照其意愿行事的权利。笔者并不能完全确定 McCloskey 是从何处得知这种观点的，但是笔者认为，他相信他所攻击的这种特殊观念是 Stanley I. Benn 提出的，笔者将在文章下一部分仔细研究 Benn 对隐私提出的理论。无论这种观念是否来源于 Benn，McCloskey 主张那些相信隐私权是自由权的人一定认为，那些违背我们意愿的人——实施我们不希望其实施的行为，或者不实施我们希望其实施的行为——都违背了尊重个人自治的义务。① 这正是 McCloskey 在其讨论的最后一部分想要证明的错误的关于自治的特殊观念。但是，McCloskey 并没有在文章任何段落成功证明，那些认为隐私权是自由权的人一定也相信个人自治包括使别人完全按照其意愿行事的权利。因此，McCloskey 的观点并不是他论证的论点，而仅仅是他做出的一个假设，他并没有证明那些认为隐私权是自由权的人一定采用了特殊的并且错误的关于自由的观念。

McCloskey 在第一部分论述中，有三个隐晦的论点在后文中有所论证，还有一个隐晦的假设他并未做任何论证。三个隐晦的论点是：①隐私权不同于自由权；②无论隐私权是什么，隐私权不同于尊重别人意愿的义务（或假定的义务）；③无论尊重个人自治的义务是什么，尊重个人自治的义务都不同于尊重别人意愿的义务（或假定的义务）。一个隐晦的假设是，某些人之所以认为隐私权是自由权，是因为他们持有这样一种观念，即无论尊重个人自治的义务是什么，无

---

① McCloskey, "Privacy and the Right to Privacy", McCloskey explicitly states his belief on this point much later in his article. He asserts on page 35: "(An) argument which relates privacy and liberty is to the effect that to invade privacy is to invade liberty-the person who is spied upon is unfree. He wishes to act under conditions free of observation and is unable to do so. A curious view of freedom is involved in this claim, it being suggested that any one doing what another person desires he not do, is injuring his enjoyment of his liberty."

论别人的意愿是什么，尊重个人自治的义务就是尊重别人意愿的义务。

在我们研究 McCloskey 论证的其他部分时，我们也能看到他做出的其他假设。然而，笔者方才明确指出的这一隐晦的假设特别值得注意，因为这一假设具有直接且重要的结论。

这个特别的假设产生的结论就是 McCloskey 提出的三个隐晦的论点中的两个，即第②点和第③点，由于这两个论点依赖于这个假设，所以对笔者的理论（其实也是对 Benn 的理论）而言，它们基本上是不相关的异议。因为，虽然笔者认为隐私权就是自由权，但是这一观点并不依赖于关于自治的特殊观念，即笔者并没有像 McCloskey 所说的一样，将自治权视为让别人按照自己的意愿行事的权利。

或许，某些哲学家采用了特殊的、错误的关于自治的观念，将自治权益视为让别人按照自己的意愿行事的权益，并试图通过此种观念证明，隐私所包含的权益是一种自由权益。但是，笔者并没有采用这种特殊的观念，没有将此观念视为自由权益的观念。相反，笔者证明，只要认可以下这种观念，人们就可以将隐私权视为自由权，这就是，一般的自由权是指，除非有相反的充分理由，否则，人们有权以自己选择的或可能选择的任何方式，在自己选择的或可能选择的任何环境下，实施自己选择的或可能选择的行为。

尽管，笔者对于自由权益的观念即对于一般自由权益的观念，与关于自治的错误的观念即将自治权益理解为让别人按自己的意愿行事的观念，看起来有一点相似，但是实际上，二者是完全不同的。人们的确可以想象到，一个人想要这样的行为环境："我想生活在其他人都按我的意愿行事的世界里。"但是实际上，没有人享有这样的行为环境，大部分人只是享有较多的自由和自治，因此结果就是，这种想象的行为环境明显地与真实的行为自由无关。因为这种行为环境与真实的行为自由无关，所以笔者所表达的一般的自由权并不包含这种行为环境。

McCloskey 讨论的其余部分可以划分为二。一部分是对 McCloskey 的第①个论点的论证。另一部分包括对第②个论点和第③个论点的论证。笔者将 McCloskey 的讨论分为三个部分的理由如下。

笔者前文已经研究过的第一部分，展示了 McCloskey 的三个论点和他采用的一个假设。笔者将要研究的第二部分包含对 McCloskey 的第①个论点的论证。讨论的第三部分则是对第②个论点和第③个论点的论证。

McCloskey 提出的论点中,唯一与作者的论点相关的,就是第①个论点,即隐私权不同于自由权。这一论点之所以与笔者的论点相关,是因为它并不像其他两个论点是以错误的假设为基础的,即这一论点并不依赖于这样的假设——那些认为隐私权是自由权的人,同样会认为个人的自由是指让别人按照自己的意愿行事的权利。

现在,我们来研究 McCloskey 讨论的第二部分,这一部分为第①个论点提供了论证。

"因此,未被受害人发现的秘密监视行为(不尊重别人意愿的行为)并不涉及不尊重别人的自治。试想,有一个女孩被一位她认识的男人监视,她自己对此并不知情,她可能愿意这个男人看到她的裸体,也可能并不愿意。如果,这个男人对此事一直三缄其口并且女孩也对他所做之事毫不知情,那么,女孩的意愿是否受到了任何形式的强制呢?"①

McCloskey 在上一段段末提出的问题实际上是一个反问。他相信,所有人对这一问题的答案都将是否定的。这一问题所表达的不外乎是 McCloskey 自己的看法,即他认为我们都会赞同他的观点。然而这种看法实际上并无道理。McCloskey 的观念依赖于两个似乎可信的观点:①自由权是实施某些行为的权利,而秘密的监视行为并不会必然地侵害受害者的行为自由;②侵害个人自由的行为总是能被受害者感受为对其意愿的违背。因此,如果从这两个观点出发,那么遭受秘密的监视行为的受害者可能永远不会意识到有人违背了他的意愿。

对于第①个似乎可信的观点——自由权仅仅是实施某些行为的权利——笔者已经在前文有所说明,这种观点并不能涵盖所有我们对自由权的理解。我们必须这样理解自由权,才能够使所有无疑属于自由权的权利被涵盖其中,这就是,自由权是指以各种方式、在各种环境下,实施各种行为的权利。尽管,行为人秘密地监视他人的行为并不

---

① McCloskey, "Privacy and the Right to Privacy", at pp. 25–26.

会必然地妨碍他人实施某种行为，但是，行为人秘密监视他人的行为必然地破坏了他人选择或者可能选择的行为环境，并且行为环境对他人是否选择实施某种行为有相关的影响。当他人秘密地实施某种行为时，行为人对其实施的秘密监视行为必然会破坏他人免受不速之客察觉的行为环境。因此，McCloskey 提出的第①个观点并不能让人们相信秘密的监视行为没有侵犯个人自由。

McCloskey 提出的第②个似乎可信的观点需要更多篇幅来分析。这一观点认为，对个人自由的侵害总是被受害者有意识地察觉（只有被受害者有意识地察觉到，才可能是对个人自由的侵害），即受害者或多或少都察觉到自己的意愿被违背或被强制。由于被秘密监视的受害者并未有意识地察觉到别人违背了他的意愿，或者不会必然地察觉到别人违背了他的意愿，所以，秘密的监视行为并没有侵犯受害者的个人自由。

实际上，第②个观点与第①个观点一样，也是似乎可信的假设。因为通常我们都认为，侵害个人自由的行为往往都包括对受害人意愿的强制，即强制受害者实施其不愿实施的行为，或者强制受害者不去实施其想要实施的行为。受害者自然会意识到这种强制。因此，这一假设，即所有妨碍个人自由的行为总是能被受害者感受为对其意愿的违背，看上去是似乎可信的假设。

但是，这个假设是错误的。并不是所有侵害个人自由的行为都采取强迫或强制的形式。例如，行为人也可能秘密地侵害他人自由。行为人有可能在他人完全不知情的情况下侵害他人自由，他人不会感受到行为人违背了自己的意愿。举例来说，投票的权利是一种自由权。行为人可以公开地通过强迫或暴力胁迫的方式侵害他人投票的权利，在这种情况下，他人能意识到行为人的侵害行为，也能感受到行为人违背了自己的意愿。但是，行为人也可以在计票前秘密地摧毁他人的票签，通过这种秘密的方式侵害他人投票的权利。所以，即使他人根本没有发觉行为人的侵害行为，因此也不会感受到行为人违背了自己投票的意愿，但是，他人投票的权利、投票的自由，的确受到了行为人的侵害。当然，行为人并没有侵害他人将票签放入投票箱的行为自由，但是行为人确实妨碍了他人参与投票的过程。在计票前，行为人秘密地摧毁他人票签的行为，妨碍他人参与投票的过程。虽然投票者并没有意识到这一点，但是，就像行为人以暴力方式阻止投票者将票签放入投票箱一样，行为人对投票者参与投票过程的妨碍是真实存在的。显然，行为人秘密地侵害他人自由的行为是存在的。因此，即使受害者没有意识到行为人实施的秘密监视行为，也不可能意识到行为人违背了自己的意愿，但是，就像人们秘密地实施某些行为时享有免受别人察觉的权利这种理论一样，行为人实施秘密监视行为所侵犯的权利正是一种自由权。

因此，McCloskey 提出的唯一与作者的论点相关的第①个论点，并不能反驳隐私权是一种自由权这一观点。

现在，笔者来研究 McCloskey 论述的第三部分。虽然此部分中的论证是以笔者并不认同的一种关于自治的理论为前提的，但是这些论证中显现出的一些观点还是值得评论的。同样，笔者先全文引用 McCloskey 论述的第三部分。

"曾有观点认为，即使是这种秘密的、未被别人发觉的侵犯别人隐私的行为，也涉及对别人意愿的强制，使别人丧失了自治。因为这位女孩希望自己的行为免受别人监视。如果她被别人监视，那么，她就无法自由地选择实施那些在未被监视的情况下可以实施的行为。笔者认为，以下两个回答就足以反驳上述观点。首先，假设这位女孩十分希望她所爱的男人能够秘密地欣赏她的美丽，即使如此，她所爱的男人在未经她允许的情况下秘密地监视她的行为，仍然是侵犯她隐私的行为。但是，她所爱的男人实施的行为并没有违背她的意愿。更进一步来看，别人实施或者没有实施的很多事情，都与我们的意愿相违背。人们投票决定让一位在任的工作人员离职，这种行为违背了这位工作人员的意愿。但是，投票行为并没有侵犯他的自治，更谈不上侵犯他的隐私。如果认为侵犯别人隐私的行为，必然涉及违背别人意愿、侵犯别人自治的话，那么，这种对自治的认识就意味着，世界上只能有一人享有自治权，别人为了尊重这个人的自治权都将承担成为其奴隶的风险。"①

---

① McCloskey, "Privacy and the Right to Privacy", at p. 26.

这一段论述的前三句所呈现的观点与笔者认为隐私权就是自由权的观点是相似的。紧接着，McCloskey立即对这种观点提出了两个反驳意见。笔者将证明，他提出的两个反驳意见均不能推翻笔者的观点。

第一个反驳观点指出，即使在某个特定的环境下，人们不需要隐私权或者不想行使隐私权，人们也仍然享有隐私权。在McCloskey所举的例子中，女孩有权禁止别人在未经她允许的情况下秘密地观察她，但是，当实施秘密观察行为的人是一个特殊的人时（她所爱的男人），女孩就并不需要这一权利，或者并不想行使这一权利。

人们享有他们并不需要的隐私权看上去是非常不协调的观点，然而这种所谓的不协调也并不能证明隐私权不是自由权。一旦人们区分了自由与简单的对满足感的需求，那么这一点就是显而易见的了。笔者的理论所依赖的关于自由的观念能包含这种事实，即人们能够享有他们并不需要或者并不想行使的自由权。自由权是指权利人有权以其可以选择的方式，在其可以选择的环境下，实施其可以选择的某种行为。即使人们实际上并不想行使自由权，或者人们甚至完全不需要自由权，但是人们仍然享有自由权。行为人侵犯这种不被他人需要的自由权时，其并没有违背他人的意愿。以我为例，阻碍我参加职业拳击活动的行为并不会违背我的意愿。我并不想要行使这种自由权。在McCloskey所举的关于女孩的例子中，女孩享有免受别人秘密观察的隐私权。虽然她并不需要这种权利，但是，她仍然享有这项权利，因为她并没有放弃这项权利。她的这项权利没有被放弃是因为，她没有有效地向其他人传递她放弃这项权利的想法，她仅仅是不想行使这种权利，而仅仅不想行使这一权利并不构成对此权利的放弃。在McCloskey所举的例子中，女孩并没有向她所爱的人有效地传递她放弃权利的想法。因此，她享有她并不需要的权利。在未经她允许的情况下秘密观察她的男人，侵犯了她自己并不需要的隐私权。但是，这并不能证明隐私权不是自由权。我们同样能够享有我们并不需要的自由权。

因此，人们可以享有自己并不想行使的隐私权，这一事实与隐私权是自由权的理论是符合的。

McCloskey 提出的第二个反驳观点更加严重地误解了其试图反驳的理论。因为，他认为有些人有将隐私权视为自由权是因为，这些人采用了特殊的关于自治的观念，不仅如此，他认为还有一个原因，那就是，这些人认为隐私权与自治权是完全相同的。实际上，认为隐私权是一种自由权或自治权的人，并没有主张隐私权与自治权或自由权是完全相同的，他们只是认为隐私权是自由权的一种或一类。

对 McCloskey 讨论的完整清晰的表达是这样的，那些认为隐私权是自由权的人一定也相信：①自治权意味着权利人有权让别人完全按照权利人自己的意愿行事，使别人实施其想要别人实施的行为并禁止别人实施其不希望别人实施的行为；②隐私权与自由权或自治权是完全相同的。但是，如果这两个观点是正确的话，那么，人们投票决定让一位在任的工作人员离职的行为，就侵犯了其自治（可以想见，该工作人员希望再次当选），并且也侵犯了其隐私权。实际上，人们投票决定让一位在任的工作人员离职的行为，既没有侵犯他的自治也没有侵犯他的隐私。

因此，结论①：自治权并不意味着权利人有权让别人完全按照权利人自己的意愿行事。结论②：隐私权并不是自治权。

笔者赞同上述两个结论，当然，这两个结论均不能证明隐私权不是自由权。

对于结论①，笔者在前文已经指出，为了相信隐私权是自由权，人们不需要认同这样的观点，即自治权意味着权利人有权让别人完全按照权利人自己的意愿行事。

对于结论②，则是一个有意思的文法上的问题。"隐私权不是自由权"（"The right to privacy is not the right to liberty"）这种主张与"隐私权不是一种自由权"（"The right to privacy is not a liberty right"）这种主张，从文法上来看二者是相似的。这种文法上的相似也许意味着含义上的相似，甚至可能是含义上的完全相同。然而，这两种陈述的含义是完全不同的。主张第一种陈述并不意味着也承认第二种陈述。

一方面，"隐私权是自由权"（"The right to privacy is the right to liberty"）这种陈述是主张，隐私权的种属或类别与自由权的种属或类别是完全相同的。这是关于"隐私权"的一种错误定义。对这一陈述的否认仅仅是否认了一种错误的定义。

另一方面,"隐私权是一种自由权"("The right to privacy is a liberty right")这种陈述是主张,隐私权是自由权的一种类型。它说明了隐私权的道德上的理论基础。

人们认为隐私权权利束(privacy rights)是一种自由权权利束(liberty rights)或者自由权权利束的一个子集,并不意味着人们必须认同隐私权的类别与自由权的类别是完全相同的。更不意味着人们必须认同隐私权与自由权的类别是完全相同的。只要谨慎地使用本篇文章第二部分对一些概念所做的界定,很多关于文法的疑惑就会被消除。我们必须区分文法上相近的表达,如"隐私权"("the right to privacy")和"隐私权权利束"("privacy rights"),也要区分文法上相近的主张,如"隐私权权利束是自由权权利束"("Privacy rights are liberty rights")和"隐私权是自由权"("The right to privacy is the right to liberty")。

"隐私权"是指秘密实施的行为免受别人察觉或监视的权利。"隐私权权利束"是这样的自由权权利束,即只有当人们秘密地实施行为时才可以主张的权利束。

"隐私权"是隐私权权利束中的一种。而隐私权权利束又是自由权权利束中的一种。"隐私权"是一种隐私权权利束,但是,它并不代表隐私权权利束中的所有类别。隐私权权利束是一种自由权权利束,但是它并不代表自由权权利束中的所有类别。

五、Benn 对隐私权的解读

此前,笔者的论证包含肯定的论证和否定的论证两个部分。在肯定的论证中,笔者论证了隐私所包含的权益是一种自由权益,并且隐私权是一种自由权;在否定的论证中,笔者论证了 McCloskey 完全没有成功地证明隐私权不是一种自由权。现在,笔者来说明为什么 Stanley I. Benn 的理论未能成功,Benn 的理论在精神上类似于笔者观点,并且这种理论坚持构建一种很难被推翻的道德上或法律上的隐私权。

Benn 关于隐私权的理论实际上包含两个派生理论。

第一个派生理论试图证明，当他人秘密地实施行为时，行为人在未获得他人同意的情况下公然观察他人的行为，为什么必然是不正当的。

第二个派生理论试图证明，当他人秘密地实施行为时，行为人在未获得他人同意的情况下秘密观察他人的行为，为什么必然是不道德的。Benn 的这两种派生理论可以做如下概括。行为人实施的两种未经他人同意的观察行为都违背了尊重他人作为选择者的理论，因此，实施两种观察行为的行为人都要承担说明行为正当性的责任。秘密的观察行为还包含对被观察者实施的恶意欺骗行为。

如果要对 Benn 的理论做更全面的阐释，那么，我们就需要较深入地讨论一个基本的道德理论，因为 Benn 试图从这个基本的道德理论中引申出隐私权，这个基本的道德理论就是，尊重人们作为选择者的理论。不幸的是，对这一理论到底包含哪些内容还有一些争议，因为，尽管 Benn 以较长的篇幅讨论了这种理论，但是 Benn 并没有对这个理论确切的内容做简单的陈述。在此，笔者将引用 Benn 讨论的一些相关段落原文。

"我认为，隐私的一般理论依赖于更为一般的尊重别人的理论。"我将人理解为具有自我意识的主体，人既可以制定计划，也可以对自己计划的实现进行评估。将人视为人，实际上或者潜在地是将人视为一个选择者，因为世界上的每一个人都试图控制自己的行为，每一个人都会在认识世界的变化后调整自己的行为，也会在承认自己的错误后改正自己的行为。……尊重一个人就是要承认，人应该考虑到其实现计划的方式将会受到自己的选择的影响（To respect someone as a person is to concede that one ought to take account of the way in which his enterprise might be affected by one's own decisions）。因此，我认为尊重别人的理论就意味着，每一个人都有权享有最低程度尊重（得到最低程度的考虑）。（By the principle of respect for person, then, I mean the the principle that every human being, insofar as he is qualified as a person is entitled to this minimal degree of consideration）

"当然，我并不认为，仅有某个人对任何事情所持的态度，就足以使他的愿望得到相关的尊重，因为，即使对那些并不影响其实现计划的行为，他也会有自己的态度或愿望……无论 A 否认了 B 拥有的其他可能的选择权（这种否认可能会侵犯 B 的行为自由），还是改变了 B 有可能实施的行为的意义，只有当 A 的所作所为对 B 做出选择的必要条件产生影响的时候，B 的态度才与 A 的决定相关，并因此应得到一定的尊重。"

"就如我在上文中提出的观点，仅有我不希望你观察某些事物的一种愿望，是不足以获得相关尊重的，因为，如果要与尊重的理论相关，那么所涉及的问题必须是关于自身的，否则，尊重别人的理论就会过于宽泛，以至于仅有我的一个愿望，就可以构成一个有效的理由，从而完全禁止别人观察或者报道任何事物。我并不能因为我对某些事物有感觉，就将这些事物视为与我有关的一部分。当然，本文提出的隐私的理论意味着，一个人只要希望自己不会成为别人监视的对象，那么这种愿望就足以使其主张免受别人监视的权利。"①

上文关于尊重别人选择的理论看上去有些熟悉。笔者认为，Benn 提出的这一理论实际上就是关于个人自由的一般理论，笔者在本文第三部分结尾处已经阐述了这一理论。更确切地说，尊重别人的理论仅仅是主张我们有义务尊重别人作为选择者的权利，即除非有相反的充分理由，否则别人有权以其选择的方式、在其选择的环境下，实施其选择的行为。

在 Benn 对尊重别人的理论的描述中，有四个要素有助于认可笔者的理解，即将 Benn 提出的理论理解为个人自由的一般理论，这四个要素是：①Benn 主张："一个人实际上或者潜在地是一个选择者。"②Benn 主张："尊重一个人就是要承认，人应该考虑到其实现计划的方式将会受到自己的选择的影响。"（To respect someone as a person is to concede that one ought to take account of the way in which his enterprise might be affected by one's own decisions）③Benn 主张："无论 A 否认了 B 拥有的其他可能的选择权（这种否认可能会侵犯 B 的行为自由），还是改变了 B 有可能实施的行为的意义，只有当 A 的所作所为

---

① Stanley Benn, "Privacy, Freedom and Respect for Person", pp. 10–12.

对 B 做出选择的必要条件产生影响的时候，B 的态度才与 A 的决定相关，并因此应得到一定的尊重。"这三个主张表明，Benn 扩展了尊重别人的理论，使该理论不仅包括尊重别人选择的行为方式，也包括尊重别人选择的行为环境。④Benn 坚持主张："尊重别人的理论并不涉及别人可能有的愿望和选择，'所涉及的问题必须是关于自身的'。"这一主张说明，Benn 认为，无论别人的愿望是什么，尊重别人的理论并不能理解为尊重别人愿望的理论。

现在看来，笔者仅仅将 Benn 的尊重别人的理论视为个人自由的一般理论，这种理解的含义就在于，Benn 的论证并没有成功地证明为什么我们应该享有一种很难被推翻的隐私权，即尽管 Benn 提出，当他人秘密地实施行为时，行为人在未获得他人同意的情况下秘密观察他人的行为违背了尊重别人的理论，并因此应该承担说明行为正当性的责任，但是 Benn 提出的这一观点并没有说明为什么人们应该享有一种很难被推翻的隐私权。而关于个人自由的一般理论也不能引申出这样一种有力的隐私权。特别是不能引申出向其他个人主张的隐私权。因为对于个人自由的一般理论来说，其既能说明人们享有观察别人的自由，也同样能说明人们享有在免受别人观察的条件下秘密地实施行为的自由。并且，正如笔者在前文的论证，行为人在未经他人允许的情况下公然地观察他人秘密实施的行为，这种观察行为是不尊重他人选择的行为，因为他人选择在免受行为人观察的情况下秘密实施行为（这种观察行为必然侵犯了他人在免受行为人观察的情况下秘密实施行为的自由）。同样，行为人在未经他人允许的情况下公然地隐藏在隐蔽的地方，这种隐居行为是不尊重他人选择的行为，因为他人的选择就是要观察行为人（这种隐居行为必然侵犯了他人观察行为人的自由）。

如果尊重别人的理论就是关于个人自由的一般理论，那么，Benn 提出的第一个派生理论就非常值得注意，因为这一理论试图确认隐私所包含的权益是一种自由权益。但是，这一理论并没有成功地证明为什么我们应该享有隐私权，因为它并没有在上述两种冲突的自由权益之间提出合理的理论，以证明对于公然地观察他人秘密实施的行为的权益,行为人需要承担说明行为正当性的责任。①

当然,笔者对 Benn 提出的关于隐私权的第一个派生理论的评价,并不意味着 Benn 的第二个派生理论是没有价值的。Benn 的第二个理论试图证明,当他人秘密地实施行为时,行为人秘密观察他人的行为在道德上是令人反感的。这个理论使用道德原则证明,为什么让侵犯他人隐私的行为人承担说明其行为正当性的责任是必要的?所谓的道

---

① Jeffrey Reiman, in "Privacy, Intimacy and Personhood" 6 Philosophy and Public Affairs no. 1 (1976): 26 – 44 charges that Benn's derivation of the right to privacy involves a petitio principii at this point. After quoting the last paragraph of the passage from Benn which I have quoted, Reiman argues at page 38 of his article:

"But this begs the question. Benn has moved from the principle that respect for me as a person dictates that I am entitled not to have the conditions in which I choose altered by unknown or unwanted observation, to the principle that I am entitled to have those things (conventionally) bound up with my identity exempt from unknown or unwanted observation. But the first principle does not entail the second, because the second principle merely a practical limitation on the first; it is a moral limitation, it asserts that it is wrong (or at least significantly worse) to have the conditions in which I choose altered, when things closely bound up with my identity are concerned. But this follows only if the first principle is conjoined with another that holds that the closer something is to my identity, the worse it is to tamper with it. But this is, after all just an abstract version of the right to privacy it self. And since Benn ha not shown that it follows from the principle of respect for persons as choosers, his argument presupposes what he seeks to establish. It is quite strictly a petitio principii."

Though Benn's argue net against overt invasions of privacy does indeed fail to demonstrate what is inherently blame able about such invasions, I see no reason to believe it commits the fallacy of presupposing what is attempts to prove. i interpret Benn's principle of respect for persons as simple the expanded principle of personal liberty which I defended in section 3. The interested in acting unobserved is a species of Liberty interest, because it is an interest in acting under a possible condition of action. But the general principle of personal liberty applies only to those condition of actions where we can see the proposed condition of action has a relevant bearing on one's decision to act in various ways. It dose not apply to choice one might have in respect to others' actions or conditions of action except insofar as they affect one's own actions or conditions for action. Parenthetically, this is one reason why my argument acknowledges the utilitarian value of privacy-that privacy does affect conduct. If privacy did I not significantly affect conduct then the expanded first principle of Liberty would not apply to it.

If Benn's every involves a petitio principii, the fallacy does not occur in his argument against overt invasions of privacy. i am, however, sympathetic to the view that Benn's argument against covert observation of people in private is a petitio principii. See the discussion of "a reasonable expectation of privacy" on pages 32 – 35.

德原则是（更确切地说，看上去是）：如果有两种非暴力、但是相互冲突的权益，其中一个必然具有欺骗性，但是另一个不具有欺骗性，那么行为人在主张欺骗性的权益时，就必须承担说明行为正当性的责任。这个理论中其他的前提似乎也是合理的。行为人秘密地观察他人秘密实施的行为的权益必然具有欺骗性。而他人在秘密地实施行为时免受行为人观察的权益则不具有欺骗性。因此，如果行为人主张其享有秘密地观察他人秘密实施的行为的权益，那么，行为人就必须承担说明其行为正当性的责任。

"即使秘密的观察行为不会产生任何实质伤害，尊重别人的理论还是会坚持反对这种行为。秘密的观察行为——监视行为——遭到反对是因为，实施秘密监视行为的行为人故意地欺骗了他人的行为环境，妨碍他人基于自身的理由做出理性的选择。如果行为人实施了这样的行为，即明知并且故意地改变他人的行为环境，并且对他人隐瞒此事实，那么，行为人实施的行为就不是尊重他人的行为。当然，与 A 公然介入 C 的谈话的行为相比较，这两种妨碍行为是不同的。在这种情况下，A 的出现会改变 C 对其行为环境的感知，并因此影响到 C 计划实施的行为；如果 C 知道 A 能够听到 C 与 D 之间的谈话，那么 C 对其谈话的感觉就会发生变化，甚至可能会不再进行他的谈话。而现在的情况是，C 并未意识到 A 的存在。尽管如此，C 还是受到了妨碍，因为 C 计划实施的行为的意义（假设其行为的意义就是其行为不被别人所知）被 A 故意地篡改了。C 可能在愚者的天堂也可能在愚者的地狱，不管怎样，A 都愚弄了 C。假设，C 身处在一个可能被别人注意到的环境中，那么他就没有理由不选择秘密地实施行为（我们假设，C 并不是要实施违法行为）；那么，别人在 C 不知情的情况下观察 C 的行为，就不仅仅是没有尊重 C 的隐私，并且还意味着别人没有尊重 C 作为选择者的权益。"①

这是一段有意思的论证。即使 Benn 基于尊重别人的理论提出的第一个派生理论并没有成功地证明，为什么当行为人主张其享有观察他人秘密实施的行为的权益时，行为人就必须承担说明其行为正当性的责任，但是，如果将 Benn 的尊重别人的理论与免受别人欺骗的权

---

① Benn, "Privacy, Freedom and Respect for Person", pp. 10 – 11.

利理论结合起来的话,那么我们就能够说明,为什么当行为人主张其享有秘密观察他人秘密实施的行为的权益时,行为人就必须承担说明其行为正当性的责任,因此 Benn 至少解决了我们的一部分疑惑,那就是为什么当行为人主张其享有秘密地观察他人秘密实施的行为的自由时,行为人就必须承担说明其行为正当性的责任,而当行为人主张其享有秘密地实施行为时免受他人察觉的自由时,就不用承担说明其行为正当性的责任。

然而,Benn 的第二个派生理论是不尽如人意的。尽管这一理论确实很有感染力,并且所有的假设看上去都是有道理的,但是,至少有一个假设实际上是错误的,即如果行为人秘密地观察他人秘密实施的行为,那么,行为人实施的观察行为就必然具有欺骗性。

当行为人秘密地观察他人秘密实施的行为时,行为人主动地对他人隐瞒了他人被其观察的事实。似乎这就足以证明行为人欺骗了他人。实际上,行为人实施的行为不一定具有欺骗性。在我们确定实施秘密观察行为的行为人欺骗了他人之前,我们必须要考虑一个条件,这一条件十分明显但是也很容易被忽略,这就是,他人必须有合理的隐私期待。① 也就是说,他人必须要有合理的理由可以相信或者有合理的期待,当他人在秘密地实施行为时,其不会被行为人观察。他人具有这种合理的隐私期待,并且行为人在未获得他人同意的情况下,秘密地观察他人秘密实施的行为,只有在这种情形下,行为人实施的行为才是欺骗他人的行为。

笔者将举例说明,Benn 的第二个派生理论的有效性是附条件的,条件就是上文所述的他人必须有合理的隐私期待。笔者所举的例子将说明,如果他人不具有合理的隐私期待,那么 Benn 的理论,即实施秘密观察行为的行为人对他人实施了欺骗行为,就会变成无效的理论。

假设,为了远离喧嚣,我决定在一个比较清静的地方散步;或许

---

① Katz v. United States, 399 U. S. 347 (1967): "The Government's activities in electronically listening to and recording the petitioner's words violate the privacy upon which he justifiably relied while using the telephone booth and thus constituted a 'search and seizure' within the meaning of the Forth Amendment." (at page 353)

是一个对公众开放的公园,比起公共道路的人行道或交通要道,公园没有那么喧闹。当我在公园中散步时,某个无所事事的人决定观察我。他决定观察我是因为,通过观察我的行为他可以猜测出我希望暂时远离别人,并且他认为观察我是很有趣的。因此,他观察我。为了防止我察觉他的观察行为,他藏在他的汽车中。他成功了。我没有看到他藏在他车里,并且当我试图暂时远离喧嚣,在公园中踱步时,我一直没有发觉他在观察我。

现在来看,这个人有没有欺骗我呢?我认为答案是:"没有。"这一问题甚至都是不成立的。我并没有合理的隐私期待。或者说,当我在公共公园中散步时,我并不能合理地期待免受别人短时间的观察。

接着,我认为,当人们秘密地实施行为时,上述观点仍然成立。如果人们在秘密地实施行为时没有合理的隐私期待——例如,如果人们生活在广泛使用监视设备的环境中,那么,当人们秘密地实施行为时,就像人们公开地实施行为一样,他们也很容易或者几乎很容易就能被观察到,并且也是经常或者几乎经常被观察到,如果人们都了解对此种情况,那么,人们就不会有合理的隐私期待——那么,即使他人秘密地实施行为,行为人对其实施的秘密观察行为也不是欺骗性的。

再一次思考一下 Winston Smith 的例子,他是 George Orwell 所写的小说《1984》的主人公,政府在他的公寓里安装了电幕;这种电幕是一种双向电视装置,它一方面能向 Smith 播放政府设计的节目,另一方面也能使政府的安全监管人员看到 Smith 公寓中发生的任何事情。Smith 了解这一事实。他同样知道,政府的安全监管人员在使用电幕监视他时并不会通知他,并且,他不能通过检测电幕确定在某个特定的时间他是否被政府监视。但是政府的此种监视举措是尽人皆知的。实际上,它无处不在地提醒人们,"Big Brother 正在看着你"。

笔者不会认为,在上述情形下,政府对 Smith 在其公寓中的所作所为进行秘密监视的行为,能被准确地视为一种欺骗行为。这种行为是一种令人恐怖的压迫,是一种可怕的错误,应当停止实施。但是,Smith 并没有被欺骗。他知晓这种情形。Smith 知道,当他身处自己的公寓时,如果认为自己没有被政府监视,那将是既不合理又不明智的。

  Benn 并没有注意到，当行为人秘密地观察他人秘密实施的行为时，行为人实施的秘密观察行为是否具有欺骗性，取决于他人是否有合理的隐私期待。① 因此，Benn 没有研究享有合理隐私期待和享有隐私权这两个概念的关系。至关重要的问题是，合理隐私期待——人们合理地相信，他们在秘密地实施行为时不会被别人观察——是否与隐私权完全相同？因为，如果合理隐私期待就是隐私权，那么，Benn 的论证就是以其想要证明的观点为前提了。如果合理隐私期待就是隐私权，那么，Benn 的第二个派生理论可以做如下概括：我们享有隐私权——当我们秘密地实施行为时免受别人秘密观察的权利——是因为秘密观察行为是具有欺骗性的，也是因为我们享有免受别人欺骗的权利。但是，秘密的观察行为具有欺骗性，只是因为当行为人实施秘密观察行为时，行为人向被观察者隐瞒了其观察行为，而被观察者享有免受别人观察的权利。

  笔者自己的观点是：①合理隐私期待与隐私权并不完全相同；②这种概念上的区别对于 Benn 的第二个派生理论并没有什么帮助。因为我们都知道，合理隐私期待最令人满意的理论来源，就是人们享有一项道德上的隐私权。

  如果他人有充分的理由能够相信，当他秘密地实施行为时他不会被行为人观察，那么，他人就具有合理的隐私期待。有很多不同的情况都可以构成充分的理由，足以使人们享有合理的隐私期待，这些情况包括：①从实际情况来看，行为人观察正在秘密实施行为他人时，有现实困难。②法律严格禁止行为人观察正在秘密实施行为的他人。法律并不是批判性思维的产物。法律产生于社会道德，法律执行的也是社会道德。③整个社会都反感行为人观察正在秘密实施行为的他人。这种反感是道德规范的产物。道德规范并不是批判性道德的产物，而是社会心理的产物。社会规范是社会禁忌的表达，而社会禁忌

---

① Benn comes close to noticing how the deceitful character of covert observation of people in private is contingent upon the observed's reasonable expectation of privacy when he asserts, "Nevertheless, he is wronged because the significance to him of his enterprise, *assumed unobserved*, is deliberately falsified by A." (emphasis added) But he fails to explore the rational foundationals of this assumption.

行为人对某些行为的观察,也就是对他人秘密实施的行为的观察。④人们有充分理由普遍地服从这种法律,即禁止行为人观察正在秘密实施行为的他人。⑤在经过批判性反思后,人们普遍地接受这一道德规范,即禁止行为人观察正在秘密实施行为的他人。或许还有其他充分的理由足以使人们相信,当人们秘密地实施行为时,他们不会被别人观察。笔者将这一问题留给其他学者。笔者仅仅想指出,上述 5 种足以使人们享有合理隐私期待的情况,将会使 Benn 的第二个派生理论产生一些问题。

上述第①种情况会因为监视设备的存在和广泛使用而消失。如果存在第②种或第③种情况,那么 Benn 的理论就是将隐私权建立在非理性的偏见之上。如果存在第④种情况,那么,Benn 的理论就会使道德上的隐私权依赖于法律上的隐私权的存在。但是,笔者认为,Benn 更倾向于证明,法律上的隐私权具有道德上的根据,而不是正好相反。第⑤种情况是指道德上的隐私权合理地存在着。所以,如果存在第⑤种情况,那么 Benn 关于道德上的隐私权的第二个派生理论,就建立在存在道德上的隐私权的基础之上。那么,Benn 的论证就是以其想要证明的观点为前提了。

尽管,对合理隐私期待这一概念的其他分析可能会帮 Benn 解决这些问题,但是笔者认为,从其他基本道德理论中引申出隐私权或许是更明智的。因为我们必须看到,除了合理隐私期待的概念遇到了困难以外,Benn 的第二个派生理论只能解释,秘密地侵害隐私的行为在道德上为什么令人反感。以令人满意的方式引申出的隐私权,应该既能适用于公开的观察行为,也能够适用于秘密的观察行为。

笔者试图在我们对自由、民主社会的稳定的政治倾向中,为隐私权寻求一个永恒的地位,那就是尊重个人自由。笔者已经证明,隐私权可以被合理地视为一种自由权。但是自由的一般理论并不能使隐私权成为一个很难被推翻的权利,并且 Benn 的论证也没有成功地确保隐私权具有这样稳固的地位,特别是以 Benn 的理论反驳别人享有的观察自由时,很难确保隐私权不被推翻。为了获得很难被其他权益推翻的永恒的隐私权,我们必须从基本道德理论中引申出这一权利。这些理论在两种冲突的自由权益间分配责任时,必须让秘密地观察他人秘密实施的行为的行为人承担说明其行为正当性的责任。

六、隐私权的来源

(一) 宪法上的隐私权的来源

笔者所谓的宪法上的隐私权是指公民可以向政府主张的隐私权，即当公民秘密地实施行为时免受政府监视的的权利。宪法上的隐私权必须区别于人们向其他个人主张的隐私权，即当他人在家中秘密地实施行为时，行为人在未获得他人同意的情况下不得实施观察行为。

笔者认为，适用于这两种隐私权的理论是相似但有区别的。二者有区别是因为，从政治理论和政治原则来看，我们对政府自由所施加的限制要比对个人自由所施加的限制更加严格。政府没有追求自身利益的自由，它只能为公共事业服务。然而，个人享有追求自身利益的自由，并且不需要一定为公共事业服务。

笔者认为，因为这些基本的行为自由上的不同，所以，对宪法上的隐私权和道德上的隐私权应该适用相似但确有区别的理论。由于对政府的行为自由有更加严格的限制，所以我们应该可以想到，宪法上的隐私权的来源要比道德上的隐私权的来源更为简单。此外，由于前文已经论证了隐私权是一种自由权，所以我们应该可以想到，隐私权的来源所涉及的基本理论是自由的理论。

笔者首先分析关于自由的第二大理论（关于自由的第一大理论是关于自由的一般理论），笔者认为此理论是宪法上的隐私权的终极依据，这个理论就是：在其他条件都相同的情况下，行为人对他人自由的侵害越严重，行为人要承担的证明其行为正当性的责任就越大——在这种情况下，政府显然要比个人承担更多责任。

关于自由的第二大理论，明显与本文第三部分论述的关于自由的第一大理论，即一般理论有所不同。关于自由的第一大理论定义了自由权益的含义，并且要求限制他人自由的行为人承担证明其行为正当性的责任。该理论认为，无论是"无关紧要"的自由还是"至关重要"的自由，想要限制自由就必须有充分的理由。但是，关于自由的第二大理论对证明行为正当性的责任，提出了更具体的要求。它提出，在其他条件都相同的情况下，行为人对他人自由的侵害越严重，行为人就必须承担更大的证明其行为正当性的责任。

"在其他条件都相同的情况下"这一表达是一个非常重要的前提。它意味着如果其他的条件是不相关的,那么行为人对他人自由的侵害越严重,行为人就必须承担更大的证明其行为正当性的责任。这意味着,关于自由的第二大理论仅适用于符合文明生活的自由权益,更确切地说,是符合自由、民主社会的自由权益,在这样的社会中,人们珍视生命权、自由权以及追求幸福的权利。

因此,关于自由的第二大理论并不适用于这样的自由权益,如杀害别人、抢劫别人或奴役别人的自由权益。它仅适用于符合文明、民主社会的自由权益。例如,它适用于人们驾驶汽车的自由权益。如果以这一理论分析人们驾驶汽车的自由权益,那么完全合理的结论就是,行为人对他人驾驶汽车的自由侵害越严重,行为人就必须承担更大的证明责任,证明其限制他人驾驶汽车自由的行为具有正当性。

驾驶汽车的行为可以作为一个很好的例子,来解释关于自由的第一大理论和第二大理论之间的区别。根据关于自由的第一大理论,无论政府对国内汽车行驶速度做出55千米每小时的速度限制,还是5千米每小时的速度限制,政府都要承担说明其限速行为正当性的责任,因为它们都是限制驾驶汽车的自由的行为。然而,根据关于自由的第二大理论,如果政府对国内汽车行驶速度做出5千米每小时的速度限制,那么,相比于做出55千米每小时的速度限制行为来说,政府将要承担更重的责任以证明其限速行为的正当性。因为相比于55千米每小时的速度限制,5千米每小时的速度限制对于人们驾驶汽车的自由权益限制更严重。

无论行为人以何种方式限制他人的自由权益,上文所述的关于自由的理论都可以适用。无论是通过法律侵害自由权益,还是通过暴力或欺骗侵害自由权益,关于自由的理论的适用都不会有所区别。它只关注侵害自由的程度,并不关注行为人以何种方式侵害自由。如果政府不能证明其对自由的某种程度的限制具有正当性的,那么,政府对自由的此种程度的限制在道德上就是不合理的。

因为有很多种侵害自由或者侵害自由权益的方式,所以,最后一个观点是最重要的一个观点(关于自由的第三大理论)。正是通过将这一理论适用于多种侵害自由的方式,我们才可能推导出相关理论,证明隐私权是正当的。

首先，来思考以下侵害自由的方式：行为人没有一次性完全地废止一项自由，而是逐步地限制自由。例如，驾驶自行车的自由可以被全面禁止驾驶自行车的禁令完全、立即地废止。或者，这项自由也可以一点一点地被限制。想要限制这项自由的行为人可以从禁止他人在公共人行道上驾驶自行车开始，然后再扩展到公共道路，再到公共公园，再到私人公园，再到私人道路，等等。

其次，如果笔者在上文提出并论证的理论是正确的，那么，即使是对某项自由的一个很小的侵害行为，我们也应当将其视为行为人对他人自由的限制或废止。如果某项自由已经受到了很大程度的限制，那么，即使行为人对此项自由又施加了一份很小的限制，行为人也应该承担较重的证明其行为正当性的责任，并且，在此项权利原本没有受到很大程度的限制的情况下，行为人要承担的责任会较轻一些。

举例来说，我们假设行为人想要禁止他人在高速公路上驾驶自行车。关于自由的第一大理论要求，行为人必须有充分的理由才能够实施这种禁令。或许，对于这一禁令，行为人有充分的理由，或者至少有一个并不是毫无道理的理由。或许，想要限制这种自由的行为人是担心在高速公路上驾驶自行车会有安全隐患。关于自由的第二大理论要求，如果对于驾驶自行车的自由，仅有这一项限制，即禁止人们在高速公路上驾驶自行车，那么提出这一禁令的行为人就要承担证明其行为正当性的责任。但是，如果除了此种限制以外，驾驶自行车的自由原本就受到了诸多限制，如不能在公共人行道上驾驶自行车，并且在高速公路旁边或人行道旁边并没有自行车车道，那么，在这种情况下提出上述禁令的行为人要承担的责任，就要比仅有这一项禁令时要承担的责任重的多。

最后，即使是对某种自由权益的同样的限制或废止行为，行为人要承担的证明其行为正当性的责任大小也可能是不同的，这种不同于该项自由权益在此之前所受限制的程度相关。

笔者将此种对自由第二大理论的分析结果称为，对自由的相对限制理论（关于自由的第三大理论）。笔者将这样表述它：在其他条件都相同的情况下，对自由权益的相对限制越多，行为人要承担的证明其限制行为正当性的责任就越大。通过这一理论笔者仅仅想说明，如果一个行为人对一项没有受到很多限制的自由权益施加一份很小的限制,那么,行为人要承担的证明其限制行为正当性的责任是相对较小的,但是,在此项自由权益已经受到诸多限制的情况下,行为人再对其施加同样一份很小的限制时,其要承担的证明其限制行为正当性的责任,就要比此项自由权益原本没有受到诸多限制的情况下要承担的责任重得多。(当然,对自由权实施的所有限制行为,行为人都要承担证明其限制行为正当性的责任。)因为对于一项已经受到诸多限制的自由权益再施加一份很小的限制,也将会加剧对此项自由权益的限制。而行为人对自由权益施加的限制越多,行为人要承担的证明其限制行为正当性的责任就越重。

笔者认为,使用上述这些理论论证宪法上的隐私权将会是非常清晰的。关于自由的第一大理论,将隐私定义为一种自由权益。因为它不是一种令别人难以忍受的自由权益,因此隐私权益似乎可以被视为一种有效的自由权。由于人们秘密地实施行为时免受别人察觉的权益是一项特别受限的自由权益,因此它应当受到关于自由的第二大理论和第三大理论的保护。笔者认为,这些关于自由的理论是经典的自由政治学说的基本理论。因此,适用这些理论可以合理地解释《美国联邦宪法第四修正案》政府执法人员实施不合理的搜查行为和扣押行为的规定。也就是说,人们秘密实施的行为免受别人观察的自由已经是一项极其受限的自由(人们只有在秘密地实施行为时才享有此种权利),从原则上讲,如果再对这种自由进一步妨碍,那将是十分严重的侵害。这种极其受限的自由意味着,如果政府还要进一步限制这种自由,即允许政府执法人员监视在其家中秘密地实施行为的公民,那么,政府就必须承担一项很重的证明其行为正当性的责任。当政府对原本受限制较少的自由权利提出进一步限制时,政府要承担的证明其行为正当性的责任,要比在上述情况下应该承担的责任轻得多。当政府执法人员要介入公民的隐私时,他们实施的这种行为应该得到公正的治安法官的判断,由治安法官判断,是否授权政府执法人员进一步限制公民免受别人关注的行为自由。

(二) 道德上的隐私权的来源

笔者认为,与宪法上的隐私权类似的论证就能够证明道德上的隐私权。笔者所说的道德上的隐私权是指,他人可以向行为人主张这样的权利，即当他人秘密地实施行为时，未经他人同意，行为人不得对其实施观察行为。笔者认为，在解释道德上的隐私权的来源时所使用的理论，与解释宪法上的隐私权的来源时所使用的理论，多多少少都是不同的。这是因为，政府永远都需要为其侵犯个人自由的行为，承担说明其行为正当性的责任。而个人并不需要如此。我们的自由权益可能会产生冲突，并且在无需向对方证明我们有权这样做的情况下，我们仍然可以各自主张相互冲突的自由权益（至少在某种程度上是这样）。

因此，在某种程度上，道德上的隐私权的来源与宪法上的隐私权的来源很可能是相似的，这种来源必须用新的可以适用于相互冲突的自由权益的理论来系统地论述（本文中这种相互冲突的自由权益是指，观察别人秘密实施的行为的自由和在秘密地实施行为时免受别人观察的自由）。

采用这一理论："在其他条件都相同的情况下，行为人对他人自由的侵害越严重，行为人要承担的证明其行为正当性的责任就更大。"当我们将这一理论适用于相互冲突的自由权益时，这一理论就会对相互冲突的自由权益分别施加证明其行为正当性的责任，也就是说，理论①："在其他条件都相同的情况下，对于两个相互冲突的自由权益，行为人应对其施加了更多限制的自由权益，承担证明其行为正当性的责任。"现在，我们将这一理论适用于具体的案例。假设我享有将你锁在你房间中的权益，而你享有在房间中自由活动的权益。根据理论①，我应对你承担相当大的证明我行为正当性的责任，然而，你一般不应对我承担证明责任。我实施的监禁你的行为完全剥夺了你的自由，但是你在房间中自由活动的行为对我的自由几乎没有任何威胁。

当我们遇到相互冲突的自由权益，而不是一般的自由权益时，我们就会适用这样的理论。我们假设在某个地区没有人行道或者自行车车道。驾驶自行车的人和驾驶汽车的人都希望使用公共高速公路。根据理论①，这两种人中，任何一方试图排除另一方使用公共高速公路的，都将要承担很重的证明其排除行为正当性的责任，因为试图排除另一方使用高速公路的一方，都侵犯了另一方的自由权。

现在我们再来看看对自由的相对限制理论，即："在其他条件都相同的情况下，对自由权益的相对限制越多，行为人要承担的证明其限制行为正当性的责任就越大。"当我们将这一理论适用于相互冲突的自由权益时，这一理论也会对相互冲突的自由权益分别施加证明其行为正当性的责任，也就是说，理论②："在其他条件都相同的情况下，对于两个相互冲突的自由权益，行为人应对受限相对较多的自由权益，承担证明其行为正当性的责任。"并且，理论②与理论①相似，也可以适用于这种情形，即两个相互冲突的自由权益中，相对来说仅有一项受到了限制而另一项几乎没有受到任何限制。理论②适用于以下情形："在其他条件都相同的情况下，对于两个相互冲突的自由权益，行为人应对受限相对较多的自由权益，承担证明其行为正当性的责任。"我们可以通过上文中自行车驾驶者和汽车驾驶者之间关于使用公共高速公路的冲突问题，来解释理论②。理论②认为，如果汽车驾驶者排除了自行车驾驶者对公共高速公路的使用，即使这是对自行车驾驶者的唯一一种限制，汽车驾驶者也要承担一个较重的证明其行为正当性的责任。但是，如果此前自行车驾驶者已经被禁止在人行道上驾驶自行车，那么，如果汽车驾驶者排除了自行车驾驶者对公共高速公路的使用，汽车驾驶者就几乎不能承担证明其行为正当性的责任了，也就是说他们几乎无法说明他们行为的正当性。

将理论②适于用本文主要讨论的两个冲突的自由权益，即在秘密地实施行为时免受别人观察的自由权益和观察别人秘密实施的行为的自由权益。理论②在解决这一对冲突的自由权益时，是有利于前者的，因为这一理论证明了为什么当行为人主张观察他人秘密实施的行为的自由权益时，行为人就要承担较重的证明其行为正当性的责任。理论②在解决这一冲突时支持隐私权益是因为，在秘密地实施行为时免受别人观察的自由权益已经而且必然受到了诸多限制。人们只有在秘密地实施行为时，才可以享有这种权益。而从另一方面来看，观察别人的自由权益并没有也不可能受到很多的限制。每当他人身处公共场所，无论行为人公开地或秘密地实施观察他人的行为，行为人都可以主张其享有观察他人的权益，并且，即使当他人在秘密地实施行为时，只要获得他人同意，行为人还是能够主张其享有观察他人的权益。这就意味着，根据对自由的相对限制理论，在秘密地实施行为时免受别人观察的自由权益几乎不会妨碍观察别人的自由权益。但是，观察别人秘密实施的行为的自由权益会完全破坏在秘密地实施行为时免受别人观察的自由权益。

更进一步来看，我们有理由认为，即使观察别人秘密实施的行为的自由权益受到一定的限制，例如，对行为人身份的限制，对观察行为发生的地点的限制，对观察时间的限制。但是相比于所剩无几的免受别人观察的自由权益来说，受限的观察别人秘密实施的行为的自由权益还是会极大地破坏免受别人观察的自由权益。因此，我们也有理由相信，即使行为人仅主张受限的观察他人秘密实施的行为的自由权益，行为人还是有必要承担较重的证明其行为正当性的责任。由此得出结论，我们有理由相信这实际上是一项道德原则，即无论行为人主张一般的观察他人秘密实施的行为的自由权益，还是主张受限的观察他人秘密实施的行为的自由权益，行为人都要承担较重的证明其行为正当性的责任。

笔者的理论概括地来说就是，我们享有并且应当享有一种难以被推翻的隐私权，因为：①在秘密地实施行为时免受别人观察的自由权益并不是一项令别人难以忍受的自由权益；②在秘密地实施行为时免受别人观察的自由权益有必要受到严格的限制，即不能在公开地实施行为时主张；③观察别人秘密实施的行为的自由权益，对在秘密地实施行为时免受别人观察的自由权益造成更大的破坏，而在秘密地实施行为时免受别人观察的自由权益对观察别人的自由权益妨碍很小。正是因为隐私权益的相对缺乏、隐私具有不会令别人难以忍受的性质以及隐私具有众所周知的实用价值，所以隐私权益十分珍贵，如果行为人主张观察他人秘密实施的行为或他人私人财产的自由权益，那么行为人就必须承担较重的证明其行为正当性的责任。

也许会有人根据我的观点提出，如果我们享有在公开地实施行为时免受别人观察的自由，这并不能推导出我们享有在秘密地实施行为时免受别人观察的自由，并且这是违反人类直觉的。这一批判并不会让我觉得困扰。这一前提，即主张我们享有在公开地实施行为时免受别人观察的自由，从道德层面来看是非常荒谬的。实际上笔者并不认为这是对笔者观点的有效反驳，如果笔者论证的前提不是一种道德上的权利（观察别人公开实施的行为的权利），而是一种道德上的谬论（在公开地实施行为时免受别人观察的权利），那么，笔者的论证将会得出荒谬的结论。荒谬的前提会导致荒谬的结论。

笔者所采用的是可信的并且合理的前提,而不是这种荒谬的前提。的确,有些读者会怀疑,笔者理论的主要缺陷就是过度的理性主义;他们可能会怀疑,我们的法律体系和道德体系并不能如此井然有序。笔者并没有对我们的道德体系和法律体系强加何种规则。笔者甚至没有向那些与隐私权并不相关的所谓的"隐私权"强加任何规则。[1] 笔者仅仅试图对美国联邦最高法院 40 多年前努力确认为具有宪法地位的一项权利(隐私权),寻找一定的规则。现在,经过众多学者的分析阐释之后,人们或许希望从中找到某些一致的理论。[2]

---

[1] Tribe, Laurence: American Constitutional Law: The Foundation Press, Mineola, New York, 1978. See Chapter 15, "Right to Privacy and Person-hood", pp. 886 – 990.

[2] Olmstead v. United States, 277 U. S. 438 (1927) held that warrantless wiretapping does not violate the Forth Amendment's prohibition of unreasonable searches and seizures. Olmstead was finally overruled in Katz v. United States, 399 U. S. 347 (1967). See footnote 24.

作为准财产权的隐私

劳伦·亨利·肖尔茨[①]著　谢晓君[②]译

目　次

一、导论
二、目前已有的隐私侵权判断方法及其局限
三、作为准财产权的隐私
四、将隐私视为准财产权的含义
五、结语

一、导论

学界对于"隐私是一个杂乱无章的概念"的这一评论已经成为陈词滥调。[③] 但是,为什么学者从司法实践的角度出发对隐私的概念进行定义会如此困难重重? 不过,学者和社会对于受法律保护的其他利益的具体边界也会有所争议。

隐私边界的不明确之所以在法律上引起质疑,是因为隐私的模糊性,因为普通法院的法官在隐私案件中对受侵犯的权利类型做出不同的定义。对隐私权利类型做出不同的划分和定义——将其视为个人权利、财产权利或其他类型的权利,这会影响法官在判决案件时将该案件与其他哪种相同权利类型的案件进行对比。Pamela Samuelson 通过

[①] 劳伦·亨利·肖尔茨(Lauren Henry Scholz),美国耶鲁大学法学院信息社会项目研究员、法律与媒体项目学者,哈佛大学法学博士。
[②] 谢晓君,中山大学法学院助教。
[③] Daniel J. Solove, Understanding Privacy 1 – 11 (2008); see also Julie E. Cohen, What Privacy Is For, 126 HARV. L. REV. 1904 (2013).

以下方式已经对这一问题进行规制:"在美国,隐私之所以没有一个全面的判断方法,是因为没有阐明他人对于其自身信息所享有的这一权利的性质:这是一种商业权利、消费者保护权利、个人尊严权利还是公民权利,抑或以上所有权利都有所涉及,或者是根本不存在任何权利?"①

因为隐私既没有明确被定义为属于财产权利,也没有明确被定义为属于个人权利,所以法官除了将隐私案件与其他隐私案件相对比之外,难以将其与其他类型的案件相对比。正如在 20 世纪中期所发生的隐私案件中考虑不断发展的技术和社会一样,如果有一个更大的判例数据库可以实现判例的类推适用的话,法官和学者都会发现他们将比起平时更多直接地考虑隐私的理论基础。如果能明确隐私的权属,那么这将会导致法官可以通过与该权属其他类型的权利进行对比,从而明确隐私权利的类型。在建立一个强有力的隐私判例时,类推说理是一种尚未得到充分利用的方法。② 在数字时代,与目前的隐私判断方法相比,将隐私定义为一种准财产权的做法可以为信息性隐私权提供更便于分析的明确思路。

准财产权是一种与排除权相关的权利——也就是说,这是一种防止特定行为人从特定事件中、特定行为中以及/或者特定关系中获知关于他人的特定信息。③ 对于他人基于准财产利益而享有的排他权不是一个独立的权利,这种排除权必须有所缘由。被告之所以会被认定为侵犯他人的隐私,是因为他与原告之间存在某种关系,或者他对原告实施了某种行为或者侵害。根据法律表明,如果他人明确表明拒绝行为人获知其信息,那么,行为人必须不能侵害他人的这种准财产权。对于这种准财产权理论,显著的例子是对他人信息的滥用行为,死者家属对于埋葬死者尸体所享有的权利,以及商标淡化行为。

将隐私定义为准财产权,这为原告所提起的隐私主张提供了至关

---

① Pamela Samuelson, Privacy as Intellectual Property?, 52 STAN. L. REV. 1125, 1170 – 1171 (2000).
② See generally Cass R. Sunstein, Comment, On Analogical Reasoning, 106 HARV. L. REV. 741 (1993).
③ Shyamkrishna Balganesh, Quasi-Property: Like, But Not Quite Property, 160 U. PA. L. REV. 1889, 1891 (2012).

重要的权利基础,并且对于判断其隐私是否受到侵犯而言也至关重要。这种准财产权理论可以用于解释 William Prosser 所首次提出的以及被大多数州所采用的隐私侵权四分法理论,并且可以防止隐私侵权四分法理论不适应现代社会发展的需要而产生的僵化。[1] 在技术的发展速度不可避免超过既有法律的发展速度的时代里,普通法起到一个至关重要的作用。[2] 通过表明隐私如何在侵权法中作为准财产权发挥作用,这将表明普通法对于隐私问题的解决有多有效。准财产权理论的目标不在于分类。无论"准财产权"的这一术语是否表明,在此提出这一理论的目的其实在于阐明法官应当如何有效地处理侵权法中的隐私问题。需要特别提醒的是,准财产权不是财产权。在某种程度上,准财产权是一种具备一系列特征,具备财产权的排他效果的一种权利。

与之相比,将隐私视为财产权会产生本质上的疑问,并且将隐私类推视为财产也会涉及许多对隐私的分析。虽然自由社会中的他人有时享有排除特定行为人对其私人生活进行侵扰的权利,以及财产所有权人一般对其财产享有排他权,并且现有隐私理论的缺陷就是忽视了这两者的相似性。但是,无论是基于道德原因还是实际原因,将隐私视为财产权都是不可取的。准财产权理论不仅保留他人的私人行为领域,而且还使他人对其隐私享有排他权,通过对这些被再三忽视的观点做出重申,从而提高侵权法当中侵扰他人隐私的明确性与分析深度。

本文第二部分将对目前如何定义隐私进行一个基本的概述,从而表明某些学者将隐私视为财产权的原因何在,以及讨论为什么将隐私作为财产权在根本上是不可行的。本文第三部分将介绍准财产权理论及其在隐私中的适用,而本文第四部分将讨论将隐私视为准财产权这一做法的优势和潜在的不足。本文第五部分是总结。

---

[1] See Neil M. Richards & Daniel J. Solove: Prosser's Privacy Law: A Mixed Legacy, 98 CALIF. L. REV. 1887, 1890 – 1891 (2010).

[2] Bruce P. Keller, Condemned to Repeat the Past: The Reemergence of Misappropriation and Other Common Law Theories of Protection for Intellectual Property, 11 HARV. J. L. & TECH. 401, 428 (1998).

二、目前已有的隐私侵权判断方法及其局限

本文第二部分表明，无论是将隐私定义为财产权，还是根据目前已有的判断方法将隐私定义为个人权利，都会产生实质性的困难。

对隐私权做出定义的上述两个基本方法都没有明确指出，隐私究竟是属于个人权利抑或是属于财产权的一种形式。Louis Brandeis 和 Samuel Warren 在他们极具影响力的《论隐私权》一文①中首次对普通法上的隐私权做出现代的解读。Brandeis 和 Warren 描述了一个广泛的、统一的权利，即"独处权"（right to be let alone）。Brandeis 和 Warren 同意援引德国的人格权并且以"不受侵犯的人格"为由将隐私权视为个人权利。他们强调灵活标准的重要性，从而满足日益变化的技术发展要求。与对隐私权做出明确定义相比，Brandeis 和 Warren 更乐意证明他人可以对行为人侵犯其隐私的行为在法律上获得救济。Brandeis 和 Warren 没有明确说明隐私权究竟属于个人权利还是财产权的一种形式，抑或是两者的混合。② 此外，还值得我们注意的一点是，隐私权如何与其他权利相联系。

在《论隐私权》发表的半个世纪之后，William Prosser 致力于将隐私的概念限定在侵权法领域。③ Prosser 拒绝将隐私权视为是一种单独的权利。相反，他认为，普通法中存在四种与隐私相关的不同的侵权诉由："其一，侵扰他人私人生活或安宁，或者侵犯他人私人事务的隐私侵权；其二，公开披露他人私人事务的隐私侵权；其三，公开丑化他人形象的隐私侵权；其四，擅自挪用他人姓名或肖像的隐私侵权。"《美国侵权法复述（第二版）》包括了以上四种隐私侵权，并且在大多数的司法实践中，隐私侵权四分法也被认为是法律规则。④ 尽管 Prosser 认为言论自由与广泛的隐私权是相冲突的，但是他对隐私权的这一分类被视为是对言论自由的保护。Prosser 明确拒绝对隐私

---

① See Samuel D. Warren & Louis D. Brandeis, The Right to Privacy, 4 HARV. L. REV. 193 (1890).
② Danielle Keats Citron, Mainstreaming Privacy Torts, 98 CALIF. L. REV. 1805, 1832 (2010).
③ William L. Prosser, Privacy, 48 CALIF. L. REV. 383, 423 (1960).
④ See, e. g., Robert M. O'neil, The First Amendment And Civil Liability 77 (2001).

是否属于财产权做出详细的讨论。他其中一个主要的拒绝理由是防止隐私吞噬既有的理论，所以他明确对这四种隐私侵权进行严格的限定。

尽管上述两篇文章产生了持久的影响力——一方面，Brandeis 和 Warren 对隐私权做出一个广泛的解释，形成一个广泛的、模糊的独处权；另一方面，Prosser 教授对隐私权做出一个有限的、消极的解释，明确隐私权法的侵权边界，但是它们都不能为法官提供指导，从而判断隐私在普通法中的权利属性究竟是什么。

对于非政府组织间的信息性隐私权争议，Prosser 教授的隐私侵权四分法理论是普通法中唯一可以普遍适用的方法。① 在美国，几乎所有联邦和州的制定法对于隐私诉由的规定都是属于部门的规范。② 随着信息时代的到来，这带来 Brandeis 和 Warren 以及 Prosser 教授都意想不到的担忧。Prosser 教授曾经批评认为，为了让法官可以将侵权行为适应日益变化的技术发展以及社会规范，而不以这样的方式对隐私侵权做出定义，这是不对的。因此，自从 Prosser 教授的隐私侵权四分法理论产生之后，隐私权法就不再适应有所变化的社会环境。

Hannah Arendt 在《人的境况》(*The Human Condition*) 一书中对隐私有所提及，这本书与 Prosser 教授的《论隐私权》(*Privacy*) 一文是同时代的产物，阐释了 Prosser 教授隐私侵权四分法理论所潜在的假设。③ 在信息时代之前的隐私理论假设认为，排他权的基础在于对个人财产的所有或占有。在《人的境况》一书中，对于隐私为什么重要以及如何在 20 世纪中期的隐私理论构想中假设不动产理论，Hannah Arendt 做出了一个极具影响力的解释。④ Arendt 的解释有助于阐明将隐私定义为个人权利这一做法的局限性，因为这需要对财产做出推定，虽然这是 Prosser 教授的隐私侵权四分法理论发展时期所认可的观点，并且许多学者和美国联邦最高法院都曾经不断重申的观点。

---

① See BJ Ard, The Limits of Industry-Specific Privacy Law, 51 IDAHO L. REV. 607, 607–608 (2015).
② Paul M. Schwartz, Preemption and Privacy, 118 YALE. L. J. 902, 910 (2009).
③ See generally Hannah Arendt, The Human Condition (2d ed. 1958).
④ Sonia K. Katyal, Privacy vs. Privacy, 7 YALE J. L. & TECH. 222, 236 (2005).

Arendt 对隐私在社会中的重要性做出以下的描述：正如我们所说的，他人完全暴露于众并能为人所见的生活是很少的。因为这样的生活虽然保持了透明度，但是却失去了从某种更幽暗之所上升到光亮处的性质，在十分真实的、非主观的意义上，这个幽暗之所必须隐藏才有深度。而保护这种需要隐藏的黑暗以抵挡公开之光的唯一有效途径是私人财产，也就是一个私人所有的藏身之处。

根据 Seyla Benhabib 的说法，对于 Arendt 所认为的他人可以隐藏的场所，我们既不必要也不需要将其仅仅限定为他人的住所。[①] 相反，Benhabib 认为，只要他人认为其所身处的地方是不受打扰的私人住所，那么此时就会产生所谓的隐私。她写道："住所……是一个保护、鼓励以及让他人可以适应公共生活的场所。无家可归的人需要每天保护自己以免受社会的蹂躏。"Benhabib 对 Arendt 解释进行扩展，这表明，他人将其他人排除在其不动产和动产之外的权利仅仅是主张和维护其对住所所享有的权利的一种方法。对于保护 Arendt 和 Prosser 所主张的私人场所，财产权的排他性是最自然和最直接的方法。

在前信息时代，他人享有排除行为人进入住所的权利，但是，如果将隐私定义为个人权利，这一做法并不具备这种同样的排除行为人进入私人领域的效果，所以这将丧失其实质以及实现目的的能力。正如现代生活的许多重要方面都不是发生在物理层面一样，社会不能仅仅依赖非法侵入住所以及侵害他人动产这两种侵权行为为他人的私人场所提供保护。因为将隐私视为个人权利的做法不具备排除行为人入侵住所的权利，所以根据 Benhabib 的看法，这不足以为隐私提供与信息时代之前已有的同等保护。《美国联邦宪法第四修正案》的判例法最近承认了住所的特殊地位，表明"在他人的住所内……所有的信息都是属于私密的信息"[②]。

某些学者曾经试图对侵权法中的隐私权进行重构和定义。他们要么采纳 Prosser 教授的理论模型，在一定程度上将特定的侵害类型进

[①] Seyla Benhabib, Feminist Theory and Hannah Arendt's Concept of Public Space, 6 HIST. HUM. SCI. 97, 107 (1993).
[②] Kyllo v. United States, 533 U.S. 27, 37 (2001).

行分类,从而表面上减少由于不断变化的社会环境而产生的僵化;要么回归到 Brandeis 和 Warren 的判断方法,对广泛的隐私概念做出一个统一的司法适用。然而,基于特定事实将侵害进行归类的方法,这与 Prosser 教授的说理方法相同,并且会面临与 Prosser 教授的隐私侵权四分法理论相同的争议:因为基于对目前的社会和技术所做出的潜在假设将会随着时间而有所变化,所以这会使原有的分类越来越没用和不可行。相似地,如果我们回归到"独处权"这一一般概念,那么,需要注意的是,这一做法只会重新产生 Prosser 教授在创建隐私侵权四分法理论时所致力于解决的问题。在没有任何框架或者说理要素提供指导的情况下,要求法官判断一个广泛的独处权是否受到侵犯,是让法官可以不进行类推和根据先例进行说理,然而,类推和根据先例进行说理本应是法律职业的标志所在。Jane Bambauer 已经发现,许多著名的隐私权学者已经放弃在侵权法领域中对隐私权进行讨论,因为他们认为,"在这一电子化横行的时代里,主张隐私侵权是没有意义的"[1]。

为了回应在信息时代中将隐私视为个人权利这一做法的不足,某些学者已经主张将隐私视为财产权。即便这一观点尚未在隐私学者之间达成统一意见,[2] 但是,自从 20 世纪 90 年代之后,这一观点的势头有所增长。此外,法官已经对将隐私视为财产权的观点有所承认。对于《美国侵权法复述(第二版)》中擅自挪用他人肖像的隐私侵权以及公开披露他人私人事务的隐私侵权,这两种侵权行为在数个司法案例中已经被认为是属于"公开权"(right of publicity)这一财产权。然而,公开权并不与所有的隐私形式都相关。[3] 我们必须对作为财产权的隐私做出另一个普遍性的解释。

---

[1] Jane Yakowitz Bambauer, The New Intrusion, 88 NOTRE DAME L. REV. 205, 208 (2012). See generally Neil M. Richards, The Limits of Tort Privacy, 9 J. TELECOMM. & HICH TECH. L. 357 (2011).
[2] See Anita L. Allen, Coercing Privacy, 40 WM. & MARY L. REV. 723, 750–757 (1999).
[3] See, e.g., Hart v. Elec. Arts, Inc., 717 F. 3d 141, 150–152 (3d Cir. 2013); Somerson v. World Wrestling Entm't, Inc., 956 F. Supp. 2d 1360, 1365–1366 (N.D. Ca. 2013).

迄今为止，Paul Schwartz 在《财产权、隐私与个人数据》一文[1]中对将隐私视为财产权的解释是最有说服力的和最好的。Schwartz 对财产权做出一个可行的定义，这就是："这是一种具有对世性的、可以强制执行的权利。"然而，对于 Schwartz 而言，这种对世性权利并不是指布莱斯克通对物的专制，而是对物的相关权利的集合。他认为，个人数据要获得一个具有吸引力的、实质的市场，需要满足以下条件：第一，对他人转移个人信息的权利进行限制；第二，对于强制公开披露贸易条款制定违约救济规则；第三，参与者享有退出市场的权利；第四，建立损害赔偿制度阻止市场滥用；第五，制定管控个人信息市场的相关制度与侵犯他人隐私行为的惩罚机制。

他主张认为，这些条件将"对隐私市场的失败与隐私共同体的需求做出回应"。

这些条件对将隐私视为财产权这一主张所面临的最重大的挑战做出回应。如果我们将隐私视为财产权，那么难免会有这么一个担忧存在，也就是，虽然人们可能会完全转移他们的个人信息，但是他们错误地认为其对于这些信息仍然享有权利。Pamela Samuelson 对将隐私视为知识产权这一看法做出具有影响力的反对，而这一担心正是其反对意见的核心。Samuelson 的担心在于，如果将隐私视为是财产的一种形式，那么，大多数消费者会比根据现行法律得到更少的权利，因为通过格式合同就可以随意对隐私进行转移。正如 Jessica Litman 曾经坦率地认为："个人数据的市场正是问题所在。基于财产权理论的市场解决措施将不能对此进行规范，它们只能对其做出认可。"[2]

如果 Schwartz 所构建的权利框架可以允许人们对其个人信息进行精细控制，并且如果他们错误公开其个人信息之后，可以重新对其个人信息进行控制，那么，这似乎已经解决上述争议。

一方面，Schwartz 所构建的权利框架要求获得州的支持以及对个人信息做出一个严格的定义，其更新和流动依赖于市场主体对他人的

---

[1] Paul M. Schwartz, Property, Privacy, and Personal Data, 117 HARV. L. REV. 2055 (2004).

[2] Jessica Litman, Information Privacy/Information Property, 52 STAN. L. REV. 1283, 1301 (2000).

个人信息所进行的支付。这一制度将十分昂贵,并且对于它是否足以纠正个人信息市场失败的潜在问题仍不明确。① 此外,为了应对收集个人信息的成本上升,公司将会提高信息的价格。这会限制不富裕的人以及年轻人如愿获得信息。

另一方面,Schwartz 所构建的权利框架还存在一个更基本的担忧,也就是说,这实际上是一个不常见的财产制度,对其可转移性存在一个巨大的推测。将隐私视为财产权,这一做法可能会以一种非保护隐私的方式改变社会的规范和架构。正如 Samuelson 所指出的,"在技术、经济和社会急速发展的时代中,对于这一时代所特有的个人数据的合理使用与否这一问题的规范理解,财产法上的规定可能也不适合对此做出更进一步的说明和阐释"。如果法律规定隐私属于可转移财产,那么,社会可能会开始认为隐私不再虚无缥缈以及不再有价值。

出于开支的考虑,在这一日益变化的信息市场动态中,人们是否能获取信息仍然是一个不确定的问题,并且,对于隐私更基本的担忧实际在于其被确切划分为财产的种类,所以将隐私视为财产权的案例是虚弱无力的。本文的这一部分同时也认为,《美国侵权法复述(第二版)》所信奉的将隐私视为个人权利的这一判断方法有所局限,并且在物理空间中,它推测通过保护财产权而间接保护他人的隐私,在非物理空间中,某些排他权需要得到与信息时代同等程度的保护。

本文的下一部分将表明,与将隐私视为财产权或者将隐私视为个人权利相比,将隐私视为准财产权才是一个最好的方法,并且它具有很多分析上的优势。

三、作为准财产权的隐私

隐私应当被理解为是一种准财产权。法官可以以与其他准财产权相似的方式看待隐私权。对于隐私权而言,准财产权的判断方法包括行为人负有不得获取或使用他人数据的义务,在特定情况下,这还取决于当事人之间的关系、行为的语境以及当事人是否有任何违法行

---

① See Peter P. Swire & Robert E. Litan, None of Your Business: World Data Flows, Electronic Commerce, and The European Privacy Directive 7-8 (1998).

为。正如前文所述，准财产权使用财产权的规范，但是在功能上却像侵权法，因为它的重点在于个人之间的关系。

与对于财产的排他权类似，行为人对于他人在其准财产权上的准财产或者信息也负有克制义务。然而，排他权仅仅存在于个人关系所产生的特定条件下。行为人通过对他人即准财产权所有人的准财产承担义务。在诉讼产生之前，准财产并没有一个固定的定义。我们可以通过解释对准财产做出不同的定义。也就是说，根据案情的不同，法官可以充分解释不同的实际情况以及对投机者采取更有效的防卫。行为人避免侵犯他人准财产的最好方法是，了解什么将引发相关的排他性权利。

为了判断是否存在基于准财产权而产生的排他权，需要考虑以下几点：①当事人之间的关系；②当事人之间行为的语境，包括每个当事人的特征以及地位状况；③被告行为的违法性。本文将判断是否会引发排他权的这一判断标准称之为"关系、语境、性质"判断标准（relationship-context-nature text）。

当侵害行为发生在特定情况时，将准财产权根植于衡平法这一灵活处理是不足为奇的。一个准财产权相关的特点就是，法律可以以各种各样的方式对行为人强加责任。这也是准财产权来源于衡平法官的原因，而衡平法可以给予禁止令和其他适当的救济。

法官极力要求使用准财产权的这一判断方法。在处理隐私案件的时候，如果法官没有使用准财产权这一术语，那么，他们会长时间思考与"关系、语境、性质"判断标准相似的显著因素。在许多观察者看来，《美国侵权法复述（第二版）》中的几种侵权行为所要求的具有冒犯性的要素会导致判断标准模糊的这一担忧。为了对此做出回应，许多法官打破了"冒犯性"的概念，根据案情而采用多因素的判断标准，而不是根据假设作为一般理性人的法官的良心。对于这一构想有一个影响力较大的例子，也就是加利福尼亚州最高法院的判例 Hill v. National Collegiate Athletic Association 一案[1]。这些判断因素包括：①"侵扰行为的程度"；②"侵扰行为的语境、行为本身以及情形"；③"行为人的动机和目的"；④"行为人所侵扰的地方"；

---

[1] Hill v. Nat'l Collegiate Athletic Ass'n, 865 P. 2d 633 (Cal. 1994).

⑤ "隐私受侵犯的他人所具有的期待"。引用加利福尼亚州的判例和根据 Hill 一案的指导，强调行为人与他人之间的关系、语境以及隐私侵权行为的违法性这些相似的判断方法已经在许多案例中有所使用。① 虽然其他法官没有特别援引加利福尼亚州的判例，但是他们已经试图对冒犯性采取一个"理性人"的判断标准，对冒犯性的判断提供客观上的考虑因素。② 然而，在没有对《美国侵权法复述（第二版）》做出修改的情况下，我们很难以系统的方式对冒犯性这一要素进行重新构建。将隐私侵权分为四种诉由，其中某些诉由要求具备冒犯性这一要素，而某些诉由又不要求具备冒犯性这一要素，这样的做法会进一步使其复杂化，并且减慢冒犯性要素改革的进程。

尽管使用了"准财产权"这一术语，但是笔者认为，基于准财产权而产生的诉讼应当属于侵权诉讼。作为对财产权的广义解释，准财产权可以被视为是一种知识产权。③ 根据本文的观点，最重要的并不是这种权利应当如何称谓，而是它们在法律中如何发挥作用。虽然本文将使用准财产权的这一术语，但是对于本文将"准财产权"视为一种权利的功能性描述，读者并不需要接受财产权与侵权之间存在任何具体的界限。

在将准财产权适用于隐私之前，本文将以埋葬为例对该权利框架进行说明。所谓埋葬，是普通法上家属对于死者尸体享有控制和处理的权利。传统的埋葬权是州法律所赋予的，并且各州之间存在某些差异，④ 但是对于准财产权理论来说，这是一个显著的、简单的和具有说明性的例子。在准财产权的权利群中，传统的普通法权利是不会引

---

① See, e.g., Bauer v. Ford Motor Credit Co., 149 F. Supp. 2d 1106, 1110 (D. Minn. 2001).
② See, e.g., Whye v. Concentra Health Servs., Inc., 583 F. App'x 159, 161 (4th Cir. 2014); Crimes v. CBS Broad. Int'l of Can., Ltd., 905 F. Supp. 964, 970–971 (N. D. Okla. 1995).
③ See Julie E. Cohen, Property as Institutions for Resources: Lessons from and for IP, 94 TEX. L. REV. 1, 4 (2015).
④ See generally Ann M. Murphy, Please Don't Bury Me Down in That Cold Cold Ground: The Need for Uniform Laws on the Disposition of Human Remains, 15 ELDER L. J. 381 (2007).

起争论的。① 虽然根据传统的埋葬，家属并不会对此享有一种具有对世性的普遍权利，从而可以对尸体做出任何行为。但是，家属确实享有在没有经其同意的情况下，要求行为人不得对尸体进行控制的权利。② 这里，家属与死者之间的关系赋予家属此种权利。此外，家属还有权阻止行为人对尸体实施任何伤害行为，或者阻止行为人实施在其他家属看来是不恰当的或者具有冒犯性的行为，尽管这些行为本身不具有伤害性。（例如，以另外一种不同的信仰给具有信仰的死者举行埋葬仪式。）尤其是家属对此所享有的是准财产权，而不是对死者身体的可继承的财产权。③ 这是一种对于死者家属如何处理死者尸体的侵犯，以及是对死者的不尊重。④

同样地，目前的隐私侵权也可以适用准财产权的概念。每种隐私侵权都遵循相同的模式。虽然他人对于其实际信息并不享有对世权，⑤ 但是，当行为人以一种特定的方式与他人相关联以及/或者使用他人的信息时，排他权就产生了，并且同时使行为人负有不获取或使用他人信息的义务。对此，我们可以举一个确切的涉及隐私权的例子：如果在没有获得邻居知情或者同意的情况下，一个摄影师通过一道打开的窗户拍摄其邻居的私密照片，那么，这将产生准财产权的诉讼。尽管邻居对于其裸露身体的照片并不享有独立的权利，但是因为当事人之间缺乏某种关系，所以根据社会规范，案涉的私密照片此时属于他人的高度隐私，并且作为一个偷窥者，被告的行为属于违法行为，因此邻居此时享有排他权。然而，我们很容易就可以将这个经典例子上升到网络时代。我们不需要一道打开的窗户，只需要想象一下黑客入侵网络摄像头，或者使用一个不公开的、未被同意的网络摄像

---

① E. g. , Patrick J. Mulqueen, "Only Dust Remains ［?］": The 9/11 Memorial Litigation and the Reach of Quasi-Property Rights, 78 BROOK. L. REV. 231, 234 (2012); Denay L. Wilding Knope, Comment, Over My Dead Body: How the Albrecht Decisions Complicate the Constitutional Dilemma of Due Process the Dead, 41 U. TOL. L. REV. 169, 170 (2009).

② See, e. g. , Fuller v. Marx, 724 F. 2d 717, 719 (8th Cir. 1984); O'Donnell v. Slack, 55 P. 906, 907 (Cal. 1899); Louisville & N. R. Co. v. Wilson, 51 S. E. 24, 26 (Ca. 1905); Burney v. Children's Hosp. , 47 N. E. 401, 402 (Mass. 1897).

③ David Horton, Indescendibility, 102 CALIF. L. REV. 543, 585 – 586 (2014).

④ Tanya K. Hernandez, The Property of Death, 60 U. PITT. L. REV. 971, 983 (1999).

⑤ See, e. g. , Int'l News Serv. v. Associated Press, 248 U. S. 215, 234 (1918).

头。这与色情报复的分析相似,而所谓色情报复,是指在没有获得照片上的人的同意,前任伴侣将其私密照片进行传播。①

为了说明这一权利框架如何适用于大范围的隐私争议,本文将逐一对《美国侵权法复述(第二版)》中的每种隐私侵权行为进行讨论,并使用《美国侵权法复述(第二版)》中的规定作为例子进行阐释。在最近的案件中,许多法官已经直接在他们的隐私侵权分析中援引《美国侵权法复述(第二版)》的规定。对于《美国侵权法复述(第二版)》中的每种隐私侵权行为,要判断原告是否享有排除被告获取或使用个人信息的权利,需要综合考虑三个因素。

在开始对《美国侵权法复述(第二版)》中的四种隐私侵权行为适用"关系、语境、性质"判断方法之前,笔者先说明以下两点。

第一,对于侵扰他人安宁的隐私侵权、公开披露他人私人事务的隐私侵权以及公开丑化他人形象的隐私侵权,《美国侵权法复述(第二版)》要求对此需要满足对理性人造成冒犯这一要件。② Prosser 教授将此作为一种对几种侵权行为进行限制的手段,从而不把一般的行为包括在内。对于行为人所实施的行为是否侵犯一个理性人的感知,这正是上文所提到的三个因素的目标。以这三个要素作为分析的理由有助于法官根据案件事实进行分析。如果不根据这三个客观因素的侵犯与否进行分析,而仅仅根据行为人所实施的行为是否对一个理性人造成冒犯的话,那么,这会给法官过多的自由裁量权,可以基于政策考虑或者粗略的利益平衡,从而对类似的案件进行判决。将隐私权视为准财产权的做法意味着要对合理期待这一要素进行分析。因为这一要素已经被包括在上述三个因素之中,所以,这里将不会对其进行单独的讨论。

第二,本文的讨论将不会直接考虑诸如同意等抗辩理由,而更注重根据这一判断方法,探索表面上证据确凿的案件的边界。然而,将隐私视为准财产权的解释会使隐私侵权的抗辩理由越来越复杂。对于准财产权,准财产往往不会先于诉讼而存在。因此,一方面,原告有

---

① See Danielle Keats Citron & Mary Anne Franks, Criminalizing Revenge Porn, 49 WAKE FOREST L. REV. 345, 357–359 (2014).

② Restatement (second) of Torts: General Principle §652A (AM. LAW INST. 1977).

机会通过准财产的边界来限制同意的范围。并且，另一方面，被告可以基于排除或减少责任的例外规定来主张扩大或缩小准财产的范围。

（一）侵扰他人安宁的隐私侵权

《美国侵权法复述（第二版）》将"侵扰他人安宁的隐私侵权"定义为："如果行为人故意以物理或其他方式侵扰他人的安宁、他人的私人事务或者他人的关切，并且该侵权行为对一个理性人造成高度冒犯性，那么，行为人所实施的行为构成侵犯他人隐私的行为。"[1] Prosser 教授对此种侵权行为与对动产或不动产的侵害行为做了明确的分析，所谓侵扰他人安宁的隐私侵权，是指他人享有排除行为人获取他人私密事务以及私密场所所发生的事情的权利。然而，他没有认为此种对于私密场所和私密事务所享有的权利属于对世权。此外，他还对几种允许的侵扰他人安宁的侵权行为类型做出说明。

在侵扰他人安宁的隐私侵权中，胜诉所必要的排他权是由关系、语境以及被告的违法行为结合引起的。换句话说，首先，当事人之间的关系是获取他人信息是否构成不合理侵扰的判断因素之一。其次，另一个相关的因素是语境，包括社会地位和当事人的身份。《美国侵权法复述（第二版）》第八章强调，房东不能侵扰租户的安宁，不能通过锁住租户的门而要求其支付已经到期的租金。这表明社会规范在判断什么语境将引起他人对于私人场所的排他权时所发挥的作用。最后，侵扰行为的方式会影响其结果。如果行为人获取他人信息的方式是不正当的话，那么，此时将倾向于保护原告的利益。《美国侵权法复述（第二版）》第七章谈到，对于在公共场所拍摄女士裙底照片的行为，尽管在场所有人都能看到该女士的裙底走光，但是这种行为仍然构成对他人安宁的侵扰行为。通过对这三种因素的适当结合，原告就可以主张排除被告获取其信息的权利。

（二）擅自使用他人姓名或肖像的隐私侵权

《美国侵权法复述（第二版）》将"擅自使用他人姓名或肖像的隐私侵权"定义为："如果行为人为了自身使用目的或利益擅自使用

---

[1] Restatement (Second) of Torts: Intrusion Upon Seclusion §652B (AM. LAW INST. 1977).

他人姓名或肖像,那么,行为人所实施的行为就构成侵犯他人隐私的行为。"[1] 对于原告要求排除被告使用其某些个人信息的权利,Prosser教授明确陈述了以下两个要件:①被告必须为了其自身目的或利益使用他人的信息;②被告所使用的信息必须明确具有原告的人格特征。

首先,当事人之间的关系在此时往往是不重要的,因为陌生人同样可以像家庭成员一样擅自使用他人的姓名或肖像。其次,语境对于该隐私侵权类型来说却是十分重要的,因为语境可以让我们知道被告是否利用了原告的身份。《美国侵权法复述(第二版)》第四章为此举了个例子,也就是,一个情妇假装是其爱人的合法妻子而向社会公开。社会语境对于了解伪装者以原告为代价而获利的程度是必要的,因为在使用一个并非行为人自己的姓名时,该行为本身并不构成侵权。最后,使用他人身份的方式与判断是否构成隐私侵权也是相关的,因为使用行为必须使被告有所获利,并且被告所使用的方式越不合适,这对于他而言是越好的。《美国侵权法复述(第二版)》第三章举了一个关于私人侦探的例子,在这个例子中,为了找出他人的秘密信息,私人侦探便伪装成他人。

因此,根据"关系、语境、性质"这一判断方法,我们就可以很好地判断行为人所实施的行为是否构成擅自利用他人姓名或肖像的隐私侵权行为,从而判断他人是否享有排除行为人使用其身份的权利。

(三) 公开披露他人私人事务的隐私侵权

《美国侵权法复述(第二版)》将"公开披露他人私人事务的隐私侵权"定义为:"如果行为人公开披露他人的私人事务,并且所披露的事务符合以下类型的话,那么,行为人所实施的行为就构成隐私侵权行为:第一,对于一个理性人而言具有高度冒犯性;第二,这不属于社会公众合理关切范围内的事务。"[2]

---

[1] Restatement (second) of Torts: Appropriation of Name or Likeness §652C (AM. LAW INST. 1977).

[2] Restatement (second) of Torts: Publicity Given to Private Life §652D (AM. LAW INST. 1977).

当原告提起公开披露他人私人事务的隐私侵权诉讼时，这三个因素全部都需要有所涉及。首先，关系可用于界定私人事务这一"准财产"的边界。《美国侵权法复述（第二版）》宽松地将私人事务定义为一般人不会向家人或亲密朋友之外的其他人披露的信息。如果当事人之间的关系属于社会期待对于这些敏感事务保持秘密的关系范围内的话，那么这种侵权行为还给行为人强加了保密的义务。其次，语境也可用于限制侵权适用的范围。如果所涉及的私人事务是社会公众的合理关切、涉及公共人物，以及/或者为了教育和/或有益的目的，那么此时公开披露他人私人事务的行为是得到允许的。

总的来说，尽管这种侵权行为被界定为向更广泛的社会大众公开披露他人私人事务的行为，但是这种侵权行为最终还是涉及被告如何使用这些信息这一问题，也就是判断什么信息才构成隐私信息，以及什么行为才构成公开披露行为。

《美国侵权法复述（第二版）》中的一个例子可以对此进行说明。其中第十一章说道：A 将要分娩，并且被告知剖宫手术将是必要的。她同意允许 B 对手术过程进行录制并为了教育目的而向医学生展示。但是 B 在一部商业电影中向社会公众公开该录制过程。因此，B 所实施的行为构成侵犯 A 隐私的侵权行为。

通过"关系、语境、性质"判断方法对这一例子进行分析：①A 与 B 之间存在信任关系；②为了教育目的而贡献手术照片这一合理语境；③B 违反了其与 A 之间的信任所实施的行为属于违法行为。

此外，我们在另一种准财产权即商业秘密法中发现同样的担心，也就是，行为人如何获取这些信息。在商业秘密法中，作为准财产权法的另外一个领域，被告必须通过不适当的手段获取信息，这一事实才能作为判断信息是否属于秘密信息的证据。相似地，Prosser 教授认为，尽管这些信息发生在严格上被认为是公共场所之中，但是，如果行为人"违反原告意愿秘密地获取这些信息"，或者通过"贿赂或其他诱导违反信任的方式"获取这些信息，那么，这些获取信息的方式也构成对他人"私人事务"的隐私侵权行为。《美国侵权法复述（第二版）》同时也通过举例说明，对于行为人公开披露不知道用何种方式获取的他人的私人事务，这只是一些非典型案例，从而证明获取方式应当属于法官的合理考量范围之内。

因此，公开披露他人私人事务的隐私侵权与上文已有所讨论的两种隐私侵权行为可以适用相同的分析框架。重要的是，准财产权理论可以使我们明确地描述在公开披露他人私人事务的隐私侵权中什么将受到侵犯。虽然原告对于其私人事务所享有的权利不属于对世权，但是，他们享有防止行为人以特定方式使用其信息的权利。因此，通过将个人信息视为他人的准财产权，这有助于保护原告个人情感领域。

（四）公开丑化他人形象的隐私侵权

《美国侵权法复述（第二版）》将"公开丑化他人形象的隐私侵权"定义为："如果行为人公开向社会公众丑化他人的形象，并满足以下条件，那么，行为人所实施的行为构成侵犯他人隐私的侵权行为：①对于理性人而言，行为人对他人所实施的公开丑化行为具有极大的冒犯性；②行为人明知他所公开的事实是虚假的，并且会丑化他人在公众面前的形象，或者行为人虽然不知道，但鲁莽行事，无视他所公开的事实是否虚假以及是否在公众面前丑化他人。"①

即便 Prosser 担心此种侵权行为会限制言论自由，但是后来的《美国联邦宪法第一修正案》对于防止其过度限制言论提供了清晰的基础。②

首先，对于公开丑化他人形象的隐私侵权，当事人之间的关系分析是不重要的，因为丑化他人形象的信息并不需要是属于隐私的信息。其次，语境的分析对于此种侵权行为却是至关重要的，因为我们必须要知道行为人所实施的行为是否对他人产生了丑化的效果。最后，在公开丑化他人形象的隐私侵权中，语境与行为方式是紧密相连的。因为为了丑化原告的形象，被告必须考虑（或应当考虑）语境以及如何通过使用原告姓名或信息而使原告公之于众。正如公开披露他人私人事务的隐私侵权一样，侵权行为的方式也是公开丑化他人形象的隐私侵权的重要因素。也就是说，被告如何使用原告的信息而丑化原告的形象。例如，《美国侵权法复述（第二版）》第四章举了这

---

① Restatement (Second) of Torts: Publicity Placing Person In False Light §652E (AM. LAW INST. 1977).
② See, e.g., N. Y. Times Co. v. Sullivan, 376 U. S. 254 (1964).

么一个例子：B 支持候选人 C，虽然 A 在 B 传播的请愿书上签署了名字，但是，自从发现了候选人的政党后，A 希望在请愿列表中删除其名字。如果 A 的名字仍然存在于请愿列表上，并且请愿列表仍然被不断传播，那么，此时就构成对 A 的形象的丑化，A 可以基于公开丑化他人形象的隐私侵权提起诉讼。

总之，每种隐私侵权行为都可以被理解为，他人享有排除特定行为人获取其准财产的权利，这也被称之为获取特定信息的权利，或者以特定方式使用特定信息的权利。其中一个重要的含义是，《美国侵权法复述（第二版）》的每种侵权行为都可以适用准财产权的判断方法，这也表明，四种隐私侵权行为并不是像 Prosser 教授所认为的那样是支离破碎的。这一普遍的分析框架表明，隐私侵权并不是一个封闭的行为清单。

相反，如果原告可以通过证明当事人之间的关系、语境和获取或使用他人个人信息的方式而证明他对其个人信息享有排他权，尽管此时并没有完全符合《美国侵权法复述（第二版）》所规定四种隐私侵权行为的其中一种，原告均可主张其隐私受到侵犯。重要的是，这不仅可以让目前既有的隐私侵权行为更好适用于不断发展的技术变化，而且还可以为其他隐私侵权行为提供空间从而应对技术和社会的变化。

为了对此做出更好的说明，我们可以做出如下类推。在欧洲中世纪时期，老鼠和恶劣的卫生环境导致黑死病的爆发，所以某些有胆量的人试图通过避免这些老鼠和恶劣的卫生环境来避免疾病。[①] 我们现在知道老鼠所带来的病菌以及在恶劣的卫生环境中长期生活实际上会导致疾病的发生。所以，通过躲避老鼠和恶劣的卫生环境来减少疾病发生的概率这一做法也是对的。毕竟，如果他们容忍这些病菌，那么，这将有可能导致疾病的发生。尽管如此，对病菌导致疾病的发生这一认识不仅可以帮助我们理解和躲避老鼠以及恶劣的卫生环境，而且还可以确定其他的传染病来源。

同样地，对于为什么 Prosser 教授所提出的所有隐私侵权行为都属于侵权法中的侵权行为，准财产权不仅可以对此提供一个潜在的原

---

① Irwin W. Sherman, Twelve Diseases That Changed Our World 68 – 82 (2007).

因，而且还可以提供一个更宏观的说理理由从而适用于更大范围的案件事实。这有助于解决 Prosser 教授的隐私侵权四分法理论"僵化"的问题。通过在隐私权案件中适用准财产权的分析框架，这可以为隐私侵权四分法理论提供一个普遍的分析方法和规范方法。

准财产权理论需要解释的其中一件事情就是，为什么《美国侵权法复述（第二版）》中的所有隐私侵权行为不能同样根据准财产权的判断方法获得胜诉。其中，侵扰他人安宁的隐私侵权与擅自利用他人姓名或肖像的隐私侵权尤其适合这个分析框架。至少有一个隐私权学者认为，侵扰他人安宁的隐私侵权这一诉由在信息时代当中是高度显著的。此外，被告更容易对这些诉由进行抗辩，因为当事人之间的关系、语境以及使用方式这三个要素都有助于判断原告是否对其信息享有排他权。

与之相比，当原告所享有的排他权主要是建立在被告使用或获取准财产方式的性质上时，原告将会更加仔细地对使用方式进行定义，从而证明他享有排他权。公开披露他人私人事务的隐私侵权以及公开丑化他人形象的隐私侵权一般着重于关注被告如何对信息进行使用。我们很难制定明确的规则去判断什么使用方式会导致原告享有排除行为人使用其信息的权利，从而既能事先警告潜在的违法者，又能避免将广泛的日常行为都纳入隐私侵权的范围。这也是为什么《美国侵权法复述（第二版）》中关于"公开披露他人私人事务的隐私侵权"与"公开丑化他人形象的隐私侵权"的说明和评论的篇幅会超过"侵扰他人安宁的隐私侵权"与"擅自利用他人姓名或肖像的隐私侵权"篇幅的三倍有多。这导致公开披露他人私人事务的案件与公开丑化他人形象的案件在结果上的不确定性。至于为什么公开披露他人私人事务的隐私侵权与公开丑化他人形象的隐私侵权都逐渐被废弃，这些诉由的不确定性是一个很大的原因。时常地，"冒犯性"这一判断标准可以有助于法官避免使用这两种隐私侵权类型判决被告的行为不构成侵权。

准财产权理论可以指导法官对隐私侵权行为做出评价。尽管它与《美国侵权法复述（第二版）》的隐私侵权理论所包括的侵权范围是相同的，但是它避免了《美国侵权法复述（第二版）》过度强调在私人与公开之间构建理论上的划分以及对"冒犯性"的定义。行为人对其前任伴侣的裸照进行传播的色情报复案件对此是具有启发性的。在大多数案件中，色情报复似乎完全符合公开披露他人私人事务的隐私侵权。实际上，根据上文提到《美国侵权法复述（第二版）》所提及的案件事实，也就是，违法商业传播剖腹视频，我们很容易类推出色情报复的事实。正如许多州认为色情报复的产生和传播构成犯罪并迅速制定相关法律所表明的那样，社会规范也认为这些行为是令人愤慨的、具有冒犯性的。① 但是，这些关于色情报复的法律的急速发展同时也表明，公开披露他人私人事务的隐私侵权对于色情报复中的受害者维权已经不再可行。由于早期对潜在的技术有错误的理解，所以法官在几个案例中对隐私侵权的"公开"做出严格的界定，包括与某些或者甚至是一个知己利用电子传播信息的行为。② 此外，由于许多互联网时代的其他非法行为不符合《美国侵权法复述（第二版）》的侵权行为分类这一事实，这导致产生了侵权法也不能符合这些分类的普遍看法。我们将在下文第四部分的准财产权判断方法中对这一看法进行讨论和批判。

准财产权理论有助于法官对既有的侵权诉由做出一个更统一的界定。但是，对于不能完全符合所规定的四种隐私侵权行为的案件，目前的隐私侵权理论已经在某种程度上对这些实际发生的案件产生了阻碍，对此，一般的准财产权理论可以增加第五种综合性的隐私侵权，从而使这些违法行为在侵权法中得以承认。

四、将隐私视为准财产权的含义

仍然需要讨论的是，准财产权理论如何帮助法官和学者对隐私主张进行评价。包括 Neil Richards 教授、Daniel Solove 和 Julie Cohen 在内的几个具有影响力的隐私权专家已经对保护信息性隐私的隐私侵权进行讨论。Richards 和 Solove 在其著作中认为，对于 Prosser 教授的隐

---

① E. g., Kim Bellware, Illinois Passes New "Reverge Porn" Law That Includes Harsh Penalties, HUFFINCTON POST (Dec. 31, 2014, 1: 59 AM), http://www.huffingtonpost.com/2014/12/30illinois-revenge-porn_n_6396436.html.

② E. g., Gill v. Hearst Publ'g Co., 253 P. 2d 441, 444 (Cal. 1953); see also Daniel J. Solove, The Future of Reputation: Gossip, Rumor, and Privacy on The Interest 162 – 170 (2007).

私侵权四分法理论长期无法发挥应有作用这一结果，新闻价值的判断标准、冒犯性的判断标准以及包括甚至是对某个人的披露行为都被视为属于"公开"行为这一非常广泛的定义都对此负有一定责任。Cohen 还认为："日益明确的是，普通法的隐私侵权行为将不会有助于制止对信息性隐私的侵犯。"① Richards 还担心，隐私侵权中的公开披露行为会与《美国联邦宪法第一修正案》产生冲突。然而，当隐私被重新界定为准财产权时，这些担忧就自然会消失，并且隐私侵权在法律规定当中的定位必然会被重新评价。因此，将现有《美国侵权法复述（第二版）》所规定的隐私侵权行为解释为准财产权，这可以为信息时代的隐私侵权提供灵活的诉由。

准财产权的判断方法提供了一个普遍适用于所有隐私侵权行为的理论框架，从而避免制定一个能够适用于每个案件的宽泛的一般定义。我们很难提供一个足够宽泛的隐私定义对每种法律认为构成侵犯他人隐私的隐私侵权行为做出描述。这正是为什么 Daniel Solove 已经机智地认为不需要提出一个统一的隐私概念，基于"权利群相似"而对一系列侵权行为进行定义——也就是说，正如家庭成员一样，每种隐私侵权行为类型都与其他某些隐私侵权行为有相同的特征，但是没有一个特征是它们所共同所有的。

Solove 已经从目前已有的法律出发，对这个权利群相似的概念做出了详细的阐述，并且对"会导致一定程度上社会承认的所有损害和问题"创造了一个分类方法。他指出的四种损害行为分别是：①信息收集；②信息加工；③信息传播；④侵权行为。

Solove 以行为人与他人即个人信息所有者之间所发生的联系对这一分类方法进行塑造：我已经根据信息的主体对这些侵权行为类型进行了划分，而所谓信息主体，是指根据这些侵权行为划分类型，信息主体的生活将受到这些侵权行为最直接的影响。许多实体（自然人、商业组织以及政府）都会对他人的信息进行收集。这些信息的收集行为本身就构成一个伤害行为。然而，虽然并不是所有的信息收集行为都是有害的，但是确实有某些特定的收集行为是有害的。收集他人

---

① Julie E. Cohen, Privacy, Ideology, and Technology: A Response to Jeffrey Rosen, 89 GEO. L. J. 2029, 2043 (2001).

信息的人（"信息持有者"）随后会对这些信息数据进行持有、储存、组合、篡改、搜索以及使用。我将这些行为定义为"信息加工"。下一步就是"信息传播"，数据持有者会将这些他人的信息数据传播给其他人或者进行公开。从信息收集、加工到传播这一过程是信息数据逐渐远离他人控制的过程。行为的最后一步就是"侵权行为"，也就是对他人直接造成影响的行为。与过程中的其他行为不会对他人直接造成影响相比，侵权行为这一步骤直接针对他人，而不必然会涉及信息。

一方面，正如 Prosser 教授的隐私侵权四分法理论一样，Solove 的四步分类法中的每个要素都可以根据准财产权的角度得以解释。在准财产权理论中，收集行为和侵权行为与擅自利用他人姓名或肖像的隐私侵权和侵扰他人安宁的隐私侵权相对应，而上文第三部分已经对每种隐私侵权行为进行了详细的讨论。虽然信息加工行为和信息传播行为并不能与 Prosser 教授的四种隐私侵权行为完全对应，但是他们都可以在准财产权理论中被得以承认。当行为人所实施的信息加工行为或信息传播行为对他人造成损害时，"关系、语境、性质"判断标准中的任何一个要素都可以发挥作用。也就是，第一，两个当事人之间存在信任关系，使得原告合理期待他的信息不会以某种方式被处理；或者第二，社会认为以此种方式加工或传播他人信息的行为是违反道德的或者令人愤慨的；或者第三，行为人以某种方式所加工或传播的信息会对原告造成损害或者实质性损害的威胁（对此最著名的例子就是信息安全）。

另一方面，将隐私视为准财产权的做法是建立在 Solove 的分类方法所暗含的一个观点之上的，也就是，所争议的事项不仅仅在于信息本身，而且还在于被告与原告之间基于个人信息的关系。对于他人隐私这同一种准财产，行为人可以做出各种各样不同的侵权行为。

Solove 所描述的四种隐私侵权行为类型的其中一个含义是，通过将隐私视为准财产权这一手段，我们可以对这四种隐私侵权行为进行确认，这从而使隐私侵权得以复兴。对于单纯不符合《美国侵权法复述（第二版）》所仅仅规定的四种隐私侵权行为的其他行为，所有这些行为都会是似是而非的诉由，也就是企业有义务对信息收集、信息加工以及信息传播制定合理的、不造成对他人隐私侵犯的政策。换句话说，准财产权理论将隐私侵权带到信息时代。

将隐私视为准财产权的做法会使侵权法重新主张其传统地位，从而作为对其他行为制定隐私规则时主要的法律来源。《美国联邦宪法第四修正案》对隐私的规定在传统上就是来源于侵权性隐私权。对于 Brandeis 在 Olmstead v. United States 一案①中所撰写的著名附和意见，他将隐私权看作《美国联邦宪法第四修正案》以及《美国联邦宪法第五修正案》的核心。Brandeis 在其著名的《论隐私权》一文中提出了其对隐私的看法。在《美国侵权法复述（第二版）》被广泛应用之前，在 1967 年的 Katz v. United States 一案②中，美国联邦最高法院采用了 Brandeis 对《美国联邦宪法第四修正案》与隐私权的看法。对于政府是否侵犯公民的隐私，最普遍适用的判断标准是 John M. Harlan 大法官在附和意见中所提出的"隐私合理期待"判断标准。但是，这一判断标准在最近几年已经受到严重的批评，因为它会造成循环论证，以及不能判断行为人以强有力的手段所实施的行为是否对一般人的实际隐私期待造成侵犯，从而过度强调判断标准中的"合理"层面。笔者所主张的准财产权理论同样可以作为《美国联邦宪法第四修正案》案件的判断标准。尽管政府执法人员等公共行为主体与私人行为主体所实施的侵犯公民或他人隐私的侵权行为会造成不同的侵权结果，但是没有理由认为，对于是否构成侵犯他人隐私的行为的判断标准就应当在于公共行为主体与私人行为主体之间所进行的广泛传播信息行为。

正如上文第三部分已经表明的，对隐私侵权这一具有普遍描述性的判断方法与现有的隐私侵权四分法理论是可以兼容的。此外，因为准财产权承认一般的判断方法，所以法官可以对那些具备相同模式但不符合 Prosser 教授所提出的四种隐私侵权行为类型的侵权行为做出确认和处罚。这极大地有助于解决被再三提出的目前普遍适用的隐私判断方法所存在的弊端，也就是，对隐私侵权的判断依赖于现有的四种侵权行为以及 Prosser 为了适应日益变化的商业规范和技术而提出的具体判断要素。

---

① Olmstead v. United States, 277 U. S. 438, 471 – 488 (1928) (Brandeis, J., dissenting).
② Katz v. United States, 389 U. S. 347 (1967).

此外，准财产权同时也有助于解决隐私侵权所存在的另一个弊端。法官和学者经常担心法官会根据案件以特别的方式对隐私进行定义，从而造成不可预测的判决结果。在不同的隐私案件中，法官往往会适用广泛的福利主义判断标准，平衡原告及类似他人的隐私利益与其他主张及社会利益。① 法官不太适合这种自由形式的说理，并且对隐私进行事事俱到的分析在很大程度上会受到迅速发展的技术与商业实践的影响。与之相比，法官更适合于对过去案件进行类推说理，从而确定是否构成隐私侵权。确定的是，侵犯他人隐私的侵权行为与社会认为不合适的行为之间的说理具有相似性。② 在某种程度上，准财产权理论与 Helen Nissenbaum 所阐释的具有影响力的语境完整性理论是相伴随的。③ 语境完整性理论将隐私定义为他人享有个人信息在传播过程中不被篡改、不脱离语境的权利。准财产权的判断方法也有利于当事人，因为社会成员将更好地预测法官的裁判。此外，这一判断方法根植于州的普通法，以及立法机关应当在州层面采用这一判断方法。对此，对于出台综合性的隐私权法案的这一做法，我们仍抱着怀疑的态度，因为这些法案可能会切断各州的创新改革，例如，包括在没有对消费者提供足够的隐私保护的情况下消费者所提出的侵权主张。

Solove 所描述的四种隐私侵权行为类型的另外一个重要含义是，法官可以对此适用禁止令以及其他更适合的救济方式。禁止令的潜在威胁会鼓励企业发展面对消费者的解决措施，允许有兴趣的消费者对其信息获取更多的控制权。

对于将隐私视为准财产权的这一判断方法所存在的担忧，并不足以取代这一判断方法与其他判断方法相比所具备的明确的优越性。从洛克与黑格尔对人性的观点出发，这是属于天生的，也就是说，他人应当对其领导的生活以及想法享有权利。然而，对于只在特定情况下

---

① See Jonathan B. Mintz, The Remains of Privacy's Disclosure Tort: An Exploration of the Private Domain, 55 MD. L. REV. 425, 446 (1996).
② Omer Tene & Jules Polonetsky, A Theory of Creepy: Technology, Privacy and Shifting Social Norms, 16 Yale J. L. & Tech. 59, 61 (2013).
③ See generally Helen Nissenbaum, Privacy In Context: Technology, Policy, and The Integrity of Social Life 129 – 130 (2010).

对特定行为人所实施的侵权行为，判断其是否侵犯一个有限制的财产权是不会产生这些问题的。

根据本文的分析框架，个人信息的收集者可以容易地避免引发与准财产权相关的排他权，或者对此进行支付即可。与 Paul Schwartz 在《财产权、隐私与个人数据》一文中所提出的全面财产化机制相比，这一机制的运行要更加节约。Schwartz 已经对财产的不可转移方面提出了一个制度上的机制。一方面，本文的建议通过限制隐私侵权诉讼中个人信息的财产属性而防止对他人个人信息进行错误地转移。另一方面，对于将隐私信息视为具有财产属性的权利并会产生救济责任或者甚至是禁止令，这一做法将是一种物质激励手段，从而达到保护他人隐私的目标。此外，企业有可能以一种比直接规定更有效的方式对此进行规制。

本文的最后一个批判在于，试图在普通法上证明隐私权的这一做法实际上是反现代潮流的，并且目前所构建的《美国侵权法复述（第二版）》的隐私侵权不足以在信息时代产生重要的影响。技术变化以及社会变化是不可避免的。法律不应当与这些发展背道而驰。根据美国在过去 50 年的隐私权理论所发生的变化，可以明确的是，社会在不断地发展变化之中。正如 Lawrence Lessig 已经表明的那样，规则的方式可以表现为法律、规范、市场或者体系架构（物理限制或者特定语境或者软件限制），并且在这四种方式中，没有一种可以单独具有决定性作用。[①] 只要社会认可 Arendt 和其他学者所描述的住宅以及私人领域的价值，那么，将有办法对这些价值进行保留，并且只要社会保持对这些价值的认可，那么，政策制定者和利益相关者对此是具有创造性的。

五、结语

Daniel Solove 已经表明，虽然为了有助于法官，隐私的判断方法应当是"非简化的并且结合语境的，但是这同时有助于裁判案件和理解我们所面对的各种隐私问题。"

准财产权的分析框架对此提供了指导。准财产权框架对《美国

---

① Lawrence Lessig, The New Chicago School, 27 J. LEGAL STUD. 661, 664 (1998).

侵权法复述（第二版）》的隐私侵权行为提供分析上的清晰性，并且对于不完全符合现有四种隐私侵权行为的其他隐私侵权行为的确认提供了一条自然的途径。通过以这种方式对隐私进行重新定义，我们使法官有权利用分析的手段突破 Prosser 教授的四种隐私侵权行为在适用上的僵化，并且仍然对他人的隐私做出可预测的以及有意义的限制，从而解决 Prosser 教授对《美国联邦宪法第一修正案》的担忧。对于准财产权判断方法可以应用于 Solove 所制定的隐私侵权分类中的每个要素，这一事实表明，这个判断方法也可以在侵权法之外进行适用。尽管我们仍然可能难以对隐私做出一致同意的一般定义，但是，将隐私视为准财产权的做法对此提供了一条希望之路，从而对于什么应当受到法律保护这一问题有一个可预测的理解、构建，并最终使我们对于这一问题的认识得以系统化。

作为亲密关系的隐私权

海蒂·雷默·安德森[①]著　林泰松[②]、魏凌[③]译

目　次

一、导论
二、亲密关系的定义
三、在亲密事实的基础之上对隐私案例进行分类和归类
四、视隐私为亲密的有益之处
五、结语

一、导论

　　正如美国联邦最高法院大法官 Stewart 曾经在处理 Jacobellis v. Ohio 一案时对色情作品所做出的经典描述："也许我永远也不能对色情作品做出一个清晰明了的界定，但是当我看到它们时，我就能判断出它们是否属于色情作品。"[④] 如今，对隐私的法律定义的探究似乎令人不满地走到了尽头。研究隐私的学者对于如何定义隐私均感到无能为力，这就导致许多学者都将这一问题抛之脑后。[⑤] 在开始迈出定义隐私的猛烈步伐时，笔者认为，我们应当重新审视某些经典的隐私法案例，在所有案例复杂多样的规律中寻找隐私值得进行保护的核心

[①] 海蒂·雷默·安德森（Heidi Reamer Anderson），美国杜克大学法学博士。
[②] 林泰松，法学博士，国信信扬律师事务所主任。
[③] 魏凌，中山大学法学院助教。
[④] Jacobellis v. Ohio, 378 U. S. 184, 197 (1964).
[⑤] See, e. g., Daniel J. Solove, Understanding Privacy 8 (2008); Rosa Ehrenreich, Privacy and Power, 89 GEO. L. J. 2047, 2047 – 2048 (2001).

价值。毫无疑问，继续隐私定义的研究是必要的，因为隐私期待是否合理不应当取决于他人的隐私期待是否密切地反映出了公众的意见。[1] 当然，与核心利益有关的隐私期待才能决定期待是否合理。隔绝核心领域的保护隐私的做法同样充满争议，美国联邦最高法院近期在处理 United States v. Jones 一案[2]时做出了声明，公民的隐私是否受到侵犯取决于政府机构是否物理性地侵入受到宪法保护的领域。

在本文中，笔者将认定亲密关系是隐私的核心利益之一并且对其进行分析，最终统一隐私法已经保护或者应当保护的利益。笔者的这一提议最显而易见的依据就是 Blackman 大法官在 Bowers v. Hardwick 一案[3]中所持的异议，在该案中，Blackman 大法官认为，对他来说，《美国联邦宪法》对隐私保护的核心在于，个人享有在自己亲密的住所内构建亲密关系的权利。本文将评价 Blackman 大法官对亲密关系直观的分析是否在其他典型案例中也得到反映，如果存在此种现象，那么，亲密关系应该如何被用来指引和预测未来隐私案例的裁决。

在将亲密评价为隐私的客观核心之前，笔者将引入一个被称为"亲密关系图"（Intimacy Plot）的基本二维维恩图。在本文的第一部分，笔者将定义和证明亲密关系图的两个具有重叠关系的圆形图——场所亲密和身体亲密。在本文的第二部分，笔者将划分一个小样本案例来说明，某些涉及最为亲密的事实的案例是最值得进行法律保护的，而其他不涉及亲密事实的案例则不属于这个范围。在本文的第三部分，笔者将表明亲密关系图在本文的第二部分的发展，这使我们能够更加近距离地达成以下三个目标：首先，亲密关系图的发展过程解释了为什么在某些案例中，法院能够比较容易就做出裁决，而为什么其他涉及隐私的案例，如堕胎的案例，法官在对此类案例做出裁决时往往面临困难。其次，解释此种发展可以调和某些表面上看起来相互矛盾的隐私案例的裁决。最后，它支撑了近期某些学者号召通过关注

---

[1] See John D. Castiglione, Human Dignity Under the Fourth Amendment, 2008 Wis. L. REV. 655, 657; Erwin Chemerinsky, Chemerinsky: Keeping Up with the Joneses-How Far Does the "Reasonable Expectation of Privacy" Go.

[2] 132 S. Ct. 945 (2012).

[3] 478 U. S. 186, 199 – 214 (Blackmun, J., dissenting), overruled by Lawrence v. Texas, 539 U. S. 558 (2003).

"粗暴性"和"侵入性"来统一隐私法的做法。在本文的结尾部分，笔者将涉及隐私的案例视为亲密的一种功能，并且分析为什么亲密是隐私法应当保护的核心利益之一。

二、亲密关系的定义

在定义亲密关系时，某些社会学家通常采用个人对亲密关系的主观感受来进行评估，并且记录不同类型的关系中个人的不同感受。[①] 相反，在决定他人所享有的隐私权是否受到侵犯时，法院通常将客观测试作为主观感受的优良指引。例如，《美国联邦宪法第四修正案》通过测验被告是否享有一个主观的隐私期待和合理的客观隐私期待，从而将不正当的电子搜查行为排除在《美国联邦宪法第四修正案》的保护之外。[②] 类似地，在涉及《美国联邦宪法第一修正案》的案例中，美国联邦最高法院否定了某些规定惩罚造成他人纯粹主观情感伤害的法律。[③] 即便行为人故意实施的隐私侵权行为使他人遭受情感痛苦，如果他人想获得纯粹精神伤害的赔偿，法院也要求行为人的行为必须使他人所遭受的伤害客观上达到"极其和难以容忍"的程度。

因此，当我们基于确定值得保护的利益而重新审视与隐私有关的案例时，我们的目标应当是识别和客观衡量隐私的核心利益。对于那些隐私受到侵犯的人，我们不能只是询问他们是否在主观上感觉自己的亲密关系受到了侵犯。我们也不能仅仅询问一个理性的人是否会感到自己的亲密关系受到侵害。如果我们只是单一地研究该问题，那么我们只是将"亲密"一词取代了"隐私"一词，此种做法对解决问题毫无益处。同样，像某些法学家所做的那样，将注意力集中于某些特定的亲密关系类型也是不起作用的，因为判定亲密关系往往是主观的。相反，最为有用和最为正确的研究方法应当将焦点集中于亲密关系的一个或两个客观衡量指标。

本文确定将场所亲密和身体亲密作为客观衡量指标。场所亲密和

[①] See, e.g., Lois M. Haggard & Carol M. Werner, Situational Support, Privacy Regulation, and Stress, 11 Basic & Applied Soc. Psychol. 313, 313-337 (1990).
[②] See Katz v. United States, 389 U.S. 347, 361 (1967).
[③] See R. A. V. v. City of St. Paul, 505 U.S. 377, 414 (1992).

身体亲密都在二维的亲密关系图中形成具有交叉重叠关系的两个圆形图（见图1）。以此种方式策划图形允许我们通过客观标准进行选择，能够让我们一眼认出集群和离群的元素，此种目的仅仅通过言语描述是达不到的。正如 Laurence Tribe 所指出的那样，美国联邦最高法院在处理 Lawrence v. Texas 一案时超越了由行为本身（诸如讲话、祈祷、使用避孕药品等）来定义的一系列固定单一的基本权利，将讨论上升到了一个不同的更有益的层次。① 尽管笔者认同 Tribe 教授所说的，"《美国联邦宪法》并非是一个二维之地"，但是，笔者认为，在将讨论转移到三维领域前，我们还是应当谨慎地审查隐私案例所涉及的二维场所领域。本文的第一部分和第二部分将进一步描述亲密关系图（见图1）的每一个圆形图，本文第三部分的案例将使亲密关系图变得具体可感。

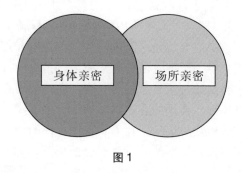

图 1

（一）场所亲密

发生在场所内的亲密关系构成亲密关系图的其中一个圆形图的范围。场所亲密关系的主要基础来自于确定范围的住所内最为隐蔽的区域。② 与住所有关的亲密关系在英国普通法判例中有其渊源，诸如

---

① See Laurence H. Tribe, Lawrence v. Texas: The "Fundamental Right" that Dare Not Speak Its Name, 117 HARV. L. REv. 1893, 1925 (2004).
② Heidi Reamer Anderson, The Mythical Right to Obscurity: A Pragmatic Defense of No Privacy in Public, 7 I/S: J. L. & Pol'y For Info. Soc'Y 543 (2012).

Semayne 一案①，该案的裁决奠定了所谓的"城堡理论"的基础。根据城堡理论，他人的住所就是自己的城堡——他人的住所是保护他人免受政府和其他外界因素侵入的固定区域。②

在 Samuel Warren 和 Louis Brandeis 所撰写的《论隐私权》一文中，作者将城堡理论作为自己论文的论据之一，作者在文中指出，"普通法一直将他人的住所视为他们不可侵犯的城堡，即便是在政府工作人员行使命令时也是如此"③。自那时起，在不同的情况之下，包括涉及《美国联邦宪法第四修正案》的搜查行为和扣押行为的案件、自我防卫杀人案件、隐私侵权案件等，法官在处理这些案件时都会考虑城堡理论所强调的场所方面。在这些不同的案件类型中，行为人进入他人的住所是《美国联邦宪法第四修正案》所规定的不正当搜查行为最为常见的情况。

在《美国联邦宪法第四修正案》的背景下，美国联邦最高法院曾经声明："众多案例表明，住所内所有的细节都属于亲密细节，因为住所的所有领域都应当防止政府的窥探行为以保护居民的安全。"④即便行为人使用电子手段搜查他人的住所，行为人的行为也可能被认为侵犯了他人对自己的住所享有的隐私合理期待。随着搜查的位置离他人的住所越来越远，合理的客观隐私期待也会下降。例如，美国联邦最高法院曾经做出裁决认定，在不具备搜查证的情况下，政府机构在户外航空领域搜查公民财产的行为是合法的，⑤ 政府工作人员搜查公民丢弃在路边的垃圾袋的行为也是合法的。⑥ 这是因为，搜查行为没有发生在公民住所内，审理案件的法院可能会认定，他人是自愿把自己的信息暴露在外从而使搜查者能够获得。最近，在 Jones 一案中，美国联邦最高法院做出的裁决多数意见认为，在处理涉及隐私的

---

① (1604) 77 Eng. Rep. 194 (K. B.).
② Nicholas J. Johnson, Self-Defense?, 2 J. L. ECON. & POL'Y 187, 199 – 200 (2006).
③ See Samuel D. Warren & Louis D. Brandeis, The Right to Privacy, 4 HARv. L. REV. 193, 220 (1890).
④ Kyllo v. United States, 533 U. S. 27, 37 (2001); see also United States v. Dunn, 480 U. S. 294, 300 (1987).
⑤ See Florida v. Riley, 488 U. S. 445, 450 – 452 (1989).
⑥ See California v. Greenwood, 486 U. S. 35, 39 – 41 (1988).

案件时，政府机构实施的行为是否侵入某个传统受保护的领域是一个重要的判断因素。① 上述案例中一致引用被告的住所作为搜查地点，它们支撑了作者通过引用住所来定义场所亲密。②

除了涉及《美国联邦宪法第四修正案》的案例之外，部分隐私侵权案例也通过引用场所来定义隐私。在公开他人私人事务的隐私侵权案例中，此种做法体现最为明显。当被告仅仅是将原告已经公开的信息做进一步披露时，又或者当原告自身将信息公之于众时，在这些情况之下，被告都不承担侵权责任。类似地，在侵扰他人安宁的隐私侵权案件中，行为人的行为构成侵权行为的要件之一是，行为人必须侵犯他人的物理场所或与物理场所相等的场所。这一要件就意味着，这里必须存在某些合法的隐蔽场所——一个私人的、可对抗公共场所的场所。根据《侵权法重述（第二版）》的规定，只有当侵入行为发生在他人的住所或其他传统的隐蔽场所（诸如他人所住的宾馆房间）时，他人才有权向法院提起侵入侵权之诉。私人场所和公共场所的区别在 William Prosser 所撰写的《论隐私》一文中也有明显体现，在该文中，Prosser 教授大量解释了侵入侵权行为案例和其他隐私侵权行为的案例。③ 最终，这些不同的来源都成为定义场所亲密关系的依据，至少在本文的有关部分，笔者将通过引用住所或与住所类似的场景来说明场所亲密关系。

（二）身体亲密

亲密关系图的第二个圆形图的范围基于身体亲密之上。与场所亲密取决于隐私侵权行为所发生的场所不同（如卧室和休息室），身体亲密取决于侵入行为所入侵的身体性质。特别地，某些事物具有高度的身体亲密性，如果侵入行为涉及他人自己身体的亲密部位或行为——从根本上而言，他人的性器官和内在想法都是最为私密的，无论他人是否处于住所内。

不论是历史上还是现在，有关隐私的研究都反映出身体亲密与场

---

① See United States v. Jones, 132 S. Ct. 945, 951 (2012).
② See Payton v. New York, 445 U.S. 573, 590 (1980).
③ William L. Prosser, Privacy, 48 CAL. L. REV. 383 (1960).

所亲密有着显著区别。William Prosser 在其 1941 年所撰写的《侵权法指南》中指出，我们至少可以在新闻媒体对私人婚礼进行无害报道和病态地公开某个畸形儿的照片之间发现不同。19 世纪 70 年代，Posner 指出，身体亲密信息与其他被人们视为隐私的信息不同，因为人们维护裸体的隐私和他们为了自己的名誉要求维护某些私人信息的隐私是不同的。① 近期，Laura A. Rosenbury 和 Jennifer E. Rothman 提倡法院应当扩大对隐私的保护范围，法院应当对涉及他人性器官的隐私提供保护，不论它们是否作为情感亲密的一部分。②

　　Alan Hyde 在她的书中以最为简明扼要的方式告诉我们为什么应当将身体纳入与隐私有关的法律保护范围之内，"人们所需要的并不是一个崭新的权利，而是一个能够一直视人们为实体的可供选择的事物，在此之下，人们可以不再因羞怯而回避痛苦、性或者其他经历，用身体语言的存在来代替对财产、机器或隐私权的隐喻"③。虽然将这些理论阐述出来可能会令有些人感到不舒适或者厌恶，④ 但是，行为人侵入他人私人场所的行为之所以与生俱来就令人反感，正是因为这些行为同样涉及身体上的亲密。⑤ 倘若将 Alan Hyde 所提出的明智建议运用起来，那么我们不再应该对分析某个行为是否涉及我们亲密的身体部分而感到害羞。相反，在决定法院是否应当将某些行为当作隐私进行保护时，我们应当寻求此种行为是否涉及身体亲密行为。

　　身体亲密，是指在同一张报纸上刊登某个人的生殖器照片和某个人的脸部照片之间存在不同。身体亲密还指出城市的政府机构对某个生意火爆的夜总会的入口进行录像与对该夜总会的厕所进行录像是不同的。从根本上而言，如果行为人实施的侵入行为与他人的"实体"自我有关，那么，它就涉及身体亲密。为了客观判断此种侵扰方式，

---

① Richard A. Posner, John A. Sibley Lecture, The Right of Privacy, 12 GA. L. REv. 393, 400 (1978).
② Laura A. Rosenbury & Jennifer E. Rothman, Sex In and Out of Intimacy, 59 EMoRY L. J. 809, 811 (2011).
③ Alan Hyde, Bodieds Of Law 6 (1997).
④ See William N. Eskridge, Jr., Body Politics: Lawrence v. Texas and the Constitution of Disgust and Contagion, 57 FLA. L. REv. 1011, 1023 (2005).
⑤ See Kendall Thomas, Beyond the Privacy Principle, 92 COLUM. L. REv. 1431, 1460 (1992).

我们应当考察政府行为或私人行为是否侵扰了他人亲密的身体部位或内在的想法。[1]

三、在亲密事实的基础之上对隐私案例进行分类和归类

在本文的第二部分，笔者使用了两个圆形图来表示涉及隐私法案例两种亲密类型：场所亲密和身体亲密。在本文的第三部分，笔者将使用亲密关系图来分析近期美国联邦最高法院所处理的某些案例。那些同时涉及场所亲密和身体亲密、落在亲密关系图重叠部分的案例，我们称它们为"重叠案例"，笔者认为，这些案例是最值得进行隐私保护的案例。此外，那些不在亲密关系图范围之内的案例，笔者将它们称为"局外案例"，这些案例是最不值得进行隐私保护的案例。笔者将在下文逐一讨论每种案例情况。

（一）位于场所亲密和身体亲密重叠部分的案例

在这一部分，笔者将对亲密关系图中的场所亲密关系和身体亲密关系的重叠部分进行分析。为了达成这一目的，笔者将对美国联邦最高法院处理的两个知名案例 Stanley v. Georgia 一案[2]和 Lawrence v. Texas 一案[3]进行详细分析。在讨论这两个案例时，为了实现对比的目的，本文将同时关注三个任务来保持讨论的一致性。首先，本文将描述美国联邦最高法院保护或者不保护他人免受国家侵入的争议问题；其次，本文将论证美国联邦最高法院使用何种规定来认定某种行为值得或不值得受到隐私法律保护；最后，本文将向我们表明，案件争议点和推理在围绕隐私亲密关系的事实时（或不存在隐私亲密关系事实时）是如何循环运转的。

1. Stanley v. Georgia 一案

在 Stanley 一案中，案件的争议点在于，Stanley 持有 3 个 8 毫米的淫秽色情电影胶片的行为是否合法。准确来说，电影胶片所在的位置是 Stanley 楼上卧室的抽屉内。警察在搜查非法投注行为或赌博行

---

[1] See, e. g. , Rochin v. California, 342 U. S. 165, 172 (1952).
[2] 394 U. S. 557 (1969).
[3] 539 U. S. 558 (2003).

为时发现了这些电影胶片。由于这些电影胶片所在的场所是 Stanley 先生住所的卧室，因此他被指控违反乔治亚州的法律并获罪。根据佐治亚州的法律，"任何人都应当知道占有任何淫秽物品将犯下重罪"。

对于检方的指控，Stanley 根据《美国联邦宪法第一修正案》进行了反驳，他认为，根据《美国联邦宪法第一修正案》的规定，他享有在自己的住所内观看电影的隐私。政府机构认为，刑事法律促进国家保护 Stanley 的头脑免受淫秽物品影响的利益和阻止因解除淫秽物品而产生的越轨性性行为。美国联邦最高法院以禁止思想控制的理由驳回了佐治亚州政府所提起的第一个利益，又以第二个利益太过贫乏和广泛而拒绝承认，法院使用类推的方法来说明它不支持第二个利益的理由，例如禁止化学课本是因为它们将导致某些人产生"自制精神"，则此种禁止是不合理的。在其无异议的裁定中，美国联邦最高法院最终认定，佐治亚州法律认定私人占有淫秽物品属违法行为的规定违反了《美国联邦宪法第一修正案》，此种规定侵犯了他人所享有的收集信息和观点的权利，更具体而言，此种规定侵犯了他人阅读或观察他们喜闻乐见的事物的权利。

尽管 Stanley 一案经常被视为是涉及《美国联邦宪法第一修正案》的案件，但是对该案与亲密有关的事实和论据进行分析时，该案同样也可以被认为是涉及隐私的案件。Stanley 一案在亲密关系图中的位置落在场所亲密圆形图和身体亲密圆形图的重叠部分。该案与场所亲密有着高度的联系是由于警察在 Stanley 住所发现了淫秽物品，并且，淫秽物品是在住所内最为私密的场所——卧室内找到的。

美国联邦最高法院根据 Stanley 一案所涉及的高度场所亲密将该案与其他涉及淫秽物品的案件区分，例如 Roth v. United States 一案[①]和 Ginsberg v. New York 一案[②]，在 Roth 一案和 Ginsberg 一案中，美国联邦最高法院认定被告传播淫秽物品的行为构成犯罪。美国联邦最高法院没有按照 Stanley 一案的裁决来处理这两个案件的原因在于，Roth 一案和 Ginsberg 一案所处理的是禁止或规范国家或联邦政府在采取或将要采取的与淫秽物品有关的特定公共行为的权力。相反，

---

① 354 U.S. 476, 491 (1957).
② 390 U.S. 629, 631 (1968).

Stanley 一案涉及的是宪法所暗含的"法规惩罚的是个人占有淫秽物品的行为"。为了说明公共场所和私人场所的区别，在决定某个行为是否应当受到法律保护免受国家侵扰时，美国联邦最高法院在处理 Stanley 一案时承认了场所亲密的重要性。

Stanley 一案同样涉及高度的身体亲密，在该案中，政府试图对发生在个人大脑的亲密的思想进行控制。美国联邦最高法院在处理该案时指出，政府实施的此类侵扰行为显而易见存在问题，因为此类行为将侵犯他人所固有享有的收集信息和观点的权利，不论该信息和观点是否存在社会价值。尽管法院没有明确指出，但是，Stanley 受到管制的行为是涉及观看与性行为有关的材料，这一事实进一步增强了该行为所具有的身体亲密性质。最终，美国联邦最高法院承认 Stanley 一案的事实发生在个人的私密住所内，因此应当从额外的维度进行考量。笔者相信，法院所称的"至今仍未辩明的'额外维度'"是指涉及高度的场所和身体亲密。

2. Lawrence v. Texas 一案

在 Stanley 一案中，美国联邦最高法院声称，"倘若《美国联邦宪法第一修正案》意有所指，那么，它将意味着，国家没有权让某个坐在自己的住所内阅读或观看电影的公民告诉自己他们所观看的内容是什么。"[①] 在 Lawrence v. Texas 一案中，美国联邦最高法院所考量的行为是，当某个男子在自己的住所内和另一个男子实施的身体亲密行为是一种犯罪行为时，德克萨斯州是否有"义务"去告知他们。正如笔者在 Stanley 一案所做的分析，美国联邦最高法院说明了为什么行为和推理均是基于亲密，在分享法院对 Lawrence 一案所做的分析和解释前，笔者将讨论本案所涉及的行为。

Lawrence 一案所涉及的行为是两个男子 John Lawrence 和 Tyron Garner 在互相同意的基础上所发生的肛交性行为。行为所发生的位置在 Lawrence 德克萨斯州的公寓内。警察在进入 Lawrence 的住所时目击了 Lawrence 与 Garner 的性行为。随后 Lawrence 被指控违反了德克萨斯州刑法所规定的"当行为人与另一个相同性别的人实施偏离性的性行为时，行为人的行为将构成犯罪行为"。除此之外，偏离性的

---

① 394 U. S. 557 (1969).

性行为还指，涉及"性行为对象采用某个物体侵入他人生殖器或肛门的行为"。经历二审之后，Lawrence 和 Garner 被判处轻罪并处以罚款。

当美国联邦最高法院在审理此案时，Lawrence 辩称德克萨斯州对他们的指控侵犯了他们根据《美国联邦宪法第十四修正案》所享有的平等保护和实质正当程序的权利。德克萨斯州政府则辩称，州法律是正当的，因为其保障了政府在促进道德建设方面的利益。最终，美国联邦最高法院以 5:4 的多数，认定德克萨斯州的法律侵犯了被告所享有的正当程序权。在做出此裁决时，美国联邦最高法院推翻了此前在另一个相似案件 Bowers v. Hardwick 一案中所做的裁决，尽管 Lawrence 一案经常被认为是涉及实质正当程序或自由的案例，但是该案同样也可以被视为与隐私有关的案例。

Lawrence 一案基于亲密的行为和依据使该案落在了亲密关系图的重叠区域。由于政府侵入行为发生在 Lawrence 居住的地方，该案涉及的是高度的场所亲密。裁决多数意见承认场所亲密的重要性并做出了声明，"自由保护他人免受政府机构不正当地侵入住所或其他私人场所。根据我们的传统，政府并非可以任意侵入他人的住所"。这一对住所的强调意见被放在多数意见的首句。在该段论述中，美国联邦最高法院宣称，"案件同时侵犯了他人在空间上和其他更高层次的维度上的自由"。由于德克萨斯州的法律触及他人最为私密的场所——住所，美国联邦最高法院声称，德克萨斯州的法律比起其他的法律将造成更多深远影响，也因此法院再次强调了场所亲密。因此，发生在住所内的非法行为似乎对法院作出裁决做出了重大贡献。

诚然，案件倘若只涉及场所亲密，那么，并不足以对 Lawrence 的行为进行法律保护。相反，使政府的侵扰行为存在问题的是由于该案在场所和其他更高层次的维度上侵犯了他人的自由。这里所说的"额外维度"，就像在 Stanley 一案那样，是指意义重大的身体亲密。Lawrence 一案所发生的行为属于身体亲密行为，因为行为所涉及的是最为亲密的身体部位——性器官和最为亲密的行为——性行为。美国联邦最高法院在其论断中认可身体亲密的重要性。首先，处理 Lawrence 一案的法院指出，政府执法人员的行为触及的是人类最为私密的行为，性行为。其次，法院进一步解释，保护身体亲密具有重要意义，因为"与他人的亲密行为是性欲明显的表达，此种行为能够促进亲密关系的持久"。

Lawrence 一案中非法行为的身体亲密性质使该案与某些判例建立相互支撑的联系。例如，在定义 Lawrence 一案行为所涉及的实质正当程序的意义时，美国联邦最高法院援引了某个与堕胎有关的案例 Casey 一案①来证明，《美国联邦宪法》所保护的个人自由的领域是政府禁止涉足的。随后，法院认为，得克萨斯州的法律并未证明政府执法人员侵扰他人及他人私生活的行为能够促进州政府的合法利益。最终，法院认为该案与 Casey 一案类似，两者都"显示出一种新兴的意识自由保护成年人在决定如何进行与性有关的私人生活的权利"。

3. Stanley 一案和 Lawrence 一案在亲密关系图中的定位

如前所述，Stanley 一案和 Lawrence 一案都涉及高度的场所亲密和身体亲密。因此，两者填充了亲密关系图的重叠区域，如图 2 所示的阴影区域。基于亲密和两种情况的推理将这两个案例组合在一起具有一致性。例如，在 Lawrence 一案中，美国联邦最高法院之所以保护原告的行为，是因为它触及人类最为亲密的性行为和最为私密的空间——住所。总而言之，当案件同时涉及高度的场所亲密和身体亲密时，隐私所提供的保护程度就应当达到最高。

图 2 对目前的亲密关系做出了简单的展示，其中左边的黑色图代表身体亲密关系，而右边的图灰色代表场所亲密关系，两圆形图重叠处为 Stanley 一案和 Lawrence 一案。

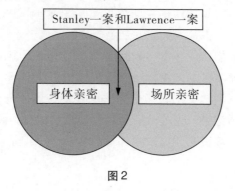

图 2

---

① Planned Parenthood of Se. Pa. v. Casey, 505 U. S. 833, 847 (1992).

(二) 重叠区域以外的案例（局外案例）

第二种情况即为亲密关系图重叠区域以外的案例，它们都只涉及低程度的场所亲密和身体亲密。笔者在这一部分要进行讨论的案例是 Whalen v. Roe 一案①和 National Aeronautics & Space Administration v. Nelson 一案②。类似于上文，笔者将从以下三个步骤对案例进行剖析：首先，描述案件的行为是否属于免受国家侵扰的行为；其次，美国联邦最高法院经论证所规范的行为是否应当受保护；最后，分析美国联邦最高法院如何对涉及亲密事实或不涉及亲密事实的行为进行推理。

1. Whalen v. Roe 一案

在 Whalen 一案中，美国联邦最高法院考量了美国纽约州采用处方记录系统对使用二类药的病人进行记录的行为是否侵犯了病人或他们的医生所享有的隐私权。所谓的私人行为是指他人使用处方药而不用害怕被政府知晓和滥用。在 Stanley 一案和 Lawrence 一案中，政府所侵扰的相关行为是法律所禁止的行为。而在 Whalen 一案中，州法律并未将使用处方药的行为视为违法行为。相反，法律仅仅要求病人的医生向政府提供处方的复印件，之后该复印件上的信息将被录入某个为了识别潜在非法活动的数据库，例如，多个处方的使用者是同一个人或者是在未经授权的情况下重复使用某种处方。数据库收集的信息包括每个病人的名字、住址和所使用的处方药类型。法律同样采取强制措施保护所收集的信息并且对非法披露信息做出处罚。

原告 Whalen 诉称，倘若记录系统曝光，则会使病人感到害怕或羞耻，甚至对他们造成冲击，因此纽约州的记录系统侵犯了病人所享有的隐私权。原告进一步声称，该系统侵犯了他们不经政府干预而做出某些决定的权利。美国联邦最高法院并不认同原告的观点，相反，它认定，处方药记录系统是政府合理行使权力的行为。

在达成这一裁决时，美国联邦最高法院认定，原告所援引的某些

---

① 429 U.S. 589 (1977).
② 131 S. Ct. 746 (2011).

与隐私有关的案例是错位的。原告援引的判例包括 Roe v. Wade 一案①、Loving v. Virginia 一案②、Griswold v. Connecticut 一案③、Pierce v. Society of the Sisters of the Holy Name of Jesus and Mary 一案④和 Meyer v. Nebraska 一案。⑤ 由于这些案例所涉及的行为都与"婚姻、生育、避孕、家庭关系、抚养及教育孩子"有关，美国联邦最高法院曾经将这些判例归为一类特殊的类型。简而言之，这些案例都是特殊的，因为它们都涉及特别亲密的行为和关系，它们要么涉及身体亲密（如在 Roe 一案中的堕胎行为），要么涉及场所亲密（如在 Griswold 一案中在住所内实施避孕措施的行为），要么就是涉及身体亲密和场所亲密之间的行为（如 Loving 一案中的婚姻行为，Pierce 和 Meyer 一案中的儿童教育问题）。因为 Whalen 一案所涉及的行为并非基于亲密事实，所以，原告援引的上述案例并不适用。

在区分 Whalen 一案中原告的行为和原告所援引的案例中的行为后，美国联邦最高法院总结认为，纽约州处方记录系统更像侵犯与许多卫生保健有关的隐私，尽管令人不太愉悦，但是此种行为并不违宪。其他可容许的侵扰行为包括"向医生、医院人员、保险公司和公共卫生机构披露私人用药信息"。诸如此类的披露行为是可接受的，即便从病人的角度来说此种行为是不受欢迎的。在卫生保健的领域之外，美国联邦最高法院认定，经授权进行的收集原告 Whalen 信息的行为更类似于强加于政治捐赠人的报告要件的行为，几年之前，美国联邦最高法院拒绝承认政治捐赠人所享有的隐私和涉及《美国联邦宪法第一修正案》的权利。最终，审理 Whalen 一案的美国联邦最高法院认定，政府对原告所实施的侵扰行为所侵入的是原告非亲密的行为，该行为尚不足以构成宪法上的侵犯行为。

Stewart 大法官的附和意见得出了案件缺乏独立的亲密事实与 Whalen 一案裁决之间最直接的联系。在其意见中，Stewart 大法官批判了 Brennan 大法官所做的附和意见，Brennan 大法官指出："纽约州

---

① 410 U.S. 113 (1973).
② 388 U.S. 1 (1967).
③ 381 U.S. 479 (1965).
④ 268 U.S. 510 (1925).
⑤ 262 U.S. 390 (1923).

政府收集的信息被政府执法人员广泛传播将清楚地表明一个更普通的隐私权。"Stewart 大法官认为 Brennan 大法官援引作为依据的两个案例——Griswold 一案和 Stanley 一案与当前的 Whalen 一案的情况有所不同。Stewart 大法官特别指出，Griswold 一案是依赖于该案与亲密有关的事实——行为发生在住所内（场所亲密）——该行为是所谓的在性行为期间采取避孕措施（身体亲密）。同样，Stewart 大法官将 Stanley 一案与 Whalen 一案进行了区分，因为法院对 Stanley 一案所做的裁决认定应当"保护他人享有阅读他们所选择的材料的权利（身体亲密）并且该行为的发生地并不会对别人的情感或福利造成威胁（场所亲密）"。在 Whalen 一案中缺少像在 Griswold 一案和 Stanley 一案所发生的亲密事实，因此无论是多数意见还是附和意见都不愿意对原告 Whalen 所诉称的隐私行为提供法律保护。

2. National Aeronautics & Space Administration v. Nelson 一案

在 Whalen 一案中，由于不存在独立的亲密事实，美国联邦最高法院做出了一致的裁决，认定允许政府秘密收集二类药的处方信息。在 30 年之后，美国联邦最高法院又面临着某个与 Whalen 一案具有相似情况的案件 National Aeronautics & Space Administration v. Nelson 一案[①]。Nelson 一案的争议点在于，联邦政府是否能够要求某些特定的雇员向政府报告近期是否曾经使用或咨询非法药物，并且是否能够在询问这些雇员时指定使用某些开放式的问题。联邦第九巡回法院拒绝要求雇员回答此类咨询问题，同时基于开放式问题太过宽泛而禁止联邦政府使用。然而，在 Nelson 一案中，正如在 Whalen 一案中，美国联邦最高法院一致裁决认定政府的行为合法。

在 Nelson 一案中，原告受雇于一家与美国航空航天局（NASA）中的喷气推进实验室订立契约的非政府机构，NASA 是一个独立的联邦机构。原告拒绝参加一个所谓的具有隐私侵犯背景的被称为国家询问调查机构（NACI），并向法院寻求法律保护。作为 NACI 的成员，这些雇员必须回答他们是否在近期曾经"使用、拥有、提供或制造非法药物"。如果雇员回答"是"，他们必须报告"所收到的任何咨询或治疗的信息"。此外，每位雇员必须同意政府向雇员所提及的人

---

① 131 S. Ct. 746 (2011).

发送调查问卷，向这些人询问他们是否有任何理由质疑雇员的诚信以及雇员有否存在关于各种各样不良信息的事项。根据 NACI 的程序记录且收集信息还要求雇员个人书面同意披露。

美国联邦最高法院在处理 Nelson 一案时，认定 NACI 的程序并不构成侵犯原告所主张的"信息隐私权"。尽管法院的裁决部分是基于原告是预期的员工，他们与整个社会公民是不同的，但是影响本案裁决微妙但重要的依据还是因为缺乏与亲密有关的事实。美国联邦最高法院认定 NACI 的行为符合宪法主要是基于以下三个关键事实：其一，NACI 询问的问题是合法的；其二，政府是基于自身作为雇主的角色询问问题；其三，为了避免披露，所收集的信息是受到保护的。笔者将在下文更为详尽地讨论合理性和与雇主有关的事实。

本案中政府询问的问题是合理的，这些问题并没有调查他人有关身体亲密或场所亲密的事实。相反，大部分的问题都是在询问"与个人或其专业有关的基本个人信息：姓名、住址、先前居住地、教育背景、工作背景"和"公民、义务兵役登记、军事服务"等信息。询问诸如此类的信息既不会侵犯他人的个人场所也不会侵犯他人的身体完整性。原告认为从隐私角度而言特别令人不安的其他问题，例如，与药物使用和治疗有关的问题，这些问题同样没有侵犯它们的身体亲密和场所亲密。

从场所亲密的角度而言，要求雇员填写表格并不会侵犯他们的住所或与住所相似的个人空间。倘若政府机构坚持为了寻找雇员使用药物的政府而检查他们的住所，那么分析的结果就会有所不同，政府机构的行为将侵犯雇员的场所亲密。从身体亲密的角度而言，问题的性质本身就不会侵犯他人的身体亲密。尽管收集雇员使用药物的信息确实涉及他们的身体，但是仅凭这一事实不能认定政府的调查行为仅仅关注与身体亲密有关的事实。相反，倘若政府所关注的焦点在于重要的身体亲密，政府可能会需要询问雇员他们最后一次发生性行为的时间，以及他们是和同性还是异性发生性关系。但是，在调查中显然没有涉及这一方面的问题。

除了依靠整体的合理性，美国联邦最高法院也根据问题所具有的善意目的来对该案进行分析。特别地，政府有理由询问雇员关于实际使用药物的问题，因为询问雇员有关非法使用药物的问题对于衡量哪些是可靠、守法并且能够高效、有效执行任务的人来说无疑是一个有效的方法。此种有目的的联系将与有关身体亲密的事实和这些问题区分，诸如与雇员履行职务没有直接联系的性行为就不包括在调查范围内。

3. Whalen 一案和 Nelson 一案在亲密关系图中的定位

正如前述，在这两个案件中，原告提出的所谓的隐私侵扰行为并没有涉及场所亲密和身体亲密。当把这两个案件与 Stanley 一案和 Lawrence 一案进行对比时，它们之间最大的差别就在于 Whalen 一案和 Nelson 一案缺少亲密事实的存在。因此，Whalen 一案和 Nelson 一案的定位应当在身体亲密关系图和场所亲密关系图之外。图 3 是更新之后的亲密关系图。

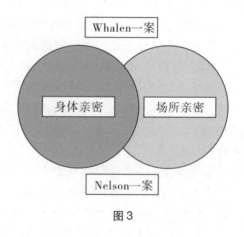

图 3

四、视隐私为亲密的有益之处

在本文的第三部分，笔者基于某些隐私案件与独立的亲密事实之间的关系，在推理之后对案例进行了分类和定位。在本文的第四部分，笔者将从三个步骤阐述以此种方式定位案件的额外功用。首先，此种方式表明了亲密关系图如何帮助我们预测法院在处理涉及隐私的案件时，会更容易做出裁决还是更难做出裁决；其次，此种方式向我们阐明，将注意力集中在案件是否存在独立的亲密事实有助于调和某些表明看起来不一致的案件；最后，笔者将分析亲密关系图怎样与其他新兴的隐私理论相符。

(一) 确定赢家、输家及胜负难料的一方

考量某个特定案件是否涉及亲密事实或许可以帮助我们预测法院将如何处理该案件。此种做法同样也可以帮助预测将来发生的案件究竟是取得赢、输的裁决结果还是胜负难料的结果。受到隐私保护的"赢家"案件最有可能是涉及重要的身体亲密和场所亲密的案件。如果案件涉及重要的身体亲密和场所亲密,例如 Stanley 一案、Georgia 一案①和 Lawrence v. Texas 一案②,那么,我们就可以推测,法院也许会认定案件中的亲密行为因其隐私性而值得进行法律保护。

换言之,当这两个客观因素在同一个事实当中重叠时,我们就可以期待法律会对该事实提供最有力的保护。相反,倘若案件几乎不涉及身体亲密也不涉及场所亲密,那么,将可能面临相反的结局,因为此类案件并不涉及岌岌可危的利益。如果某个案件涉及很少或根本没有涉及身体亲密或场所亲密,例如,Whalen 一案③和 Nelson 一案,那么我们可以推测原告将"丧失"法律保护的机会,也即法律不会对案件中的行为提供保护。尽管我们不能绝对正确地预测案件裁判的结果,但是我们可以预测涉及一定程度的身体亲密和场所亲密的案件可能会受到隐私保护,也即此种案件"胜负难料",除非案件当中还存在一个特别重大的政府利益与之抗衡。

将案件以"赢或输"的二分法进行分类可能会忽视下面的问题,这就是,如果某个案件的事实类型既不完全落到亲密关系图的重叠区域,又没有完全落到亲密关系图之外,此种情况该如何解决呢?对于法院来说,处理此类案件显得尤为困难,其他模式也可能会出现。例如,某些基于亲密关系"难定胜负"的案件的裁决可能会随着时间的变化而变得不一致或让人变得反感。我们可以考量美国联邦最高法院最近所处理的所谓"死亡权"和堕胎权的案件。④ 比起获得隐私权

---

① 394 U. S. 557 (1969).
② 539 U. S. 558 (2003).
③ Whalen v. Roe, 429 U. S. 589 (1977).
④ See Cruzan v. Dir., Mo. Dep't of Health, 497 U. S. 261, 265 (1990); cf Washington v. Glucksberg, 521 U. S. 702, 706, 720 – 721 (1997).

保护的案件，这两种类型的案件往往都涉及重要的身体亲密，但是它们与场所亲密之间的联系较少。案件中第三人的存在，不论是医生、药剂师还是胎儿，都将案件进一步地推向"胜负难定"的地步，也即原告的诉求能不能获得法律保护是难以预测的。① 对于诸如此类的案件，为了更全面地理解法院是如何进行利益平衡的，我们的目标应当是识别其他的客观变量，例如原告与第三人的关系。

(二) 调和表面不一的案件

关注案件独立亲密事实的存在，可以帮助我们调和某些表面上看起来不一致的案件。为了论述的目的，本文所称的"不一致"的案件是指法院对相似的事实模式适用同样的法律，但最终却得出相反裁决结果的案件。从某种程度而言，此种司法不一致是有害的，因为它会使某些观察者质疑案件的结果更多的是取决于法官而不是案件事实。基于理论和事实分析协调此类案件能够重拾人们对被适用的法律和适用法律的法官的智慧和效率的信心。

一个典型的矛盾例子来自于两个涉及新闻采访的隐私案例即 Dietemann v. Time, Inc 一案②和 Desnick v. American Broadcasting Cos 一案③。两个案件的争议点都在于，新闻报道记者向公众提供类似医疗服务的行为是否侵犯了原告所享有的隐私权。不一致的结果是指，在 Dietemann 一案中，法院认定原告所享有的隐私权受到了侵犯，而在 Desnick 一案中，法院则认定原告所享有的隐私权没有受到侵犯。然而，正如笔者在下文所分析的那样，当我们考量 Dietemann 一案中存在的独立的亲密事实，而这些事实在 Desnick 一案中并不存在时，案件的裁判结果似乎变得更一致了。

在 Dietemann 一案中，两个流行杂志《生活》刊物的记者自称为原告 Dietemann 的潜在病人，Dietemann 是所谓的使用"黏土、矿物质及香草加上魔杖及某些小物件"的治疗师。《生活》杂志将 Dietemann 的身份特征用在了一篇名为《打击江湖巫医术士》的文章上，

---

① Fed. Aviation Admin. v. Cooper, 132 S. Ct. 1441, 1446 – 1447 (2012).
② 449 F. 2d 245 (9th Cir. 1971).
③ 44 F. 3d 1345 (7th Cir. 1995).

杂志记者记录下他们与 Dietemann 的谈话，并且使用隐藏的照相机拍摄照片，所有的行为都发生在 Dietemann 的住所内。其中一幅被刊登的照片显示，Dietemann 把他的手放在其中一名记者的胸上。记者将他们的录音分享给当地的地方检察院办公室和其他政府机构，所有的人都在所谓的捉拿庸医的圈套里合作。

Desnick 一案的事实很大程度上与 Dietemann 一案相似，唯一的不同是在某些重要的亲密事实上。在 Desnick 一案中，美国网络电视公司（以下简称"ABC"）的记者雇用了专业演员到被告的眼科诊所假扮病人，记者秘密记录下他们的谈话。ABC 在某个流行的新闻节目黄金实况直播（PrimeTime Live）上使用了与被告有关的采访和录音。PrimeTime Live 上播出的新闻的要点在于，原告通过对享有医疗保险的老年病人实施不必要的白内障手术来折磨他们。

在两个案件中，原告都是基于被告的行为侵犯他们所享有的隐私权而不是权利向法院起诉。处理 Dietemann 一案的法院认定，未经原告同意，被告私下记录并且传播原告谈话的行为侵犯了原告所享有的隐私权。而处理 Desnick 一案的法院则认定，相似的记录谈话的行为并没有侵犯原告的隐私。正如前述，考虑到事实的相似之处，法院的不同裁判让人感到惊讶。具体而言，两者都涉及记者在重大新闻节目当中披露医师的行为，记者将秘密记录的谈话公开，指控被告为庸医并且可能对无知的病人造成伤害。

尽管案件的事实惊人的相似，但是更令人吃惊的是，当我们明确地考虑身体亲密和场所亲密的概念时，Dietemann 一案和 Desnick 一案不同的裁决结果起着重要的作用。在 Dietemann 一案中，独立亲密事实的存在解释了原告的行为能够获得法律保护的原因，而在 Desnick 一案中则不具有独立的亲密事实。在 Dietemann 一案中，《生活》杂志的记者进入到 Dietemann 的住所内，Dietemann 将其住所也作为尝试治疗特定病人的设备。此外，如上所述，记者只有在按门铃之后并且通过某个锁着的门时才能进入 Dietemann 的住所。因此，这里存在着重大与场所亲密有关的事实。法院在其分析中阐述了这些场所亲密事实。特别地，法院认为被告实施的侵扰行为发生在原告的住所内，这就等同于在太岁头上动土，因为他人的住所是他人能够合理地期待排除记者窃听的场所。此外，Dietemann 一案的记者是在他们的虚假陈述下被邀请至 Dietemann 的家中，记者声称他们是由一位名叫 Johnson 的人介绍到 Dietemann 的家中寻求帮助的。

相反，在 Desnick 一案中的记者出现的地方是商业场所——Desnick 的眼科诊所内，诊所的门随时为那些感兴趣的路人敞开。因此，正如 Posner 大法官在 Desnick 一案所做的意见，记者进入诊所的行为不具有侵犯性，没有侵扰到原告所有或占有的土地。Posner 大法官进一步指出，Desnick 一案与其他涉及他人隐私的案件不同，因为 Desnick 一案不存在任何令人尴尬的私人生活的亲密细节被披露，同时，与原告有关的亲密的个人事实也没有被披露。比起 Dietemann 一案，Desnick 一案所涉及的场所亲密也是较少的。Desnick 一案也不像 Dietemann 一案那样存在与身体亲密有关的事实——后者中原告被拍到将自己的手放在被告的胸部。总而言之，在 Desnick 一案中较少的与亲密有关的事实帮助我们解释为什么表面上看起来相似的案件事实，在法院裁决时会出现不一样的结果。

（三）为新兴的隐私统一理论提供支持

关注与亲密有关的事实还在第三方面起到促进作用，此种做法进一步支撑了近期学者在统一隐私法方面所做的努力。亲密关系重叠领域的两个最为直接的例子体现在 Lior Jacob Strahilevitz 近期所撰写的名为《隐私重构法》一书和 Jane Yakowitz Bambauer 所撰写的《新型侵入行为》一书。笔者将在下文阐述两本著作与本文之间的联系。

在 Strahilevitz 所撰写的《隐私重构法》一书中，Strahilevitz 认为，目前将隐私侵权行为分裂的做法是一个不必要的行为。为了取代当前的分裂现状，Strahilevitz 提出以三个要素，即"隐私、高度冒犯性和对社会福利造成负面影响"来建立统一的隐私侵权行为制度。在阅读 Strahilevitz 所提及的三要素时，Strahilevitz 所提出的理论与关注亲密事实之间的关系开始出现。三要素可能引起有关定义隐私和侵犯性的问题。最初的答案可能取悦于亲密关系。笔者尤为认同，在很大程度上，行为人实施的侵扰行为的冒犯性可能取决于该行为是否侵入了他人个人的场所亲密关系，或者身体亲密关系，又或者两者都受到了侵犯。比起在特定的时间让某个理性人来思考某件事是令人难以容忍的，使用这些客观指标来衡量行为的侵犯性更能帮助我们确认怎样的行为是令人难以容忍的。

在 Jane Yakowitz Bambauer 近期所撰写的《新型侵入行为》一书中，"冒犯性"一词再度作为一个关键的概念出现。在其书中，Bambauer 提倡增加使用侵扰他人安宁的隐私侵权行为制度来处理当前隐私在信息时代所面临的困境，在当前，其他受到《美国联邦宪法第一修正案》所保护的利益并不像隐私利益那样受到过度威胁。Strahilevitz 为他理想中的隐私侵权行为制度提出"三要素"的理论，与 Strahilevitz 不同的是，Bambauer 仅仅关注两个要素，即"观察行为"和"观察行为的侵犯性"。在区分具有侵犯性的观察行为和不具有侵犯行为的观察行为时，Bambauer 对比了某个房东对某公寓租客的卧室秘密录像的行为与在租户的前门进行的录像行为之间的差别。在这一过程中，她根据身体亲密和场所亲密来定义行为的冒犯性。侵扰他人卧室的行为之所以与侵扰他人前门的行为不同，是因为他人卧室所具有的场所亲密性质以及发生在卧室的行为具有身体亲密的性质。最终，Bambauer 对亲密所做的分析进一步支撑了亲密关系图，人们可以使用亲密关系图所提供的客观标准来更好地定义新型侵扰行为的侵犯性。

五、结语

学者们在定义隐私时遇到困难的其中一个原因可能在于，隐私最好被视为治疗特定疾病的方式而不是作为需要进行治疗的原因。当某个事件同时具有身体亲密和场所亲密的特征时，它将特别需要隐私的治疗（即保护）。关注身体亲密和场所亲密是有益的，因为它们帮助学者和法院客观地评估某些令人感到本质上具有侵犯性和冒犯性的行为。同样，在某些情况下，此种方式也可以帮助调和某些看起来不一致的案件裁判，帮助我们预测其他难以判断的案件的裁判结果。最后，当我们在处理有关隐私的法律保护问题时，笔者希望此种对亲密进行的目的性考量行为可以促进我们确立可评估的客观衡量标准，而不是让该标准随着公众对合理性观念的改变而改变。

作为社会利益的隐私

黛比·V. S. 卡斯珀[①]著 谢晓君[②]译

目　次

一、导论
二、作为个人利益的隐私
三、为什么要关注隐私
四、隐私的经典社会学
五、结语

一、导论

最近,《当代社会学》举办了一次关于监控研究的座谈会。对于这一主题,5 名学者讨论了监控著作的重要性,并评估了它们在社会学科上的地位。Marx 评论道,虽然最近人们关于监控的学术兴趣不断扩大,但是还没有在一个更广阔的社会学语境中关注监控所存在的内在不协调以及清楚地明确其地位。[③] 笔者看来,隐私的社会学将会为监控研究提供一个合适的空间。作为一种观察的形式,监控在某种程度上与社会相关,因为它违反了或者改变了只能适当观察的这一社会规范,并且导致个人和群体之间不平等以及权力不均的后果。与提取他人的隐私信息和非法入侵他人私人领域一样,观察他人仅仅是隐私及其侵犯的其中一种形式。[④] 笔者的目的不在于监控研究,而是在

[①] 黛比·V. S. 卡斯珀(Debbie V. S. Kasper),美国斯威特布莱尔学院教授。
[②] 谢晓君,中山大学法学院助教。
[③] Marx, Gary. 2007. "Desperately Seeking Surveillance Studies: Players in Search of a Field." Contemporary Sociology. 36: 125 – 130.
[④] Kasper, Debbie V. S. 2005. "The Evolution (or Devolution) of Privacy." Sociological Forum. 20: 69 – 92.

于主张，隐私被理解为社会学的一个主要问题是完全恰当的，隐私将会对此以及社会学科内的其他基础领域做出阐释。

在钻研当代的隐私学说时，人们会面临各种各样不同的著作。总的来说，涉及隐私的话题必然会涉及以下几个方面：监控、通信、女权主义、家庭、互联网贸易、身体以及信息——医疗信息、财务信息、心理信息、基因信息与生平信息。随着"反恐战争"的推进，信息收集技术和通信技术也在不断地发展，但是这些发展仅仅加剧了对隐私的担忧，并且进一步刺激对这一话题的著作和观点的产生。

尽管隐私是一个受到普遍关注的问题，并且事实上，也有少数杰出的社会学家对隐私研究做出重要贡献，但是在某种程度上，隐私仍然在社会学上属于边缘领域。笔者认为，其中一个主要原因是，隐私在大多数情况下被描述为一种个人利益，也就是他人基于个人而所享有的或者被剥夺的利益。这一狭窄的隐私概念限制人们了解隐私更广阔的潜在意义，并且扼杀了隐私的社会意义在社会学上的理解。笔者的目的在于帮助将隐私重新定义为一种社会利益———一种对社会功能正常运行必要的利益，并且与其他基本的社会特征相互联系的利益。这不仅可以通过进一步明确隐私的问题而加强对隐私的研究，而且还可以阐释隐私的社会学意义，尤其是与个人发展、社会团结、等级分层以及社会控制相关的方面。

为了这些目的，笔者首先要描述隐私威胁所导致不断增加的担忧，并且阐述其作为一个社会问题的相关性，因而值得受到更加明确的社会关注。随后，笔者会从经典社会学——Goffman、Moore、Simmel 以及其他学者的著作中提取并强调关于隐私的重要结论。笔者之所以援引这些社会学著作，是因为这可以帮助阐明，对于隐私在社会学领域中不占重要地位的说法，这一观点已经慢慢演变成为一种事实。虽然这些著名社会学家的著作已经对当代的研究产生了直接影响，但是在社会学领域内，它们少有地会被隐私著作援引，并且他们与隐私的关联仍然广泛地不被承认。笔者之所以在这里强调它们对隐私的社会学理解所作出的贡献——一直被他们著作中的其他话题所遮盖的贡献，是出于两个原因：一是加强当代对隐私的论述，二是阐释隐私作为一种社会利益的相关性。

二、作为个人利益的隐私

隐私的传统含义包括对他人住所、通道和日记的保护。在 1928 年，Louis Brandeis 大法官正式地将隐私描述为"独处权——在所有权利当中最为复杂的和最有价值的权利"[1]。这一将隐私视为消极性权利的观点仍然最为普遍接受。如果将个人权利视为"独处"，那么，隐私的重要性似乎就相当微小并且不需要付出多大代价，或者说为了安全和经济发展，这至少是一种必然要付出的代价。

虽然从那时以来，学界就已经开始对隐私产生关注了，但是在过去几十年，学界对隐私的关注才明显有急速的、巨大的增加。尽管学者们的关注点都非常不同，但是他们粗略可以被划分为两个阵营：一个阵营是认为我们存在过多的隐私，需要为了公共利益以及国家安全而牺牲某部分隐私；另一个阵营则是警告认为隐私不断退化这一情况不仅会使公民自由受到侵害，而且还会使他人的个人自由受到腐蚀。无论认为隐私应当受到减损还是得到保护，隐私往往被描述为一种个人利益。然而，上述两种隐私观点所存在的共同问题就是，这些观点都忽视了或者鼓励继续忽视隐私所存在的社会功能。

撇开学术不说，在美国的政治学当中，隐私的传统框架将隐私视为一种会威胁到他人个人自由的个人利益，即便这同时也会威胁社会的长期健康发展。公共与国际事务的 Priscilla Regan 教授在《隐私立法》(*Legislating Privacy*) 中直接强调了这一问题，她主张，将隐私定义为一种个人权利会导致围绕法律和政策的政治学文章缺乏。她提倡道：我们要重新思考隐私的价值，以及探索一条关于隐私的哲学思考的道路——虽然这条道路存在很多未知因素，但是这条道路承认隐私在社会上的重要性……隐私不仅仅可以作为一种属于他人的个人利益，而且还可以作为一种共同的、社会公众的和集体的利益。承认隐私在社会上的重要性将会改变政策辩论的地位以及利益团体和国会活动的行为模式。在仍然强调不断变化的隐私对他人所造成的影响的同时，强调隐私作为政策在其所属社会上的重要性也是十分必要的。

---

[1] Brandeis, Louis. 1995. Brandeis on Democracy, edited by Philippa Strum. Lawrence: University Press of Kansas.

在美国，新颖技术的引进往往会刺激人们对隐私的担忧，例如，照相机、电话以及电视。不必惊讶的是，在20世纪90年代之后，随着互联网、无线电和卫星技术出现，计算机网络技术迅速发展，以及在通信和监控方面还有许多其他发展，无论是对隐私的威胁以及隐私所造成的威胁，这些关于隐私的担忧突然增加。打击恐怖主义的努力已经加剧了人们对丧失隐私的担忧，即便此时隐私的牺牲是具有正当理由的。在下文中，笔者会讨论美国社会最近对隐私担忧的变化。

三、为什么要关注隐私

根据个性、社会地位和社会历史环境不同，他人对隐私的欲望或需求也会有相当的不同。在《隐私》（Privacy）一文中，Barrington Moore Jr. 根据人口、技术、体制、文化、素质、宗教和地理等不同因素对不同的社会进行了分析。[①] 他发现，一般来说，当社会体制最小以及技术发展程度最低时，此时他人的隐私也是最少的，但是，他人"至少希望隐私是一种全人类的特征"。即便每个人不会有相同的隐私需求，但是对隐私的欲望是广泛存在的，并且无论过多或者过少，隐私的欲望是一种会导致不协调和功能障碍的不安定因素。

在美国社会中，与隐私相关的习惯以及他人对隐私需求的程度已经发生巨大的变化。在贯穿整个20世纪，隐私侵权行为已经十分显著，成为一项公共问题。学界在20世纪60年代和70年代开始越来越担忧隐私的丧失。[②] 大多数人都坚定地认为，隐私已经岌岌可危，并且他们的结论已经在后来被证实。

除了诸如在工作中以信息收集和交换、垃圾邮件、身份盗窃、生

[①] Moore, Barrington, Jr. 1984. Privacy: Studies in Social and Cultural History. Armonk: M. E. Sharpe, Inc.

[②] Carrington, Frank and William Lambie. 1976. The Defenseless Society. Ottawa, IL: Green Hill Publishers; LeMond, Alan and Ron Fry. 1975. No Place to Hide. New York: St. Martin's Press; Packard, Vance. 1964. The Naked Society. New York: D. MacKay Co; Raines, John C. 1974. Attack on Privacy. Valley Forge: Judson Press; Rule, James, Douglas McAdam, Linda Stearns, and David Uglow. 1980. The Politics of Privacy: Planning for Personal Data Systems as Powerful Technologies. New York: Elsevier; Smith, Robert Ellis. 1979. Privacy: How to Protect What's Left of It. Garden City, NY: Anchor Press; Westin, Alan F. 1967. Privacy and Freedom. New York: Atheneum.

物鉴定、航空旅行政策、纳米技术、药物测试、人格测试、心理测试、通讯拦截以及工作场所的监控等方式所造成的隐私侵权行为不断增加之外，公共场所也已经出现大规模的监控。隐私倡导团体 The Surveillance Camera Players 的建立者 Bill Brown 估计，曼哈顿大概分布着有6000部监控摄像机。[1] 华盛顿特区的警察局局长 Charles Ramsey 对警察局通过设置摄像机网络所行使的监控权做出解释，"虽然我们总共有12部摄像机，但是我们可以通过维吉尼亚州的交通运输局、马里兰州的交通运输局和我们哥伦比亚特区的交通运输局连接现有的摄像机网络"[2]。他承认，他们可以安装的摄像机数量"几乎是不受限制的"。在讨论将数百个现有的摄像机与新的数码摄像机连接起来时，华盛顿大都会警察局项目的负责人 Stephen Gaffigan 认为，警察局被英国的榜样吸引住了，因为英国政府最近几年在全国范围内安装了超过两百万摄像机。[3]

对此，隐私专家将这一监控趋势称为"递增效应"。[4] 法学教授和白宫长期的隐私顾问 Peter Swire 解释道，在整个立法过程中，隐私倡导者和执法者都在相互争吵。尽管他们每一方所提出的新法律都将会推动他们各自的动机，但是这会产生抵消效应，从而导致维持现状和防止有争议的规定。这一平衡会一直持续，直到危机爆发，到时他们才有巨大的压力"去干点什么事情"。Swire 还解释道，在2001年9月11日后不久，美国的爱国者法案（USA Patriot Act）很快就被起草了，由早期议案中被搁置的执法条款所组合而成，但是并没有包括任何之前关于隐私的建议条款。他补充道："尤其是，爱国者法案也包括许多在2000年议案中已经废除的执法'愿望清单'条款。"除此之外，他也提出了另外一个相似的情况，也就是，在1993年世界贸易中心受到袭击以及1995年俄克拉荷马城爆炸案发生之后，增加执法权力的立法也被迅速通过。

---

[1] Smithsimon, Molly. 2003. "Privacy Lives, Public Spaces: The Surveillance State." Dissent. Winter: 43 - 49.
[2] "Close Watch." CBS News Sunday Morning. April 21, 2002.
[3] "D. C. Cops Build Surveillance Network." Wall Street Journal. February 13, 2002.
[4] Swire, Peter P. 2004. "More Surveillance: The Default Position." Privacy Journal. July: 4 - 5.

然而，公民的愿望和立法的动机往往都存在冲突。人们普遍支持更好的安全保障，同时也支持减少成为一个全面监控社会风险的措施。不过，Swire 表明，公民的默认立场是实施监控。Robert O'Harrow 对此表示同意，并在美国广播公司 ABC 于黄金时段播出的直播节目《无处可藏》(*No Place to Hide*) 中解释道，任何阻挡都是"松散的和临时的"，趋势仍然是朝着更多监控、数据收集和分析的方向发展。① 即便人们可能不会注意到隐私目前正在遭受的危机情况，但是社会公众的民意表明，他们对更多监控与更少隐私的这一趋势有不同的看法。这些看法可以通过媒体被更明显地表达出来，例如《读者文摘》(*Reader's Digest*) 以及像 ABC 的黄金时段直播这些新的电视节目。

对于什么是隐私这一问题，人们的总体理解已经有所变化。这在隐私侵权行为的类型中已经有所体现。虽然过去判断是否构成隐私侵权行为是根据清楚的、独立的侵权行为，但是现在的侵权行为已经可以在不被看见、不被知晓的情况下进行。如今，他人的隐私领域不再局限于有形的物理障碍，他人的信息、思想和活动都可以属于他人的隐私领域范畴。此外，不仅政府对公民的隐私侵权行为日益增加，而且公司即他人难以控制的、有权力的社会代理机构对他人的隐私侵权行为也日益增加。尽管他人隐私的丧失不完全可以计量，但是他人对此是可以感知的，并且这已经成为会带来重要后果的社会事实。

越来越多书籍对隐私问题进行了讨论，这体现了人们对隐私越来越担忧。根据 BooksinPrint②，在 1955 年至 1979 年的 25 年间，有 87 本书以隐私为关键词出版。在 1980 年至 2005 年间，有 1225 本这样的书出版，其中 1105 本是在 1990 年之后出版的。以提供信息和保护个人隐私为任务的组织数量也有所增长。

尽管这一行为风风火火，但令人惊讶的是，在社会学的主流当中，隐私问题竟没有引起注意。在 Ingenta（一个学术期刊电子数据库）上搜索 2001 年至 2006 年间社会学科的顶尖期刊〔《美国社会学

---

① O'Harrow, Robert. 2005. No Place to Hide: Behind the Scenes of Our Emerging Surveillance Society. New York: Free Press.
② http://www.booksinprint.com/bip/.

评论》（American Sociology Review）、《美国社会学杂志》（American Journal of Sociology）、《社会问题》（Social Problem）、《社会焦点》（Social Forces）和《社会学理论》（Sociological Theory）]会发现，没有一篇文章的标题、摘要或者关键词有出现"隐私"一词。事实上，根据在 JSTOR 数据库上的搜索，在 1968 年之后，这些期刊已经没有一篇文章在标题上以"隐私"为主要内容（《美国社会学杂志》是最后一本曾有文章在标题上出现"隐私"的期刊）。《社会学年度评论》（The Annual Review of Sociology）是一本致力于提供学术进展检测和综合学科内著作发展的期刊，它表明，在 1930 年至 2006 年间，没有一篇文章在标题或摘要中以"隐私"作为主要内容（相关数据是在 1994 年之后获得的）。与之相比，更多现在的新术语和特定的兴趣领域反而会出现在《社会学年度评论》当中（见表1）。虽然隐私显然是一个社会问题，但是它在《社会学年度评论》中不见踪影的现象确实令人惊讶。

对于隐私之所以在社会学主流学界中不见踪影是否是因为隐私被视为是一个个人问题，这仍不明确。明显的是，即便社会学科的主要内容一直没有包括隐私，但是社会学家也并没有对隐私问题完全保持沉默。许多著名学者已经强调过隐私在社会上的重要性，但是他们所关注的焦点并没有在社会学著作或隐私著作中得以体现。

表1　1930年至2006年《社会学年度评论》文章标题中术语的搜索结果

不平等	18
性别	16
种族	10
全球化	10
移民	9
社会资本	2
环境社会学	2
后现代主义	1
同性恋	1
隐私	0

四、隐私的经典社会学

通过著名社会学家以及其他当代学者的观察,笔者从个人发展、社会团结、等级分层以及社会控制方面分别阐释隐私在社会学上的意义。尽管被忽视,但是上述学者的结论对当代的隐私问题已经有直接影响,并且也对隐私更进一步的社会学研究提供有用的基础。

(一)隐私和个人发展

任何社会的活力都是与人相关的,因为人是社会中的成员,能够使社会得以有生气。个人发展的机会取决于其所享有隐私的程度,例如独处、匿名和从社会责任中的情绪释放。隐私需求是在社会中所产生的,他人作为社会的一员,其隐私需求取决于社会压力、责任、侵入性的要求或者他人并不期待别人陪伴其度过某些经历。Moore 简洁地表明,"如果没有社会,那么隐私需求也不会存在。隐私需求之所以存在,是因为他人为了生存,事实上,作为人类,无论是男人还是女人都必然要生活在社会当中。就此而言,他们天生的、生理的或者心理的特征都有可能不甚完美。不可避免的是,人类社会中的生活必然存在挫折,即便生活有时也可能是满足和极大幸福的源泉。因为不同的社会存在差异,所以隐私的欲望或需求也将会随着时间流逝而有所不同,在不同的社会中会有所不同,即便在同一个社会当中,不同的群体也可能有不同的隐私欲望或需求"。本质上,他人在社会中的成员身份会刺激他对隐私有不同程度的欲望或者感觉,而这是他人心理、情绪、精神和智力发展所必需的。

一方面,隐私是他人发展其自主性、问题解决能力以及沟通能力的核心。在社会中,我们会使用私密时间组织我们的日常思考、行为和解决居住问题。Goffman 使用"自我对话"(self-talk)一词,描述他人通过对自己大声说话以检查他们自己的行为,排练或者重演与别人的互动,判断、鼓励或者责备自己的所作所为,以及口头记录他们身体行为的中断和新开始。[①] Goffman 认为,自我对话不仅具有"自我观众"的作用,而且对于与别人的沟通准备来说也是十分必要的。

---

① Goffman, Erving. 1981. Forms of Talk. Philadelphia: University of Pennsylvania Press.

尤其对于小孩来说更是如此，但是"这不仅仅是初级社会化的一个传统特征"。换句话说，虽然我们更可能看见小孩进行这种自我对话的行为，但是成年人也经常将自我对话作为一种手段，引导他们经历困难的任务和对社会遭遇做好准备。然而，对于成年人来说，这不是一种社会认可的行为。如果一个成年人被发现在自我对话，那么，他最有可能做的是及时停止或者冒险被认为是古怪的人或精神病人。至少在美国社会当中，"在公共场所不要自言自语"这一规则是不言而喻的，但是一般也可以理解为，如果在独处的环境下，自言自语是一种可以接受的行为。对于必要的自言自语行为，目前唯一可以允许的地点就是在私人场所。

对于智力活动、发现、实验和创造等等，这些行为全部需要独处的时间。Moore 将这特定类型的隐私需求与现代社会联系起来，而在现代社会中，专业已经是不可缺少的。他认为，如果没有科学、学术和艺术，那么社会将会慢慢停下来。他继续补充道："天赋的发展需要和平、安静……以及思考的机会。换句话说，他人需要隐私获取专业技能并使之能得以实践。"Janna Malamud Smith 更是如此说："我们的灵魂是一层可以渗透的隔膜。当我们与其他人联系的时候，我们将要吸收感觉、思想、心情和观念。"① 然而，这些吸收需要对别人的内容进行检查、评价、思考和下结论。隐私可以让他人拥有独处的时间，从而使他人可以免受其他人的干扰并进行说理、思考、放松、创作和做出决定。心理学研究表明，只有在隐私环境内，他人才能免于束缚地进行真情表达。② 实验表明，工作越复杂的人在私人场所内越能感到满足，但是根据所有工作类型的研究，"实验参与者一般都更加喜欢享有隐私而不是与人接触"。当他人享有隐私时，他们可以

---

① Smith, Janna Malamud. 2001. "Privacy and Private States", in The Private I: Privacy in a Public World, edited by Molly Peacock. Saint Paul: Graywolf Press.

② Friedman, Howard S. and Terry Miller-Herringer. 1991. "Nonverbal Display of Emotion in Public and Private: Self-Monitoring, Personality, and Expressive Cues." Journal of Personality and Social Psychology. 61: 766–775; Friesen, W. V. 1972. "Cultural differences in facial expressions in a social situation: An experimental test of the concept of display rules." Unpublished doctoral dissertation. University of California, San Francisco; Sundstrom, Eric, Robert E. Burt, and Douglas Kamp. 1980. "Privacy at Work: Architectural Correlates of Jobs Satisfaction and Job Performance." The Academy of Management Journal. 23: 101–117.

控制过重的负担,并且"可以减少露面,完成更多的工作"。

另一方面,过多的隐私会对他人和他们所生存的社会造成严重损害,妨碍他人以其他方式进行个人发展和使社会没有任何可能性。尤其如果他人不想要过度独处的话,过度独处会使一个人感到孤独和远离现实生活。更严重的是,独处和匿名可能会为危险行为提供契机,包括欺诈、侮辱、犯罪和袭击等。过多隐私所导致的社会隔绝同时也会增加受害的风险,因为社会保护其成员的能力和愿望已经被逐渐削弱了。此外,过多隐私可能会导致过度的以自我为中心,从而使他人的关注点不在社会责任上。正如 Goffman 所说:"我们在任何情况都可以说'我很抱歉,我不能马上到,我正忙于跟自己说话'。"更极端的是,Moore 总结认为,这会发展成为一种"隐私的异常状态",他人和公司"法人"都可以随欲而为,不用考虑其他人的感受。同样地,过少隐私也会对许多个人发展的重要过程造成限制,阻碍社会成员的潜能发展,从而阻碍社会自身的发展。

(二) 隐私和社会和谐

社会学家坚持认为,群体团结主要取决于群体成员的日常集会、大的社会规模以及成员之间的联系和归属。然而,即便相聚有时对群体身份和统一是很重要的,但是日常分离对群体关系的维护也是十分必要的。与群体成员之间相互联系一样,隐私通过限制别人与他人联系,从而对群体关系的建立和维护也是必要的。在某些时候,其他人在场会让他人感到生气、不愉快或者压迫。Barry Schwartz 在《隐私的社会心理学》(*The Social Psychology*) 中认为:"如果隐私规则可以被全体社会成员接受,那么隐私规则就构成一种共同纽带,为人们之间的交往提供周期性的暂停。"① 社会关系的建立和维持不仅取决于公开、披露和陪伴,而且还取决于自由、隐瞒和独处。

一般来说,人与人之间的关系建立在相互了解的基础之上。他们需要交换各自的信息,包括私人信息和实用信息,并且他们每一方都必须要披露各自的部分生活。然而,人与人之间的关系也可以建立在

---

① Schwartz, Barry. 1968. "The Social Psychology of Privacy." The American Journal of Sociology. 73: 741-752.

没有相互了解的基础上。正如禁忌或禁区在不同的时间和地点将会有所不同一样，这种缺乏了解的情况对于社会关系的建立、发展和维持也是必要的。从某种意义上说，人们之所以需要隐私，是因为他们因此可以控制他们所公开的信息，从而建立各种社会关系。Simmel 已经最广泛地对这一现象加以强调，他写道："一个人永远不会完全了解另一个人，因为完全了解将涉及每一个想法和每一种心情。"[①] 这种了解的限制部分是因为我们表达和感知的能力有限。但除此之外，我们之所以不能完全了解另一个人，更多是因为另一个人故意对自己有所保留。人与人之间形成团结关系的要求之一就是，他人允许别人对其进行了解，因为这是一个有意识的行为，并且是一个选择的、具有独特性的、妥协的过程。Simmel 表明："我们完全不能想象，存在任何社会交往、社会关系或者社会不是建立在对别人不了解的基础之上的。"

对此，Simmel 分析了不同类型的社会关系以及社会参与者相互了解的程度。从法理社会（利益团体和熟人）到礼俗社会（友情、爱情和婚姻），他认为，在不同程度上，每种关系类型都取决于隐瞒特定事情的能力。尤其在复杂的现代社会中，"交往、团结以及对共同目标的追求都不取决于每个人对其他人的心理了解"。熟人关系意味着负有尊重他人自由的义务，"放弃了解他人不想披露的事情"。在这些关系当中，如果行为人通过观察、思考的方式了解他人，那么这是可以被接受的。然而，如果行为人使用其他方式对他人进行推断和下结论，例如，偷听、阅读他人的邮件以及甚至故意利用他人的心理优势，那么这是不尊重他人自由的行为，是一种隐私侵权行为，并且也会对他们之间的关系造成摧毁性的伤害。

在更多礼俗社会的关系当中，Simmel 认为："更强调的是了解而不是忽视。"例如，友情依赖于人与人之间的联系，而这种联系是基于喜爱、精神、娱乐、智力或者其他各种各样不同的因素。尽管如此，就绝大部分人而言，每一份友情都是取决于选择公开披露自己某些个性。Simmel 表明，"对于自由、相互披露以及隐瞒这些问题，所

---

① Simmel, Georg. 1967. The Sociology of Georg Simmel, translated, edited, and with an introduction by Kurt H. Wolff. New York: The Free Press.

有友情都会表现出不同的答案"。

现代婚姻（以及其他长期关系）关系中的成员难以决定其公开披露和束缚的限度。在这种亲密关系中，每个人都希望他人可以披露所有事情，没有一丝隐瞒。Simmel认为，在多数情况下，这样的屈服会严重威胁此种关系的未来。现代的婚姻习俗和恋爱关系都对此表示支持。杂志、脱口秀和关于自我救赎的书籍都已经长期劝导，为了获得和维持关系，配偶和伙伴（尤其是女性）要保持神秘感。例如，互联网的约会顾问劝诫女性不要忘记"在关系中保持神秘感"，指导男性"如何使用神秘感吸引女性"，并且教导青少年"神秘感具有刺激性和吸引力"。尽管这些例子似乎是微不足道的，但是它们反映了一个长期以来常见的道理，也就是，在恋爱关系中，一方需要尊重另一方的自由。

此外，根据Goffman的看法，所有社会交往都取决于前后两方面的维持，也就是说，既要注意给他人留下印象，也要注意给他人留下分开的时间，而这一看法已经在社会学中成为老生常谈。如果他人时刻不能脱离社会公众的视野，不能从社会参与的角色和印象管理中抽离出来，那么真正的社会生活将不可能实现，因为定期脱离社会公众视野可以为他人提供周期性的放松，远离别人的目光。对于Goffman而言，一般存在于以下三种领域：①固定的领域（本质上根据地理来划分，此时权利人的附属物是受到法律保护的）；②临时的领域（尤其对于装备或者设置，无论是公开拥有还是私人拥有，权利人只能在使用的时候才能主张）；③以自我为中心的领域（权利人与之一并移动，并且权利人是该领域的中心）。因此，只有通过相互了解和尊重他人各种各样的隐私，社会群体才能保持凝聚力和正常运行。

同样地，Schwartz也对隐私保护社会群体的功能进行了讨论并认为，如果他人不能周期性地享有隐私，那么，社会关系将自我终结。"隐私经常可以作为一种工具，使得一个不能忍受（或者偶然不能忍受）的人可以有继续其生活的可能"。Schwartz主张，各方持久的交往会有一个界限，并且"相互达成分开的一致意见，这与例行会议一样都是一种黏合剂"。正如Moore所说的，一个人之所以想要远离别人享有隐私，是因为"他们在众人面前的出现已经成为一件极度费力的、压迫的或者纯粹无聊的事情"。这大概是每个社会人都会有所共鸣的经历。在美国社会中，社会规范一般会松散地规定，团体何时见面（无论是正式的还是非正式的）、见面的频率以及时长。如果有人违反这些规范，那么，他们将会变得突出，并激起别人的愤慨。然而，尽管是暂时的，但是亲密朋友或者配偶一般也会寻找时间远离另一半。即便社会对于人类来说是必要的，是人类获得满足和快乐的源泉，但是它也是人类感到挫折和紧张的来源。因此，人类需要寻求各种手段从社会中脱离出来一段时间。根据每个人所认知的社会需求和从社会中脱离的需要不同，脱离的程度会因人而异。因此，周期性的相聚和分离有助于社会生活得以长期健康发展和社会团结。

隐私需求部分来源于社会所带来的好处与社会义务所产生的代价这两者之间在感知上的差异。即便过多隐私会导致孤独或者社会功能障碍，但是如果社会成员没有足够的隐私，他们将会产生仇恨，耗尽暴露于社会公众面前的能量，而这会对群体团结产生不利后果。Schwartz表明："对隐私的保证……必须建立在稳定的社会体制当中。"隐私是社会所产生的需求，如果没有社会，那么，也就没有隐私的必要。因此，Schwartz从反面提出了一个看法，也就是，因为隐私的存在推定社会关系的存在，那么在社会中，隐私的程度可以作为一个判断社会团结的有效指数。

（三）隐私和等级分层

在社会中，他人所享有的或所获得的隐私部分取决于他人在社会等级中的地位和权力。一般来说，他人的地位越高，他人所能获得的隐私就越多。因此，通过分析如何分配以及使用隐私，这可以揭示不平等体系和权力机制。尤其是，通过分析如何保证隐私的实现（与否）和向谁表明权力均衡或不均衡，这也可以揭示不平等体系和权力机制。

一般来说，孩子在社会等级中处于较低的位置，他们并没有被赋予多少权力。因为婴儿和小孩子没有照顾自己的能力，所以他们没有隐私可言。对于他们基本的身体功能——进食、排泄、洗漱等，这些都是通过别人来参与实施的。随着他们年龄的增长，至少在他们的家庭里面，他们的地位和权力也会增长，因此他们的隐私也会随之增加。他们可能会开始自由做出一些日常决定（吃什么、穿什么、玩什么以及和谁玩)。在四五岁的时候,孩子开始有自己的洗浴需求,开始自己穿衣以及开始有独自玩耍的时间。至少在美国,他们的隐私会继续增加,直到青少年开始大部分时间都脱离父母的监视,照顾自己的身体需要,掌握自己的交往方式以及拥有自己的个人空间。

在社会学上,隐私与金钱和财富必然是密切相连的。换句话说,隐私需要成本。在历史上,对于那些有办法获取一个地方远离别人视线的人,他们的生活环境必然是安全的、富裕的,与之相比,对于那些没有办法脱离人群的人,他们的生活必然是缺乏空间的。Schwartz指出,"隐私是一种交换的客体",作为一种货物的隐私,谁能够支付,谁就能买走。一个最明显的例子就是:"10美分能够在公共厕所内买到一间厕所,而25美分能够在公共厕所内买到一间厕所、一个水池和一面镜子。"与之相比,某些公共厕所会提供免费的厕所,但是并没有提供厕所门。对于诸如住宅小区、接待处、门卫等,虽然这些都能为他人提供隐私,但只有能够支付的人才能获得这些隐私。

隐私所反映的和所维持的这些等级分层是建立在物理结构当中的。例如,住所结构就可以十分明显地体现等级分层。与低下层、低薪阶层以及尤其是那些穷困潦倒的人所居住的住所相比,上层人士的住所会有更多的空间、隔间和房间,而这便为他人的独处提供更多机会。在《日常生活的自我展示》(*The Presentation of Self in Everyday Life*)中,Goffman对等级不平等这一问题做出强调,他写道:"在除了下层人士的住所之外的所有住所中,洗浴房和睡房都是位于楼下客人不能进入或不能看到的地方。"在这些私人空间内,他人对自己的身体进行清洗、穿衣和化妆,从而才能在别人面前展现自己。然而,对于上层、中层和下层人士的生活而言,这些物理结构的方位都会有所不同。

根据职业的不同,他人的地位往往可以从其所处位置的物理结构状况以及保护其隐私或是允许别人侵犯其隐私这不同的态度中体现。一方面,上层人士会在具有私密性的办公室办公(某些工作场所还在最高层,甚至还有禁止进入的警示语);另一方面,低下层劳动者则在更容易被看见的场所工作。虽然这在目前办公场所的开放概念、隔间设计中尤为明显,但是,不同人之间隐私的差异并不限于白领阶层。随着他人在组织层级中越往上走,职业上的隐私就会随之增加。

他人的地位和权力越低或越少，那么，他人保护其隐私或者防止其隐私遭受诸如药物测试、心理测试或人格测试、储物柜和提包搜查、搜身等各种方式侵犯的能力就越弱。在《美国生存体验实录》(Nickel and Dimed) 一书中，Barbara Ehrenreich 对她的清洁工工作做出了相关叙述，在工作中，她的老板"鼓励大家想象一下自己无时无刻无处都处于监控之中"①。在她的沃尔玛工作经历中，她讲述药物测试和人格测试如何让未来的劳动者"感到沮丧、无助，就像一个恳求者伸出她的双手一样"。如此各种测试和招聘习惯会向雇主倾斜，让劳动者无法像面对平等的、自由的队员一样面对雇主。雇主可以要求雇员或面试者进行各种测试，但是雇员或面试者却不能要求雇主进行各种测试。类似的，学生的储物柜和书包随时都可以被搜查，但是学生却不能搜查老师的桌子或闯入校长办公室。相对应的是，惩罚也会随着侵权者地位的上升而增加。因此，隐私和社会权力之间的关系是明确的。

此外，在《一览无遗》(The Panoptic Sort) 一书中，社会交往专家 Oscar Gandy 认为，日益增长的信息收集系统也可以被视为等级分层机制。② 这本书涉及"复杂的技术，包括通过日常生活形成的个人信息和群体信息的收集、加工和传播……这些技术可以用来协调和控制他们获取商品和服务，从而在现代的资本主义经济中对不同等级的人的生活进行划分"。在这样的个人信息经济中，与政府和公司组织相比而言，个人的权力还是显得微不足道的。他人在组织层级中的地位可以决定其获取多少隐私——根据阶层、身份、政治影响力，他人的地位越高，那么他人保护其隐私的能力就越强。"如果他人不能决定谁能或不能进入其私人领域，那么，他人此时就不能被视为是一个完整的人。"

根据 Foucault 的经典主张，Gandy 在《一览无遗》一书中证实了了解就是权力这一观点。在今天如此庞大的信息系统数据库中，包括

---

① Ehrenreich, Barbara. 2001. Nickel and Dimed: On (Not) Getting By in America. New York: Henry Holt and Company.
② Gandy, Oscar H., Jr. 1993. The Panoptic Sort: A Political Economy of Personal Information. Boulder and Oxford: Westview Press.

公司和政府在内的进行信息收集的人掌握大多数的权力。不能将信息保持隐私意味着权力的缺乏。相反，拥有更多权力的人和组织保守秘密的能力会更强。韦伯在讨论官僚主义的时候曾对保密和权力的关系做出过强调。"在特定的行政领域，保密的趋势会追随它们的内在本质：无论是面对私人企业的经济竞争对手，还是潜在敌对的外国政治组织，面向外界的统治权力与统治利益都存在各种危险，因而都需要保密。"① 甚至对于保密这方面来说，他人之所以在追求自己享有隐私的同时为别人提供更少的隐私，这不仅是为了减少别人的权力，而且还是为了增加自己的权力。

虽然隐私对于社会等级和权力结构来说是一种必要的构成要件，但在等级分层研究中，它却经常被忽视。如果要对社会体制的等级进行更多的研究，一个很好的办法就是分析隐私如何在社会等级中运行。谁的隐私最容易遭受侵犯，如何遭受侵犯以及谁实施侵犯行为？谁最极力主张隐私，以及使用什么方式主张隐私？在这个体制中，隐私所追求的权力有哪些？然而，当社会学家在评估社会或社会群体的等级森严程度时，他们都习惯于寻找金钱、身份和政治影响力这些因素。不过笔者认为，隐私对于权力结构和其他社会资源分配的理解是一个很有用的考虑因素。

（四）隐私和社会控制

长期以来，隐私都是社会控制的一种工具。隐私的丧失是一种惩罚的形式，用以管理他人和团体的行为，例如，刑事监禁所、集中营以及极权社会。Bentham 的环形监狱便是一个经典的例子。环形监狱的设计创造了一种氛围，也就是，在罪犯不知情的情况下，他（她）无时无刻都有可能受到监视。这在同狱犯人中形成一种强烈的自我管理体制，从而增加监狱的效力和效率。对于这一问题，Foucault 将这一假设发展认为，在工作场所和其他地方设置连续不断的、有规律的监控可以培养社会控制的内在化，而在没有此种监控的情况下，这种社会控制曾经被强制实施。他认为，权力不是指他人所享有的某种东

---

① Weber, Max. 1946. From Max Weber, edited by H. H. Gerth and C. Wright Mills. New York: Oxford University Press.

西，而是指他人有方法实施的某种东西。他承认监控与这些方法之间的关系，并写道："能让人看见的技术引起权力的发生。"①

F. W. Taylor 对用于增加控制、效率和生产力的工作场所有详尽的研究。他十分依赖对其员工的监督，并将他发现的员工情况都记录在案。他致力于通过了解来控制劳动者。他的理论仍然是工作场所设计的基础，并且这样的实践在目前也是普遍存在的。② 办公室工作人员逐渐发现他们所在的工作场所都是很容易被监管者监督的。在工作场所的监控有各种各样的形式，包括摄像机监控、互联网活动的监控、通话记录频率的监控、邮件截取和通过诸如速度和错误率等物理行为对生产力进行监管。在 Bradley Alge 对于组织使用 EPMCSs（电子监管和控制系统）的研究中，他发现，近乎 80% 的用人单位都会在工作场所的某些方面对他们的劳动者设置监控。③ 劳动者明确将这种控制权的丧失视为其隐私所遭受的一种侵犯。这种行为越具有侵犯性，那么此时社会控制的程度也越高。

许多隐私学者都认为目前的信息产业是增加社会控制最有影响力的武器之一，无论是公共企业还是私人企业。Parenti 对监控、信息和社会控制之间关系的发展进行了叙述。他认为，身份曾经是主要的控制源，例如书面的工作证、有组织的工作人员巡逻以及通道上所张贴的通缉令。这些技术不仅用于限制劳动者流动以发展社交网络，而且还用于限制劳动者提升其文化水平。除了身份能作为一种控制源之外，Parenti 还认为现代数据监控也能作为一种控制源。在 Parenti 的分析中，他将摄影和早期生物测定学（身体测量、标记、手印和指纹）的发展描述为"全面监控的新牢笼"。Parenti 认为，这个数据系统最令人惊恐的是它十分普遍。与以往相比，我们可以更快速地获取和使用许多记录了我们行踪和生活方式的事项。单独来说，对于每张信用卡、每个社会保障号、每张借记卡、每张杂货店的会员卡、每个

---

① Foucault, Michel. 1977. Discipline and Punish: The Birth of the Prison, translated by Alan Sheridan. New York: Vintage Books.
② Parenti, Christian. 2003. The Soft Cage: Surveillance in America, from slavery to the war on terror. New York: Basic Books.
③ Alge, Bradley J. 2001. "Effect of Computer Surveillance on Perceptions of Privacy and Procedural Justice." Journal of Applied Psychology. 86: 797–804.

驾照等等，它们都似乎是有利的，但是"在一个大社会当中，每个新摄像机、数据库或者身份证都是增加监控的巨大动力来源"。

在仔细分析了不断进化的信息产业之后，James Rule et al. 对社会控制的趋势进行了概述，他主张，现代信息系统的合理性对增加控制有直接的影响。除了等级分层的功能之外，这种信息系统也是一个"有规律的监控系统……由社会、经济和政治系统的合理性所指导"。正如大组织致力于风险最小化和收益最大化一样，他们通过有效的方法使用信息将人们分成三六九等，从而确定他们的机会和控制哪些行为将会得到奖励或受到惩罚。

Smithsimon 在其著作中将此称之为"监控国家"，阐述普遍存在的监控摄像机如何打破和改变人类观察和信息收集的规范。因为隐私期待取决于社会规范，并且他人的期待决定隐私的法律定义，而侵犯他人隐私的行为正会导致隐私的减损。公共场所不间断的监控会减少他人的隐私期待并且降低受法律保护的隐私程度。"有视频监控的场所会让人感觉受到控制，而不是自由的和公开的"。通过摄像机、宵禁令、路障、围墙和探测器，公共场所监控会增强社会控制，限制他人在认为本可以自由实施行为的地方进行活动，尤其是政治活动。

更严重的是，为了让掌权者获得最大限度的控制力，社会控制的目的在于根除他人的私人生活。例如，苏联要求每个公民都要互相监督，并且认为没有任何空间是不归苏联政党管的。[①] 在 20 世纪 60 年代早期的南斯拉夫，Josip Novakovich 的整体态度就是，群体生活是国家强制的，而隐私是一个可憎的东西。[②] 他解释道，"我们是一个凝视者的社会"。社会中充满窥探者，既有雇佣的，也有自发的，既有正式的，也有非正式的。即便没有人精确知道他们在哪里，但是他们的眼睛却无处不在。

[①] Kharkhordin, Oleg. 1997. "Reveal and Dissimulate: A Genealogy of Private Life in Soviet Russia." In Public and Private in Thought and Practice, edited by Jeff Weintraub and Krishan Kumar. Chicago: University of Chicago Press; Timasheff, Nicholas S. 1946. The Great Retreat: The Growth and Decline of Communism in Russia. New York: E. P. Dutton and Company, Inc.

[②] Novakovich, Josip. 2001. "Secret Spaces of Childhood." The Private I: Privacy in a Public World, edited by Molly Peacock. St. Paul: Graywolf Press.

集中营也展现了故意消除隐私的情况,并且间接体现了掌权者灭绝人性的可怕。Primo Levi 详细叙述了当时被迫使用集体厕所、被强迫裸体和日常身体搜查的恐怖经历:"一个赤脚裸体的男人觉得他全身神经和筋骨都是痛的:他是一个无助的受害者……他不再认为他是一个人类,而是一只寄生虫……他知道他可以任何时候都有可能被碾压得粉身碎骨。"① 虽然这些时刻都是珍贵的和罕有的,对他人的思考和感知能力有重大意义,但是他回忆起在集中营的时候是多么的孤独。"我们年年月月都像畜生一样活着……并且没有任何反思、说理和发泄情绪的空间"。这种全面的社会控制在小说中也有所体现,例如,奥威尔的《1984》。在如此极权社会,隐私的完全丧失会导致他人近乎完全被掌权者控制。

此外,我们还可以通过关于隐私的一系列质疑对社会控制进行更多的了解。谁掌握控制权,而掌权者又是要控制谁?掌权者如何行使控制权,要在什么情况下行使控制权?尤其对于隐私规范和隐私权利,支配社会控制的规范揭示了其与个人自主权相均衡(或者不均衡)的某些重要事情。匿名当然也会带来危险,也就是,过多隐私会导致社会控制的缺乏,但是,正如 Parenti 所主张的:"无所不知的、无所不能的国家和企业所带来的危险更加严重。"过度控制的社会所带来的潜在危险包括信任缺失、社会关系弱化、他人不能以各种方式进行自由思想、说话和自由实施行为,他人的思想、言语、行为都要依赖于或者受到起支配作用的意识形态、等级阶层和评估系统的批准才能实施,从而导致社会的分崩离析。

五、结语

改变对隐私及其相关习惯的看法会为社会学带来巨大的影响。这样一来,他人对其隐私的确定与否不再需要依赖于固有的隐私需求这一模糊的概念;相反,他人可以在群体生活中找到隐私需求的相关证据。正如 Merton 所指出的,在社会结构中,人类隐私需求的差异是

---

① Levi, Primo. 1988. The Drowned and the Saved, translated by Raymond Rosenthal. New York: Vintage Books.

每个人"最理想的可见程度"不同所导致的。①"如果这些社会结构想要正常运行的话,那么,它们需要为他人提供独处的条件,防止他人将受到全面的、不受约束的监视。"总而言之,Merton 总结道:"社会的有效运行需要在功能上限制他人的行为被全面监视。"Habermas 也认可隐私对于社会的发展、维持和保护的重要意义。他认为,在公共场所的交往只是可能与私人场所的自治有明显差别。公共场所的交往取决于"私人领域完好无缺的他人自发投入社会生活中"。他主张:"受到很好保护的私人场所自治权有助于为公共场所自治权'提供保障',相反地,适当的公共场所自治权也有助于为私人场所自治权'提供保障'。"②

无论是明确地或者含蓄地,著名社会学家的观察都反映了隐私不仅仅是他人所享有的或被剥夺的利益。相反,隐私是一种社会利益。社会所默认和管理的这种社会利益会以意义深远的方式影响社会生活,尤其在个人发展、社会团结、等级分层和社会控制方面。对此,隐私是一种更好地理解这些社会现象的重要工具。

然而,目前对于隐私作为一种社会利益的研究还不是彻底的;相反,有的人还会认为隐私在社会组织生活中存在另外一个角色。目前的讨论仅仅是一个开始,为重新定义隐私并赋予其一定的社会意义提供必要的社会学支持,并且它也是提高隐私研究的重要一步。通过加强对社会学的理论研究,这一学科将会为隐私的社会影响提供更好和有益的见解。

---

① Merton, Robert K. 1968. Social Theory and Social Structure. New York: Free Press.
② Habermas, Jürgen. 1988. Between Facts and Norms: Contributors to a Discourse Theory of Law and Democracy, translated by William Rehg. Cambridge: MIT Press.

第二编 隐私权的性质（二）

作为语境完整性的隐私权

海伦·尼森鲍姆[①]著　谢晓君[②]译

目　次

一、导论
二、三个原则
三、语境完整性
四、结语

一、导论

对于与信息技术相关的各种社会争议，隐私是其中最为持久的一个争议焦点。随着科技的重大变革，从独立的计算机、政府和其他大型组织机构内部使用的大量数据库，发展到如今与信息系统相连接的计算机网络，例如，万维网，它与移动设备、无线电视频监控系统和电子生物识别相连接。许多引起社会公众关注的隐私争议往往是一种特定类型的案件，笔者将此称之为"公共场所的监控"，它之所以仍然使人感到烦恼，不仅是因为这些案件会产生表面不相容的不同看法，而且还因为传统的理论研究不能阐明它们有争议的本质根源。[③]

[①] 海伦·尼森鲍姆（Helen Nissenbaum），美国纽约大学文化与传播学院教授。
[②] 谢晓君，中山大学法学院助教。
[③] See Helen Nissenbaum, Protecting Privacy in an Information Age: The Problem of Privacy in Public, 17 LAW & PHIL. 559 (1998).

本文致力于通过以下途径阐明公共场所的监控：首先，解释为什么它与占主流地位的当代隐私政策的理论框架不相容；其次，提出一个新理论——语境完整性，以解释对公共场所监控担忧的规范性根源所在。

本文的中心论点是，语境完整性是衡量隐私的一个适当基准。在提出这些观点之前，先对公共场所监控的一些具体案件进行讨论是很有必要的。

案件一：在网络上的公共记录

对于在网络上公开公共记录，使这些记录能够在互联网和万维网上被自由获取，当地的、州的和联邦的行政官员都质疑这一举措的意义。[①] 毫无疑问的是，对于公共记录，例如，逮捕记录、驾驶记录、出生记录、死亡记录、婚姻记录、公立学校信息、财产状况、区划记录和庭审记录，公民对这些记录的获取是为了实现公开政府的目的。尽管如此，虽然将这些记录全部放在网络上的行为能够让人们能够更容易获取这些记录，但是这也会导致包括政府行政官员和倡议组织在内的许多人员或机构的不满（例如，反对家庭暴力全国联盟与美国民权联盟）。

州最高法院的法官指出，如果在网络上公开家庭暴力和其他犯罪的庭审记录，那么这种新型的记录获取方式会为案件的受害者带来担忧和威胁。即便他们的此种担忧似乎是矛盾的，因为所涉及的记录已经是公开的。将这些记录电子化并在网络上公开的行为仅仅是一种提高效率的管理手段。基本来说，这不会改变任何事情。因此，这些担忧是合理的吗？对这种行为的阻止是否存在真正的原因？

案件二：消费者档案和数据挖掘

在美国，大多数人在某种程度上都会知道，他们所有的经济活动实际上都会被数字记录和保存。对于诸如使用信用卡的消费行为、网上购物行为、使用忠诚卡、在特定网站登录并注册以及订阅杂志等行

---

① See Robert Gellman, Public Records-Access, Privacy, and Public Policy: A Discussion Paper, 12 Gov't Info. Q. 391 (1995).

为，人们能够理解这些行为会留下数字踪迹，从而被保存在某处的大数据库当中。然而，很少人会知道，这些信息会被运输并收集到数据库当中，从而进行信息管理、保存以及分析。对于以销售这些信息为手段的新型公司来说，例如 Axciom 公司，个人数据正如"黄金"般珍贵，因为他们可以将这些个人数据或由此形成的个人档案销售给各种各样的对象，例如，产品生产商、订阅信息提供者、信用卡信息和房贷优惠信息提供者、进行令人恼怒的电话销售行为的销售者、对机场安保特别关注的机场管理者、有针对性的横幅以及弹出式广告的广告商。当流行的媒体及时对这些关于个人信息的网站进行报道时，许多人都愤慨地作出反应。究竟是为什么呢？毕竟，所涉及的这些信息往往并不属于机密的或敏感的信息。

案件三：无线射频识别标签

这些微芯片可以在远达十英尺的距离之外传播信息到无线信号扫描器，并且实际上，任何东西都可以植入或者连接这些微芯片，例如从洗衣机、毛衣、牛奶盒到家畜，甚至可以预测到了某一天，人也可以植入或连接这些微芯片。虽然无线射频识别标签的潜在使用者已经郑重承诺会精简信息的库存、储存和传播，并且防止信息的盗窃和其他导致信息丢失的行为，但是，隐私倡导者指出一种令人不安的可能性，也就是，在没有获得消费者同意或者甚至知情的情况下大量传播消费者的信息。为什么这种行为会让我们感到担忧呢？毕竟，强有力的无线射频发射器最有可能被安装在公开的或公共的场所，并主要从这些场所收集各种信息。

上述三个案件都是由技术发展及其应用所导致的，这些技术发展及其应用快速地增加了信息收集、分析和传播的能力。

在案件一中，所强调的是，传播和获取信息能力的极大提高加剧了人们的不安，尤其是当场获取信息演变成为全球传播信息。这一担忧似乎是 Samuel Warren 和 Louis Brandeis 对隐私权的开创性主张在如今摄影和印刷技术发展背景下的一个当代回应。[1]

---

[1] See Samuel D. Warren & Louis D. Brandeis, The Right to Privacy, 4 HARV. L. REV. 193 (1890).

在案件二中,无论是在网络上还是在网络下,信息储存、收集、分析和提取(挖掘)技术的进步导致问题的产生。① 其中引起民众关注的最早期的一个案件,也就是,集中在 Lotus 家庭信息市场(Lotus Marketplace: Households)的互联网抗议风暴,而 Lotus 家庭信息市场是一个收集了大概 1.2 亿在美国生活的人的信息的数据库,包括姓名、地址、住所类型、婚姻状况、性别、年龄、大概的家庭收入等信息。最后,Lotus 公司与 Equifax 公司冒险合作,这两家公司有所退缩,宣称否认将这些个人信息公开。

在案件三中,受到关注的是,收集或获取信息的方式有所增加,有自动化的道路收费系统,例如,公路同行电子收费系统(EZ Pass)、视频监控和脸部识别系统、网络浏览器数据文本、生物识别技术、热成像技术等。②

有人会将这些案件视为一种公共政策争议,存在两种相对立的利益团体,每方利益团体都致力于促进实现自己的目的、欲望、偏好和利益。③ 这种解读并不是完全没有效果的,因为它至少需要了解技术如何对不同的社会团体产生不同的影响,以及这些差异如何影响具体的反应性政策,而这些反应性政策相应地能够影响未来的技术发展。

然而,在本文中,公共利益政治、公共政策以及有时法律的波动变化并不是关键所在,相反,关键在于政策和法律的基础所体现的道德价值、政治价值和社会价值。我们并不致力于追求或提出具体政策和策略以实现此目的,但是,我们试图系统地解释为什么具体的政

---

① See Laura J. Gurak, Persuasion and Privacy In Cyberspace: The Online Protests Over Lotus Marketplace and The Clipper Chip (1997).

② See, e. g., Julian Ashbourn, The Biometric White Paper (1999); Colin J. Bennett, Cookies, Web Bugs, Webcams, and Cue Cats: Patterns of Surveillance on the World Wide Web, 3 ETHICS & INFO. TECH. 197 (2001); Roger A. Clarke, Human Identification in Information Systems: Management Challenges and Public Policy Issues, INFO. TECH. & PEOPLE, Dec. 1994 at 6; Linda Greenhouse, Justices Say Warrant Is Required in High-Tech Searches, N. Y. TIMES, June 12, 2001; Alice McQuillan & James Rutenberg, E-ZPass Slows Those Trafficking in Wrong, DAILY NEWS, Nov. 3, 1997.

③ See Priscilla M. Regan, Legislating Privacy: Technology, Social Values, And Public Policy (1995); See Also Susannah Fox, The Pew Internet & Am. Life Protect, Trust And Privacy Online: Why Americans Want To Rewrite The Rules (2000); Joseph Turow, Annenburg Pub. Policy Ctr. of The Univ. of Pa., Americans & Online Privacy: The System Is Broken (2003).

策、法律和道德惯例是正确的。此外，我们的目的在于清楚地表达一个具有辩护作用的分析框架，强调公共场所监控所存在的问题，包括上述案件一、案件二、案件三所代表的许多争议事项。这一框架不仅强调我们所面临的特定案件，而且还允许这些案件作为未来争议的判例指引，尽管 Lotus 家庭信息市场有一个成功的结果，但是它从来没有为后续案件做出相关指引。这个具有辩护作用的分析框架与不同时期的案件相连接，从而可以为其超越相对立的两方利益团体的力量来决定。

在继续论述之前，有必要先对界限和术语做出定义。隐私的范围是很广泛的——可能延续到他人的信息、行为、决定、思想、身体以及交往。一个完整的隐私理论需要考虑所有这些方面，即便它最终会在理论上主张明确排除某些方面。例如，隐私理论往往不会认为堕胎权属于隐私权的一个组成部分。因为本文的目的是有限的，所以，本文的目的不在于阐述一个完整的隐私理论，而在于对适用于个人信息的隐私权做出一个理论上的解释。此外，这一目的的实现与他人、可识别的人相关——也就是，本文不讨论团体或机构的隐私。为了明确，我们将保留"个人信息"这一术语的一般含义，也就是指他人的信息；"敏感的"或者"机密的"将偶尔与他人的"个人信息"这一术语一并使用，指某些特定类型的信息。

本文主要分为两个部分。

首先，本文的第一部分将假设出一个框架并对此加以讨论，而这个框架由三个在概念上相独立的原则组成，从而为隐私保护提供路径，并在当代的公共讨论、政策和法律设计中占据主导地位。这一部分主要分为五个子部分，其中除了三个原则各自的子部分之外，第四子部分是有争议的案件，这些案件对既定的三原则能否适用于所涉案件提供了依据，第五子部分解释为什么三原则分析框架适用于公共场所的监控中会产生问题。与之前所讨论的争议案件不同，公共场所的监控似乎完全不能适用三原则的分析框架。

其次，本文的第二部分将根据"语境完整性"为隐私提出一种替代性的解释——对语境完整性理论所基于的社会范围分析进行介绍。与典型的隐私理论范围相比，也就是，范围分为公共场所与私人场所两种，语境完整性是由社会理论学家所发展的，对社会范围

(场所、领域、语境)有更复杂的划分。根据语境完整性的这一介绍,第二部分主要分为五个子部分。前面两个子部分分别描述两种管理这些社会生活语境的"信息规范",也就是,适当性规范与分配规范。第三子部分通过预测语境完整性所面对的规范性挑战,从而为其规范性基础提供解释。第四子部分阐述语境完整性如何适用于本文导论中所描述的三种案件,从而表明语境完整性理论能够很容易地抓住争议案件的问题根源。此外,在第五子部分中,笔者会比较语境完整性的隐私分析方法与其他理论分析方法,并且这些其他的分析方法也是超越三原则分析框架的。

二、三个原则

对具有辩护作用的分析框架研究就是对理论与原则的研究,从而为支持哪一项一般政策以及解决具体案件提供理由。这有助于理解为什么占主流地位的原则不能为许多疑难案件提供指引,包括本文在开头所描述的三种案件,即便这些占主流地位的原则已经在美国引导许多当代隐私政策和法律的走向。通过调查20世纪期间的公共政策发展、规则和制定法、法院判决、社会和商事习惯,我们发现三个原则在隐私的公共考量中占指导地位。

这三个原则主要关注以下三点:第一,限制政府执法人员对公民的监控以及使用公民的信息;第二,限制获取敏感的、个人的或私人的信息;第三,禁止非法侵入在性质上属于私人的或个人的场所。

(一)原则一:保护公民的隐私免受政府执法人员的侵犯

这一原则适用于政府执法人员(或政府机构、政府代表)对公民实施非法侵扰行为所产生的争议,此时政府执法人员(或政府机构、政府代表)会被以滥用职权收集与使用公民个人信息为由指控。这一原则会被理解为是强有力的、更普遍的原则的一种具体情况,从而保护公民免受未获准许的政府行为管制。因此,隐私可以通过政治性原则受到保护,而除了别的之外,这一具有普遍意义的、规定清晰的、被广泛认可的政治性原则通过强调权力平衡,可以限制政府对公民的生活和自由实施非法侵扰行为。因为对于那些需要被有效控制的公民而言,数据收集和监控行为是政府实施控制行为的其中一种形式。

在美国，宪法和《权利法案》①为限制联邦政府权力与保护公民以及各州自由与自治提供最重要的依据来源。此外，它们同时也是隐私保护的强有力依据。虽然众所周知的是，《美国联邦宪法》没有明确使用"隐私"一词，但是事实上，许多法律专家都认可数个宪法修正案对隐私的各个方面作出规定，从而使隐私免受政府执法行为的非法侵害，其中包括《美国联邦宪法第一修正案》中的"言论自由、宗教自由与结社自由"、《美国联邦宪法第三修正案》（以下简称《宪法第三修正案》）中的"士兵驻扎规定"、《美国联邦宪法第四修正案》（以下简称《宪法第四修正案》）中的"搜查行为与扣押行为"、《美国联邦宪法第五修正案》中的"自证其罪"、《美国联邦宪法第九修正案》中的"保护在宪法中未列举的权利"等。正如我们所知道的，《美国联邦宪法》吸收了其他方面的影响，包括英国普通法以及政治家的著作，这些影响为在民主社会界定政府的权力与限制提供基础，不仅仅只针对美国，而且还包括西方民主的法律和政治制度等。

不过，并不是所有在法律上对政府执法人员收集和使用公民信息的限制都来源于宪法。在20世纪60年代中后期，为了行政管理和统计的需要，电子数据库的创造和使用急速增长，与此同时，政府所实施的行为也有明显的增长，因此，有些对政府行为的限制则体现在州和联邦的制定法当中。Priscilla Regan 对20世纪60年代至80年代期间隐私政策的详细分析表明，在1965年，社会科学研究委员会（Social Science Research Council）建议创建一个联邦数据中心（Federal Data Center）集中协调政府对统计信息的使用，此后，信息性隐私就成了20世纪60年代后期社会公众重点关注的一个话题。这在1974年《隐私法案》（*Privacy Act*）②中达到顶峰，《隐私法案》对于限制联邦政府机构使用涉及公民个人信息的数据库有重大意义。许多其他制定法也紧随其后，为政府执法人员对公民所实施的个人信息收集和

---

① U. S. CONST. amends. I-X.
② 42 U. S. C. §§2000aa－2000aa－12（2000）.

使用行为制定具体的限制。①

对于我们的讨论,与对政府执法人员的法律限制具体情况相比,更重要的是这些限制背后的一般动力来源,尤其是,以公民自治与自由的名义限制政府权力背后所体现的原则性承诺。在一定程度上,保护公民的隐私免受政府侵犯可以被理解为防止极权主义出现的保险政策,限制政府权力可以被转化为保护公民的隐私。从20世纪50年代直到冷战结束期间,当东方的政治体制形象隐约出现在公众视野和虚构世界中并引发社会公众遐想时,例如George Orwell在《1984》中所描述的"老大哥"(Big Brother),② 美国卫生、教育与福利部(U. S. Department of Health, Education and Welfare)的秘书长所建立的个人数据自动化系统咨询委员会发现,社会公众十分关注他们在1973年所发布的具有开创性意义的报告,而这份报告是关于将个人、组织和社会的记录保存电子化所造成的影响。③ 报告对权力平衡这一关注做出了强调,并且通过警告"计算机化的实际影响在于,与人们对记录保存系统造成影响相比,记录保存系统反而更容易对人们造成影响",从而限制州政府与大型机构对公民或他人所享有的权力。此外,"虽然出于谋利的目的交易某些隐私的行为本身没有损害公平,但是交易的双方当事人都应该设置好条件"。报告及其《公平信息实践法典》(Code of Fair Information Practices)的最后遗产在于保护隐私的需求,至少是为部分隐私提供保护,因为在这场利益较量中,参加者的起始位置不平等,而一个强有力的机制则可以平衡两方的势力。

(二) 原则二:限制获取私密的、敏感的或者机密的信息

这一原则所关注的不在于实施非法侵扰行为的主体是谁,而在于所收集或传播的信息性质本身——根据社会判断,当信息属于私密信

---

① See, e. g., Computer Matching and Privacy Protection Act (CMPPA), 5 U. S. C. § 552aa (2000); Right to Financial Privacy Act, 12 U. S. C. § § 3401 - 3422 (2000); Electronic Communications Privacy Act, Pub. L. No. 99 - 508, 100Stat. 1848 (1986).
② George Orwell, Nineteen Eighty-four (1949).
③ Sec'y's Advisory Comm. On Automated Pers. Data Sys., U. S. Dep't Of Health, Educ. & Welfare, Records, Computers, and The Rights of Citizens (1973).

息、敏感信息或者机密信息时,此时就涉及隐私的保护问题。根据人们可以对其秘密享有权利这一看法,这一原则可以在各种学科视角中寻求坚定的理论支持,并且这一看法已经在政策和法律实践中根深蒂固,隐私的公共考量或日常讨论中也经常被提起。在几本杰出的隐私哲学著作和隐私理论著作中,学者都认为,信息的敏感程度是判断是否构成隐私侵权行为的关键因素。这些著作致力于改善"敏感信息"的分类,并且解释在相冲突的主张中,为什么信息的敏感性对隐私主张的辩护至关重要。①

在美国的法律设计中,敏感信息需要通过一系列关键的隐私法律来具体识别,而这些法律会对敏感信息的明确分类做出限制。例如,1974 年的《家庭教育权与隐私权法案》(Family Educational Rights and Privacy Act)② 承认学生的信息应当受到保护;1978 年的《金融隐私权法案》(Right to Financial Privacy Act)③ 给予他人的金融财产信息以特殊的地位;1988 年的《视频隐私保护法案》(Video Privacy Protection Act)④ 保护视频租赁记录免受没有约束的传播;以及 1996 年的《HIPAA 法案》(Health Insurance Portability and Accountability Act)⑤ 为美国卫生与公众服务部(U. S. Department of Health and Human Services)采取管理健康与医疗信息的隐私规则规定了期限。此外,在"公开披露他人令人尴尬的隐私事实"或"非法侵扰他人的私人事务"的情况下,普通法为此时的隐私侵权行为提供侵权法上的救济。⑥ Samuel D. Warren 和 Louis D. Brandeis 也表达过相类似的想法,他们特别关注保护涉及"他人私人生活、习惯、行为和社会关系"的信息。

---

① See, e. g. , Raymond Wacks, Personal Information: Privacy and The Law (1989); Charles Fried, Privacy, 77 YALE L. J. 475 (1968); Tom Gerety, Redefining Privacy, 12 HARV. C. R. -C. L. L. REV. 233 (1977); William Parent, Privacy, Morality, and the Law, 12 PHIL. & PUB. AFF. 269 (1983).
② 20 U. S. C. § 1232 (g) (2000).
③ 12 U. S. C. §§ 3401 – 3422.
④ 18 U. S. C. § 2710.
⑤ 42 U. S. C. §§ 1320d – 1320d – 8.
⑥ William L. Prosser, Privacy, 48 CAL. L. REV. 383, 389 (1960).

（三）原则三：禁止非法侵入在性质上属于私人的或个人的场所或领域

这一原则的背后是一个简单的、古老的原则，也就是，他人的特定场所神圣不可侵犯。① 例如，"一个人的家就是他的城堡"——他人在其自己的领域内是至高无上的。除非对立利益的主张十分强有力，否则这一原则明显支持他人在其私人领域内享有免受其他人观察的权利。《权利法案》中的《宪法第三修正案》与《宪法第四修正案》表明私人场所是受到保护的，明确限制政府执法人员非法侵入公民的住所——《宪法第三修正案》是对士兵驻扎的规定，以及《宪法第四修正案》是对防止非法搜查行为和扣押行为的规定。尤其是，对于政府执法人员非法侵入公民私人场所并且法院认定此时政府执法人员已经侵犯了公民隐私权的案件，《宪法第四修正案》已经在这类型的无数案件判决中起到重要的作用。② Warren 和 Brandeis 对这一原则曾发表一番激荡人心的言论："普通法已经承认一个人的家就是他坚不可破的城堡这一原则，即便对于执行其要求的人来说，也是如此。那么法官就可以关闭前门以确保他人对其住所的权威，而为没有根据的或淫秽的好奇心开启广阔的后门吗？"因此，Warren 和 Brandeis 支持私人领域神圣不可侵犯的这一原则——既然如此，住所也应当是神圣不可侵犯的，无论是政府执法人员还是其他行为人都不能对公民或他人的住所实施窥探行为。

虽然在许多案件中，原则二与原则三可以同时适用，但是它们是相互独立的两个原则。例如，在偷窥狂的案件中，行为人对他人的寝室实施窥视行为，或者通过在他人的电话中安装窃听装置窃听他人的通话内容，我们此时会根据原则三判断此种行为构成隐私侵权行为，即便因为行为人仅仅获取到普通的或非个人的信息，而此时侵权行为并没有违反原则二的规定。此外，涉及《宪法第四修正案》的许多

---

① Michael R. Curry, Discursive Displacement and the Seminal Ambiguity of Space and Place, in The Handbook of New Media 502 (leah A. Lievrouw & Sonia Livingstone eds., 2002).

② See generally Richard C. Turkington & Anita L. Allen, Privacy Law: Cases and Material (2d Ed. 2002); W. r. Lafave, Search and Seizure: A Treatise on The Fourth Amendment (3d Ed. 1996); Daniel J. Solove & Marc Rotenberg, Information Privacy Law (2003).

案件也会涉及相类似的情况，例如，有关垃圾的案件。此时最直接的问题是，一般认为，人们不能对他们的垃圾主张隐私权，除非垃圾被放在认为是私人场所（或者"庭院"）之内。California v. Greenwood 一案①是许多判决所遵循的先例，在该案中，美国联邦最高法院认为："因此，在某种意义上说，他人之所以将他们的垃圾放在一个社会公众可以观察到的并且可以拿走的地方，是因为他人希望陌生人拿走这些垃圾，此时他人对于其所丢弃的物品不享有隐私合理期待。"

当法官在认定垃圾是否存在隐私利益时，他们并不是考虑垃圾的内容或者组成，而是考虑垃圾所处的位置——是否位于被认为属于他人个人场所之内或之外，事实上，法官认为这些案件与原则三相关，而并非与原则二相关。也就是说，他们并不会考虑垃圾的内容是否在性质上属于敏感的或私人的信息。

（四）三个原则的适用——某些灰色地带

首先，虽然上述的三原则分析框架已经在社会公众对隐私的讨论中占据主导地位，但是笔者仍然坚持认为，它只是解决隐私争议的一种方法，并不是争议的结果，或者说，三原则的适用并不往往是明显的或清晰的。即便争议案件与三个原则中的哪个原则相关是明确的，但是此时对于如何界定相关从而判断原则是否能够适用，这也往往不是一件易事，尤其当涉及先例在信息技术发展情况下的新适用的时候。

当政府在 2001 年 9 月 11 日的恐怖袭击事件之后主动实施一系列有争议的行为时，我们已经对此有所经历。《美国爱国者法案》（USA Patriot Act）② 就是其中的一个例子，根据该法案，为了试图重新界定政府对公民私人生活干预的界限，政府执法人员与公民组织之间已经产生冲突。然而，甚至在"9·11"恐怖袭击事件之前，作为互联网的监控工具，"肉食动物"（Carnivore）软件的发展也有相类似的反对意见。虽然对这些情况的详细解释与本文的中心问题没有什么关

---

① 486 U. S. 35 (1988).
② Uniting and Strengthening America by Providing Appropriate Tools Required to Intercept and Obstruct Terrorism (USA PATRIOT) Act of 2001, Pub. L. No. 107 – 156, 115 Stat. 272.

联,但是这两种情况都是政府所实施的干预行为受到来自两方势力的支持或反对的典型争议例子。换句话来说,毫无疑问的是,原则一与这些情况是必然相关的,但是所争议的是,对于政府扩大监控范围的建议,包括网络上的监控与网络下的监控,我们应当支持还是反对。

其次,对涉及私密信息或敏感信息的案件划界也是一件难事,并且会引来争议。例如,一个有争议的问题是,是否将包括诸如姓名、地址、电话号码和社会保障号等信息在内的信用报告头(credit headers)称之为"个人"信息。一方面,信息经纪人的行业协会"个人信息参考服务组"(The Individual Reference Services Group)坚持认为这些不属于个人信息;另一方面,联邦商务委员会(Federal Trade Commission)则认为这些属于个人信息。对于本文导论中所提到的案例一的问题,也就是,公共记录是否应当在网络上被公开并获取,这也引起相类似的问题——庭审记录是否应当在网络上被公开并获取,尤其是,这些公共记录或庭审记录所包含的某些信息是否应当被重新归类为个人信息并应当受到更好的保护。① 这一界限既不是静止的,也不是统一的,例如,包括成绩在内的学生信息。1974 年的《家庭教育权与隐私权法案》改变了传统对学生信息不受隐私权保护的看法。除此之外,该法案禁止在没有获得学生或其家长明确准许的情况下公开披露学生的信息,例如学习表现、教师评语等。

最后,原则三也会存在相类似的划界争议。第一,什么是私人场所这一理解可能会随着时间、社会和文化的不同而有所变化。美国所发生的窃听案件正表明私人场所随着时间的推移而有不同的认定:1928 年,在 Olmstead v. United States 一案②中,美国联邦最高法院判决认定,窃听装置不构成对私人场所的侵犯。然而,1967 年,在 Katz v. United States 一案③中,美国联邦最高法院做出相反的判决,从而推翻了之前一案所确立的规则,也就是,窃听公民电话的行为构成对公民私人场所的侵犯。这一转变至少反映了,什么才构成私人场

---

① See, e. g. , Special Directive Subcomm. , N. j. Privacy Study Comm'n, Report of the Special Directive Subcommittee to the New Jersey Privacy Study Commission (2003).
② 277 U. S. 438 (1928).
③ 389 U. S. 347 (1967).

所的这一理解随着时间的推移而产生变化。第二，在 Kyllo v. United States 一案①中，判决也反映了相类似的情况，也就是，对什么行为才构成侵犯私人场所的行为的理解也存在冲突。在该案中，政府执法人员使用热成像装置探测犯罪嫌疑人住所内的热度，从而判断犯罪嫌疑人是否在住所内种植大麻，而问题就在于，政府执法人员所实施的此种行为是否构成侵犯公民私人场所的行为。美国联邦最高法院对此有两种态度（五票对四票），在这一有分歧的判决中，美国联邦最高法院最后认定政府执法人员的行为构成非法取证，因为他们没有事先获得准许。针对认为政府执法人员使用热成像装置的行为不构成侵犯公民私人场所的行为这一观点，Scalia 大法官在多数意见中撰写道："在公民的住所内，所有信息都属于私密信息，因为住所的整个领域都是属于免受政府观察、窥探的领域范围。"Scalia 大法官还援引先例进行进一步的强调，也就是，法律"在住所的入口划了一道严密的界限。"② 第三，另一个经常受到争议的领域是工作场所的网络隐私，尽管对这一问题的主流观点会随着时间的推移而有所变化。根据之前的观点，这一"场所"会被认为属于个人的、不可侵犯的，但是根据最近社会公众以及法院判决的观点，即便劳动者主张认为，他们工作的电脑系统应当被认为属于他们的个人领域，但是最终企业组织作为服务器所有者的主张战胜了劳动者的主张。这一转变意味着，用人单位可以日常检查劳动者的邮箱以及网页浏览行为。

（五）三个原则与公共场所的监控

公共场所监控所面临的挑战与上文处于灰色地带的案件所面临的挑战不同。对于后者，困难在于划界，而对于前者，困难则在于公共场所监控这一争议是完全不在三原则分析框架的规范范围之内的。正如许多疑难案件一样，公共场所的监控通常涉及新技术，或者涉及旧技术的新适用，从而增加了观察他人、收集他人信息并且对此进行加工、分析、检索和传播的能力。然而，与三原则所涉及的案件不同，公共场所监控不涉及政府执法人员越权侵犯公民权利，不涉及收集或

---

① 533 U.S. 27 (2001).

② Quoting Payton v. New York, 445 U.S. 573, 590 (1980).

公开披露敏感的、机密的或个人的信息，不涉及侵犯一般被认为属于他人私人的或个人的场所、领域。虽然公共记录最初由政府执法人员所创建，但是将这些记录在网络上公开的行为的确会带来政府越权的困扰，并且顾名思义，记录之所以公开，是因为它们不属于敏感的或机密的信息。相似地，无线射频识别所追踪的客体不应该是出现在私人场所中的。即便所收集的信息不是敏感的（排除某些信息，例如信用卡信息），即便所收集的信息出现在公开的网页，但是这些信息所形成的电子档案也是令人困扰的。因此，根据这一分析框架，公共场所的监控似乎就不涉及隐私问题了。因为这一结论与许多人的直觉和判断不符，所以它激发人们的讨论而仅仅是被忽略掉。这些分歧为三原则分析框架作为隐私公共考量的统一判断标准提供了质疑的根据。

在下文提出一种替代的、考虑语境的分析方法之前，有一个对于公共场所监控的保守回应值得一提。与一般简单地认为公共场所监控是误导人的、没有根据的或是不合理的观点不同，这一保守观点将隐私区分为两种情况：第一种隐私是一种三个原则所蕴含的价值，第二种隐私更多是指他人在公共场所中的众多意见表达所披露的偏好或品味。① 通过指明公共场所的监控所涉及的是第二种隐私范围，这还为其提供除了"自助"之外的各种各样社会保护的手段。② 正如普遍知道的，以市场为基础的民主社会至少会为表达大众偏好提供两个坚定的机制：一是公民可以要求法律保护大多数人的偏好；二是在一个自由竞争的市场中，消费者可以通过其消费行为影响商品提供的条件和类型。③ 这些替代手段应当受到更多的关注，远远不仅限于笔者在此所提到的。

---

① See, e.g., Oscar Gandy, Public Opinion Surveys and the Formation of Privacy Policy, 59 J. SOC. ISSUES 283 (2003); Electronic Privacy Information Center, Public Opinion on Privacy, at http://www.epic.org/privacy/survey (last modified June 25, 2003).
② See, e.g., Gary Marx, A Tack in the Shoe: Neutralizing and Resisting the New Surveillance, 59 J. SOC. ISSUES 369 (2003).
③ See Calvin C. Gotlieb, Privacy: A Concept Whose Time Has Come and Gone, in Computers, Surveillance, and Privacy 156 (David Lyon & Elia Zureik eds., 1996); Solveig Singleton, Privacy as Censorship: A Skeptical View of Proposals To Regulate Privacy in the Private Sector, in Cato Pol'y Analysis No. 295, (Cato Inst. 1998).

虽然这一观点保留了三原则的分析框架，但是它至少存在一个问题，也就是，它将对公共场所监控的抵抗建立在一个薄弱的立足点上，从而难以对抗与其相冲突的主张，尤其是那些由被认可的权利和价值所支持的主张。在一个自由社会当中，他人有权选择在香草味雪糕中添加巧克力，或者要求为其隐私偏好提供更广泛的保护，除非这些偏好与其他人的道德或政治立场相冲突。实施或支持公共场所监控的人已经开始对各种反对理由进行游说反击，例如，根深蒂固的言论自由、行为自由以及追求财富的自由。然而，反对公共场所监控的薄弱立足点可以通过一个普遍适用的法律标准进行阐述，也就是，隐私合理期待。

在 Katz 一案中持并存意见的 John Harlan 大法官构想出隐私合理期待的两个步骤，后来被法官用于判断他人对于其行为是否享有"合理的隐私期待"的判断标准，也就是：第一，他人对其行为享有隐私期待；第二，社会认为这种期待是合理的。① 虽然合理期待的判断标准是一个高深的、复杂的问题，笔者在此不能对此做出过多强调，但是它至少存在一个直接的问题，尤其是，对于公共场所监控会给他人的偏好造成影响这一不满，合理期待的判断标准正是反驳的重要依据。简而言之，当他人在公共场所走动和实施行为时，他们已经默认放弃其隐私期待。他们大多数人可能希望别人既不会看见他们，也不会记录他们的行为或言语，但是对于期待别人不会看见、注意他们或利用由此获得的个人信息，这一期待将会不合理地限制别人的自由。一个人不会合理地认为，人们需要防止其眼睛看到他人的窗户，或者说不能注意到他人在超级市场购物车中放了什么东西。如果我们不能阻止别人的观察，那么，我们也不能阻止别人记住并向其他人谈论其所观察到的内容。在 2001 年，坦帕（Tampa）的警察使用视频摄像机对进入超级碗体育场（Super Bowl stadium）的每个人都要进行脸部扫描，他们对其行为辩护的时候说到，"法官已经判决认定，他人在一个公共场合内是不享有隐私期待的"②。

总而言之，虽然坚持认为三个原则规定隐私价值的这一观点为其

---

① See Katz v. United States, 389 U. S. 347, 360 - 361 (1967) (Harlan, J., concurring).
② Peter Slevin, Police Video Cameras Taped Football Fans, WASH. POST, Feb. 1, 2001, at A10.

所包含的隐私主张合理性提供了重要依据，但是它不能涵盖三个原则之外的其他情况。抛开偏好不讲，出于结果考虑，这些主张不会被排除，尽管没有与其他相对立的利益进行具体衡量。因此，只要提出一个强有力的理由，例如，效率、安全或者利益，就将已经任何人都能看到的公共记录在网络上公开，或者允许收集非敏感性的信息，此时表面上看似乎没有什么值得担忧的。同样地，因为公共场所会安装无线射频识别和其他监控，所以他人在这些公共场所所享有的隐私期待不是合理的。然而，反对者仍然对此不能信服，他们认为公共场所的监控构成侵权行为，而不仅仅是一种某些人不喜欢的社会实践。

三、语境完整性

指出三原则分析框架的两个特征有助于表明语境完整性背后的含义。第一个特征是，对于是否构成应当受到限制的侵犯他人隐私的行为，三原则分析框架有一个统一的解释。也就是说，作为一个理论框架，它不会随着时间、地点以及其他要素的变化而有所变化。第二个特征是，三原则分析框架根据二分法的形式对隐私权做出规定——敏感信息与非敏感信息、私人场所与公共场所、政府与私人，有趣的是，公共场所和私人场所的二分法在政治和法律研究的其他领域也有用。根据上述三种二分法，如果案件属于适当的一半范围之内，那么它就可以进行隐私的分析，然而，对于所剩下的不属于隐私分析范围之内的案件，任何情况都有可能发生。从这两种特征可以看出，语境完整性对隐私所做出的解释与三原则分析框架大不相同。

语境完整性的一个主要原则就是，没有任何生活领域不受限于信息流动，没有任何信息或生活范围是"应在任何情况下都能发生的"。对于几乎所有事情——我们的所作所为、所发生的事件、所进行的交易，这些都是发生在一个特定语境当中的，不仅仅包括场所，而且还包括政治、习俗和文化期待。这些语境可以被广泛定义为生活范围，例如教育、政治和市场，或者也可以被描述为日常行为，例如看牙医、参加家族婚礼或面试工作。为了某些目的，广泛的定义是足够的。正如上文所提及的，公共场所和私人场所是一种对场所进行二分的方法，这在法律和政治研究中已经被证明有用。然而，对于隐私规范的坚定直觉，这似乎根植于详细的而不是有限的语境、范围或典型情况。

通过观察人们的生活,我们就会发现,人们所生活的地方不仅仅只有公共场所或私人场所,而且还会存在除了这清楚的两种场所之外的其他场所。他们可以在家陪伴家人、去工作、寻求医院治疗、探望朋友、咨询心理学家、与律师交谈、去银行、参加宗教活动、投票、购物以及等等。这些行为所涉及的每个范围、场所或语境实际上都是由一套清楚的规范所定义的,并影响人们生活的各个方面,例如角色、期待、行为和习惯。在特定语境下,例如,许多教堂所举行的仪式,这些规范是明确的和十分具体的。然而,在其他语境下,规范有可能是不明确的、可变的和不完整的(或者是部分的)。这里没必要构建一套关于这些语境的理论。我们的目的只在于表明,对于不同类型的语境、领域、范围、场所这一社会现象,这是根植在日常经验中的,并且值得尊敬的哲学家、社会科学家和社会理论学家在其影响深远的著作中已经提出与此相关的理论。[1] 任何这些来源都可以为明确表达与个人信息相关的语境完整性理论提供基础。

根据语境完整性,语境或范围为隐私的规范性解释提供了一个平台。正如上文所说的,在一定程度上,语境由规范所构成,从而决定和管理诸如角色、期待、行为和限制等重要方面。语境规范的来源可能多种多样,包括历史、文化、法律、习俗等。在大多数语境中存在的规范正是管理信息的规范,并且,与我们的讨论最为接近的,正是人们在具体语境中所涉及的信息。笔者设想存在两种信息规范:适当性规范以及流动或分配规范。当这两种信息规范都满足时,语境完整性才能得到维持,而只要这两种信息规范的其中一种不能满足,此时语境完整性就受到侵犯。本文的中心焦点在于,隐私的判断标准是语

---

[1] See generally Pierre Bourdieu & Loic J. D. Wacquant, An Invitation to Reflexive Sociology 95 – 115 (1992); Michael Phillips, Between Universalism And Skepticism: Ethics As Social Artifact (1994); Michael Walzer, Spheres of Justice: A Defense of Pluralism And Equality (1983); Roger Friedland & Robert R. Alford, Bringing Society Back In: Symbolic Practices, and Institutional Contradictions, in The New Institutionalism In Organizational Analysis 232, 247 – 259 (Walter W. Powell & Paul J. DiMaggio eds. , 1991); Jeroen van den Hoven, Privacy and the Varieties of Informational Wrongdoing, in Readings In Cyber Ethic 430 (Richard A. Spinello & Herman T. Tavani eds. , 2001).

境完整性，在任何情况下，如果这两种信息规范的任何一种受到破坏，那么，他人隐私受到侵犯的主张就能够成立。

(一) 适当性规范

顾名思义，适当性规范可以表明，在特定语境下披露他人什么信息才是适当的或合适的。一般来说，这些规范限定了各种他人信息的类型或性质，而这些信息是在一个特定的语境下被允许、期待或者甚至被要求披露的。在医疗的语境下，他人与医生分享其身体状况的信息，这是符合适当性的，但是反之不然；在朋友之间，我们可能会倾吐浪漫的恋爱经历（我们自己的或者是其他人的）；面对银行或者债权人，我们会披露自己的财务信息；面对教授，我们会讨论自己的成绩；在工作的语境下，对于讨论与工作相关的目标、具体的工作表现和工作能力，这也是符合适当性的。

重要的是，什么情况下不符合适当性：我们不会（至少在美国）期待跟雇主分享自己的宗教信仰，不会跟朋友和熟人分享自己的财务状况，不会跟医生分享工作表现等等。正如语境和范围的其他方面一样，根据适当性规范的限制性、明确性和完整性，不同的语境之间会有极大不同。例如，在友情的语境下，规范是十分宽松的，要比教师或法庭的语境宽松得多，而在法庭的语境下，几乎所有呈现的信息都要遵守适当性规范。值得注意的是，没有任何地方是不会受到至少某些信息规范的约束的。有观点认为，当人们冒险出现在公共场所——街道、广场、公园、市场、足球赛现场时，此时不存在任何规范，也就是说，"任何情况都有可能发生"，但这一观点是纯粹虚构的。例如，即便在最开放的公共场所，面对陌生人询问名字的时候，如果他人直截了当地回应或头脑飘过这么一句话"关你什么事"，这也是正常的。

即便适当性规范在日程生活经验中是明确的，但是在大多数的主流研究中，这些规范的运作并没有被明确强调，从而可以进入美国隐私政策的公共考量范围之内。然而，在过去数十年的哲学著作中，我们发现对相类似观点的承认。例如，James Rachels 已经提出某种类似于适当性规范的设想，主张充分的隐私保护赋予他人享有不分彼此分享信息的重要权利，相应地，让他人不仅可以决定其与其他人的亲密程度，而且还可以决定其与其他人之间的关系性质：商人与雇员、神父与信徒、医生与病人、丈夫与妻子、父母与孩子等。在每个案件中，他人与其他人之间的关系种类不仅涉及他们互相实施行为的适当性程度，而且还会涉及他们之间相互了解的适当性程度。① 哲学家 Ferdinand Schoeman 对隐私以及其对人类的价值提供了一个最有深度的、最持久的解释，并写道："他人与不同的人之间会享有不同的关系，并且保持这些不同的人际关系是很重要的。"他还更进一步地谈论到，虽然他人可以在旧金山（San Francisco）的同性恋运动中表现积极，但是对于在萨克拉门托（Sacramento）的家人和同事而言，她的性取向则属于隐私。虽然一位教授可能会与其他同性恋者引人注目地出现在同性恋酒吧里，但是他也可以在大学里对性取向保持慎重的态度。旧金山的街道和报纸当然属于公共场所或公开的，除此之外，在清静的大学城里，同性恋酒吧也肯定属于公共场所。然而，即便他人作为一个同性恋活动者出现在公共场所，难道这就意味着他人已经放弃其免受社会公众关注的权利了吗？如果他人在其他环境下面临此种情况不会被认为权利受到侵犯，难道此时他人就不能认为其权利受到侵犯了吗？② 这些案件表明了 Schoeman 的观点，也就是，对于在一个情景下被认为是适当的信息，将其放在另外一个情景会构成侵权行为。这种类型的侵权行为正是适当性理论所涉及的内容。

（二）分配规范

除了适当性规范之外，还有另外一套规范管理信息从一方到另一方的流动或分配，笔者将此称之为分配规范。对于语境规范控制信息的流动或分配这一说法，这受到 Michael Walzer 正义多元理论的深远影响。虽然 Walzer 的理论没有特别强调隐私的问题和信息的控制，但是它有助于理解作为语境完整性的隐私框架。

在他的著作《正义诸领域：为多元主义一辩》（*Sphere of Justice*：

---

① James Rachels, Why Privacy Is Important, in Philosophical Dimensions of Privacy: An Anthology 290, 294 (Ferdinand David Schoeman ed., 1984).

② Ferdinand Schoeman, Gossip and Privacy, in Good Gossip 72, 73 (Robert F. Goodman & Aaron Ben-Ze'ev eds., 1994).

A Defense of Pluralism）中，Walzer 对分配正义理论进行了发展，不仅根据单一利益的和统一的平等，而且还根据他所称之为的复合平等，对不同的分配范围进行判断，每一个都是独一无二的正义规范。Walzer 将社会视为由许多个分配范围所组成，每个分配范围都由其内在的社会善品（social good）所定义。社会善品包括诸如财富、政治职位、荣誉、商品、教育、安全、福利和雇佣等内容。根据这些社会善品所运作的范围不同，从而导致社会善品的分配标准或原则也有所不同。例如，在教育领域，社会中的所有人只要具备一定的智力，就必然会获得一定程度的（好的）基础教育，但是超出基本水平的教育或者说是大学教育只能被分配给那些表现达到特定标准的人。在商品领域，市场中的商品会根据喜好与购买能力来分配。在雇佣领域，（好的）工作会被分配给具有合适才能与资质的人。根据 Walzer 的说法，正义的标准是复合平等，只有在不同的范围内根据不同的分配标准来分配社会善品，此时复合平等才能够得以实现，并且这些范围都是相当自主的。因此，在 Walzer 的公正社会当中，我们可以看见"不同领域的不同人会有不同的结果"。

所谓语境完整性，正是复合平等与分配原则或分配标准两者的结合。语境完整性不仅要考虑在一个特定语境下信息是否具有适当性，而且还要考虑信息的分配或流动是否遵循信息流动的语境规范。

回到上文所提到的在友情的语境下，此时要举一些关于分配规范的例子。正如之前所描述的，尽管他人对不同朋友所实施的行为会有所不同，这取决于他们之间是否属于亲密朋友，是否长时间相互了解对方，等等，但是在友情语境下几乎没有普遍性规范可以适用。在友情语境下，具有适当性的信息包括各种平常信息，例如日常活动、爱好和厌恶、意见、人际关系、性格、情绪、忠诚度等。然而，友情语境下的分配规范却不像适当性规范如此宽松，此时分配规范是相当重要的。一般来说，在友情语境下，他人要么自愿地慎重选择分享信息的对象，并且信息会双向传播——朋友之间会相互倾诉各自的信息，要么基于其行为、言语、经历等被别的朋友推断得出其信息。但是这还不够。保密一般是默认的——也就是说，他人会期待朋友对其所说的话视为机密，不会随意向别人透露。即便稍微偏离分配规范，一般也是允许的，就像朋友之间相互劝诱获取信息一样，但严重偏离分配规范就往往会被视为严重违约。当一个朋友从第三方口中套取信息，或者为了无助于友情的其他原因将朋友的信息泄露给其他人，那么这不仅会让其朋友必然感到遭受背叛，而且这一行为还可能会让人怀疑他们之间的关系性质。

对于友情语境下的分配规范而言，虽然自由选择、自由决定和保密是至关重要的，但是信息分配的原则并不仅仅只有它们。除此之外，信息分配的原则还包括需要、授权和义务——大概是一张没有限度的列表。例如，在医疗健康的语境下，当一位病患向她的医生分享其现在和过往的身体状况详情时，起支配作用的规范并不是对话题的自由决定（也就是，病患的自由选择），而更有可能是医生的命令，因为只有当病患愿意分享医生认为对诊断和治疗必要的个人信息，医生才能为其提供合理的治疗。除此之外，在医疗健康的语境下，还有另外一个与友情语境不同的地方，也就是，信息分配或流动一般不是双向的。对病患健康信息的保密是复合规范的内容——例如，在美国，最近的一项法律表明，医生在以下情况必须要征求病患的同意：直接与诊断和治疗相关的，存在公众卫生风险的，对药品公司有商业利益的，等等。①

其他语境中的信息实践要遵循合理的分配规范。例如，消费者和邮购商之间的交易。在这样的交易中，消费者不仅被要求提供足够的、适当的信息，从而向公司证明他们的支付能力，而且还要提供地址以表明商品应当被送到哪里。警察在获取信息以及在获取之后如何处理信息的分配或流动时，受到法律的约束而要遵守各种各样的规定。然而，警察以刑事犯罪为由所逮捕的犯罪嫌疑人可能会自愿披露警察尚未掌握的具体信息。一个性伙伴可能有权获取另一方与艾滋病情况相关的信息，此种要求可能不会得到准许。一个工作应聘者可能会自愿披露他认为有助于证明其能够胜任的信息。政治职位的候选人会自愿披露能证明其专业能力、政治忠诚、为人正直、政治关系和过往政治活动的相关信息。但是对于适合与能力，雇主和投票者分别均有可能选择进行独立的调查。这些例子仅仅为了表明我们可能遇到的信息规范构造有很多很多，并且上述所提到的仅仅是皮毛。

---

① 45 C. F. R. §§ 164.102-535 (2003).

(三) 语境完整性与正义

正如上文所提到的，根据语境完整性，一个规范的隐私解释认为，当语境规范中的适当性规范或分配规范被违反，此时隐私侵权行为就成立。与隐私权的其他理论解释相比，语境完整性的解释有以下不同。第一，在具体语境下披露的个人信息往往是与语境相关联的，并且永远不会是"很容易得手"的，而其他理论解释则简单地要求我们判断是否属于公共信息或者在公共场所所获得的信息。第二，信息规范的范围往往是特定语境所内在的，并且，在这个意义上说，这些规范都是相对的，或者说，它们不是统一的。在根据语境完整性重新回到公共场所监控这一问题之前，应当首先对两个潜在令人担忧的问题做出强调，而这两个问题都是语境固有的产物。

第一个问题是，通过提出将现有的信息规范作为隐私保护的判断标准，我们似乎会认为已经固有的流动规范是有害的，即便技术手段只是为了让事情变得更好。换句话来说，语境完整性在可能造成不利影响方面是保守的。举个简单的例子就是，联网的信息系统可以带来许多实质性的好处，例如，搜索能力的增加，消费者可以找到更多产品、服务或服务提供者，例如搜索一个具体的外科医生是否有治疗失当的前科。因为这种能力是新兴的，搜索这些信息的行为是完全脱离以往实践经验的，就外科医生这个例子而言，在过往，可能需要病患当面询问医生或者高价聘请别人进行搜索相关资料。如果语境完整性理论认为在这些例子中以新的方式获取信息的行为构成隐私侵权行为，那么，问题就出现了。

第二个问题是，因为语境完整性与实践和传统是紧密相连的，所以它丧失了约定价值或道德权威。在这个由于电脑和信息技术而急速变化的时代，在没有认真思考变化所带来的潜在危害和好处的情况下，变化已经推着人们和社会的急速发展，不管我们是否想要或需要它们。实践几乎随着时间不知不觉却又明显地改变，并且为传统期待也带来变化。这些改变已经影响了许多重要案件的结果，例如，当政府执法人员通过使用监控飞机发现犯罪嫌疑人在庭院种植大麻时，法院认定该行为并没有违反《宪法第四修正案》的规定。①

美国联邦最高法院认定，公民对于空中监控不享有合理的隐私期待，因为飞行已经成为我们生活中普通的一部分。在 Kyllo 一案中，即便美国联邦最高法院判决认为政府执法人员所实施的行为已经违反了《美国联邦宪法第四修正案》，但是其判决中的一个理由是，在私人住所上使用热成像设备（不同于飞机飞行）还没有成为普遍的社会实践，因此此种行为构成一种搜查行为。② 在这些方面，只要语境完整性与实践和传统相联系，那么它就不能成为令人信服的道德惯例来源，也就是说，对于他人在道德上应当做什么或者应当不做什么，道德惯例都应构成充分的正当根据。

虽然以上两个令人担忧的问题来自完全相反的两个方面，但是事实上，它们可以促进相类似的论述。首先，他们强调区分实际实践与约定实践的重要性。其次，甚至在约定实践的范围内，约定的范围也会有数种不同的可能性。再次，甚至根深蒂固的规范也会随着时间的推移而变化，以及可能不仅因为历史时刻不同而有所不同，而且还因为文化、地理位置、社会、国家等等因素不同而有所不同。虽然这些考虑只是因为某些案件会遇到这些问题，并不是意味着这些问题在道德上或政治上都应该存在于每个案件中，但是它们也意味着我们需要了解更多，从而区分在道德上和政治上能够接受的或者甚至是希望的变化以及不能够接受的、不被期待的变化（应当被抵制）。正如下文将解释的，这是可以实现的，但只能通过间接的方式实现。

笔者建议，语境完整性的需求要建立在一个支持现状的推定之上。据了解，普遍的实践可以反映适当性规范和分配规范，并且违反这两个规范的其中之一就会被认定构成隐私侵权行为。Walzer 关于正义的解释对领域做出了一个相类似的设想，也就是，如果根据另一个领域的标准在此领域内分配社会善品，那么，这就构成不正义。这一设想的例子有很多，例如，有钱人使用金钱向法官购买有利裁判，老板将性要求作为晋升的条件，基于亲戚关系获得政治职位，以及根据性别或种族决定工资等级，而对于以上这些情况，我们的社会都会认

---

① Florida v. Riley, 488 U.S. 445, 447, 452 (1989).
② See Kyllo v. United States, 533 U.S. 27, 34, 40 (2001).

为这是不对的。这些例子之所以是不正义的，不仅是因为一个领域的善品侵入到另外一个领域，而且还因为一个领域的分配规则被使用于另外一个领域。此外，当一个领域的善品侵入到另外一个领域，或者一个领域的善品在多个领域都占据优势地位时，Walzer 将此视为专横的一种形式；在专横领域中，体现固定原理的当地规范之所以会被推翻，是因为与那些没有拥有大量具有支配作用的善品的人相比，拥有大量具有支配作用的善品的人可以运用专横的权力。

对于信息规范而言，支持现状的推定意味着我们最初抵抗违反，怀疑它们会引起不正义或者甚至是专横。我们认为，根深蒂固的规范性框架代表一个特定语境的固定原理，因此除非具有强有力的理由支持改变，否则我们应当对其进行保护。任何既定语境下的固定原理都可能有一段很长的历史根源，并且对文化、社会和个人有重要的作用。在医疗语境下，庞大、复杂的规范系统至少可以被追溯到公元前14世纪，当时希波克拉底（Hippocrates）劝告医生同事要对治疗过程中所了解到的病患信息进行保密，因为如果他们进一步向其他人传播这些信息的话，他们会感到羞愧："无论我在治疗过程中看到或听到什么，或者甚至不在治疗过程中，而在人们生活中看到或听到什么，我都不应当将这些事情传播出去——我将会保持沉默，将所看到的或所听到的事情视为是不能说出口的、神圣而不能被泄露的。"①

此外，政治职位选举的语境是另外一个关于固定的规范性框架的例子，一般以积极的方式运行。在选举日，公民集中在投票站进行投票。从他们踏入投票站门槛的那一刻起，信息传播受到严格的规定，例如，从投票站工作人员可以询问他们什么到他们可以询问投票站工作人员什么，投票者被要求写什么并且谁充当见证人，选票发生了什么情况并且谁充当见证人，投票后的民意调查人可以在公民离开时询问什么信息——他们所投的对象，但是不能询问投票者姓名，以及投票后的民意调查人能够自由公开传播什么信息。以上这两个相似的例子表明，适当性规范和分配规范如何作用于确定的目的和制度。

---

① "In a Pure and Holy Way;" Personal and Professional Conduct in the Hippocratic Oath, 51 J. HIST. MED. & ALLIED SCI. 406 (1996) Heinrich Von Staden trans. (alteration in original).

然而，只要具有充分的理由，支持现状的推定就不能排除有可能会被成功反驳的可能性。解决这些有争议的案件需要可靠的手段，从而评价与根深蒂固的规范相关的道德地位以及对它们构成违反或威胁的新实践。尤其是，笔者建议，根据它们如何更好促进既定语境中内在的价值、善品以及基本的社会价值、政治价值和道德价值，根深蒂固的规范与对它们构成违反或威胁的新实践之间要进行比较，并且判断是否值得受到维持。要进行这两种评价模式中的第二种，也就是，根据社会价值、政治价值和道德价值所进行的对比，这会涉及基本价值的区分，而这些基本价值可能会被具体案件中对个人信息的流动和分配进行强加限制的相关信息规范影响（或掩盖）。根据数名隐私学者的研究，有可能被影响的价值包括：①对以信息为基础的损害预防；②信息不平等；③自主权；④自由；⑤重要人际关系的维持；⑥民主以及其他社会价值。一般被援引用于支持信息自由或不受限制流动的价值包括：言论自由、财富追求、效率以及安全。

1. 对信息性损害

如果信息被掌握在错误的人手中或者可以被不受限制地获取，那么，很容易会造成损害。这些损害可能是严重的，例如，1989年发生的演员 Rebecca Schaeffer 被谋杀一案，在该案中，谋杀者被发现是通过机动车管理部门的记录确定被害人的住所地址。① 还有一些不那么明显但也是严重的损害，例如，日益频繁的身份盗窃，明显是获取重要的身份信息的结果；例如，社会保障号、地址和手机号码。此外，如果医疗信息的传播不受限制，或者如果行为人能够很容易获取涉及他人宗教信仰、政治归属、性取向或犯罪记录的信息，那么，许多诸如雇佣、生命和医疗保险等利益都会受到威胁。

2. 信息不平等

这一价值存在于许多方面。1973年，在美国卫生、教育与福利部关于电子记录至关重要的报告中，报告的开端展现了公平或者我们所说的正义，因为对个人信息在电子数据库中的收集、储存和使用进行规定符合基本的价值。在美国的语境下，美国卫生、教育与福利部

---

① See Margan v. Niles, 250 F. Supp. 2d 63, 68 (N. D. N. Y. 2003). Passage of the Driver's Privacy Protection Act (DPPA), 18 U.S.C. § §2721 – 2725 (2000).

在政治上的理据将是通俗的,因为美国的组织实体可以对公民个人和当事人的命运行使重要的权力,例如,政府和财政机构。通过允许这些机构自由收集和使用公民的信息,这会进一步加速权力的天平向有利于他们的一方倾斜。对于这一有利于政府一方的观点,影响广泛的《公平信息实践法典》对此做出回应,以公平的名义为收集、储存和使用公民的信息做出限制。

同样,不平等也会存在于通过信息技术来进行的日常经济交易语境当中。正如 Jeroen van den Hoven 所描述的那样,获取商品或服务的他人也会给予(有的人称之为销售)其个人信息,例如他们的信用卡号码、姓名或者地址。交易中的当事人一般都是不平等的。就绝大部分而言,他人对这一经济交换行为所潜在的价值缺乏认识和了解,不知道行为人将会如何处理这些个人信息,不了解同意公开这些个人信息这一行为的全面含义,并且对于令他们感到生气的、有负担的或者与他们最初寻求相比不同的安排,他们几乎必然没有权力对这些安排进行撤销或者重新制定。为了促进交易公平,van den Hoven 要求"商事公司和直接的市场主体一方要确保合同的公平,要做到公开、透明、参与、通知到位"。

3. 自主权和自由

为了能够进行简短的讨论,我们将自主权和自由合并起来一起分析,它们已经表明限制获取个人信息这一明知举措的必要性。通常与自由主义的政治视野相关,自主权是有想法的公民的标志,他们的生活和选择都是由他们所采取的原则所引导的,而这是批判思考的产物。① Ruth Gavison、Jeffrey Reiman、Julie Cohen 和其他人关于隐私的引人深思的著作已经对自主权和隐私之间的诸多联系做出了阐述。② 这些著作主张,他人免于监视的自由和"相对独立"的空间对规划目标、塑造价值观、自我审视、树立行动准则而言是必要的条件,因为它们可以提供场所以便他人自由进行实验、行为和做出决定,不用向别人做出解释或者担心遭到报复。因为他人免受其他人可能讲什

---

① See, e.g., Gerald Dworkin, The Theory and Practice of Autonomy (1988).
② Stanley I. Benn, Privacy, Freedom and Respect for Persons, in Nomos Xiii: Privacy I (J. Roland Pennock & John W. Chapman eds., 1971).

么、将会如何反应、将会如何评判这些问题的束缚，免受传统和习俗的限制与期待约束，所以他人会更加自由地做出重要的人生选择、追求自己的喜好和履行自己的承诺。在为信息性隐私提供坚定的广泛保护进行辩护时，Cohen 提醒道，自主权会涉及他人生活的许多方面，包括品味、行为、信仰、偏爱、道德承诺、社会联系、决定和影响我们将成为什么样的人的选择。

除了隐私与自主权之间这一任意的、有可能的联系之外，还有一个几乎不被认可的、更进一步的构成性联系同样也在大多数的隐私权解释中起到一个至关重要的作用——控制他人信息的权利。这一控制他人信息权利的合理性在于一个前提，也就是，他人信息是他人行使自主权的客体，即便这一权利受到其他相对立或相冲突权利和义务的限制和约束。这样一来，这可以与自我决定这一显而易见的权利相比较，而所谓自我决定的权利，是指我们可以控制自己的身体以及对其的触碰。

4. 重要人际关系的维护

无论对于我们与其他人已经存在的关系，还是对于我们要与其他人建立的关系，信息都是一个重要因素。Charles Fried 已经表明，对他人信息获取的控制是友情关系、亲密关系以及信任关系的必要条件。正如上文所提及的那样，James Rachels 已经对此做出了一个相关的叙述，也就是，不同的关系部分是根据信息分享的不同情况所造成的，例如，夫妻关系、上下属关系、朋友关系、同事关系、神父与信徒之间的关系、师生关系、病患关系、理发师与顾客之间的关系以及等等。如果这些关系是重要的，那么，我们就应该重视它们背后对信息流动所要求的适当限制。

5. 民主和其他社会价值

数名隐私保护的倡导者指出，隐私不仅对他人来说很重要，而且对社会来说也很重要。在《隐私立法》（*Legislating Privacy*）一书中，Priscilla Regan 为这一主张提供了最好的说法之一："隐私的价值远超于其对他人尊严的维护或者个人关系的发展所起到的作用。虽然大多数隐私学者都强调，如果隐私存在的话，那么，他人的生活会更加美好；但是我认为，当隐私存在时，社会也会更加美好。我坚持认为，隐私不仅仅服务于他人的个人利益，而且还服务于共同的、社会的和集体的目的。"Regan 和其他学者通过主张民主的活力不仅取决于成为自主的、能够独立思考的公民——这需要隐私来作为支撑，而且还取决于具体的保护以免受社会公众对他人做出决定的具体领域进行监视，包括但不限于投票站，从而认定隐私对于培育和促进自由、民主、政治价值和社会秩序而言是至关重要的。① 对于成为被 Erving Goffman 称为"社会人"来说，隐私是一个必要的条件，它不仅可以缓和他人复杂的角色要求，而且还可以为许多日常交往提供更加好的相处空间，从而有助于社会和谐。② Janlori Goldman 也曾经提出相类似的观点，主张为医疗信息提供坚定的保护，因为他人更有可能既寻求医疗服务，又同意参加医疗研究。相应地，通过科学研究，这会促进全体社会公众的健康以及社会和谐。对于限制网络交易信息的主张，这会影响潜在的收益，也就是，日益增加的参与电子贸易的可能性。③ 最后，Oscar Gandy 已经生动地表达出，档案以及广泛的数据获取、收集、挖掘如何增加社会的不正义，并且甚至对在传统上处于不利地位的种族群体形成进一步的歧视。④

6. 相冲突的价值

对于个人信息的收集、分享和广泛传播，这必然会存在许多原因，其中包括维护言论自由⑤和出版自由、经济效率和利益、政府公开以及安全。⑥ 当这些价值与限制个人信息的收集、分享和传播的主

---

① See Anita L. Allen, Coercing Privacy, 40 UM. & Mary L. Rev. 723 (1999); Janlori Goldman, Protecting Privacy to Improve Health Care, Health Care, Nov./Dec. 1998, at 47.
② See Erving Goffman, The Presentation of Self In Everyday Life (1959).
③ See Donna L. Hoffman, Information Privacy in the Marketplace: Implications for the Commercial Uses of Anonymity on the Web, 15 INFO. SOC'Y 129 (1999); Donna L. Hoffman et al., Building Consumer Trust Online, Commacm, Apr. 1999, at 80 (same); see also L. Jean Camp, Trust And Risk In Internet Commerce (2000).
④ See Oscar H. Gandy, Jr., The Panoptic Sort: A Political Economy Of Personal Information (1993); Oscar H. Gandy, Jr., Coming to Terms with the Panoptic Sort, in Computers, Surveillance, And Privacy 132 (David Lyon & Elia Zureik eds. 1996); Oscar H. Gandy, Jr., Exploring Identity and Identification, 14 Notre Dame J. l. Ethics & Pub. Pol'y 1085 (2000).
⑤ See, e. g., Paul M. Schwartz, Privacy and Democracy in Cyberspace, 52 VAND. L. REV. 1607 (1999).
⑥ See Orrin Kerr, Internet Surveillance Law After the USA PATRIOT Act: The Big Brother That Isn't, 97 NW. U. L. REV. 607 (2003).

张相冲突时，我们需要追求二者之间的平衡。

（四）在三种案件中适用语境完整性

语境完整性与其他隐私理论分析方法不同的重要一点在于，语境完整性承认更丰富的、更全面的相关因素。在强调公共记录放在网络上的行为是否有问题时，无论是将档案柜中的记录还是独立数据库中的记录放在互联网上，这都是一个重大的变化，这让我们不得不思考信息是否被公之于众。要判断语境完整性是否受到侵犯，这需要对适当性规范和分配规范进行分析，从而判断所提出的新实践是否能以及以什么方式实施。

首先，对于第一种案件——在网络上获取公共记录的案件，当通过语境完整性的视角看待此种案件时，通过将当地保存的记录（无论是纸质版还是电子版）转化为网络可以获取的记录，这一变化的具体方面都被以新颖的方式做出强调。它极大地改变了记录获取的范围，将其从当地范围获取转变为全球范围获取，而这一转变是重要的，因为它构成对根深蒂固的分配规范的违反。因此，我们需要对这些价值进行衡量判断。虽然本文不可能对此进行一个十分全面的分析，但是简短地思考这如何对案件造成影响也是有益的，例如，对于性犯罪记录，在这种情况下，我们并没有同情被判有罪的性侵犯者。最近许多州的法律都有所变化，要求如果有严重性犯罪记录的人搬入某个社区，那么其邻居应当得到通知。[①] 尽管存在反对意见，但是更有可能出现支持改变分配规范的判决，也就是，支持将记录储存在社会公众可以获取的档案柜中转变为主动通知邻居相关记录情况。然而，将这些记录公开在网络上的建议是不同的。即便汉密尔顿（Hamilton）、新泽西州（New Jersey）的居民可能会合理地主张，对一个释放的性犯罪者所居住的小区邻居进行通知这一举措是合理的，可以预防性犯罪者再犯的危险，因为这些地方被认为属于性犯罪率高的地方，但是如果费尔班克斯（Fairbanks）、阿拉斯加（Alaska）的居民同样做出相类似的主张，那么这就似乎不能一概而论了。此外，如果将无数类别的公共记录放在网络上，那么，这会极大地促进第三

---

① See, e.g., N.J. STAT. ANN. § 2C: 7-2 (West 2002).

方对这些记录进行收集和分析。这一记录获取和流动的巨大改变并不能强调创造公共记录的原始基础，也就是，政府机构的公共问责制。

其次，对于第二种案件——消费者档案和数据挖掘，这也可以通过相似的方式进行分析。正如上文所说的，重要的不在于信息是否属于私人信息还是公共信息，或者从私人场所获取还是从公共场所获取，而在于这些行为是否违反语境完整性。然而，随着大量的技术发展，信用卡的使用以及信息经纪人的出现都已经改变信息获取和流动的传统模式。但是这些变化对语境完整性有意义吗？答案是不确定的。在过去，对于商人和消费者之间的交易，商人必须要知道消费者想要购买什么。也就是说，一个能干的、优秀的商人会注意到消费者的需求，从而提供相应商品。虽然网络图书销售商亚马逊电子保存和分析消费者的消费记录，将这些信息作为向相同消费者的推销基础，但是这似乎没有严重脱离根深蒂固的适当性规范和分配规范。与之相比，杂货商要求顾客进行关于其他生活方式选择的问卷调查。例如，他们去哪里度假、最近观看什么电影、阅读什么书目、孩子去哪里上学等，这却违反了适当性规范。如果杂货商向杂志订阅供应商或诸如Seisint和Axciom的信息经纪人提供杂货购买信息，那么，他们不仅仅违反了适当性规范，而且还违反了分配规范，从而应当负有相关责任。

最后，对于第三种案件——无线射频识别标签，语境完整性对此也有相似的问题，因为这些案件极大改变了信息的性质和分配模式。在无线射频识别标签出现之前，消费者会推定销售助理、商店经理或者公司领导会对售货点的信息进行记录。无线射频识别标签扩大了关系的范围，从而让牛仔裤零售商、生产商和其他人都能获取消费者的许多信息，而他们在以前是不能够获取这些信息的。无线射频识别标签的潜在使用不仅影响谁能够获取消费者信息，而且还影响消费者的自由决定权。在以往的推定不再成立的情况下，消费者已经不再能够控制信息在超出销售点的范围内进行分配。除非无线射频识别标签被特意设计为容易发现和失效，否则，消费者的自由决定权将从其手中转移到信息获取者的手中。这一脱离固有规范的行为会引起对各种价值进行评估判断。

（五）语境完整性和其他以隐私为中心的分析方法

在这三种案件中，对于在语境完整性的基础上限制（或不限制）信息的获取、收集和传播的具体主张，笔者只能提供简短的概括。一般来说，适当性规范和分配规范要求对许多因素进行考虑，包括信息的性质及其与语境的关系、语境中所涉及的角色、各个角色之间的关系、信息分配规则以及一个语境中的任何变化如何影响潜在的价值。就绝大部分而言，对语境完整性建立一个具有决定性的观点需要对详情进行仔细分析（或者对相同的或非常相似的案件进行分析），甚至包括事实情况的援引，这些事实情况可能会为关键因素变化所造成的影响提供依据。

在发展一种新的理论思考公共场所监控或"公共场所中的隐私"所带来的问题时，三个原则分析框架的缺陷（或盲点）为另一个可替代的规范性理论提供了契机，而这个理论正是建立在语境完整性理论的基础之上。虽然这一战略强调了语境完整性对于解决公共场所监控问题的特别优势，但是它对隐私理论著作漠不关心——这些著作许多是在过去几年被提出的，除了别的之外，这些著作不仅广泛围绕隐私原则，而且还延伸到公共场所监控的许多形式。[1] 基于本文篇幅的限制，笔者在此除了选取其中一个最有意义的解释进行阐述对比之外，不能再对全部解释进行详细论述。当这些其他解释为隐私提供统一理解的时候，语境完整性往往在特定语境范围内表达其意见。

例如，对于隐私权，有一个被广泛接受的理解，也就是，他人控制其信息的权利，这一理解能够为被称之为公共信息、公共场所以及防止非政府执法人员获取他人信息的情况提供足够的保护。相同的潜在权利基础在于他人免受视觉监控的自由或者对获取他人信息的限制。在语境完整性的视角，看待问题的方法往往与特定语境相关，这些理解会被认为是刻板的、武断的。甚至是在于其他存在相对立主张或权利的交易中，需要平衡隐私与其他诸如安全、财产或者言论自由

---

[1] See, e.g., Ferdinand David Schoeman, Privacy And Social Freedom (1992); Jerry Kang, Information Privacy in Cyberspace Transactions, 50 STAN. L. REV. 1193 (1998); Daniel J. Solove, Conceptualizing Privacy, 90 CAL. L. REV. 1087 (2002).

等价值（哪个有合理性），控制权主张或者限制他人获取信息的主张都仍然过于宽泛，留有太多的空白。

根据语境完整性的理论，了解语境是至关重要的——谁获取信息，谁对信息进行分析，谁传播信息并传播给谁，信息的性质，各当事人之间的关系以及甚至是更大范围的制度和社会环境。也就是说，对于杂货商店、工作面试或者枪具商店，这些语境都是不同的。当我们要评估对信息数据的第三方使用者分享信息时，对第三方进行一定的了解是很重要的，例如，他们的社会角色、他们影响信息主体即他人生活的能力以及他们对于他人的主观目的。对于讨论中的信息实践是否会对他人造成损害、是否会干预他人的自主决定权或者是否扩大在地位、权力和财富方面不被希望的不平等，对这些问题进行质疑也是很重要的。

我们可能会同意，诸如 Seisint 和 Axciom 等公司所实施的不间断的信息获取、收集、挖掘和形成档案的行为在一定程度上是不礼貌的，甚至是险恶的。然而，在其他情况下，语境或者在形式上相似的行为可能会让人们认为是理想的，或者至少是可以接受的。例如，在美国的小学教育和中学教育当中，老师为了评分而收集学生的信息。时间久了，这些分数会进一步被收集计算出平均学分绩点，与其他信息一起形成学生档案，并且这些档案会以某种形式上交到学生申请的学院或工作单位。如果学校没有注意到特定学生的表现在某种意义上已经发生重大变化，如果学校没有对反映在学生或在校表现中的变化数据进行"挖掘"，那么，学校将可能被认为是失职的。

四、结语

本文根据语境完整性提出了一个关于信息性隐私的模型，存在两种占主要地位的规范相互作用，包括信息适当性规范和信息分配规范。具体来说，对于一个特定行为是否被认为属于隐私侵权行为，这需要考虑多个方面，其中包括情况或语境的性质、与语境相关的信息的性质、获取信息的当事人角色及其与信息主体即他人之间的关系、他人在什么情况下将信息分享给其他人以及进一步传播的条件。这一理论模型是约定俗成的，作为一个具有辩护作用的分析框架，它可以对收集、使用和传播他人信息的行为规定具体的限制。

虽然其他规范性的隐私理论已经对隐私及其价值和基础有重要的分析，但是它们普遍以过度抽象的方式构建理论分析框架。因此，笔者认为，重要的详情会引起与语境相关的限制，从而需要被视作例外或者需要权衡取舍。与之相比，与语境相关的变化是语境完整性中必不可少的一部分。

相比而言，如果我们将语境完整性视为隐私的判断标准，那么，这些与语境相关的限制可以适用于任何既定语境中的信息规范。

首先，这带来的其中一个后果就是，目前在很大程度上被当地因素所塑造的隐私制度有可能会随着文化、历史时期、场所等因素变化而变化。虽然有的人认为这是有问题的，但是笔者认为这是一种优点。正如对隐私研究有杰出贡献的人曾经提到，隐私规范事实上会根据场所、文化、时期的不同而有相当大的变化，而这一理论不仅包括这种隐私的真实情况，而且还系统地指出变化的来源。

其次，这还会造成另一个后果，也就是，因为在调查相关语境的详情时，对于是否存在信息流动的具体限制这一疑问是可以被接受的，所以保护隐私将会成为一项麻烦的任务，需要掌握理论、社会制度以及对事实的了解。理论上，为了发现在这些领域内的技术革新如何影响信息规范，这一分析方法将会鼓励在突出的、有问题的领域内进行进一步的研究。

最后，对于如何回应违反语境完整性的行为，尤其是那些与广泛采用公共场所监控技术相关的行为，这里做出一个简短的总结。与不正义相类似的问题相联系，Michael Walzer 建议，为了维护复合平等，特定的交易类型可以被阻止。一个领域内的分配原则不应该被允许侵犯其他领域，因此那些在某一领域内富裕的人不能被允许对其他人实施专横。在我们的社会中，我们至少在法律上和政策上存在某些保障措施——例如禁止使用金钱交换某些特定物品（如选票、婴儿和器官）；如果将亲属关系作为政治职位传递的基础，那么，这将是无效的；反对政治职位可以作为获得法院有利判决的有效基础；甚至宣布内部交易违法。[1]

---

[1] See Alex Kuczynski & Andrew Ross Sorkin, For Well-Heeled, Stock Tips Are Served with the Canapés, N. Y. TIMES, July 1, 2002, at A1, B6.

政策和法律都不是维护语境完整性的唯一手段。在法律领域之外，关于得体、礼仪、交际、习俗和道德的规范都频繁地强调信息的适当性和信息分配。诸如友情或爱情等特定语境是丰富的、重要的，它们可能存在于非法律系统的范围之内。在特定的语境下，如律师与客户（或其他专业领域）的交往，一个中间立场到目前为止似乎还是可行的——明确表达的、由相关行业协会的处罚作为支撑的规范。[1] 当将语境完整性纳入法律、政策或者规则的时候，这会面临一个相似的问题，也就是，法律的范围。笔者在此只能提出，如果在公共场所监控中违反规范的行为是普遍存在的、惯常的，如果这些侵权行为背后蕴藏着巨大的个人利益刺激，如果所涉及的当事人拥有完全不平等的权力和财富，那么，这些侵权行为就有政治意义以及需要政治回应。

---

[1] But see Jonathan D. Glater, Lawyers Pressed to Give Up Ground on Client Secrets, N. Y. TIMES, Aug. 11, 2003, at A1, A12.

隐私和起源：
语境完整性在第三方当事人隐私中的适用

史蒂文·宾果[①]著　魏凌[②]译

目　次

一、导论
二、文献研究
三、语境完整性和数字信息
四、语境完整性和隐私风险评估
五、结语

一、导论

许多涉及保护第三方当事人的著作都存在一个关键的问题，这就是，缺乏清晰的指导方针或原则来制定专业水平的保护标准。由于隐私争论的伦理维度，机构与机构之间一致性的担忧变得更为紧迫。这场争论的中心就是 Mark Greene 所指的，"接触权、财产权和隐私权之间的紧张关系"[③]。埋头于此种紧张关系一方面限制了物质审查制度，另一方面也维护了捐赠者和第三方的信任。

独立于档案学之外的讨论，我们还需要研究的议题是电脑科学领域和与数据信息有关的信息伦理方面。摆脱此种话语的其中一个概念就是 Helen Nissenbuam 所提出的"语境完整性"理论。Nissenbuam 提

[①] 史蒂文·宾果（Steven Bingo），美国档案学研究员。
[②] 魏凌，中山大学法学院助教。
[③] Mark A. Greene, "Moderation in Everything, Access in Nothing?: Opinions about Access Restrictions on Private Papers", Archival Issues 18, no. 1 (1993): 31–41.

出，人们可以通过理解语境下信息提供、收集和使用的规则来定义信息性隐私权。① 换言之，围绕文本的隐私规则或可通过调查文本的起源来确定。尽管此种做法显而易见是档案管理的做法，但是，强调起源作为调和隐私问题的工具的重点在于，关注与估价有关的讨论。这一方面的讨论还未进入到深层领域，除了档案管理员应当与捐助者合作来识别和适当调节风险。笔者认为，语境完整性是档案管理者处理隐私问题更具前瞻性且更上层的一种工具。正如某些近期文献所指出的那样，处理风险就可能提供了在广泛组织水平上制定决策的机会。②

运用语境完整性的第二个方面是实际接触问题。Nissenbuam认为，当信息从一个语境中被披露至另一个语境中时，尤其是信息被完全允许以不同的方式流动时，语境完整性就受到了侵犯。③ Nissenbuam援引了一个例子来解释信息是如何在主体未曾知晓的情况下从一个语境擅自流入另一个语境的，例如，在网络上收集客户的信息。④ 随着档案工作者从事大量的数据项目和为制定公开的数据文件寻找选择，在新的语境下重构档案变得极其重要。

在总结当前有关第三方当事人隐私的档案争论后，笔者充实了语境完整性的具体内容。笔者在文中阐述如何将语境完整性转化成为有关起源的档案化观点，并且将其适用于有关评价和接触的问题。作为一个同时包含评估和接触问题的理论，笔者认为，语境完整性可以使评估和接触的政策在系统上整体统一。笔者指出，Nissenbuam在档案学背景下所提出的理论的局限在于，引起了对档案学上有关隐私和接触的独特挑战。具体而言，语境完整性并未在很大程度上解决它所提出的隐私问题，因为它的关键要素在于文件的敏感性，例如，创建者和接收者的角色和文件的主题。尽管笔者将语境完整性作为带领隐私

---

① Helen Nissenbaum, "Protecting Privacy in an Information age", Law and Philosophy 17 (1998): 559–596.
② OCLC Research, "Well-Intentioned Practice".
③ Helen Nissenbaum, "Privacy as Contextual integrity", Washington Law Review 79 (2004): 119–158.
④ Helen Nissenbaum, "Protecting Privacy in an Information age", Law and Philosophy 17 (1998): 586.

风险进入焦点的方式，笔者同样相信，曾经被抛弃的限制措施也应当被置于接触问题的一方。换言之，对于档案管理者来说，证明为什么代表了足够的隐私风险的文件可以推翻档案管理者的责任来提供接触。笔者将语境完整性作为我们职业伦理制订大型决策步骤时的工具。

二、文献研究

与隐私问题有关的文献一般可以分为法律问题和伦理问题两大部分。虽然两者并非互相排斥的，但是区分两者有助于理解档案收集的隐私问题框架。一般而言，一方面，法律探究的目的在于避免任何因披露敏感或诽谤信息的行为引起的惩罚性后果的发生；另一方面，伦理争议则是建立在亲信、捐献者和社会之间的信任关系之上。[1] 限制敏感信息的伦理争议往往关注与隐私有关的一般法律指引，学者会更进一步分析档案工作者处于道德灰色地带斡旋者的重要性。

有关隐私的法律研究都围绕广泛定义隐私的概念，例如 Samuel D. Warren 和 Louis D. Brandeis 所撰写的《论隐私权》和 William L. Prosser 所撰写的《论隐私》。Warren 和 Brandeis 认为，隐私权是生命权在精神、情感和个人精神生活的延伸。[2] Prosser 则进一步指出，隐私侵权行为由四种侵权行为组成：侵扰他人安宁的隐私侵权行为、公开他人私人事务的隐私侵权行为、公开丑化他人的隐私侵权行为和擅自使用他人的姓名或肖像的隐私侵权行为。[3] 在美国，保护隐私的观点具体展开的体现则是产生某些法案，例如《家庭教育记录保护法》（FERPA）和《健康保险流通与责任法》（HIPAA）。

许多档案工作者经观察后认为，比起档案，由著作所定义的一般权利更能对研究者产生影响，例如 Prosser、Warren 和 Brandeis 所定义的隐私权。例如，Greene 认为，几乎不存在任何证据表明在法律上广泛定义隐私权就能够对作品进行实际保护。相反，他提议，档案工作人员仅仅应当保护法律法规明确列出的某些文件类别，例如

---

[1] Hodson, "In Secret Kept, In Silence Sealed"; Glen Dingwall, "Trusting Ethics Codes in Establishing Good Faith", American Archivist 67 (Spring/Summer 2004): 11-30.
[2] Samuel D. Warren and Louis D. Brandeis, "The Right to Privacy", Harvard Law Review 4, no. 5 (1890): 193-220.
[3] William L. Prosser, "Privacy", California Law Review 48, no. 3 (1960): 389.

《家庭教育记录保护法》（FERPA）和《健康保险流通与责任法》（HIPAA），以及捐赠者协议规定认定的内容。

诸如 Greene 所提出的强调最小干预的观点都至少存在两个目的。其一是限制风险。据 Menzi L. Berhndt-Klodt 观察，费尽心力保护隐私给档案工作者提供了"一个全新的肯定的法律义务和责任，任何没有履行义务或实施过程中所造成的过失行为，都有可能是可诉的"。其二是支持广泛接触作品集。例如，Judith Schwartz 认为，增加对潜在的禁忌主题的接触，如果处理得当，那么将发挥促进社会公正的积极作用。谈及披露怪异的人和同性恋者的文件，Schwartz 认为，档案工作者和图书馆管理员"公开了档案，而研究机构则公开了人类生活的全部复杂性"[1]。Sarah Rowe-Sims、Sandra Boyd 和 H. T. Holmes 在他们研究密西西比州主权委员会的著作中阐述了，那些基于公共利益开放的记录是如何侵犯公民自由的。[2]

尽管支持接作为归档任务的核心部分，反对隐私限制的观点有其局限性。在捐赠者所关心的捐赠协议所规定的捐赠形式之外，某些学者认为，基于道德和伦理，档案工作者有责任和利益保护隐私。引用美国档案工作者协会职业准则，Hodson 认为："整体的伦理准则是清晰的：档案工作者必须意识到，甚至是保护，在档案收集过程中所涉及的个人隐私。"[3] 在 Robert Cogswell 研究档案著作权的文章中，他提到，隐私之所以重要不仅是因为法律之上的原因（例如避免诉讼），还因为"拥有有价值的记录的潜在捐赠者们如果怀疑档案工作者无法保护他们的隐私，那么他们可能不会进行捐赠"[4]。Timothy Ericson 进一步进行了伦理方面的论证，在他所作的与隐私有关的案例研究《伦理和档案工作》中，他指出，作为涉及良心和道德的职

---

[1] Judith Schwartz, "The Archivist's Balancing Act: Helping Researchers while Protecting Individual Privacy", Journal of American History 79 (June 1992): 179 – 189.

[2] Sarah Rowe-Sims, Sandra Boyd, and H. T. Holmes, "Balancing Privacy and Access: Opening the Mississippi State Sovereignty Records", in Privacy and Confidentiality Perspectives: Archivists and Archival Records, ed. Menzi L. Behrnd-Klodt and Peter Wosh (2005).

[3] Hodson, "In Secret Kept, In Silence Sealed".

[4] Robert Elzy Cogswell, Copyright Law for Unpublished Manuscripts and Archival Collections (Dobbs Ferry, N. Y.: Granville Publishers, 1992).

业，档案工作者应当限制私人信息，以免在材料收集的过程中给紧密相关的人造成不必要的损害。① 正如 Hodson 所言，如果他人相信，隐私更多的是由伦理问题构成而不是法律问题，那么有关隐私的伦理准则的结果将超出法律和法典的指引。

笔者认为，伴随着隐私伦理准则形成的犹豫，这样的任务似乎是模棱两可的。笔者在此再次重述 Greene 的问题，这就是，限制接触不可能建立在人们感到受侵扰或尴尬的前提下。正如 Hodson 和其他学者所指出的那样，挑战在于设计适当的政策来帮助收集机构指引不需要检查伦理的灰色地带。鉴于来自数码技术和相关限制的解除以及在网络上公开收集信息的文件增多，评估隐私的扩展性风险显得尤为相关。例如，在 2010 年，某个致力于管理权在线计算机图书馆中心组织为基于"善意的想法"将档案材料公布在网上的做法创建了指导方针。这些指导方针包括说明评估收藏品或系列水平的风险，尝试可能在某些广泛水平的组织上获得权利。在档案学文献中认定了许多涉及隐私和接触的挑战，信息技术所带来的复杂背景的改变使语境完整性的解释框架成为评估潜在风险的启发方式。

三、语境完整性和数字信息

Nissenbaum 曾提出，"在我的观点看来，迄今为止隐私的概念已经不能再适应新的领域，不再能够适应由制度和实践所引起的此消彼长的焦虑"。Nissenbaum 的这一格言反映出媒体和信息技术这一新的领域发展所带来的影响——对隐私的概念和使用新兴技术所引起的问题。在大众媒体，此种担忧引起了大量的问题，例如，身份盗窃、信息共享和社交网站未经信息主体同意披露他人信息。从学术研究而言，围绕数字隐私的争论扩展到了信息研究、计算机科学、通信、商业和法律的纪律问题。学者的研究从阐述技术解决方案和问题到研究隐私政策再到社交网站如何调节与种族志有关的隐私问题。起源的概念已经作为确定真实性和规范接触敏感信息的一种方式渗入数据管理的领域。从跨学科的角度出发，语境完整性正如 Adam Barth 等人所

---

① Timothy Ericson, "Case Twenty-Nine", in Ethics and the Archival Profession: Introduction and Case Studies, ed. Karen Benedict (Chicago: Society of America Archivists, 2003), 63.

倡导的那样出现,"根据个人信息的流动来对隐私进行哲学解释"。

在档案学领域,Heather MacNeil 在其 1992 年所出版的著作《未经他人同意:公共档案中披露个人信息的伦理学》代表着档案工作者早期尝试解决由数字信息所带来的隐私问题。[①] 近来,Sarah Hodson 和 Sarah Rowe-sims 等学者均指出将个人日记、信函和照片以数字化的形式放在档案网站所造成的问题。围绕隐私和数字信息之间不同对话的惊人之处在于,档案学概念的相关性,例如,起源的概念,此外,在过去 25 年以来,隐私所带来的挑战使档案工作者和研究人员解决问题的需求变得越来越紧迫。由于语境完整性强调语境、起源和信息使用方面,它在档案披露和通信伦理文献中都存在有益的交叉之处。

Nissenbaum 在其 1997 年的文章《公共场所隐私:信息技术所带来的挑战》一文中,他使用了"语境完整性"来描述使用和传播个人信息的社会规则。Nissenbaum 认为:"人们期望语境完整性可以作为保护隐私的有效工具。夜总会的老板也许不会介意让其他老板看到,但是他们可以合理地反对在语境之外报告自己的行踪。"在这一点上,Nissenbaum 认为,两分法没有办法有效定义隐私的问题,在没有限制接触的情况下,因为图书馆还是有很多限制接触的椅子。相反,隐私是由依赖于创建和传播信息的原始语境而进行定义。尽管对于档案工作者而言,通过分析语境做出接触决定是通常的做法,Nissenbaum 所提出的公私二分法的理论挑战了许多档案工作者处理隐私问题的基本方法。例如,Elena Danielson 提出了简单的二分法的档案理论,如果档案实质涉及公共领域,那么,就可以公开;如果档案实际是机密的,那么就必须严格保密。相反,Nissenbaum 认为,隐私不仅仅涉及哪类信息允许公开的问题,更涉及信息如何共享的问题。

语境完整性在许多方面都是从语境框架开始的,反映了档案学上的起源概念。具体而言,Nissenbaum 谈及,"语境是由典型活动、角色、关系、权力结构、规范(或规则)以及内在价值(目标、目的、意图)所定义的固定社会背景"。在此种定义之下,人们可以在档案

---

① Heather MacNeil, Without Consent: The Ethics of Disclosing Personal Information in Public Archives (Metuchen, N. J.: Scarecrow Press, 1992).

中看到许多相似之处，例如，活动、角色（如纪录创造者）和权力结构（如组织等级制度）。即便"内在价值"的概念与 Terry Cook 采用宏观评价时目标的概念存在一致性。例如，简单而言，提供一个社区的健康可以作为描述一个医院的任务或目标。Cook 认为，理解此类目标应以评价为中心，Nissenbaum 则认为，这些广泛的价值和目标使活动、角色和组织结构形成整体，反过来，导致特定交流行为的发生。在任何特定的语境下，他人可以根据共享的信息类型、共享信息的方式、共享信息的行为主体以及信息主体来定义隐私。

例如，Nissenbaum 引用了 Linda Tripp 制作的臭名昭著的录音，她记录了自己和 Monica Lewinsky 之间一系列的电话记录。首先，在相关语境中的事实是，信息的主体 Tripp 和 Lewinsky 是朋友关系。其次，信息的类型属于与私人性质的性行为有关的信息，如果遭到暴露，可能会遭到更广泛的曝光。最后，Tripp 在 Lewinsky 不知情的情况下记录并且向第三方传播了这一信息（如克林顿－莱温斯基事件的调查员）。正如 Nissenbuam 所总结的那样，"即便，从平衡方面而言，Tripp 的行为所带来的利益大于伤害，但是此种行为通过违背认知、同意和机密原则而侵犯了友谊的信息规则"。

尽管从 Tripp 的记录所获得的亲密知识在很大程度上都会被定义为隐私性质，但是，同样正确的是，事件的细节至少最初是选择性地与 Tripp 进行分享，如果 Tripp 不是 Lewinsky 的圈内密友的话。这一例子阐述了与语境完整性有关的社会范围的概念。根据 Jonathan Schonscheck 的观点，社会领域的观念建立于我们在某些不同的社会组织的交往行为，每种行为都在不同的社会规范下运行。例如，Schonscheck 指出，他人与配偶之间的关系与他人和亲密朋友之间的关系是不同的，不同的行为和通信确立了不同的期待界限。根据 Ferdinand Schoeman 的观点，Schonscheck 认为，在一个领域适合公开的信息不一定在另一个领域也适宜公开。例如，他人和自己的性伴侣谈论自己的性行为历史可能是恰当的，但是如果与自己的老板讨论这一话题则往往是不恰当的。

与 Nissenbuam 一样，Schonscheck 渲染隐私的方式是对数据交流技术对隐私造成影响的回应。具体而言，Schonscheck 担忧，在数字时代收集信息的能力将允许他人汇集许多个人社会领域方面的信息。

Schonscheck 使用了下列的类比：我们将碎片化的信息视为碎片。新的编译技术不是将碎片放入盒子，也不是将这些信息散播在信息高速公路上。相反，正确的做法是将它们镶嵌起来。

问题在于，在互联网背景下，公众有能力通过搜索引擎收集某些有关他人利益的碎片化信息。此外，许多个人都不能控制他们在网上的信息。设计师 Paul Adams 举出例子来分析这一观点。他描述了某个女孩的游泳教练的脸书账号，将教练的学生和她的偶尔在工作地点（某个洛杉矶同性恋酒吧）参与猥亵行为的朋友联系起来。通常，教练会将这些领域区分，但是由于网站的设计和教练自己的疏忽，她生活的两个领域重合了。根据个人的敏感性，这种融合成人行为和定期与儿童的互动可能会引起关注，否则可以通过教练的自由裁量来正确处理这一问题。

在涉及游泳教练的例子和 Linda Tripp 与 Monica Lewinsky 的例子中，人们可能会认为，语境完整性遭到了破坏。在游泳教练的例子中，通过侵扰教练生活其他领域的信息，原本约束教练和学生之间关系的基于角色的规则被违反了。此外，如果教练不能以适当的方式控制自己的个人信息，那么，她作为朋友的角色也将受到损害。到目前为止，如果社交网站促进了对语境完整性的侵犯，由于它允许新信息的流动且不是由责任主体承担责任，这一问题将变成评估改变的问题，如果是这样的话，那么，用户、网站和网站政策都需要进行担保。

正如 Nissenbuam 所指出的那样，语境完整性有助于理解信息规范，因此，它也有助于识别规则被违背的情况。然而，Nissenbuam 同样指出，语境完整性自己的价值在于"在可能有害的方式上，它比较保守"。具体而言，语境完整性并不是质问规则是如何与信息共享联系起来并且是如何使不平等的信息接触持续下去的。语境完整性也不会质疑在新的语境下接触的信息可能会更好地支持社会想要达到的目标。例如，《信息自由法》体现了信息流动方面一个重要的改变，侵权行为在某种程度上，虽然是既定的规范，但是可以通过社会效益来验证。正如 Nissenbuam 所说的那样："尽管语境完整性提高了我们识别习俗和期待何时被侵犯的能力，预测潜在的愤怒来源，但是更多的还是评估与立法实践有关的道德风俗。"

对于 Nissenbuam 而言，超越语境完整性维护的问题是双重的。

首先，在信息流动的既变背景下考虑道德和政治结果。这将包括公平、权力的问题，以及影响幸福的一般问题。尽管此种考虑在范围上是极其广泛，在档案学上，他人可以识别哪些判定将文件从私人背景下移至公共背景下的一般价值，例如支持研究和扩宽公共知识。第二个考量是信息流动的改变是如何冲击特定语境下信息的"价值、目标和目的"。目前有关这一考量的争议已经被运用到数据挖掘的法律领域。具体而言，在实践中，通过识别与旅游和电信（他人在何地与何人通电话）有关的数据模式来识别潜在的恐怖分子的做法已经引起担忧。尽管此种做法显而易见就是侵犯语境完整性，但是拥护者认为，达成阻止恐怖袭击的目标更为重要。将语境完整性应用于此种情况部分取决于他人是如何评价出于安全目的而实施的数据挖掘行为的目标和价值。这一例子和其他例子非常相似，语境完整性定义道德优选路径，而是定义了隐私风险，反过来使他人更好地衡量改变信息流动的利益和结果。

尽管 Nissenbuam 恰当指出了语境完整性的局限性，但是她并没有解决与档案学有关的问题。具体而言，在高度信息和机密的关系语境下共享的信息往往对于研究而言是非常可贵的，因为此种信息洞见了通常情况下一般公众不能接触的他人的个人生活。社会领域的语境预测了隐私和信息接触之间的争论，这是因为档案工作天然涉及将文件从相对私人的语境转变至相对公开的语境。基于此，使用语境完整作为制定与隐私有关的接触决定的唯一标准是存在问题的，它将导致档案工作者重新回到隐私和接触之间的争论当中。笔者在本文的下一个部分所阐述的观点是，在未经深入研究的情况下，将语境要素与隐私联系起来对于认定风险来说是有益的做法，正如评价文献所言，此种做法是一种更费时的评价集合。

四、语境完整性和隐私风险评估

迄今为止，在角色、活动、社会结构和创造信息的目标的语境下，语境完整性构建规则来认定隐私风险。在运用这些标准的同时考虑评价决定，考虑个人和全体教员的论文都是属于机构内的一位作者。传统的评价标准将会根据创建者作为科组成员的角色来认定价值，某个在当地的文学社区活跃的成员，此外，还有与这些角色有关的活动和关系。以 Cook 所提出的"宏观评价"理论而言，作品还很有可能反映出大学规划的重叠之处。大学作为实施规划的机构或实体，教员都是为大学服务的。

尽管由评价标准认定的价值可能会为收集档案的合法性辩护，但是当以不同的方式分析这些相同的标准时，也可以认定风险。例如，识别他人的角色、活动和目标并不会造成风险。在很大程度上与这些因素相关的系列将不承担大量的审查隐私风险评估方面的工作。另一方面，应当识别可能造成隐私问题的角色、活动和目标，适用系列应进行更严格的分析。

例如，就作者而言，档案工作者可能会考虑作者在写作背景下的角色，与其他作家相比，是否可以将其置于可以信任的位置，作者的角色在性质上是个人和职业的结合。如果作者或他的作品具有足够的重要性，那么富有意义的成品档案既可以从与作者的对话中获得，也可以从捐赠者中获得（如果作者已经去世），甚至还可以从部门同事中获得。通过运用社会领域的概念，他人可以评价与作者有着强联系的其他人，此种做法可能涉及敏感信息的共享。基于与作者存在强联系的人的重要性，他人可以评估隐私风险所用的大量时间以及评估将时间用在哪一方面是最有效的。虽然一系列或文件对应的高研究价值将值得仔细检查，以确定隐私风险，但是在广泛评估风险以反对研究价值的情形下，一系列的边际或未知的价值可能会被忽视。在之后的案件中，评估风险将取决于被定义系列的功能或关系。一系列值得质疑的研究价值和可能包含高度机密的信息可能会被封存起来，因为很难认定需要用来解决直接的隐私问题。Greene 指出，档案工作者应当强加限制以作为最终追索权的措施之一，"最明智的做法可能是关闭所有或部分可能会代表侵犯隐私的任何作品"。根据提供的框架，笔者用"基于语境的要素"替代"可想象的"。正如 Aprille C. McKay 所指出的那样，档案工作者在评估风险时应确定合理的步骤，包括可评估风险的粒度级别。[①]

[①] Aprille C. McKay", Third Party Privacy and Large Scale Digitization of Manuscript Collections: Legal and Ethical Obligations" Southern Historical Collection, University of North Carolina at Chapel Hill, 12 February 2009.

为了帮助档案工作者识别可能增加隐私风险的日常活动或角色，语境完整性在处理捐赠者方面的问题也可以作为有用的工具。正如 Greene、Frank Boles、Behrnd-Klodt 和其他学者所认为的那样，赠与协议为处理隐私风险提供了有价值的工具。尽管与捐赠者合作的所有好处都已经阐明，在确定他人想要询问的问题时，文献不会提供非常多的帮助。Bill Landis 指出，档案工作者在讨论隐私问题和与捐赠者接触时，可以更积极地采取最佳的做法和开发工具。具体而言，他指出，档案工作者应当同时讨论数字化所带来的积极影响和消极影响，发展共同的理念或开发新工具，例如，"限制访问窗口可能减轻不同类别的第三方当事人的隐私问题"，发展"一个更加积极的方法获得第三方当事人的隐私信息"。笔者认为，语境完整性对于帮助档案工作者获取隐私信息有着极大的潜力。

语境完整性提供许多途径来谈论隐私的话题，尤其是根据角色和纪录创造者的活动来讨论。例如，档案工作者可以直接询问纪录创造者，这就为他们提供了接触隐私信息的渠道，档案工作者也可以询问与纪录创造者存在亲密、正式信任关系的人。为了尝试识别纪录创造者所维持的信任关系，询问纪录保持者如何交流个人敏感信息也大有裨益。换言之，定义信息的流动方式。诸如此类的活动可以大致反映纪录保持者的活动和关系，导致更深层次地探寻作品的某些方面，如果档案工作者认为值得的话。通过档案工作者和捐赠者的协作，通过档案工作者对起源的理解和功能分析，捐赠者的风险分析变得更加尖锐。

因为隐私规则来源于个人活动的特定角色和范围之下的语境，所以围绕隐私的讨论不需要隔绝与纪录创造者和收藏价值有关的一般讨论。对纪录创造者的讨论揭露了可能给某些人提供接触个人信息特权的机会。也许是某个组织的主管或某个家庭纠纷的裁断者，毫无疑问，这也将引发有关潜在的第三方主体的隐私问题。将隐私视为从特定社会语境产生的品种，档案工作者可以推论出在纪录创造者讨论中所隐藏的潜在风险，并将这些风险告知捐赠者。因此，讨论隐私话题也需要包括对纪录创造者和收藏价值的一般讨论。

一旦根据角色和活动认定风险，且可以将风险转化成系列水平等级，那么，讨论的内容就会与接触行为有关，或者与 Nissenbaum 所提及的信息流动有关。将语境完整性适用于接触问题，笔者引用 Hodson 所提出的某个例子——Kinross 信件的例子。根据 Hodson 的观点，Patrick Balfour 是一个旅游作家，他与 Kinross 进行了许多信件来往，通信内容包含了许多私密的、忏悔的细节。在这些信件中，Balfour 阐述了作为男同性恋者的忏悔，某些内容可能在收集时被私下处理过。

在上述例子中，语境要素，例如，Kinross 的角色是作为知己，围绕忏悔行为的规则，以及给他人的个人困境有意识提供有限出口的目标则指向通信的保密性。此外，公开信件的内容改变了围绕机密信息的信息流动。这些因素需要与提供接触的道德和政治影响进行衡量。笔者重申 Schiwarz 的观点，笔者认为，信件内容对未公开的社会历史提供了有价值的洞见。正如前述，时间的经过和信件主体的死亡这两个要素也很重要。上述论点明确指出，档案工作者可以做出支持限制接触或允许接触的风险评估。

为了决定何种材料应当被公开，档案工作者应当考虑何种材料可以被接触。这一问题也与数字化和数字化文件息息相关。由于数字化文件的出现，在推进大规模数字化项目时进一步促进了大规模展开评价与研究价值、知识产权和隐私风险有关的决策。根据 OCLC 的文件所规定的"善意的实践"，选择大规模数据化的项目涉及作品或同等水平收藏研究价值和风险两者的衡量。如前所述，尽管在水平等级上评估风险不仅仅适用在数据化项目中，档案工作者还有大范围的潜在选择或结果需要考虑。

在决定接触某些系列档案如 Kinross 的通信时，档案工作者应该至少考虑三个要素：第一，何时将材料公之于众，第二，材料应当在哪种环境下公开，第三，材料的公开方式。第一个要素尤为重要，因为它涉及隐私问题，正如 Kinross 的例子一样。如果围绕某个作品或某系列作品的隐私风险并未被完全知晓，那么，在收集作品后，评估何种类型的接触是合理的就成了首要的问题。此时第二个要素和第三个要素就更加突出地发挥作用。涉及与决定接触环境的第二个要素，可能包括使用某些诸如协议的工具。其中一个有关第三方当事人隐私的协议被置于杜克大学珍藏书、手稿和特藏品图书馆内。尽管这些文书受到了一般保护来反对责任的产生，但是，在面对无法处理的项目级别的公开收藏品的不确定性时，这些文书还是非常有用的。第三个要素涉及围绕数字化和访问数字代理有关。通过使用语境完整性，他人可以提出比起在网上自由公开某个收藏品，在固定网上公开某个收藏品所造成的风险较低。在纸质的语境下接触某个收藏品使研究者对敏感信息产生直接的注意，而在网上阅读不需要这样的积极干预，因此机密信息很容易被发现。在此种情况下，诸如杜克大学所出台的控制协议就不会非常有效，即便研究人员支持该协议，但是人们也能在广泛地程度上接触到他人的私人信息。此外，Nissenbaum 及其他学者认为，在数字化背景下的信息流动的问题不仅是简单的范围问题，还涉及信息收集的问题。正因如此，分离社会领域的问题变得越来越有压力，尤其是当访问的内容可以通过大型的搜索引擎通过光学字符识别软件进行识别。

语境完整性在接触方面另一个有用的方面在乎定义特征，例如角色和活动等可能用来支撑接触规则的特征。例如，Phoebe Evans Letocha 认为，在决定接触医疗记录是否恰当时，以角色为基础的接触就会发挥其作用。考虑到根据规则的法律如《健康保险携带和责任法》，接触可以变得自动化，使电子接触遵守法律和社会规范。例如，经授权的医疗职业人员可以获得充分的授权访问病人的家庭结构，但是不同的访问特权会授予研究者，这基于用户数据库中的角色和基于各种因素（包括角色）的访问程序应用的规则。

五、结语

语境完整性提供了评价隐私风险的结构化方式，它可以适用于从评估到访问的许多不同功能。如果正如 Hodson 认为的那样，档案工作者背负着道德责任来保护第三方当事人的隐私，那么，一系列的标准或工具可以帮助档案工作者和捐赠者确保一定程度水平的严密性适用到隐私问题上。因为隐私总是会受到档案管理员的判断，所以，我们的目标不是制定严苛快速的界限标准，而是识别帮助评估风险的工具，以及提供合理的步骤来保护隐私。尽管语境完整性对于解决涉及档案的隐私问题可能不能提供肯定的回答，但是，它为广泛层次的组织在评估时提供了定义风险的有趣的可能性。

隐私和语境完整性：框架及具体适用

亚当·巴斯、阿努藩·达塔、约翰·C. 米切尔、
海伦·尼森鲍姆[1]著　魏凌[2]译

目　次

一、引言
二、语境完整性概述
三、语境完整性的公式模型
四、政策、结合与一致性
五、隐私立法的表达
六、与其他模型的比较
七、结语

一、引言

在过去的几十年里，社会实践中收集、储存、处理及分享他人个人信息的现象变得越来越常见且激烈。在许多情况下，新的社会实践不仅在法学家、社会评论家和隐私提倡者中遭到批判，也在流行媒体和普罗大众中引起了质疑、愤怒及反对的声音。近期的争论是有关荷花家居市场和快易通的来电显示（Caller ID），从计算机系统和完全信息意识到互联网信息记录程序及在线档案。尽管这里存在隐私的性

---

[1] 亚当·巴斯（Adam Barth），美国斯坦福大学计算机科学教授；阿努藩·达塔（Anupam Datta），美国卡内基梅隆大学计算机科学和电气工程教授；约翰·C. 米切尔（John C. Mitchell），美国斯坦福大学计算机科学和电气工程教授；海伦·尼森鲍姆（Helen Nissenbaum），美国纽约大学媒体、文化、传播与计算机科学教授。

[2] 魏凌，中山大学法学院助教。

质和价值的哲学理论，但是学者们倾向于解释隐私是什么，同时解释为什么在自由民主的国家中隐私应当被珍视和保护。不过，近几年，语境完整性的框架兴起，它不仅为回应价值和利益之间的争议提供了指引，而且还为理解隐私期待和特定事件容易引起愤怒的原因提供了系统的背景。

本文为表达隐私期待和隐私实践提供了形式框架，灵感来自于语境完整性。本文从简单的传达个人信息的模型开始，包括诸如"Alice 向 Bob 传播了有关 Charlie 的某种类型的信息"等此类的交流行为，为了表达和推理传播的标准，本文还使用了一阶时态逻辑系统。由语境完整性所得出的核心概念包括语境、角色、所传播的信息类型（而不是具体的数据）。特定语境中的角色被用来解释以下的问题，这就是，如果精神病医生和病人之间进行的完全可接受的交流转为发生在人力资源专员和求职者之间时，那么此种交流是完全不能被接受的。协调过去和将来的时态逻辑是为了说明，诸如，某些特定类型的信息只有在信息主体之前已经表明允许公开，这一类型的信息才可以被公开的问题，或者，行为人在将某些特定信息公开之前，必须通知信息所涉及的主体。尽管语境完整性的发展是为了支撑特定实质的哲学和法律立场，但是我们的目标是为了规范从语境完整性发展而来的概念，因此信息处理系统确描述、比较和执行隐私的方针、政策和期待。

笔者定义了两种类型的规则作为时态逻辑公式的两种特定形式，并且将它们分别称为积极规则和消极规则。这两种类型的规则在笔者所设定的时态条件下形成了"允许"和"拒绝"的传统访问控制规则。当时态条件满足时，积极规则就允许交流，但是消极规则只有在它的时态条件满足的情况下才允许交流。如果追溯主体交流轨迹，发现他们的沟通满足从积极规则和消极规则中分离出来的时态公式，那么，这些规定就应当在尊重规则的交流主体的模型下进行解释。

交流行为是指信息从发送方到接收方的行为。笔者的信息模型包括使主体能够结合信息并计算额外信息的关系（如根据邮政地址计算邮编），阐明 P3P 协议[①]和 EPAL 协议[②]中数据分层的概念。为了进

[①] L. F. Cranor. Web Privacy with P3P. O'Reilly and Associates, Inc., 2002.
[②] G. Karjoth and M. Schunter. A privacy policy model for enterprises. In 15th IEEE Computer Security FoundationsWorkshop. IEEE Computer Society Press, 2002.

一步阐述这一框架并对其使用方式进行解释，笔者将从《健康保险流通与责任法案》（以下简称 HIPAA 法案）、《儿童隐私在线保护法案》（以下简称 COPPA 法案）和金融服务现代化法案（以下简称 GLBA 法案）中展示如何捕捉隐私条款并将它们作为时态条件的积极规则和消极规则。

学者们提出了各种各样的定义和执行访问控制的框架文件和隐私政策，包括 RBAC、EPAL 和 P3P 协议。对比控制接触政策和先前提出的隐私政策框架，笔者在本文所提出的规则重点关注的是个人信息的主体，个人信息的传播以及信息主体和信息使用者过去和将来的行为。一般而言，控制接触政策系统能够决定允许或禁止行为人实施某个特定行为，这一决定往往来源于主体、对象和行为之间的关系（可能通过角色将主体分组等）。传统的信息接触系统可能会根据目前所管制资源状态做决定，但是它通常不会探寻过去或将来的限制。某些隐私语言，例如，企业隐私授权语言（EPAL），它有基本的时态属性，在 EPAL 下履行某一行为时可能会导致允许或禁止行为人进行判断并且形成"义务"。在 EPAL 下，某个义务通常对应某些主体在将来必须履行的某个行为。笔者所提出的规则可以使用时态操作符来明确涉及过去和将来的行为。因此，允许实施某一行为取决于之前所发生的行为，并且可以要求行为人在将来实施额外的行为，使用单一的构造就能同时包括双向确认（过去的要求）和机密性（将来的要求）。

控制接触并非传统的追踪信息是什么，是否允许他人阅读或书写某个档案，但是决定并不是取决于档案内的信息所描述的主体是谁。在笔者的模型中，信息的主题和信息的发送者与接收者一样重要。例如，规则允许医生和他们的病人交流个人信息，但是禁止医生和他们的行政助手交流病人的个人信息。

正如在计算机安全社区所做的大量控制接触和隐私语言的工作一样，笔者用符合逻辑的语言来表达隐私政策，并且将合规和精致的逻辑概念与可满足性和实质条件联系起来。本文第四部分的特定技术结果包括政策一致性的特征、实质条件和线性时态逻辑的合规性。实质条件有助于理解政策的结合和政策之间的比较，例如，HIPAA 与另一个特定的隐私实践场所（诊所或医院）的对比。之前学者在隐私语言方面所做的努力，尤其是 EPAL，它们均使用了复杂的格基约化实质定义。在笔者的模型中，实质条件将作为标准的逻辑含义被捕捉。通过平常的结合与分离的逻辑运作得到隐私的结合。

笔者目前的框架简化了以下两个内容：其一，笔者所提出的规则仅仅建立在所交流的信息类型之上，信息被假定用来描述某个人而不是一个群体。例如，我们可以轻而易举地表达，人们接受医生记录某些类型的信息，但是，我们当前不能认为，只有在不能识别特定个人的薪水时，银行经理的平均薪水才可以被公开。其二，研究数据隐私和聚合在未来发展中的精确联系将是富有成效的，但是为了简便起见，在当前的研究中，我们不应该考虑它们的延伸。

本文的其余部分组织如下。本文的第二部分是对语境完整性的概述。本文的第三部分阐述了我们的模型和定义我们的正式语言 CI。本文的第四部分研究 CI 语言的性能和由 CI 语言所表述的政策之间的联系。本文的第五部分从法条中的隐私条款角度来评估 CI 语言的表现力。本文的第六部分对比了笔者的框架和某些访问控制的隐私语言。本文的第七部分进行了总结。

二、语境完整性概述

语境完整性是根据个人信息的传达而对隐私所做出的哲学解释。它并非作为隐私的完整定义而被提出，它被用来作为规则模型或框架，目的在于评估信息在主体（个人或其他实体）之间的流动性。语境完整性特别强调解释为什么特定类型的信息流动引起公众以隐私名义的强烈反抗（以及为什么某些类型的信息流动就不会引起诸如此类的抗议）。在语境完整性的分析下，社会规则的复杂系统规则信息流动是理解规则的隐私保证的关键起始点。尽管语境完整性本身是一个相对近期的术语，与语境相关的观点一直被束之高阁，但是，它在不同的文学作品中都受到承认，并且在不同的工作中尝试用某些特定的方式去处理专业保密规则。定义语境完整性存在四个构造：信息规则、适当性、角色和传播原则。

然而，我们从语境的概念开始，捕捉人们在社会中行为和交易的观点，不仅仅关注人们作为个体在一致的社交界中的观点，而是个人在不同的角色出现在不同的社会背景下，例如，医疗保健、教育、就业和市场等等。这些背景都应当作为特征随着时间不断演变的结构设置来理解,在这些背景中,有时会有大量的地点、文化或历史事件的偶然发生。特定背景的特征包括角色的聚集(有时是开放式的)和规定行为和实践的行为指导规则。例如,指导人们咨询医生(或人们本身的身份是医生),上课(或教学),购物(或作为售货员)。

理解笔者在本文所指的"语境"的进一步特征是,语境不仅由角色和规则来定义,而且还由某些确定的目标和价值来定义。在医疗保健的情况下,某位旁观者(也就是说,从另一方面看待此事的人)观察某个医院所设置的典型医疗保健,如果他/她没有领悟医疗保健背后的目的(也即减轻病痛促进健康)时,那么,他/她可能不能对医疗保健做出正确的判断。尽管为每一个既定的语境设定确切的目标属性和价值属性并非易事,即便是在相对稳健的医疗保健的情况下也很难达到,这是因为角色和语境规则与它们有着重大的联系。基于这一点,尽管语境完整性涉及较大的理由,但是这并非是本文具体目标的关键之处,笔者在本文也不会再进一步深入探究。相反,笔者专注于历史上某个特定时刻的语境,并且关注于表达它们随之而来的精确规则。

出于理解隐私的目的,适用于将信息从一方传播到另一方的规则,笔者称之为"信息规则",这些规则是非常重要的。例如,在医疗保健的语境下,信息规则限制医生可以询问病人的健康状态。此外,语境完整性是指信息规则在特定的语境下受到遵循的境况,当任一的信息规则遭到行为人不公正的违反时,我们就可以认为,信息完整性遭到了侵犯。

定义信息规则和确定语境完整性没有遭到侵犯的关键点之一是问题的信息类型(类别、性质、阶级)。不同于某些著名的隐私规则解释,笔者在本文所采取的分析方法拒绝在公共信息和私人信息之间采用简单的二分法,笔者的分析方法对于判断他人提起的隐私主张是足够的。然而,这里存在各种各样无法定义的不同类型的信息,在既定的语境下,这些信息也构成信息规则。笔者提出"适当性"的术语来反映问题当中的信息类型是否符合相关信息规则。因此,例如,在求职面试的语境下,求职者应聘银行经理的职位。要求求职者提供婚姻状况的信息是不适当的,但是如果是在约会(或求偶)的语境下,此种信息则是适当的。因为信息类型对于影响人们判断是否发生侵权行为至关重要,早起语境完整性的解释就将适当性规则与传播规则相区分。笔者为规则语境完整性所做的努力已经揭示,一般程度而言,不论是适当性规则还是传播规则,都能纳入本文所讨论的传播形式规则当中。

  人与人之间的每一次交流都与实体(主体、人)有关:信息流出的主体、信息流入的主体以及信息主体本身(或者是信息本身)。实体被认为在特定的能力或特定的角色下实施某些行为,这些行为在相关的语境下与不同程度的细节相关。例如,在学术部门,领头人、终身教授、助教、学生、行政人员等角色,每一种角色都与一系列的义务和特权相关。因此,语境完整性有助于保持人们的角色,因为角色是那些具有丰富复杂情感的人判断侵权行为是否发生的重要参考因素。

  传播原则的概念可能是在语境完整性当中分析隐私最具显著特征的一面。这些原则在规定由信息规则确定的信息从一方主体流向另一主体存在最具体的限制(术语或环境)。其中一个原则是机密性原则,禁止主体将获得的信息与其他人分享。尽管机密性原则至关重要,但是这里还存在许多其他的传播原则,例如,互易性,确定信息的流动是双向的(发生在朋友之间但并非是医生和病人之间)。另外一个原则是额外的原则,它确定信息接收方应当知道或了解有关信息主体的某些信息,也许是,他人有权知道自己的爱人是否感染了 HIV 病毒。一个重要的传播原则取决于信息主体的意识和认同,例如,他人有可能是被迫公开信息,他人是否知道信息是否被传播,他人是否同意信息的传播。规则所规定的传播原则应当规则信息的流动,如果没有遵循传播原则,那么,就应当推定信息规则遭到了破坏。需要指出的是,信息主体控制有关自己信息的流动在某些理论中具有不同的特征,但是在本文仅仅只符合传播这一重要的原则。传播原则的变化可能一直在进行着。

三、语境完整性的公式模型

  在这一部分,笔者将碎片化的语境完整性整理成形。笔者的模型包括在不同的语境中扮演不同角色的交流主体,模型会互相发送其他主体的不同信息给交流主体。个人知识的演变取决于他们所收到的信息和他们进一步推断属性的计算规则。主体之间的交流引起历史或踪迹的产生。在笔者具体的模型中，尽管线性时态的选择与其他时态逻辑相比重要性并不突出，但是传播规则仍然使用线性时态逻辑（LTL）公示来表达这些踪迹。

（一）主体、特征和信息

笔者从模拟交流主体开始研究。与每个主体相关的是主体所知道的特征的集合。P 作为一组主体的集合，T 则是一组特征的集合。例如，Alice 和 Bob 均是主体，"邮政地址"和"身高"则是特征。某个知识的状态是 P × P × T 的子集。如果（p, q, t）∈K，那么，主体 P 则知道主体 q 的 t 特征。例如，Alice 知道 Bob 的身高。笔者省略"组"的特征，例如，Alice、Bob 和 Charlie 的平均身高。

1. 数据模型

为了安排结构特征，笔者将计算规则包括在内。笔者的计算规则提供可能推论的抽象介绍，使主体可以从邮政编码的特征来计算邮政编码的特征。从形式上而言，一个计算规则是一对（T, t），条件是 T，T 且 $t \in T$。直观地说，如果 Alice 知道 T 集合当中有关 Bob 的全部特征，那么 Alice 可以计算 Bob 的 t 特征的价值。笔者将这一知识状态的联系正式地表达如下：

∀k. ∀p, q∈P. if {p} × {q} ×T⊆k，那么，k $\xrightarrow{(T, t)}$ k′，而 k′=k∪{(p, q, t)}。这就是，主体 P 从 t 特征中了解到有关主体 q 的信息。让 I 作为一组计算规则，那么 $\xrightarrow{I}$ 是 $\xrightarrow{(T, t)}$ 中（T, t）∈I 集合的传递闭包。

2. 交流模型

一个主体可以向另一个主体发送他了解的所有特征。Alice 可以向 Bob 发送有关 Charlie 身高的信息，因为 Alice 自己知道 Charlie 的身高。在了解该信息之后，Bob 知晓了 Charlie 的身高。m 信息是从集合 M 当中得出的。每一个 m 是信息所包含的一个特征，m⊆P×T，T 这一集合在计算规则当中是封闭的。例如，包含邮政地址的信息往往包含相应的邮政编码。笔者将发送信息的行为视为交流行为,并且将此种行为表示为三要素(p1,p2,m),当主体p1作为信息发送者时,主体p2作为接收者,m则是指p1所发送的信息。一个传播知识的交流行为用公式表达如下:$\forall k, k'. \forall p1, p2 \in P. \forall m \in M.$

如果 $k \xrightarrow{I} k\hat{}$ 和 {p1} × (m) 语境 $\subseteq k\hat{}$,那么,$k \xrightarrow{(p1, p2, m)} k'$,当 k' = k$\hat{}$ ∪ {p2} × (m) 语境。信息的语境第一次被信息发送者计算,之后被信息接收者接收。

(二) 角色、语境和踪迹

为了进一步将语境完整性模型化,笔者假想了额外的结构将主体和作为语境部分的角色联系起来。R 作为一系列的角色,C 作为 R 当中的一部分。$c \in C$ 作为语境,角色 $r \in c$ 作为语境 c 的角色。例如,出纳是银行语境下的角色,而医生是卫生保健语境下的角色。角色是由部分秩序 $\leq R$ 所构成的。如果 $r1 \leq r2$,那么 r1 是 r2 的专业化角色,相应地,r2 是 r1 的一般化角色。例如,精神科医生是医生专业类别的一种,反过来,医生是医疗保健提供者专业化的一种。

主体可以同时扮演多个角色。例如,Alice 既可以在卫生保健部门当医生也可以在银行当客户。p 作为一种角色,是 P × R 的子集。如果(p, r)∈p,我们可以认为,主体 p 正在扮演或行使 r 的角色。例如,如果(Alice,精神科医生)∈p,那么 Alice 必须同时扮演医生和精神科医生的角色。每一个语境下都存在许多实例(许多银行、医院),但是为了简单起见笔者将不再举更多的例子。

主体世界的历史是一个无限的踪迹:(k, p, a)三个序列,当 k 作为知识状态时,p 作为角色,a 是指交流行为,同时,$kn \xrightarrow{an+1} kn+1$,并且所有的 $n \in N$。角色状态可以轻易地从一种状态转换到另一种状态,笔者将角色状态视为模型的输入。例如,将医院作为政策的输入机制,记录作为护士和医生的应聘者。然而,知识状态的演变会因具体的交流行为而不同。这就阻止了 Alice 自然地了解到 Charile 的生日。

时态公式下的传播规则见图1。

σ| =□∀p1, p2, q: P. ∀m: M. ∀t: T
语境（p1, c）∧发送（p1, p2, m）∧（m, q, t）→∨φ+∧φ（1）
积极规则：输入（p1, r1）∧输入（p2, r2）∧输入（q, r'）∧（t∈t'）
∧θ∧φ
消极规则：输入（p1, r1）∧输入（p2, r2）∧输入（q, r'）∧（t∈t'）
∧θ→φ

图1　时态公式下的传播规则

（三）时态逻辑

笔者使用了标准的时态逻辑来表达主体行为踪迹的特性。时态运算符用于捕捉传播原则。例如，如果 Alice 根据保密性原则告诉 Bob 她的年龄，那么在将来，Bob 不能公开 Alice 的年龄。过去时态对于捕捉选择和其他相似的隐私惯用语也是富有成效的。某些时态逻辑对于将语境完整性的形式化而言是恰当的，包括线性时态逻辑和分支时态逻辑。笔者使用线性时态逻辑，尤其是多分类的一阶线性逻辑。感兴趣的读者可以参见附录 A 部分。笔者使用下列语法所生成的工具：

φ:: = 发送（p1, p2, m）| 内容（m, q, t）|
输入（p, r）| 语境（p, c）| t∈t' |
φ∧φ | ¬φ | φUφ | φSφ | Oφ | ∃x: t. φ

直观地说，如果主体 P1 仅仅发送信息 m 给主体 p2，将（p1, p2, m）保持现存的状态，如果信息 m 包括了主体 q 的 t 特征，如果主体 P 是角色 r 的扮演者，如果 p 是 c 行为的实施者，t∈t' 也即可以从 t' 的特征当中计算出 t 的特征。只有当情况 φ 成立时，φUψ 才能成立（ψ 必须最后是成立的）。如果 φ 在下一种状态成立，那么则 Oφ 成立。最后，∃是不变的存在量。

为了简化符号，笔者使用下列标准的符号：◇表示最终，□表示从今往后，◆和■表示过去时态的◇和□，w 表示等待。公式 φwψ 表示□φ 或 φUψ 成立。

（四）传播规则

笔者用时态公式表示传播规则。传播规则不是积极的就是消极的。积极的规则也许会这样表达：Alice 医生可以将病人 Charlie 的检查结果告知研究人员 Bob，前提是 Bob 对此进行保密。消极的规则是指，只有当时态条件已经满足时，交流行为才会发生。例如，Alice 医生只有在当研究人员 Bob 保持病人信息的机密性时，她才可以把病人 Charlie 的检查结果发送给 Bob。在积极规则的情况下，某些其他的规则可以授权他人进行交流，Bob 不会受到保密义务的影响，但是在消极规则的情况下，不论 Bob 是如何从 Alice 处获得病人的信息，Bob 都必须保持该信息的机密性。

假设图 1 的公式（1）成立的情况下，笔者使用了轨迹 ð 来满足 c 内容的规则。公式（1）分离了 c 内容的积极传播规则，笔者用规则＋（c）来表示。此外，笔者用－（c）表示内容 c 的消极传播规则。因此，为了满足规则，交流行为必须在至少存在一个积极规则的情况下才被允许，同时，交流行为还必须尊重所有消极规则。

笔者已经在图 1 当中描述积极规则和消极规则的句法形式。当 p1，p2 和 q 都是 T 的不同变量时，r1，r2 和 r 都属于 R 的期限，t 是 T 的变量，t' 是 T 的期限。Θ 是主体限制，ψ 是时态条件。某个主体受到 Θ 约束是指免受时态条件和自由变量 P1，P2 和 q 约束的公式。它所表达的是信息发送者、接收者和信息主体之间的联系，例如，信息的发送者和信息主体可能是同一个人。时态条件 ψ 是对传播原则概念的公式化，ψ 是在 P1，P2，q，m 和 t 自由变量中的时态。Ψ 要求确定将来行为的发生和过去某些已经发生的特定行为。（且看本文第五部分对这一规则的具体阐述。）

构建公式（1）所产生的巧妙结果在于对特征的处理。每个单独的规则都适用于某个向下闭合的特征集合（信息向下的排列属性是由计算规则引起的）。公式抓住了"允许公开邮政地址"的通常含义即指允许公开邮政编码。笔者所提出的公式往往都将特征量化，因为每一个交流的特征都必须存在规则的基础，所以，"向上"否认规则的继承自然地引起特征的普遍量化，而向下则关闭了信息内容。例如，假设某个规则否认公开他人的邮政编码。如果他人尝试发送某个包含邮编的信息，那么，该信息必然包括邮编。当邮编被视为全称量词时，公式将禁止披露邮编。

四、政策、结合与一致性

规则信息流动的隐私政策被允许在不同的角色之间适用。政策是语境的结合，要求每一个语境的形式都受到遵循。例如，如果 Alice 同时在医院和银行都有履行的角色，那么她的所作所为必须同时符合不同语境下的信息规则。

定义。隐私政策是指图 1 中公式一的结合。为了评析隐私政策，笔者定义了以下的理论。隐私政策都是相互独立的，笔者还逐一对它们进行了比较。此外，笔者定义了隐私概念下的合法行为。笔者将使用标准的工具——线性时态逻辑确切阐述这些问题，它们都将得到很好的解决。

（一）一致性

为了使交流主体更好地遵循某个政策，政策都具有一致性。前后不一的政策是无用的，因为它们所描述的规则可能不会让主体满意。正如笔者所定义的那样，隐私政策可以通过禁止传递任何特征来让交流主体感到满意。为了达到实质性的一致性，笔者使用了时态公式，目的在于强迫沟通、询问，例如，要求银行客户最终收到他们的账户余额。

定义

隐私政策 θ 与目的 α 一致。如果它们存在的踪迹是 σ，那么，$\sigma \models = \theta \wedge \alpha$。因为对线性时态逻辑公式的可满足性是一个值得研究的问题，我们可以运用一组已经知道的算法结果来评估隐私政策的一致性。假设我们的载体集是有限的，我们可以重述普遍存在的量词作为有限分离和结合的线性时态逻辑命题。

定理一

隐私政策的一致性取决于 PSPACE。让 β 作为线性时态逻辑的公示来表达知识进化轨迹所受到的约束。证明的思路是提前定位 $\theta \wedge \alpha \wedge \beta$，并且决定它们在 PSPACE 中的可行性（与公式的长度和载体大小相关）。尽管最坏情况下可行性的复杂程度是 PSPACE，但是，还有某些有效的句法类公式。[1] 此外，在实践中也有运行良好的工具，比如被广泛运用的自选模型检查器 SPIN。[2]

（二）实质条件

评估隐私政策另一个指标是将其与其他对立的政策进行比较。例如，医院的隐私政策不应当允许那些被 HIPAA 法案禁止的信息流动。

定义

如果线性时态逻辑公式 $\theta_1 \to \theta_2$ 一直都是有效的，那么，隐私政策 θ_1 使隐私政策 θ_2 成为必要。

医院的隐私政策使 HIPAA 法案成为必要的政策（反过来使社会卫生保健的规则成为必需品）。实质条件凝练了由 EPAL 法案所定义的隐私概念。这些先前的定义是晶格理论并且需要直接进行向上或向下的推理才能发展下去。笔者简便的模型理论定义用量化特征的逻辑公式的方式表达公共政策。因此，政策的实质条件降低到标准的逻辑内涵。

定理二

政策实质条件可以由 PSPACE 决定。

只有当 $(\theta_1 \to \theta_2) \wedge \beta$ 不成立时，假设 β 是知识约束的线性时态逻辑公式，公式 $\theta_1 \to \theta_2$ 才成立。定理二就是通过观察上述公式所得出的。由于我们直接确定模型时态限制而不是将它们抽象在不可描述的"义务"中，比起给其他的隐私语言决定实质条件，给政策决定实质条件更为困难。

政策的蕴含也导致政策结合的概念。蕴含作为隐喻让位于结合，两者形成逻辑上的分离和结合。此种做法取代了先前复杂的晶格基础的隐私复杂定义。由于笔者使用精确的结构逻辑公式而不是功能（诸如 XACML 和 EPAL）表达政策，政策结合在这一框架下显得更为简便。将政策作为丧失实质信息的功能，不论要件是否从其他的特征

---

[1] S. Demri and P. Schnoebelen. The complexity of propositional linear temporal logics in simple cases. In Procceding of the 15th Annual Symposium on Theoretical Aspects of Computer Science (STACS'98), volume 1373 of LNCS. Springer-Verlag, 1998.

[2] G. J. Holzmann. The SPIN Model Checker: Primer and Reference Manual. Addison Wesley Professional, 2004.

中遗留。将政策作为保存遗传信息、简化结合的逻辑公式。

（三）合规性

最后，笔者将研究合规性的问题：鉴于过去的交流序列，政策是否允许一个深思熟虑的交流？如果允许，那么，要求是什么？这一问题对应着看似简单实则复杂的公式。简单的公式要求深思熟虑的行为来满足所有当前政策所施加的环境。笔者使用名为画面标准的 PLTL 公式来追踪这些必要条件。PLTL 公式的画面由区分当前和未来要件的句法所构成。未来的要件具有行为结果特征，满足有限的追踪到无限的追踪。

定义

给定有限的过去历史 σ，行为 a 与隐私政策 θ 存在弱一致。如果 σ·a 是 θ 画面的轨道，并且是从最初的 θ 开始的。将来的 σ·a 的要件是线性时态逻辑公式 ψ 会追随所有的轨迹 σ'。

当且仅当 σ'| =ψ 时，σ·a·σ'| = θ

弱一致性确保主体所实施的每一个行为都能在逻辑上符合隐私政策。然而，弱一致性的行为的发生也可能不符合将来的要件。从线性时态逻辑时间验证这一有效工具我们可以决定弱一致性。

定理三

弱一致性和将来要件可以被多项式时间计算。

在强一致性的条件下，信息系统确保主体实际上符合附属于政策的将来要件。先前的隐私语言，诸如 EPAL，它们都可以仅仅确定弱一致性，因为它们缺乏足够丰富的时态条件来确定是否符合将来要件。

定义

给定一个有限的过去条件 σ，行为 a 非常符合隐私政策 θ，如果存在轨迹 σ'，那么，σ·a·σ'| = θ。

定理四

PSPACE 可以决定行为与政策之间的强一致性。

查证强一致性在 PSPACE 当中是一个复杂的工程，因为它涉及查证符合性。不过，由于使用这一算法在传统上都会留下各点的踪迹（例如医院信息系统），询问是否能够减少查验的复杂性来探寻每一行为在执行时是否都与政策一致是很自然的。如果依从性较差的政策意味着强的一致性,那么,为了达到强的一致性,信息系统只需要要求较差的依从性。

定理五

给定隐私政策 θ,它可以根据指数空间来确定是否弱的依从性意味着强的一致性。

证明这一定理的主要方法就是为隐私政策的构建,查验是否每一合理状态通往强连接成分。

五、隐私立法的表达

在本文的这一部分,通过展示某些常见的隐私立法,笔者展示了语境完整性的模型框架。笔者使用自己的框架表达群体隐私政策和立法,但是将重点放在立法部分。笔者捕捉了大量在法律当中嵌入的隐私概念,笔者检验法律时还使用了笔者模型的大量功能。笔者认为,这一证据表明 CI 具有大致正确的表达水平来代表普遍接受的隐私观念。

根据不同法律所采取的方法体现积极规则和消极规则的不同,笔者探究了三项立法,分别是:健康保险流通与责任法案(HIPAA 法案),儿童在线隐私保护法案(COPPA 法案),以及金融服务现代化法案(GLBA 法案)。具体而言,HIPAA 法案禁止公开受保护的健康信息,除了法条列举的某些情况;COPPA 法案和 GLBA 法案则禁止某些特定信息的公开。在 COPPA 法案和 GLBA 法案中,时态条件普遍与消极规则相关。某些其他框架不当运行的时态条件阻止它们正确地捕捉隐私法,不过 CI 在统一的逻辑框架下能够捕捉逻辑的韵味。

(一) HIPAA 法案中的隐私规则

HIPAA 法案中的隐私规则调整"受保护的健康信息"(protected health information,以下简称 phi)的传播行为,它的调整范围覆盖许多实体,诸如医院、医生和保险公司。[1] 规则(2)允许某些实体将他人的受保护的健康信息告知他人本人。这一规则允许 Alice 医生向

---

[1] Office for Civil Rights. Summary of the HIPAA privacy rule. United States Department of Health & Human Services, 2003.

Bob 展示他的断腿的 X 光片。但是，不允许 Alice 医生把 Bob 的 X 光片给 Charlie 看。此外，HIPAA 法案也不允许 X 光技师 Debbie 将 X 光片给 Alice。如果是此种形式的交流，HIPAA 法案提供了另外的规则(3)。Alice 医生不仅是受到法案规制的对象，而且更是医疗保健的提供者，她是涉及直接照顾病人的人。Debbie 既受到法案的规制，也被法案允许将 Bob 的 X 光片交给 Alice 医生（Bob 所扮演的是病人的角色）。

HIPAA 法案隐私规则的传播规则见图 2。

输入（p1，法案规则的实体）∧ 输入（p2，个人）∧（q = p2）∧（t ∈ phi） (2)

输入（p1，法案规则的实体）∧ 输入（p2，提供者）∧ 输入（q，病人）∧（t ∈ phi） (3)

输入（p1，法案规则的实体）∧ 输入（p2，个人）∧（q = p2）∧（t ∈ 心理治疗笔记）→◆∃p：P 输入角色（p，心理医生）∧ 发送（p，p1，赞成公开心理治疗笔记） (4)

输入（p1，法案规则的实体）∧ 输入（p2，个人）∧ 输入（q，个人）∧（t ∈ 条件和位置）∧◆∃m'：M 发送（p2，p1，m'）∧（m'，q，名字） (5)

输入（p1，法案规则的实体）∧ 输入（p2，牧师）∧ 输入（q，个人）∧（t ∈ 直接信息） (6)

图 2　HIPAA 法案隐私规则的传播规则

尽管 HIPAA 法案的大量规则都是由处理 phi 的积极规则所构成的，但是 HIPAA 法案中并没有处理 phi 成分的消极规则：心理治疗笔记。这一规则对心理治疗笔记的公开提供了特殊保护，即便是对笔记相关的治疗主体本身。特别地，HIPAA 法案存在消极规则（4）阻止实体在未经心理医生的同意下擅自公开心理治疗笔记。

积极规则和消极规则之间的相互作用是巧妙的。积极规则（2）允许公开心理治疗笔记，但是消极规则（4）却禁止实施此种行为（除非获得同意）。因为积极规则并不以公开为要件，所以这些规则之间并不矛盾。此外，即便行为人获得同意（满足消极要件的时态条件），行为人在没有积极规则的指示下也不得公开笔记。

HIPAA法案对某些特定的实体如医院有着特定的规则。具体而言，它规定某些特殊的实体，如医院，当他人处在这些实体的条件或位置上时，实体有权要求他人公开姓名。这一规定就如同积极规则(5)所示。法案同时规定允许牧师获得直接信息，这一规则如同(6)所示。直接信息是指包括他人的姓名、一般情况、宗教信仰和在实体中的位置。牧师所获得的此类信息还是更深层次的规则的主体，但是这已经超出了HIPAA法案的范围。

许多HIPAA法案的规则都可以使用传播规则来表达。不过，仍然有某些条款不在笔者的模型范围之内。具体而言，HIPAA法案所调整的实体可以在不考虑其他规则的前提下公开他人确定的健康信息。在我们语境完整性的公式下，每个特征都确定与某个主体相关。尽管我们并没有从细节上查证，但是我们期待扩大的包含群体特征的模型可以捕捉确定的个体特征。个体特征和已经确定的特征之间的关系已经被广泛研究。

（二）儿童在线隐私保护法案（COPPA法案）

COPPA法案保护儿童在网站上的个人信息。[①] 它在两大方面与HIPAA法案不同。首先，COPPA法案不包含各种各样的积极规则。相反，它包含两个限制允许其他信息流动的消极规则。其次，时态条件在COPPA法案当中起着核心作用。时态条件要求收集儿童信息的网站以某种方式回应来自儿童父母的信息。

当某个儿童向网站发送受保护的个人识别信息时，COPPA法案就得到适用。COPPA法案的两个关键的消极规则都有着相同的形式，不同之处在于它们的时态条件。当某个儿童向网站发送受保护的个人信息时，网站运营者必须遵循两个时态条件的约束，一个时态条件要求"父母的同意"，另一个时态条件提供"访问权"。

消极规则（7）要求网站在收集儿童受保护的信息之前需获得父母的同意。在儿童向网站发送受保护的信息之前，儿童的父母必须先从网站运营者处收到隐私通知，父母同意网站收集且自此之后没有撤

---

① Federal Trade Commission. How to comply with the children's online privacy protection rule, 1999. http://www.ftc.gov/bcp/conline/pubs/buspubs/coppa.htm.

销他们的同意，网站才可以收集儿童的信息。值得注意的是，此处的"自此之后"非常重要，为了确保父母实际上的同意。消极规则（8）包含一个时态条件，内容是要求网站运营者向父母提供隐私通知，描述网站的信息实践和网站从儿童处收集的具体信息。使用□◇可以很容易表达这一反应条件。

COPPA 法案的传播规则见图3。

输入（p1，儿童）∧输入（p2，网站）∧（q = p1）∧（t ∈ 受保护的信息）→
  ∃p：P. 输入（p，父母）∧¬ 发送（p1, p2, 撤回同意）S
  （发送（p，p2，同意）∧◆发送（p2，p，隐私通知））   (7)
输入（p1，儿童）∧输入（p2，网站）∧（q = p1）∧（t ∈ 受保护的信息）→
  □∀p：P. 输入（p，父母）∧ 发送（p1，p2，询问信息）→
  ◇（发送（p，p2，隐私通知）∧ 发送（p2，p，m））   (8)

图3　COPPA 法案的传播规则

COPPA 法案的第一时态条件与过去时态有关，也就是指父母表示同意，而第二个条件则与将来有关，即网站运营者正确回应父母的要求。COPPA 法案要求网站运营者在公开儿童受保护的信息之前，确保他们确实与儿童的父亲或母亲进行了沟通。在笔者的模型中，此类验证通过将父母的角色分配到适当的主体上得以完成。COPPA 法案还要求网站运营者在收到撤回同意的信息之后将受保护的信息删除。笔者的模型并不能捕捉遗忘的动作，但是，诸如此类的行为可以被包括在模型当中，不过随之而来的代价是模型将会变得很复杂。

（三）金融现代化法案（GLBA 法案）

1999 年出台的金融现代化法案，往往被称为 Gramm-Leach-Bliley Act 或者 GLBA。GLBA 法案包括限制金融机构掌握非公开私人信息（non-public personal information，简称 npi）的隐私条款。[①] 大体而言，

---

① Federal Trade Commission. In brief: the financial privacy requirements of the Gramm-Leach-Bliley Act, 2002.

GLBA 法案要求金融机构通知顾客它们所实施的涉及隐私的行为，并且允许顾客退出某些特定形式的信息披露。

只要客户关系仍然持续，金融机构就必须每年向客户发送隐私通知。时间没有具体的数量概念，CI 无法表达通知应当在每年都发送给客户。相反，消极规则（9）要求机构定期向客户发送隐私通知。

除了客户的角色，GLBA 法案也区分消费者的作用。相比起与客户的严格交流，GLBA 法案对机构与消费者之间的交流没那么严格。只有当机构将消费者的 npi 披露给非关联公司时，GLBA 法案才要求机构通知消费者，同时，机构既可以在公开之前告诉消费者也可以在公开信息之后再告诉消费者。消极规则（10）必要地使用了三种角色（发送者、接收者和信息主体），以及在它的时态条件下过去和未来的模式。

客户和消费者都可以选择是否与非关联公司分享 npi。规则（11）表达了专门为消费者所设立的规则，GLBA 法案也为消费者提供了相似的退出规则。客户和消费者也同时享有选择是否在机构和关联公司公开某些特定类型的信息。规则（12）表达了这一条款，GLBA 法案在应用信息方面也存在相似的规则。GLBA 法案还包括某些例外规则，但是笔者在此为了简便起见就不再提及。

GLBA 法案所涉及的许多令人惶恐的规定都是围绕附属企业的复杂定义和究竟什么是非公开私人信息的探讨。笔者对这些规则的公式化通过设定附属公司的角色和定义 npi 的特征避免了这一问题。判断哪些公司是附属公司，哪些信息是 npi 都在历史轨迹的准备中确定。机器模型可以分类轨迹并判断是否遵循传播规则。

消极规则的使用在 GLBA 法案当中是必不可少的，使用消极规则可以表达出积极规则不能表示的 GLBA 法案的某些规则。假设 Alice 既是金融机构 FirstCyber 的客户也是它的消费者。在 GLBA 法案的消极公式中，如果 Alice 向 FirstCyber 发送 npi，那么，FirstCyber 必须定期向她发送隐私注意事项。积极规则的分离特征使 FirstCyber 需要在每一次和 Alice 的交流中选择究竟是将她视为客户还是消费者。在消极公式下，消极规则的连接特征要求 FirstCyber 既将 Alice 当作消费者也将她当作客户。

GLBA 法案的传播规则见图 4。

输入（p1，客户）∧ 输入（p2，机构）∧（q = p1）∧（t ∈ npi）→
◇发送（p2, p1，隐私注意事项）W¬ 输入（p1，客户） (9)
输入（p1，机构）∧ 输入（p2，非关联公司）∧（q，消费者）∧（t ∈ npi）→
◇发送（p2, q，隐私注意事项）∨◆输入（p1, q，隐私注意事项） (10)
输入（p1，机构）∧ 输入（p2，非关联公司）∧（q，消费者）∧（t ∈ npi）

¬◆发送（q, p1，选择退出非关联公司） (11)
输入（p1，机构）∧ 输入（p2，关联公司）∧（q，消费者）∧（t ∈ 信用报告）→
¬◆发送（q, p1，选择退出关联公司） (12)

图4　GLBA 法案的传播规则

六、与其他模型的比较

在本文的这一部分，笔者将 CI 语言与传统的基于角色的权限控制模型（RBAC）进行比较，如可扩展访问控制标记语言（XACML）、企业隐私授权语言（EPAL）和隐私参数平台（P3P）。大体而言，CI 语言在两大关键方面与上述模型不同：其一，CI 语言在定义时态条件时包括了更广泛的语言，提高了 XACML 和 EPAL 基本的将来义务。其二，CI 语言正确地掌握了与消极规则有关的时态条件。时态消极与 XACML 和 EPAL 当中的否认规则有关，但是，由此产生的语义是模糊的。笔者对我们的研究成果进行了总结。

（一）基于角色的权限控制（RBAC）

基于角色的权限控制（RBAC）是指根据角色确定接触权的访问控制模型。CI 语言通过指定更多的角色特征，包括特征的概念和数据主体、时态条件等。RBAC 可以表示主观行为，而 CI 语言正如公式所示，它仅仅关注交流行为。CI 语言取代了 RBAC 用收件人原则取代了 RBAC 的客体。CI 语言使客体或信息接收者被具体的角色所确定。RBAC 的规则是以下形式的积极规则和消极规则：

允许：输入（p1, r1?）∧（p2 = p2?）

拒绝：输入（p1，r1?）∧（p2 = p2?）→⊥

需要引起注意的是，RBAC 缺少主体 q 和特征 t。时态条件同样也没有。拒绝规则在 CI 语言中是用消极规则和⊥来表示的，它是不满足条件的公式。

RBAC 对于隐私而言来说是不足够的关键原因在于它不存在特征的概念。假设某个医生阅读了某个病人的医药档案，之后医生给他的经纪人发送了一封邮件。从 RBAC 的角度而言，没有任何不良事件发生。所有的行为，不论是阅读档案还是发送邮件都是政策所允许的。但是，如果医生在他发送的邮件中包含了病人敏感药物信息，那么，隐私侵权行为就发生了。为了区分恰当与不恰当的行为，区分每一行为的交流特征是必不可少的。换言之，因为 RBAC 缺乏某些"内容"上的联系，所以，它对隐私而言是不足够的。

某些权限控制语言，诸如 Binder 和 RT，它们均使用数据记录来扩展 RBAC。通常，这些语言只适用积极规则，它们既不包括时态条件在内，也不包括信息的主体概念。Cassandra 是一个有着拒绝规则的复杂的权限控制语言，它在英国已经被应用于电子健康记录。在该项研究中，角色激活可以捕捉"同意"：通过激活"同意治疗"的角色就意味着病人同意治疗。不过，在这一语言中，未来的时态限制和计算的概念特征均不存在。

（二）可扩展访问控制标记语言（XACML）

可扩展访问控制标记语言（XACML）是表达访问控制政策的灵活语言。XACML 的扩展机制使它可以广泛捕捉大量的访问控制结构。为了对 XACML 的表现力做更有意义的表达，笔者将注意力集中在那些由基础的 XACML 语言做简单延伸就能表达的政策。具体而言，笔者将在一系列的请求中将 XACML 的目标抽象成为布尔代数的元素，并且仅仅考虑 XACML 的内置组合算法。

XACML 缺乏一阶时态条件。当某个 XACML 政策达到了政策判断，它可以用自己的义务来回应，义务是政策执行的象征。这些未经解释的象征可以被用来表示将来的要件。但是，义务阻止了 XACML 政策的语义学被政策本身完全确定（政策取决于周围的环境来给义务赋予意义）。通过将状态信息编码成要求的语境下可以表达 XAC-

ML 的过去时态，额外的信息在政策评估机器下会被过滤。然而，使用这一特征捕捉状态比"选择进入"或"选择退出"更让人尴尬。

XACML 不能正确地捕捉特征，尤其是不能捕捉与消极规则有关的特征。因为 XACML 的设想是政策对应请求的功能，所以出现了这一困境。XACML 的政策是由简单的子政策所构成的，政策的结合是逐点计算由子政策所表示的功能。此种做法无法捕捉特征，因为结合的影响是"非本地"的（基于向上的属性）。两种政策的联合反应亦不一定响应子政策的请求。CI 语言避免在逻辑上展示和结合政策。

（三）企业隐私授权语言（EPAL）

企业隐私授权语言（EPAL）是专门表达企业隐私政策而设计的。[1] EPAL 政策由一个简单的发送者（企业本身）和一个单一的主体角色组成。[2]

EPAL 的请求是由笛卡尔所提出的树的元素所构成：角色、特征、目的和行为。"角色"被视为信息接收者的角色，目标在 CI 语言中没有被直接捕捉。不过，这些目标在 CI 语言中进行模拟。EPAL 的政策是与一般行为有关，并非仅指像 RBAC 当中的交流行为。除目标和非交流行为之外，CI 语言使用积极规则和消极规则来捕捉 EPAL 的政策，如下所示：

$$(p1=p1\hat{}) \wedge 输入(p2, r2\hat{}) \wedge (t \in t\hat{}) \rightarrow \delta$$
$$(p1=p1\hat{}) \wedge 输入(p2, r2\hat{}) \wedge (t \in t\hat{}) \rightarrow \bot$$

发送主体 p1 在每个政策中的规则中都是固定的。标志 δ 是表示未解释未来义务的命题字母，类似在 XACML 当中所发现的。EPAL 使用包容关系来构建这些义务。

CI 语言在以下两个方面提高了 EPAL 的义务：第一，用时态逻辑表达义务，正如政策自身所具有的逻辑。因此，工具可以解释时态条件并且确定，例如，主体是否有可能免除属于政策的将来义务？第

---

[1] M. Backes, B. Pfitzmann, and M. Schunter. A toolkit for managing enterprise privacy policies. In European Symposium on Research in Computer Security (ESORICS), volume 2808 of LNCS, pages 101–119. Springer-Verlag, 2003.

[2] G. Karjoth and M. Schunter. A privacy policy model for enterprises. In 15th IEEE Computer Security Foundations Workshop. IEEE Computer Society Press, 2002.

二，笔者的时态条件可以同时谈论过去和未来，使政策能够依靠过去的行为进行信息流动。在 CI 语言中，时态条件的包含关系自然地引起时态公式的逻辑内涵。以将来必须实施的行为所体现的将来义务存在于政策特定语言中。① 这些义务比 EPAL 不可解释的义务要丰富，不过还是被◇条件所限制，例如，没有捕捉到 COPPA 规则（8）的反应条件□◇。

EPAL 政策可以附义务的否认规则。但是，此种义务的语义是值得怀疑的：政策机制回应预定的行为都会被拒绝并且引起义务的产生，但是如果主体没有实施预定的行为这些义务还会发生吗? CI 语言通过削弱消极规则的概念化解了这一困境，公式表示为：$\varphi \rightarrow \psi$。消极规则并不禁止由 φ 所描述的行为，但是禁止由 φ 描述的且违反时态条件 ψ 的行为。完全禁止可以通过用 $\perp$ 实例化 ψ。

CI 语言当中的 EPAL 的目标。在 EPAL 中，每一个行为都是基于某些目的设定的。EPAL 政策可以允许某个特定目的的行为，并且否认基于不同目的的同一行为。例如，基于医疗的目的，EPAL 政策可能允许某个健康网站分析访客的健康信息，但是可能不会允许该网站出于市场目的而分析访客的健康信息。通过将大的主体分解成几个小的主题，CI 语言可以捕捉这一概念。例如，大型的健康网站可以被分为一个医药主体和一个市场主体。通过限制这些区分主体之间的交流，CI 语言可以表达 EPAL 的目标。

（四）隐私参数平台（P3P）

隐私参数平台（P3P）是网站运营者在他们的数据实践中通知来访者的隐私语言。② P3P 仅仅包含积极规则和某些非常严格的时态条件。此外，简单的 P3P 政策仅仅包括一个发送者（网站）和一个主体角色（网站访客）。这些限制都削弱了 P3P 作为一般目的的隐私语言的功用。例如，P3P 不能直接表达出符合 COPPA 法案的网站。为

---

① N. Damianou, N. Dulay, E. Lupu, and M. Sloman. The ponder policy specification language. In POLICY '01: Proceedings of the International Workshop on Policies for Distributed Systems and Networks, pages 18–38, London, UK, 2001.
② L. F. Cranor, M. Langheinrich, M. Marchiori, M. Presler-Marshall, and J. Reagle. The platform for privacy preferences 1.0 (P3P1.0) specification, 2002.

了达成上述目的,网站运营者必须将 P3P 进行扩展并且制作 COPPA 法案的政策说明,即"状态=兼容"。P3P 的时态条件限制在"选择进入""选择退出"和"正确"之间。P3P 的陈述符合下列形式的积极规则:

(p1 = p1^) ∧ 输入(p 2, r2^) ∧ 输入(q, 访客) ∧ (t∈t) ^ ∧ψ。ψ 表示"选择进入"和"选择退出"或不存在时态条件。缺少消极规则使 P3P 在表达力方面显得更为简便。固定形式的"选择进入"和"选择退出"条件受到限制,甚至防止出现微小的变化,例如在 COPPA 法案当中的父母发出的"同意"和"撤销同意"的指令。

P3P 所提供的隐私参数语言可以帮助互联网用户过滤某些网站的信息。这些参数语言突出显示了 P3P 与 CI 语言之间的不同之处:所有 P3P 的政策都出现在单一的语境下。互联网用户不能具体指出对医药网站和金融网站的不同偏好。这就促使互联网用户收集"最小公分母"的参数。不论是 APPEL 还是 XPref 的参数语言都可以表示负面的喜好,但是,此类偏好在整个 P3P 系统中都不受重视(如表 1 所示)。

表 1 不同隐私语言的比较

模型	发送者	接收者	主体	特征	过去	将来	结合
RBAC	角色	身份	×	×	×	×	·
XACML	灵活的	灵活的	灵活的	O	×	O	·
EPAL	固定的	角色	固定的	·	×	O	×
P3P	固定的	角色	固定的	·	O	×	O
CI	角色	角色	角色	·	·	·	·

注:"×"标记表示在语言中缺少这一功能,"O"表示语言中存在部分或有限的此类功能,"·"表示语言中完全具备此类功能。

七、结语

笔者提供表达和论证个人信息传播规则的逻辑框架。这一框架关注语境完整性的某些核心概念，即理解隐私期待已经在法律文献和公共政策当中得到发展的概念性框架。笔者使用线性时态逻辑公式表达隐私规则并以信息流动来解释包括信息类型所在的基本行为，诸如"Alice 向 Bob 传播了有关 Charlie 的信息"。语境完整性的基本前提取决于语境、角色和个人信息的主体，并且不能被 DRM 类型的信息所有权模型捕捉，此外，不能简单将信息区分为"公共信息"或"私人信息"。笔者通过阐述如何用时态逻辑公式表示某些法案或政策的隐私条款（如 HIPAA 法案、COPPA 法案、GLBA 法案），目的在于表明如何使用笔者所提出的框架。

笔者在文中表明了政策一致性、合规性和政策结合的问题，以及在线性时态逻辑减少和细化的问题。政策结合已经在 EPAL 中证明存在问题，它可以使用逻辑公式的分离和结合来表达，细化政策则容易导致逻辑的降低。在决定合规性时，笔者给出了过去的交流行为的序列，并且希望决定下一个交流行为是否违反隐私政策。它同时存在强的遵从性和弱的遵从性：弱的遵从性要求只有当下一个行为符合所有必要的现实条件，而强的遵从性要求将来行为的序列应满足所有有关将来的要求。弱遵从性可以在多项式时间使用运行期验证进行检查，而强遵从性则要求使用复杂的 PSPACE 进行查证。

笔者把自己提出的框架与当前包括访问控制和隐私政策语言的框架如 RBAC、XACML、EPAL 和 P3P 进行对比。笔者已经在本文的图五进行了总结。特别地，笔者框架的两个核心概念——时态条件和积极规则与消极规则之间的区分，似乎是为了抓住隐私政策的实质特征。特别地，时态条件提高了 XACML 和 EPAL 未来无法解释的义务，使用消极规则也避免了否认先前的框架规则所造成的义务问题。

在笔者未来的工作中，笔者希望使用模型检测机分析包含在 HIPAA 法案中的隐私规则是否与某些目标和是否存在特定的属性。笔者同样希望将模型适用到某个处理电子监控记录的系统来确定系统是否符合 HIPAA 法案。

目前，笔者的框架假设规则仅仅建立在信息类型上（而不是实际的数据价值上），信息是指有关他人个人（而不是一组人）。笔者计划通过减少限制来扩展公式，使规则取决于特定的数据价值和一群人的信息。在这一扩展后的框架上，笔者希望发展数据隐私和算法之间精确的联系。

笔者还计划扩展框架将参数性角色包括在内。这些参数性角色将使 CI 更精确地捕捉某些特定的规则。例如，规则（7）在家长的参数化角色中能够被更好地表达，确保家长是孩子的亲生父母。参数化角色在其他的隐私语言当中曾出现，诸如 RT，它们适用于隐私语言当中。

最后，目前的语言在面对许多隐私语言时都面临着一个共同的困境。SB1386 法案是加利福尼亚州的法案，它要求企业在不恰当公开个人信息时应告知信息主体。这一规定不能正确地在语言中表述，因为只有当行为人违反规则时，这一规定才生效。在笔者的模型中，主体从来没有违反规则，因此不需要通知信息主体。但是，在加利福尼亚州的法律中，诸如此类的通知规则很常见。为了表达此类防卫性质的规定，笔者计划扩展模型，将偶然违反规则的主体包括在内。笔者认为，要达到这一目的，则需要修改当前的逻辑。

书本上的隐私和实践中的隐私

肯尼斯·A. 班贝格、迪尔德丽·K. 穆丽根[①]著　魏凌[②]译

目　次

一、导论
二、重新评估书本上批评美国隐私政策的主要观点
三、调查实践中的隐私：采访首席隐私官得出的经验证据
四、访谈的境况：实践中的隐私解释方式
五、对政策争论所造成的影响
六、结语

一、导论

　　学者和隐私提倡者们都在抗议，他们认为美国的法律没有适当地对他人的隐私提供保护。占主导地位的批评意见认为，现有拼凑起来的隐私规则是软弱无力的、不完整的、断裂的。学者们认为，当前缺乏专门提供数据保护的机构，随之而来的是，缺乏保护隐私的清晰指导、监督和执行。同时，学者还认为，美国的隐私框架没有提供一个全面的程序来赋予个人控制外界对自己信息的使用和传播的能力。
　　诸如此类的批评意见经常出现在某些准确描述隐私法的书中。不过，非常奇怪的是，这些争论忽视了隐私的基础。确实，自1994年以来，没有人持续性地调查公司是如何管理隐私的以及它们的目的

[①] 肯尼斯·A. 班贝格（Kenneth A. Bamberger），美国加利福尼亚大学伯克利分校法学院助理教授；迪尔德丽·K. 穆丽根（Deirdre K. Mulligan），美国加利福尼亚大学伯克利分校信息学院助理教授。
[②] 魏凌，中山大学法学院助教。

何在。

1994年，管理学学者H. Jeff Smith发布了具有里程碑意义的企业隐私实践研究，他的结论是严酷的。① 在对七个公司的研究中，隐私领域被从系统上忽视，也没有任何资源。政策的重要领域是不存在的，即便存在，也是不符合实践的。执行官忽视员工的隐私，并且暗示隐私并不在企业战略考虑范围内。隐私决策应当留给缺乏实质专业性的中层管理者，"在许多隐私实践中他们起着举足轻重的作用"。此外，这些中层管理者也回应某些零零碎碎的问题。尤其是在有关技术或商业发展的决定中，隐私往往不被考虑。某个中层管理者说："当使用新的方法使用他人的信息时，高层几乎不会制定有关隐私的政策。如果有人担心这一问题，那可能就是那些作为中层管理者的同事们和我自己。但是，我们往往不知道什么才是正确的答案，我们只是尝试去做某些事情。"

Smith将这些失败归因于隐私的法律意义和当前企业数据管理背景下规范隐私保护的要件均含糊不清的现状。面对此种模棱两可的局面，企业高管避免采取行动，除非外部各方要求采取特定的新政策和新做法。这一趋势正在加剧，因为隐私被视为紧张的核心运作目标——固有的围绕企业数据管理的秘密使此种现象雪上加霜。

Smith通过这些发现得出结论，这就是，使企业转变对隐私问题漠不关心的态度必须实施"系统的修复"，这反映出消费者的反抗或政府审查的威胁都一直存在。具体而言，Smith认为，政府实行监管干预的基本目标在于"减少美国隐私领域模棱两可的歧义"。鉴于这些目标——全面的、可信的和清晰的外部命令，Smith提出一套反映欧洲的隐私保护方法元素的改革方案。他呼吁政府在基于"公平信息实践"（FIPPs）原则的基础上采用一系列统一的原则和更具个性化的行业规范框架。这一方法强调通过在做出使用个人信息的决定时通知或获得同意的机制来证明个人权利，此外，国家还应创办专门的政府委员会来协助实施这一工作。Smith认为，这些步骤对于强迫企业有效提高对隐私的注意力是必要的，就像环境保护一样。

Smith的担忧在长达15年来都得到了广泛的回应。尽管在细节上

---

① H. Jeff Smith, Managing Privacy: Information Technology and Corporate America (1994).

有所不同，但是，改革提案往往都是非常一致的：企业应当提高对隐私的关注度和对隐私的资源投入，改善实质性的隐私保护结果要求采用欧洲的隐私保护模式：综合 FIPPs 在法律和有约束力的规则之上的隐私原则，而由 Smith 所称的独立隐私机构则负责解释和监控。

基于它们的恒久不变性，这些"基于书本上"的改革建议在很大程度上都未能考虑近期公司实践中所发生的巨大改变，因此忽略了规范评估的一个有趣的悖论。

在 1995 年至 2000 年间，美国的企业隐私管理经历了一次深刻的转型。成千上万的公司设立"首席隐私官"的职位，变革往往伴随着显著的公开活动。某个专业的隐私专家协会拥有超过 6500 名会员，该协会提供信息隐私的培训和认证。健康隐私法实践使越来越多的专业集团人士的出现，帮助企业管理和评估隐私。普华永道和其他企业跨多个行业进行行为隐私审计。隐私保护和认证程序发展起来。

因此，矛盾产生了。与 15 年前缺乏致力于研究隐私问题的"时间和注意力"相比，今时今日，企业已经通过直接设立隐私官的方式来管理大型企业员工所涉及的隐私问题。不过，这些变化不能归功于占主导地位的批评所带来的指示。美国的隐私规范仍旧是分散的、模糊不清的，仍旧未能摆脱孤立和以部分行业为重点的现象。美国的隐私规范很大程度上回避了对 FIPPs 的承诺。国会已经拒绝遵循采用专门的隐私管理者的欧洲模式。

在对长达 15 年的企业隐私实践进行实证研究后，本文提出了初步的研究发现，试图解决当前的困境。笔者通过定性采访某些主要的隐私工作人员的方式得出结论，这些受访者都是隐私官的同行、政府官员公认的行业领袖。记者需要考虑以下的问题：尽管未能达到许多人认为的制定政策的先决条件，但是公司对隐私的注意似乎迎来了蓬勃发展的迹象，是什么因素促进了这一改变呢？法律所扮演的角色是什么？是用来反对其他力量的吗？企业是如何理解隐私的意义的？尽管从外界的提示来看，隐私可能像或者更多的像是 Jeff Smith 在 15 年前所提出的模棱两可的概念。

正如本文的第二部分所述，尽管笔者所采访的首席隐私官在不同的公司工作，但是他们的回答在相当大的程度上都具有一致性，主要体现在如下几点：

第一，他们始终反映了隐私定义和他们采取的做法的深刻转变。每一位企业的隐私领导者都认为，信息性隐私比信息自决更受正式通知和同意的保护，因此，他们引入了根植于消费者期待的实质性隐私概念。他们理解隐私的意义取决于消费者的信念和企业适当处理个人信息和个人身份的设想——此种期待随着语境的变化而变化。成功的隐私保护不是通过证明他人享有通知权和同意权来衡量的，而是在实际生活中预防实质损害，例如，阻止数据泄露，以让人信赖的方式保护那些处于岌岌可危状态的信息。识别消费者的隐私期待是反映有延展性的基于情境的规则。此外，此种做法已经将隐私从一个遵循法规的活动转向风险评估的步骤，要求企业在做出有关产品设计、市场准入和政策发展的决策时嵌入隐私。

第二，采访一致表示出法律的重要性在这一方面的转变。虽然个别的美国行业法规和欧盟数据保护指令在某些情况下被认为是为了实现公司最初的资源和员工的承诺，以及建立规范的平台，但是，这一专业的路径也受到另外两个管理机构发展的影响：美国联邦贸易委员会作为"积极的隐私规范者"推进了一个面向消费者的隐私理念的改革，《违反国家安全通知法》的通过则将企业管理隐私与企业声誉联系在一起。

第三，访谈揭示了各种各样形成和讨论将隐私作为预防消费者受到损害的法律概念的无关现象。这些现象包括技术改变和第三方当事人提出在解决保护市场声誉问题时提倡纳入消费者隐私保护的内容。隐私官员职业化的重要性在于，他们应当作为向不同的外部利益相关者传输消费者隐私期待的力量，并且作为企业和外部利益相关者"最佳实践方式"的联系桥梁。

能够直接从第一阶段的实证调查中得出的结论必然是有限的。具体而言，反映在采访中的观点并不能作为说明企业对隐私的态度的广泛证据。样本数量有限，它只关注采访行业领导者的自我报告。此外，这一调查也不寻求测量结果，而是侧重于主观的理解和相关的实践。

不过，从访谈中得到的反馈可以在以下几个方面做出指导。

首先，它连同其他管理实践的数据和与隐私有关的决策步骤的九个公司进行的研究表明，企业的隐私管理者之所以被视为领导都具有一系列的共同元素。反过来，这些元素将提供对隐私态度的广泛调查的基础，并且在实践中代表公司来确定数据集合的广度和深度。

其次，访谈直接关注的是监管实践中的要素，对于那些在隐私领域构建法律的参与者而言，他们经常忽视占主导地位的书的叙述。受这一方向的引导，本文的第三部分寻求独立的法律和历史渊源来发展美国隐私的新解释。它记录了美国在处理隐私领域的独特方式，这种方式增强了大部分的个人权利，保护了消费者对企业处理其个人信息的隐私期待。具体而言，这一解释探寻了美国联邦贸易协会如何作为隐私监管机构出现，《违反国家安全通知法》的制定，隐私拥护者的影响力越来越大，市场和媒体都对隐私保护进行施压，隐私专家在消费者保护条款中重建隐私规范，此外，他们还将这些规范进行扩散和制度化。

最后，正如本文的第四部分所表达的那样，隐私领导者在访谈中所做的以不同方式建构隐私的回答可能会塑造企业保护隐私的方式，结合隐私领域的描述性发展，显示出讨论隐私法实质和形式的重要方向。实际上，领导者的回答提供的是观点的本质，考虑到单独依靠正式的通知和同意机制保护隐私是不足够的，因为快速发展的科技改变和减少了个人独处的力量以及识别行为人使用与他们有关的信息的行为。调查结果提供了具体的理解隐私保护的程序性例子，以信息自决为框架指引企业的决策者可能还不足够，因为企业往往在制定产品或采取决策之前选择使用何种技术。访谈也确定了实质性的号召，这就是，公司不应该参与某些特定类型的实践，不论它们是否采取适当的程序。近期 Google Bazz、Sears 和 Sony 公司所实施的隐私侵权行为都受到了批评。诚然，从保护消费者的角度出发反映出，一定数量的学者近期正在建议，最好维护个人和社会的利益：他们强调主观预期超过客观形式，面临技术进步应当保持活力，根据管理规范和情况来采取不同的方式。

此外，当前的隐私定义为监管形式的争论提供了预示。尽管占主导地位的观点争取给隐私法更多的一致性和具体性，这一解释为采用灵活的原则管理隐私提供了可能性。它强调了企业管理者部署广泛但不精确的规定，这种隐私定义并不是行为要求，它与《违反国家安全通知法》依赖于信息披露结合，建构一个健康的、多人参与讨论的集中关注市场压力和执行资源的隐私。

尽管 Smith 视模糊不清的状态是一种错误，但是，它现在将变成一个突出的特征，有助于企业增强时间和精力在隐私保护上面。

正如本文的结语部分所言，本文的研究表明，当前流行的有关美国信息性隐私权法律的争论可能是多样化的，就像国会、奥巴马政府和国际组织正在重新审视国家和全球的隐私方法。尽管增强信息自决的程序机制可能是必需的，追求这一目标的方式引起了广泛的规范性的接地保护，或者是限制允许变革的管理灵活性，这些做法可能会毁坏克服企业过度延伸、消费者操纵的工具，此种做法还有可能引起在个人选择的领域放弃隐私保护，并进而引发信息收集问题。

二、重新评估书本上批评美国隐私政策的主要观点

美国信息性隐私法的适当性是这一激烈争论的主题。美国大多数的隐私学者和隐私提倡者都认为，现存的基于市场的隐私规范和行业企业的隐私保护方法并不完善，此外，他们也认为，现存美国的监管措施未能有效确保全面遵守保护隐私的衡量标准——没有遵循19世纪70年代首次确立的公平信息实践原则。法律学者和隐私专家已经将美国的方法标记为"FIPPS-Lite"（简要的公平信息实践原则），与欧盟进行比较，通过综合性法律设计出数据处理在公共部门或私人部门的所有方面来反映 FIPP，设立数据保护机构是为了执行上述目的。因此，学者们主张通过美国立法保护"信息自决权"，并且要求特定的程序来赋予个人更多的控制自身信息的能力。

这些具有描述性的批评主张考虑书本上往往正确的美国法的性质，笔者欣然同意。美国的隐私法和它的执行通常是分散的，此外，它也往往与 FIPP 所主张的隐私定义相背离。

不过，许多学者和提倡者都采用规范的预测性结论，这就是，政策制定者应当在这样一种信念下行动：在不具备通往程序要件的情况下，美国企业不会采取保护隐私的做法。考虑到此种情况，美国隐私法的领域将有巨大的转变。聚焦于保护隐私的立法和市场机制的讨论，在美国，保护隐私的对话往往忽视隐私实质意义的改变，自从 Jeff Smith 研究之后，保护隐私的机制就出现了，并且一直在变化。这些发展已经塑造了企业在保护隐私方面的做法。

(一) 占主导地位的话语

1. 衡量的试金石：基于 FIPPS 的全面监管和执法

在大部分地区，信息性隐私权都是基于"信息自决权"[1]，或者是基于"他人享有决定自己何时、如何，以及多大程度向别人披露个人信息的权利"[2]。这一信息性隐私权的概念体现在一系列的"公平信息实践"的原则当中，它为欧洲和其他许多国家提供数据保护法律的支柱。

在30年前最终定稿的经济合作与发展组织（OECD）出台的《规范隐私保护和个人信息跨界流动》的文件给 FIPP 提供了一个有影响力的声明。它阐明了"协调国家隐私立法，坚持人权，同时防止数据在国际上流动中断"的八条原则。这些原则强调个人的知识、参与和对信息的控制。它们信奉信息收集类型和信息使用方式应当透明。它们提出了某些数据收集的限制——所谓的"数据应该通过合法、公平的方式，在适当的地方，经数据主体的知晓或同意而获得"。它们要求数据收集者保持信息的安全，强调数据主体享有接触和确保个人信息准确性的权利。因此，尽管 FIPP 的方式植根于个人自决的实质原则，但是它在很大程度上也依赖于程序上的保护，例如给数据主体提供注意和确保使用信息是获得信息主体同意的。

将全面实施 FIPP 对于数据保护的概念作为保护个人权利的一种方式，它反映在综合管理信息收集的法律和不论类型和部门的使用方式中。此外，隐私学者致力于这样一个基于信息性隐私保护的权利表明，一个强大的独立的隐私执行权威的重要性，"它必须知道什么时候采取柔软的措施，什么时候采取强硬的措施，这与平衡数据保护和其他行政及政治价值之间的关系并不相关"。

管理隐私的这些要素——全面的保护方式反映出坚持由专门的隐私机构统一执行自决，此种方式是欧洲模式的典型表现。它们成为主

---

[1] See Bundesverfassungsgericht [BVerfG] [Federal Constitutional Court] Dec. 15, 1983, Entscheidungen Des Bundesverfassungsgerichts [BVERFGE] 65, 1984, translated in 5 HUM. RTs. L. J. 94, 97 (1984).

[2] Alan F. Westin, Privacy and Freedom 7 (1967).

要的度量标准来反对美国那些已经被公共讨论所评估的规范。

2. 对美国隐私法的普遍批评意见

在衡量美国的隐私框架以反对欧洲的数据保护方法时，批评者发现，前者缺乏每一个维度。某位学者总结道："与任何其他国家的做法相比，在美国，寻找任何全面保护隐私的法律都是反常的，美国的隐私法为处理个人数据的人列举了一大堆的权利和责任。"① 相反，使用和披露个人信息的规范的重点集中于"特定的行业活动"，例如信贷报告、卫生保健或电子商务。因此，信息隐私由不同的法律、不同的机构——有时甚至没有机构进行管理，设定不同的要件规范按类型和业务部门来处理信息。

由此产生的正式规范为个人信息提供不平衡的保护和不平等的待遇，即便是相似的行业参与者。例如，隐私保护往往取决于收集个人信息的实体。医生和药房显然是由联邦和州的保护健康信息的隐私法律所覆盖，不过正在发展中的"个人健康门户"的创建是为了创造便携式的病人可控制的健康记录则完全不在此类法律的范围之内，它们取决于自己的商业模式。同样，通过启用位置服务设备生成个人的位置信息，如在个人的数码设备上使用地图服务系统，例如，iPhone或者 Treo，又或者汽车的基本服务装置，如通用汽车的安吉星，使用这些设备时，对他人位置信息的保护取决于它是否由电信运营商提供的服务还是由其他类型的服务或应用所提供的，如果是由电信运营商提供的，那么，它将由特定的规范进行规范。

此外，美国不同的政策也启发了许多差异悬殊的隐私规则的制定。早期的隐私规范，值得引起注意的是 1970 年出台的《公平信用报告法》，这一规定规范的是信用报告活动；1974 年出台的《隐私法》规范政府机构收集和使用数据的行为，它反映出 FIPP 所提倡的"信息自决权"的主题，此外，该法所包括的所有完整的保障措施反映出 FIPP 的原则强调通知、信息和同意。尽管近期许多隐私保护措施往往不是来自于对信息自决权的遵守，但是它们更多的是从工具的角度出发，即从消费者所遭受的损害所引起的问题或者是从其他利益

---

① Paul M. Schwartz, Privacy and Democracy in Cyberspace, 52 VAND. L. REV. 1609, 1632 (1999).

所感知的威胁出发的。此类问题强调隐私作为促进社会目标的手段，例如，隐私促进医生和病人之间的关系，隐私促进商业交换。例如，隐私法可能会促进互联网商业的信心，无论是对网民的隐私还是对公司的销售提升均有益处。① 此种工具性的方法以及隐私和其他价值之间的平衡都反映在规范互联网隐私的正式决定中，它的特征是，以有限的政府授权为主并以显著依赖行业参与者的"自我调节"为补充。

美国隐私法的这些特征已经让批评者做足了批判的准备。

首先，学者、倡导者和政治家都指责美国隐私法"七拼八凑"的性质，它使某些行为没有被包括在数据保护的范围当中，随意区分谁是受规范的对象和谁是要获得保护的对象，造成混乱的局面。此外，美国的隐私法仅仅提供静态的保护，无法适用技术和商业实践的发展。因此，在许多领域，隐私仅仅受到市场参与者自我调节的保护，缺乏信息保护的外部激励，此种保护隐私的做法是必然失败的。②

其次，批评者认为，美国隐私法提供的某些保护措施没有体现FIPP的简要原则，也没有体现公平信息原则所拥护的那些完备的程序。此外，现存的隐私规范转向以市场为导向的隐私保护原则，减少对隐私的道德衡量，即将隐私拿到市场上进行交换和交易，此种做法没有认识到隐私和民主社会之间的关系。

这些批评意见和批判者所采用的衡量价值已经成为政策争论的主导意见。学者和倡导者也加入了由行业领袖和政客所支持的出台全面的法律的阵营中，他们要求普遍应用FIPP。此外，他们也提出创建独立的机构来监管和执行指示。因此，大部分占主导地位的争论都涉及一个规范性的主张，这就是，当前的保护方法未能提供有意义的保护企业隐私的做法，它必须被一种"强制执行模式"（又称"命令-控制型规范模式"）所取代，由此，国会将在基于FIPP的基础上为商事企业制定实质性的隐私要件，并且授权机构监管并且解释那些随

---

① Peter P. Swire, Trustwrap: The Importance of Legal Rules to Electronic Commerce and Internet Privacy, 54 HASTINGs L. J. 847, 863 (2003).
② See Chris Jay Hoofnagle, Elec. Privacy Info. Ctr., Privacy Self Regulation: A Decade of Disappointment 15 (2005).

着时间推移而富有新内涵的法院裁决。

(二) 主流批评意见的裂缝：实际生活中的隐私所带来的启示

作为一个描述性的问题，主流的批评意见很大程度上精确地展示了书本上的美国隐私法的法律和法规。法规对类似的信息提供不一致的处理，相似的商业活动导致不公平的竞争环境和对个人保护的不可预知性。从历史观点上说，隐私问题缺乏指导和协调，从而导致它与现存法律的矛盾，联邦机构对隐私问题的一般反应也是不同的。最终，激发许多近期的隐私保护措施的目的是为了促进消费者的信任，而不是为了保护他人的个人隐私。

正如这场关于书本上的隐私权的争论一样准确，它给予了短暂的关注，因此提供了有限的洞察力，无法解决在实际生活中应当如何保护他人个人隐私的问题，无论是监管者还是企业都无从下手。此种草率的处理方式是不幸的，但是考虑到美国商业领域对隐私的关注相对缺乏，也是可以理解的。在19世纪70年代至19世纪90年代中期，美国将FIPPs作为数据保护的核心。然而，它表明美国的隐私框架在过去的10年都已经形成，但是却令人费解的缺乏参与。在某些情况下，通过解释如何在不考虑企业隐私实践的情况下提高隐私保护，以及监管的变化如何影响这些实践，此种影响无论是好是坏，有助于保护隐私。

如果对美国隐私法的批评证明了恒常性，那么，实践中企业对待隐私的做法证明了翻天覆地的变化。在Smith提出企业管理者不对隐私投入"时间和注意力"的指控之后起15年来，外部迹象表明企业管理隐私的做法无处不在。Smith认为，企业隐私陷入了现行政策漂移周期的困境，隐私只在上层管理人员中获得了情景性和反应性的关注。企业对待隐私的做法是由"重要领域不考虑隐私的政策和持续性的政策/实践差距"所组成的。尽管在今时今日，企业结构通常包括直接的隐私领导，在很多情况下他们是核心主管。管理企业隐私的个人已经是训练有素的专业人士。对于这些专业人士，有持续不断的培训、认证和交流。企业隐私管理人员群体出现了。

(三) 外部翻天覆地的变化：首席隐私官的崛起

企业首席隐私官的发展是表明隐私管理发生翻天覆地变化的最现成的证据。在19世纪90年代晚期，金融企业和医疗行业开始设立首席隐私官的职位。到2000年为止，其他行业的企业也设立了首席隐私官的职位——这些企业往往都会进行大张旗鼓的宣传，许多任职新闻发布会的召开证明了这一事实。[①] 企业设立这一职位的动力是复杂的，有的是为了向消费者证明使用个人信息的公司并不是"邪恶的怪物"，[②] 有的是为了在《安全港协议》之下平稳地与欧洲的管理者进行交流。

迅速地，这些新任命的首席隐私官所产生的信息、培训和交流的需求引起了一个全新的行业协会的产生——企业隐私官协会。这一协会在2000年成立，后来发展成为国际隐私专家协会（IAPP），协会很快就制定了教育计划，着手研究这一新行业的需求和活动。[③] IAPP声称，截至2003年为止，它总共有1000名会员。在2004年，该协会发起了一项从事公司隐私工作的认证项目，每年都会授予350人职业资格。今时今日，IAPP拥有来自52个国家超过7000名在职于不同商业、政府和学术机构的会员，它在信息性隐私方面开展认证项目，也即所谓的信息隐私专业人员认证（CIPP），此外，它还开展大范围的教育和职业会议。

此外，调查数据显示，企业隐私官的设置在企业结构中正变得越来越普遍，同时这一职位也变得更强大。在许多世界500强企业中，企业隐私官都由董事或执行官担任，这一现象证明，隐私也是一个战略问题。

企业的隐私资源也在企业的结构之外扩展。普华永道和其他进行

---

① See, e. g., Yukika Awazu & Kevin C. Desouza, The Knowledge Chiefs: CKOs, CLOs and CPOs, 22 EUR. MGMT. J. 339, 340–341 (2004).

② John Schwartz, Conference Seeks to Balance Web Security and Privacy, N. Y. TIMES, Dec. 8, 2000.

③ See Privacy Officers Association Changes Name, 2 Privacy & Security L. REP. 39 (2003); About the Iapp, Privacyassociation. org, https://www. privacyassociation. org/ aboutuiapp (last visited Dec. 30, 2010).

隐私审查的企业跨越了多个行业。一个健康发展的隐私法实践已经引起服务于内部的专业人士的兴起，这些专业人士协助企业评估和管理隐私。第三方当事人隐私隐藏和认证项目已经被广泛采用。某些自我监管组织提供监管和强制企业实施自愿采纳的隐私政策、建议，它们在隐私问题上支持企业，处理消费者的抱怨并监督成员所作出的隐私承诺。

为了认真对待外部隐私资源的巨大增长，本文的其余部分将对此进行深入挖掘。根植于企业隐私管理的定性研究，表示出隐私在实践中的一种全新的定义，此种定义应当通知并且转变先前探讨的隐私政策。

三、调查实践中的隐私：采访首席隐私官得出的经验证据

为了达成目标，笔者着手进行了一个收集经验信息的广泛项目，定性与定量的方式相结合，说明隐私在实践中的具体操作。这一项目的最早的证据来自于对九位被公认为行业领袖的首席隐私官的半结构式定性访谈记录，如下所示。这九位隐私的专业人士是从领域专家——来自学术界具有前瞻性的隐私思考者（包括学者和非学者）、法律实践者（在住所或者企业中）、贸易团体、咨询公司、联邦政府机构以及关注隐私问题的记者当中，采取滚雪球的抽样方式选定的。

此种选择访谈主体的方式并不是为了得出企业在一般情况下可能给出的回应。样本容量很小，并且所有的受访者都是行业内被人熟知的领导者。此外，他们都在大企业工作（除了一个是在财富榜排位1000名的企业工作之外），研究的规模表明，企业建立积极的符合监管机构的声誉[1]和维持与其他外部赞助者的合法关系存在既得的利益。[2] 笔者决定采访出色的领导者，寻求一扇窗户来更具体的了解某些事物：采用更细粒度的眼光审视这些作为行业领导者的人采取了何

---

[1] See Alex Mehta & Keith Hawkins, Integrated Pollution Control and Its Impact: Perspectives from Industry, 10 J. ENVTL. L. 61, 64 (1998).

[2] See John Dowling & Jeffrey Pfeffer, Organizational Legitimacy: Social Values and Organizational Behavior, 18 PAC. Soc. REv. 122, 133–134 (1975).

种元素和方法以及实践中是如何保证隐私领域的合法性的。笔者将通过更广泛的调查来测试他们回答所具有的代表性,他们对隐私的理解以及他们所在企业所采取的隐私做法。

此外,选择的方式也试图揭发隐私领域更普遍的发展现象。滚雪球的样本是为了识别某个领域内有社交网络的参与者,相应地,访谈试图抓住在隐私领域中心的"关键信息提供者",反映出受访者作为更广泛的隐私披露行为的一部分。同样,由于我们的调查对象的企业可能更敏感地转变监管结构,其他的外部力量强迫企业在经营之下塑造"社会许可证",它们可能为监管和市场力量的重要改变提供丰富的指引。① 因此,笔者的访谈所反映的隐私论述的框架并不是孤立呈现出来的,而是结合了一个描述性的、历史性的、记录性的隐私领域的发展,正如在本文的第四部分所阐述的那样,首席隐私官只是作为整体的一部分。

笔者采访的隐私领导者除了职位高低之外,每一个要素都是不同的。这些企业或者都受到特定行业隐私规范的监管或者都是不受监管的行业。一些企业是全球性的公司,另一些则是本土的企业。一些企业包括高度多样化的业务线,另一些则集中在单一的行业。许多受访企业都专注于技术密集型产品和服务,剩下的一些则经营更为传统的业务。此外,这些受访者都具有不同的个人特征。他们当中有些人是律师,有些人则是业务或技术骨干。一些人在受公司内部隐私规定的情况下提供法律服务,另一些则是独立工作者。一定数量的受访者在政府部门工作,但是大多数受访者都在私营部门工作。

尽管存在多样性,但是受访者在面临笔者所抛出的一系列问题时所做的回答还是表现出了高度的一致性。笔者询问的问题是,隐私在实践中的定义和保护的方式,以及促使企业形成此种方式的外部和内部因素。

具体而言,受访者的回答在以下几个方面表现出一致性:①遵从法律方法——FIPP 或其他与企业隐私实践存在相关性的法律;②企

---

① Robert A. Kagan, How Much Do National Styles of Law Matter?, in Regulatory Encounters: Multinational Corporations and American Adversarial Legalism 1, 19–22 (Robert A. Kagan & Lee Axelrad eds., 2000).

业如何制定隐私问题的解决方式的；③在形成隐私制度框架时，外部力量所扮演的角色——具体的法律、市场、提倡者和专家。

（一）与法律一致的隐私方法的有限性

在回答访谈的一个开放性问题，即"什么外部因素塑造了企业的隐私做法"这一问题时，受访者一致表达了遵守特定法律要求所要求的角色，这些都来源于欧盟和美国的行业制度。通过他们的描述，具体的法律规制有助于建立和塑造某些"符合法律"的措施。与此同时，这些法规在更广泛地组织企业流程和实践中只起到了有限的作用。

1. 法律规范所扮演的角色

当被问到外部因素或环境因素在塑造特定的解决隐私问题的方式时，每一位受访者都指出了美国特定的部门规范，而那些在国外经营业务的人则指出了欧盟的隐私指令。然而，他们指出，在构成他们对隐私在企业中所扮演的角色的理解时，这些法律所规定的构成要件扮演的角色是有限的。

一位受访者指出，"显然，具体的法规和规范塑造特定的隐私实践。用别人的话说，他们构成了隐私方法的'起点''后台'，或者是'隐私三角形'的'底部'"。因此，关注隐私的核心是现实中"存在部分必须遵守某些法律的隐私"。于是，遵从性就把问题上升到某些程度，"企业必须一直符合法律的规定"。

此外，某些受访者提到企业高度遵守和实施高度规范的监管制度，以此作为向消费者、企业和外国监管机构发出隐私信号的手段。关于第一个问题，一位受访者做出了解释："从消费者的角度而言，我认为这里存在某些益处，尽管他们不了解 HIPAA 法案，或者他们不知道存在某些法律来规范信息滥用，例如，如果行为人滥用他人的信息，那么行为人就要受到刑事处罚。我认为 HIPAA 法案带来的其中一个好处是，它有助于以任何的方式告诉消费者，你在这一领域受到保护。尽管我不认为消费者理解这些规范，但是我认为它们是有用的。"

来自工商界的一位受访者表示，参与商务部有关"安全港"项目的谈判，这一项目允许企业自行证明它们的行为符合欧盟隐私指令，这也相当于向自己的商业伙伴发出信号。在公司讨论参与安全港项目还是通过合同与外包商之间达成隐私保护的协议时，隐私执行官表示："安全港的方向导致客户会在很大程度上询问我们，'你们是安全港的成员吗？'"由于安全港认证是作为表明企业符合隐私标准的"检查箱"，安全港的施行比起合同条款的管理更简便。

2. 隐私决策规则的缺陷

然而，与此同时，每位受访者，不论是否处于高度监管的行业，他们均提到了具体法律规制在直接塑造他们对隐私意义的实际理解时所发挥的作用是有限的。这些强制性的规定，其中一位隐私执行官说道："执行率是最低的"，而另一位补充道："不过，我们会再从这些规则建立起我们的规则。"

更多的受访者强调，由于缺乏具体的程序规则，许多影响员工隐私的决定都必须由公司管理者做出。具体而言，他们认为，尽管此类规则作为指引人们在新的环境下制定隐私决策的试金石，但是，这些指引却是失败的，因为新型产品、技术和商业模式正在演变。由于企业和消费者及商业之间的界限日趋模糊，部分产品和服务的价值具体来自于企业和消费者之间有目的的信息共享，隐私威胁商业模式的转换。安全问题、接触问题、注意问题和同意问题——这些问题成为美国 FIPP 法案的主导。这些问题也使重复使用和重复利用信息的问题出现，当企业能够操纵数量巨大的客户同意被收集的数据时，注意和同意的含义也符合法律的规定。

每一位受访者都谈到了在特定公司的背景下，产品或服务产品或创新的组织结构所产生的潜在隐私问题。有几个例子说明了此种静态的法律在动态业务环境中提供有益指导所存在的不足。

最广泛的例子来自于"无处不在的计算机"所带来的社会转变。企业不断增强与消费者或客户之间的连通性——正在发展的关系取代了一次性交易——并且信息的使用和传输是恒定的。诚然，受访者解释说，交流行为本身可能用来解释信息接收者进入了某些特定的类别：他们是某个账户的持有人，或者他们使用特定的信息产品或服务，又或者他们罹患某种疾病并且正在接受药物治疗，或者他们正处于某些特定的场所。在智能电网上输入和输出的信息也许是基于能源管理的目的而分享的，这也同样是环境可以揭示居民活动重要信息的环境的例子。① 这种设置的计算和通信能力存在于日常的事务中，缺乏对隐私的通知和同意方法所必需的联系。从另一个角度而言，之前没有问题的政策，例如监视交流行为来审核服务客户的质量，以一种新的方式将客户与服务条款无关的个人信息透露给第三方。在每一种情况下，客户可能已经意识到了保护隐私权的做法符合 FIPP 法案，所涉及的企业可能符合所有的法律规范，但是还是引发了有关对隐私保护的完整性的合理关切。在全新的和变化的环境下，这些规范的隐私分析方法往往提供达到合理平衡的度量标准，往往不能达到"价值信息流与技术支持"之间平衡，往往不能形成隐私中心论和信任产生的问题。

诚然，事实上，许多新的商业服务明确地涉及企业开放式和持续性地使用他人信息，随着时间的推移，他们不断重复利用信息。关注于这些服务的重点是继续操纵数据，为"给我们信息的人提供一个'价值主张'，让他们看到信息的某些价值回馈"。

许多受访者认为，从这一角度而言，医疗保健也属于其中一个行业。非传统医疗提供者——如制药公司和医疗技术公司，它们都在持续性地监督和检测卫生做法和成果当中起着越来越重要的角色。某位受访者描述了自己公司所发生的变化，他的公司现在不仅为医院提供 IT 系统，还为医院生产各种各样类型的机器，例如，"进入人体的诊断和介入医疗器械"。尽管这些业务肯定需要考虑 HIPAA 法案，但是它们需要进一步的评估，不受以权利基础的或以接触为基础的隐私观念的影响。这位受访者称："当医疗器械进入病人的身体时，此种做法将会遇到很多与健康隐私有关的问题。"

另一位隐私官谈到个性化医学所带来的挑战。他解释说："存在不同的肿瘤类型，不同类型的糖尿病患者，病人患有各种各样不同的疾病因此需要不同类型的介入治疗。当医生开始对病人进行个体化治疗时，这就需要与病人进行更多的互动。此外，我们可能需要设法找出如何与另一个有组织库的实体合作，或者我们可能需要弄清楚如何获得一个重要数据库，以便我们的研究向前发展。而采取这些做法就

---

① See Mikhail A. Lisovich, Deirdre K. Mulligan & Stephen B. Wicker, Inferring Personal Information from Demand-Response Systems, 8 Ieee Security & Privacy 11, 11 (2010).

必须将伦理问题纳入考虑的范围。采取这些做法可能触及的隐私问题。"

尽管消费者可能充分了解某个公司所采取的隐私做法以及相应的符合法律的制度，但是他们可能真正感兴趣的是，向公司交换敏感的个人信息所产生的价值。另一个隐私执行官认为，这些趋势反映出，"在医疗保健行业断断续续开始适用和应用 IT 技术，不同的要素在同一生态系统建立起真正的联系可能引发潜在的隐私问题"。

因此，被调查者在技术支持与产品或服务提供商进行远程通信的各种背景下，确认了"遵守法律制度"所存在的不足之处。诸如此类的技术，包括关于软件更新的数据和信息的远程传播，向制造商发送使用和性能信息的传感器技术，消费者出于某些目的而希望得到的信息。在讨论这一问题时，某位受访者指出他们对 FIPP 法案的遵从：在向客户收集信息时，我们公司采取的是知情同意的做法。这是我的口头禅。知情同意原则早就在我们公司确立了。我们公司可以总结出有关这一规则的小习惯法。正如这位受访者所指出的那样，这是 FIPP 所提出的以权利为基础的隐私概念无法提供的指引："选择进入制度和选择退出制度让我们感到疯狂，尤其是当你们谈及有关外围设备的问题时。客户如何选择进入产品？告诉制造商产品坏了吗？客户真的想要这样做吗？也许他们并不。"

受访者提及了两种有关第三方当事人所引发的潜在的隐私问题——外包商或者政府在法院的传票下获得或寻求接触他人个人信息的权利。在这两种情况下，初始公司都可以通过遵守法律规制来正当地分享信息，它们可以依赖于确保数据传输行为符合安全港或其他规范要件，或者它们在向政府机构披露信息时无须遵循任何法律义务。不过，这两种情况无疑揭露了更深层次的隐私问题，这就是，个人信息潜在的妥协问题，现有的法律规制对这一问题并没有提供答案。

因此，受访者一致拒绝将隐私理解为遵从性功能。一位受访者总结说："它所提供的作用是有限的。"另一位受访者说："所有的隐私法都没有说明你必须去实施某种行为。"总而言之，在不同的环境下，必须发展广泛的原则来指引隐私决策的制定——隐私必须是"战略、技术策略和商业策略的一部分"。

(二) 隐私框架的另一种表述

尽管受访者将更为"被动"的做法归因于具体的隐私法律规则，但他们还描述了自 1994 年 Smith 的研究以来公司隐私法所发生的重大变化。具体而言，他们描述了在不同的动态环境下所采取的解决隐私问题的方法，无论它们在哪个公司发生，此种方法在公司之间的适用是非常一致的。这一方法反映出消费者期待下所理解的隐私定义。消费者的期待随着技术和消费者与技术交涉的理论发展，因此，需要实施具有动态性和前瞻性的隐私做法。此外，此种方法强调了将实践纳入公司决策以防止对消费者的期待造成侵害的重要性。此种方法是避免伤害的方法而不是根植于有关正式通知或知情的信息自决的正式概念。

1. 强调公司法的重要性

基于经营和战略的原因，受访者强调了发展公司法的重要性。公司具备协调一致的具体的全球性隐私策略是为了确保公司在所有相关司法管辖区都符合法律要求，当协调处理额外的商业问题时，可以和谐地作为，不遇到任何监管性的问题。

受访者解释道："在制定公司范围的策略以确保符合全球规范时，欧洲法在这一过程起到了重要作用。我们最终违约的最高公约数将是欧洲，当面临隐私和信息保护问题时，我们现在执行的是欧洲的行为守则。"

然而，至关重要的是，这些政策超出了具体法律授权的范围，以更广泛的侧重于结果的隐私政策为依据，即使技术上合法，也涉及隐私问题。此种超越法规的政策，为了寻求指导企业的做法"符合我们的全球企业价值观，并且符合不断变化的客户期望"。

2. 消费者期待所衡量的隐私

"消费者期待所衡量的隐私"这一句话，将消费者的期待确定为发展公司隐私做法，它超越了严格遵守法规的试金石，它反映每一位受访者对公司隐私定义的理解。从受访者的角度而言，隐私权在过去的几年里逐渐发展起来，并且在很大程度上是通过尊重消费者对他们个人领域的期待来确定的。

诸如"客户或其他人的期待"产生超越法律遵从的行为。某位隐私执行官说:"你的客户会以比法律更高的标准要求你,问题在于,你关心你的客户吗?你在意你的客户吗?"此种期待的分析方法是用关系术语来构建的,用规范的语言如"价值""伦理基调""道德基调"以及"完整性",诸如"安全""私人""可靠""一致的",此外还有某些在诚信方面最常使用的术语,如"尊重""责任""管理职责"和"保护"。在一个基本层面上,受访者重复强调,隐私"等同于信任""与信任相关""隐私是与信任息息相关的价值"。

隐私在"消费者"期待当中的表达存在不同,但是听起来都是几个主题。每个主体都强调消费者的经验,包括"从消费者的角度思考他们的感受,而不是思考消费者所需要知道的东西"。某位受访者描述了此种方式:你通过你的朋友来经营,你通过你的家人来经营,询问你妈妈、爷爷的意见,询问某些不存在这世界的人,或是某些不在技术或不领导技术公司的人。回应是什么?他们笑了吗?这是一组问题。他们感觉毛骨悚然,你知道吗?是不是有点恐怖?因此,这个令人毛骨悚然的因素由于缺乏更好的描述而被认为是好的。

然而,他们认为,从公司资金的陈述和行为就可以看出此类期待的产生:离散的行为客观地存在,主观地将它们放在一起,提供一致、兼容的体验的能力,你知道,这是值得信任的。

消费者期待的分析方法被描述成与结果相关,而不是特定的规则或做法,我心目中最终的目标一直是寻找什么是正确的做法以维持公司与员工、客户之间的信任关系,此外,还有与社会中与我们有关系的支持我们的人之间的关系,这些人几乎是我们所有的支持者。例如,"客户在未来会舒服地使用网上银行或是银行提供的任何其他新的在线服务,他可能会告诉多少朋友"?或者,"客户是否会开始想停止关系,换言之,关闭信息并且向联邦贸易委员会进行投诉,发送恶意邮件,提起有关邮件或与之类似的威胁诉讼"?

对于此种隐私定义的基本含义,某位受访者的解释是,坦率而言,"我们不必要从隐私作为基本权利的角度出发,它反映隐私对我们生活所起的重要作用"。

3. "消费者期待"框架的含义:从遵守法律到风险管理的转变

从消费者期待的标准来定义隐私,受访者进一步解释,此种做法无论是对于企业思考隐私保护策略还是如何在公司结构中实施隐私保护都有着重要意义。

受访的隐私执行官似乎都敲响了一个一致的主题：定义内在模糊的隐私规则要求企业拥抱一个动态的、前瞻性的隐私展望：它不仅仅是法令和规章，这是一个不断发展的领域。我们确实在定义隐私时环顾四周，考虑事物在之后几年的发展。我们仍旧在不断学习当中，因为规则一直在改变。消费者期待在改变，员工的期待也在改变。世界也在周期性地变化，在这之上，从一种个人价值观和商业观点来看，我们所做的事情是非常重要的。

从另一个角度而言，在行业中做到最好是相比较而言的，也是主观的。障碍改变了，行业不同了，时间也不同了。还有一种观点反映了"外部环境"在塑造隐私时的语境性质，包括"规则是如何改变的，公众的看法是如何改变的"。因此，公司管理者必须关注接下来会发生什么事情，因为如果你是在措手不及的情况下被抓住，那么，这件事将导致的后果是，你将浪费许多金钱。

隐私问题的概念化，其他受访者的描述已经塑造他们公司理解和操作公司隐私功能的方式。遵从法律的隐私管理规则已经越来越不合时宜，隐私越来越成为发展风险管理实践的一部分。我们都在谈论风险以及如何在保护信息的同时降低风险。某位受访者如是称。隐私必须与下列的问题结合进行分析："今天我需要担心的是什么？我失去的是什么？"因此，我想继续改变我们做生意的方式，它是动态的，所以我们试图在保持我们核心计划的同时降低风险。我们正处于改变中。从这一角度而言，隐私是一段旅程而不是目的地，隐私是一个我们试图让每个人都一起说"我们如何降低风险"并不断追问下一件发生在地平线上的事是什么的过程。

因此，当我们在其他地方进行更详细的讨论时，我们的受访者称，他们已经被纳入最高管理层的风险管理部门中，隐私讨论也已经从合规办公室转移至整个公司开发新产品和服务的过程中。

（三）隐私概念的外部影响

受访者把隐私的概念当作消费者期待的指数，尤其是考虑到近十年来的发展。正如某位受访者所言："我们和客户交谈并询问他们，'你们隐私的雷达有多高？'大多数客户在开始时都会说，'一点也没有。'现在我们看到,它几乎突然出现在所有出售货物的征求意见书中,所有这些都在继续,这是你在 2000 年之前永远也想不到的。"

另一位受访者称:"在七年以前,市场发生了一些变化。在那之前,在解决方案中没有客户对安全性提出要求。客户要求的是产品特性,你是否提供更多的货物,货物的使用性能是否更好,安全根本不是我们考虑的问题。此种缺乏压力的行为驱使着市场的做法,我们是生产产品的公司,产品公司只生产市场所需求的东西。如果市场不要求安全性,那么,我们就不花费许多时间考虑安全的问题。"

受访者描述了对消费者和市场的新的强调,在发展新的隐私定义的境况下引起了某些相互交织的现象。两项监管内容获得发展——美国联邦贸易委员会在其出台的法案《联邦贸易委员会法》的第五条有关隐私权的规定中以及国家数据泄露通知法规中扩大了消费者保护执法机构的范围。社会和技术的改变不仅增强了隐私保护者和媒体的作用,也提高了隐私执行官自身的地位。

1. 法律发展

与此同时,被调查者表示,遵守法律规则对塑造企业隐私权的作用有限。每一位受访者都提到了两个重要的监管方面的发展,他们认为,这是形成当前"消费者期待"隐私权的关键:联邦贸易委员会的行为和国家《数据泄露通知法规》的颁布。

(1)联邦贸易委员(FTC)。受访者一致指出,FTC 在促进消费者隐私保护方面的作用是"积极的隐私调节者"。如下文所述,自 1996 年起,FTC 就开始积极地行使其根据《联邦贸易委员会法》第五条所享有的广泛权限,该条规定:"禁止不公平和欺诈的行为。"FTC 在隐私权保护的监管中发挥积极的作用,它所实施的监管行为包括,发布有关保护个人消费信息的适当做法的指南,对涉嫌造成消费者损害的信息实践采取执法行动。

在笔者所研究的三位首席隐私官的情况看来,FTC 的强制执法权特别突出,因为他们的公司曾经受到委员会隐私执法活动的影响或者同意由委员会进行法定管辖。然而,与之前 FTC 的诉讼没有关系的其他公司受访者则认为,关键不在于遵从法规,FTC 广泛的执法权所带来的威胁才是塑造保护消费者隐私的关键。受访者表示,作为最初的问题,最佳的隐私做法必须反映"已建立的真正的黑人法"和

"FTC案例和最佳做法",包括"所有FTC所提及的执法行动"。

某些受访者强调,或许更为重要的是,FTC执法权有效性的关键在于,FTC是否能够通过不断发展隐私权的保护标准来应对由市场、技术和消费者期待改变所带来的有害结果——与规则相一致的遵约方法往往与规则相冲突。某位受访者解释说,在反对不公平和欺诈性的消费行为时,FTC在过去几年里把这条禁令转移到了执法行动上,指控公司从事不公平的行为,但是,不公平行为的标准是相当模糊的。受访者认为,根据不公平的标准,这里经常会出现新的情况需要进行解释,在此种情况下,不公平是更为主观的,FTC总是清楚地意识到究竟它的含义是什么。

其他的受访者则表示,在消费者保护理论下,FTC未来执法的不可预测性以及处于平行状态的消费者保护官员给隐私保护政策提供了更多前瞻性的和动态的方法。其中一位受到FTC监管的一家公司的受访者解释了对该公司的执法行动改变了他们公司和其他人对隐私的理解,即从以遵守事前规则为中心到以避免消费者伤害为目标。该位受访者表示,在导致FTC实施执法行动的隐私泄露事件发生时,该公司既实施了安全技术,也作出了"符合美国公司一般标准"的隐私声明,并且公司的做法也与当时的最佳做法相一致。

然而,FTC认定这些"最佳做法"未能符合那些认为自己作为隐私保护者的公司的期待。正如隐私执行官所解释的那样,我们缺乏的是全面的规划,FTC在处理我们的案件时首次看了我们的隐私声明并且说,你知道原因是什么吗?你不能一边声称自己尊重隐私,另一边在培训中却没有一个完整的隐私项目。不过,今时今日,最为基本的是,公司必须在网站说明中发展一个可理解的项目。但在当时,我们和FTC的委员们一起散步,我和我们的顾问一起去了。对于我的顾问而言,这是一个完全开放的东西。他们认为,我们所做的东西类似于正在掉落的核弹头,从有权伤害我们的监管者的口中所发出的声明震惊了我的顾问。

即便那些没有参与先前FTC行动的受访者也提到了某些事件,例如,某些涉及ChoicePoint、Microsoft、Tower Records、GeoCitie公司以及其他FTC治理范围内的问题。例如,引导公司聘请隐私官员的决定或创建或扩大隐私领导功能等。某位受访者描述了联邦贸易委员会监督的威胁作为激励"三里岛"的设想。此外,其他受访者还表示,执法行为的前景增强了他们公司的信誉。仅仅从一个上诉中你不能真的进入和建造保护隐私的做法,受访者表示:"因为它是无形存在的。它是长期的、正确的,但是在美国的公司很难纯粹长期地去做一件事。"相反,面临丧失信誉和成为被诉主体的威胁,则形成了公司重要的"恐惧方面"或"风险方面"。相似地,还有受访者指出:"我走进公司的办公室并且说,'看看他们发生了什么事情。这也可能发生在你的身上。你之所以幸运不仅仅因为他们是坏家伙。'是因为FTC监管其他的公司,考虑到审查的时间长度和他们需要提交的审计费用,美元供杆开始为我打开那个盒子(隐私保护)。"

另一位受访者描述,未来执法的不可预见性将导致企业与监管机构进行"良好对话"。该位隐私执行官对我说:"你知道的,公司通常不愿意公开他们正在做的事情,他们知道,他们会被调查或发现存在风险。我宁愿参加现在的谈话也不要在强制行动中进行此类的活动。"确实,另一位受访者指出:"FTC根据第五条所实施的执法行动是在一个宽松的框架下进行的,这就创建了一个任何隐私官员都不愿避开的额外的层面。"因此,它使注意力严格集中于遵守法规转向关注公司所能实施的超出或低于适当界限的事情。

同样,另一位受访者谈到的互动方式揭示了FTC与欧洲隐私监管机构之间的差异,这些差异反映了FTC执法行动的不确定性所造成的威胁是如何影响美国企业的:在欧洲,有趣的是,他们得到的所有古怪的美国人想点的每一个"i"和每个"t"。但是我们的执法机构是美国联邦贸易委员会和他们强制执行。黑色的字母、空格、分号、周期,所有这些东西都是他们在执行。

(2)《数据泄露通知法规》。除了提及FTC的角色转变外,每位受访者提及了监管方面的第二个发展,即国家《数据泄露通知法规》的颁布,它是推动公司隐私权发展的重要动力。这些法律,其中第一个于2003年在加利福尼亚州生效,要求公司以书面形式披露因数据泄露而受影响的客户。

受访者认为,诸如此类的法规形成了关键的关注机制,改变了媒体报道的效果,提高了消费者的意识。所有有关安全漏洞的新闻都受到极大的关注,换句话说,泄露信息的新闻引起了很多注意,这并没有引起我们高层主管对数据安全的关注，而是作为隐私程序的一部分。

这一机制已经引起了尤其是特别关注企业对待消费者个人信息的潜在下行效应。具体而言，正如某位隐私执行官所言，它提高了人们对管理数据固有的利害关系的理解。通过分析丢失个人 IP 信息或从对金融信息风险考虑转移到对"贫困个体"的影响。先前，人们可能会认为，"我仅仅是丢失了一个信用卡的档案，这没有什么大不了的"。但是，今时今日，人们的反应是，我的天啊！我弄丢了某些人的社会安全号码！公司将会承担某些责任并且需要为这件事情感到担忧。

某些受访者指出，通知规定引发的公众关注是至关重要的，在加强隐私功能方面也更为普遍。某位受访者称，在通知方面的立法"丰富了我的作用；它在更具操作性的意义上更强调内部领导，而不仅仅是政策的制定和管理"。事实上，另一位受访者表示，外部环境对这一问题的帮助很大。这就是一切。从首席执行官在报纸上读到违反规则的公司数量，我们公司的雇员和管理人员将会说："我的天啊，我不想让这些事情发生在我们身上。我不想看见我们公司的标志在上面。"

在这一问题上，媒体所施加的压力也相应地给了隐私官员"内部的机会去表达'好吧，这并不是数据泄露，它是有关负责任的整体地考虑我们如何获取、使用、处理和保护数据的计划。这仅仅是隐私权所带来的挑战的冰山一角"。

进一步突出强调 SBN 法律的不同之处，某位在跨国公司的隐私负责人谈起了他许多欧洲公司的看法，尽管他们更严格地符合 FIPP 的要件，但是当他们在处理外包业务时，他们对数据泄露问题的敏感性要低得多。某位隐私执行官认为，欧洲的公司并不会太过考虑这一问题，因为它们不存在改变行为的安全漏洞通知。

（3）法律变化和公众舆论。受访者解释说，联邦贸易委员会的高调活动和违反通知法规定的披露尤其重要。因为它们吻合已经发生的社会和技术变化所引发的隐私意识。这种意识增强处于萌芽阶段，反过来也促进了媒体对隐私权兴趣的增长，以及促进了所谓"隐私社群"的发展——包括隐私提倡者和记者，他们都将隐私看作一个问题来对待。因此，受访者认为，"代表公众意见的法院"和监管的注意力都是由"一个良好的、封闭的循环即媒体倡导者"所塑造的，并强调"CEO在报纸上读到的内容"对"外部环境"的重要性。正如某位受访者所解释的那样："现在，你可以在所有的地方都看到'P'这个字母。它的使用就像是我曾经每周剪下一篇文章并且说，看，《华尔街日报》第22页在讨论隐私权的问题。但是现在隐私权几乎每天都会在报纸上出现，因此，我认为，我们已经真正赢得了这场值得注意的战役。"

诚然，我认为，倘若看到其他大品牌在这一方面出现问题，它们受到打击也肯定会提高隐私意识。反过来，这些发展反映出第三方所说的"特别高级管理人员对市场上正在发生的事情越来越敏感"。这一敏感性推动公司尝试避免泄露数据所产生的品牌问题，促进公司以正确的方式使用数据并将数据转化为自己的优势。

2. 专业化在填补含糊不清的隐私定义中的作用

除了通过与监管者、隐私提倡者交流，以及通过媒体提高企业对隐私的注意来强调隐私含义的模糊不清和动态发展，笔者所采访的隐私执行官也提及了隐私官员群体专业化的重要性，尤其是在填补以消费者期待为导向的动态的隐私方法的细节中更是如此。

某位隐私执行官指出："隐私事务的其中部分挑战就是我所说的揭露隐私。"他进一步解释道："通常情况下，你的老板及老板的上级都不会预先想好什么样的程序就能称之为好的程序。正如我的老板所说的那样，我们想要一个绝佳的隐私程序，你应该告诉我那是什么样子的。我认为这是再正常不过的事情。"

在面对快速移动的监管目标时，定义"一个完美的隐私程序"意味着什么？受访的隐私事务领导者的描述表现出对同事深深的依赖。

具体而言，受访者的回应强调了专业协会的作用以及这些团体在"消费者需求隐私授权"的"细节"中所发挥的作用。如在本文的第二部分中所提及的贸易协会，IAPP的重要性是明确的。协会公开和收集有关最佳实践方式的信息，一位受访者说，它有能力为"网络"和"看其他隐私事务"提供空间，这是为了"沉浸在文化中"。另一位受访者报告说，其工作职责的一个重要组成部分涉及与隐私部门其他成员的协作。有关最佳做法、指令和政策的信息在隐私事务官当中的共享是普遍存在的。

来自同行的信息为隐私官员提供了杠杆作用。因为他们主张在自己的公司内进行某些隐私实践,并且重要的成本节约技术允许隐私官员从更优秀的金融同行中借鉴信息和见解。某位隐私执行官说:"信息共享对于资源紧张的团体来说非常具有帮助,如果隐私方面发生改变,那么,在我们的小小的领地上是难以察觉的,于我而言,用50万美元来做一个有关选择进入的项目的情况是不会发生的。"为了填补受到企业预算约束而产生的知识差距,隐私官员从那些他们认为是领导人的身上学习知识。因此,微软、宝洁等其他公司确实有惊人的计划,在这些公司身上可以学到很多有用的东西。

有时,同行本身就被带入了公司内部的对话。引人注目的是,从某位隐私执行官的采访中,我一直在和其他公司的执行委员会通电话,告诉他们关于我们公司的经验,因为它有助于其他公司的隐私事务,其他公司让我来告诉他们公司的员工,按照他们透露,他们公司的人都不相信他们。所以,当他们直接从我这里获取信息时存在某些优势,我已经在很多不同的公司都从事过这样的行为。我仅仅意识到,我们需要和他们一起将这条路走到底。这是非常重要的。

因此,在受访者的眼中,在市场中,将隐私事务处理好非常具有战略优势。这些受访者普遍认为,一个节点的错误引起了监管机构或公众的注意,就有可能玷污整个行业或者产生更糟糕的结果。基于这一原因,帮助竞争者做出更好的隐私决策也是出于自身利益的考虑。某位受访者指出:"帮助我的竞争者在 XYZ 公司干得更好并非是竞争优势。相反,这是在做正确的事,因为如果搞砸了这一方面的事情,那么我们也不会好过。"

同样,另一位受访者认为,愿意共享有关隐私政策和做法的信息是一种相当自由的信念,比起单个公司的价值,隐私为行业提供了更多的价值。此种缺乏竞争力的价值观为信息共享创造了巨大的空间:"我认为,大多数公司都相信,最佳的做法、良好的隐私声明、培训材料或处理安全漏洞的程序不会给你带来竞争优势,所以你可以自由地分享这些东西。我们几乎是一本公开的书。如果我创造了它,那么,我很乐意与任何人分享它,不管它是什么,大部分情况下都是这样。"

四、访谈的境况：实践中的隐私解释方式

如上所述，自 Jeff Smith 在 15 年前公开发表他的研究以来，企业大大提高了对隐私管理的注意力和资源投入，但是 Smith 所发出的倡议并没有刺激隐私法律方面的发展——事实上，在这一时期，美国联邦隐私立法一直坚持化整为零的方法，它没有采取介绍统一的隐私立法和数据保护机构的方式。相比之下，访谈所指向的是其他机构的持续发展——在对美国隐私框架的主流评论中起到最小作用的发展——访谈追溯的是企业隐私管理的逻辑和实践。具体而言，他们认为，一系列的监管现象的出现——新的联邦监管机构的出现，新的信息的出现，促使州法律和隐私倡导者在监管领域增加提高知名度和影响力，这些促使法律和市场与隐私、信任以及企业品牌之间的联系加强，这就使美国的企业结合隐私执行官的专业化来增强对隐私管理的投入。

根据上述建议，本文的这一部分对这些现象进行了探讨，并详细介绍了它们的发展历史。这一报道揭示了美国各地监管者和其他行为者在隐私领域当中有目的的交流的历史，并且用访谈的方式反映隐私保护的逻辑。随着联邦贸易委员会成为一个隐私规范解释的场所，并在更广泛的隐私对话中作为市场推动者，"信任"的语言，以及隐私和消费者保护之间的关系，首次是在早期互联网商业的全球舞台上出现的。联邦贸易委员会的活动既不受标准数据保护规则的驱动，也不受其限制，但委员会在法定任务中利用了规则的广度和模糊性，并最终为扩大隐私权话语提供了一个论坛。这一论坛受到国家安全披露通知法规当中的隐私披露规范的增强，提高了隐私争论的透明度，授权隐私倡导者的行动，并加强公司组织内隐私专业人员的地位。通过利用联邦贸易委员会对其执法权的具有企业性质的利用，以及市场对管理隐私事务的压力加大，这些发展将隐私权话语从注重实现信息自决的程序机制转向注重保护实质性隐私规范的做法，并且通过创造一个"现实的报复威胁"来塑造公司的隐私实践。

（一）以消费者为中心的隐私语言的根源

笔者所采访的隐私领导者一致清楚地表明，在他们的公司开展活

动时所使用的隐私定义并非是基于 FIPP。隐私被描绘成一个广阔的概念：隐私"等同于信任""是一种战略计划""是与基本信任、正直和尊重他人相关联的核心价值"。此外，隐私的概念也被视为根据广泛的原则而作出："在特定的情境下将信息运用到新环境中。"这些原则的实施需要持续不断的专家意见："公司认可'信任'起着重要的作用，但是它无法编纂出信任的模样。"因此，"我不认为可能存在适合所有人的隐私做法"。因此，"你不是真正在后台有一个一致的开发实践，因为它仅仅是一个判断的要求"。最后，隐私与公司名誉有关，隐私的最大价值在于它是品牌的一部分。

此种构建隐私权的方式反映了一种始于 20 世纪 90 年代中期，也即信息和通信技术在美国和全球的使用及变革时期的话语。互联网作为一种商业媒介的诞生，以及应对全球和数据驱动的自然所带来的隐私挑战的需要，改变了有关隐私保护的政治话语。特别是在美国和欧盟，关于隐私保护重要性的争论不再仅限于个人权利保护的语言中。相反，它们也反映了通过建立消费者信任来促进电子商务和信息自由流通的愿望。欧盟和美国之间在如何保护隐私方面的紧张情绪很高，他们越来越多地提出类似的关于隐私价值的工具性修辞，也即只有当个人的隐私权与信息自由流通的利益相平衡时，电子商务才会繁荣起来。

到 1996 年，消费者的信任作为企业关注消费者隐私的一个原因，在国际上成了"咒语"。在那一年，经济合作与发展组织首次在一系列的报告中指出，"隐私利益"需要支持，不仅是基于人权的考虑，而且是为了确保在使用系统时为平衡权利提供信心以保证商业获得成功。[1] 1997 年 7 月，主题为"全球信息网络"的欧盟会议在伯恩召开，德国经济部长 Günter Rexrodt 和欧盟贸易专员 Martin Bangemann 写道："建立起有效保护隐私的信息对于促进网络的积极发展来说是必不可少的。"同年，经合组织在报告中指出，考虑到消费者的信心对于发展电子商务而言是关键要素，实施隐私政策有助于增强此种信

---

[1] Org. for Econ. Co-Operation & Dev. [OECD], Report of the Ad Hoc Meeting of Experts on Information Infrastructures: Issues Related to Security of Information Systems and Protection of Personal Data and Privacy, at 34, OECD Doc. OCDE/GD (96) 74 (1996).

心,因此将在以网络为中心的电子环境下执行经合组织的"隐私指令"。① 在国内方面,克林顿政府发布了全球电子商务白皮书框架,其中指出,只有个人的隐私权与信息自由流通的利益相平衡,电子商务才能蓬勃发展。

因此,这一时期的学者们在公共和私营部门中确立了一个"新兴的国际共识",即"现代信息和通信技术在网络交易中应用中的信心和信任的重要性"。在全球舞台上,政府在声明中往往表示,保护隐私的主要原因是促进电子商务,而不是保护个人隐私权。

(二) 美国-欧盟之间的分歧:制度化的时代

虽然此种对隐私价值的工具性表达在网络世界中横跨了大西洋,但它在美国和欧洲遇到了不同的监管氛围。欧洲国家根据《欧盟数据保护指令》提交了基于权利的执行框架并采用当地的数据保护机构(DPAS)来监管它的应用。某些当地数据保护机构的存在可追溯到19世纪70年代,它同样也是围绕权利基础框架组织起来的。② 因此,在欧洲,通过发展良好的框架以及越来越多的机构参与者致力于采用数据保护的方式来保护信息隐私的方式,隐私的修辞发生了转变。③

相比之下,美国的信息隐私景观更像是一块白板。它的拼凑系统没有反映出对具体执行框架的深切承诺,也没有任何机构权威来捍卫具体的做法。在此种背景下,在美国,以促进消费者的信任来表达隐私价值的方式证明,以权利为基础的观念没有影响力。从历史上看,成功的立法,除了少数的例外之外,它们都是针对特定的、异乎寻常的危害或保护高度敏感的信息而设立的。在整个企业部门,通常很少有立法或监管牵引力推进将隐私权作为个人权利。相比之下,为了推进电子商务,立法者和监管机构相对快速地加入了讨论隐私风险的

---

① OECD, Implementing the OECD "Privacy Guidelines" in the Electronic Environment: Focus on the Internet, OECD Doc. DSTI/ICCP/REG (97) 6/FINAL (1998).
② See Abraham L. Newman, Protectors of Privacy: Regulating Personal Data In The Global Economy 74–75 (2008).
③ Fred H. Cate, The Changing Face of Privacy Protection in the European Union and the United States, 33 IND. L. REv. 173, 180–182, 191–195 (1999).

对话。

消费者信心和信任成为美国支持和反对新隐私条例的中心议题。一方面，消费者拥护者在促进新隐私法的制度方面采用了此种论点。拥护者声称，在缺乏强有力的隐私保护的情况下，个人将"更害怕透露信息"，① 并将退出网上购物或银行业务。② 消费者团体警告说，"全球电子商务的全部经济和社会潜力只有通过消费者的广泛使用才能实现"，"只有当消费者对网络世界充满信心和感到舒适时才能实现这一目的"③。另一方面，商业团体利用这种新的修辞来支持自我管理的议程，它们指出"建立消费者信心是电子商务发展的其中一个关键问题"，并且声称"保护消费者利益的公司将具有商业优势"。1999 年，联邦贸易委员会在准备消费者保护研讨会时征求了公众的意见，69 家公司、非营利组织和个人做出了回应——某些人赞成行业自律的模式，还有一些人主张新规则，但他们几乎一致强调消费者信任的重要性。

通过重复发现企业在保护隐私方面的失误而导致对消费者产生不良影响的方式，隐私、信任和商业之间的联系被进一步强调。某些企业公布了它们的信息共享协议，只有当大量消费者提出反对意见后，它们才会取消信息共享。④ 1997 年 7 月，美国在线服务公司（AOL）取消了向营销人员出售用户电话号码的计划。其他引人注目的逆转紧随其后：1998 年，美国运通公司退出了与知识库公司的合作，这一项目使零售商获得 1 亿 7500 万任意接受信用卡服务的用户的个人数据。1999 年，英特尔公司（Intel）在提交宣传文件给联邦贸易委员会时，面临来自行业合作伙伴的压力和抵制的情况下，撤销了在奔腾Ⅲ芯片中激活识别签名的计划。⑤ 2000 年，双击公司提出某个网络广

---

① John Schwartz, Health Insurance Reform Bill May Undermine Privacy of Patients' Records, WASH. PosT, Aug. 4, 1996).
② Robert O'Harrow, Jr., White House Effort Addresses Privacy; Gore to Announce Initiative Today, WASH. POST, May 14, 1998.
③ Letter from Frank C. Torres, Ⅲ, Legislative Counsel, Consumers Union, to Donald S. Clark, Sec'y, Fed. Trade Comm'n (Mar. 26, 1999).
④ See Bruce Horovitz, AmEx Kills Database Deal After Privacy Outrage, USA Today, July 15, 1998.
⑤ Jeri Clausing, The Privacy Group that Took on Intel, N. Y. TIMES, Feb. 1, 1999.

告服务占主导地位的计划，即将在庞大的客户数据库中获得的个人身份信息与点击流信息相结合，以达到高度定制和靶向广告的目的，这一计划由于公众的压力而被搁置了。①

关于建立信任的最佳方式的争论产生了——消费者拥护者倾向于选择一个新的隐私法制度，克林顿政府和支持行业自律的行业组织，所有的参与者都越来越多地将他们的论点建立在有利于隐私保护的工具条款上：隐私在促进电子商务和电子政务中发挥着至关重要的作用。这很符合政府对以市场为导向的解决方式的偏好——联邦贸易委员会享有监管权力——在隐私空间范围内列出它的议程——务实倡导者则热衷于利用现有的监管论坛促进改革。

（三）法律的发展及面向消费者的隐私框架

1. 联邦贸易协会和消费者保护论述

正是在此种情况下，联邦贸易委员会出现了，以其中一位受访者的话语来说，"联邦委员会作为一个积极的隐私监管者"，从它的消费者保护的视角在更广泛的隐私社区中参与到了对隐私意义的讨论当中。"我们意识到"，联邦贸易委员会前任主席 Robert Pitofsky 在他任职期间曾谈到，"互联网是一个广阔的新市场，它将会消费者和竞争制度带来巨大的利益。这样做的目的是保护消费者，而不影响电子商务的发展。联邦贸易委员会活动的一个特殊方面与在线隐私问题有关。"

（1）管辖的职能。

委员会的法定职责是授权监督"不公正或欺骗性的行为或做法"，这一发展并不是预先确定的。② 正如联邦贸易委员会消费者保护局从 1995 年到 2001 年的主管 Jodie Bernstein 说："我们不应该说'欺骗或不公平'，每个人都应该被要求保护人们的隐私。"但是，联邦贸易委员会法案固有的不精确性和程序范围使得委员会在制定框架的辩论时发挥了越来越重要的作用。从 1995 年开始，联邦贸易委员

---

① Mark Boal, Click Back: Privacy Hounds Bring DoubleClick to Heel-For Now, Village Voice, Mar. 7, 2000.
② 15 U.S.C. § 45 (a) (2006).

会举办公开研讨会,以确定互联网革命对消费者的保护和竞争所带来的影响,在接下来的几年里,联邦贸易委员会继续进行类似的项目,并且开始制定自己的隐私议程。

随着欧盟1998年《数据保护指令》生效日期的迫近,上述举措得到加强,美国法律的"充分性"问题成了一个紧迫的行业问题。鉴于该指令禁止将数据转让给在"充分性"测试失败的管辖区的企业——其中包括美国——总部设在美国的跨国公司、其他具有全球影响力的公司和大量担心经济后果的国外市场。这些担心导致企业之间的谈判开始建立起"安全港"的框架,美国的个别公司可以签署,从而证明自己的隐私做法足以与欧洲伙伴进行贸易。这些谈判最终以符合欧盟委员会2000年7月批准的"安全港隐私原则"(安全港协定)而结束。

在安全港协定漫长且存在争议的谈判过程中,美国的行业承受着巨大的压力,它们需要显示出自我监管的能力,美国需要提供有意义的监管、执行和补救机制。尽管美国努力为保护隐私寻求可信的监督和执法结构,但是它不愿意制定任何综合性法规,也不愿推动建立数据保护机构,面对有限的产业支持和参与并且可靠执行自我监管活动,政府和行业转向寻求联邦贸易委员会来填补这一空白。安全港协定的一个重要组成部分是联邦贸易委员会所作出的承诺执行隐私声明以及优先考虑欧盟公民投诉的声明。

在安全港协定之下,联邦贸易委员会现在已经相对隔绝了超出其固有权威的有关新兴隐私活动的建议。通过自身和外部专业知识的衡量、调查,让持续的利益相关者参与到新的在线市场定义隐私的位置当中,联邦贸易委员会作为主要的消费者保护机构在塑造和执行实践中尊重隐私规范,使其成为制定隐私规范的实验室。

联邦贸易委员会既不受传统数据保护概念的约束,也不受传统数据保护概念的束缚。相比之下,它有很大的自由裁量权来界定哪些做法是不公平的和欺骗性的,并且采取了广泛的方式来获得塑造法律要件制度理论。在隐私领域,它利用这一权力召开FTC咨询委员会和讲习班,提出请求和发布报告,与行业合作并对其施加压力,使行业发展自律行为守则和透明的隐私保护措施,维护个人信息的安全。总而言之,联邦贸易委员利用其理论纬度和机构宽度,促进有关企业在数据做法、消费者理解和期待以及消费者损害之间的对话。

（2）发展消费者期待理论。

第一，非执行的管理工具。美国联邦贸易委员会作为隐私监管机构的新兴角色，其核心是在执行范围之外使用监管工具，特别是宣传、研究、最佳做法指导、鼓励认证制度，专家输入登记，以及其他推动与倡导者和行业对话的协商和参与活动。这些工具促进了三种类型的监管目标。

1）它们大大增加了公司隐私实践的透明度。通过定向对儿童和一般受众的网站进行"扫描"，委员会记录和评估了信息实践。委员会论坛鼓励利益相关者也这样做，促使更多的调查和研究成果的产生。这一企业实践的迭代记录迫使行业改进，强调最佳做法的改进反过来加强了试图阻止监管行动的行业协会和自律组织的力量。正如Smith在1994年的研究所指出的那样，企业数据实践的隐形性，使他们基本上不受监管和公众压力的影响，联邦贸易委员会的举措带来了企业惯例，它们也导入了消费者的期待，使一切进入了光明。这引发了一场有关行为问题适当规范的持续性的争论，这一问题在以前仅仅是偶然发生，之前处理方法最多只是由立法者应对企业高调的隐私实践的失败。

2）委员会利用其"天字第一号论坛"的作用激励出两个重要的发展。它要求可信的自我监管努力要为"创建两个自我管理的隐私密封程序"负责，以及通过标准化和初始自动化谈判来设计技术标准以减少与隐私决策相关的交易费用。此外，委员会的劝说对于鼓励公司在网上发布隐私政策至关重要。如下文所述，公司制定的有关个人信息的决策的公开成为委员会初步行使第五条执行管辖权的中心内容，因为联邦贸易委员会在隐私领域行使权力的最不受争议的方式是真实地解决误导性的索赔。[①] 对公司实践的日益关注促进了立法者、拥护者和新闻界的评价。

3）联邦贸易委员会参与的论坛提高了隐私权倡导者的自主性。从来没有一家国内机构像联邦贸易委员会一样提起隐私权的主张，宣

[①] See Steven Hetcher, The FTC as Internet Privacy Norm Entrepreneur, 53 VAND. L. REV. 2041, 2046 (2000).

传界很快利用了委员会的力量,提出了许多对有关商业惯例的投诉,他们参加联邦贸易委员会的咨询会议和专题研讨会,并通过独立研究和与贸易委员会工作人员及专员的互动来参与议程的设置。委员会的政策论坛为倡导者提供了低成本但却相对高调的形成企业数据实践论述的机会。诚然,某些隐私保护组织和倡导者在19世纪90年代的中期和末期出现在会议上,尽管他们并未投入全部的力量但是也在参与委员会的事务上投注了大量的精力。研讨会为宣传组织提供了机会,向记者、工作人员、行业协会、说客和行业主管以及听众表达他们的意见。此外,通过令人信服的FTC投诉,宣传组织可以利用这一强大机构的资源、专门知识和调查和执行能力。这些情况为倡导者们提供了一个宝贵的舞台,使他们能够关注全国范围内广泛的消费者所面临的隐私风险。①

因此,这些过程在两个方向上起作用:通过它们,FTC建立了对其工作的支持,并逐渐认识到消费者所遭受的损害可能是由于数据收集能力和规则的增加而对他们的期待所造成的破坏。同时,倡导者有一个独特的机会来塑造一个正在进行的利益相关者对话,在这一对话中,隐私、信任和消费者期待之间的联系得到了培育——把发展不精确的隐私内容作为消费者的期待来进行保护。

第二,带来调查权和执行权。反过来,这些以消费者为导向的隐私保护观念,最终通过联邦贸易委员会的执行权威给予强制。委员会早期的案例侧重于隐私通知的准确性,针对的是在委员会管辖范围内对积极的误导行为进行商业索赔,以规范"欺诈"行为。②

然而,委员会逐渐将执法重点扩大到被视为"不公平"的行为和某些尽管在整体上进行了法律披露但却仍是误导行为的交易行为。此种监管方式的变化将决定委员会对公司的隐私惯例的要求的理解。如果早些时候实施旨在使公司遵守诺言的执法行动时,委员会就行为准则提供一定的精确性,委员会在面临新技术、新企业行为和新威胁面前所采用的保护隐私的新法律标准就不会如此模糊、不断演变且完

---

① See generally Mancur Olson, Jr., The Logic Of Collective Action 44 (1965).
② See Joel R. Reidenberg, Privacy Wrongs in Search of Remedies, 54 Hastings L. J. 877, 886 (2003).

全取决于语境。这一发展在委员会处理两种现象的问题中尤为引人注目:间谍软件和数据泄露。

间谍软件——一种通常在未经用户知晓的情况下安装在计算机上并收集有关该用户信息的软件。它对联邦贸易委员会的隐私政策提出了一个重要的概念挑战。间谍软件同时也要求行业参与者通过遵守程序规则来区分善意行为人和恶意行为人。分发间谍软件的公司依赖于同样的合法法律披露行为,它们往往像其他公司一样向消费者通报他们的数据实践。不同之处在于,它们的做法与消费者的期待相差甚远。由于让消费者处于危险之中,它们比其他市场参与者更为引人注目。它们使提供法律声明不再有意义,在屏幕上点击"同意"就足以逃避 FTC 的审查。

通过一系列行动针对那些未经适当通知和同意程序即可下载软件的公司的行为,① 委员会开始实质性地注意"同意"这一程序。这些情况大部分涉及"捆绑软件",在使用这些软件时,我们发现,终端用户许可协议(EULAs)不足以对隐藏的软件提供"通知"程序,它们以一个意想不到的"通知"方式侵蚀了消费者的隐私,它们通常提供弹出式广告,收集有关消费者在线"点击"的信息,或从事另一种阴险的数据收集技术。通过间谍软件的工作,联邦贸易委员会增加了引发隐私问题的各种做法,其中包括收集和发送有关用户、他们的计算机或他们使用内容的信息的软件,除了被称为"个人可识别"的信息外。这就意味着,只要满足合同法的正式手续,法院就可能认可行为人的行为是积极的防御行为,不会排除更深入的隐私调查或更严格的要求。②

同样,联邦贸易委员会对公司违反个人信息的行为也放弃墨守成规,注意结合分析。在这些行动中,委员会对没有就数据安全表示意见的公司提出不公平的要求。虽然这些以及其他的安全案件很快解决,由此产生的同意令已确立了事实义务,为个人信息提供"合理"

---

① See, e.g., Fed. Trade Comm'n v. Seismic Entm't Prods., Inc., No. 04-377-JD, 2004 U.S. Dist. Lexis 22788, at *2-3 (D.N.H. Oct. 21, 2004).

② See Deirdre K. Mulligan & Aaron K. Perzanowski, The Magnificence of the Disaster: Reconstructing the Sony BMG Rootkit Incident, 22 Berkeley Tech. L.J. 1157, 1205-1211 (2007).

的安全级别,但合理性标准是流动的、进化的、开放的。

通过联邦贸易委员会的做法对公司隐私保护要求的模糊性反映了被采访的隐私领导人所表达的模棱两可的含义。我们很容易理解,为什么隐私领导者会认为"隐私"需要"到处寻找角落"来预测方式,以便新技术和新做法符合消费者对于信息使用的期待。联邦贸易委员会从有限的通知和同意分析中解放出来,重新讨论了隐私问题,以及公司必须如何对待消费者以公平地满足他们在电子市场上的期待。

2. 国家《数据泄露通知法规》与市场声誉的治理

联邦贸易委员会一方面寻求通过各种"软性"和"硬性"的监管办法,宣传新兴技术和市场做法带来的风险;另一方面则将法律规范对消费者预期的辩护联系起来,那么,国家数据泄露通知法为加强隐私保护和消费者信任之间的联系提供了一个具体的机制。如前所述,在这些法律中,包括自 2002 年起颁布的 45 项法律——要求公司将个人信息遭到泄露的信息通知到个人,此种做法将公司隐私权直接与公司的声誉资本联系起来。

《数据泄露通知法规》体现了一种治理方法,即强调"信息监管"或"通过披露进行监管"。[①] 这些工具要求披露有关损害或风险的信息作为一种强化市场机制或政治检查私人行为的手段。在此种情况下,披露要件要求试图同时提示;虽然披露为 FTC 执法提供了重要的事实谓词,他们还以重要的方式将隐私结果推向市场和消费者纪律。

《数据泄露通知法规》将以前不起眼的失误行为与企业深厚的品牌内涵联系起来。隐私提倡者利用媒体报道的违规行为,以保持隐私和数据保护的一直受人关注。因此,隐私权票据交换所维持了数据泄露行为的年表,此外,美国 PIRG 和消费者联盟都利用安全漏洞的动力来为在各州建立模式法律。

通过这些机制,用一位受访者的话来说:"通知法引导公司避免违规行为和品牌丑化问题,促进使用和以适当的方式流动数据的能力,并使数据成为竞争优势。"虽然报告涉及个人信息的安全泄露导致对公司股价的造成短期影响,并且产生救济和诉讼费用,但是,对

---

① Cass R. Sunstein, Informational Regulation and Informational Standing: Akins and Beyond, 147 U. PA. L. REv. 613, 613 (1999).

公司的惩罚主要来自于失去业务，此种现象在 2005 年到 2007 年间增加了 30% 以上。失去的业务代表客户流失的相关成本以及获取客户的成本的增加。这些成本直接反映到消费者感知公司在个人信息保护方面的失败，并直接影响到因隐私故障而导致的破坏企业信誉和品牌。

不过，对于法律的通知要求，客户不太可能知道违约情况，这就将改进安全措施的市场压力推给公司。笔者的调查显示，消费者期待标准反映出信誉、品牌形象和 SBN 法所提及的隐私之间存在越来越现实的联系。

最后，SBN 法所建立的激励结构使公司开发内部流程以管理风险。法律规定隐私执行官内部和同行的性质。笔者的采访报道总结来自其他组织的新闻报道，并且让员工从每一事件中吸取经验，并解释说，在其他组织中的违规行为有助于在自己的组织内实施新的条款。用受访者的话来表示，则是"披露信息的新闻并没有引起高层管理者在数据安全方面多余的注意力，它只是作为隐私项目中的一部分"。安全披露法充实了我的角色，在更具操作性的意义上，它更强调内部领导。保护隐私的失败的可见性将增加内部资源，某位隐私执行官认为："我们现在正在对我们所有的笔记本电脑进行滚动加密。这是正确的做法，我很高兴我们这样做，但是，如果不是因为美国违反安全法的话，我们就不会这么做了。我不认为有任何公司会采取此种做法。是这一法律驱动了此种做法。"

（四）求助于专业人士

毫无疑问，作为信任的隐私言论对那些试图在他们组织中获得吸引力的公司隐私官员们很有吸引力，监管机构试图激励业界认真对待隐私权，否则将在电子商务的发展中遇到障碍。但是，有关 FTC 隐私发展需求的不确定性和市场对数据泄露通知的刺激所作出的回应的不确定性，是对本文第二部分第二节所描述的专业化隐私管理的显著趋势的关键。

在面临模棱两可的境地时，专业化长期以来一直是一项重要的解决制度。① 在隐私的语境中，监管机构和市场力量未来行为的不确定

---

① See, e. g., Kenneth J. Arrow, Uncertainty and the Welfare Economics of Medical Care, 53 AM. ECON. REv. 941, 947, 965 (1963).

性，导致对内部企业专家的依赖程度也在逐步升级，基于隐私规则轨迹的知识和经验，专业化道路有助于指导企业实践和管理隐私风险。

通过前瞻性视野确定未来的挑战，而不是对现有任务依从，我们的访谈反映出此种风险管理的倾向。它们也强调了当前环境模糊的潜在性，加上可靠的有意义的制裁方式的威胁，都会影响公司组织内隐私权的范围。我们的受访者描述了整个公司的广泛范围，包括参与制定公司业务战略决策的权力，以及建立企业实践和界定工作范围的相对宽松的纬度。

五、对政策争论所造成的影响

通过在实践中对隐私做出定义，自从1998年以来，隐私管理在企业中所倾注的资源和注意力一直在增加，企业开发出隐私框架以便在新的环境下指引决策制定，从而更普遍地跟随隐私领域的转变。美国隐私规范的占主导地位的解释——书本上的隐私——正确反映出美国的法律不能提供FIPP保护和在欧洲发展的理解规则以及执行结构。另一个可供选择的解释说明，FTC这一新的力量进入了监管空间，FTC的活动方式与提倡者、专家、市场力量的共同参与帮助建立起一个全新的有关隐私保护的课题。委员会的"软性"监管工具和"巡回"行使执法权使法律变得更加含糊不清，远未减少法律领域的不确定性。不过，采取此种方式，它们促成了围绕隐私权的话语从一个侧重于程序机制的话语扩大到一个实质性措施：消费者对个人信息处理的期待的正当性。

围绕美国隐私保护框架的争论在一段时间内对美国的公共政策造成了很深的影响。当时，奥巴马政府和国会考虑对联邦隐私法规进行大幅度的修改，经合组织也打算在《隐私保护跨界个人数据流动指南》发布30周年之际重新考虑隐私的全球保护方针。

上述活动首先影响了隐私是如何构建的争论。笔者不认可那些主张加强保护个人信息的程序性方法的人。然而，隐私的实践方法表明，随着科技的快速发展，依靠不完善的正式通知和许可机制来保护他人免受实际损害，降低了个人隔绝和识别与他们有关的信息的使用的权力。这一方式突出指明了技术和市场的变化，指出个人自决框架对于指导企业对新产品和服务提出的隐私问题做出反应的脆弱性。这表明，行业的参与者都侧重于实质性的隐私保护方法，重要理论家则提出建议，他们认为，最佳维护个人和社会利益的方式是：强调客观预期多于主观形式主义、面对技术进步需具有动态性，结合语境进行考虑。

此外，关于隐私的报道也引起了对监管形式的争论。传统的监管方式习惯性地以具体监管形式来避开不确定性，近期的治理途径则增加了模糊的授权，在实现法律目标时"委托"给受监管的当事人更多的自由裁量权。此种制度仅仅可以在法律领域产生象征性的或者表面上的自我监管，破坏或者扭曲他们旨在推进的公共目标。但是，联邦贸易委员会在通过一套新的治理方式来部署它广泛的法律授权——通过衡量、宣传、学习、对话、处理，以及可信的、变化的执法威胁等方式，这些方式意味着建议行政机构可以以公众声音为中心来塑造法律的框架和反映受访者增强遵从性的心态。在此种语境下，尽管监管方式具有一定的模糊性，也会导致行业领域发生改变。

（一）关于隐私规则的实质性辩论的意义

消费者期待的出现作为衡量与判断隐私保护是否独立形成法律框架的标志，否则就依靠同意程序标记形式的满意度来进行衡量。在确定隐私的含义及其服务的价值时，这一新的措施增加了一个植根于实体规范、社会价值观、以及随着社会实践不断变化的现有理论的专栏，强调程序性工具来实例化个体自治和个人选择。

此种叠加并不否认正式通知和同意保护的价值，也不否认它旨在保护个人或对个人授权的目标；相反，它消除了这样一个假设，即程序性机制的存在是相互作用的公正性的结论，个人的主观利益是唯一的问题。因此，虽然联邦贸易委员会的早期行动集中于执行个人和公司之间的交易——而不顾他们交易的内容——但是，后来发现，某些做法是不合理的，即便通过标准的"点击"包装过程来实现个人的"同意"，但是这些行为一般都会获得法院支持。不公平与欺诈关系某个实践是否，包括与之相伴的通知行为，是否偏离了过去消费者经验的某些可接受的程度。这些调查依赖于消费者对交易的理解——他们对信息流动的"心理模式"，以及某个出其不意的做法是否会违反公共政策。作为概念问题，隐私是作为公共政策或社会价值的概念叠加在现有的与个人自治有关的概念之上。① 作为实践问题，新的或未预料到的信息流动行为将引发法律审查。

随着对隐私的法律理解多样化的产生，② 消费者期待的发展主题提供了一个额外的保护框架，来自不同领域的学者所做的开创性工作越来越能给隐私提供一个更值得信赖的价值观。这一框架提供了一种在程序保护不能的情况下预先确定隐私问题的方式，这是一个没有反应在 FIPP 当中的框架。

某些学者认为，将隐私定义为"信息自决权"将会导致主张太多而保护的太少。认为法律应该为个体提供一系列的共同机制来维护隐私的想法要求必须出台"信息隐私政策且政策应注重程序性而非实质性原则，他们可以提出自己的隐私利益和主张，如果他们愿意的话。隐私权和隐私利益的内容也可以由个人自己定义"。因此，保护隐私的实质利益被瓦解为程序性"权利"。

就其本身而言，此种程序性定义对隐私权的实现提出了高昂的成本和不切实际的期待。近期的一项研究表明，一个普通人每年要花 81 个到 293 个小时去浏览每一个网站的隐私政策，并且，如果他真的认真阅读的话，则需要 181 个到 304 个小时。③ 实际上，即使是程序性权利也常常是空洞的。

更遑论，通过过程机制保护数据的思维方式与技术领域中的范式变化不相匹配，这些制度和做法激起的焦虑情绪，并不能很好地顺应潮流。④ 将保护隐私作为促进与接触或获得数据等离散决策的机制的做法，等于将隐私的实质意义在特定的时间赋予到个人的手中，没有认识到也没有预测到未来的技术和实践带来的信息处理方面的变化。

此外，此种框架通常对决策提供启发，没有实质性的试金石来指导那些拥有更大权力的人选择如何对待隐私权：企业的管理者塑造关于影响信息使用的设计选择的系统决策。最简单的是，企业层面的决

---

① see also Priscilla M. Regan, Legislating Privacy (1995).
② See Daniel J. Solove, Understanding Privacy 187 (2008).
③ Aleecia M. McDonald & Lorrie Faith Cranor, The Cost of Reading Privacy Policies, 4 I/S: J. L. & Pol'y for Info. Soc'Y 1, 17 (2008).
④ Helen Nissenbaum, Privacy In Context: Technology, Policy And The Integrity of Social Life 148 (2010).

策可能是避免隐私受到侵害的最佳途径。① 但是，也许更为普遍的是，提供一个实质性的理论来指导此类系统决策使人意识到了一个事实，即嵌入在技术系统和实践中的价值观塑造了个人隐私保护选择的范围，个人可以而且确实考虑到与这些系统和实践的相互作用。② 技术既可以塑造事物，也可以由社会环境塑造。③ 为技术塑造者提供一个实质性的启发决策的被放弃的机会，因此，允许其他利益集团限制"个人自决"的选择的建议必须赋予个人。

首席隐私官的评论强调了"信息自决"在技术带来巨变的环境下，作为公司决策的一种启发式方法的失败。当处理涉及固定连接业务时，例如，信息作为产品的一部分被感知和交换，或者那些从"身体"中获得的健康技术的价值，隐私必须告知所提供服务的结构的情况、变化和细微的决定，程序机制的使用是有限的。在这些情况下，我们的受访者描述，他们寻求并且发现，规范的指导来自不断变化的消费者的期待。

哲学家、理论家 Helen Nissenbaum 的研究认为，与其将隐私定义为一系列一次性的个人选择，社会期待所提供的规范可以为隐私提供一个更加扎实的和利于保护隐私的框架。Nissenbaum 认为，将隐私定义为个人选择的做法将形成由哲学家 Derek Parfit 所提出的"道德上的数学错误"。将注意力集中到信息的"自我决定"中限制了个人决策者做出隐私选择的成本和利益的平衡。这样就排除了对"我的行为是否是一系列共同伤害他人的行为"的质疑，④ 因此，此种做法忽视了隐私作为社会福利的重要性。

Nissenbaum 探索了隐私的社会性质，事实上，"在社会生活中，

---

① See generally Guido Calabresi, The Costs of Accidents: A Legal And Economic Analysis 135 – 136 (1970).
② See Martin Heidegger, The Question Concerning Technology, in Technology and Values: Essential Readings 99, 106 – 108 (Craig Hanks ed., 2010). See generally Lawrence Lessig, Code Version 2.0, at 5 – 7 (2006); Joel R. Reidenberg, Lex Informatica: The Formulation of Information Policy Rules Through Technology, 76 TEx. L. REv. 553, 554 – 556 (1998).
③ See Patrick Feng, Rethinking Technology, Revitalizing Ethics: Overcoming Barriers to Ethical Design, 6 Sci. & Engineering Ethics 207, 211 – 212 (2000).
④ Robert C. Post, The Social Foundations of Privacy: Community and Self in the Common Law Tort, 77 CALIF. L. REv. 957, 959 (1989).

我们并非是仅仅作为个体来实施行为和交易，而当我们在经历或处于不同的社会境况时，我们会作为个人来实施某些行为和交易"。每种社会背景都由一系列来源于历史、文化、法律和实践的规则所管制。诸如此类的规则在特定的情况下"规范某些关键的方面如角色、期待、行为和限制"。① 它们同样提供了两种类别的理解隐私的关键信息规则：信息的适当性和披露规则。"适当性规则"规定在特定的境况中，他人的哪些信息是适宜或者是适合公开的。一般而言，这些规则都是在特定的情况下限制有关不同个体的信息或类型被公开、期待或被要求披露。

一方面，通过扩宽披露规则，检查信息的披露、流动是否在对保密和裁量权的期待中与具体的情境规则一致；另一方面，则是检查重复使用和再披露的权利和义务。因此，正如 Robert Post 曾经指出的那样，隐私规则"不是依赖于人与社会生活之间的对立，而是依赖于彼此的相互依存"。

这些规则因不同的情境而异并且随着时间的变化而发展，但是在任意一点上所体现的情境线索和认知都会激发个人意识，允许排除个人从事收集和评估所有的信息这一不可能完成的任务以达到有效的决策。在此处，我们可以得出所期待的社会价值：当这些认知被颠覆时，每一位在社会情境中的参与者都将无法准确输入他们的决定，这就导致"情境完整性"遭受意想不到的破坏，因此，个人的隐私也将受到侵害。

一系列近期在隐私领域发生的事件反映出对消费者的隐私期待保护也应包括程序性的保护。

在某些情况下，隐私期待为增强通知和同意程序提供了基础。例如，美国联邦贸易委员会与西尔斯管理控股公司达成同意令，目标是公司使用邮件邀请客户加入他们公司的"我的西尔斯空间"（MY SHC Community），并且下载一个程序在用户的电脑后台运行。这一程序几乎将所有用户的互联网使用信息传达至西尔斯公司处，包括在安全会话期间的网页浏览记录、商业交易行为，完成在线应用形式，检查在线账户以及使用网页邮件和即时通讯服务，该程序所实施的行

---

① Helen Nissenbaum, Privacy as Contextual Integrity, 79 Wash. L. REv. 119, 138 (2004).

为都在反对 Nissenbaum 所提出的适当性规则。具体而言，它挑战了公司和用户之间的交流，这一程序被解释为"这一研究软件会秘密追踪用户的网页浏览行为"，这一程序只会在独立的盒子中公布追踪软件功能的所有细节。法院通常会支持使用 scrollbox 和标准点击流协议。不过，联邦贸易委员会认为，这些在用户意料之外的行为已经达到了详细了解消费者的程度，因此，只有在"不可避免"的情况下，消费者交易才能使用这一程序。

类似的想法激发了在实践中对谷歌新社交网络服务 Buzz 的反应。对于许多消费者来说，该服务的默认选项导致了意料之外的公开泄露——Nissenbaum 所提出的披露规则——Buzz 泄露了用户最经常联系的电子邮件用户和聊天对象（包括记者的资源和治疗师的病人）。通过完全否认手续满足隐私指令的主张，隐私提倡者和批判者都建构了侵权行为的性质，并且找到了完全符合语言期待的牢固的解决之道。

因此，通信网络的 Molly Wood 写道："当我收到邮件时，我确实对我的邮件享有隐私期待。即便是在社交网络时代，大多数人仍然将电子邮件视为与亲朋好友谈论私事的安全地带。"因此，在事先没有询问的情况下，让谷歌将网络广播到世界范围并且强迫你在已成事实之后将其关掉是令人震惊且不可接受的。相反，电子前沿基金会的 Kurt Opsahl 曾这样描述谷歌的问题，这就是，谷歌没有为用户提供用户合理期待的设置。因此，适当的隐私保护行为使信息的二次使用行为只有在清晰、明确的用户同意和控制的情况下才能发生，并且需要对控制行为进行测试以确保默认设置与用户的期待相匹配。

在其他情况下，当面临技术的改变减少传统的依赖同意无效，或者至少使其不完善时，美国联邦贸易委员会采用了社会规范中体现的隐私的客观表现形式以保护隐私。

一个早期的例子是英特尔公司决定在每个奔腾芯片上附加一个唯一的序列号。考虑到设备和应用程序标识符扩散的背景，FIPPs 没有指出在芯片上编号会引起隐私领域的骚动。奔腾序列号（PSN）与个人身份信息没有关联，这也使 FIPP 的要件在当时被作为通常意思来理解。由于英特尔公司在网络生态系统中的市场渗透地位，以及匿名行为数据可以被用来检测个人身份的容易性，隐私提倡者指出，PSN

可以通过网络追踪电脑的行为。① 实际上，英特尔公司基本上在每个计算机上都嵌入了一个跟踪设备，而用隐私提倡者多彩的词汇中来表述，即在电脑中嵌入了"标识符"。如果程序保护手段不能解决这一问题，那么实质侵犯消费者规范认知行为就发生了，并最终导致联邦贸易委员会收到投诉，要求联合抵制计算机制造商，此时，联邦贸易委员会同样收到来自电脑制造商的压力。

（二）监管方式的争议所带来的启示

由于实践中对隐私权的解释可以引起监管内容的争议，它同样也引起了对其形式的争议。具体而言，它提出了关于隐私的监管规定的最理想的特征以及隐私治理的制度结构问题的附加观点。

1. 关于监管特殊性和模糊性的争论背景

传统的指挥和控制条例试图通过事先规定某些行为的统一规则来达到特定的结果。这种以规则为基础的方法反映了对监管实体的信心，以便能够以自上而下的方式确定实现监管目标的最佳手段。它强调监管的特殊性，几乎不允许遵守自由裁量权；受监管的主体可以遵守要求，或者不遵守规定。此外，越是"完整"地对行为进行编纂，就越能预见可能发生的突发事件，并相应地引导行为。

然而，人们已经很好地意识到指挥和控制管理方式的缺点。② 众所周知，规则既有不足，也有包容性，确定某些容易被编纂的相关因素的同时也容易忽视其他因素。具体的规则通常不能反映涉及实现多方面监管目标的大量变量，例如，减少各种因素结合而产生的风险类型。③ 特定的命令以静态的方式反映出，制造者有关实现普遍原则的最佳方式的信念，作为一种工具，法典化的规则缺乏适应不断变化的环境和新的认识的灵活性。

由于这些原因，依赖于一系列详细规定的遵守可能会阻碍而不是进一步实现监管目标。规则系统不可避免地不完整，无法在许多情况

---

① See Paul Ohm, Broken Promises of Privacy: Responding to the Surprising Failure of Anonymization, 57 UCLA L. REv. 1701, 1742 - 1743 (2010).
② See, e. g., Cass R. Sunstein, Administrative Substance, 40 DUKE L. J. 607, 627 (1991).
③ See, e. g., Susan Sturm, Second Generation Employment Discrimination: A Structural Approach, 101 Colum. L. REv. 458, 461 (2001).

下提供指导，特别是随着环境的变化更是如此。与此同时，它们会对组织内部的决策产生有害影响，导致官僚化的过程并最终导致目标的转移，遵守部分但具体的规则将导致奇异的结果出现，尽管它最初是作为实现监管目标的一种手段。[1] 特别是一种官僚的"遵从性"导向的方法，它以一种集中的自上而下的方式传达行为规则，并被其他缺乏语境知识的人所采用，此种方式可以打压那些在组织中实施政策的管理者，限制内部的压力以获得更多的资源和注意力。这可能使他们偏离规则背后的目标，转而侧重于形式主义，这反过来又导致决策过程的程序化，当实施外部监管时，可能会加剧人的错误。

有关合同经济的广泛文献确定了完全合同的问题——试图在复杂和不确定的情况下充分阐明事前的条件。在此种情况下，文书的术语应含糊或不明确，同时分配未来的决定，以解决如何在缔约方不明确的情况下如何在适当的时候最好地获得相关的信息。[2]

上述见解塑造了监管设计的选择。事实上，在过去的 20 年里，众多的经验已经表明，要以宽泛的原则而不是精确的规则来确定监管的要件框架，此种方式使遵从理论的适当性更加含糊不清。在安全监管、就业歧视和国内恐怖保护等多种多样的背景下，决策者越来越多地转向一般规范而不是具体要求，试图以此种方式应对公共目标的复杂性。

这一发展为监管机构提供了克服障碍的新工具。对于发展统一的自上而下的减少风险行为的要件而言，实践中所面临的威胁或有关企业组织的私人信息是必不可少的。[3] 制定法律规则大体上为执行的自由裁量留下了空间。允许个别公司采用特殊和灵活的遵从性方法，此种框架为企业决策者的判断提供了一种手段，让决策者可以利用他们的优势知识，即了解个体企业行为的风险表现方式、业务线索和了解有关风险管理的能力和过程的知识。它进一步使监管机构在面临不确

---

[1] See generally Robert K. Merton, Social Theory and Social Structure 199 (rev. & enlarged ed. 1957).

[2] See generally Oliver E. Williamson, The Economic Institutions of Capitalism: Firms, Markets, Relational Contracting 32 – 34 (1985).

[3] See Edward L. Rubin, Images of Organizations and Consequences of Regulation, 6 Theoretical Inquiries L. 347, 386 (2005).

定性的情况下继续保持灵活性，以了解公共目标如何在多样化和特殊的环境下进一步发展，并随着时间的推移迅速改变应对方式。①

然而，学者们也质疑将法律强制作为一种监管策略的模糊意义，他们指出，许多情况表明这种方法在实现公共目标方面失败了。最简单的方法是，避开特定的自上而下的命令，此种方式将减少监管的漏洞。受监管的公司不受具体措施的约束，包括资源束缚、行业压力，此项任务的复杂性可能会使原本监管机构强制执行的努力脱轨。在这些情形下，企业在公共事业的努力和由监管行动和执法的可信威胁所造成的"外部冲击"的激励下是无拘无束的，事件的类型对于促使有意义的内部组织变革是必不可少的。

学者们认为，即使公司采取了遵约措施，法律上的模棱两可状态也允许公司采取一种逃避式自律行为。具体而言，没有具体的规定要求，允许受管制的公司采取可能进一步扩大监管任务，它们仅仅是"装饰品"，因为它们"不能阻止公司内部的禁止行为，而且可能主要起到提供市场合法性和减少法律责任的粉饰作用"。② 这些批评加深了社会法律学者对法律和组织"领域"的探索，一系列组织成员参与到特定的领域当中，面对当前模棱两可的境况构建法律的意义。面对不明确的任务，公司有强烈的动机采取"礼仪性"的遵从措施，③ 这些程序足以表明"合法性同时限制法律对管理权力的影响"，并防止法律以其他方式扰乱公司的中央结构。④ 反过来，此种做法又蔓延到其他公司，它们模仿那些被认为是"成功"的遵从性模式。尤其是政治制度正被"弱执法机制"和"组织惯例是否合法的不充分和不一致的反馈"所代表，被监管的主体可以使用"广泛的纬度来构建合规的含义"，并通过程序来表明组织的"合法性"，但是，

---

① See Vincy Fon & Francesco Parisi, On the Optimal Specificity of Legal Rules, 3 J. Institutional Econ. 147, 147, 154 (2007).

② Kimberly D. Krawiec, Cosmetic Compliance and the Failure of Negotiated Governance, 81 WASH. U. L. Q. 487, 487 (2003); see also Kenneth A. Bamberger, Technologies of Compliance: Risk and Regulation in a Digital Age, 88 TEX. L. REv. 669, 714 (2010).

③ John W. Meyer & Brian Rowan, Institutionalized Organizations: Formal Structure as Myth and Ceremony, 83 AM. J. Soc. 340, 340 – 341 (1977).

④ Shauhin A. Talesh, The Privatization of Public Legal Rights: How Manufacturers Construct the Meaning of Consumer Law, 43 LAw & Soc'Y REV. 527, 533 – 534 (2009).

应当避免对现有的职场文化进行根本改变。

2. 隐私领域的歧义

有关隐私监管的争论已经超过了仅仅讨论监管形式的范畴。Jeff Smith 在 1994 年对隐私实践所做的研究表明,由于缺乏明确的法律目标和执行战略,首席执行官避免了不明确的义务和不确定的利润,从而导致公司无所作为。对于暧昧的公司隐私领域,Smith 总结道:"'决策缺乏动力、外部威胁循环'的主要驱动力,企业回避主动的隐私管理,而高管们只有在面对特定的、有限的外部威胁时,才会面对隐私问题。含糊不清的状态也是其他问题产生的原因。只专注于遵守特定任务的狭隘的涓滴效应,使得负责推广隐私的员工在提出规范的主张时,只要此种主张与其他的组织目标冲突,那么他们就会手足无措。这就导致'重新定义隐私'的方式产生'情绪失调',统一地减少了某些有利于商业利润的冲突。"当代对隐私理论的批评回应了上述问题,他们更多地呼吁企业规范指挥和控制隐私的要件。

然而,最近的调查表明,依赖高度具体规定和程序化的行为规定隐私制度的缺陷。最近发表的一份审查欧洲联盟数据保护指令的多学科报告显示,例如,将重点放在特定的授权流程上,"风险在于建立一种注重礼节的组织文化,以创造书面的法规遵从性(通过复选框、政策、通知、合同等),而不是促进有效的数据保护措施"[①]。这些发现追溯了有关 1974 年隐私法影响的早期研究,1974 年的隐私法是关于个人信息处理的法律,政府机构在美国语境中充分体现 FIPPs。隐私法的先驱 Ron Plesser 认为:"总的来说,隐私法认为,大部分的机构都是令人烦恼的存在。大多数机构的总顾问通常只有一两个人,他们的工作就是观察政府部门或机构是否符合隐私法的技术要求,换言之,就是避免麻烦。"

Plesser 指出,在健康和人类服务部门负责隐私法的工作人员的职责就是,"花费大量的时间指引他们的'客户'通过隐私法的迷宫,由此他们可以达成他们的目标,这些工作人员不是在一个庞大的机构内充当隐私的发声者,也不是每天都在处理与隐私有关的成千上

[①] Neil Robinson Et Al., Rand Eur., Review of The European Data Protection Directive 39 (2009).

万的文件"。总而言之,Plesser认为,规则可以促进此种官僚化的倾向。

相比之下,实践中的隐私描述了一系列放大"隐私的声音"互动行为,这些都发生在受管制公司的外部和内部。诚然,这一解释增加了越来越多的研究,目的是为了揭示潜在的积极的"集体"参与对于形成组织领域实质监管规范的意义。

联邦贸易委员会的行为对这些规范的建设至关重要,尽管联邦贸易委员会的行为偏离了指挥和控制的治理模式。研究发现,与"沉默的调节者"方法形成鲜明对比,它允许在组织领域颠覆公共规范。

相反,委员会的行为提供了一种模式,在这种模式中,监管的模糊性可能为监管机构在促进该领域法律意义的发展方面发挥更积极的作用。具体而言,它采用了许多方法,即关于"新治理"模式将最好地利用法律模糊性的优势。[1] 此种方法强调动态性和协作性。它们强调监管者的能力经常来自他们的经验和他们应对的挑战,因为他们具备经验能力,"不断更新所有必须符合的标准",监管机构有能力"利用新技术、市场创新和公民参与的力量,使不同的利益相关者参与项目的治理。"因此,新的治理方式是"自上而下和自下而上的"。

美国联邦贸易委员会强调将管理隐私的做法和失败的经验透明化,这一想法也得到国家安全违反立法的支持,同时也为评估企业行为和改进基准提供了外在的指标——衡量的类型均允许外部问责制和激励组织管理方式的变化。这一趋势是由国家法律规定的信息披露的作用加速而导致的。通过公开隐私政策的争论,此种透明度进一步将隐私性能与不断变化的市场观念尤其是消费者保护的市场观念结合起来。

此外,详细信息的可用性和贸易委员会提供的广泛的参与程序都使隐私保护得到授权,并且引起了一系列重点为发展"公正、威严、动态的收集行为"的隐私框架。隐私将作为一个明确的构建政治斗争的组织原则的令人渴望的概念。的确,正如一位隐私保护者所解释的那样:"在美国,机构间的辩论非常重要。"近期的一项研究文件

---

[1] See, e.g., Orly Lobel, The Renew Deal: The Fall of Regulation and the Rise of Governance in Contemporary Legal Thought, 89 MINN. L. REv. 342, 342-350 (2004).

指出，美国的做法与欧盟形成了鲜明的对比，"相比之下，比起欧洲推进隐私保护的同行，美国的隐私保护者更倾向于使用相对零散的法律条文"。因此，欧洲的隐私保护团体一般不会广泛使用数据保护法下的投诉调查和解决程序。诚然，研究对此进行了解释："在其更强有力、更全面的数据保护法下，尽管提出申诉并不会花费大量的金钱和时间，但是欧洲的隐私保护团体收到的申诉也很少，这确实令人震惊。"此种矛盾的出现是由于欧洲数据保护机构相对"资源不足，并且受到法律约束"，某些机构"没有执法权"。因此，隐私保护者承认，数据保护机构不得不经常采用某些更为务实的做法。

这种主张在塑造一个日益专业化的企业隐私官的作用——以两组成员之间的某些流动性为特点——更多的是在管理组织内部引入了宣传的内容，在专业协会内，成员通过跨企业来参与隐私管理的实践。

这些宣传和参与的发展方式可以作为限制企业活动的"社会许可"，强调公司社会地位的重要性，特别是维护其声誉的经济利益的理论，引起了共鸣。[①] 特别是，它们聚集了其他分散的市场，消费者、宣传所带来的压力再现了企业规章学者们在生产"遵从性"行为中扮演的重要角色：可见性、社区关注和对经济投资的威胁。在此种情况下，行为可以由"组织领域内的利益相关者"而不是监管者来塑造。

最后，这一法律环境的核心在于联邦贸易委员会对其执行力的具有企业精神的利用。可以肯定的是，模糊的法律标准使委员会最有力地行使其监管权力，但也使执法难以预测和不完善。然而，我们的受访者也指出这样一种现象："当组织努力理解法律的不确定性并制定可接受的一致性的定义时，模糊的授权和执法不公可能在实际上增强法律的认知特点。"

在每一种情况下，联邦贸易委员会的巡回执行当局都被视为"四处张望"的激励因素。换言之，联邦贸易委员会在审议和预测可能适用于新的实践、技术和情况的保护消费者的尚不明确的方式。从这一意义上说，他们的方式与预测决策制定中责任制的研究具有一致

---

① Neil Gunningham Et Al., Shades of Green: Business, Regulation, and Environment 147 (2003).

性。具体而言，研究表明，当决策者面临监测标准具体且广为人知的实体的审查时，他们表现为"认知吝啬鬼""避免需要持续注意力、努力或计算能力的心算"①。然而，同样的研究表明，在此种情况下，审查受到威胁会迫使决策更加动态、透彻和周到，也即当决策者不知道社会"可接受的"的反应时，更确切地说，当那些决策者需要向别人解释自己时，在这些情况下，决策制定可能会更为周到详尽。

如果通过这些见解，受监管的政党可能会适应具有符合最低限度内部变化的规范的一套静态的外部规则，同时承担不确定的执法威胁和不断变化的社会和市场力量复杂化所带来的威胁的动态监管模式，并创造一个必须转化为有意义的内部实践的连续的外部刺激，"公司自我理解的过程可能不会使政府的需求成为单一的成本"，相反，"这一过程可能会发展基于真正的遵从性之上的关系"。

六、结语

隐私和数据保护界正在进入为期两年的思考和反思阶段。2010年是经济合作与发展组织出台首份国际公平信息实践原则《隐私保护和个人数据跨界流动规范指令》的第 30 周年，经济合作与发展组织已经开始确定指令的修复范围。近期英国信息专员所提出的一份报告审查了《欧盟数据保护指令》，他围绕结果提出了一个可替代的监管模型。一股重构美国隐私框架的动力开始形成。美国国会和联邦贸易委员会都作出承诺要深入审查现行的监管结构，并且表达了对新模式的渴望。通信、技术和众议院能源和商业委员会的网络小组委员会代表 Rick Boucher 提出了一项法案来解决互联网和其他与技术相关的隐私问题。② 联邦贸易委员会正在重新审视以注意和同意占主导地位的隐私模式。尽管联邦贸易委员会消费者保护局的局长 David Vladeck 已经指出："我们一直使用的隐私框架如今已经不再有效。"但

---

① Philip E. Tetlock, Accountability: The Neglected Social Context of Judgment and Choice, 7 RES. Organizational Behav. 297, 311 (1985).
② Tony Romm, House Lawmakers PreparingK ey Cell-Phone Location Privacy Legislation, Hillicon Valley: The Hill's Technology Blog (Feb. 24, 2010, 12: 12 PM), http://thehill.com/blogs/hillicon-valley/technology/83395 - house-lawmakers-preparing-cellphone-location-privacy-bill.

是对于如何在市场中保护他人的隐私尊严利益，David Vladeck 没有给出明确的说法。此外，由秘书长商务部办公室统筹的互联网政策专责小组，与国家电信和信息管理局，美国国家标准与技术研究院、国际贸易管理局一同开始对互联网经济中的隐私权政策和创新之间的关系进行全面的审查。①

就此而言，实践中的隐私定义为改革提出了某些需要注意的事项。

第一个需要注意的问题涉及隐私治理方式的多样性。

相对于当前脱节的监管制度而言，提高信息自决权的支持和合理化的程序机制可以达到理想的连贯状态，尤其是在欧洲的安全港框架的做法越来越成为混合法律的一部分但却越来越不协调的情况下。与此同时，在某种程度上而言，追求以一种更广泛或有利的实质性保护的目标的方式，或者约束监管的灵活性以允许它们变革，可能会破坏克服企业越权、操纵消费者的重要工具，尤其是在个人选择领域放弃隐私保护而引起收集行为的问题。我们的受访者描述了各种各样无法为做出隐私保护的决定提供指引的方法以回应当前的隐私工作，他们指出，当前的隐私工作缺乏实质性的试金石。数据保护制度通常把资源集中在开发一系列毫无意义的"同意"过程中，这些过程必须设计和重新设计，以便在"更好"的含义不明确的情况下做得更好。受访者进一步描述，在网络、嵌入式设备和日益个性化的服务日益增长的趋势下，加剧了同意作为保护消费者隐私的主要方式的优势所存在的局限性。联邦贸易委员会执法旨在保护消费者对传统信息流的依赖，相反，此种做法带来了更多实质性的对其形式主义的批判。视隐私为取决于情境而进行的保护，反对企业和官僚减少它作为一系列以推理过程为导向的规则的愿望，批评家和支持者都声称应对数据保护合法化。保护现存的有关信息使用的社会规范，而不是让每个人都受到市场的摆布，这才是解决集体和个人利益的关键。同时，"保护个人隐私在个人层面起作用，监控行为则是在集体层面起作用"，因此，实施监控行为的逻辑需要存在重大的集体因素。

---

① Notice of Inquiry on Information Privacy and Innovation in the Internet Economy, 75 Fed. Reg. 21, 226, 21, 226 (Apr. 23, 2010).

第二个需要注意的问题是联邦贸易委员会在隐私治理方面的经验应告知企业，使企业在选择和设计监管机构来促进保护信息隐私的发展。

笔者的解释确定了联邦贸易委员会论坛在构建、推进隐私倡导者、行业、学界和监管机构对隐私权的集体理解方面的重要性。虽然联邦贸易委员会作为巡回执行机构的职能特别重要，但是，通过研讨会、实情调查以及其他软法技术来充实模棱两可的隐私授权的含义的做法，对强制性的权威所造成的威胁更大。通过这些监管选择，集体参与已经取得了实质性的突破性成果——从"买者自负"隐私披露的分歧到公司隐私管理的变化。美国联邦贸易委员会的执法威胁与其在建立企业隐私权倡导者社会网络中的中心作用相结合，它提供了一个避免静态、自上而下、命令和控制模型的缺点的方式，依靠自底向上自我调节的方式，通过私人利益来颠覆公共目标。这种平衡的能力直接来自于利用市场、企业和宣传能力以发展对风险的集体理解和对未来隐私问题的解决办法的监管工具。

第三个需要注意的是公司隐私专业人员在解释公司内部隐私问题方面的重要性。

关于在美国建立一个专门的隐私机构的争论则强调政府隐私专业知识在制定管理公司行为规则方面的重要性。[1] 资深专家 Robert Gellman 认为，无论美国是否选择高度管制的路径前进或是选择继续目前的道路，一个专业的联邦隐私平台将帮助实现"更快、更有效、更一致"的隐私目标。David Flaherty 对五个国家的数据保护和隐私法实施情况进行比较研究，他得出结论认为，数据保护必须委托给数据保护局的"专家干部"，并将美国糟糕的隐私表现归咎于"缺乏监督机构"。然而，许多关于美国的隐私机构的建议被提出来——有些人赋予它监管权力，有些人只是把它定位为咨询机构，这些观点都没有得到公众或政府的支持。事实上，最近提出的解决企业部门隐私问题的立法提案似乎已经放弃了这一观点。

然而，看起来，将隐私专业化的愿景集中在某个独立的政府机构

---

[1] Robert Gellman, A Better Way to Approach Privacy Policy in the United States: Establish a Non-Regulatory Privacy Protection Board, 54 Hastings L. J. 1183, 1192 – 1197 (2003).

似乎不太可能实现，公司正在面临越来越模糊的隐私要求，它们越来越依赖于不同的"专家干部"——某些在公司内部、倡导组织和学术界的人士，由他们引导公司度过在技术和商业实践中的变化所带来的不确定性。

监管形式的选择将影响到这些专业人士作为"规范企业家"所发挥解决隐私问题并将其纳入企业决策的能力。例如，公司决定将隐私监管转向更具规则约束的治理，此种做法可能会减少公司依靠高水平的内部隐私专家的需要，反过来，此种做法将使管理者嵌入到企业文化和经营权的能力降低。随着社会的联系日益密切，隐私保护需要持续地关注动态的隐私利益，这些隐私利益以非常不同的方式体现在不同的公司，制度改革应注意整理对公司外部影响，以增强这类嵌入式专业人员所带来的潜在利益。

由于对隐私执行官的采访反映了全球数据保护的主要手段，笔者的叙述强调了实证调查的重要性。此外，在考虑有争议性的监管战略、技术复杂程度、社会和制度网络以及在私人领域保护个人和集体利益等问题上，笔者大多都从机构的角度进行研究。如果隐私要在日益联系紧密的世界中得到保护，那么，有关其正式规则的争论必将被人们在实践中运作的框架方式所了解。

作为社会问题的隐私和作为行为概念的隐私

斯蒂芬·T. 马古利斯[①]著 魏凌[②]译

目　次

一、导论
二、隐私是什么：隐私的定义问题
三、从两种隐私理论当中所获得的认知
四、隐私所带来的事物：隐私的好处和损失
五、作为社会问题的隐私
六、当前的社会问题
七、作为行为概念的隐私
八、结语

一、导论

　　本文研究的问题主要包括：其一，作为社会问题的隐私；其二，作为行为概念的隐私。本文的研究内容反映了笔者在过去十年阅读所发现的内容。笔者相信，把隐私作为社会问题进行研究将成为越来越多学者的兴趣所在。争论经常围绕隐私所面临的威胁、威胁的严重程度以及如何解决这些威胁。通过比较，相对而言，心理学家对于作为理论利益或研究利益的隐私都比较漠不关心。笔者在下文会对这一观点进行深入分析。

[①] 斯蒂芬·T. 马古利斯（Stephen T. Margulis），美国明尼苏达大学社会心理学博士、美国伟谷州立大学管理学教授。
[②] 魏凌，中山大学法学院助教。

通过检验隐私的定义问题以及两种富有影响力的理论是如何解释隐私来讨论隐私是什么。通过审阅获得隐私利益的理论和研究丧失隐私所造成的损失来明确隐私的地位。在这一基础之上，笔者建议在隐私的社会学分析方法和心理学分析方法之间构建一座桥梁，并且将隐私作为保护美国的市民、病人、消费者和员工的社会问题来进行讨论。笔者将回顾隐私的心理学方面，包括隐私指标的重要性和隐私重要性的理由。本文首先简要地回顾了当前隐私研究的进展，其次阐述了当前社会心理学的理论和研究是如何分析隐私的，最后将讨论当前和未来的隐私理论及其研究。

二、隐私是什么：隐私的定义问题

因为这一问题关乎隐私，所以重要的问题在于审视"隐私"一词的含义。Allen曾指出，隐私是一个弹性概念。[①] 心理学上的隐私定义包含各种各样大范围的定义。此外，由于隐私概念的界限尚不明朗，隐私和其同族概念（如欺骗、秘密、匿名）之间的关系问题仍然悬而未决。例如，许多围绕隐私的讨论都对其赋予了积极的意义，学者们认为："隐私或者保护道德中立的行为，或者保护具有社会价值的行为。"然而，其他学者则持中立态度看待隐私，因为他们认为，隐私可以支持保护某些非法行为，例如滥用公职行为、故意毁坏他人财物的行为、道德不端行为如说谎等。例如，DePaulo、Wetzel、Sternglanz 和 Walker Wilson 提供了强有力的事实论据来说明，隐私为行为人欺骗他人提供了方便。他们认为，人们尊重别人主张的倾向有助于别人欺骗我们，我们的这一倾向也使某些不那么谨慎的人用欺骗的方式来利用他人。同样，这些学者也讨论了如何使用欺骗的方式来保护隐私。

隐私的心理学概念，同样也是隐私的日常概念，则把隐私看作是控制或规范，更进一步地说，隐私是限制或豁免审查、监视或未经同意的接触。Allen 使用此种较为狭窄的限制接触分析方法来定义隐私。不过，笔者在本文将同时使用广泛的和狭窄的观点。相比之下，作为

---

① Allen, A. L. (1988). Uneasy access: Privacy for women in a free society. Totowa, NJ: Rowman & Littlefield.

宪法或法律的隐私概念，尤其是在 1965 年前所提出的宪法性隐私权概念强调了自治性隐私，也就是说，他人享有在公共场所或私人场所决定或实施恰当行为而不受政府干扰的自由。然而，宪法性隐私权可能是一个垂死的宪法原则。《美国联邦宪法第四修正案》同样对隐私提供保护，尤其是对某些涉嫌犯罪的人的隐私提供保护。由于《美国联邦宪法第四修正案》禁止警察在刑事调查期间实施不合理的搜查行为，这一理念与限制接触观点下的隐私概念是一致的。从隐私的角度而言，人们期待享有身体隐私和财产隐私，正如法院所定义的那样，人们期待自己这些方面的隐私受到尊重。这就意味着，警察不能在没有正当理由（或合理理由）的情况下搜查他人的身体或他人的财产，换言之，警察必须在持有法院签发的搜查令的情况下才可以对他人实施搜查行为，如果不是这样，那么他们将侵犯他人的隐私。法院对他人隐私期待的观点一直随着时间在改变。此外，这些法律上的隐私期待并不必然与心理学上的隐私期待一致。限制接触和自决领域的隐私观点，尽管分析方法截然不同，但是概念上仍然存在联系。Westin 将决策自主权作为隐私的一个方面，[1] 而 Margulis 则认为，通过减少个人的弱点，隐私增加了他人自治的选择。

  笔者分析了 Margulis 于 1977 年所撰写的文章，审视了隐私定义的变化，尤其是隐私的心理学方面的分析。[2] 在笔者研究的基础上，笔者归纳推导出 Margulis 所提出的隐私的正式定义，这就是，根据"抽象框架"的方式和隐私的目的来定义隐私："隐私，不论是从整体还是从部分而言，它都代表控制他人和别人之间的事务，隐私的最终目的在于增加自治或减少个人的漏洞。" Margulis 的定义忽视了在隐私的文献中，控制事务往往意味着限制或规范接触自我，有时是群体，或者是更大的集体组织。因为笔者是从一系列广泛的例子中归纳出隐私的正式定义，所以具体的定义变化反映了条款和条款之间的关系在正式的定义中是如何进行条款解释的。在个案中，它也反映出定义所包括的额外的概念和/或者关系。例如，"控制"在正式的定义

---

[1] Westin, A. F. (1967). Privacy and freedom. New York: Atheneum.
[2] Margulis, S. T. (1977). Conceptions of privacy: Current status and next steps. Journal of Social Issues, 33 (3), 5–21.

中被解释为社会力量和个人控制。Johnson 使用了额外的概念区分一级（直接）和二级（间接）个人控制来获得与隐私有关的成果。[1]

三、从两种隐私理论当中所获得的认知

检验隐私核心的其中一种方式就是比较隐私理论之间的共性和差异。当前的检验方式来自于 Margulis 的文章，在他的文章中，Margulis 对比分析了 Altman 和 Westin 所提出的隐私理论。该文章同时讨论了 Westin 所提及的隐私与秘密之间的联系，以及 Altman 所提出的隐私与环境之间的联系。Altman 所提出的隐私理论将隐私置于处理社会交往的规范水平，而 Westin 所提出的隐私理论则关注隐私的状态（类型）和隐私的功能。

上述两种理论都是限制接触分析方法下的隐私理论，两者都讨论个人和群体控制或规范外界对自己的接触。两种理论都将我们对隐私的需求看作持续动态变化的内部和外部条件，我们通过回应这些内部条件和外部条件来获得理想水平的隐私。反过来，他人获得隐私也可以反映出内在状态和外在状态。两种理论都认同尝试规范隐私的做法不会成功：我们只能获得比自己想要达到的更多或更少的隐私。两种理论都认同隐私存在多种形式，都认同隐私存在广泛的特性以及隐私采取的形式可能是特定的文化。Altman 和 Westin 也都认同，隐私可以支持不合法的目标。两种理论都从隐私的功能来区分隐私的形式，它们都认同，隐私的功能包括为个人提供自我评价的机会，隐私有助于自我认同和个性的培养。Altman 和 Westin 的文章的不同之处在于，Altman 的理论相对讨论了更多的隐私现象，而 Westin 的理论则没有。Westin 更多地关注信息性隐私权。上述两个独立的富有说服力的隐私理论所存在的共性说明，它们为理解隐私作为心理学方面的概念提供了合理的基础。

---

[1] Johnson, C. A. (1974). Privacy as personal control. In D. H. Carson (Series Ed.) & S. T. Margulis (Vol. Ed.), Man-environment interactions: Evaluations and applications: Part 2, Vol. 6. Privacy (pp. 83 – 100). Washington, DC: Environmental Design Research Association.

四、隐私所带来的事物：隐私的好处和损失

在讨论隐私是什么之后，让我们转向讨论隐私为我们带来了什么，换言之，隐私为我们提供了什么。下文分别论述隐私的好处、无法享有隐私的代价和丧失隐私所造成的损失。

（一）隐私的好处

隐私的好处反映隐私的功能。从社会政治层面而言，在政治民主国家，隐私为政治表达、政治评议、政治选举和免受不合理的政治干扰提供了机会。隐私为人民和组织提供了"私下"准备和讨论问题的机会；隐私允许个人以非政治的方式参与家庭、宗教和其他形式的协会。

从心理学角度而言，隐私支持他人的社会交往行为，反过来，隐私也为我们应对世界的能力提供了反馈，进而影响我们的自我定义。从 Westin 的角度而言，隐私为他人的自我评价和实践提供了机会。隐私是发展个性的基础。它保护个人的自治。隐私为他人提供了放松的机会、活出自我的机会、释放情感的机会以及应对损失、震惊和悲伤的机会，这些都是隐私对健康所起到的益处。总而言之，隐私非常重要，隐私为支持正常的心理需求、稳定的人际关系和个人发展都提供了平台。

（二）无法享有隐私的代价

他人无法享有隐私会丧失隐私的功能所提供的机会。当他人无法享有隐私时，他人会因为物理或认知方面的原因，无法从心理上控制与隐私有关的行为；又或者那些处于特定情境的人们，如某个处于封闭机构的成年人，他们的隐私会受到强大的力量的控制或被尝试控制。他人无法享有隐私的短期结果包括了解到个人自治受到限制。长期的结果就是，他人不能获得隐私所带来的某些特定机会。从精神病学的角度而言，长期的结果包括去个体化和去人格化，这将对破坏他人的康复的能力，使他人丧失能力以及在释放自我后重新融入日常生活的能力。不幸的是，这一观点很少出现在学者研究隐私发展方面的文献中，此外，如果没有获得期望的隐私，那么，隐私之后能为我们

提供救济机会。

许多隐私方面的理论都表示，他人是否能够控制心理是获得和维持隐私的前提。这就表明，他人无法享有隐私也意味着他们丧失了控制的能力。无法获得隐私的代价可能包括产生某些压力和得到关于个人能力的负面评价。隐私学者未能将心理学有关控制方面的丰富文献整合进他们对隐私的研究当中。

（三）隐私的损失

当他人的隐私受到侵犯或威胁时，他人的隐私就遭受了损失。当无法具备隐私所需要的最初环境时，隐私侵害就发生了。例子包括，他人的对话遭到行为人偷偷摸摸的窃听，或者是他人无法阻止外界对自己的物理接触。当信息接收者有意将获得的私人信息向外界披露或者信息接收者通过侵犯他人隐私的方式获取他人信息时，隐私侵权行为就发生了。诸如此类的例子包括传播流言蜚语和泄密。预期侵犯他人隐私的结果和实际的结果（损失）就是造成他人的私人信息或他人的自我被"错误的手"所侵犯。由于取决于许多因素，尤其是考虑到信息的内容，他人丧失隐私的损失程度也存在较大差异。

让我们研究与隐私有关的损失的特征。特征可以是身体方面的（如畸形），可以是性格方面的（如同性恋），也可以是人口学方面的（如种族）。然而，与这一问题相关的是他人的名声遭到破坏和声明败坏之间的区别。因为污名是不被社会接受的，所以，被污名化的个体会贬值，社会地位也相应降低，并且会成为负面形象的、偏见、歧视的目标。名誉扫地的关键的社会问题在于管理社会关系，而对于那些丢脸的人来说重要的是管理有关污名的信息。

在公开场合，名誉扫地的人的隐私将受到侵犯，因为不以污名的方式对待他们，就好像接近、触碰、盯着和审问他们一样。如果他们没有成功经营自己的社交，那么，他们会感到尴尬和不情愿。Derlega、Winstead、Green、Serovich，和Elwood曾经研究泄露HIV病毒和艾滋病信息所造成的代价，这些病人非常强烈要求不要向自己的父母、亲密伴侣和家人透露自己的病情，但是，隐藏HIV病毒的状态会让病人感到高度紧张，此种压力往往促进HIV病毒的肆虐。

当他人具有隐藏自己的意图或身份的关键目的时，他人丧失隐私就有可能付出性命攸关的成本。例如，在第二次世界大战期间，Stevens（一位犹太男子），通过作为基督教徒，白天为纳粹工作，夜晚则做反对犹太人、反纳粹地下组织工作。

总而言之，隐私的功能使我们获得利益，而无法获得或维持隐私则带来损失。不过，除了少数例外之外，利益和损失都是预估的或潜在的，而不是已经证明的。笔者接下来转向讨论隐私是什么的问题以及将隐私作为社会问题考虑。

五、作为社会问题的隐私

（一）隐私的"社会"性质及其影响

从社会心理学和社会政治学两方面而言，隐私属于社会问题。隐私的双重性为将社会心理隐私作为社会行为和社会政治隐私作为社会问题研究搭建了桥梁。从社会心理学方面而言，隐私在三方面具有社会性质：其一，隐私的焦点在于人际沟通和人际交往。这里存在两个不太常见的指示物。其二，人们的经验、理解、反应和制定隐私都是我们社会和文化发展的产物。其三，隐私不仅是个体的态度还是群体的一项特性，某些学者也认为，隐私也是组织的一项特性。Regan 在公共政策的语境下研究隐私，阐述了隐私作为社会政治问题和隐私在社会层面的重要性。[1]

隐私在社会层面的重要性主要体现在如下三个方面。①人们享有一般的隐私利益或隐私权。Regan 和 Westin 总结了投票数据反映出广泛的民众都支持隐私。例如，Louis Harris Polls 在 2000 年所做的报告中指出，1990 年，78% 的受访者在投票中表示，如果《独立宣言》重新撰写的话，他们会支持将隐私权作为一项基本权利写入法案当中。②隐私具有社会价值，因为它不但支持民主政治制度，反过来，民主政治制度也支撑隐私（可参加 Regan 撰写的文章《隐私的益处》一文）。③隐私是社会利益，因为制度、技术和市场使得人们越来越难以获得隐私，除非每个人都享有类似的最低级别的隐私。Regan 从

---

[1] Regan, P. M. (1995). Legislating privacy: Technology, social values, and public policy. Chapel Hill, NC: University of North Carolina Press.

社会政治的角度出发，认为隐私的社会重要性在于社会心理学和政治科学之间的交集。

Regan 也发现，不论是政客还是公民都认同，当组织和个人的关系不明示，隐私将受到重大威胁。因此，在公共领域（或在社会领域）就不应当形成在私人领域中正式的社会关系。如前所述，此类组织的威胁使隐私成为社会问题。

Regan 建议，为了更有效地认定隐私在决定制定时的价值，隐私应当被定性为社会价值而非个人价值。Regan 这一建议是为了回应她之前所观察的现象，她发现，框架性隐私作为个人权利（价值/利益）在制定应对技术对隐私所造成的威胁的政策时只起到微小的作用。出现这一现象的其中一个原因在于，如果将隐私作为个体的权利，那么它将面临许多问题（尤其是政府和商业团体会承担建议隐私立法的成本），所以，最终隐私立法与社会利益联系在一起。换言之，个人的隐私利益需要与某些服务于公共利益的利益平衡，例如高效执法、组织效率和商业竞争。

Regan 的分析指出，研究社会心理隐私的政治功效可能部分取决于研究者展示数据的能力，或者研究者根据隐私的社会价值而不是个体价值所提出的建议。研究者面临的潜在较弱的选择就是展示个体隐私和其他受影响的价值之间的平衡。当隐私提倡者面对其他更具力量的经济或政治竞争时，潜在的弱点就出现了。之后，天平往往会偏离完全满足隐私需求的方向。Gandy 也许会认为，尽管具有讽刺意味，但是把公众意见的数据作为隐私共同利益的一项指标，此种做法只有在当调查问题是为了提供或支持某个可行的政策立场时才更加可信。

（二）隐私作为社会问题的三种立场

Westin 列举了公众基于经验主义对隐私所持的三种不同立场。笔者认为这些对隐私的定位抓住了当前隐私学者所研究的核心。将隐私置于高度地位的人认为隐私具有高度价值，他们寻求全面的政府干预来保护隐私。隐私平衡论者尽管认可隐私的价值，但是他们也提倡政府进行适当的干预来防止隐私的滥用，此外，他们还提倡自愿组织采取行动来促进个人享有隐私权。相比起商业效率和社会保护利益，隐私限制论者往往赋予隐私较低的价值，他们反对政府进行不必要的和成本昂贵的干预措施。因为所有研究这一问题的学者都对隐私存在长期的兴趣,许多学者都对隐私研究做出了贡献,他们和其他人一样都对隐私的定位做出了阐述。这些学者普遍支持隐私重要论和隐私平衡论并且大多数人持中间立场。某些学者在他们的文章中反映了他们的立场,某些立场与上述立场非常相似,但是也有一些立场差别很大。为了阐述这些立场,笔者在下文会在某些具体的社会问题中对比隐私重要论与隐私平衡论。

Westin 也对隐私作为社会问题做出了阐述。他的框架是将隐私作为政治民主国家的政治和社会文化角色,尤其是在美国。Westin 使用这一框架建构了隐私从"二战"时期到 2002 年的美国当代隐私史。Westin 的历史分析方法来自于他所认为的引起隐私问题的四要素。它们分别是:被政府和商业公司使用的新科技、社会环境和公众态度、利益群体活动和政策讨论、组织政策和联邦法律。Westin 提出,隐私问题影响美国的公民、雇员、消费者和在医疗系统中的病人。

六、当前的社会问题

本文的这一部分讨论将隐私作为社会问题的如下四个焦点问题。

(一) 公民隐私与美国联邦政府

Westin 研究了当美国联邦政府影响公民的隐私时,公民态度的起落问题。通过机构广泛收集个人信息,调查机构与智能机构如 FBI 调查公民的一举一动,两个实际可感、潜在威胁隐私的问题产生了。在 1995 年,51% 的受访者表示,他们最担心政府实施的侵扰个人隐私的行为;有 43% 的受访者则表示,他们最担心商业活动侵犯自己的隐私。(不过,另外一组 1996 年的调查显示,在那些声称受到"不当隐私侵权行为"的受害者中,43% 都归责于商业活动,仅仅有 13% 的受害者归咎于政府。)

谈及信息性隐私权,尽管当联邦机构交换公民信息时,立法保障公民享有的隐私权,但是这些法律同样使政府使用公民个人信息的行为合法,而不是认为政府收集信息的行为是侵犯公民隐私的行为。在某些情况下,在提高效率和减少浪费及欺诈行为的名义下,某些立法减少了信息性隐私权的范畴。

谈及调查行为侵犯公民的隐私，美国联邦政府以"9·11"事件作为回应，恐怖分子袭击了世界贸易中心和五角大楼，为了在恐怖分子做出行动之前帮助抓住他们，包括立法和司法部门的决定都可能威胁民众的自由。例如，美国2001年出台的《爱国者法案》为行政部门增强了大范围未经审查的监控行为和情报收集能力，包括追踪电子邮件和网络使用以及获得敏感的个人记录。同样，该法案允许政府机构秘密搜查公民的住所和办公室，不须经过搜查令的授权，此种规定显然削弱了《美国联邦第四修正案》所规定的保护公民、反对不合理搜查行为的条款。然而，由于公民惧怕恐怖袭击行为的发生，他们想要获得强有力的联邦政府的保护。笔者认可Westin所提出的观点，公众是否接受诸如此类的措施取决于恐怖主义威胁的程度和性质，还有这些措施实际上滥用公民自由的程度。

Gandy关注影响联邦政府决策的因素。他描述了联邦议员、利益集团以及参与民意调查的民众之间的关系网络。他通过提倡不同立场的消费者隐私，考察了调查消费者隐私问题的问卷，尤其是在国会听证会期间。Gandy认为，作为利益集团和隐私调查的主要支持者的私营企业，它们似乎有引导民意调查的嫌疑并且使用调查结果来促进它们自己对消费者信息隐私的立场。Gandy的检验有助于我们理解利益集团是如何影响政府决策的。

最后，美国政府和欧盟协商如何解决个人信息的跨界传输问题已经成为国际性的政治问题。Regan也提及了这一问题。她阐述了美国和欧洲委员会正在持续不断地努力保护在美国和欧洲大部分地区流动的个人信息。Regan探究了一系列影响跨界数据流动的因素。

（二）基因隐私

遗传因素已经成为一个社会问题，因为它们影响健康的问题、人寿保险的问题，甚至还有就业的问题。这一问题同样反映在公共民意调查中。尽管某个民意调查的结果显示，59%的调查对象都有可能利用基因检测的好处，但是，在1998年的某次民意调查中显示，63%的调查对象表示，如果他们知道雇主和医疗保险公司可以了解基因测试的结果，那么，他们将不会做基因检测。同样，1995年的某项调查发现，10%的调查对象避免使用基因筛查疾病，尽管早期的发现和治疗可以改善病人的生活，但他们害怕受到工作单位的歧视。此外，立法对于他人健康信息隐私的保护还仍不完善。因此，基因隐私或医疗隐私也成了主要的政策纷争之地。国会积极参与敲定最全面的健康信息隐私规则——刚刚出台的医疗隐私规则的做法是诠释这一结论的最佳方式。不意外地，在当前医疗产业实践之中，国会已经处于改变不切实际的隐私条款（布什政府所采取的立场）和维持隐私条款来保护医疗和基因隐私（克林顿政府所采取的立场）的压力当中。议会改变了条款来平衡竞争的利益，声称是为了健康的行业发展；隐私提倡者则认为此种做法减少了对公民隐私的保护。

Alpert 讨论了隐私和政策导向对医疗保健、群体认同和家庭关系所造成的改变，也即电子医疗记录将会包括更多高度细节性的基因信息。Alpert 所讨论的公共政策关注联邦政府对医疗隐私的规范。（若想了解更进一步的信息，可阅读 Westin 所撰写的文章《基因和医疗隐私的兴起所带来的社会问题》；Gellman 的文章《医疗隐私问题概述》以及 Rothstei 的文章《基因隐私的复杂审视》。）

（三）消费者隐私

Culnan 和 Bies 讨论了商业活动当中的竞争利益，商人通过收集和使用个人信息来获得和维持竞争性优势，消费者则认为商人收集和使用信息的做法是不公平的侵犯个人隐私的方式。作为从社会心理学的公平角度得出的一个结论，他们认为，《公平信息处理条例》（FIPS）实现了正义并且通过控制权和发声权，平衡了商事主体和消费者之间的利益。作者分析了三种实施 FIPS 的方式：立法和规范、行业自律以及技术方式。

Culnan 和 Bies 认为，源于技术进步，消费者隐私对美国人来说是一个社会问题。由于商业行为、在线行为、捕捉交易信息等技术的存在，这些技术对消费者的个人信息造成威胁。例如，大多数的受调查者（根据三个民意调查得出比例为 54%～89%）拒绝网站追踪他们浏览的网站，尤其是反对追踪与识别个人有关的信息。隐私所遭受的威胁来自于某些不遵从 FIPS 规定的某些公司和某些无知的浏览者。例如，56% 的调查对象对于基本的追踪程序——信息记录程序（cookies）都不熟悉。此外，越来越多的挖掘个人信息的大型数据库所配置的复杂软件为用户创建了个人电子档案。这些档案允许商人定制营销产品和服务。

消费者隐私为对比隐私重要论和隐私平衡论提供了机会。

首先，隐私平衡论促进了 FIPS 的价值。在美国人看来，FIPS 提供注意、选择、接触和安全的方式是适当的做法，并且已经足以解决消费者隐私问题。美国民众支持 Culnan 和 Bies 所提出的三原则。例如，在 2000 年的某个民意调查中，88% 的调查对象在共享个人信息之间应当获得同意。然而，某些隐私重要论的提倡者认为，FIPS 当前的保护措施是不足够的。例如，Marx 认为，当前 FIPS 并不完善，因为当前我们正处于一个数据收集、使用快速扩张和受侵扰的时代，跨界信息流动，互联网应用和其他攻击个人信息方式层出不穷。Marx 提倡 FIPS 应提供更全面的保护。

其次，隐私平衡论和隐私重要论的立场在 FIPS 应当提供的控制的性质上有所不同。FIPS 所规定的退出方法允许卖方使用消费者的隐私，除非消费者拒绝。而进入的方法则规定在使用消费者的信息之前必须获得消费者明确的同意。大多数的商家和线下世界都喜欢退出的方式。隐私重要论者和社会公众则喜欢后一种方式，因为它给受影响的个体提供了控制权。Westin 预测，基于信息的敏感性，之后可能会出现混合的方式。交互式计算机技术可能会在两者之间做出选择，当在线时，消费者的同意可能是不必要的。

什么是公平交换个人信息？Culnan 和 Bies 强调了个人信息的非货币式交换，基于公平信息的实践，回馈的是更好的服务、折扣等。然而，某些隐私重要论的支持者也想要基于货币上的信息交换，他们想要消费者分享由于商业化利用个人信息而获得的金融利益。

总而言之，消费者隐私方面仍然存在两个问题尚未解决：消费者隐私问题应该如何解决？不解决这些问题会造成什么样的后果？如果读者想进一步了解这一问题，可参见 Culnan 和 Bies、Jennings 和 Fena 以及 Westin 的文章。

（四）员工隐私

围绕工作场所的隐私问题就是，在员工知情或不知情的情况下，收集、储存和使用有关员工个人及其活动的信息。这一问题贯穿了员工的选择、定位、晋升、衡量和控制员工工作表现、控制或阻止离经叛道的行为、雇佣政策和保护个人隐私的员工策略。Westin 总结了民意调查的结果，他发现，76% 的调查对象认同雇主实施的信息策略，30% 的调查对象担忧雇主掌控雇员的信息。员工的担忧是合理的，因为某些雇主经常在没有通知员工的情况下侵犯员工的信息隐私，例如，在某个主要调查私企的研究中，将近 40% 的私企表示它们缺乏应对这一问题的政策，如通知员工企业记录了他们的哪些信息、记录的用法、政府查询时如何披露信息。此外，将近 50% 的私企表明，在某些时候，它们在未通知员工的情况下收集信息。

相对较少研究的问题是员工和管理者对于侵入行为的观点以及适用选择程序的组织价值。不过，Stone-Romero、Stone 和 Hyatt 的三份研究报告了隐私入侵常用的 12 种选择程序。两份使用在职成人作为调查对象的报告一致得出了感知的侵袭性。[1] 第三份研究为 12 种程序的侵袭性提供了管理的观点。由于侵袭性和组织价值是相互联系的，作者详细地为组织选择使用特殊的选择程序。

电子行为监控（EPM）。EPM 是监控的一种形式。它涉及使用电脑技术监控电脑和电子设备的使用，或者使用闭路摄像头监控员工。尽管相对较少的公司参与特定 EPM 程序的使用（例如，19% 监听电话对话，15% 存储和检查电子邮件，34% 使用摄像头监视员工的一举一动），但是，研究表明，63% 的公司当中至少有 1/8 实施了 EPM。EPM 的其中一个目的是监控行为，与工作职责形成对照，此外，为了发现和阻止某些离经叛道的或非法的行为，如非因工作关系使用器械或药物。同样，EPM 也可以基于工作信息、得出或总结评价的目的来监控员工的工作行为，同样，它也可以用于帮助数据收集以提升组织行为。

Agre 描述了两种信息收集的隐私模型。监控模型是基于将监控作为有意的、经常鬼鬼祟祟的、恶意的社会控制行为。捕捉模型是基于收集和使用信息这一中立的（也许是积极的）目标，例如，提高

---

[1] Stone, D. L., & Stone-Romero, E. F. (1998). A multiple stakeholder model of privacy in organizations. In M. Schminke (Ed.), Managerial ethics: Moral management of people and processes (pp. 35–59). Mahwah, NJ: Erlbaum.

组织或系统的功能。EPM 基于监控员工工作行为的应用同时阐明了上述两种模型,它们取决于 EPM 系统的设计和使用方式以及使用者的目标。例如,EPM 系统的设计是否实现了员工参与? EPM 的使用是在员工知晓或同意的前提下吗? 使用 EPM 的目标是否在于控制行为,安排工作,评价和奖励,或者完善工作行为? 当雇主的目标在于对员工进行社会控制时,求职者找工作的压力上升、员工的反感程度上升,媒体的注意力也会增加。当适用 EPM 的目标是中立的或是积极的,雇员就会接受它。总而言之,工作监控行为,即便它看起来像是对雇员的隐私造成威胁,但是,如果使用的方式是与员工一致的,那么员工就有可能会接受。如果笔者想知道其他有关工作场所的隐私问题,可以查阅 Stone 和 Stone 于 1990 年和 1998 年撰写的文章。了解就业法当中的隐私权,可查阅 Finkin 于 1995 年所撰写的文章。

  本文的这一部分将隐私作为社会问题进行讨论。本文的下一部分将把隐私作为行为概念进行讨论。Marx 的文章将隐私的此种两面性结合到一起。① 他描述了组织为了收集个人信息而对个人进行的监控所引起的社会问题,此外,他还阐述了为什么极权监控行为的好处是有限的。尽管 Marx 的关注点是从社会心理学的角度出发,特别地,Marx 展示和阐述了 11 种个人用来破坏或中和监控的行为技术。Marx 发现,他对于个人如何中和监控的分析至今未经检验。在笔者看来,Marx 从社会心理学角度所提出的分析方法类似于他导师 Erving Goffman 的做法。

七、作为行为概念的隐私

(一) 行为科学和隐私的重要性

  笔者在上文已经提及隐私作为社会问题的重要之处,在本文的这一部分,笔者将阐述隐私作为行为现象的重要之处。关于这一问题,最为强大和最富有争议性的文章主要有:其一,Altman 认为,隐私

---

① Marx, G. T. (1999). Ethics for the new surveillance. In C. J. Bennett & R. A. Grant (Eds.), Visions of privacy: Policy choices for the digital age (pp. 39 – 67). Toronto, Ontario, Canada: University of Toronto Press.

具有文化普遍性；其二，Klopfer 和 Rubenstein 认为，隐私可能是哺乳动物和鸟类都通用的事物。[1] 支撑 Klopfer 和 Rubenstein 的研究表明，广泛的物种机制使用猎物以避免捕食者的监测。Moore 认为，隐私在无文字社会也一样普遍存在，他还研究了隐私在亚洲和非洲的情况。[2] Moore 的结论支撑了 Altman 的观点。总而言之，隐私的形式或许在全世界都存在。然而，大多数人们知道隐私的存在，有关这一问题的恰当例子是，北美和欧洲社会个人主义文化模式的盛行。这一模式强调个人自治、个人选择和控制，强调社会关系的自愿或是社会关系是独立的障碍。隐私的限制接触理论强调他人的选择权和控制权，显而易见，自治的个体反映出这一模式的要素。Etzioni、Triandis 和 Westin 将个人主义模型和隐私联系起来。

这里还存在另外三个研究隐私作为行为现象的重要性的文章。Argyly、Henderson 和 Furnham 在研究了 33 个社会规则后，他们发现由 2/3 被广泛使用的社会规则贯穿的 22 种人际关系都与隐私有关：尊重他人的隐私、不宣扬他人的秘密。第三条规则是，当他人与你交谈之时，要望向对方的眼睛。Diaz-Veizades、Widaman、Little 和 Gibbs 报道了四个代表人权态度的相互验证的因素：隐私、平等（平等获得基本权利）、平民约束（限制民权和政治权利的可接受性）、社会安全（接触或有权过上普通的生活）。Kramer 使用多维缩放尺度来识别确定偏好一般场所的三种标准。[3] 这些标准是：场所的功能、功能的特异性（功能究竟是义务的还是额外的）以及隐私。总而言之，隐私对于一系列的行为领域、社会和物种而言似乎都是重要的。

（二）隐私的地位

本文的这一部分简单总结了隐私在社会、环境、产业和组织心理学上的地位。在社会心理学领域，自我披露长期和隐私联系在一起。

---

[1] Klopfer, P. H., & Rubenstein, D. I. (1977). The concept privacy and its biological basis. Journal of Social Issues, 33 (3), 52–65.
[2] Moore, B., Jr. (1984). Privacy: Studies in social and cultural history. Armonk, NY: Sharpe.
[3] Kramer, B. (1995). Classification of generic places: Explorations with implications for evaluation. Journal of Environmental Psychology, 15 (1), 3–22.

心理控制和秘密可以与隐私联系起来。Bercheid 认为，社会心理学家已经研究了非常多的课题，诸如社会助长作用、态度形成及改变、社会影响、去个性化、社会比较过程等，这些研究都与隐私有关，但却常常被忽视。隐私在社会心理学中被忽视可能是最主要的状态。例如，Bercheid 的研究反映在其当前的著作《社会心理学手册》中。[①]隐私几乎没有吸引到注意力——在手册中四次提及"隐私"和"私人"的索引通常被文本覆盖。不过，这里也存在一些例外，DePaulo 整合了社会心理学当中研究欺骗与隐私的概念。此外，Stone 和 Stone 也提出，产业心理学家和组织心理学家一直都在忽视隐私。相比之下，环境心理学家对隐私则有着实质意义上的兴趣。笔者相信，通过借鉴其他的概念和研究发现，系统将这些信息整合到自己的理论和研究中，那些对隐私感兴趣和对其他心理现象及过程感兴趣的学者都将获益。

八、结语

本文的第一部分研究了隐私的社会问题，从国际到国家再到机构/组织的问题。Regan 分析了隐私的国际方面，具体而言，分析保护个人信息在跨界信息流动的不同之处。Gandy 和 Alpert 关注联邦政策的发展。Gandy 分析了公共民意调查赞助商、调查结果、在国会听证中使用调查数据之间的关系。Alpert 讨论了他人医疗和基因隐私所面临的威胁和 HIPAA 隐私规则，HIPAA 是一项为了保护他人健康信息隐私的法案。Culnan 和 Bies 关注了消费问题，涉及在线商务和应用社会心理学中的公平理论来让更多的消费者相信网络上的卖家。Stone-Romero、Stone 和 Hyatt 研究了工作隐私问题。他们的文章提出了三个基于经验主义的研究，这就是，解决员工和经理对侵袭性的看法和对就业选择测试的组织价值的看法。Marx 为隐私的社会问题和行为问题提供了联系的桥梁。他关注的是监控的社会问题和个人使用行为技术来中和监控的问题。DePaulo、Wetzel、Sternglaz 和 Walker Wilson 从隐私的角度回顾了有关欺骗的文献，得出了隐私和欺骗相互

[①] Berscheid, E. (1977). Privacy: A hidden variable in experimental social psychology. Journal of Social Issues, 33 (3), 85 – 101.

联系的结论。Margulis 评价并实证支持了两种分别由 Westin 和 Altman 提出的主流的隐私理论，同时，Margulis 还检验了 Westin 所提出的隐私与秘密之间的联系和 Altman 提出的隐私与环境之间的联系。Westin 以总结美国从"二战"以来的社会和政治隐私史来结束自己的论题。Westin 指出，上述文章符合他的有关隐私框架范围和他对社会问题的解释。

作为概念的隐私和作为社会问题的隐私：
多维度的发展理论

罗伯特·S. 劳费尔[①]、玛克辛·乌尔夫[②]著　谢晓君[③]译

目　　次

一、导论
二、基本假设与观点
三、隐私的维度
四、控制、选择与隐私
五、影响

一、导论

如果我们要将隐私视为一个现代以及未来的社会问题，那么我们必须将隐私作为一个概念来理解。个人对隐私的概念与日常生活中的具体情况有关。这些情况可以根据三个维度来进行描述：自身维度、环境维度以及人际关系维度。随着时间的推移，包括不断发展的社会和不断进化的社会历史的情况分析，有助于我们了解个人对隐私以及隐私侵权行为的看法，从而对潜在的隐私或隐私侵权行为经历做出预测，并且了解因缺乏某些与隐私相关的经历所造成的潜在影响。

如果我们要理解目前隐私争论所提及的行为研究概念或社会问题，西方思想中关于隐私概念的历史将是一个重要的出发点。从这一

[①] 罗伯特·S. 劳费尔（Robert S. Laufer），美国纽约城市大学布鲁克林学院教授。
[②] 玛克辛·乌尔夫（Maxine Wofle），美国纽约城市大学研究生院教授。
[③] 谢晓君，中山大学法学院助教。

角度①的分析表明，隐私领域、隐私所表现的形式、法律的角色以及这些隐私方面所体现的全球化使其成为一个明确的社会问题，并且这一社会问题取决于社会、历史、政治和经济的具体语境。如果我们要将隐私视为是一个现代以及未来的社会问题，我们必须了解在个人角度上的隐私概念与在社会历史角度上的隐私概念。"隐私"在什么情况下对谁意味着什么？根据笔者自己的研究和笔者同事的研究，我们已经开始分析他人对隐私和隐私侵权行为的观念根源，他人所能够维护或实现隐私的情况范围是不确定的，对于不同的社会阶层而言，隐私有不同的作用，并且根据个人的社会经历不同，这会在根本上影响他人对隐私权利和隐私需求的看法。

二、基本假设与观点

为了阐明隐私理论，我们从个性和社会结构的隐私源头开始，也就是，互动管理和信息管理。我们会质疑：有可能创造一个人与人之间完全公开的社会吗？我们认为，完全公开是不可能的。他人不仅会防止行为人获取其潜意识或无意识的思想，而且也会防止行为人了解其所有的行为；他人肯定会意识到其行为和经历的发生以及重现所蕴含的意义，因为在特定情况下，这些行为和经历大多数都是行为人所不能获取的。如果我们同意在这个层面上的公开是无法实现的，那么，我们就必须接受这一事实，也就是，他人的感知和感受也是不能获取的。

在行为的基础上，即便是在最简单的社会中，社会生活也需要劳动分工。这必然将人们彼此分开，尽管只是在一段短暂的时间内。在这些时候，他人有些经历会发生在有限的人周围，而不是发生在整个社会网络之中。不管是在简单的社会还是在复杂的社会，人与人之间经历的独立都会存在。

一旦有人或集体意识到不为人所知的事情，大家都会设法希望能够对其进行控制。对恶魔和巫婆的关注也大多数都是因为如此。向个人或集体所隐藏的东西都有可能是有害的。在行为的语境中，他人与集体相分离有助于为其创造阴谋、偏离和亲密的空间。在每种隐私情

---

① Westin, A. Privacy and freedom. New York: Atheneum, 1967.

况下,重点在于他人与其他人缺乏共同的经历。因此,他人对于未公开的事情不仅具有意识上的恐惧,而且还会具有无意识的恐惧,这是他人的人格和社会结构所导致的。

此外,我们还会质疑:是否可能有两个人以上存在于一个在社会、物理环境中进行人际交往而不存在限制的社会?人类诞生过程的性质就是一种物理分离。母亲对作为食物生产者的限制意味着后代最终不仅要在身体上分离出去,而且最后还要结束共生的关系。这是假设人类之间相互依赖存在限度的其中一个基础。如果出生的过程是将人体分离的一种力量,睡眠需求也需要他人从与外部环境的积极互动中抽离出来。因为人类的生理对持续不断的互动有所限制,所以这为转化为需求和欲望用于管理社会互动的价值发展提供了基础。[1] 这些价值在不同的社会和不同的环境中会有所不同。除了他人没有公开披露相关信息以及社会上的、物理上的互动存在局限性之外,每个社会都还会有一套价值观对隐私争议和隐私侵权行为进行规范。

在阐述隐私的社会心理理论时,我们的目的在于明确,人际关系隐私的来源在于日常生活中以何种形式和感觉表现出来,并且澄清在隐私和隐私侵权行为的公众讨论中所存在的各种意义之间的差异基础。然而,英文中的隐私是一个包含众多意义的综合概念,它会引起广泛的人类情感。因为隐私涉及未知的事情,所以它充满危险;因为隐私可以承诺互相分享,所以它涉及意义深远的需求;而且,因为隐私会对排斥形成威胁,所以它会引起恐惧。此外,隐私作为一个概念存在于法律政治传统之中,并在行为科学中不断发展。在法律和社会科学中,问题都在于,我们应该从个人还是社会的视角看待隐私。正如 Westin 所指出的那样,从个人的视角看待隐私与从国家的视角看待隐私,这二者之间是历史辩证的。[2] 个人主义的传统来源于希腊、新教和普通法,而罗马和天主教的传统强调国家侵扰权力的优先性。如果我们脱离政治法律史,从行为科学的角度看待隐私,相同的辩证法也是显而易见的。某些社会科学家从个人经验的角度出发看待隐私

---

[1] Lee, D. Are basic needs ultimate? In D. Lee (Ed.), Freedom and culture. Englewood Cliffs, N. J.: Prentice-Hall, 1959.

[2] Westin, A. Privacy and freedom. New York: Atheneum, 1967.

问题，而某些社会科学家则主要关注隐私和隐私侵权行为的社会和文化规则。在笔者的分析中，隐私的个人方面和规范方面是相互依存的。时间为这一相互依存提供动态的发展基础。个人随着时间而成长或变老，而社会文化体系随着时间而表现为历史和技术发展。因此，对于笔者所提出的隐私的发展理论，也就是说，在一个特定的社会历史环境中，随着时间的推移，他人对其成长和生活中的隐私以及隐私侵权行为的理解和经历。

隐私现象和隐私规范的相互依赖意味着，隐私的概念和隐私侵权行为的概念是密切相关的，或者它们都是根据特定情况的经历而被定义的。他人的隐私经历与其对具体情况的感知和定义是相关的。这些感知来源于他人在其所生活、行为和理解的世界中的互动和交往。因此，具体情况必然会反映社会的历史传统、社会的技术、个人的生态环境、个人生命周期的阶段、个人的自我感觉和个人人际关系的性质。个人经历与具体情况、事件是相关的。它们会影响他人对具体情况中所涉及隐私的看法以及标记，并影响他人预测某一特定情况或事件是否将会被视为具有侵犯性。例如，对当前或未来与隐私相关的情况进行标记的行为可能是隐私侵权行为经历的一个直接结果。[1]

这种情境视角为我们的理论提供了结构框架。我们对必须考虑到的情况要素进行了描述，并且这些情况要素有助于理解他人对隐私和隐私侵权行为的看法和经历。我们将这些要素与隐私的环境维度、人际关系维度以及自身维度相结合起来。这个多维结构不仅使我们能够理解隐私和隐私侵权行为，而且也使我们能够预测可能创造隐私或隐私侵权行为经历的情况类型。随着时间的推移，这种结构有助于我们理解，为什么某些人可能不会有意识地注意到并且因而不会要求或寻求某些特定的隐私权利或经历，尽管他们因缺乏这些与隐私相关的经历而受到影响。

在对隐私的维度进行描述之前，对控制或选择的概念进行思考是

---

[1] Fischer, C. T. Toward the structure of privacy: Implications for psychological assessment. In A. Giorgi, W. G. Fischer, & R. Von Eckartsberg (Eds.), Duquesne studies in phenomenological psychology (Vol. 1). Pittsburgh: Duquesne University Press, 1971.

至关重要的。虽然控制或选择明显与隐私的概念化相关,[①] 但同样明显的是,这个想法是西方社会许多其他问题的核心,而且,对于目前这个社会来说,这也是具有特殊意义的。相应地,对于他人认为其享有并且实际上在特定情况下享有的控制或选择,这有助于在文化上和历史上理解生命周期每个阶段的个人尊严。

自治的一般文化意义有助于我们在隐私系统内对作为一种中间变量的控制或选择进行概念化定义。这意味着一种情况不会单纯因为他人认为属于隐私而就成为隐私情况,或者单纯因为他人行使控制、选择权而就成为隐私情况。相反,尽管他人可能没有体验过相关的隐私经历,没有感知认为属于隐私或者行使相关的控制或选择权,但是环境要素和人与人之间的要素可能会为他人创造一种隐私体验。特定的情况要素将控制或选择定义为一个与隐私相关的概念。因此,在将控制或选择与隐私问题相关联起来之前,我们必须理解隐私的维度以及可能影响其隐私含义和隐私经历的要素。

三、隐私的维度

任何隐私情况都可以用以下三种维度进行描述:自身维度(self-ego)、环境维度(environmental)和人际关系维度(interpersonal)。在任何具体情况下,隐私的含义和经历都会被这些维度及其内在要素的相互作用所限制。

(一)自身维度

所谓自身维度,是指在我们的社会当中,关注个性化(自主权)以及个人尊严的发展过程。主要的发展理论家认为,自身发展是一个个人与社会、物质环境相分离的过程。这种分离必然要求孩子体验(心理的和身体的)独立,并且发展以各种形式独立实施行为的能

[①] Altman, I. The environment and social behavior: Privacy, personal space, territory, crowding. Monterey, CA.: Brooks/Cole, 1975; Proshansky, H. M., Ittelson, W. H., & Rivlin, L. G. Freedom of choice and behavior in a physical setting. In H. M. Proshansky, W. H. Ittelson, & L. G. Rivlin (Eds.), Environmental psychology: Man and his physical setting. New York: Holt, Rinehart & Winston, 1970; Westin, A. Privacy and freedom. New York: Atheneum, 1967.

力。尽管在早年，他人的独立不必然可以受到其意志的控制，但是我们的研究表明，它是一个消极的或至少是一个矛盾的体验，因为此时的独立是被强迫的而不是他人自己选择的，并且孩子最初可能会担心其不具备独立实施行为的能力。

不选择独立的意义也不应该被忽视。（心理的或身体的）独立经历本身可以成为他人未来寻找、期待或者定义隐私的决定性因素。这意味着，虽然环境不将某些经历定义为隐私，并且他人最初也没有期待这属于隐私，但是这些经历有可能被定义为属于未来的隐私情况。这对于侵权行为的经历而言也是一样的。此外，根据情况的要素，涉及具体隐私经历类型的情况会扩大我们的隐私经历。独自一人的小孩有机会通过除了身体独立以外的其他方式获取其隐私，例如，安静地生活、独立地思考、做自己想要做的事情。

对于他人自身和隐私二者之间的关系，独立实施行为的发展经历为此增加了一个至关重要的方面：意愿——当他人可以独立实施行为时，他人对独立的选择。对独立的选择会成为他人自主权的声明。对此，我们的数据可以提供相关的支持。[1] 在解释为什么他们所描述认为属于隐私的情况被视为隐私时，孩子们提出了与自治权相关的理由："我感到独立""我可以做我想做的事情""我有自己的观点"。此外，随着儿童和青少年慢慢成长，他们更有可能希望能够独自一人在家，因为这样一来，他们可以"随心所欲地做任何事情或者思考任何事情"。对于自治、隐私和隐私行为之间的关系，也就是指，他人对选择自己的行为享有自由，从而区分独立实施行为的他人以及与其他人进行互动交往的他人。

对于隐私的理解而言，他人的自身之所以是至关重要的，这还存在另一个含义。他人为寻求和维护他们的隐私而给出的理由都是因为试图保护、培育、扩展和增强自身。隐私行为只是一种行为方式，从而可以被他人自己和其他人进行判断或评价。他人将会积极加强适当

---

[1] Wolfe, M., & Laufer, R. S. The concept of privacy in childhood and adolescence. In D. H. Carson (Ed.), Man-environment interactions: Evaluations and applications (Part II, Vol. 6: S. T. Margulis, Vol. Ed.). Washington, D. C.: Environmental Design Research Association, 1974.

的隐私表达。① 这些隐私经验将影响他人的个人尊严、身份和行为。因此，每个人将采取不同的行为，并可能会有不同的理解和反应。

由于我们的文化重视隐私，并将其视为个人尊严的表现，所以对各种类型的隐私行为进行打击被视为一种损害自身的方法。② 此外，研究已经表明，他人对有限隐私选择的看法与自尊低下有关。③

（二）环境维度

环境要素严重影响他人感知、享有和行使有效选择权的能力。环境维度，是指由一系列要素组成，从而构成隐私含义和隐私经历的边界。环境维度的要素是具有文化意义的，是社交安排、物理环境和生命周期阶段之间相互作用的结果。

每一个要素都会在一定程度上受到时间的影响。文化要素最不容易随着时间的推移而有所改变。社会物理要素依赖于社会技术发展水平的改变而改变。当然，他人的生命周期也会随着时间的推移使他人享有不同的隐私。生命周期的阶段也依赖于技术发展的改变，因为技术发展会影响相同年龄在不同社会或者不同历史节点的相同社会中的隐私经历类型。④

1. 文化要素

通过语言、传统和价值观传播的社会道德观念构成隐私意识的边界。Altman⑤ 和其他学者⑥已经表明，不同的文化有不同的隐私模式和隐私形式。在许多方面，这些规范限制了任何特定人或群体在文化

---

① Fry A. M., & Willis, F. N. Invasion of personal space as a function of the age of the invader. Psychological Record, 1971, 21, 385 – 389.
② Goffman, E. Asylums. Chicago: Aldine Press, 1959.
③ Aloia, A. Relationships between perceived privacy options, self-esteem, and internal control among aged people (Doctoral dissertation, California School of Professional Psychology, 1973). Dissertation Abstracts International, 1973, 34, 5180B. (University Microfilms N. 74 – 79).
④ Aires, P. Centuries of childhood: A social history of family life. New York: Vintage Books, 1962.
⑤ Altman, I. The environment and social behavior: Privacy, personal space, territory, crowding. Monterey, CA.: Brooks/Cole, 1975.
⑥ Hall, E. T. The hidden dimension. New York: Doubleday, 1966; Roberts, J. M., & Gregor, I. Privacy: A cultural view. In J. Pennock & J. Chapman (Eds.), Privacy. New York: Atherton Press, 1971.

内所感知到的有效选择。此外，选择的范围（形式和数量）总是不同的，而且这还会与他人或群体在社会中的地位相关。然而，即使在高度复杂的社会，对于他人对隐私情况的定义，社会的主流观点还是会起到决定性的作用。

具体的隐私经历可以通过社会的制度结构进行传播。隐私选择是不同环境中的生态和物理属性所具备的功能，从而可以对人类行为做出规范。有效的技术（门、室内管道、人格测试、电脑）、所需要的任务类型、人数及其人际关系，以及具体的惯例行为不仅可以反映各种隐私行为和隐私环境，而且也会对这些被认为是隐私行为和隐私环境造成影响。

2. 物理要素

如果我们讨论物理环境，很清楚的是，它们会引起并维护那些在性质上属于隐私的行为和经历。这是如何发生的呢？首先，我们假设无论他人的隐私形式是什么，与其他环境或性质相比，某些物理环境及其物理性质将与这一隐私形式更加一致。如果存在合适的物理环境，它可以引起和支持他人相关的隐私形式。即便结构本身可以具有欺骗性，但是空间的"适合"仍然取决于群体的生态。例如，普遍都认为，浴室是一个隐私环境。然而，已经被发现的是，对于儿童和青少年而言，浴室只是一个在家庭中与很少人共有的隐私环境。[1]换句话说，群体的存在与否会增加或减少物理环境的适合程度。

此外，空间或场所不仅仅是一个群体的结构或生态问题。通过设计、行为和赋予其含义，物理空间可以实现其隐私特性。他人通过社会化学会接受、识别以及真正感受在特定空间和场所内的隐私特性。在一家儿童精神病医院，[2] 我们发现具有隐私特性的场所之一是一个

---

[1] Ladd, F. Black youths view their environments: Some views on housing. Journal of the American Institute of Planners, 1972, 28, 108 – 116; Parke, R. D., & Sawin, D. B. Children's privacy in the home: Developmental, ecological and child-rearing determinants. Paper presented at the Biennial Conference of the Internation Society for the Study of Behavioral Development, Guilford, England, July 1975; Wolfe, M., Schearer, M., & Laufer, R. S. Privacy places: The concept of privacy in childhood and adolescence. Paper presented at the meeting of the Environmental Design Research Association, Vancouver, B. C., May 1976.

[2] Wolfe, M., & Golan, M. B. Privacy and institutionalization. Paper presented at the meeting of the Environmental Design Research Association, Vancouver, B.C., May 1976.

不舒适的隔离房间,这是当孩子们"发病"的时候将会被送去的房间。不过,因为这个房间允许独处,所以有的孩子说他们会假装情绪不安以便可以进入这个房间。因此,在缺乏其他隐私场所可以替代的情况下,被污名化的房间却被孩子们重新定义为一个隐私场所,而隐私场所被他们定义为一个"单独处理不安情绪"的地方。

　　随着时间的推移,有些场所及场所内的经历会对他人自身的发展造成影响。场所对于他人自身而言会有特定的含义:场所可以加强、威胁或单纯定义他人的隐私。Aloia认为,他人所感知的隐私选择与自尊之间的差异关系取决于老年受访者居住的场所类型(社区公寓、长者之家或康复之家)。我们对儿童精神病设施的分析体现了儿童对身体上和心理上的独处的有限经历。即便对于生活在普通的家庭环境中的孩子,他们一样会将隐私与这些经历相联系起来,但是病人对隐私的描述和定义几乎没有提到这些类型的经历。对于他人在外在世界"健康"自治的发展而言,社会上与心理上的独处经历是至关重要的。

　　物理环境可能会无意引发并创造他人对隐私形式或隐私模式的具体理解。物理环境的设计和有效性可能会激发他人对隐私的特定类型和数量的渴望。如果我们对城市、郊区和农村做出单独分析,住房类型、交通工具和刺激水平同样都是改变隐私状况的重要手段和条件。在研究儿童和青少年对隐私场所的概念时,我们发现了郊区、农村的儿童和青少年经常将户外视为隐私场所,并且这些受访者经常提到他们与其他人共享卧室,并居住在一个超过7人的家庭里。当家庭环境难以提供特定的隐私形式时,户外有可能是一个隐私场所并成为隐私场所的替代品。郊区、农村的受访者将隐私场所与物理距离所产生的自主相联系起来——"没有人知道我在哪里"。相比之下,城市的受访者几乎不会提到户外的地方。他们提到家里面各种各样的房间,并且随着年龄的增长,他们会增添一些充满希望的声明,"我自己的公寓将是私人的"。根据这些有效的场所类型和场所数量,他人才有可能限制行为人了解其行为和经历。

　　然而,将特定的社会物理因素与他人对隐私需求的看法相联系起来,这并不总是能反映长期的环境经历。他人的隐私与具体环境或环境要素之间的联系可能是由一个动态的经历所创造的,尽管不频繁甚至还有可能是无意的，但是这会与日常经历形成明显的对比，从而提高他人对隐私是什么的意识。

对于我们理解什么构成隐私或所感知的隐私选择，技术上的变化会产生意想不到的后果。笔者在此说明：作为隐私经历和定义的一部分，"在一道紧闭大门的背后"这一物理上的独处是一种文化，如果门的制造突然中断了这种文化，那么将会有其他机器为物理上的独处这一隐私提供支持。如果没有找到替代品，那么物理上的独处这一全部经历将不再可能。如果作为物理上独处的隐私在这种文化中是一个必需的社会功能，那么门的缺乏可能会改变社会交往的整个体系或风格。显而易见的是，文化的要素和社会物理学的要素是相关的。Robert 和 Gregor 描述了一个物理设计十分开放的社会，所有的活动在视觉上都是可见的。① 在这些条件下，隐私形式比物理形式更具有可感知性。

社会成员的任务需求和仪式需求代表另外两种社会物理因素。仪式性隐私活动（例如，性行为与洗澡）可以被认为是理所当然的，只有在缺乏传统环境的时候，我们才会注意到它们。任务需求似乎以一种更复杂的方式运行。如果他人正在做的任务必须单独完成，那么此时的情况可能不是隐私情况，而是一次具有独处功能的经历。在这种情况下，隐私可能会成为"免于分心的自由"。或者，如果任务需要他人和其他人共同完成的话，那么此时其他人的出现就可能不被视为具有侵犯性，因为此时可能不是与隐私相关的经历。② 尽管如此，员工在不同情况中对隐私权的看法和渴望可以通过工作环境的范围来塑造，这些工作环境的范围存在于既定的工作以及他们工作的定义之中。因此，即便许多员工可能不会有意识地将这些要素视为与隐私相关的，但是他们可能会因为缺乏具体隐私经历的形式和类型而受到影响。

---

① Roberts, J. M., & Gregor, I. Privacy: A cultural view. In J. Pennock & J. Chapman (Eds.), Privacy. New York: Atherton Press, 1971.
② Golan, M. B., & Justa, F. C. The meaning of privacy for supervisors in office environments. Paper presented at the meeting of the Environmental Design Research Association, Vancouver, B. C., May 1976.

3. 生命周期要素

生命周期要素也是环境维度中的一个要素。理解隐私的关键可能与他人从出生到死亡这一生命周期相关。对潜在隐私经历进行限制的文化环境和社会物理环境将对处于生命周期不同阶段的他人做出不同的适用。此外,生命周期的属性也不是静态的。实施特定行为(例如,生育和育儿、就业)的时期将会随着不断变化的技术、社会文化模式以及历史环境而有所变化。

隐私与生命周期以下几个特征有关。

第一,在不同的发展阶段和不同年龄,他人的需求、能力、行为、欲望、情感变化以及对隐私概念和模式的理解也应该会有所改变。实际上,我们有证据表明他人对隐私概念的理解是一个发展的过程。[①]

第二,他人在生命的整个过程中会扮演不同的角色,并且这些角色会使他人暴露在新的隐私情况下,或者抑制他人存在新的隐私情况。这些角色包括各种明显的社会角色,例如,青少年、成年人、妻子、丈夫、母亲等。对于在家里带小孩作为主要生活部分的妇女来说,她的一天基本上都是在"上班",她可能找不到能够在物理上独处的隐私机会,并且利用这些机会与其他成年人联系。[②] 角色和角色需求也会有不太明显的变化。例如,曾经能够养活自己的老人会发现自己是福利受益者的一员,他们申请医疗援助、食品券或其他他们以前能够支付的社会服务。作为这些服务的回报,曾经被认为是隐私的信息现在被定义为社会公众或有权机构可以获取的信息。

第三,随着他人的生命周期不断发展,社会也在不断变化,隐私的模式与突然出现的生活方式、道德和技术也会存在某些冲突。在社会和技术急速变革的背景下,隐私模式必须做出相应改变,否则它们

---

① Wolfe, M., & Laufer, R. S. The concept of privacy in childhood and adolescence. In D. H. Carson (Ed.), Man-environment interactions: Evaluations and applications (Part II, Vol. 6: S. T. Margulis, Vol. Ed.). Washington, D. C.: Environmental Design Research Association, 1974.

② Smith, R. H., Downer, D. B., Lynch, M. T., & Winter, M.. Privacy and interaction within the family as related to dwelling space. Journal of Marriage and the Family, 1969, 8, 559 – 566.

将会成为社会正常运行的障碍。

总而言之，环境维度（文化要素、社会物理要素以及生命周期要素）通过对被允许的隐私数量和形式以及被有意期待和/或经历的隐私数量和形式二者之间进行划界，从而对隐私情况做出限制。

一个重要的含义是，即使受到影响的他人自身并没有认为这属于隐私，但是为了理解隐私发生在什么情况下会有争议，我们必须理解在不同情况下经历所造成的影响。当特定的隐私形式不能实现的时候，这一情况就会存在着潜在的个人成本。Altman[1]、Holahan 和 Slaikeu[2] 已经表明，当某些具体的隐私行为在既定情况下不能实现时，其他行为可能会作为代替。因此，心理上的独处可能会代替物理上的独处。然而，替代行为可能会成为冲突的来源，甚至可能会破坏原本的目标。在儿童精神病设施场所中，因为卧室和浴室都没有门，儿童和工作人员都没有将"不穿衣服的隐私"定义为隐私问题。他们这一理所应当的日常行为导致他们忽视普遍缺乏隐私与补偿机制之间的关系——心理上的封闭和/或发病，从而阻碍设施的治疗目标实现。

（三）人际关系维度

由环境维度所反映出来的他人对隐私权和规则的概念不仅会反作用于自身维度，而且本质上，它在特定情况下也会对人际关系维度发挥作用。虽然隐私经常相当于他人或群体的"独处"，但是隐私仍然是一个人际关系的概念。无论隐私的形式是什么，隐私会预先假定其他人的存在以及人与人之间建立关系的可能性。

这种关系的表现存在两个要素，也就是，信息管理和互动管理。我们对儿童和青少年的研究表明，人际关系维度构成日常生活中隐私现象的核心。隐私最频繁使用的四种含义是：独处、控制行为人获取信息、控制行为人接近隐私场所以及"没有人打扰我"。其中三种含义主要与互动管理相关，另外一种含义尤其与信息管理相关。通过描

---

[1] Altman, I. The environment and social behavior: Privacy, personal space, territory, crowding. Monterey, CA.: Brooks/Cole, 1975

[2] Holahan, C. J., & Slaikeu, K. A. Invasion of privacy and self-disclosure in a social dyad. Paper presented at the meeting of the Environmental Design Research Association, Vancouver, B. C., May 1976.

述他们关于隐私侵权行为的经历，绝大多数受访者提到他们失去对互动交往界限的控制，从而失去对信息的控制。①

无论是所有受访者还是我们，都没有将信息管理和/或互动管理视为一种防御策略，也就是，视为一种隐藏不法行为的方式。因此，孩子们对"隐私场所"提出四种主要含义，② 只有其中一种含义在最普遍的意义上与隐藏行为有关。我们认为另外两种含义与自主相关，还有一种含义反映了互动管理与在没有注意力分散的情况下进行自我反省、思考和行为的可能性二者之间的关系。

信息管理与互动管理之间的关系会对隐私侵权行为的经历造成影响。对于儿童和青少年的受访者而言，家庭住宅是隐私侵权行为最常见的地方。个人披露问题的根源在于他人无法管理与家人的互动行为，不管是与父母还是与兄弟姐妹。因此，在这种情况下，无法管理互动对于信息侵权行为是具有决定性作用的。

隐私情况中的环境要素可以使信息要素和互动要素具有更多或更少的独立性。Wofle 等学者认为，郊区、农村儿童将户外视为隐私场所，这意味着户外较少发生监视和侵权行为。这也意味着在有隐私行为的情况下，互动管理的经历并不总是与信息管理的经历相关。与之相比，在城市地区，将室内家庭环境作为唯一的隐私场所，这意味着侵权行为更有可能发生在户外，并且更重要的是，社会互动的管理很可能与信息管理密切相关。

1. 互动管理

所谓作为互动管理的隐私，实际上是指不与特定的其他人进行交往、互动的一种隐私形式。根据青少年对隐私的定义、对侵权行为经历的描述以及对隐私场所的看法，选择物理上的独处主要表明，社会互动的管理经常是有问题的。

物理环境是约束互动管理的其中一个来源。对于场所的有效性

---

① Laufer, R. S., & Wolfe, M. The interpersonal and environmental context of privacy invasion and response. Paper presented at the Fourth International Architectural Psychology Conference, Strasbourg, France, June 1976.

② Wolfe, M., Schearer, M., & Laufer, R. S. Privacy places: The concept of privacy in childhood and adolescence. Paper presented at the meeting of the Environmental Design Research Association, Vancouver, B. C., May 1976.

——数量有多少、类型是什么和位置在哪里（室内、室外），以及存在的或可能出现的其他人的数量和关系，这会对隐私的自主经历和隐私的重新组合经历造成不同的影响。它可以解释物理独处与其他非互动性机制（心理独处）之间的差异。它也可以使隐私侵权经历更容易或更不容易发生。

对互动管理的第二个约束来源是他人在当前群体或更大的社会制度中的作用。互动管理是与角色所享有的权利和特权相关的。一般儿童在这方面被给予的机会有限。有趣的是，对于我们的受访者而言，无法管理互动是最普遍的侵权行为经历。这些侵权行为经历最重要的一点是，侵权者多数是兄弟姐妹，也就是，在家庭体系中具有相似地位的人。我们的受访者对侵权行为感到愤怒，他们在言语中使用"可怕""伤害""害怕""非常生气"这样的词语。尽管如此，他们不能求助于更高权威（父母）去阻止侵权行为，即使这些侵权行为被认为是故意的或恶意的。实际上，对于发生在紧闭大门表面的侵权行为，例如"不能进入"的标识牌、锁门或其他障碍物。

我们该如何解释受访者对诉诸上级的犹豫呢？

第一，寻求救援的简单行为意味着隐私情况本身要持续中断，并需要与另外一个人进行互动。

第二，向成人求助可能会导致被询问他们需要物理上独处的原因。他们可能会害怕被怀疑要隐瞒某些东西，而不是仅仅想要获得物理上的独处。或者，如果事实上他们正利用物理上的独处隐藏某些东西，他们可能会被迫披露他们最初想要隐藏的东西。因此，当他人故意寻求独处时，或者在独处的环境被侵犯之后，通过物理上的独处实现独立被称为隐私。

通过人与人之间交往的过程，他人在日常生活中使用互动管理的敏感度会有所发展：他人对自己独立于其他人的感觉会有所发展，识别寻求独处或互动的条件，学会使用互动管理实现自身隐私的加强或重新组合。

2. 信息管理

现在将隐私视为心理和社会问题的很多重点都与个人信息的披露与否相关。在我们生活的早期，对个人信息管理的关注与困难已经开始。关于他人愿意披露信息以及愿意披露的信息类型的条件，有很多相关的心理学著作。① 因为先进的计算机技术发展，对他人无力管理个人信息这一问题也有越来越多的关注。② 这种著作往往忽略了我们认为对于将隐私理解为社会问题而言至关重要的一点，也就是，我们称之为"行为计算"（calculus of behavior）的信息管理方面。③ 简单地说，在许多情况下，他人必须问自己：如果我被看到参与这种行为或那种行为，或者被看到与这个人或那个人在一起的情况下，这会在未来、在新的情况下或者其他情况下对我造成什么后果？

对于行为计算，至少存在三个重要方面。

第一，他人可以从事各种行为，认为他们可以在新的或未来的情况中进行信息管理，从而尽可能减少潜在的后果。然而，在某些特定情况下，对信息管理的尝试会与情况需求相冲突。例如，一些治疗方法支持他人与其他人分享其感受和其他信息，并且实际上可能会坚持这种模式，但是，病患在精神病院对个人信息的披露可能会是工作人员继续对其进行治疗的原因。④ 因此，病患必须学会基于该机构对适当行为的定义而选择披露什么信息或者不披露什么信息。这个例子不仅说明了我们对个人信息管理的重视，而且也表明了在决定应当管理什么信息方面所存在的困难。

披露或不披露的行为不会自动意味着这些情况或事件被视为属于隐私或相关行为具有侵犯性。因为如果他人认为人格测试是有益的话，他们也可能会参加这些人格测试，并披露大量私密的个人信息。这种情况并不被认定为具有侵犯性。⑤ 关键的问题是：什么才能让人认为这一情况是有益的？如果他人的工作受到威胁，或者如果留在学校是有争议的话，我们是不是会对这一情况做出适当的定义，将其视为并不具有侵犯性的后果？因此，虽然他人可能会允许人格测试的评

---

① Cozby, P. C. Self-disclosure: A literature review. Psychological Bulletin, 1973, 79, 73–91.
② Rule, J. B. Privacy lives and public surveillance. New York: Schocken Books, 1974.
③ Laufer, R. S., Proshansky, H. M. & Wolfe, M. Some analytic dimensions of privacy. In R. Kuller (Ed.), Architectural psychology: Proceedings of the Lund Conference. Stroudsburg, PA: Dowden, Hutchinson & Ross, 1974.
④ Goffman, E. Asylums. Chicago: Aldine Press, 1959.
⑤ Simmons, D. D. Invasion of privacy and judged benefit of personality-test inquiry. Journal of General Psychology, 1965, 79, 77–81.

估,但是他们会使用保护模式做出反应(防御、敌意),然后将此归因于她/他的个性特点或问题。[1]

第二,他人可能根本不会做某些事情,因为他人在未来或者在远处进行信息管理的能力是不可预测的,或者因为即使在现在这个时刻,行为的公开或私有都只能被模糊地定义。这包括可能没有立竿见影的消极后果的行为。例如,他人可能不会参加目前被接受的政治或者社会组织,因为现在的成员资格可能会成为未来报复的基础,正如麦卡锡时代对共产党员的态度。

第三,行为计算与新技术的出现、生命周期的阶段有关。他人必须根据记录和通信设备的类型——口头还是书面,这些记录是否会被其他人看到、会被多少人看到,来确定当前行为对未来可能造成的后果。对于各种交易来说,电子化数据库的存在和社会保险号码作为个人标识的使用意味着,在某种程度上,大量个人信息可以被未知的行为人为了某种未知的目的加以利用。

此外,在生命周期的早期阶段,记录保存和通信技术似乎会影响我们的行为计算。尽管他人在一个技术社会中长大了,还是存在不可避免的新的记录保存形式。因此,在一定程度上,长者不太能够识别新兴技术所带来的潜在后果,从而在管理与技术相关的信息时将会处于不利地位。

根据行为计算,信息管理的关键要素是他人经常不能预测必须管理的信息性质。社会历史和技术的变化往往是不可预知的,并且事实上,在先进的工业社会中,未来的不可知性会有所增长。

四、控制、选择与隐私

隐私和隐私侵权行为往往涉及规范利益和个人利益之间的平衡。作为一个调解变量,控制或选择的问题反映了社会对隐私矛盾态度的强调,特别是在西方社会。他人在任何隐私情况中都有做出选择的能力,也就是他人选择在什么情况下如何以及在什么程度上与其他人进

---

[1] Fischer, C. T. Toward the structure of privacy: Implications for psychological assessment. In A. Giorgi, W. G. Fischer, & R. Von Eckartsberg (Eds.), Duquesne studies in phenomenological psychology (Vol. 1). Pittsburgh: Duquesne University Press, 1971.

行联系(有热情的还是无精打采的),或者是选择自己远离其他人。即便选择是他人一种积极的主张,但是选择还将取决于在特定情况下他人对互动的自我意识与环境(在最广泛的意义上)之间的复杂关系。他人感知选择并在众多选择中做出抉择的能力与他人生命周期的阶段有关。同时,技术的发展和社会目标的转变也会改变他人可能涉及的或可以期待的选择范围。因此,日常生活通过创造隐私经历,从而改变他人感知有效选择的方式。

对于他人有意识地选择对其自身与其他人之间的互动或信息进行管理,这一可能性涉及他人对实际或可能牵涉的隐私情况的认识。他人往往只有在事后才会认识到潜在的隐私情况或隐私侵权行为。在这些情况下,他人会有一种失去控制或者试图获得对以往被认为是隐私情况的控制的感觉。同时,他人对于未来做出选择也会有潜在的渴望或需求。这方面的选择具有特殊的意义,因为随着生命周期的推移,意料之外的披露是连续不断的,尤其是在年轻人当中。

孩子很少或没有对隐私情况做出选择的机会。互动管理是非常有限的。当孩子放弃权威是无处不在的这一观念时,信息管理首先得以可能实现。[1] 当孩子成功说第一次谎或者进行第一次隐藏行为时,孩子最后会意识到那些事情直到被故意披露之前都是不为人所知的。[2] 一旦孩子们知道他们可以控制信息的披露,信息管理就会成为可能。然而,因为他/她闯入成年人的世界,所以孩子在互动管理中的经历更有可能发生。

通过进入学校以及花费更多的时间在家庭外面,这给孩子带来更多选择的方式,从而对其互动进行管理并扩大信息管理的可能性。从青春期开始,相对于家庭来说,隐私选择的范围普遍有所增加,因为他们有更多的免受监管自由。然而,在这一或者其他情况下,他人可能需要更多的选择,因为他人对互动、更复杂的角色以及增加的信息管理有更大的需求。随着老年的开始,他人再次需要不断的护理,从

---

[1] Freud, S. The ego and the id (J. Strachey, Ed., and J. Riviere, trans.). New York: Norton, 1962. (Originally published, 1923.); Piaget, J. The moral judgement of the child. New York: Basic Books, 1966.

[2] Tausk, V. On the origin of the "influence machine" in schizophrenia. Psychoanalytic Quarterly, 1933, 2, 519 – 556.

而开始削弱其对选择的控制。

在整个生命周期过程中,他人对情况的有限理解一直是一个问题,直到当自己亲身经历之后。在生命周期的每个阶段,选择的程度和对选择的认知将往往依赖于他人所扮演的特定角色以及他人希望在这些角色当中实现的目标。

对选择的控制也会因为人际关系语境性质的不同而有所不同。在一元状态下,隐私允许他人在这种情况下做出尽可能多的选择。在二元状态下,一定程度上的共享和/或隐瞒是必然存在的。选择涉及他人在自我和其他人之间建立界限的问题。在3人或3人以上的情况下,群体边界成为关注焦点。信息管理和互动管理从二元的人际关系特征中抽离出来,向群体的关注和目标靠近。集体规范开始对信息管理和互动管理中选择的程度、形式和方式进行规范。群体越大,他人就会有越多的个人选择受到群体与众不同的特点和目的限制。此外,当我们从人际关系层面上升到制度层面时,每个人选择的能力会随着其在社会结构中的位置而有所不同。在真正的大组织中,除了在最顶端的极少数人之外,他人选择的能力一般会受到各方面的限制。

隐私经历也涉及他人在特定情况下对行为人接触其某些方面的控制。不用很久,孩子就会知道他/她在某种程度上对行为人的接触进行控制的这一选择是有意义的。根据情况不同,对行为人接触的控制可能与对他人的行为、想法或信息进行转移、中断或观察有关。为了对行为人的接触进行控制,他人可能采取锁门、将私人日记或秘密上锁的形式。对行为人接触的控制也是他人个人自治权的一个重要方面。因为儿童被认为是被抚养人,所以他们将长期依赖于这些侵权行为。只要他们继续充当这个角色,他们顶多也只能被认为是半自治的。只有当他们有自己的住所时,他们才能更好地对行为人的接触行使控制权。

对行为人接触的控制在很大程度上与生态环境有关,在这些生态环境当中,某些隐私形式可以被实现或被体验。各种各样的外部刺激会与他人的隐私相关,并且他人会寻求对这些外部刺激进行隐私管理。对行为人接触的控制不必然意味着消除刺激。它可能是对所需刺激的类型和强度进行管理和选择,从而使其与其他需求相符或相关。

总之,控制或选择会对隐私情况造成影响,并且隐私情况也会反过来影响他人的控制或选择。因此，在分析隐私时，这是一个重要变量。然而，隐私现象的维度在概念上不同于控制或选择，隐私维度是一个中间变量。如果我们要理解隐私问题与隐私侵权行为，我们必须要坚持这一区别。

五、影响

目前的方法对将隐私理解为一个社会问题有几方面的影响。

第一，虽然目前将隐私视为一个社会问题的关注点与信息管理相关，但是我们的理论和研究将会指出，互动管理是一个同样重要的问题。实际上，为了人类的福祉和尊严，与生活空间和潜在成本相比，互动管理的问题会导致在特定生活条件下对个人权利和需求的考虑。

第二，他人必须了解所表达的隐私欲望在个人层面上和社会历史层面上的基础。隐私不能脱离语境。如果他人参加人格测试、信用卡信息收集、为了社会服务援助而允许政府执法人员侵入他们的住宅，我们必须不要理所当然地认为这些允许就是证据，从而认为这些经历都不具有侵犯性。我们必须区分自愿披露与强制披露二者的差异，并区分这些行为发生时的环境。

第三，影响强调许多将个人隐私权利在法律上进行概念化定义都存在无法摆脱的困境。这都是基于个人权利对侵权行为的挑战，而不是社会组织对避免潜在或实际的侵权行为所负有的责任。这种法律手段并不能为他人提供充分的保护。有些人可能不知道他们享有某种形式的隐私权利，或者他们可能没有所必需的自我认同感和自主权提起的挑战。通过现有的法律保护防止侵权行为，他人可能会被迫披露其试图隐藏的信息。

第四，我们必须试图了解隐私损失或缺乏而导致的成本，甚至包括他人不知道会存在的成本。学者已经讨论过连续不断的互动或强制披露所造成的压力。我们必须开始寻找更强的支撑证据。例如，D'Atri 发现，与自己独居的囚犯相比，有室友的囚犯明显会有更高的血压。[1] 这表明，在缺乏独处机会的组织生活中，存在与此相关的成

---

[1] D'Atri, D. A. Psychophysiological responses to crowding. Environment and Behavior, 1975, 7, 111–126.

本。Wolfe 和 Golan 发现，缺乏某些独处机会似乎会支持某些类型的"不适当"行为，从而使儿童一直被收容在社会机构之中。

　　Chapple 对太平洋电话电报公司（Pacific Telephone and Telegraph）的查号服务工作人员随意进行电话监控以及连续不断的视频监控做出了相关描述：监控在加利福尼亚引起了轰动……因为社会公众不会意识到日常电话会被窃听……这在一个月前才被发现……技术人员为了消遣娱乐通过扬声器窃听公众人物之间的色情对话。太平洋电话电报公司对这一侵犯表达自由的行为感到恐惧，然而，肯定的是，对于公司而言，监控员工的行为是一道必要的程序，因为这可以对员工的表现做出准确的管理。①

　　这种监视对员工会造成什么影响？还有什么其他类型的工作条件和雇佣实践会对他人某些隐私形式造成限制？这些与隐私争议相关的问题都应该被研究和调查。

---

① Chapple, S. Pa Bell's plan for us all. Mother Jones, 1976, 1, 33 – 37.

第三编　隐私权的功能（一）

隐私权的重要性

詹姆斯·雷切尔[①]著　凌玲[②]译

目　次

一、导论
二、初论隐私权的重要性
三、再论隐私权的重要性
四、一个被简化的构想

一、导论

根据 Thomas Scanlon 的观点，隐私权最重要的构成要素应当是指"人们所享有的免受各种侵扰的特殊利益所具备的特征"。对此，笔者深表同意，正因为如此，笔者准备以之作为本文讨论隐私权的开端。然后，笔者将会对 Judith Jarvis Thomson 对隐私权提出的观点做出简要的评析。

二、初论隐私权的重要性

为什么隐私权对人们十分重要？从来没有人能够轻轻松松地回答这个问题，这是因为，当人们的隐私遭受侵犯时，他们有大量的利益

[①] 詹姆斯·雷切尔（James Rachels），美国纽约大学法学院教授。
[②] 凌玲，中山大学法学院助教。

遭受侵害。为什么这样说？或许笔者所列举的以下四类情形可以促进人们对这个问题的理解。

第一，对一些在竞赛中试图保护自己利益的公民而言，隐私权是必不可少的。例如，在一场棋类比赛的封棋①过程中，在对手不知道自己下一步棋怎么走的情况下，如果参赛人员 Bobby Fischer 无法私下（秘密地）分析整个棋局，而是要公开自己的分析思路或者自己的分析结果，那么，这对他而言明显是个极大的劣势。由此可见，对于竞赛者而言，享有充分的隐私权是他们在赛事中获得公正对待的必要前提。

第二，在另外的某些情形中，人们希望自己的生活情况和行为是隐秘的、无人知晓的——原因十分简单，如果这些事情让别人知道了，那么，人们会感到十分尴尬。对此，John Barth 的小说《路的尽头》（End of the Road）正是一个很精彩的例子。在这部小说中，在 Joe 独自一人在家时，故事的讲述者 Jake Homer 与 Joe Morgan 的妻子 Rennie 共同前往 Joe 的住宅。一路上他们都在闲聊：

"想去偷听吗？"我（讲述者 Jake Homer）压抑不住兴奋地在 Rennie 的耳边轻声说。"去吧，去吧！多好玩啊！偷看各种生物在最自然的状态下都是什么样子的。"

Rennie 看起来被我的想法惊住了，"但是，我们为什么要这么做呢？"

"天！难道你从来没有试过在别人独处的时候偷看他们吗？你这人真是太奇葩了！跟我来吧！试一下当一个偷窥者的感觉！这是你能够对别人做的最不公平的事情。"

"Jake，你真让我恶心！"Rennie 忍不住轻轻呵斥我。"Joe 只是在读书。你一点都不了解他，不是吗？"

"你这是什么意思？"

"独处的人们都是一个样的。那个时候的他们与平时不同——没

---

① 译者注：在棋类比赛中，到了第一天对局结束，如果还没结果，此时轮到走棋的那一方，就把要走的那步棋，写在一张记录纸上，当场把它放进一个信封里交给裁判，裁判把它粘好，在骑缝处签上名字盖上印章（或者也可以像剧中那样是双方棋手签上名字确认），之后在裁判见证之下把这个信封保存在裁判团公认的保密地方——如果裁判长德高望重，那么，由他亲自保管也不是不可以。这个程序就叫"封棋"。

有戴着虚伪的面具、对周围的事物也不设防。你在那个时候所看到的都是他们最真实的自我。"……一会之后，Rennie 十分不情愿地跟着我悄悄走到 Joe 家的窗边，挨在我身后，最后还是偷偷探出了头往里看。

在别人以为自己是独处的时候偷窥别人，这是我们对别人所能做的最荒唐、最不道义的事情。很明显，刚刚参与完童子军会议回家的 Joe Morgan 正准备享受阅读的美妙时光，因为有几本书正安静地躺在书架后面的桌子和楼梯上。但他并没有开始看书。他站在空荡荡的房间中心、着装周正、身姿挺拔，正在潇洒地表演军事动作。向后转！整理着装！立正！稍息！他矫健地做了一个敬礼的动作，深呼一口气，然后在房子里翻腾起来——空翻、脚尖落地旋转、鞠躬、跳跃、踢腿——整套动作如行云流水一般，笔者完全看呆了！整个人都回不了神！我感觉自己从未曾像此时的他那般神圣、高洁。而站在我身后的 Rennie 则整个身子都在轻微地颤抖。我们都深深地被眼前的情景震撼了！①

如果以上两种情形都没有让人们深切地感受到隐私权对自己的重要性，那么，以下第三、第四种情形的尴尬程度或许可以让人们进一步认识到隐私权的重要性。

第三，有好几个原因都可以解释，为什么人们要保持自己的病历的隐私性。这些原因都与人们的病历被公开之后带来的后果有关。"一般来讲，普通患者意识不到对自己的病例进行保密是多么重要的事情。例如，如果某人的性病记录被传出去，那么，这可能会毁了一桩美好的婚事。又例如，酗酒或者滥用药物的病历的外泄也会导致当事人被老板辞退或者无法获得保险的保护。"②

第四，当人们向银行申请贷款（或者各种各样的保险、又或者向某家公司申请工作职位）时，对方（银行等）一般会对人们进行调查并将由此得到的信息变成信息档案。对于这种信息调查，有些人持赞成的态度。这些人认为，银行自然有权了解申请贷款的人在经济

---

① John Barth, End of the Road (New York, T960), pp. 57-58.
② Dr. Malcolm Todd, President of the A. M. A., quoted in the Miami Herald, 26 October 1973, p. i8-A.

上是否有足够的可信度。但问题在于，银行所搜集的信息远远不止申请者的"经济"信息。例如，它们会搜集有关申请者的性生活、政治立场以及其他类似的信息。在考虑是否同意申请者的贷款申请时，如果银行参考了这些不相关的信息，那么，这对申请者而言是十分不公平的。

上述的所有例子都在论证一点：通过保障自己的隐私不受侵犯，人们可以保护自己所享有的多种利益不受侵害——人们可以轻易地列举更多的例子来说明这一点。但是，因为以下两个原因，笔者并不认为，仅凭这几个简单的例子就能充分地说明隐私权对人们的重要性。

第一，上文所列举的情形在人们的日常生活中或多或少有些少见，它们并不具备普遍性。在那些情形中，要么是当事人想要隐藏某些东西，要么是涉及的某些信息会使当事人在某种程度上受到不公平的对待。因此，人们对这些情形的反思无法帮助人们更好地理解隐私权在普通常见的生活情形中的重要价值。要使人们真正了解隐私权对自己的重要性，笔者认为应当重点探讨那些不会令人感到尴尬、羞耻或者不受欢迎的行为以及那些即使被别人公开了也不会给人们带来任何不好的预兆和威胁的信息。例如，即使根据最保守的道德标准，已婚夫妇之间的性生活也是十分正常的、道德的，他们不应当为这些事情遭到别人的耻笑或者敲诈勒索，但即便如此，他们也十分反对别人在自己的床上安装窃听器。人们应当通过许许多多普遍的、平凡的生活情形而不是少数几个特殊的情形来探讨隐私权的重要性以及隐私权所保护的利益（都有哪些）。

第二，在上文所列举的情形中，行为人对他人所实施的隐私权侵权行为的确导致了他人的其他利益遭到了某些特定的损害。但是，在很大的程度上，这些隐私权侵权行为之所以会令人反感，却不是因为它们损害了公民所享有的其他利益。例如，如果一名妇女的信贷评级由于自己的性生活受到了不良影响，那么，她的确很可能感到十分气愤——因为她觉得银行等机构在评估自己的信贷级别时参考性因素的做法十分不公平。但是，在其他情形中，该名妇女也很可能反对别人公开自己的性生活——但这不是因为愤慨自己受到了不公待遇，而仅仅是因为，她觉得自己的性生活与别人毫无关系，别人无权过问，更无权到处宣扬——实际上，我们也会和她有同样的想法。笔者认为，这才是能够最有力说明隐私权的重要性的例子。人们都有一种"隐私的感觉"（sense of privacy），在某些情形中，人们会觉得别人侵犯了自己的这种感觉。更奇妙的是，通过简单地表达自己在上述情形中感受到的尴尬或者弱势等情感，人们无法恰到好处地解释这种"隐私的感觉"到底是一种怎样的感觉。如果有人能够详细准确地解释"隐私"一次，那么，这将会极大地促进人们对以下两个问题的理解：何种因素使得有关某人的事务是"某人自己的私人事务"（与别人无关）以及行为人对"与自己无关的他人事务"的侵扰为何会令所有人感到反感。

这些问题引导着笔者的思路，使得笔者猜想，或许在隐私权中存在着一些很重要的价值，如果人们仅仅将自己的目光局限在上文所列举的四类情形中，那么，人们将会错失隐私权的这些重要价值。因此，在下文中，笔者将会更深入地探讨隐私权背后到底隐藏着哪些重要的价值。

三、再论隐私权的重要性

除了享有决定（或者说控制）是否允许别人靠近自己或者获取有关自己信息的能力之外，人们在社会生活中还拥有与别人建立或维持各种人际关系的能力。隐私权与人们的这两种能力之间存在密不可分的联系。现在，笔者准备以这种联系为基础，详细地阐释隐私权背后的重要价值。根据笔者的意见，如果人们想要与别人维持各种各样的人际关系，那么，对于人们而言，隐私权是必不可少的，这也是笔者一直强调隐私权很重要的原因。笔者所说的"人际关系"，是指人们平常所说的人与人之间的关系，如两个人之间的朋友关系或者夫妻关系、雇佣关系；而不是仅仅指一些特别的关系。

笔者要指出的是，一般来讲，根据人与人之间不同的交往（行为）模式，每段人际关系的类型也是相当明确的。在很大程度上，人际关系的类型决定了人们在与别人相处时是如何对待对方的。此外，在不同类型的人际关系之中，人们的行为模式也大不相同。因此，在自己孩子的面前，男人是幽默风趣的、满怀深情的——尽管有的时候难免会有些严肃；在员工面前，男人却是雷厉风行的、务实的；而在岳母面前，男人又换了一副面孔——他们是有礼貌的、恭敬有加的。除此之外，在亲密的好友面前，男人会展示出自己的一些个性，这是别人永远都无法看到的。例如，他们原来竟然是一个匿名的诗人，只不过平时他们羞于启齿而已——这些秘密他们只会与最好的朋友分享。

有时候，在不同的人面前，人们会表现出不同的形象，这可能会让别人感觉他们很虚伪矫情。有些人认为，人们所有的角色扮演背后都只有一个真实的自我。人们在处理不同的事务时戴着的各种"面具"都是人们为了隐藏"真我"而套上的伪装。笔者认为，这道出了上文 Rennie 所说的话背后的真义——"独处的人们都是一个样的。那个时候的他们与平时不同——没有戴着虚伪的面具、对周围的事物也不设防。你在那个时候所看到的都是他们最真实的自我。"如果以这种观点看待人们对不同的人区别对待的行为，那么，人们会发现，自己所观察到的人和事都是不可信的。因此，对于那些喜欢诗歌、在朋友面前怀着一颗和善诗意之心的商人的朋友而言，那些商人在对待员工时那副冷冰冰的、务实的面孔只是一个假象——在朋友看来，不管商人在员工面前是多么的严肃，商人的内心始终是善良的、柔软的。如果一个男人在朋友面前满嘴诅咒的话语，但却从来不会在岳母面前如此，那么，他表面上对岳母的恭敬也不过是在装腔作势欺骗人罢了。

笔者认为，这种观点是十分错误的。笔者认为，人本身就是有多面性的，并不是说人们表现出来的多副面孔只能有一副是真实反映其内心的。当然，从来不在岳母面前言辞有失的男人的确有可能是在虚意奉承，例如，一旦岳母表示会剥夺他的继承权，男人就会丝毫不顾岳母的感受在她面前恣意诅咒顶撞她。但是，男人对自己应当如何对待岳母的看法可能与他对自己应当如何对待朋友的想法很不一样。又或者男人从来不咒骂岳母只是因为他觉得"岳母不是那种（应当受到指责的）人"而已。同样地，内心诗意的商人之所以会给员工一副冷冰冰的假象也可能只是因为，商人不喜欢自己的工作但却不得不努力地一直扮演这个令自己不快的角色。当然也有这样一种可能，商人只是很自然地、习惯性地认为，这就是一名商人对待员工应当有的态度和处事方式——这与他们在充当丈夫、父亲、朋友的角色时对其妻子、孩子、朋友所持有的不同观念或态度并不矛盾。一方面，他们以不同的态度对待处于不同人际关系的人并不代表他们怀着欺骗别人的恶意；另一方面，他们在别人面前所表现出来的个性也不一定非得体现他的"真我"。

　　人们会根据自己与别人之间的不同人际关系而做出不一样的行为，这并不是一个偶然性的现象，而是人类的一种行为共性。当然，从某种意义上讲，不同的行为模式也可以帮助人们界定不同类型的人际关系，因为行为模式是区别不同类型的人际关系的重要因素。例如，朋友关系包含许多情感关系和特殊义务在内，如朋友之间有相互忠诚的义务。除此之外，在朋友关系中，还有很重要的一点是，如果人们接纳了一个朋友，那就意味着人们喜欢生活中有这个人的陪伴，人们相信他/她，向他/她倾诉自己的故事和心情，在他/她面前展示自己那些不会随便让别人知道的个性。① 假设笔者相信某人是自己的密友，然后笔者发现，他正在为工作感到忧忡忡且很害怕自己会被老板辞退；但是，他已经将这些事情告诉了其他好多人却对笔者只字不提。又或者，笔者知道，他会写诗歌且写诗已经成为他生活中很重要的一部分。但事实上，他已经向很多人展示了自己的诗歌却从来没有与笔者分享这些诗歌。此外，笔者还知道，他对待其他朋友比对待笔者更加随性，比起笔者，他更加重视能够与其他朋友常常碰面，如果他没有为自己的这些行为做出特别的解释，那么，笔者只能接受现实：很明显，他和笔者之间的朋友关系没有笔者自己想的那么亲近。

　　根据这种以行为界定人际关系类型的方法，人们还可以区分其他类型的人际关系：商人与员工之间的关系、医生与患者之间的关系、夫妻关系、父母与子女之间的关系等。在每种类型的人际关系中，人们都会对自己应当如何得体地对待对方有自己的见解。此外，人们还对自己应当与别人发展何种类型的人际关系以及何种程度上的感情有

---

① My view about friendship and its relation to privacy is similar to Charles Fried's view in his book An Anatomy of Values (Cambridge, Mass., 1970).

自己的看法（笔者将会在下文更加详细地解说这一点）。笔者并不打算向大家暗示，所有人之间存在相同类型的人际关系都是或者应当是一样的——事实明显并非如此。有些父母对孩子十分随意或者容易相处，而有些父母在孩子面前则总是板着一张正经严肃的脸。有些医生至少会对某些患者比较友好，有些医生则对所有患者都是一副例行公事的冷面孔。更有甚者，不同地区对相同的社会角色的要求也是不一样的——例如，纽约和新几内亚与阿拉巴马的农村对"妻子"这种角色的要求就不一样。除此之外，每个地区对某种社会角色的要求也会随着时代的变迁而有所变化：妇女解放运动的进行也正在逐步改变人们对夫妻关系的认识。大概来讲，虽然笔者列举了那么多的例子都取自美国现代社会的生活，但这也主要是因为笔者图方便罢了，并不是说笔者所讨论的内容只适用于美国现代社会。总而言之，笔者解释了那么多都只为了论证一个观点，即在构想自己与别人之间的人际关系时，人们的以下两个看法是密不可分的：一是人们对于应当如何恰当地对待对方的看法，二是人们对于可以与对方分享哪些信息的看法。例如，如果人们将某人视为自己最亲密的朋友，那么，人们将会和某人分享自己的大部分信息；反之，如果人们只是将某人视为点头之交，那么，人们一般不会和某人分享自己的私密信息。

　　新的社会制度和社会实践会创造出新类型的人际关系，人们会发现，有一些在以前的人际交往中不太得体或者恰当的行为或者语言，它们在这些新类型的人际关系中反而会变得让人容易接受起来。对此，"集体治疗"是一个很好的例子。在集体治疗的过程中，很多心理疾病患者的内心会感到很不安，因为他们必须向一大群自己不熟悉甚至完全不认识的人公开自己一些很私密的事情。实际上，他们内心比较抗拒这种医疗方式，因为没有人愿意向陌生人透漏自己心底里最深的感受。人们的抱负、问题、挫折以及内心的绝望都是人们埋藏得最深的事情，人们可能会向自己的丈夫、妻子、好友或者其他一些关系亲密的人倾诉这些事情，但却不可能会向自己甚至完全不认识的人谈及这些事情。但是，通过将与自己一起接受治疗的人当成与自己同在一个团队的组员而非陌生人，患者最终还是克服了自己对集体治疗的这种抗拒。在一开始，所有患者陌生人都把其他人当成陌生人，他们都不愿意相互交流，后来他们对双方之间的关系重新做了定位，不再把对方当成陌生人之后，他们相互之间就可以坦白地谈论一些很私人的话题。可见，一方面，人们对自己与别人之间的人际关系定位会影响人们与别人之间的交流内容；另一方面，一些新类型的实践活动的确会转变人们之间原本的人际关系类型。

所有这些现象都受到人们之间的人际关系的重要影响——人际关系对人类生活的重要性是不可估量的。正因为人际关系是如此的重要，所以，人们有足够的理由反对那些干扰人们发展人际关系或者给人们维系自己的人际关系增加困难的任何事物或者行为。反过来，正是因为人们享有决定（控制）谁能接近自己、了解自己的能力，所以人们才能够与别人发展或者维持自己想要的各种类型的人际关系。笔者认为，这就是人们珍视隐私权最重要的原因之一。

首先，试想两个亲密的好友在路上遇见一个只有点头之交的普通朋友，那么，这三个人之间的关系就发生变化了——其中一个明显的变化在于，他们之间谈论的话题不会涉及自己的私密事件。假设这两个亲密的朋友在一起的时光总是会被外人（如点头之交甚至陌生人）打断，那么这两人之间将会发生什么样的事情？结果无非就是以下两者之一。①他们仍然像之前只有他们两个在一起那样，继续分享自己的隐私、自由地表达自己内心所想以及类似的事情。但是，他们的这种行为与他们之前对点头之交或者陌生人所持有的态度明显是不一致的——因为在以前，他们肯定觉得自己在这些人面前谈论这些事情是不恰当的。②他们可以避免在外人（突然闯进来的第三人）面前谈论上述的事项。但这又意味着，他们（两个关系亲密的好友）不能像以前一样与对方分享自己的感受、不能继续与对方增进双方之间的友情，最终，他们之间的亲密关系将不复以往。

其次，试想夫妻独处时的行为举止与夫妻和第三人在一起的时候的表现有何不同。当夫妻两人独处的时候，他们可能是深情的、亲昵的，也可能是处于激烈的争吵之中。但如果他们和第三人共处，那么，他们的表现一般与常人无异，不会过分亲近也不会过分冷淡或者对对方表示出明显的不满。如果他们从来都没有机会单独在一起，那么，最终他们不是舍弃了双方之间的夫妻关系、重新另觅爱侣，便是在别人面前表现得他们很不合适在一起生活。①

最后，上文所述都说明，如果人们希望和不同的人维持不同类型的人际关系，那么，至少在某种程度上，人们需要对处于不同人际关系之中的人进行区别对待。在与处于不同类型的人际关系之内的多个人同时相处时，对不同的人际关系进行区别对待的做法使得人们不仅可以以一种合适的相处方式与别人相处，而且还使得人们不会违背自己对应当如何对待别人的看法。因此，如果人们可以决定（控制）自己与别人建立何种人际关系，那么，人们首先必须掌握允许或者拒绝别人接近自己的权利。

现在，即使是在人们没有必要隐藏什么事情的普通日常生活情形中，人们也可以解释隐私权的重要价值。这个解释是，即便在最常见的生活情形中，人们也会根据自己与别人的不同人际关系做出不一样的行为规划。如果人们不能决定哪些人可以接近／不能接近自己，哪些人在什么时候能够接近／不能接近自己，那么，人们便不能决定自己原本想要与别人发展的某种类型的人际关系以及按照自己原本所接受的行为模式与别人相处（这也是人们在某些方面将隐私权当成自由权的原因）。但是，人们应当对自己那些"与别人完全无关"的事实作何理解？对此，笔者认为，这个问题的答案仍然与人们与别人之间的人际关系有关。换言之，针对与自己处于不同人际关系之中的人，人们会做出不一样的解答。如果某人是我们的医生，那么，我们

---

① I found this in a television program-guide in the Miami Herald, 21 October 1973, p. 17:

"I think it was one of the most awkward scenes I've ever done", said actress Brenda Benet after doing a romantic scene with her husband, Bill Bixby, in his new NBC-TV series, "The Magician." "It was even hard to kiss him", she continued. "It's the same old mouth, but it was terrible. I was so abnormally shy; I guess because I don't think it's anybody's business. The scene would have been easier had I done it with a total stranger because that would be real acting. With Bill, it was like being on exhibition."

I should stress that, on the view that I am defending, it is not "abnormal shyness" or shyness of any type that is behind such feelings. Rather, it is a sense of what is appropriate with and around people with whom one has various sorts of personal relationships. Kissing another actor in front of the camera crew, the director, and so on, is one thing; but kissing one's husband in front of all these people is quite another thing. What made Ms. Benet's position confusing was that her husband was another actor, and the behavior that was permitted by the one relationship was discouraged by the other.

自然认为他有义务记录我们的健康状况；如果某人是我们的员工，那么，我们自然会认为他应当知道我们付给他的薪酬是多少；我们也会自然而然地认定，给我们发放贷款的主体应当了解我们的金融记录。总而言之，人们会认为，如果别人与自己存在特殊的人际关系且有权知道有关人们的某些事实，那么，别人与这些事实是有关系的。人们经常随心所欲地选择与别人建立或者放弃与别人建立这样的人际关系，而那些希望保留尽可能多的隐私的人只会在极其无奈的情况下才会与别人建立这样的人际关系。人们不能一方面与别人建立了这种人际关系，另一方面又期待自己在别人面前还享有和以前一模一样的隐私权。因此，如果当银行、债权人或者配偶问我们在银行还有多少存款，我们不能直接粗暴地回一句，"这跟你没有关系"，因为鉴于他们与我们的人际关系，他们有权知道这些事情。但是，如果有一些的确跟这些事情没有任何关系的人向我们问起这些问题，为了避免双方闹得太僵，我们可以委婉地告诉他们，他们跟我们之间并不存在可以令他们有权知晓这些事情的人际关系。

四、一个被简化的构想

Thomson 认为："作为一个被简化的（权利）构想，隐私权本身就是一个由多种公民权利组成的结合体，但它不是一个有着明显界限的权利结合体，而是一个掺杂着自身权（the right over the person）、财产权等多种权利在内的权利结合体。"之所以说这个构想是一个"被简化的"构想，是因为它把隐私权的特性全部忽略掉了。对此，笔者将会在下文做出解释。

"自身权"包括人们所享有的那些"不那么显眼的"（un-grand）权利在内——如人们享有禁止别人看自己某部分身体的权利（the right not to have various parts of one's body looked at）以及将自己的手肘涂成绿色的权利。Thomson 对自身权的理解类似于他对财产权的理解。他认为，自身权意味着人们的身体是属于人们自己的，所以，人们对自己的身体所享有的权利类似于人们对自己的财产所享有的权利。

笔者首先会解释何为"禁止别人看自己某部分身体的权利"。在隐私权的讨论范围之内，笔者认为，人们不能简单地将自身权比作财产权；人们所享有的允许或者禁止别人看自己某部分身体的权利与人们对自己所有的小车或钢笔所享有的财产权是很不一样的。对于大部分人而言，身体上的亲密接触是一段特别的人际关系的组成部分。当然，如果人们只是向别人露出自己的膝盖或者脸蛋，这明显不属于笔者所说的"身体上的亲密接触"。但是，如果人们在别人面前露出自己乳房并允许别人观看甚至抚摸自己的乳房，那么，这种行为无疑就是"身体上的亲密接触"。当然，在某种程度上，人们身体上的某些接触只属于社交传统的肢体接触，算不上"身体上的亲密接触"。对于某个行为属于"身体上的亲密接触"还是社交传统的肢体接触，人们还是很容易分辨出来的。例如，维多利亚时代的一个妇女向别人露出自己的膝盖的行为可以被称为"身体上的亲密接触"。因为在这种情况下，如果该妇女是不小心才在别人面前露出自己的膝盖，而别人（这个人既不是她丈夫又不是她的情人）又盯着她的膝盖看，那么，她一定会为此感到很痛苦。如果在那个时代，一名妇女自愿向别人露出自己的膝盖，那么，该名妇女与别人之间必然存在某种感情比较深厚的人际关系。笔者举这些例子是为了说明，人们不能把自身权比作财产权，自身权与人们的情感、社会的风俗习惯紧密相连的。人们在理解自身权这个概念时，应当重视"身体上的亲密接触"的重要影响。更进一步讲，人们可以通过观察某些人之间的"身体上的亲密接触"来判断他们之间的人际关系类型以及该段人际关系的深度，进而判断其他人对这段人际关系的侵扰对他们对这段人际关系所享有的道德性隐私权的侵害程度有多深。如果人们在理解自身权时，既不重视"身体上的亲密接触"这个理论，又不重视人们之间的亲密度（即身体接触的亲密程度）对人际关系类型的重要影响，而是简单粗暴地将"自身权"简化成与普通的公民财产权相差无几的权利；那么，这等于是割裂了"自身权"与隐私权之间的联系，进而削弱了隐私权对保护人际关系的重要性。

  Thomson提出了这样一个质疑：如果我们的某个熟人在不侵害我们的隐私权的前提之下了解了许多有关我们的信息，随后她十分热衷于"和所有人八卦"我们，并且她在与别人八卦的时候完全没有侵犯我们的隐私信息，那么，她这种八卦的行为是否侵害了我们的隐私权？她当然以为自己的行为并没有侵害我们的隐私权。但是，根据上述这个"被简化的构想",人们会发现自己没有办法分析她的行为到底是否会侵害隐私权。

正如 Thomson 所言,这是一种特别有争议的情形,但是,如果笔者对隐私权的重要性的解释是正确的,那么,在这种情形中,我们至少可以找到某些理由来论证自己的隐私权遭到了侵害。为了更好地论证这一点,接下来笔者会将这种情形更加具体化。假设你最近刚刚离婚了,导致你离婚的原因之一便是你在结婚不久之后便得了阳痿之病。你和你最亲密的好友倾诉了这个苦恼,但很明显你不希望好友把这件事情告诉第三人。这不仅是因为别人知道这些事情会让你颜面尽失,还因为这跟别人毫无关系,别人根本无权过问。这是属于你自己的私人事实,这些事实不适宜让普通朋友或者陌生人知道。但不幸的是,你发现有些爱八卦的人知道了你这些事情(或者是因为有人在无意中听到你和好友的对方——显然,无意中听到你们的对话并不是他的错,所以,他并没有侵害你的隐私权;但是,你并不知道他在听到你们的对话时是否处于听力所及的范围之内)并到处宣扬,导致你身边的所有人(不管是认不认识你)都知道了你阳痿的事情。那么,这些人宣扬你阳痿的行为是否侵害你的隐私权?笔者的回答是肯定的。笔者的这种回答不会让人感到意外,因为在这种情形中,你所享有的利益恰好是隐私权特别注重保护的利益之一。因为在这种情形中,遭到侵害的权利并不是财产权或者自身权,所以,上文所提出的"被简化的(权利)构想"没有可适用性。如果隐私权有着与其他公民权利都不一样的特点,那么,人们必然不会希望看到它总是与其他权利有所重叠——这个结论自然也不会让人们感到惊讶。即使隐私权总是与其他权利重叠,但是,因为它所保护的利益是具备特殊性的,所以,人们仍然会把它当成一种独立的公民权利。

隐私、亲密关系和人

杰弗里·H. 雷曼[①]著　杨雅卉[②]译

目　次

一、Judith Jarvis Thomson 的观点与 Thomas Scanlon 的观点
二、James Rachels 和 Charles Fried 的观点
三、Stanley I. Benn 的隐私基础理论
四、隐私与人格的关系
五、结语

一、Judith Jarvis Thomson 的观点与 Thomas Scanlon 的观点

1975 年的夏天,《哲学与公共事务》期刊登载了三篇关于隐私问题的特稿,分别由 Judith Jarvis Thomson、Thomas Scanlon 和 James Rachels 所撰写,其中 Scanlon 的文章旨在回应 Thomson 的文章,而 Rachels 则在自己的文章中对 Thomson 和 Scanlon 的文章都做出了回应。[③] Thomson 所撰写的文章以自己的观察说道:"关于隐私权这一概念,最为引人注目的事实莫过于似乎没有人清楚隐私权究竟是什么。"接着,她进一步提出,没有人有必要清楚这一点——人们并不需要非常

[①] 杰弗里·H. 雷曼(Jeffrey H. Reiman),美国美利坚大学文理学院名誉教授。
[②] 杨雅卉,中山大学法学院助教。
[③] Judith Jarvis Thomson, "The Right to Privacy", Thomas Scanlon, "Thomson on Privacy", and James Rachels, "Why Privacy is Important", Philosophy & Public Affairs 4, no. 4 (Summer 1975): 295–333. Unless otherwise indicated, page numbers in the text refer to this issue.

清楚地认识到隐私权是什么。Thomson 的主要观点是，她认为我们能感觉到隐私权给我们提供了各种各样的法律保护，但是，隐私权所提供的这些法律保护都已经蕴含于其他权利中，比如"人身权当中就已经包含了隐私权所提供的法律保护，财产所有权亦然"（306 页）。随后 Thomson 举出了几个匠心独运的例子，并且对这些例子做出了俏皮的点评，接着她围绕可能被我们认为是侵犯隐私的"侵扰"行为提出了一些问题，并对这些问题给出了回答：

"有人查看了你存放在保险箱里的色情图片吗？如果有，这个人就侵犯了你保证自己的财产免受他人随意查看的权利，因为你对这些色情图片享有所有权，所以你有权保证这些色情图片免受他人随意查看——也就是说，因为你拥有这些色情图片，所以他人从你的保险柜里随意查看这些图片的行为就是不合法的错误行为。有人使用了 X 射线设备穿透住所的围墙对你进行窥视吗？如果有，这个人就侵犯了你保证自己免受他人随意窥视的权利，因为你对自己的人身也享有人身权，这种人身权给你的人身提供了免受他人随意窥视的保护，和上述的财产所有权给你的财产提供了免受他人随意查看的保护相类似；所以你有权保证自己免受他人随意窥视——也就是说，因为你对自己的人身享有人身权，所以他人透过住所的围墙随意窥视你的行为就是不合法的错误行为。"

通过这些分析论证，Thomson 得出了结论：隐私权是"派生的"权利束，因此"没有必要非得找出隐私权这一权利束中所有权利所共有的特征，也没有必要为隐私权的界定问题争论不休"。换句话说，我们弄不清楚隐私权到底是什么，这是理所当然的，我们也用不着非要试图找出一些仅仅由隐私权所保护的"保护对象"，这种尝试是白费力气。然而，笔者认为 Thomson 的这些观点并不正确——值得一提的是，Scanlon 和 Rachels 也和笔者持同样的看法，尽管笔者倾向于认为他们得出这一看法的依据和理由并不正确。

Thomson 的观点是将一个不合理的大结论平衡于同样不合理的小结论之上所产生的。在 Thomson 看来，隐私权是一个权利束，其中所蕴含的单个权利无一不可被解释为隐私权外的另一种权利，因此，要解释隐私权中的具体单个权利无须依赖于隐私权的概念，从这个层面上来说，隐私权是"派生的"权利束。这就是 Thomson 得出的不合理的小结论。要看出这个小结论的不合理之处,最简单的办法就是认识到,按照 Thomson 的逻辑也可以推出截然相反的结论:如果我们说其他的权利(也就是上文提及的公民享有的人身权和财产所有权)都是对隐私权的延伸表达,因此这些权利才是由隐私权所"派生的"权利,这种说法也完全符合 Thomson 的见解。不过,即使隐私权这一权利束所提供的所有法律保护都在《美国联邦宪法第四修正案》(以下简称《第四修正案》)和《美国联邦宪法第五修正案》(以下简称《第五修正案》)中有所规定,我们也很难以此为根据证明出隐私权是由公民免受不合理的搜查行为和扣押行为侵犯的权利以及公民不得自证其罪的权利所"派生的"权利。然而当我们面对上述事实时,无论是认为这些事实证明了隐私权是由《第四修正案》和《第五修正案》的规定所"派生的"权利,还是断言这些事实证明了《第四修正案》和《第五修正案》所提供的法律保护是由隐私权所"派生的"法律保护,它们都是似是而非的诡辩说法。①

如此一来,所有这些都完全沦为文字游戏,不过,Thomson 教授完全可以随心所欲地对"派生的"这个词下定义。至于什么样的权利可以定义为"派生权利",Thomson 并不认为,我们可以找出隐私权中所有单个权利所"共同具有的特征",只要在表达上述观点时不使用"派生"这一术语,则 Thomson 就可以随心所欲地定义"派生"一词,并因此定义何种权利是"派生权利"。隐私权是"派生的"权利束,这就是 Thomson 所得出的不合理的结论。即使我们承认在 Thomson 极力主张的词义之下,隐私权确实是派生性的权利,也不能由此推出隐私权所提供的所有保护之间没有共同之处,同样也不能推

---

① This reversibility of "derivative" -ness is to be found in Justice Douglas' historic opinion on the right to privacy in Griswold v. State of Connecticut. He states there that "specific guarantees in the Bill of Rights have penumbras, formed by emanations from those guarantees that help give them life and substance." The right of privacy, he goes on to say, is contained in the penumbras of the First, Third, Fourth, Fifth, and Ninth Amendment guarantees. Surely the imagery of penumbral emanations suggests that the right to privacy is "derivative" from the rights protected in these amendments. But later Douglas states that the Court is dealing "with a right of privacy older than the Bill of Rights", which along with other language he uses, suggests that the rights in the Bill of Rights are meant to give reality to an even more fundamental right, the right to privacy. 381 U. S. 479, 85 S. Ct. 1678 (1965).

出试图寻找隐私权的共同点就是愚蠢的行为。如果按照 Thomson 所持的观点进行推论，我们也可能说，犯罪学是由社会学、心理学、法学和政治学所派生出的学科，就像 Thomson 在其观点中认为隐私权是由公民的人身权和财产权所派生出的权利一样。但是，即使承认犯罪学是派生的学科，也不能因此认为不应当试图对犯罪学的统一主题进行定义，这个理由几乎站不住脚——至少有许多犯罪学家都这么认为。① 换句话说，即使隐私权是财产权和人身权的综合体，探究这一综合体权利中是否存在隐私权所独有的部分，使之区别于财产权和人身权，这仍然是有意义的，对于解决道德的冲突，这样的探究既有启发性又有帮助。

笔者认为，在隐私权所保护的对象中，确实有一些独一无二的东西。不过，如果我们认为隐私权所保护的对象被囊括在公民的财产权和人身权的保护对象中而且仅仅是其从属，就很有可能对隐私权所独立保护的对象视而不见。而一旦我们对此视而不见，就可能出现这样的情况：当我们对公民的一部分人身权或是财产权进行限制时，我们认为这只是为了维护更重要的利益所做出的必要牺牲，然而，这些被牺牲的权益中所蕴含的价值可能远超我们的想象。

笔者对 Thomson 文章所做的评判就到此为止，因为如果笔者能够证明在隐私权的保护对象中存在一些具有独特价值的独一无二的东西，笔者就能以此为据对 Thomson 的观点进行驳斥。这一证明还将有助于笔者表明自己的立场，也将会帮助笔者简明地阐释出 Scanlon 和 Rachels 对 Thomson 的回应文章中有哪些地方在笔者看来成了论证的缺点和短板。

Scanlon 认为他找出了隐私权的"普遍基础"，而这一基础是一种"特殊的权益"，因而 Scanlon 感觉自己已经借此驳倒了 Thomson。Scanlon 在自己的文章中写道：

"Thomson 认为，侵扰个人隐私的行为所侵犯的权利多种多样，而这些权利也并非由任何一个高屋建瓴的隐私权派生而来。笔者同意

---

① See for instance, Herman and Julia Schwendinger, "Defenders of Order or Guardians of Human Rights?" Issues in Criminology 5, no. 2 (Summer 1970): 123–157, especially the section entitled "The Thirty-Year-Old Controversy", pp. 123–129.

Thomson 的这个观点，但是，在笔者看来，这些权利都建立在一个共同的基础上，这就是我们享有保护自身免受特定侵扰的特殊权益（这一特殊权益构成了这些权利的共同基础）。在这种侵扰个人隐私的侵权行为中，最显而易见的例子包括对公民的身体、公民的行为、公民与他人的交往情况进行窥探（或者对后两者进行窃听），但是，当我们完全围绕这些侵扰个人隐私的侵权行为进行讨论时，这种讨论并不能使我们对隐私权问题进行透彻的探讨。"

毫无疑问很难对 Scanlon 的这一论断做出反驳。然而，这一论断十分荒谬，将人引入歧途。Scanlon 的立场坚实而且看上去坚不可摧，因为它建立在同义反复的基础上，这和对镇静剂效力的经典"解释"——凭借其自身的"药物作用"诱导入睡——没什么不同。只不过 Scanlon 将隐私权解释为"免受特定（违法）侵扰行为侵犯"的权利。Scanlon 的看法相当于这样的观点：公民的隐私权所拥有的共同基础是公民的"隐私权益"。

总的来说，Scanlon 声称他已经找到了隐私权中的共同要素：隐私权保护着公民在隐私方面的特殊权益！Thomson 几乎没有任何办法否定 Scanlon 的这一说法，尽管我怀疑她是否会觉得这一说法足以回答她在自己的文章中提出的问题。Scanlon 所没有告诉我们的是，为什么公民在隐私方面享有特殊权益，也就是说，为什么公民享有免受特定侵扰行为侵犯的特殊权益；Scanlon 也没有告诉我们公民在隐私方面所享有的特殊权益为什么得以成为法律上的权益，换句话说，这种权益为什么会重要到让公民要动用搜查令和逮捕令来对其加以保护。① 如果要说服 Thomson 相信隐私权普遍存在，我想最少也要回答出上述问题。

二、James Rachels 和 Charles Fried 的观点

James Rachels 就试图给出上述问题的答案。他试图准确无误地解决 Scanlon 避而未答的那些问题。Rachels 问道："到底为什么隐私权对我们来说有着如此的重要性？"随后，Rachels 回答了这个问题。他在回答的开头列出了一些我们在隐私方面可能享有的权益，并发现这

---

① I think it is fair to say that Scanlon makes no claim to answer these questions in his essay.

些权益基本上都和某一类保护相关，包括对公民声誉的保护或是对公民日常的私密性的保护或是相类似的其他保护。然而，Rachels 认识到："对这些侵扰情形的反思对于我们理解隐私权在日常普遍情形中的价值几乎没有帮助。笔者所说的日常普遍情形所指的是，公民的行为没有任何窘迫、可耻或不受欢迎之处，一旦这些行为被公开也不会引起任何厌恶或恐慌的情形。比如说，一对最普通的夫妇，他们的夫妻生活即使以最传统保守的标准来衡量也再正常不过（无论它具体是什么样的），无可指摘，无可惭愧，也不能从中找出什么可供敲诈的把柄，然而，即便是这样一对普通的夫妇也不会愿意自己的卧室被窃听。"

换句话说，Rachels 认识到隐私权所保护的确实是一种独一无二的权益，这种权益体现在隐私权必然阻却了他人对公民的窥视，或是他人对公民信息的获取，即使我们确定窥视所得的结果或信息不会被用于对公民不利，甚至根本不会被用到，我们还是应当享有这一权益。Rachels 试图对此种权益下定义，并指出它之所以重要的原因。

Rachels 的论述是这样的。不同的人际关系决定了分享私人信息的程度不同——和盘托出还是有所保留，这都取决于双方之间存在的是什么样的人际关系。比起和雇员分享的私人信息，公民与朋友所分享的私人信息更多；比起和普通朋友分享的信息，公民与终生不渝的挚友所分享的私人信息更多；比起和熟人分享的信息，公民与爱人所分享的私人信息更多。Rachels 在自己的文章中写道："公民会考量自己与他人相处时如何表现才算得体，也会考量自己在询问他人私人信息时的合适分寸，无论一个人如何衡量自己与他人的人际关系，这种衡量总是与上述两种考量的概念密不可分。""拥有朋友的重要意义就在于，我们欢迎朋友的陪伴，我们信任朋友，我们告诉朋友自己的私事，我们把不为人知的一面展现在朋友的面前。"（这段为笔者的总结）因此，Rachels 得出了结论："我们可以选择谁能获取我们的个人信息，我们可以控制谁能获知我们的什么信息，这种掌控能力使得我们能随心所欲地与他人保持各种各样不同性质、不同亲密程度的人际关系，在笔者看来，这就是我们之所以重视隐私权的最重要的原因之一。"

Rachels 承认，他的观点与 Charles Fried 在 *An Anatomy of Values*——

书中所提出的观点相类似。从本文的论证目的上来讲,我们可以认为 Rachels 的这些观点和 Fried 的观点实质上相同,而在论证隐私权益的基础方面,Rachels 的这些观点可以说是令人信服的论证,因此,Rachels 的这些观点将帮助我们更好地探究 Fried 的论调。Fried 写道:"作为人类,与他人的人际关系对我们来说不可或缺——包括恋爱关系,朋友关系和信任关系;如果非要将人际关系从我们身上抽离,我们甚至难以继续被称为人类,而隐私则是人际关系所赖以生发的必要土壤。在爱情和友情中,朋友与朋友之间、爱人与爱人之间会自愿地放弃一些东西。隐私的存在使公民对自己的私人信息享有权利,正是这种由隐私所赋予的权利给公民提供了他们在爱情和友情中所自愿放弃的东西,而这些被放弃的东西原本对公民而言必不可少。要与对方成为朋友或者爱人,人们就必须和对方达到一定程度的亲密。亲密意味着和对方分享自己的私人信息,包括与自己的行为、信仰或情绪相关的信息,人们不会将这些私人信息昭告天下,也有权拒绝与任何人分享这些私人信息。隐私权赋予我们保留个人信息的权利,同时以这样的方式为我们创造了友情和爱情中的道德资本,供我们在这些人际关系中相互消费。"①

这就是 Rachels 和 Fried 观点的说法。仅仅因为我们能够对他人保留自己的私人信息,并禁止任何人查探自己的私密生活,同时我们又能够与朋友与爱人——也许是朋友或者爱人——分享自己的私人信息,并允许他们查探自己的私密生活,这样的简单区别就使得我们与朋友、爱人之间的关系构成了亲密关系。按照这种观点,亲密关系的

---

① Charles Fried, An Anatomy of Values: Problems of Personal and Social Choice (Cambridge, Mass., 1970), p. 142. It might be thought that in lifting Fried's analysis of privacy out of his book, I have lifted it out of context and thus done violence to his theory. Extra weight is added to this objection by the recognition that when Fried speaks about love in his book (though not in the chapter relating privacy to love), he speaks of something very like the caring that I present as a basis for refuting his view. For instance Fried writes that, "There is rather a creation of love, a middle term, which is a new pattern or system of interests which both share and both value, in part at least just because it is shared" (ibid., p. 79). What is in conflict between us then is not recognition of this or something like this as an essential component of the love relationship. The conflict rather lies in the fact that I argue that recognition of this factor undermines Fried's claim that privacy is necessary for the very existence of love relationships.

标识就是：与对方分享其他人不可分享的信息，允许对方探询他人不可探询的私密生活；只要人们做到这两点，就建立起了一段亲密关系。但是，如果我没有任何未公之于世的私人信息，我就没有任何可用于与他人分享，从而与之确立亲密关系的东西。正如 Fried 所说："如果一个人在财产方面非常慷慨，在个人生活方面却吝于分享，或者这个人将自己的一切都事无巨细地公之于世——无论是自愿或是非自愿——那么，这个人就几乎无法成为别人的朋友，在恋爱关系的方面就更不用说了，隐私所提供的保护必不可少。"[①]

要建立亲密关系就必须投入"道德资本"，Fried 所说的这种人无法与他人建立友谊或者恋爱关系，或许是因为他们已经在已有的亲密关系中把自己的"道德资本"花得一干二净。

如此一来，笔者发现 Rachels 和 Fried 的分析既令人信服，又不近人情。首先，他们的分析令人信服，因为这些分析非常符合我们的日常经验。比如说，这一分析就使得嫉妒的感情可以被解释和理解。如果我和你之间的亲密关系价值几何——确切地说，也就是这段关系的实质——完全取决于你和我分享不为人所知的信息；那么，一旦你将这些信息分享给他人，严格来说，这段亲密关系于我而言就贬值了，也变质了。之所以说 Rachels 和 Fried 的分析令人信服，还因为它满足了定义出令人信服的隐私核心利益所应当满足的基本要求。这一基本要求就是，隐私的核心利益在任何情况下都可以限制别人获取我的私人信息，限制别人探询我的私人生活，而不需要考虑别人在获得我的个人信息之后会将我的个人信息用于何种用途，也不需要考虑别人探询我的私人生活是否会引发严重后果。

然而，Rachels 和 Fried 的观点也不近人情，因为它用市场经济的概念量化了人际关系的亲密程度。在他们的观点中，谈论亲密关系的价值与本质所在就像在谈论个人收入的价值与本质所在——亲密关系的价值与本质不仅仅在于我拥有什么，而是在于我拥有什么别人所没有的东西。我与你实质上有多高的亲密程度不单单取决于我们分享了什么信息，我们分享了多少信息，我们是否经常分享信息，而是取决

---

① Charles Fried, An Anatomy of Values: Problems of Personal and Social Choice (Cambridge, Mass., 1970), p. 142.

于他人是否获取不到我们所分享的信息——换句话说，取决于所分享信息的稀缺性。按照这样的说法，我们之所以认为自己的人际关系有价值是因为它的排他性，而不是因为人际关系的交往深度、交往广度或是感情本身的人文之美。但是，我们无法说清这种排他性是否必不可少。这种排他性可能会将我们对别人将心比心的共情之心从人类历史上消磨掉，也可能在几个世纪后将它狭隘的人文观念潜移默化到每个家庭中。然而，这种排他性在 Rachels 和 Fried 观点中却成了逻辑上的必然：Rachels 和 Fried 观点声称，从逻辑上说，友谊和爱情就意味着排他性和狭隘性的集中。

我们正身处一个充满占有欲的市场化的世界，Rachels 和 Fried 观点将永恒存在的逻辑必然性渲染进了这个市场化世界的方方面面，认为世界的每个方面都必然是市场化的，这一点和 Rachels 和 Fried 观点一样令人信服，我们甚至有理由认为，这一论证是一个极好的例子，向我们展示了意识形态方面的高雅艺术。不过，在 Rachels 和 Fried 观点中，嫉妒这一最具占有性的情绪取代了理性，也许在这一事实中正蕴含着反驳 Rachels 和 Fried 观点的突破口。笔者上面说的这些并不是在驳斥 Rachels 和 Fried 观点，而是对这一理论表示怀疑。但是，这些怀疑确实启发了笔者对 Rachels 和 Fried 观点的反驳。

笔者认为，在 Rachels 和 Fried 关于亲密关系的观点中存在一个谬误，那就是它忽视了一个事实：构成亲密关系的不仅仅是分享不为人所知的私人信息，还应当是当事人在分享私人信息时所怀有的关怀心理，正是双方之间存在的关怀心理才使得私人信息的分享意义重大。人们往往会对自己的心理医生和盘托出所有私人信息，但要将同样的私人信息告诉朋友或爱人，人们却可能犹豫不决，吞吞吐吐。但这并不意味着人们和自己的心理医生保持着亲密关系。这种现象也不能仅仅用心理医生和病患之间的信息不对称来解释。如果两个心理医生决定互相对彼此做心理分析——让我们先忽略这一安排的不合理性——即使这两位心理医生在心理分析中和对方所分享的私人信息是其他任何人，包括自己的终身挚友和爱人都不知道的私人信息，我们也没有理由认为两位心理医生一定会在自己的生活中和对方建立起亲密度最高的亲密关系。即便他们彼此关怀对方生活是否幸福，这一点也不会改变。在这个例子中，两位心理医生之间所缺少的是特定种类的关怀，正是这种关怀使得人们的人际关系不仅是私人的人际关系，而是亲密的人际关系。

笔者现在想要表达的这种特定种类的关怀很难用语言描述，所以笔者只好尽可能接近地将它描述出来。亲密关系对我们来说必不可少，比如友谊和爱情，我们对这些亲密关系的渴望是我们渴望和彼此共同分享当下和未来的情感以及重要经历，而不是仅仅想要与对方交换信息。只要双方的信息交流不是由这种关怀心理所驱动，相互进行心理分析的交情就算不上爱情，甚至算不上友谊。这就是为什么精神分析的信息交流仅仅局限于办公室里，而无法像爱情和友谊一样延伸到其他的分享行为。如果两位医生相互进行心理分析的行为确实是以这种特定的关怀为动机，则这种心理分析行为可能确实是爱情或者友谊的一部分，但是此时，这段亲密关系的"原动力"并不是双方交换私人信息的行为，而是关怀心理本身。

如果两个人渴望和彼此共同分享当下和未来的情感以及重要经历，在这种背景下，他们之间的私人信息交换就意义重大。他们对对方的信息掌握越透彻，就越能了解对方如何认识各种事物，这些事物对他意味着什么，他对这些事物有什么感受。换句话说，他们对对方了解得越多，就越能分享彼此的情感体验，而不仅仅是在彼此身边经历自己的情感体验。这时候，形成亲密关系或者促进亲密关系发展的就不再是分享私人信息的行为，而是双方的关怀心理。而分享私人信息的行为则引发了双方的关怀心理对其进行培育，进而加深了双方的关怀心理，使之茁壮成长。

笔者的观点与 Rachels 和 Fried 观点相反，在笔者的观点中，获取我的个人信息的人是谁无关紧要。重要的是谁在我的个人信息，我又愿意把这些信息告诉谁。即使所有我漠不关心的人和我的泛泛之交都知道了我个人经历的私密细节，这也不会对我建立亲密关系的能力造成阻碍。如果有这样的人存在，他们不仅仅是想要收集我的私人信息，而是为了分享我的经历，抱着对我的关怀心理了解我，而我也愿意把我的个人信息告诉对方，以期和对方分享我的经历，反之，我对他们也是如此；那么，一旦我找到了这样的人，我就能与对方建立起意义重大的友谊或者爱情。

我们允许自己的爱人以独特的方式凝视以及抚触我们的身体，但不允许爱人以外的其他人这么做，在 Rachels 和 Fried 观点看来，我们通过这样的行为定义恋爱关系，而这一事实中也蕴含着性亲密的意义。但是在这里，Rachels 和 Fried 观点同样忽略了一点：正是关怀心理将身体接触转化为亲密关系。一对互相为对方做医学检查的泌尿科医生并不比一对互相为对方做心理分析的心理医生更接近于爱人。在泌尿科医生的例子中，两位医生之间所缺少的是与对方分享情感体验和重要经历的欲望。接下来的问题是，如何解释性亲密出现在恋爱关系中的适当性？这是因为，平时人们在与爱人分享私人经历时，多多少少会戴着情感上或心理上的面具，这些面具会对分享的真实性造成一定阻碍。而当人们处在性亲密状态时，这些造成阻碍的个人面具就完全被剥除了，这一点对于亲密关系的进步也很具有象征意义。这不仅是因为爱人之间赤裸相见，更是因为他们都沉湎于彼此身体的原始力量中。在这个时候，世俗的束缚消弭于无形，爱人们允许自己与对方一同在热烈中释放真正的自我——至少在身体的层面上是这样。这让人想起萨特对爱抚的非凡描述。① 如果这一切的发生都以相互关怀为前提，也就是说，如果人们在性亲密的过程中是在进行感情交流而不仅仅是在发泄生理欲望，那么这就是爱人之间关怀心理的表达和升华。这种形式是爱意的真切传达。

总而言之，笔者的观点——它与 Rachels 和 Fried 的观点恰恰相反——不需要用到令人反感的市场经济概念来描述亲密关系。既然构成亲密关系的内容是对对方的关怀心理，而不是与对方分享通常不会告诉别人的私人信息，或者允许对方以别人不能采取的方式触碰自己的身体，那么，就不必限制亲密关系人的人数，那么，友谊和爱情在逻辑上也并非必然具有排他性。与人数相比，一个人建立亲密关系的

---

① "The Other's flesh did not exist explicitly for me since I grasped the Other's body in situation; neither did it exist for her since she transcended it toward her possibilities and toward the object. The caress causes the Other to be born as flesh for me and for herself…, the caress reveals the flesh by stripping the body of its action, by cutting it off from the possibilities which surround it; the caress is designed to uncover the web of inertia beneath the action-i. e., the pure 'being-there'-which sustains it…. The caress is designed to cause the Other's body to be born, through pleasure, for the Other-and for myself…." Jean-Paul Sartre, Being and Nothingness, trans. Hazel E. Barnes (New York, 1956), p. 390.

限制更加体现在他与他人深交的能力上,当然也体现在有限的时间和精力上。换句话说,事实可能是我们在一生中仅能建立寥寥数段真正的友谊和爱情,对生活在现在的我们来说是如此,或者,甚至可以说对人类历史上的所有人来说都是如此。不过,这并不是一个具有逻辑必然性的结果,也并非无可避免。这只是一个经验主义的事实描述,描述了我们建立亲密关系的能力;这个事实或许会改变,而且或许值得我们为了改变它而做出尝试和努力。或许还存在一个事实,这就是我们无法严格地把爱和嫉妒区分开。但这同样不是一个先验的绝对真理,而是一个经验主义的事实描述,它同样可能会改变。如果财富的增长能使我们迈入一个新的社会,在这个社会中无论是占有欲、排斥性还是各种不公,都比现在的社会少得多,那么我们或许就能更好地区分爱和嫉妒。

在笔者看来,对于 Rachels 和 Fried 所宣称的隐私和友谊、隐私和爱情之间的关系,写到这里已经足以让人们心生质疑,也足以反驳他们的隐私权基础理论——因为,Rachels 和 Fried 声称自己已经确立了隐私对于重要人际关系的必要性,然而,如果亲密关系可能是关怀心理作用的结果,而不是分享不为别人所知的信息的结果,那么,他们的这一成果就必然会被推翻。然而,笔者认为,要否定 Rachels 和 Fried 的立场,还有一个同样根本性的依据:他们的说法使得公民在隐私方面所享有的权利成了由社会关系(即人际关系)所"派生的"权利。而且笔者在此所提到的"派生"比起 Thomson 所提到的"派生"更具有单向派生性,相比之下,对 Rachels 和 Fried 观点很难像对 Thomson 的观点一样逆推出反向派生关系。按照 Rachels 和 Fried 观点,我有权裸着在自己家中到处巡游,并且有权保护自己在家中裸奔时不受偷窥狂魔的窥视行为所侵犯,包括肉眼窥视和电子窥视行为;但是,在他们的观点中,我的这些权利并非基本权利。Rachels 和 Fried 观点认为,我之所以享有这些权利是源于这样的事实:如果我无法享有这些权利,我向爱人裸露身体时,这一裸露行为就无法具有排他性的意义,而这一排他性是我与爱人建立亲密关系所必不可少的,因此,我必须享有在自己家里裸奔而不被别人所任意窥视的权利。在笔者看来,这样的逻辑很奇怪。这种逻辑意味着将会有人完全没有机会与别人建立社会关系,我们假定现在有一个紧张性精神症患者，或者有一个完全正常健全的人被依法判处无期徒刑，并且是单独监禁，此时依据 Rachels 和 Fried 观点的逻辑，他们将没有任何依据得以使自己享有隐私权。这种逻辑肯定是错误的，因为如果存在隐私权这样一种权利，那么现在的形势应当是所有公民都可以享有隐私权，而无须考虑他们是否可能拥有朋友或爱人，也无须考虑他们是否有理由积聚"我们在友谊和爱情中需要花费的道德资本"。这表明，即使 Rachels 和 Fried 观点对隐私与亲密关系的关系做出了正确的阐释，这一理论也无法给出我们想要的根本利益，因为基于这种根本利益所发展出来的隐私权应当是可以为所有公民享有的隐私权。然而，笔者相信，这样的根本利益将会被发掘出来。笔者不认为 Rachels 和 Fried 观点最终能站得住脚，不过，Stanley I. Benn 的隐私基础理论就离笔者的这一标准又近了一些。

三、Stanley I. Benn 的隐私基础理论

Benn 试图将隐私权建立在对人尊重原则的基础上。他也意识到，在解释隐私权时，从功利主义的角度考虑——比如说，对滥用个人信息可能造成的伤害进行预防——当然是必需的，而且非常重要，但是这种考虑不适用于讨论隐私权的基础。

"公民待在某些场所时有权保证自己免遭别人的窥视行为侵犯，如果我们能以对人尊重原则作为这一权利的基石，而不是将为了避免造成某种痛苦的功利主义义务作为它的基石，那么，这一权利的基础就将更为普世化。当然了，当上述权利的基石是功利主义义务时，功利主义义务的基石可以在特定情形下强化公民的这一权利。但是，如果将上述权利建立在对人尊重原则的基石上，对人尊重的原则将会持之以恒地为公民提供排除偷窥行为侵扰的依据，即使在偷窥行为没有造成任何实际伤害的情况下也是如此。秘密窥视行为或秘密监控行为之所以令人反感，是因为行为人通过实施这些行为故意对公民进行了欺骗，使得公民在认识自己的生活环境时出现偏差（也就是说，这些行为将公民认为不会被他人所观察到的情形在公民不知情的情况下变成了他人所能观察到的情形），从而在公民做出理性选择，决定自己在这一生活环境中应该实施什么行为的过程中造成阻碍，而行为人实施秘密窥视或秘密监控行为并没有站得住脚的理由。如果行为人通

过实施秘密窥视或秘密监控行为蓄意改变了公民的生活环境,并且向公民隐瞒这一事实,那么,由于行为人的这些行为打乱了公民的行事计划,我们就不能说行为人尊重了这位公民。当然,在上述情形中,行为人对公民所实施的侵权行为和普通的侵扰完全不一样,比如说甲擅自闯入乙正在进行的私人谈话,对其进行了侵扰,这就和上述情形有着很大区别。在这种情况下,甲对私人谈话的关注很有可能使得乙对于谈话环境和性质的认识发生改变,从而改变原先的谈话计划;知道甲正在聆听自己和丙所进行的谈话后,乙很可能对这番谈话的性质有了不同的认识,甚至于乙可能会觉得甲闯入后,自己和丙的谈话与甲闯入之前的私人谈话完全不是一回事。"①

  Benn 的观点是,对人尊重原则包括尊重别人的选择权,隐私权就建立在这一基础上。无论是对公民实施秘密监视行为,还是违反公民意志对其实施公开监视行为,这些行为都违反了对人尊重的原则,因为公民会根据自己所身处的实际情况来做出选择并决定实施相应行为,而行为人对公民实施的这些监视行为使得公民所身处的实际情况发生改变,从而令公民无法按照自己的期望实施相应行为,也无法按照自己的期望做出选择。

  Benn 就自己观点所做出的上述分析也令人信服。不过,就笔者自己的观点看来,从根本上说,隐私权的基础与人格有着紧密的联系。无论如何,正如我们所看到的,Benn 的理论赋予公民的权利宽泛得过火——尽管他看起来也意识到了这一点,并且对自己的理论做出了限缩处理,希望将它限缩在可控的范围内,但 Benn 的补救措施并没有起到什么作用。Benn 的理论似乎想要确立这样一种个人权利:只要享有这种权利的公民认为自己没有被别人所观察,别人就绝对不可以违反公民的期望,对该公民实施观察行为;同样地,只要享有这种权利的公民不希望自己受到公开观察,别人就绝对不可以违反公民的意愿,对该公民实施公开观察行为,这就是为什么说 Benn 的理论所赋予公民的权利过于宽泛。享有这一权利意味着,当我头脑放空在街道上游荡时,我也有权禁止别人从自己的车前窗对我进行观察或者

---

① Stanley I. Benn, "Privacy, Freedom, and Respect for Persons", in Richard Wasserstrom, ed., Today's Moral Problems (New York, 1975), p. 8.

是盯着我的脸看。为了解决这一问题，Benn写道："在某事某物被别人观察的情况下，仅仅因为我存有不希望别人对其进行观察的期望还不足以适用对人尊重的规则；此时要适用对人尊重的规则从而赋予公民以隐私权，别人所观察的对象就必须和我个人有关，并且存在一定问题，不应当为人所观察，否则，对人尊重规则的适用范围就会过于宽泛，仅仅是我的个人意愿就可以在法律上构成禁止任何人观看或报道任何事物的初步理由。我对某事某物有自己的想法或意愿，并不意味着这一事物就将作为我自己的一部分得到保护。相反，在这个问题上，隐私权原则的含义应该是：任何人只要不认为自己应当成为监控目标，就有权提出保护自己免受别人监控的合理诉求。"①

Benn进一步阐释说，这一合理诉求所应当适用的范围仅限于公民的人身和某些与公民身份有关的物品——这些物品必须在约定俗成的文化背景下可能使别人认为它是公民身份的一部分，比如公民的所有物。

然而，Benn对自己的理论进行的这些限缩解释是在诡辩，回避了问题的实质。刚开始，Benn认为隐私权的基础是对人尊重原则，这一原则意味着公民有权保证自己借以做出选择的实际情况不会被自己不知情的或是违反自己意愿的观察行为所改变；而在限缩解释后，Benn的观点发生了变化，他转而认为隐私权的基础是另一个原则：公民有权保证（通常）与自己身份相关的事物不受自己不知情的或是违反自己意愿的观察行为所侵扰。然而，对于Benn的前一个原则而言，后一个原则并非必不可少，因为后者不仅仅是对前者进行了实际上的限制，更是对前者进行了精神上的限制。后一个原则认为，当我借以做出决定的实际情况中包含有与我的身份紧密相关的内容时，改变这一实际情况的行为就是错误的（至少让事情变得糟糕得多）。但是，还是存在一种情况，也仅仅存在这一种情况使得后一个原则在Benn的理论中得以适用，这就是前一个原则再和另一个原则结合适用。这另一个原则认为，如果别人对事物实施了篡改行为，则被篡改的事物和公民的身份联系越紧密，别人对该事物的篡改行为所导致的

---

① Stanley I. Benn, "Privacy, Freedom, and Respect for Persons", in Richard Wasserstrom, ed., Today's Moral Problems (New York, 1975), p. 10.

后果就越严重。然而，归根结底，Benn 所说的这些只是一个抽象版本的隐私权，并未解释隐私权的基础。而由于 Benn 也没有表明他的隐私权基础观点来源于对人尊重的原则，我们可以看到，事实上 Benn 的观点完全是以他试图建立的隐私权基础学说为前提而得出的。以自己试图建立的隐私权基础学说来证明自己的隐私权基础观点，这里的隐私权基础学说完全是一个预期理由①，使得 Been 的论证中出现了以未经验证的判断作为论据的逻辑错误。

总而言之，尽管我们在探寻隐私权基础的道路上又前进了一点，但还是没有达到我们的目标。我们要寻找的是一种和人格相关的根本性基础利益，在它的基础上可以发展出一种适用于所有人（即使是那些受到单独监禁的人）的隐私权，并且这种隐私权不至于太过宽泛，从而变成一种保证自己决不被别人观察到（即使是在熙熙攘攘的大街上）的权利。接下来，笔者将研究有哪些符合上述要求的根本性基础利益。

四、隐私与人格的关系

隐私是一种社会习俗，其内涵包括了一系列行为规范，从避免询问事不关己的问题，到避免随意窥视街道上洞开的窗户，从避免不请自入，到避免破门而入（在没有获得搜查令授权的情况下），隐私对这些行为都有规制。

在这个意义上，隐私可以被看作一套复杂的社会礼仪。然而其中的重点是什么？为了回答这个问题，笔者想对下列论点做一些辩护："隐私是一套社会规则，它赋予公民对其生活所享有的精神权利。"隐私是复杂的社会习俗中必不可少的一部分，通过隐私，社会公众意识到个人的人身属于他自己，并且让所有个人都认识到这一点。而这种认识也是形成人格的前提条件：要成为一个人，个人必须要认识到，他不仅能用自己的实际能力做出人生中的各种决定从而塑造自己的命运，他还必须认识到，他拥有自己所独有的精神权利，这种精神权利也能用于塑造自己的命运。而个人要具有这一认识也存在前提条

---

① 一种逻辑错误，即在证明或反驳中把真实性尚待验证的判断当作论据使用，这种逻辑错误将使得证明或反驳无法达到其论证目的。——译者注

件：个人要相信他作为一个人而存在的人身从精神层面上也属于他自己；同时，认识到自己是作为一个人而存在，也会使个人对自己的命运加以认识。

符号互动论①认为，"自我"的概念和意识产生于社会互动，而不是从天生地化的种子里开出与生俱来的花朵；如果有人从符号互动论的角度——正如笔者所想要做的——对上述关于隐私的说法进行分析，就更为这一说法添砖加瓦：要让人类建立起自我②的概念，隐私必不可少，因为拥有自我的概念意味着，一个人多多少少会认为他作为一个人而存在的人身属于他自己，包括他的思想，他的身体，以及他的行为，都属于他自己。

因此，隐私与人格之间的关系是双重的，包含两个方面：其一，对于尚且不知人之为何物的婴幼儿，在他们建立起"人"的概念的过程中，隐私这套社会礼仪似乎是一个必要的基本要素。隐私使得成长中的人类儿童认识到，他和自己的身体之间有着独一无二的"联系"，对于这具和自己有着独一无二"联系"的身体，他享有一些独一无二的精神权利。其二，对于人格已经发展健全的成人，隐私这套社会礼仪肯定了他们的人格，并展现出对其人格的尊重。对于隐私与人格之间的双重关系，笔者用"人格授衔"的概念同时涵盖这种双重关系的两个方面：隐私对人格的最初确立和持续肯定。当然了，在一定程度上，我们认为建立"自我"的概念或建立"人"的概念是一个持续的社会性进程，而并不是仅仅在儿童时期就能一劳永逸，在这个社会性进程中，隐私与人格的双重关系融为一体：对"自我"概念和"人"的概念的建立而言，隐私既是初始条件，也是持续发展的条件。

---

① 一种社会学和社会心理学理论，又称符号互动主义或象征互动论，由美国社会学家 G. H. Mead 创立，进而由他的学生 Herbert Blumer 定名并于 1937 年正式提出，该理论主张从人们互动着的个体的日常自然环境去研究人类群体生活，强调人类主体性的理论前提、关注个体间互动行为的经验研究取向。——译者注

② For purposes of this discussion, we can take "self" and "person" as equivalent. I use them both insofar as they refer to an individual who recognizes that he owns his physical and mental reality in the sense that he is morally entitled to realize his destiny through it, and thus that he has at least a strong presumptive moral right not to have others interfere with his self-determination.

为了帮助读者更好地理解上述说法的含义，笔者将把目光转向 Erving Goffman 的经典研究：《论全控机构的特性》。[①] 在 Goffman 对全控机构[②]的描述中，"每一个（全控机构）都构成一个天然的实验，实验的内容是，我们能对个体的自我概念做些什么。"[③] 这些天然实验的实验目的是抑制个人的自我概念，在这些案例中，全控机构为成员所设置的生活制度无一不以完全剥夺成员的个人隐私作为必不可少的组成部分。笔者决定在此冒昧地大段引用 Goffman 的分析，因为笔者认为，Goffman 的分析提供了深刻的证据，揭示出在自我概念的毁灭过程中，隐私的缺失扮演了什么样的角色。反过来说，Goffman 也揭示了自我概念有多么需要隐私这一社会礼仪的存在。

"在全控机构中还存在另一种形式的屈辱，这种屈辱从暴露于自己不愿接触的事物开始。在全控机构之外的地方，个人可以根据自己的意愿掌控事物，比如自己的人身，自己的行为，自己的思想，还有自己的一些所有物，而无须接触与自己格格不入的事物，或是自己不愿接触的事物。然而在全控机构中，这些由自我概念所划定的领土一一被侵入……受到侵犯的是个人出于自我保护目的而保留不说的私人信息。待在全控机构期间，与犯人的社会地位、经历有关的事实——尤其是不光彩的事实——都会被收集起来，记录在案，并对机构内所有工作人员开放……访问者不仅可以了解到犯人通常不为人所知的不光彩事迹，还能直接感受犯人经历某些不光彩的事件。而全控机构内的囚犯和精神病人无权阻止访问者观看自己的丑态。另一个例子是集中营的囚犯所佩戴的臂章，这些臂章用于标示民族成分。在全控机构的医疗检查和安全检查中，犯人的身体经常被公开暴露于人前，有时还会被同时暴露于男性和女性面前；由此产生了一些类似的暴露行

[①] Erving Goffman, Asylums (New York, 1961), pp. 1 – 124.
[②] 社会学概念，正是来源于 Erving Goffman 对精神病人收容制度所导致的不良结果所做的社会学研究，但 Goffman 也未对全控机构的概念给出准确定义，而是简略描述了其特征。根据 Goffman 和其他学者的总结，全控机构的特征主要有：其一，犯人的生活起居都在机构内，机构与外界相对隔离，而且犯人面对相同的权威；其二，犯人的日常活动是在一个临时集体中开展的，集体中的所有人被相同对待，被要求做相同的事；其三，机构内有事先严密安排的日常活动，且所有情况都受到制度与管理人员的强制；其四，所有活动都是为了达成机构的目标。——译者注
[③] Erving Goffman, Asylums (New York, 1961), p. 12.

为，包括安排犯人集中进行睡眠，以及设置没有门的厕所等，一般而言，全控机构的犯人不能独处，这是当然的；犯人总是处在别人的视线范围之内，也常常处在别人的听觉范围内，最好的情况也是处在其他犯人的视线范围和听觉范围内。监狱里带有栅栏和围墙的牢笼淋漓尽致地践行了全控机构对犯人的这种暴露。"①

全控机构内的这种社会习俗洞穿了"个人的隐私保留"②，是对犯人的自我概念进行抑制——严格地说，也就是扼杀犯人的自我概念——的有效途径，这一现象显示（尽管尚未得证），在自我概念的建立和维护过程中，隐私都必不可少。笔者的这一观点诚然有投机之嫌，然而，这一观点既摆脱了前文讨论中各种隐私基础理论的不足，又契合了 Goffman 在隐私缺位有何影响这一问题上所提出的研究证据；既满足了隐私权基础必须是一种值得保护的人类基本利益的要求，又为隐私权提供了能使其适用于所有人的权利基础，而且还不会使人们所享有的隐私权过于宽泛到保证公民绝对不被别人观察的地步；考虑到这些事实，笔者认为这个观点还是令人信服的。

如果我和其他人坐在一起，我怎么知道和我的思想联系着的这具身体在精神层面上就属于我？也就是说，我怎么知道我对这具身体享有独一无二的精神权利？仅仅说这具身体和我的意识之间有联系还不足以对此给出回答，因为这个说法只不过是把问题重复了一遍，而回避了需要解决的实质问题：是什么使得与这具身体联系着的思想成为我的自我意识？在任何情况下，我的身体与意识之间所建立的链接都必然是物质上的链接，而非精神上的链接。这种链接从本质上解释了为什么我不可能混淆发生在我的身体中的事件和发生在别人的身体中的事件。但是，这种链接无法解释为什么我对自己的身体享有独一无二的精神权利，使我可以控制发生在我身体中的事件，而对于别人的身体，我却无法享有这种精神权利。

个人要对自己的身体享有精神层面上的所有权，就要有相应的社会制度作为前提。而社会制度则建立在复杂的社会习俗之上。不难想象，也许会存在这样一套社会秩序，在这套社会秩序之下，人们从小

---

① Erving Goffman, Asylums (New York, 1961), pp. 23–25.
② Erving Goffman, Asylums (New York, 1961), p. 29.

到大都认为自己的身体在精神层面上并不属于他们自己，他们认为自己的身体属于别人或者属于集体。要想象出这样一套社会秩序，我们并不需要否认每一具身体都只能由一个人感知和驱策的事实。在 Goffman 对全控机构的描写中，他所描绘的正是这样的一套社会规则，这样的社会规则或许向我们展示了极权主义的终极逻辑。当某个国家具备了全控机构的种种特点时，在这个国家就将形成极权主义的政治环境。如果在某个社会中，个人的身体不属于他们自己，那么对于这种社会而言，尽管个人能够感知和驱策自己的身体，社会也必须剥夺个人控制自己身体的权利，包括控制身体实施行为的权利和对身体实施行为的权利，尤其是必须剥夺个人决定自己的身体何时由什么人所驱策的权利。①

这表明，一个人要从精神层面上对自己的身体享有所有权，有两个条件必不可少：其一，让我的身体按照我的意愿行事的权利；其二，控制我的身体何时由什么人进行驱策的权利。反过来，这也反映出一个事实——占有某个物体要满足两个方面的要求：粗略地说，就是积极地实施占有行为以及正确认知到自己的占有行为。也就是说，要认识到我的身体是"我的"，以至于我有权以我认为合适的方式使用它，处理它。但是除此之外，还存在另一种方式能使得某样东西成为"我的"东西：只要我对这样东西有了足够的认知，我了解、知道了它，它就成了"我的"东西。我掌握的知识是"我的"知识，我体验的经历是"我的"经历。因此，我们可以得出一个结论：如果一个人有权控制自己的身体实施行为，那么，即使这个人被他人持续监视，对于自己的身体，他仍然可以建立起精神层面上的所有权。②不过，和我们作为一个人所应有的人身所有权相比，这种在他人持续监视下所建立起的人身所有权必然显得贫瘠而残缺不全。这是因为，占有自己的身体要满足两方面的要求，而这种残缺的人身所有权仅仅是对自己的身体实施了占有行为，它只满足了其中一方面的要

---

① Macabre as it may sound, a world in which the body that I can feel and move is distinct from the body that I own is conceivable. Imagine, for example, a world of 365 people each born on a different day of the year, in which each person has complete access to the body of the person whose birthday is the day after his.

② I am indebted to Professor Phillip H. Scribner for pointing this out to me.

求。我们在这里所说到的人身所有权还有另一方面的要求，它要求所有权人在认知的层面上掌控自己对身体所实施的占有行为。这种人身所有权要求所有权人能够控制自己的身体是否为别人所驱策。也就是说，这种人身所有权要求所有权人有权决定自己的身体何时由什么人所驱策。个人要在精神层面上对自己的身体拥有完整意义上的人身所有权，社会上就必须存在隐私方面的社会礼仪。

当我和我的朋友们坐在一起的时候，我知道我所感知到的这具身体就是我的身体。我之所以会这么认为，有两个原因。其一，对我而言这具身体和当时存在的其他身体都不同，我相信我有权按照我的意愿处理这具身体，而我的朋友们也相信这一点，无论是他们已经实施的行为还是他们将会实施的行为都展现出他们相信这一点。其二，这个原因必不可少——对我而言这具身体和当时存在的其他身体都不同，过去我一直感知到的这具身体仅受我的驱策，而不受其他任何人所驱策，并且我现在仍然有能力这么做，我也希望自己在未来一直有能力这么做。更重要的是，我相信任何人都无权干涉我控制这具身体的这种能力，而我的朋友们也相信这一点，无论是他们已经实施的行为还是他们将会实施的行为都展现出他们相信这一点。换句话说，无论是在过去还是在未来，我的朋友们都在根据隐私方面的社会礼仪给予我尊重。而我的自我概念的建立与发展，在很多重要方面上都取决于别人如何对待我，由别人对待我的态度反馈而来；因此，在这种情况下，在我的自我概念中，我就会认为自己是有权享有隐私尊重的主体，我认为隐私的社会礼仪赋予了我享有隐私尊重的权利。也就是说，我相信我所感知到的这具身体在精神层面上属于我。

笔者认为，上述说法也适用于人类意识中为我们所知道和了解的那些思想。仅仅知道和了解已存在的思想、图像、幻想和回忆，使得这些思想存在于我的意识中，并不会使得这些思想就在精神层面上属于我，就像汽缸属于汽车并不仅仅是因为汽缸存在于汽车中。这就是为什么不能将我对自己身体的人身所有权仅仅归因于这具身体与我的意识之间有联系，这种解释回避了问题的实质。我要对我自己的思想享有所有权，同样需要社会习俗，这种社会习俗和两种认识有关。其一，我要认识到，我有能力控制自己头脑中的思想在何时何地被除我之外的人所驱使；其二，我要认识到我有权对自己头脑中的思想进行这种控制——我要认识到，在违反自己意愿的情况下，我有权拒绝透露我的意识的内容，即使是在我正在将这些内容写在纸张上的时候，我也享有这种不受胁迫的权利。此时，我的意识的内容得到了隐私社会礼仪的尊重，它们因此而成为属于我的意识。

五、结语

看起来，笔者是绕了一大圈之后又回到了 Thomson 的观点：隐私权只不过是人身权和财产权的一种形式。但是，在笔者看来，笔者的观点从更根本的层面上剖析了隐私权：隐私权是我对于自己作为人而存在的人身所享有的一种权利，这种权利通过社会习俗来实现，使得我认为自己作为人而存在的人身确实属于我自己。这意味着，隐私权所保护的对象是我树立人格意识的必要条件，而有了人格意识，主张人身权和财产权对我而言才具有意义的。应该明确的是，与财产权的说法相比，笔者现在所说的人身所有权无疑也从更根本的层面上剖析了隐私权。事实上，只有当我能够说我的身体属于我自己的时候，我才能说与这个身体相关的物品是属于我的。也就是说，要让我对物品的占有行为转化为所有权，前提是我要对自己的身体享有所有权。因此，隐私权的保护对象不仅是公民享有人身权的前提，也是公民享有财产权的前提。所以，Thomson 会承认隐私权、人身权和财产权三者之间有重叠也就不足为奇了，然而，她根据这种重叠情况所得出的结论是毫无根据的。公民的人身权和财产权建立在公民对自己的身体享有权利的前提下——而隐私就是赋予了公民这种权利的社会礼仪。

因此，隐私权所保护的利益是公民成长为一个人、作为一个人而生活的利益。所以，隐私权应当是世界上每一个人都得以享有的权利，即使是受到单独监禁的人也应该享有隐私权。隐私权所主张的不再是那种在人声鼎沸的大街上也看不见摸不着的权利，它使我得以在重要的方面控制自己的身体是否被驱使、为谁所驱使，也使得我真正有可能在生活中将重要的方面控制在自己手中。隐私权保护着我建立亲密关系的能力，这并不是因为它保护着我通常不为人所知的私人信息免受披露，而是因为它使我有能力对他人做出基于关怀心理的承诺，而我的这种承诺将会通过我的思想被独一无二地传达出来，并通过我的行动为人所见证。

现代民主国家的隐私

艾伦·F. 威斯汀[①]著　魏凌[②]译

目　　次

一、隐私与政治制度
二、西方民主国家之间隐私平衡的差异
三、不同的"感官文化"所形成的不同隐私类型
四、西方民主下的隐私和私人生活
五、个人隐私的功能
六、个人追求心理的平衡
七、组织隐私的功能

一、隐私与政治制度

显而易见，每个社会的政治制度都是塑造和平衡隐私的基础力量，因为特定的隐私模式、特定披露隐私的模式和特定的监控模式对于特定类别的政治制度来说是功能性的必需品。当将民主国家的隐私和集权国家的隐私进行对比时，这一点显得尤为突出。

现代极权国家依靠秘密来维护制度，但是它们也会对其他群体使用高密度的监控手段，并且对人们的所作所为进行披露。[③] 在极权国

[①] 艾伦·F. 威斯汀（Alan F. Westin），美国哥伦比亚大学公共法律名誉教授，美国社会法研究中心前任主席。
[②] 魏凌，中山大学法学院助教。
[③] See Margaret Mead and Elena Calas, "Child-training Ideas in a Postrevolutionary Context: Soviet Russia", in Margaret Mead and Martha Wolfenstein (eds.), Childhood in Contemporary Cultures (Chicago, 1955); 179, 199–191; Henry V. Dicks, "Observations on Contemporary Russian Behavior", 5 Human Relations, 111, 140, 159, 163–164 (1952).

家生活的人们被要求必须对政权完全忠实,传统的法西斯主义和共产主义都在攻击隐私的概念,它们认为,隐私是"不道德的""反社会的""崇拜个人主义的一部分"①。当某个新的极权主义政权正处于巩固阶段时,这一态度表达得最为强烈。自治的单位否认隐私的存在,传统的信任关系遭到破坏,监控系统和告密者无孔不入,无所不包的卷宗记录下无数公民的所作所为。最重要的是,极权制度之下的人们不能通过遵守秩序或者安静地干自己的工作来获得安全。极权制度要求积极和正面的忠诚。② 这些政策,在人们之间创造出恐惧和不信任,并且有培养个人孤独感和隔离感的趋势。为了获得救济,人们转向认同国家及其程序,唯有如此,他们才能获得对国家的满意度和成就感。

一旦极权制度巩固了自己的权力,并且在该制度之下培养出新一代的公民,某些反隐私的措施就会被搁置。一定程度的隐私将会被授予每个家庭、教派、科学及艺术领域,警察的恐怖压制活动也会减少。然而,公众已经习惯了在旧的无隐私理论的环境下生活,如果政府机构惩罚某些行使新隐私权的公民的行为太具攻击性,那么此种行为将会构成政权控制行为。此外,为了维护政权的安全,基本的付费监控系统和义务的间谍仍然存在,窃听、监视及严格的记录控制设备也仍然大行其道。

对于极权制度而言,公开和监控公民的隐私是平衡社会功能的必需品;而对于民主社会来说,确保个人隐私和群体隐私的强大城堡不受侵犯,限制政府机构或行为人披露和监控他人隐私是自由民主社会的前提。民主社会将公开作为控制政府的手段,将隐私作为个人生活和群体生活的保护者。因此,隐私在民主国家的政治制度下所履行的特殊功能通常都不会表达出来。笔者在下文的讨论中会对此功能作简短的阐述。

自由民主理论认为,如果想要过质量上乘的生活,那么人们就必

---

① See P. J. Hollander, "Privacy : A Bastion Stormed", in "Mores and Morality in Communist in China", 12 Problems of Communism NO. 6, Nov. – Dec.

② See Sidney Hook, The Hero in History (Beacon ed., Boston, 1955), 6; R. J. Lifton, Thought Reform and the Psychology of Totalism (New York . 1963), 426.

须学会区分兴趣领域的活动与政治领域的活动，人们必须将时间投入到运动、艺术、文学等诸如此类非政治领域的追求。人们参与这些具有个性追求的领域，可以阻止个人生活的政治化倾向，也允许让其他成功和幸福的模范作为政治事业和公民角色的替代品。不论是从安全的角度考虑，还是从批判性的角度考虑，个人隐退对民主生活都具有重要意义。自由民主制度强烈认同家庭是一个基本的自治组织，家庭担负着重要的教育、宗教、道德教化功能，因此，家庭被允许用来维护他人提出的物理性隐私和法律性隐私的主张，反对社会和国家的无理侵扰。由于各种各样的宗教和包容的态度，许多民主制度将他人的个人宗教选择视为他人的"隐私"事务，法律和习俗均禁止政府机构控制宗教信仰的性质和合法性，并且允许宗教活动享有最大的隐私权，允许宗教参与公共政策问题的讨论。

由于组织在民主社会所扮演的中心角色——它们具有社会交际、表达独立观点、化解社会冲突、评议政府和培养公共政策共识的作用。公民享有广泛参与各种各样组织的自由及参与组织事务的自由。为了达到这一目的，组织成员的隐私和组织内部活动的隐私均应受到保护。为了有效和尽责地实现组织的目标，组织自身享有实质的组织性隐私权。自由民主制度也意识到，学者和科学家有对免受连续不断的社会和政府检查的特殊需求，因为追求真理和发明之路的方向有时与主流意识不一致。自由民主制度确保公民的政治选择享有最大的自由，为了达到这一点，当公民在进行投票时，它们实施不记名投票制度，禁止政府机构调查公民过去的投票记录。通过宪法、法律及政策的限制，民主社会保护独立的个人及个性免受无理的警察行为的侵扰，如物理性暴力行为、强迫自证其罪行为和不合理的搜查和扣押行为。最后，在自由民主的社会中，政府组织需要维护机构隐私，而新闻媒体、兴趣团体及其他政府机构则需要知晓政府运作的情况以保证政府行为是尽职尽责的。

在自由制度中，隐私的功能并不要求隐私权是一个绝对权。隐私的行使对民主造成了威胁，这可能要求社会和法律进行回应。民主社会承诺公民享有自己的私生活，这使公民对政治漠不关心，政府必须努力将公民参与政治事务的责任感带回来。在某些情况下，组织隐私的主张会对公共生活造成潜在的影响，会给组织部门的公民带来超重的负担,会促成阴谋的成长,这将威胁到民主的存在。某些冒险参与公共争论或公民生活的人有时会从公平的回应或公平的批评中主张一个不正当的隐私权。通过禁止新的但不一定不合理的法律执行理论来保护公民隐私的规则,它可能会严重地阻碍保护公众免受犯罪行为的侵扰,同时也会降低国家内部安全。隐私也可能会阻却社会公众"需要知道"的观念及重要的行为研究,隐私也可能降低政府和企业的有效管理。如果政府事务的隐私政策过于严苛,那么将有可能掩盖政府操纵社会公众的做法,滥用职权,政府机构的权力也将膨胀。因此,为了整体平衡,增强民主机构和程序,民主国家必须不断寻找每种特殊情况的正确界限。

在这一问题上,没人能比政治社会学家 Edward Shils 在其文章中的见解更为深刻了:"民主要求大多数公民能在某些时间参与到政治事务中来,而如果我们未曾用正确的目光来看待这一问题,如果我们从一个温和且悲观的角度出发,那么我们会认为民主是要求大多数的公民仅在自己剩余的时间才参与政治事务。如果政治和社会秩序的状态一直在每个公民的心中,那么民主将很难运行。如果大多数公民,大多数时间都将自己视为其他公民的隐私看守人,这将会废除冷漠的隐私。"①

Shils 意识到"个人主义的民主的首要原则是指个人和法人团体及各种机构享有部分的自治权"。② 自治涉及他人是否享有做出决定的权利,是否享有公布行为规则的权利,是否享有处置资源的权利和是否享有依照个人或组织认为符合目标的标准招聘新员工的权利。部分自治的原则认定,总的来说,个人或企业团体的生活均是属于他们自己的事务,从更广阔的公众视野来说,只有在更为特殊的情况之下,完全公开或披露个人或企业团体的私人事务才是正当的。

Shils 指出了隐私和秘密之间的重要区别。Shils 认为,秘密是指法律禁止信息的公开;而隐私是指他人的隐私在其非自愿的情况之下被行为人披露,披露在隐私当中是指"获得他人隐私的行为人任意处

---

① Edward Shils, The Torment of Secrecy (Glencoe, Ⅲ., 1956), 21-22.
② Edward Shils, "Privacy: Its Constitution and Vicissitudes". 31 Law and Contemporary Problems (Spring, 196).

置隐私，而法律只会针对行为人强制收集他人信息的行为做出制裁"。

总体而言，自由社会的目标是达成政治民主的状态，Shils 将此种状态定义为公众享有足够的隐私去激活个人的创造力和团体的表现力；政务公开，让公众知道必要的判断政治问题的政府事务；同时，政府也要掌控一小范围的秘密，以保护某些特定秘密信息的完整和内部政策制定程序的隐私。[①]

二、西方民主国家之间隐私平衡的差异

不同的历史和政治传统造成了当代民主国家总体上不同类型的社会隐私平衡，意识到这一点是非常重要的。英国拥有所谓的"顺从的民主平衡"，这是基于英国作为一个人口相对均匀但却有着强大的家庭结构、阶级制度、精细的教育和政府服务制度的小国的基础上形成的，此外，还因为英国公民对政府有着乐观的态度。此种结合就促使英国民主的形成：英国人之间高度的个人保留，公民对于自己的住所和私人关系享有高度的隐私，公民对政府的信心也使得政府运作有了很大的隐私范围。英国对于不因循守旧有着包容的传统，这就使得某些离经叛道的政治和社会行为成为可容忍的私人行为。在英国，隐私、公开和监控之间的平衡主要体现为：公开或者监控社交和政府活动的行为较少发生，英国的此种还在发展中的、顺从的、值得信赖的方式也可以成为当代民主国家已经确立的隐私平衡模式的一种典型。

今时今日，西德有着所谓的"独裁主义民主的平衡"。波恩共和国将隐私定义为，民主自治传统姗姗来迟的国家。独裁模式深深地根植于德国的家族结构和社会生活，法律和政府都高度尊重官员和专家，不论是德国的法律还是德国政府都未曾获得高的地位，直至第二次世界大战的后期，德国才开始执行一个有意义的自由民主制度，限制政府实施的监控行为或骚扰行为。此种做法造成的结果是使德国成了一个家庭、财富、地位等特权要素享有实质性隐私权和政府享有极

[①] See R. M. Williams, Jr., American Society: A Sociological Interpretation (New York, 1960), Ch. 11; E. E. Morison (ed.), The American Style (New York, 1958); Michael McGiffert (ed.), The Character of Americans (Homewood, Ⅲ, 1964); R. E. Spiller and Eric Larrabee (eds.).

大隐私权的民主国家。但是对隐私的批判和不一致在西德人的生活当中仍然是不安全的。正如在1962年，德国政府在某个午夜突然袭击《明镜》周刊办公室，尽管德国法院对于这个案件所做出的说明尊重了公民个人及个人的住所、办公室和新闻媒体的隐私，但是此种做法也给德国主张实施官方监控和公开行为的政治传统做出了让步。

美国在社会政治方面的隐私平衡是怎样的呢？笔者将其称为"平等主义民主的平衡"，由个人主义、社会生活及民主自由支撑的隐私的价值在持续不断的反隐私的压力之下倾向于社会平等主义、个人行为主义和政治原教旨主义。

在美国，个人主义强调个人在宗教、政治和法律上的独特个性，这给隐私提供了主要的力量。此种态度来源于某些因素，诸如边境生活的国家经历，摆脱牢固的封建传统阶级路线的经历，作为基督教新教基地的国家，美国自身的私有财产制度以及遗留的英国法律等形成了美国的个人主义。个人主义对社团生活的特性也起补充作用，这也促使了众多追求私人和公共目标的自愿团体的产生。一部分原因是缘于美国多样化的移民传统，另一部分是缘于美国人在一个高度运转、灵活状态下的社会中寻求组织的温暖，因此，社团一直是美国文化的一个特殊的一面，它们通常都享有完整的隐私权来免受政府实施的监控行为和强制公开披露信息的行为。支持隐私的最终价值在于美国提倡公民自由的原则，美国一直坚持限制政府和私人权力的信念，维护他人自由表达观点和异议的权利，并且一直在促进公民行使这些权利的制度化机制，特别是从法律制度和独立法院上进行改进。

这些就是主导美国社会政治传统的价值观，美国的隐私平衡或许可以被称为"完全的自由"。但是，美国从殖民时期到现在，无论是外国的还是本土的学者均观察到，美国人还有其他强大的倾向，如新闻媒体反对隐私和支持限制披露及监控规则。经典的美国"平等主义"和"边界民主"的信念带来了某些趋势，例如，各种各样的隐私身份权一旦触及欧洲贵族阶级便会遭到否认，不过，当下有许多文化学者、知识分子和科学精英群体都在主张这一权利；人们对社会和政治生活所具有的"好奇心的水平"造成新闻媒体实施收集并揭发他人丑闻的行为和有害无益的个人关系。人们以中层阶级制度的名义要求高阶层具有外在一致性，对平等和机会的追求给人们带来了理想和社会整合的负担。

随着个人行动主义信条在美国受到越来越多人认可,隐私所受到的压力也越来越大。因为美国人深信社会进步、特别是物质进步的大潮流,由于美国人是非常善于交际的人,他们喜欢与别人进行心灵上的沟通,同时也热衷于参与组织事务,美国人的生活通常都是有着一个沉重的"过更好质量的生活"的要求。这些活跃于活动的人是我们的英雄(即便他们是教授,宗教领袖和知识分子批评家),而公众也会怀疑那些喜欢独处的人们,认为他们是"不适于社会交际的"。此外,除非处于沉思状态的人只是暂时性地思考某些事情,否则美国人也不认可此种行为。

政治原旨主义已经对美国文化方面所享有的隐私形成了重大限制。一方面而言,这是美国的仇外主义、宗教及等级偏见和孤立主义的国家传统所造成的,但是,从另一方面而言,这是由于受到"民粹主义"的原旨主义的影响,该主义认为,实现美国民主应当要求诸如"公开"政策和政府,任何团体协会和政府机构都不享有隐私权。政治原旨主义同样也对美国清教传统造成了影响,该主义持道德绝对论,要求监视社会成员的私人生活和清教徒的社会福利,该主义以"为他人好"名义侵犯了穷人和某些不幸的人所享有的隐私权。

因此,美国的隐私平衡正持续不断地受到平等主义的威胁。平等主义要求扩大在自由社会里允许的公开和监控他人的范围。例如,早在20世纪40年代晚期到20世纪50年代早期,美国基本的隐私平衡就已经明显受到威胁,那时美国人恐惧冷战,害怕原子弹毁灭和在原教旨主义的传统和麦卡锡时代相联合造成内部颠覆。不过,在20世纪50年代末期,平衡主义在美国又重新得到重视。

三、不同的"感官文化"所形成的不同隐私类型

根据文化对人际关系的影响,不同国家之间的隐私也各有不同。许多人类学家[1]、心理学家[2]和社会学家[3]均认为,不同的文化会形成

---

[1] F. L. K. Hsu, Americans and Chinese (New York, 1953), 68–93.
[2] Kurt Lewin, Resolving Social Conflicts (New York, 1948), 18–33.
[3] Erving Goffman, The Presentation of Self in Everyday Life (New York, 1959).

不同的隐私的概念。最近关于这一问题比较具有延伸性的研究是文化人类学家 Edwall Hall 所做的研究，他认为，不同文化背景的人体验世界的方式也不同，不仅仅是缘于语言的原因，还来自于人们的感觉不同。① 人们"居住在不同的感官世界"，这就会影响他们与别人在某个空间的联系，而这又将直接影响人们对建筑和家具的概念的不同理解和在社会交往中的社会距离的不同理解。

为了将这一差异进行比较，Hall 研究了当前文化中影响他人对私人空间定义的"感觉快乐"和"感觉不快乐"的定义。② 首先，他研究了美国社会占主导地位的标准，这是由美国社会中居于中层阶级的白人和上层阶级所设定的，他将美国的这一标准将在历史和文化上都与美国的中层阶级和上层阶级联系最为密切的欧洲三大国家的文化进行对比，这三大国家分别是德国、英国和法国。Hall 发现，德国人要求个人和封闭的空间以获得隐私感。这一个人对"生存空间"的要求主要表现在德国的商业和政府办公室中都会出现的紧闭的门。带有围栏的院子，德国人家中分开各自独立的房间，德国人在与别人共用某种设施时会感觉不舒服；用严格的"侵入"规则来规制在社会、商务往来和庆典时刻中人与人之间的距离。此外，在德国，每个人都会定义属于自己的隐私空间，团体在公共场合谈话时也会划定自己的私人空间，私人住宅中也会定义个人的私人空间。相比美国和英国，德国人主张大范围的隐私领土，此种需要在德国法中的体现尤为突出，比如德国法禁止行为人在未经陌生人的同意之下拍摄他们的照片。相反，美国人对于办公室中敞开的门并不介意，他们也不会要求在自己的家中安装栅栏或屏障物才会感觉更舒适，在美国，与他人接触的秩序和距离的规则并不正式。美国人可能不会认为某个靠近组织或自己住所的人"侵犯"了自己享有的隐私权，但德国人认为行为人的此种行为是侵权行为。

Hall 发现，英国的文化中关于隐私的规范介于美国和德国之间。英国人与德国人一样，也有着门和墙壁的要求，并且也生效可执行的侵入行为规则。由于中层阶级和上层阶级的英国儿童并非每个人都能

---

① Edward T. Hall, The Silent Language (New York, 1959).
② Edward T. Hall, The Hidden Dimension (New York, 1966).

有独立的房间，而是与自己的兄弟姐妹们一起共享卧室，直到他们到寄宿学校上学并住在宿舍里面。英国人是在与别人分享空间的情况之下而不是在独处的情况之下形成自己保护个人隐私的观点，他们学会了保持缄默，暗示别人把他们单独留下。英国人的这一习惯被之后的事实所证明，许多英国政治和商业人士并没有私人的办公室，例如，议会成员并没有个人的独立办公室，他们通常都是在露天阳台上或在下议院的大堂里会见选民。当和英国人交谈时，他们讲话更为柔和直接，他们也会更注意自己的嗓音，因此只有和英国人对话的人才能听到他们讲话的内容，英国人讲话也注重与对方的眼神交流。而美国人则不同，当美国人讨论起隐私事务时，他们通常会到私人房间并且将门关上之后再开始对话。当英国人停止讲话时，这就意味着他们谈论的隐私事务是受到家庭、朋友和同事尊重的。相反，当美国人停止谈话时，意味着在场的谈话对象出了某些错误，沉默通常意味着惩罚的信号。Hall 将英国的模式称为"内部隐私机制"，将美国的模式称为"物理性隐私的屏障"。此外，美国人用隐私来定义社会状态（如私人办公室、私人秘书等），而英国的社会制度固定地决定了一个人的地位，隐私对于这个目的来说并不是必要的。同样，美国人亲近的邻居非常多，比如住在隔壁或者隔壁街区的人，但是英国人的邻居是以社会阶层来划分的，邻里之间用牢固的障碍物隔离来避免住在附近的人的骚扰。

　　Hall 认定，由于受到地中海文化的影响，法国的模式与美国、英国和德国模式都不同。一方面，地中海的人们在公共场合会更加密集地聚集在一起，他们享受在公共场合与其他人有身体上的触碰，比起北方的人们，他们更多地照顾对方的感觉。另一方面，美国人经常乐意将朋友或认识的人带到自己的家中，而法国人则将自己的住所视为隐私之处，很少会将其他人邀请到自己的家中做客，即便他们是相识已久的同事或熟人。

　　Hall 和其他学者所做的研究清楚地阐明了这一点，即他人定义人际隐私的方式深受不同社交关系的文化概念的影响。即便某个国家存在亚文化群，这一观点也是正确的。处于社会底层的美国黑人、波多黎各人、美洲印第安人等群体对隐私的态度使他们比起中层和上层阶级的美国人在感官方面的参与要多得多。我们确实"栖息在不同的感官世界里",对于两个人来说"太过亲密"关系或许在另一个文化当中看来是"太过遥远"的关系。在一个文化中来说是"尊重隐私"的行为可能在另一个文化中是"侵犯隐私"的行为。

四、西方民主下的隐私和私人生活

承认各个国家政治和感官文化的不同有助于我们在现代社会中设定隐私的规范,描述隐私在西方民主国家对个人和群体所起的一般功能是可行的。在论及隐私的一般功能之前,笔者将详细论述个人隐私的四种基本状态:独居、亲密、匿名、缄默。

隐私的第一种状态是独居。独居是指个人与群体的分离,个人免受其他人的观察或监视。他人可能遭受某些令人不安的物理刺激,如噪音、气味、震动等。当他人的身体感官受到热、冷、痒或疼痛的折磨时,他人精神上的宁静可能连续不断地受到侵扰。他人可能会深信他们受到上帝或某些超自然力量的监视,他们可能害怕某些权力机关正在严格地监视自己。当他人处于独居状态时,他们可能会特别习惯与自己的心灵或良知进行对话。尽管当他人处于独居状态时,这里存在许多物理或心理的侵扰行为,但是独居仍旧是个人能够获得的最为完整的隐私状态。

隐私的第二种状态是亲密。个人是小单元的一部分,个人与个人之间可以共同行使隐居权,因此两个或两个以上的个人之间就会形成亲密的、让人放松的和真诚的关系。典型的亲密关系有:丈夫和妻子、朋友圈和同事。亲密接触究竟是带来轻松的关系还是伤人感情的敌意将取决于成员之间的内部交往,但是如果没有亲密关系的存在,那么人类交往的基础需求将不会得到满足。

隐私的第三种状态是匿名。当他人位于公共场合或在实施公共行为时,如果他人在此时仍在寻找或寻求自己的身份能够免受识别或免受行为人的监控,那么此时隐私的状态——匿名就出现了。他人可能乘坐地铁,参加球类运动或行走在大街上;他人正处于人群之中,他们知道自己正在受到其他人的观察,但是,当他人知道自己正在受到别人的观察时,除非他人是众人皆知的名人,否则他们不会期待自己的个人身份被识别,他们也不会期待自己能够遵循所有能够起作用的行为规则。在匿名的状态之下,他人可以尽快融入"情景景观"之中，当他人知道自己在公共场所正受到行为人严格地监控时，或当他人害怕自己在公共场所受到行为人监控时，此种做法将会毁坏他人在公共领域和开放场所的轻松感和自由感。

Gergo Simmel 将匿名的关系称为"陌生人现象"，那些经常得知他人惊人的公开事务的人有信心可以谨慎地维持一个更为亲近的关系，他人可能是基于忏悔的目的而对别人推心置腹，在此种匿名的状态之下，他人可以自由地表达自己的观点，因为他们知道陌生人不会继续出现在他们的生活中，尽管陌生人可能对他人的问题给予了客观回应，但是这些陌生人却不能对他人施加任何的权威或限制。[①]

这里还存在另外一种匿名的类型：匿名公开发表观点。在此种状态之下，他人想公开向社会或社会中的某群人发表某些观点，但是他们并不想公开自己的身份，特别是不想向权力机关公开自己的身份，因为当权力机关知晓了作者的身份之后，它们有可能会对"作恶者"采取某些行动。这些不同类型的匿名行为的核心在于，他人都渴望享有"公共隐私"的时刻。

隐私的第四种状态是缄默，也是隐私最为难以捉摸的一种状态。缄默是指他人为了防止自己免受不合理的侵扰行为而建立的一种心理障碍。当他人需要限制向别人交流有关自己的情况时，他们就会受到围绕在自身旁边的个人意愿自由裁量权的保护。人们大部分的生活时间都不是在独居或匿名的状态中度过的，但是人们大部分的时间都是在亲密关系中和在彼此熟悉的群体生活中度过。即便在最亲密的关系中，他人与别人的沟通也通常都是不完整的，这可能是因为他人需要阻止谈论某些私人的或神圣的私人事务，一旦和别人谈起，将会令人感到羞耻或将玷污自己在别人心中的形象。在这种情况之下便产生了如 Simmel 所说的"彼此的缄默和冷漠的情形"，人与人之间的心理距离也由此产生——它是"社会距离"概念的变异。心理距离发生在不同类型的关系社交礼仪规则之中。心理距离表达的是个人隐瞒或

---

① The Sociology of Georg Simmel, tr. And ed. By Kurt Wolf (New York, 1950), 402 – 408. See also the discussion of the strangers in J. S. Plant, Personality and the Cultural Pattern (Oxford 1937), 121 – 133; Robert Merton, "Selected Problems of Field Work in the Planned Community", 12 American Sociological Review, 305 (1947).

公开信息的选择,这一选择体现了日常人际关系的隐私动态。Simmel 认为,此种紧张的关系发生在"自我表露和自我限制"之间,而在社会中,则发生在"侵入和谨慎"之间。他人主张缄默的方式及别人尊重或忽视的程度对于维护有意义的隐私起着关键作用,现代工业社会下及城市生活造就了"组织主导"的背景以及各种各样的文化。

五、个人隐私的功能

分析隐私的不同状态将有助于我们讨论一个基础的问题,这就是,在民主社会中,隐私对于个人来说究竟履行着怎样的功能?笔者对这个问题的分析也可以简单地分成四个部分:个人自治、情感释放、自我评价、限制及保护交流。每个人都是完整的生物体,虽然隐私的四种功能相辅相成、不可分离,但是将它们分离开来进行分析将有助于阐述关于个人隐私的重要选择,美国法可能在接下来的 10 年里必须做出选择。

(一) 个人自治

在民主社会普遍存在一个基本信念:每个人都是独一无二的,每个人都享有基本的尊严,每个人都是上帝的创造物,社会应当维护每个人神圣的个性。心理学家和社会学家认为,他人发展和维持自己的个性与人类对自治的需求息息相关,因为人们会渴望避免完全被别人操纵和主导。

其中一种受到认可的表现他人需要自治的根本核心的方法是,根据一系列的隐私"区域"或"范围"来描述他人与别人的联系,此种做法形成了"核心"本身,这也正是理论学家 Simmel、R. E. Park[①]、Kurt Lewin 和 Erving Goffman[②] 所表明的那样。这一核心被描绘成被一个更大的同心圆所包围,这一核心内圆保护着他人个人的"终极秘密"——包括他人不会与任何人分享的希望、害怕和祈祷,除非他

[①] R. E. Park, Race and Culture (Glencoe, Ⅲ., 1950), 249.
[②] See Goffman, The Presentation of Self in Everyday Life, 69 – 70; Kurt Lewin, Resolving Social Conflicts (New York, 1948), 18 – 33; R. E. Park and E. W. Burgess, Introduction to the Science of Sociology (Chicago, 1921), 230.

人承受了某些压力以至于他们必须将这些终极秘密向别人倾诉来获得情感上的释放。在正常的情况下没有人会承认此种人格的神圣,在"终极秘密"的圆圈以外的另一个圆圈里包含的是他人愿意向其他亲朋好友、忏悔者甚至是路过的陌生人分享的某些不具有伤害性的私人事务。这一圆圈也向他人的朋友圈开放。这个同心圆将会继续下去,直至来到最外面的大圆,这个大圆包含他人向所有人开放的普通谈话和物理性表达。

对个人自治最大的威胁在于,某些行为人可能会使用物理方式或心理方式刺探同心圆里面的区域,从而知晓他人的终极秘密。行为人实施的故意侵入他人受保护的领域及他人心灵铠甲的做法,将会使他人赤裸裸地受到嘲笑并且让他人感到羞耻,甚至还有可能使他人受到那些知道他们秘密的人的控制与摆布。当行为人侵入同心圆的核心时,他人享有的自治也将受到损害。因为他们并未意识到基本隐私的重要性,同时行为人也认为他们偶然的和不请自来的帮助可能可以补偿他人所受到的伤害。

每个人都会意识到"他想成为的人"与"他实际上是怎样的一个人"之间的差异,同样,他们也会意识到"世界所认识的他们"比"实际上的他们"要简单得多。此外,尽管他人身上可能存在某些人自身并未能完全了解的方面,但是随着他人的发展,这些未知的方面会慢慢发展和成型。每个人都戴着面具生活,诚然,在词源学上,"人"的词义就是"面具",这也表明,个人关于自我的所有意识和表达都是向社会这个观众所作出的。如果撕破他人的面具,那么真实的个人将赤裸地面对世界,因此每个人都会戴上面具生活,并且信任面具所具有的功能,如果他人被选择性地强迫暴露于众,那么他人将会奄奄一息。即便学者的研究不断提醒人们,在自由社会中,只有基于重要的社会需求,行为人摧毁保护他人隐私的基本自治的行为才是正当的。但是,由于某些曝光行为,如政府调查,新闻故事等行为而造成的数不清的自杀和精神崩溃的现象仍在持续发生。

隐私所保护的自治对于他人的个性发展和个人生活选择意识的形成也起到至关重要的作用。Leontine Young 曾经指出:"没有隐私就没有个性,这里就只会存在某种类型。如果我们从来就没有机会与自己的思维和感觉独处,那么我们又怎么能够清楚地知道我们自己的所思所想是什么呢?"① 个性的发展对于民主社会而言尤为重要,独立思考的品质、观点的多样化和敢于创新被认为是理想的个人特性。独立思考有着下列的要求:在一定的时间内保护思考者去试验和测试观点,具备思想和行为上准备和实施的时间,没有嘲笑和惩罚的恐惧,在该观点公之于众前有机会改变之前的观点。个人自身是否能决定何时到公共场所是他人享有自治感的重要方面。如果个人观点的行为没有培育和成长的时间,没有通过隐私对其进行保护,那么,许多早产的危险的观点和建议都会出现在社会上。正如 Robert Maciver 所说的那样,"在每种事物面临光明之前,它们都是从黑暗中产生的。"

在总结隐私对于政治自由的重要性时,Clinton Rossiter 同时也提及了自治的特征:"隐私是独立的一种特殊类型,它可以被理解成:如果必要的话,他人会无视所有现代社会所带来的压力,并且至少在某些个人问题和精神问题上尝试维护一丝自治。它的目的在于建立一个坚不可摧的墙壁来反对整个世界,以维护个人尊严和个人缄默的权利。自由的人即是享有隐私的人,是那些能够完整地维护自己的某些想法和判断的私密性的人,是那些认为自己没有被强迫向别人分享自己对每件事的看法的人,即便这些人是他们所爱或所信任的人。"②

(二) 情感释放

人活于世,总会有些时候会有一些紧张感,因此不论是从身体健康还是心理健康的角度而言,人们都要求获得一定的隐私来进行不同类型的情感释放。从某种程度而言,此种释放的要求来源于个人扮演不同社会角色的压力。社会学家承认,每个人都在社会中连续不断地扮演着一系列不同的和复杂的角色,这些角色取决于他人所面对的人和行为时的情况。在某个特定的日子里,某个男子可能轮换着扮演严父、有爱的丈夫、与别人合用小汽车的滑稽人物、熟练的车工、工会代表、与别人调情的人以及美国军团主席的角色——随着社会舞台上场景的不同,这位男子不断轮换扮演着所有在心理上不同的角色。就

---

① Leontine Young, Life Among the Giants (New York, 1966).
② Clinton Rossiter, "The Pattern of Liberty", in Konvitz and Rossiter (eds.), op. cit., 15 – 17.

像在戏剧舞台上的演员一样，Goffman 曾经指出："人们只能在一段合理的期间内维持自己的角色，没有人可以在毫不放松的情况下无限地永久扮演同一个角色，生活要求人们扮演各种各样的角色。人们需要拥有某些时间'从舞台上下来'做回本身的自己：温柔的，愤怒的，急躁的，好色的，或充满梦想的。当他人处于独居的状态时，或许这些时刻就会来临，比如，当他人在亲密的家庭、同行、女人和女人、男人和男人之间的相处过程中；当他人匿名行走在大街上时；当他人在团体中保持缄默时。在情感释放状态之下的隐私给每个人，无论他们是工人还是美国总统，它均给他们提供了一个放下面具、休息片刻的机会。如果人们一直都处于扮演某种角色的状态，这无疑将摧毁他们的身体。"①

与此种释放密切相关的是，人们需要在日常生活中放松所受到的情感刺激。对于大多数人而言，连续不断的经历和惊喜不断的生活使他们觉得生活富有意义。诚然，人们都在想方设法让自己变得更为富有，变得更为与众不同。但是，积极生活的漩涡必须也有某些平静的时刻，只有这样，人们交往的欲望才会受到刺激，也才能产生新的社会交往关系。隐私给人们提供了改变步伐的机会，也使得生活更加值得享受。

另一种情感释放的方式是，隐私会保护他人实施的某些较小的不符合社会规范的行为。某些社会规范是被正式采用的，它们可能已经成为法律的形式，但是社会却会希望许多人将此种规则打破。这种矛盾心理产生了一种情况，这就是，几乎所有人都会打破某些社会规范或制度规则，例如，违反交通规则，打破性风俗，作弊报销，夸大所得税减免额，或是在禁止吸烟的休息室吸烟等。尽管社会通常都会惩罚此种公然践踏社会规则的行为，但是社会也会容忍大量的"可容忍"的背离社会规则的行为。如果这里不存在允许社会忽视某些"偏差"行为的隐私，那么，行为人实施的所有违法违规行为都将被别人知道，那么，大多数社会公众都将在组织纪律的阴影笼罩之下生活；或者他们会被投进监狱，又或者当他们实施违法社会规范的行为

---

① See Erving Goffman, "On the Characteristic of Total Institutions", in D. R. Gressey (ed.), The Prison-Studies in Institutional Organization and Change (New York, 1961).

时，他们将无时无刻被恐惧操纵。从一个较小的但是仍旧重要的角度来说，当他人处于独处或亲密关系的状态时，隐私也允许个人暂时性地偏离社交礼仪规范，比如，他人可以将自己的脚放置于桌子之上，咒骂别人，随心所欲做出放松的脸部表情或是给自己身上痒的地方挠痒，不论发痒的地方在何处。

情感释放的另一方面还在于隐私可以给他人提供"安全价值"的功能。许多人都需要向诸如"制度""市政厅""老板""领导"和"各种各样的掌权人"等发泄自己的怒火，他们可能会选择向亲密的家庭成员或朋友宣泄不满，或者将自己的情绪写在私人用纸上，这样人们就不会害怕要为自己宣泄的内容负责。此种做法与言论自由或新闻自由不同，言论自由或新闻自由涉及他人在不畏惧政府干扰的情形之下公开地为自己的异议发声。此外，如果他人认为行为人实施的此种行为侵犯了自己的权利，那么行为人只能向法院提起私人诉讼。情感释放还可能涉及某些问题，即他人所做的评论可能完全是不公平的、无聊的、肮脏的和诽谤别人的，但是人们从不会用社会规范来衡量它们，因为它们是由隐私主导的。如果人们缺乏诸如此类的情感释放途径来与当局掌权者抗衡，那么大多数人都会遭受严重的精神压力。即便是众人熟知的美国总统和其他政府高官也处于办公压力之下，他们并不介意让自己短暂地享有释放愤怒情绪的时刻。当他们在释放情绪时，他们的隐私将受到尊重，社会公众知道这些偶然性的情绪爆发有助于衡量政府官员所做的公共演讲是否是负责任的。

通过隐私所获得的情感释放还体现在另一个方面：他人获得管理自己的身体和性行为的权利。美国社会存在一个强大的隐私需求规则，人们对于享有排泄、身体着装、在公共场所控制自己的身体以及性关系的隐私的需求一直深深地根植于美国文化当中。尽管贫穷可能会使人们处于拥挤的环境中，并且也会否定隐私对于身体和性关系所产生的功能，但是，并不意外的是，只有由社会学家称为"总机构"的局外人来实施监控此类功能的行为才获得社会的认同，比如监狱，精神病院和修道院，或者是那些接受医学或行为科学实验的志愿者们。尽管如此，囚犯和病人通常都在抱怨受到监视，并且他们会想方设法逃离警卫对他们连续不断的监视。

通过隐私来进行情感释放对那些正处于生命中的失望、震惊和悲伤时刻的人们也起到了重要作用。当人们处于失落或伤心的时刻时，往往社会都会通过聚集他人的朋友来给他人提供共同支持或是尊重他人个人或他人亲密伴侣的隐私以给他们提供安慰。相似的需求也发生在下列的情况：当他人在公共生活中遭受了失败或丢尽颜面时，他人可能需要从公众视野脱离出来重组自己的精神力量。记者、立法委员会和社会学家并非一直都会尊重公众人物因受到暂时的痛苦而提出的"恢复隐私"的主张。但是，令人吃惊的是，在这些情形之下，那些"合乎礼仪"的规则多长时间才会给他人提供实质性的隐私？当他人承受较小的精神压力时，当他人处于属于日常生活中的焦虑和不确定的时期时，隐私都在履行它的保护功能。

（三）自我评估

每个人都需要将自己的经历整合成一个有意义的模式，并且将自己的个性发挥到每件事上。隐私对于他人进行自我评估来说是必要的。

从智力层面而言，他人需要处理源源不断地碰撞他们大脑的信息，如果这些信息仍然是在"四处奔走"的，那么大脑将不能对这些信息进行处理。Alan Bates 曾在其文章中写道："在此种情形之下，隐私促使他人去评估所收到的泛滥的信息，促使他人去考虑备选方案和可能出现的结果，只有这样他们才能尽可能地做出适当且一致的行动。"①

通过给他人提供"预测，重做及创作"的时间，隐私不仅有助于他人处理信息，而且还有助于他人制定计划。这对于富有创造力的人来说尤为如此。有关创造力的研究表明，最富有创造性的"非语言的"想法往往在以下情形之下产生，即在他人处于独居时的反省时刻所产生，或者在他人处于缄默时所做的"白日梦"中产生。在这些时光中，许许多多的观点和想法在他人的脑海中一闪而过，如果这时有其他人的存在，那么将会压制他人的想法。例如，美国耶鲁大

---

① Alan Bates, "Privacy, A Useful Concept?" 42 Social Forces, 429, 432–433 (1964). See also Sidney M. Jourard, "Some Psychological Aspects of Privacy", 31 Law and Contemporary Problems, 307 (Spring, 1966).

学研究了"头脑风暴"的相关问题,它发现,当人们处于群体会议时,人们提出的观点数量变少了,而如果同样数量的人没有聚集在一起工作,而是分开各自独立地进行私下工作,那么此时人们所提出的想法的数量将会比较多。许多研究和自传均指出,艺术家和作家都需要"创作孤独"来出产作品。

隐私的评价功能同样有一个主要的道德维度——他人通过自己运用自己的道德意识重新找回了自己。在处理日常事务的过程中,人们经常会考虑自己的行为给道德所造成的后果。这主要是因为在隐私时期,人们参照道德规范来审视自己正在实施的行为,并且根据个人理想来衡量自己当前的表现。对于许多人来说,这一过程是一个宗教运动。Coe将此种行为称为"宗教冥想",它是指他人"组织自我"的一段时间;William James将宗教称为"独立的个体独处的经历"。[①]因此,他人应当拥有反思自己过去的所作所为的时间和与别人进行交流的时间一直被认为是所有社会的惯例。宗教静修是另一种为他人提供道德总结的时间和环境的方式。即便他人并非是一个宗教信徒,隐私也会让他人的道德意识发挥作用。因为,当他人独处时,他们必须找到一种继续与自己生活的方式。

隐私在自我评价中所起到的最后一个作用在于,隐私使他人决定在适当的时间里将个人正在进行的反思或亲密的谈话转向更为普通的公开行动或思考。这是他人根据同事对自己的评价而对自我做出的评估。评估个人与亲朋好友关系的亲密度,决定何时和在多大程度上公开自己的个人事务,以及评估将别人置于能够得知此类信息的位置上的信心,上述的问题都是在个人交往所面临的巨大难题,它几乎与他人决定是否要将自己的所有事务公之于众一样重要。

(四)限制和保护交流

如果每个人都是完全坦诚地与别人交往,如果每个人都将自己知道或者感受到的事情毫无保留地告诉别人,这将对文明社会造成最大的威胁。儿童、圣人、精神病人和"无辜"的成年人都是传说中严重破坏人际关系的人群。

---

① William James, The Varieties of Religious Experience (New York, 1902), 31.

在现实生活中，基于上文已经讨论的他人的缄默和谨慎之间的互补关系，成熟人士之间的所有交往都是部分和受限的。在城市生活中，高度刺激、拥挤的环境，以及在人际交往扩展中连续发生的身体和心理冲突等，这一切使得人与人之间保持有限的交流显得尤为重要，这也正好削弱了普遍受到欢迎的小镇生活的流行度。在与人沟通时存有保留是生活在大都市的人的一种自我保护手段。

通过隐私来限制和保护他人的交流体现在两个一般的方面。首先，隐私给他人提供了和他们所信任的人分享秘密和亲密的机会，例如，配偶、家庭、朋友和关系密切的同事。他人披露自己的私人事务是因为他们知道自己的秘密不会被泄露出去，是因为他们知道在文明社会中，行为人泄露他人秘密的行为将违反社会规范。Emerson 认为："在朋友面前，人们可以自说自话。"[1] 此外，为了获得忠告和建议他人经常会想向某些不与自己同处一室的人披露自己的秘密。他人向某些人寻求专业客观的建议，这些人的社会地位保证了他们不会利用他人的压力来获利。为了保护有限交流的自由，比如他人和医生、律师、牧师、精神病医生、心理学家等的交流，法律给他人提供了各种各样不同程度的重要权利来保护他人免受强迫披露。众所周知，他人在进行宗教忏悔时是享有隐私权的，然而，忏悔的需求是普遍存在的，没有宗教信仰的人都会寻求精神和咨询服务来作为替代进行忏悔，此种方式已经形成制度化。他人也有可能向陌生人进行忏悔，因为他人向陌生人所说的话是受到限制的，对他人享有秘密的陌生人并不会将他人的秘密散播到他人的"家庭领域"中。基于这个原因，现实世界中往往这些忏悔的场所都是悬浮于外界的，如火车、小船和酒吧，人们在这些场所中可以自由地进行交谈。

隐私通过限制他人交流所起到的第二个方面的作用是，隐私给他人关系的亲疏远近划定了心理距离，从最为亲密的关系到最为普通和公开的关系。例如，在婚姻关系中，如果丈夫和妻子需要维持尊重和神秘，那么，他们就应该在亲密之中留存某些隐私的岛屿。在交流中维持神秘的部分各种各样，可能涉及诸如钱财管理，个人习惯，外界

---

[1] Ralph Waldo Emerson, "Friendship", The Complete Works of Ralph Waldo Emerson (New York, 1903), 202.

活动等小事，也有可能涉及更为严重的问题，如个人经历和个人深埋心底的秘密。成功的婚姻通常取决于夫妻双方在隐私和公开之间发现了理想的路线，并且双方都会尊重该路线不会轻易跨越界限。在工作场合，心理距离也是必要的，因此上下级之间并不会陷入亲密关系中，假若如此，将导致上下级之间缺少尊重，阻碍决策的方向性和正确性。因此，在工作场合中往往存在物理性的设置使上级免受下属连续不断地观察，社会规范也禁止工作关系中太过密切的交流和下班之后上级与下级交往过密。相似的心理距离还出现在教授与学生，父母与孩子，牧师和交流者等之间。

心理距离同样也适用于在拥挤的环境中给群体和公共参与者提供隐私。一个复杂但易于理解的隐私规则是我们社会环境的一部分。Bates 认为："人们要求或承认撤回以下行为的隐私：面部表情、身体动作、改变话题的习惯做法、通过交流的方式来排除他人（诸如此类的私人言语、玩笑、打瞌睡、扮鬼脸）等。"我们学着忽视别人和被别人忽视，比如忽视在地铁上、大街上的人，对仆人、儿童等视而不见，以此来获得隐私。在不同的社会人群中也存在社会规范，如密友、同事、公交车上的乘客以及其他群体，在他们之间已经建立起相当清晰的正确或不正确的讨论方式。正如 James Thurber 曾经动人地指出，当他人需要时，他们便可以获得精神隐私。① Walter Mittys 曾说："社会清理了人们之间的侵略并且想象着隐私的美妙。"

六、个人追求心理的平衡

目前，本文的讨论被限制在了个人对隐私的需求和隐私在个人生活中所起的作用。但是，即便是隐士所享有的隐私，它也既不会自给自足，也不会自行消失。隐私是他人达成自我实现目标的基本工具。正因为如此，隐私是转换个人复杂社会需求的一部分，也是个人在日常生活中面临接二连三的个人和社会刺激时调整情感机制的一部分。正如人们需要隐私一样，人们也一样需要公开和陪伴。古代哲学家认为，人是一种社会动物，是一个在每个社会都标记行为的需要归属感

---

① See James Thurber, "The Secret Life of Walter Mitty", in The Thurber Carnival (Modern Library ed., New York, 1957).

的群居生物。因此，在某个时刻人们会想要别人的陪伴，过着群居的生活，比如和自己亲密的家人和朋友在一起；而在另外的某些时刻，人们会想匿名行走在大街上或匿名看场电影；此外，人们在某些时刻还会只想自己独处不受别人的注意。当他人想要获得别人的陪伴但却不得不独处时，他人会感到不愉悦，这与当他人渴望隐私却不能获得时所产生的不愉快的感觉是一样的。

当然，隐私与公开之间的平衡将同时受到社会文化规范和特定主体的地位及生活境况的重大影响。例如，在美国社会，民众喜欢"行动主义"多于沉思主义，民众倾向于使用他们的休闲时间去"干某些事情"而不是去休息，阅读，或独自思考。此外，在任何社会中，不同的职业，不同的社会经济水平，不同的宗教信仰等是决定人们分配时间和协调对隐私的情感波长的广泛调节因素。

这一事实引起了一个有趣的关于"地位紧张"的隐私问题。在美国，许多关于隐私的主张或期待获得隐私的主张均来自于某些特定地位的人——富人、大学教授、公司经营者、律师等。隐私权和隐私权的地位均产生于这些地位的威望和合法性。正如笔者在上文所提及的，自美国社会成立起来，它一直致力于发展平等主义和社会民主，并以此来挤压在欧洲系统中已经定义良好和受到普遍遵循的隐私规则，欧洲系统中的隐私规则是在封建传统中发展成形的，至今仍有着明确的阶级界限。打压此种隐私规则的境况意味着在美国不论是社会地位较高的民众还是社会地位较低的民众，当他们在与别人交往时，他们并非一直都确定应当适用何种隐私规则和应当在何时开始保持缄默和谨慎。此种平等的民主精神解释了为什么美国人在其个人生活的许多领域中都非常"开放"并且忽视隐私的存在，不过，比起大多数其他的制度（包括大多数欧洲国家的制度），此种精神让美国人能够调整个人内在的精神隐私，平衡了许多实践上变化多端的问题。

一般而言，许多人都会不断地尝试去寻找实质性的隐私来为自己的社会角色和个人需求服务。然而，他人享有过多或过少的隐私都将导致一种不平衡并且严重地危及他人的幸福。他人享有过多的隐私将使个人力量难以掌控个人的精神状况或社会的境况。因此，过多的隐私可能来自于他人被物理性强迫与社会分离，比如，某个远离人类社会，由动物喂养长大的儿童；又比如某些被剥夺了知觉的志愿实验者。此外，更为相关的例子是，某些被单独监禁的囚犯和被隔离的探险家或灾难的受害者。撰写回忆录和进行关于抑郁的学术研究，幻觉，精神崩溃等都能形成此种隔绝的境况。他人享有过多的隐私也有可能是受到复杂的、非个人的工业社会的影响。许多研究证明，瓢泼不定、混乱、精神孤独的感觉都会对人们造成不良影响，尽管个人在此种情况之下因无法支配环境而享有过多的隐私；但是，他人是否能成功地适应则取决于他们本身的情感能力。

享有过多的隐私还造成了另外一个结果，这就是，他人无法调整自己的生活状况去达到一个健康的情感状态，即便他人享受此种"正常"的社会环境。Karen Horney 认为，他人之所以没有拥有一个自然程度的隐私是因为他们不能成功地将日常生活与我们社会中三种主要的神经过敏症联系起来："神经过敏症就像某个住在宾馆但却很少将'请勿打扰'的指示牌移除的人。即便是书本也被视为入侵者，与其他从外界进来的东西一样。任何询问关于他的个人生活的问题都会对他造成冲击；他倾向于用秘密给自己裹上神秘的面纱。某个病人告诉我，当他在 45 岁时，他仍然怨恨认为上帝无所不知的想法，此种怨恨与当初他母亲告诉他上帝可以透过百叶窗看到他在咬指甲时的怨恨是一样的。"在极端情况之下，此种状态造成了精神病人自我封闭世界的全部隐私，就像只能独自在社会中疯狂。

另一种不平衡的隐私是指他人享有过少的隐私。在此种情况之下，某些因素超出了他人有效控制的范围，限制了他人获得正常隐私平衡的机会。这些因素可能是环境方面的，诸如拥挤和嘈杂的环境；也可能是经济方面的，诸如他人的生活太过贫穷以至于隐私的重要性要小于满足更为基本的家庭需要的重要性；政治方面的因素，如政府机构对公民的一举一动实施大范围的监控；商业及社会方面的因素，如电话销售人员骚扰他人的住所安宁，上门推销的售货员和民意调查员；除此之外，还有文化上带来的压力，比如行动主义的伦理和中层阶级人们参与群体事务的压力。在民主社会中诸如此类的对隐私的限制要求个人调整心理平衡，即便存在限制也要寻找足够的隐私来保护自己。因此，处于拥挤的生活环境中的人们会向屋外的世界寻求隐私——比如，在城市的街道上、在酒吧的角落里、在播放的电影中，以及在许许多多能够嗅出独处、亲密、匿名和缄默的气息的公共场所中。人们会想方设法绕过政府机构对他们私人信息的监控。当屋主遇到上门的推销人员时，他们默不作声闭门谢客，或者是在自己的不动产之上挂上"非请勿入"的标志。即便在充满敌意的社会环境中，这些保护隐私的尝试也表明了个人在寻求内心平衡方面所做的努力。

过少的隐私同样反映出他人管理自己生活的方式。过度的工作导致的精神失常和身体崩溃通常都是基于一个主要的原因，即他人缺乏从刺激中解放出来的精神救济，精神释放是隐私具有的其中一个功能。相比起身体上的体能疲劳，精神压力通常是造成他人崩溃更为基础的原因。心理学家已经指出，他人因故意避免独居而引起心理冲突的原因在于，他们并不想用他们行为的道德含义来与自己进行比较；对于某些异常害怕独处的人来说，连续不停的活动是压制自己内在思想的一种尝试。同样的现象还出现在当人们拒绝与他们亲近的人维持正常水平的亲密关系时。另外一种神经质的行为是指，他人为避免威胁正常的亲密关系，而将自己沉浸于群体活动中，这是一种逃避退隐到公共生活的方式。

本文最为基础的观点在于，在很大的程度上，每个人都必须在自己的文化、社会地位和资格境况的背景之下，不断地做出调整以适应个人对独处与陪伴、亲密关系和一般社交关系、匿名和负责地参与社会活动、沉默和公开之间的需求。自由的社会将这一选择交给了公民个人，因为它是"个人隐私权"的核心，也是个人享有的一种决定权，只有在特别例外的社会享有利益的情况之下，他人在某事某刻的所作所为才能被公之于众。

七、组织隐私的功能

上文笔者谈论了隐私对于个人所起的功能，接下来我们转向研究隐私和群体生活。此处采用的分析方式涉及对有关"组织隐私"的功能做出以下两个判断。

第一，在美国，法律和社会主张赋予各种组织的隐私权并不仅仅只是作为保护组织成员的个人的集体隐私权利。如果群体组织在民主社会中所扮演的角色是独立的责任机构，那么隐私对于它们来说是必不可少的。隐私在这些组织中所起到的作用是，满足个人加入大规模的社会的需求；在社会的社群中表达基础利益；由公民个人进行私人企业的运作而不是政府；批判政策；衡量公众在涉及选举方面的问题和政策之间的情绪。与个人一样，组织也会受到相同的社会限制，它们需要享有拥有决定在何时及在多大程度公开自己的行为和决议的权利。尽管我们需要保护社会免受大规模的协商一致的个人活动所带来的"乘数效应"而引起的动荡，但是我们也不能否认合法的组织隐私的主张。

第二，"组织"这一术语既能包括公共机构也能包括私人机构。所有的组织——从律师事务所到兄弟会再到政治党派，法院，陪审团，立法机关和执行机构，它们都存在某些相似之处，比如它们都有一个组织目标，都是独立单位，都有内在的规则和程序。政府机构也有着同样的要求免受持续地和直接地公开披露的需求，除此之外，公司，工会，大学，宗教机构和民主团体亦是如此。在美国分权制衡的政府体制之下，每个政府机构也必须抵抗来自其他政府机构实施的隐私侵入行为。尽管在开放的政府体制下，传统的民主信仰应该起到平衡隐私和公开之间的关系的作用，这样就有利于尽早披露和让公民尽快得知政府决策的某些特定方面，但是我们不能将此种做法视为否认隐私的主张。

分析隐私在民主社会的组织中功能的最为有效的方法是，将隐私适用在个人身上的四个功能分别适用到组织的背景之下并逐一进行测试。

（一）组织自治

正如个人缺乏隐私一样，如果组织当中的某些核心机密也缺乏隐私的保护，那么，将会威胁到组织的独立和自治。政府机构的外交、军事、经济和科学机密均受到法律的保护，因为如果在当前国际冲突纷繁复杂的环境之下此类信息受到公开披露，那么无疑将会对国家的长治久安和生死存亡造成威胁。商事组织通常拥有商业秘密（特殊的程序或配方），这些秘密将决定它们商业的成功与否。法律通常会对商业秘密提供保护，禁止企业前任雇员和通过商业间谍活动将此类信息披露给企业的竞争对手，同时法律也禁止工会或立法委员会接触这些秘密。Wilbert Moore 和 Melvin Tumin 曾经指出，在竞争的经济体制当中，隐私对于保密性商业决策而言是一个必备要件，如果没有隐私的存在，企业就不能像我们的反垄断法所规定的那样自主地运转。①

组织内成员的隐私代表了许多公民组织的核心秘密，特别是某些组织提倡有争议的观点。强制披露组织成员的姓名可能导致成员受到社会制裁，因此，可能引发大规模破坏组织的叛乱行为。在民主社会，法律授予了工会、宗教、政治机构及民权组织享有组织成员的姓名及政府官员姓名的隐私权，特别是当某个组织正在承受充满敌意的社会压力之时，它们可以行使这一权利以保护自己。随着某些组织开始使用暴力（例如，三K党——the Ku Klux Klan）和某些阴谋组织与外国力量的联合（例如共产主义和法西斯政党），民主理论开始否认组织享有此种权利，并认为此种权利是不合法的。

此外，隐私对组织自治所起到的另一个作用涉及私人团体的秘密仪式。许多合法组织，特别是友好的和社交类型的组织，当组织之外的人想要加入该组织时，这些秘密仪式提供了允许他人加入的承诺和组织内部的凝聚力。组织之外的人想要获得和公开这些仪式将破坏提供给组织内部成员的排他性感觉和身份感。当然，如果此种仪式涉及不合法的行为（比如某种酷刑或某种淫秽的行为），或者此种仪式本身就是煽动行为（比如燃烧美国国旗的行为），那么新闻媒体和政府调查此类活动的行为就是正当的。然而，在正常的情况下，仪式的隐私还是会受到尊重，因为特定类型的组织能够填补社会需求并且给他人提供了一个重要的精神满足。

私人组织如社团、俱乐部、教会和协会的不干涉内政的政府政策和内部行政及惩戒程序来源于一个信念，这就是，自治权给这些组织的自我管理提供了经验，并且它们还可以掣肘政府权力。允许私人自治同样避免政府参与内部监管和解决派系纠纷的必要性，除非私人团体的这些决定已经达到影响公共利益致使政府必须介入的程度。

如何设定组织隐私的界限仍然是一个存在众多争议的热点问题。某些学者认为组织内的事务应当"全面公开"，他们认为，某些试图影响公共政策的组织的身份应当公开，例如某些有组织的说客们，在自由的社会中他们的身份理应公开。有时法院会否决某些支持组织享

---

① Wilbert Moore and M. M. Tumin, "Some Social Functions of Ignorance", 14 American Sociological Review, 787, 792 (1949).

有隐私的主张，法官们所做的关于这类案件的裁决的关键在于这些组织不合法的组织目标和运行方式。尽管在其他领域限制组织的自治将会导致组织变得过于狭隘，比如在工会，民权领域和政治游说等领域，通常在这些领域要求组织公开都会遭到拒绝。这些裁决意味着社会必须不断平衡某些它认为能够维持私密性的终极秘密和某些它认为不能保持私密性的事务之间的关系。精明的新闻媒体或社会科学研究将通过洞察团体内部事务的方式来增加公众的智慧，但是，如果过多地泄露团体内部事务，那么将造成不信任并且妨碍组织活动。允许政府机构实施过多的信息分类将危及由民主掌控的公共政策；而如果政府机构掌握过少的信息将威胁到国家安全。

（二）隐私让组织从公共角色中释放出来

正如个人需要享有隐私以从社会角色的扮演中释放出来和从事某些偏离社会规范的行为一样，组织也需要享有内部隐私以便在处理某些事务时不用一直以"公共面孔"来面对社会。将隐私授予组织将尤其关系到公共迷思视角中的组织和真实状态下的组织之间的差距。社会给个人设定了道德期待的标准，基于同样的基本原因，社会也给诸如大学、教会、工会、企业和政府机构设定了它们应当遵循的标准。这些理想化的标准通常都是建立在以下的标准之上：①理性决策；②公正讨论；③成员观点都由团体领导阶层直接表达；④将个人利益奉献给公众；⑤有序控制分配给组织关心的问题。诚然，许多私人组织和公共组织都面临诸如以下的问题，例如，非理性决策、严苛或者漫不经心地讨论群体之外的人或问题、根据个人动机进行决策、在应对某些组织视为棘手的或无法解决的问题出现高度混乱的程序等。尽管新闻媒体和社会科学暴露了组织工作的实际状况，但是大多数人都坚持相信组织的这些行为偏离了社会规范，并且相信在正确和专注的引导之下，组织将会遵循理想化的程序。

鉴于现实中组织生活与社会偏好的理想化模型存在很大差异，隐私对于组织来说是必不可少的，只有赋予组织一定的隐私权，它们才能远离公众的视线去从事某些会带来歧义的工作。常言道，如果我们想要享受美食，那么我们就应该参观一家餐厅的厨房。这一谚语同样也适用于将日常隐私授予组织以便它们分期处理某些事务。当某些组织公开或私下从事某些被社会认为是投机冒险的行为时,当它们自由地与其他组织进行交流时,隐私使它们至少能够在远离社会的目光之下从事某些行为。如果组织不享有隐私权,那么,律师事务所、商店、医院、福利机构、民主团体以及各种各样其他组织的运行都将会严重受损。

公共行政机构要求享有业务隐私的主张经常都受到立法监督机构的批评,它们认为,将此种主张与立法公开进行对比明显是"不民主的"。不过,值得引起注意的是,立法机构本身也有享有此种隐私的需求,并且它们还在实践中时常行使此种权利。在1953年至1960年期间,美国国会委员会所召开的会议有30%~41%都是将民众和新闻媒体排除在外的"闭门"行政会议。Robert Luce是一位经验丰富的立法行为观察员,他曾指出:"如果立法机关在开会时将会议室的门紧紧关闭,这样参与人员就不能与那些议会的旁听者或新闻记者进行对话。在这个时候,空谈纯属浪费时间,只有真诚的交流才有意义。参会人员将卸下他们的防备,他们会互相讨论而非互相攻击。如果我们冷酷无情地要求将立法委审议的过程进行公开,那么这无疑将会造成一个灾难。这也就是为什么此种主张永远不会得到众多支持的其中一个原因。如果立法的过程公开,那么将减少参会人员妥协让步的机会,唯有明智的法律才能在颁布施行后安全运行。当受到众人的关注时,人们都不乐意改变自己的立场或者向任何事屈服。只有在会议室里才能达成协议,出产结果。"①

在司法领域,美国的法律给陪审团的秘密审议提供了法律保障,司法实践也为律师的工作提供了私人会议室,反对律师与法官同处一室。司法裁决是在秘密的情况下达成的,法院拒绝向新闻媒体或其他政府机构透露法官会议的内容,此种做法一直都是司法制度的基本要求。即便在数年之后,某些学术传记作家将内部会议的讨论内容公开,他们的此种行为也会因威胁司法会议的正常运作而受到众多学者的抨击:"召开秘密会议的自由将会不复存在。"John P. Frank在其文章中写道:"如果法官认为他们的兄弟姐妹的解释是存在偏见的,那么他们将会从历史中寻找答案。"

---

① Robert Luce, Congress: An Explanation (Cambridge, Mass., 1926), 12-13.

当然，社会决定了组织所实施的某些与公共利益密切相关的特定阶段的活动必须毫无保留地公开进行。这就说明，某些公共机构或私人组织必须公开地进行某些程序（比如让监督机构听证或监督工会选举），公开某些关于内部程序的事实（比如企业会计报告和其他要求私人组织公开的记录），为了某些定期的检查程序向公众代表开放它们的经营场地（比如让公众参观大学委员会，让政府调查人员检查安全设施或调查组织内部有无歧视个人的政策存在）。

（三）评估组织在某个时期所做的决策

个人需要隐私来评估他们所碰到的事情并且决定如何进行回应，组织也需要享有隐私来制定行动规划。

行动规划既涉及制定对组织具有长远影响的组织政策，也涉及为达成日常决策所进行的内部辩论。如果人们想让参与人员都可以毫无保留、完全忠实地向组织表达自己的意见，那么，在两种情况之下隐私都是必要的。如果所有的手写备忘录和政策讨论都会被立即公之于众，如果私人组织知道自己一直处于政府机构的连续监视之下，那么，组织内部的所有争论都会变成形式化的，同时也将很难逐步调和组织内部某些不同的观点。

我们可以重新回顾《美国联邦宪法》的制定过程以促进我们对这一问题的理解。《美国联邦宪法》是制宪者们在美国费城召开秘密会议所制定的。新闻媒体和局外人都被排除在外，参与人员都曾发誓保密。历史学家们一致认为，如果在进行制宪会议的同时将会议内容公之于众，那么在私人会议中出现的妥协局面将不会产生，甚至有可能美国各个州政府将允许代表们制定一部新的宪法。诚然，一旦宪法被制定出来，它就会被公布于世，它的好处是在宪法的批准过程中经历了充分自由的讨论和争辩。麦迪逊的日记记录了制宪会议中参会人员的发言及会议内容并在一代人之后公开。

在《美国联邦宪法》的制定过程中所涉及的隐私表明，在组织决策达成一致之前保持机密的重要性以及决策形成之后一段合理期间内保持机密的重要性。今时今日，这方面的问题经常与美国联邦行政机构相联系，这就是，立法机关在强制披露政府官员实施的政策立场方面的权力问题。美国总统艾森豪威尔曾于纽约时间1954年表达了他对这一问题的看法。"如果政府行政机构的工作人员能够在官方事务上完全坦诚地对彼此提出建议，那么必然将对行政效率和行政效能的提高大有裨益。如果这些建议被披露，他们的对话和交流或文件和复制品都并非是基于公共的利益。"

近来一个受到颇多关注的问题是：出版前任总统助手所撰写的近期内部行政主张的行为是否恰当？Adolf A. Berle, Jr. 认为："总统必须和自己的助手说话，他能从助手那里获得最多的好处，而助手也可以最好的履行自己的职责，当然，这些都必须是在双方完全坦诚的基础上才能达成。从评论者的经验而言，一个伟大的决策制定通常都以一个疲惫地坐在椅子上的领导人的形象终结，而助手则在另一边。如果国家元首除了需要考虑决策制定外还要考虑与他自己相关的可能影响，那么他的情感和思考可能会很复杂，比如怎样的措施会对自己造成怎样的政治影响，他还可能考虑自己的个人希望和恐惧，这时候，坦白可能就不复存在了。"①

显而易见，这一问题也出现在法官助理与法官之间，军事指挥官和助手之间，参议员和众议员及他们的立法助手之间。在这方面的法律问题仍存疑惑，因为问题的核心通常都涉及合理性、问题的性质和妥协的制衡制度。时间是决定平衡的一个非常重要的因素，也许回忆录在今天公开将会造成对他人隐私的侵犯，但是在5年或10年之后公开可能并非如此。通常来说，如果想让某个人全心全意为政府工作，那么他的助理的建议必须在一段合理的期间内保持私密性。

隐私在组织决策制定所涉及的另一方面问题是有关时机的问题——何时和怎样公开决策，这一问题也与个人决定是否及何时与别人交流相一致。组织在保持决策隐私性上明显更为艰难。组织决策通常会涉及众多人物，新闻媒体，竞争者，参与者经常会在组织决定公布决策之前精力旺盛地寻找结果，这也导致组织隐私更容易泄露。大多数的组织决策最后都会公布，隐私只是一个基本的暂时性的主张，它是大学行政人员，政治党派和政府机构为了维持自我决定何时打破隐私的密封而将决策"面世"的权力而提出的主张。

---

① Adolf A. Berle, Jr., "The Protection of Privacy", 79 Political Science Quarterly, 162 - 168, 164 (1964).

尽管时间问题并非只体现在政府方面（比如对企业来说，预先公布公司联合的新闻对于股票市场来说是一个大问题，也可能会损害公司的计划），但是在政府方面它的范围是最大的。为了防止外界通过秘密监控的方式泄露政府未公开的决策以获得不合理的优势，为了防止政府雇员不小心的泄露或故意泄露未公开的决策，法院和监管机构都对这一问题十分敏感。另一个担忧是为了阻止给政府机构带来不合理的压力，比如，联邦和各州的监管委员会的成员如果提前得知了决策将可能采取某些行动。同样，隐私对在何种程度和何时公开政府观点也是必不可少的，它有助于形成负责任的政策。Adom Yarmolinsky 曾经在国际领域的"信号"方面强调了自由对于免受"提前披露"的重要性，他认为："近期国际上已经对美国采取特定的行为将信号传递给外界的重要性进行了广泛讨论，例如，在古巴导弹危机事件中，相比起行为自己所导致的物理性结果，我们更担心俄罗斯会意识到美国将加强海防的'信号'。人们生活在核毁灭的恐慌之中，我们最终的期望就是政府能够出台核威慑的政策，这就意味着，如果美国使用了核武器，那么我们的政策就是失败的。因此，在核层面的每一次交锋中，我们的语言和行为都非常重要，因为它们透露着我们最终的意图。"[1] 同样，就国内的情况而言，政府在采取行动和发表声明之前也会连续不断地发出某些"信号"，公民权利冲突即是一个很好的例子。如果此种信号没有被误读，那么政府官员需要自由以决定何时发表声明，民权运动领导者也将享有执行隐私权，决定何时公开他们的决定。

显而易见，隐私对于政府制定负责任的政策具有功能上的必要性，特别是在涉及调整差异性和平衡多数利益及少数利益之间的民主制度中，隐私具有十分重要的作用。诚然，区分"什么是正确的隐私"和"什么是危险的'政府机密'"的任务十分艰巨。有观点认为，公民不仅享有知道政策是如何进行考虑的权利，而且在政策制定出来之后，公民还享有知道谁影响了决策结果和是什么原因对政府领导人制定决策造成影响的权利。除了立法机关和行政机关和政府选举

---

[1] Adom Yarmolinsky, "Memo on Privacy in Government", June 23, 1965, files of the Social Committee on Science and Law, Association of the Bar of the City of New York.

及任免机构在广泛地争论隐私问题,这里还存在政府机构操纵隐私以致形成不合理优势的问题。当某个政府机构为了保护自己的利益,实施借用隐私原则来保持部分信息的秘密性以掩盖公共事务的错误行径时,一个有效的立法活动或新闻报道活动可能就需要马上行动起来。

(四)保护组织之间的交流

与个人需要享有隐私权一样,组织需要享有隐私权以便与组织外部的建议者进行秘密交流,确定信息的来源,以及与其他组织进行交流。从政府层面而言,享有隐私权的必要性的范围从所谓的"告密者特权"到让某些人给总统或行政部门提供秘密的建议的情况。"告密者特权"是指受到美国法律所承认的,保护行政分支部门特别是执法部门和安全部门的工作人员的身份私密性的一种权利。例如,在1958年,时任美国总统艾森豪威尔拒绝向公众透露某个私人民间组织所撰写的关于国家防御情况的机密报告,他当时解释道,公民向政府提供建议的意愿很大程度上取决于沟通的隐私是否受到保护。社会对这些信息来源的私密性设定了限制,例如,如果政府想要在刑事诉讼过程中使用告密者所提供的信息,如果政府想要让获得的信息自愿地执行,这些都会被记录在案。

隐私对秘密交流所起作用的另一方面涉及组织从个人或其他组织所获得的信息。私人机构如人寿保险公司,征信所,雇主及其他组织收集了大量的个人信息,有时在强迫之下,只有当组织已经获得由个人所提供的信息时,个人才能享有由组织所提供的某些利益。当政府部门在进行执法监管、发放补助、职业介绍等职能时,政府会收集更多的个人数据,大多数这些政府行为都具有强制性,公民应当履行配合政府调查的法律责任。在正常的情况之下,这一问题都被视为个人隐私问题而非组织隐私问题。未经他人同意,行为人不得将他人出于某一目的向外界提供的个人信息另作他用,这是他人享有的一项个人利益。但是,组织同样也需要保护某些信息,反对新闻媒体和其他私人或公共机构为了持续性获得露骨的和完整的新闻资源而要求接触某些私密信息的主张。这一事实表明,一个独立的组织需要保持数据的机密性,而不仅仅是表面声称会对隐私提供保护。

许多私人组织都形成了保密制度来管理这个问题。政府通常都会尝试通过法令规章来保护和禁止政府雇员在未经授权的情况之下披露他们在自己的职位或政府文件中所获得的机密信息。例如，法律规定只能将获得的户口普查资料作统计目的之用，禁止其他政府官员以调查此项数据为由获益。同样，所得税数据的使用目的也受到限制，除了税收目的，政府只能将它们用于查询的目的。当某些商事主体、新闻媒体和其他政府机构主张因享有"人民"的权利而有权接触某些政府信息时，政府信息的隐私就会承受很大的压力，这时就会出现一个为行使隐私所斗争的重要领域。

秘密交流的最后一个方面涉及组织在社会中的秘密谈判。在美国，人们期待私人组织能够对某些涉及不同成员共同利益的问题进行协商并达成一致的解决意见。支撑这一观点的例子有，关于工作条件的劳动管理谈判，各政党之间就政治事务所进行的协商，民间团体就各种社会问题所进行的讨论等等。除非谈判组织的代表可以在私密的情况之下进行争论并且达成协议，如果过早地将谈判过程暴露到双方代表的成员之间或社会公众面前，将不利于谈判成功地达成谈判目的。

《纽约时报》曾对工作中的这一因素做出了经典阐述，它报道了美国纽约州于1964年期间所举行的一系列关于调查当地社会问题的会议。当地某些组织的发言人召开了"公开"会议，紧接着某个非公开的会议将为接下来的陈述做准备。《纽约时报》的记者指出："公开的会议已经被贴上'缺乏坦白'的标签，因为许多参会人员都不想在公众面前谈论城市中的种族问题。然而，当会议为秘密会议时，只有当承诺公民、商人、劳动者及民权领导人在不用担心自己会被报纸报道时，他们才敢表达自己的观点。只有在这个时候，参会人员才感觉自己在讨论现实问题，组织的领导人才第一次坦白地演讲。"

政府机构也存在与其他政府机构谈判形成联合决策的需要。例如，若参议院和众议院的立法版本不同，它们将需要召开委员会会议达成一致；来自不同执行机构的代表为了达成一个统一的执行防御政策或外交政策而召开的会议。当然，最具争议性的是许多国家的政府之间所进行的谈判。Wilsonian认为，尤其是基于不同的理想、文化和基本国情的国家之间的谈判，唯有在公开坦诚的情况下进行的谈判才能达成一致。

上述对组织行为的讨论暗示着,隐私是组织必不可少的要素,它有着保护组织自治、收集信息及建议、准备对策、制定内部决议、内部组织谈判以及决定何时公开决策的作用。因此,在自由社会中,隐私对于组织生活而言并非是一种享受,而是一种组织系统重要的润滑剂。

隐私的目的

杰弗里·罗森[①]著　谢晓君[②]译

目　次

一、导论
二、社会公众的误解
三、将隐私公之于众
四、行为人应当了解他人的什么问题
五、作为自治权的隐私

一、导论

在《不被期待的凝视》（*The Unwanted Gaze*）一书中，笔者认为，"隐私可以保护他人免受行为人对其做出错误的判断，并且这一判断仅仅出自于一个很狭窄的关注范围，在此范围内，信息很容易混淆行为人对他人的了解"[③]。因此，笔者将会在本文中对这一观点所存在的几个反对意见进行讨论。

《不被期待的凝视》一书列举了笔者朋友 Lawrence Lessig 的例子。在 1997 年，Thomas Penfield Jackson 法官在审查政府与微软公司之间的违反信任纠纷一案当中建议选择 Lessig 作为特别专家。当微软公司质疑法官对 Lessig 的任命时，美国网景公司的工作人员将 Lessig 写给网景公司的一个熟人的邮件移交给了司法部，其中，Lessig 在邮件中开玩笑地写道，下载微软公司的 IE 浏览器是一件"出卖灵魂"

[①] 杰弗里·罗森（Jeffrey Rosen），美国乔治华盛顿大学法学院教授。
[②] 谢晓君，中山大学法学院助教。
[③] Jeffrey Rosen, The Unwanted Gaze: The Destruction of Privacy in America (2000).

的事。司法部向微软公司公开了 Lessig 的这封邮件,从而表明 Lessig 有偏见并且需要被要求辞职。

事实上,Lessig 上述的邮件内容是被断章取义的。邮件的全文明确表示,为了参加某个比赛获得一台苹果公司的笔记本电脑,Lessig 已经下载了微软公司的 IE 浏览器。在安装了浏览器软件之后,他发现他的网景书签被删除了。在沮丧、愤怒之际,他就向一个在网络论坛中认识并在网景公司工作的熟人写了封邮件,邮件内容描述了所发生的事情状况并且引用了在其汽车音响中曾经播放过的 Jill Sobule 的一句歌词:"出卖了我的灵魂,什么事情都没有发生。"虽然法官最终因为技术上的原因要求 Lessig 停止担任特别专家,并没有对这一封令人产生误解的邮件做出什么回应,但是 Lessig 发现,其他不了解实情的陌生人会对此留下错误的印象,认为这封邮件"证明了"他有偏见并且被迫辞职。这一经历教会 Lessig 一个道理,也就是,世界上的大多数足迹都会被记录,并且所有记录都能迅速被恢复,如果行为人想要损害他人,那么行为人很容易就能脱离他人原有的语境表达而对他人的某些情感进行断章取义。

在该案之后,Lessig 曾经在邮件中跟笔者说过:"对于微软公司这一案件,我体会最深的不是实际上的侵害行为(正如我曾经说过的,我不认为这是一种侵害行为)。我最讨厌的是,邮件中的一句话不足够重要,以至于人们不能够对真相进行充分的了解。社会公众对一句话的关注只需要一秒钟,但是如果要了解它,那么至少需要一分钟的思考。然而,我没有获得并且被认为不值得获得这一分钟的思考。因此,对于大多数人而言,真相已经不见了。"总之,Lessig 认为受到不好的对待,不是因为他不能为自己做出解释,而是因为在这个关注持续时间很短的世界中,他没有获得被关注的机会。

二、社会公众的误解

笔者希望与读者一起探寻其他人对笔者所持观点的某些质疑与反对。在 2000 年 9 月,乔治城大学法学院举行了一次针对《不被期待的凝视》的专题研讨会,研讨会主要有两个大的回应。其中一个回应是,Lawrence Lessig 质疑认为,被误解这一问题不同于隐私问题。他认为,在一个关注持续时间很短的世界中,公共信息或私人信息都会被断章取义地错误理解或错误判断。他举了 Antonin Scalia 法官的例子——Antonin Scalia 法官反对美国联邦最高法院关于电视转播的主张,因为他担心录像带的片段将会在晚间新闻中被截取引用。在截取片段引用的情况下,不完整的片段信息越多,就越容易导致人们对真相有越少的理解。如果可以保证当事人的主张会被完整地播出,那么,Scalia 将会放弃他的反对意见。同时,Lessig 表明,Scalia 已经针对关注持续时间的问题设计了一套建筑学上的解决措施:如果人们想要观看口头辩论的话,那么他们必须坐在一座大理石宫殿内,并且受到执法官的约束禁止离开。Lessig 表明,对于防止信息市场的失败,隐私是一种普遍的救济方式,但是除此之外,还有其他救济方式,例如建筑学的或社会规范。①

研讨会的另一个回应是,Robert Post 坚持认为,被误解或者被不完整地理解这一问题根本"不应该被视为是一个关于隐私的问题",因为人们在公共信息或私人信息的基础上都可以被断章取义地错误理解或错误判断。他以足球球员和作者为例——足球球员以愚蠢的一球而被记住,或者一本好书的作者却因一篇差劲的书评而被歪曲。Post 认为,没有理解接受以下两种观点,也就是,"他人有权抵抗基于私人信息的误解,这是尤为重要的",或者,"如果他人的私人信息被误解,那么,这会对他人造成尤为严重的伤害"。②

笔者希望从这一反对意见开始,也就是,被断章取义地判断不属于一个关于隐私的问题。尤其是,为了回应 Post,笔者认为,与他人的公共信息被断章取义相比,当他人的私人信息被断章取义时,由此导致的社会判断会对他人造成更严重的伤害,并且更有可能导致社会其他人产生认知上的错误。当他人的私人信息被断章取义时,将信息放在一个更广大的语境中的唯一方法是披露更多的私人信息,但这只会增加被误解的风险,因为特定类型的私人信息只能在亲密关系的语境中被理解。特定类型的私人信息只应当在信任关系存在的情况下被披露,这意味着,即便他人为了获得更多的理解而披露更多的私人信息,这不过是加剧原有披露行为所造成的损害。

---

① Lawrence Lessig, Response to The Unwanted Gaze (2001).
② Robert Post, Three Conceptions of Privacy (2001).

笔者认为，这一损害是对他人自治权与个人尊严的冒犯——不仅侵犯作为主语的自我定义的"我"（I），而且也侵犯作为宾语的社会定义的"我"（me）。自治权背后所保护的不仅仅是免受政府所有形式的监视，而且还包括免受社会以具有过度侵犯性的形式而进行的监视。并且，尊重他人的隐私可以使他人免于解释其与社会一般规范所存在差异，在这样一个多元的社会中，没有人应该被强迫受制于社会的监视和议论。

对于 Post 所认为的，没有理解接受以下两种观点，也就是，"他人有权抵抗基于私人信息的误解，这是尤为重要的"，或者，"如果他人的私人信息被误解，那么，就会给他人造成严重的伤害"。对此，笔者首先从基于对公共信息的断章取义所导致的误解出发对上述两种观点进行辩护。根据 Post 所举的例子，足球球员以愚蠢的一球而被所有人记住，一本好书的作者却得到一篇差劲的书评。Post 说得对，"无论社会公众眼里所产生的歪曲何时发生，它都必然是令人痛苦的，不管它是否产生于他人'私人信息'的披露"。但是如果笔者是这名以愚蠢的一球而闻名的足球球员，那么笔者会以下次踢得更好来提升自己的形象。如果笔者是这名得到差劲书评的作者，那么笔者会让一个更优秀的人写。如果笔者是一名在国宴中生病的总统，那么，笔者可以通过波斯湾战争证明健康状况。当然，如果笔者基于公共信息而被误解，那么，笔者也有可能选择通过披露私人信息而纠正这些错误印象：足球球员可以举行记者招待会解释澄清因为他的妻子最近被诊断出患有坏血病，正如 Lawrence Lessig 将他的邮件公开披露其音乐爱好一样。但是如果他人基于私人信息而被误解，那么此时他人需要不自愿地披露更多的私人信息以澄清误解，而对于基于公共信息所产生的误解，他人按照与其公共形象一致的作风行事便能较为容易地应对。

他人纠正误解的行为是否有效将取决于他人吸引社会公众继续关注的能力。在一个关注持续时间很短的世界中，他人可能会因为一次单独的、让人铭记的公开行为而被误解，并且将不再有其他机会纠正这些误解。（这是恶魔的看法——坏的思想会驱逐美好的事物。）但是，当他人基于公共信息而被误解时，Lessig 对于关注持续时间的问题会导致信息市场的问题，并且一般来说，与那些只能吸引社会公众

15分钟关注的不著名的人相比,越著名的人将越能克服这一问题。

三、将隐私公之于众

我们现在可以思考一下基于对他人的私人信息进行断章取义而产生的误解。在这一情况中,对他人造成的损害以及救济方式都是有所不同的。尽管 Post 对此持相反意见,但是与基于公共信息而产生误解相比,基于私人信息的误解更有可能歪曲信息市场并对他人造成损害。对于基于私人信息所产生的误解而言,救济比损害更糟糕,并且此时所产生的误解只能通过披露更多的私人信息进行纠正,这会导致对他人的进一步误解以及对他人尊严和自治权的进一步损害。

以 Lessig 的邮件一事为例。Lessig 曾经说过,虽然他不认为对邮件本身的公开行为具有侵犯性,但是为了将他的笑话放在邮件特定语境中理解,他——以及笔者就必须披露他曾经听过歌手 Jill Sobule 的歌曲这一事实。但是,披露这些背后信息的行为以新的方式歪曲了信息市场。这场研讨会的观众现在知道 Lessig 没有对微软公司有偏见,但是他们会发现 Lessig 是 Jill Sobule 的歌迷。然而,他其实并不仅仅是 Jill Sobule 的歌迷,他还非常爱好格列高利圣咏。那么,虽然笔者现在已经披露了我的朋友 Lessig 喜欢听格列高利圣咏这一事实,但笔者可能会因此对他造成进一步的误解:毕竟,他既不仅仅是 Jill Sobule 的歌迷,也不仅仅是圣歌的歌迷。其实,问题不在于 Lessig 的音乐爱好本身在某种程度上令其感到尴尬,而在于一旦背后的事情被提起,Lessig 及其朋友只能通过披露甚至更多的私人信息,才能防止这些信息不被行为人断章取义。

然而,社会公众其实并没有权利获知 Lessig 的音乐爱好,不仅仅因为社会公众没有时间了解 Lessig 所有复杂的、令人惊奇的各个方面——这就是关注持续时间的问题,而且还因为 Lessig 不必然需要向社会公众对其音乐爱好进行解释。即便是不正确的了解,了解必然会有一个缓慢的、相互的个人信息分享过程,而这会导致关系更加亲密,了解更加充分,以及双方更加信任。但是,当他人的私人信息被断章取义时,这一过程就会产生短路的现象。为了全面了解 Lessig 的笑话,社会公众需要对其进行更多的关注,并且获知与他们有权要求的信息相比更加亲密的信息。在这一意义上,虽然基于私人信息而被误解的问题是一个关注持续时间的问题，但是这不仅仅是一个关注持续时间的问题。

无论是否属于走漏风声的信息，特定的私人信息只能在亲密关系的语境中得以理解。即便你已经全面获知笔者在"双击"公司（DoubleClick）的浏览日志，里面包括笔者在过去几年曾经阅读的、下载的所有细节，但是你也不会对笔者有特定情境下的了解。在信息的洪流中，你最终还是会转换频道或者点击一个更有趣的网站。

当然，对于这所表现出来的关注持续时间的问题，设计一种建筑学上的解决措施也是有可能的，正如 Lessig 所表明的 Scalia 法官已经对美国联邦最高法院的关注持续时间问题设计出来的建筑学上的解决措施一样。只有当新闻媒体的成员同意在辩论的全过程都坐下来听，违者将被持有武器的联邦执法官进行物理上的限制，美国联邦最高法院才允许他们观看口头辩论。相似地，在技术上很容易设置一个可信任的系统，仅仅允许同意每天花八个小时从头到尾全部阅读的人获取笔者在"双击"公司的浏览日志，并且违者将不再能够获取这些日志信息。

但是，行为人通过这样一个可信任的系统阅读他人在"双击"公司的所有日志，这其实是难以令人接受的，因为行为人并没有时间获取他人的信任。虽然社会公众有权对美国联邦最高法院的口头辩论进行了解，但是他们无权擅自对他人曾经阅读过的、浏览过的或者下载过的所有内容进行了解。他人实际上并不需要向陌生人或国家就其生活的各个具体方面进行解释。

因此，当行为人对他人的亲密信息进行断章取义并向陌生人公开时，他人的个人尊严就受到损害，这一损害与他人是否被误解是无关的。造成损害结果的是强制披露他人私人信息的行为，而不是信息本身所固有的私人属性。我们可以想象一下，他人自愿披露其私人信息，因为他们想被别人更好地理解。在 Lessig 的邮件被公开披露之前，他被报纸称之为才华横溢的法官助手，说服了美国联邦最高法院从使用大型计算机转变为使用网络计算机。在"拉里·金"（Larry King）节目中，为了使这一技术性形象更接地气，他可以选择披露其对 Jill Sobule 和格列高利圣咏的喜爱。类似地，为了反驳在公众面前的僵硬呆板形象，艾伯特·戈尔大方地亲吻其妻子并且起劲地讨论他们的共同爱好。在公共领域层面，公共信息与私人信息之间存在某种程度的模糊地带是不可避免的，除非我们难以置信地坚持认为人们只能根据最狭窄意义上的公共形象而被定义，并且，当他人自愿披露其私人信息时，我们不会认为这属于侵犯他人隐私的行为。

随后，对于隐私，笔者认为这是一种控制他人私人信息的能力，而对于私人信息，笔者认为这是一种他人合理期待能够控制的信息。他人期待的合理性可能在不同的情况下会有所不同。如果笔者是一名郊区的高中学生，那么，笔者可能会倾向于希望同学们不了解笔者喜欢下载 Richard Wagner 的音乐。如果学校对笔者在家中的互联网浏览记录进行监视，并在学校报纸上公开这些浏览日志，笔者能够合理地对此提出反对意见，认为这不仅会使笔者受到误解——因为关注持续时间的问题，而且这一无礼举动还会对笔者造成侵害——因为这侵犯了笔者对于自己的互联网浏览记录属于隐私的合理期待。但是如果笔者的同学看到笔者在大都会歌剧院排队，并且告诉其他人笔者是一名 Richard Wagner 的歌迷，那么虽然这是令人感到尴尬的，但是这并没有侵犯笔者的隐私和尊严：毕竟，笔者在一个可视的环境中被发现。与其说要区分什么私人信息才属于本质意义上的隐私，例如音乐爱好或向朋友发送的邮件，还不如关注控制权的问题来得更有意义。非故意地对他人信息进行断章取义的歪曲行为本身就构成侵犯他人隐私的行为，并且造成笔者已有所描述的相关损害后果——损害其他人对他人的认识，他人的尊严以及自治权。

四、行为人应当了解他人的什么问题

Post 表明，误解给他人所带来认知上的损害是一般性的，并且在某种程度上，他人需要被迫披露更多的私人信息来纠正由于断章取义所带来的误解，此时的损害则完全是一个关于他人个人尊严的问题，而不是自治权的问题。但是，正如笔者在《不被期待的凝视》一书中所认为的那样，这确实也存在对自治权的冒犯。正如 Post 所表明的，一方面，作为个人尊严的一种形式，隐私关注"我们将每个人都看作一个共同社会的成员的这一尊重的社会形态"；另一方面，作为自治权的隐私关注他人控制社会规范界限的能力。

我们可以来思考一下对于婚姻不忠实信息的公开披露行为。戈尔

夫妇为了反驳副总统没有热情的这一印象而提供了适合电视广播的关于他们爱好的详情，而与戈尔夫妇不同，克林顿夫妇违背他们的意愿被迫证明他们婚姻的忠实。为了反驳夫妻不和这一传闻，总统和第一夫人必须让他们自己被拍到一起在沙滩跳舞的照片。为了反驳婚外情的结果就是离婚这一普遍认知，他们被迫举行一场丢人的弥补仪式，克林顿夫人在这场弥补仪式中首次表明她对丈夫的愤怒，但是为了支持她的丈夫，她勉强自己维持婚姻关系。然而，这些弥补或补救的一般仪式对于了解克林顿夫妇的婚姻真实情况不会产生多少作用，因为正如许多婚姻关系一样，婚姻的真实情况是婚姻关系之外的其他人所难以了解的。对于我们所有人而言，克林顿夫人可能盲目地喜欢她的丈夫，她可能并没有像社会公众所认为的那样对她的丈夫有如此的愤怒。尊重克林顿的婚姻隐私可以保护社会公众免于对此产生误解，因为克林顿的婚姻太过于复杂以至于陌生人难以理解。但是，这也有助于保护克林顿夫妇免于向陌生人解释他们夫妻生活的方方面面，因为没有人应当被迫就其生活提交给社会讨论。

因此，尊重他人的隐私可以保护他人免于解释其不同之处，从而可以以一种与社会期待所不同的方式安排他们自己的生活。我们可以想象一下，一对夫妻决定忍受对方的婚外性行为，就像克林顿夫妇所做的那样。在隐私的保护下，他们即使面对婚外情的状况也可以维持婚姻关系。但是，一旦婚外情这一状况成为公众讨论的话题，那么此时夫妻将面对社会上汹涌而来的离婚压力，因为传统观点认为离婚才是面对婚外情的恰当做法。在许多案件中，他们可能会屈服于这一压力，尽管夫妻双方都更愿意维持婚姻关系。总之，隐私可以保护他人免于被行为人断章取义地判断，而不仅仅保护他人免于被误解。隐私可以保护他人以不同于社会规范的各种方式构建最亲密的关系。

Post 坚持认为，侵犯他人自治权的行为一般会被限制于他人与国家之间的关系。但是，作为自治权的隐私不能往往被如此狭窄地理解。Jeffrey Reiman 将作为自治权的隐私概念定义为"赋予他人生存的权利"。[①] 通过限制社会公众接触他人，Reiman 总结认为，隐私保护他人对其想法和行为享有所有权。笔者认为，这一隐私概念与互联

---

① Jeffrey Reiman, Privacy, Intimacy, and Personhood (1982).

网无所不在的监控密切相关。匿名网站的监控几乎难以被认为是对他人个人尊严的侵犯，因为作为个人尊严的隐私假定存在某种程度的相互关系。与之相比，无所不在的监控可能会以某种方式抑制他人的想法和行为，从而与自治权有所关联，尽管这不会涉及国家。目前网络空间无所不在的监控只是在初级阶段。当他人在上网时，他人才会被网上追踪并被具有针对性的广告攻击从而受到侵犯。除此之外，其他人不会发现这具有什么侵犯性。这一规范目前已有所争议。我们可以想象一下这样一个世界，也就是，形象是普遍存在的，并且被广为接受，人们可以根据他们的形象而对他们自己做出定义。在这样一个世界中，当"双击"公司向笔者发送一个与笔者实际形象不符的广告时，笔者在社会上的隐私期待将会受到侵害。因此，当笔者收到一封关于《艺伎回忆录》的广告邮件时，笔者可以提起侵犯他人安宁的侵权诉讼，尽管笔者过去的购买偏好表明笔者更有可能喜欢 Tom Clancy。在这样一个监控无所不在的世界中，与塑造准确的形象相比，塑造不准确的形象会被认为"对一个理性人造成高度的冒犯"。但是无论准确与否，普遍存在的塑造形象行为仍然会在一定程度上对他人的自治权造成冒犯，因为他人会担心其形象的公开可能会抑制他们在某种不同于社会期待的程度上浏览有争议的网站或阅读奇怪的书籍。正如 Stanley Benn 所认为的，保护作为自治权的隐私可以表明，一个自治的个人值得受到尊重，从而在不被监视的情况下成为一个个人主体，[1] 而不是像动物园的动物一样作为被观察的对象。

五、作为自治权的隐私

如果那些本应被视为是私人空间内的行为却受到行为人断章取义地观察、监视的话，那么，这会给他人带来损害。一方面，这些观察行为一定程度上会来源于国家不合理获取他人私人信息的行为——例如公开披露 Lessig 和 Lewinsky 邮件的庭审，通过对他人与国家之间的边界造成威胁，从而在传统意义上构成对他人自由的侵犯。另一方面，这些观察行为一定程度上也会来源于对朋友或前任情侣的背叛，例如 Joyce Maynard 在她的回忆录中披露其与 J. D. Salinger 生活的事

---

[1] Stanley Benn, Privacy, Freedom, and Respect for Persons (1982).

情，这是一种对信任的违背。这也是一种对社会所构建的个人尊严规范的侵犯行为，与以下这一无礼举动相类似，也就是，如果笔者与一位同事去到裸体沙滩，她在没有获得笔者同意的情况下对笔者进行拍照。在这一特定时代背景下，毫无保留的回忆录仍然是稀少的，所以一个理性人不会期待他们的爱人在甜蜜温柔的时刻会匆匆记下以作为回忆录的草稿。然而，如果社会规范发生了变化，并且毫无保留的回忆录变得越来越普遍，那么，这样一种背叛行为可能不再被认为是一种对他人尊严的侵犯行为，但是这仍然会被认为是一种侵犯他人自治权的行为。如果他人在存在会被背叛这一担心的情况下不能形成信任关系，那么，他人对于行为人是否为了未来的公开披露而记录他们之间最亲密的时刻的不确定将会导致不可能形成亲密关系，并且，在不存在亲密关系的情况下，他人就没有机会对自己做出与社会期待所不同的自主的、不随波逐流的发展，而不是一味地遵循社会期待。

从一个更高的角度来看，这推定他人存在与社会相衔接的一面，就像 Goffman 的加油站力学理论一样，也就是对他人所做出的定义与其同事有关。Goffman 背后所意指的世界是一个外人无法进入的地方。在那里面，我们可以摘下面具，但是在面具的背后，不存在独立于"我们"的作为宾语的"我"。与之相比，作为自治权的隐私推定存在一个自我实践的他人本身，由与相关社会的不同之处所定义，而不是与社会的相同之处。当笔者讨论到为了他人可以免于解释其自身的不同之处而需要免受社会与国家的观察时，这就是笔者心目中的自治个人本身。在没有无所不在的监控隔绝的情况下，他人不能发展其个人主观性，从而不能形成亲密关系。作为一名社会学家，Robert Merton 将隐私定义为"免受观察的自由"，他认为，隐私是必要的，因为在没有隐私的情况下，"要履行所有（并且经常相互冲突的）社会规范的细节，由此所带来的压力简直是难以忍受的；在一个复杂的社会当中，显然矛盾的行为将会成为行为规则，而不是难以应付的例外规则"。[①] 无论基于完全的信息还是不完全的信息，如果他人在私人空间内所实施的行为被行为人断章取义地观察，那么他人将会从主体变成客体；并且，对于无所不在的监控的不确定性导致他人个体无

---

① Robert Merton, Social Theory and Social Structure (1968).

法实现自身的发展。对于被断章取义的观察行为所导致的损害结果，其中一个损害结果的具体表现不仅仅是 Post 所表明的侵犯他人的个人尊严，这不仅仅是 Lessig 所表明的社会公众的误解，而且包括对一个自治的个体所造成的固有侵害。

隐私的自由价值

鲍德韦因·布鲁因[①]著　魏凌[②]译

目　次

一、引言
二、隐私、自由和认知
三、隐私和消极自由
四、隐私和消极自由的认知
五、结语

一、引言

　　自由主义思想家正在全力对付隐私，尤其是当他们在使用消极的自由概念时。某些自由主义学家甚至认为，隐私几乎完全没有涉及自由价值，因此它不应当获得法律的特殊保护。这些思想家将他人追求隐私的行为视为追求自我经济利益的行为，由于此种行为将隐藏他人的某些丢脸的事实，追求隐私的目的是反对某些自由的利益，诸如言论自由、市场交易和安全。[③] 因此，通常而言，持此类观点的学者既不会反对在公共场所设置监控设备，也不反对书店将购书者的信息转寄到电脑或者政府机构，同样，他们也不会反对航空公司要求旅客在登机前提供许多项目的个人信息的行为。自然地，尽管这些对隐私的价值持有疑问的学者承认，公开他人私人信息的行为将导致他人的不

[①] 鲍德韦因·布鲁因（Boudewijn De Bruin），荷兰格罗宁根大学伦理学教授。
[②] 魏凌，中山大学法学院助教。
[③] Richard Posner, The Economics of Law (Cambridge: Harvard University Press, 1981), p. 233.

愉快,甚至对他人造成伤害,但是,他们仍然坚持,诸如此类的影响的重要性不如自由的价值(言论自由、安全、经济增长等)。此外,他们还坚称,侵犯他人的隐私所造成的大多数问题都应当留给他人自己解决,而不是由国家进行赔偿。①

传统的隐私观点无法说服自由怀疑论者。让我们从不同的角度来考察这些观点。如果笔者发现,当笔者在参与某些活动时,某些人在持续不断地观察着笔者,那么笔者将会从一个正常的活动"参与者"变成"被观察者",这种感觉正如之前的观点所陈述的那样,让人感觉糟糕。②然而,许多隐私怀疑论者也许不会过多地陷入因角色改变所造成的主观感受转变的困境。毕竟,他们仍然坚持,不论是否有人正在监视笔者的一举一动,笔者都有可能完成任务。

现在让我们从关系的角度来理解上述观点。从关系角度而言,隐私是许多人类关系的必要条件,因为关系涉及以信息交换的方式给予双方礼物。只有当他人已经安全拥有他们想要给予对方的礼物(即所谓的私人信息)时,此种礼物才能更全面地送出。③当某个人与朋友之间的谈话被偷听时,他真的有可能与朋友分享私密的想法和感受吗?隐私怀疑论者对此持怀疑态度。朋友可能会感到羞怯,但是这并不意味着他们受到了抑制。

接下来让我们从人格尊严的角度继续探讨这一问题。侵犯他人的

---

① Anita Allen, Why Privacy Isn't Everything: Feminist Reflections on Personal Accountability (Lanham: Rowman and Littlefield, 2003); Richard Epstein, "Deconstructing Privacy: And Putting It Back Together Again", Social Philosophy and Policy 17 (2000): 1 – 24; Amitai Etzioni, The Limits of Privacy (New York: Basic Books, 1999); Catharine MacKinnon, Towards a Feminist Theory of the State (Cambridge: Harvard University Press, 1989); Posner, The Economics of Law; Jesper Ryberg, "Privacy Rights, Crime Prevention, CCTV, and the Life of Mrs Aremac", Res Publica 13 (2007): 127 – 143; Michael Sandel, Democracy's Discontent: America in Search of a Public Philosophy (Cam-bridge: Harvard University Press, 1996).

② See Stanley Benn, A Theory of Freedom (Cambridge: Cambridge Uni-versity Press, 1988), pp. 271 – 278; Robert Gerstein, "Intimacy and Privacy", a/wcj 89 (1978): 76 – 81.

③ Charles Fried, "Privacy", Yale Law Journal 11 (1968): 475 – 493, and James Rachels, Why is Privacy Important? Philosophy & Public Affairs 4 (1975): 323 – 333, the argument is revisited by Jean Cohen, Regulating Intimacy: A New Legal Paradigm (Princeton: Princeton University Press, 2002), and Julie Inness, Privacy, Intimacy, and Isolation (New York: Oxford University Press, 1992).

隐私将侵犯他人的尊严。这一观点是在 1881 年由美国密歇根州最高法院裁决的著名案例 DeMay v. Roberts 一案①所裁定的。在该案中，Demay 向法院起诉，称某个男子（Roberts）在她分娩时出现，Demay 原本以为该男子是从事医疗行业的医生或护士，但是没想到 Roberts 并不是。因此，Demay 认为，Roberts 的行为公然侵犯了自己的尊严，要求法院判决 Roberts 就其侵权行为承担责任。尽管在此种情况下，隐私怀疑论者将不再那么冷酷无情地忽视 Demay 所遭受的羞辱和屈辱的感觉，但是，他们谴责的是该男子假扮医务人员的行为，而不是该男子侵犯他人隐私的行径。②

最后，让我们从自治的角度来探讨这一问题。假设怀有让其他人了解自己的正确观念有助于促进自治，此种观点认为，控制别人了解自己是自己的利益所在。这一观点至关重要，例如，不论他人是否知晓有人正在监视自己，他人都有权决定是否要在办公室内跳萨尔萨舞。但是，再一次地，隐私自由论的怀疑者并不会受到影响。他们认为，即便行为人透过办公室的窗户偷看他人跳舞，但是实际上行为人并不会阻碍他人跳舞。

为了让怀疑者信服隐私的自由价值，笔者将在文中展示侵犯他人的隐私将减少他人自由的程度。这是否可能？尝试这一观点，我们首先会遇到以下几点挑战：严格来讲，某些活动例如性行为、交换秘密信息，或是分娩，也正如怀疑论者正确地指出的那样，即便这些活动处于被人观察的情况之下，它们也可以实施。但是，这些活动的"逻辑"要求它们应当在无人观察的情况下实施。例如，如果行为人在他人交换秘密时偷听，那么，交换秘密将变得不可能。他人也不可能在谨慎友好的态度下去纠正朋友某些特殊外交术语的错误发音。相似地，如果行为人在监视他人，那么他人也不可能以传统的方式完成性行为或者分娩。

因此，只有当我们假设出一个更为广泛的描述行为的方式，并且

---

① DeMay v. Roberts, 46 Mich. 160 (1881).
② Samuel Warren and Louis Brandeis, The Right to Privacy', Harvard Law Review 4 (1890): 193-220, and Edward Bloustein, "Privacy as an Aspect of Human Dignity: An Answer to Dean Prosser", New York University Law Review 39 (1964): 962-1007.

不要求这一方式为整体所接受时,这一尝试才可能成功。此外,陷入循环的困境是潜在的,因为不存在隐私侵权行为现在成为描述行为的一部分。这就是为什么笔者建议采取不同的方式来面对怀疑论者挑战的原因。

我们必须进行某些分析。笔者将展示,披露他人私人信息的行为可能导致他人消极自由的程度改变和他人对涉及消极自由程度的认知的改变。改变消极自由的例证如下。某位家长监视孩子学校的校长,发现校长是一位同性恋并且将这一信息公开给其他的家长。不久之后,这位校长被禁止进入学校,最终他迫于家长的担忧所带来的压力而辞职。从这点可以看出,校长的消极自由减少了。改变他人有关自由的认知的例证如下。笔者银行的电脑服务器被偷了。笔者并不知晓小偷究竟是想盗窃计算机硬件还是存储在电脑中的金融记录,因此笔者知晓的未来的信息减少了。比起之前,罪犯是否尝试获得笔者的信用卡姓名的不确定性增加了,这将造成笔者对消极自由的认知的减少。这也导致笔者决定购买保险来预防遭受身份盗窃行为。

以上两个案例均是公开他人私人信息并最终导致他人消极自由减少或他人对消极自由的认知减少的案例。隐私自由论的怀疑者也许接受对隐私和消极自由的分析,但是在他们得出任何更深层的规范结论时,他们又变得犹豫不决。理由在于,他们认为,只要我们有反歧视的法律和反对身份盗窃的法律存在,就没有必要进行进一步规范。然而,从经验主义的角度和概念主义的角度而言,此种犹豫完全是错误的。将道德和法律责任分配给私人信息的"接收者"——也即上述两个案例中的家长和小偷,此种做法显然存在问题,例如,个人行为是建立在个人的偏见之上的(假设某些家长的举止非常粗暴,不断地扩大偏见,认为同性恋就和恋童癖一样)。此外,个人认知当中的自由利益与他们消极自由的程度相关,这些利益并不会受到法律的影响。尽管针对身份盗窃的法律也许是正确的且可以施行的,但是这并不足以让作者忽视以下的行为,这就是,一旦小偷获取了笔者的电脑,他将会如何处理笔者的私人信息?

在本文的第二部分"隐私、自由和认知"当中,笔者将对上述的问题进行分析,对这一问题的分析也将体现笔者分析隐私的方法的创新之处在于比较和选择。在本文的第三部分和第四部分也即"隐私和消极自由"及"隐私和消极自由的认知"当中,笔者将分别讨论规范的结果。具体而言,第三部分将讨论基于责任之上的经验研究和概念研究之间的规范相关性,而第四部分将研究消极自由认知的自由价值。

二、隐私、自由和认知

(一) 隐私和消极自由

笔者认为,公开他人的私人信息不仅将导致他人消极自由的改变,还将改变他人对消极自由程度的认知。因为消极自由以许多形式出现,所以笔者将首先定义文中需要适用的概念。它是指纯粹消极的自由的概念,简而言之,就是指笔者不能自由地实施某些行为,例如A 行为,假如行为人干扰笔者实施 A 行为,或者行为人在笔者尝试实施 A 行为时有干扰笔者的倾向。[1] 不论行为人的此种干扰是否出于故意。笔者回家的消极自由受到警察拦路的阻碍(警察干扰),或者笔者在高速公路遇到强盗迫使我在他的枪口下停车(只要笔者尝试驾车远离,强盗就有干扰的倾向);又或者,通过一座开合桥时,桥的负责人忘记关闭桥,导致笔者无法通过(非故意的情况下)。但是,笔者的消极自由不因笔者对地势的无知或者缺乏驾驶技巧,又或者笔者精神的恍惚(无外部障碍)而受到限制。

接下来,笔者将提出某些公开他人私人信息导致他人消极自由减少的例子。Joseph Steffan, 一位海军军官学院排名最前的海军见习军官,告诉他的牧师他是一位同性恋。牧师将这一信息透露给 Steffan 的上级,后来该上级迫使 Steffan 辞职(基于美国国防部禁止同性恋从军的规定,这一规定在 19 世纪 80 年代末仍然施行)。[2]

某位银行家非法获取了美国马里兰州政府的医疗信息记录。该银行家知晓了某些他的银行客户的医疗情况,后来他迫使某些被诊断为癌症的客户偿还他们的贷款。

---

[1] Matthew Kramer, The Quality of Freedom (Oxford: Oxford University Press, 2001). See also Ian Carter, A Measure of Freedom (Oxford: Oxford University Press, 1999).
[2] Steffan v. Perry, 41 F. 3d. 677 (1994).

Megan Kanka 在强奸了某位 7 岁的女孩后杀了她，许多州的法律都要求性犯罪者在公共信息库上进行注册，允许每一位感兴趣的公民了解到性犯罪者的信息，如家庭住址、罪行、照片以及其他的个人信息等。在某些情况下，此种做法将导致性犯罪者遭到骚扰（可能是旁观者误认了某些人），也可能导致实际上的报复行为，甚至造成记录在册的性犯罪者的死亡。

今时今日，为了核查应聘者的个人档案，雇主越来越多的到社交网站如 Facebook 和 MySpace 上进行查验。某些雇主甚至承认因应聘者的低俗照片和在网上吹嘘学生生活而拒绝雇佣他们。某些受到《纽约时报》采访的大学生声称，一旦他将自己的某些资料从互联网上移除，他就开始收到工作面试的通知。

上述例子都证明，隐私和消极自由之间的联系存在三步的结构。第一步是信息披露。A 作为发送人，A 将有关 B 的信息公开，C 则作为信息的接收者。（注意，A 和 B 可能是相同的。）由于公开可能不仅涉及口述和书写，还可能涉及将 C 的注意力吸引到涉及 B 某个正在发生的特定场景，如发送给 C 某张照片，照片上是 B 正处于某种境况之下；观看 B 的录像；传递 B 的刑事或医疗记录；或者 A 允许 C 非法闯入 A 的网站，网站上包括 B 的住址和社保号码的。当然，公开在此处以通常意思理解。第二步涉及观念的修正。在来自 A 的信息的基础上，C 修正了他之前对 B 的观念。此种做法可能导致 C 了解到 B 的更多信息、更多细节，使原来的信息完好无损；但是，它通常都会涉及观念的完全改变。第三步涉及行动。新的观念可能会促使 C 实施特定的行为，如果 A 没有将特定的有关 B 的信息告诉 C，C 将不会实施此种行为。如果实施此种行为对 B 造成了干扰，那么，B 的消极自由将会因隐私受到侵犯而减少。

新的观念可能促使 C 实施某些行为，但也有可能仅仅形成实施某些行为的倾向。笔者提供以下两个例子供读者考虑。美国华盛顿位于 Timberlane 街道的某位女士知道某位性犯罪者搬到了自己家附近，并且成了自己的邻居。该位女士决定，如果那位性犯罪者太过靠近自己的住所，她将会用枪射击他。尽管那位性犯罪者从来都没有太靠近那位女士的住所，但是，如果该位女士的决定足够认真（这里似乎没有理由认为她的决定是开玩笑的），果然那位性犯罪者尝试靠近女士的住所，他将可能不会存活下来。许多性犯罪者都不能进入某些特定的区域，如幼儿园和学校等周边地区。大多数的性犯罪者都不会试图进入这些领域，但是如果他们这样做了，警惕和明智的家长们会采取自己的方式阻止他们。

同样，某些航空公司使用旅游活动日程的信息来决定某些"禁飞"名单。许多出现在禁飞名单上的人都不会在这些航空公司购买机票，但是如果他们购买了，他们会被限制前往某些特定的目的地。

尽管在 Timberlane 街道的女士没有使用有关性犯罪者的新信息来实施某个实际的侵扰行为，但是她确实在知道该信息后改变了她行为的倾向。类似地，禁飞策略也改变了对某些潜在客户的处理方式。根据纯粹消极的自由概念，这些倾向的改变导致自由的减少，正如实际侵扰行为将导致他人的自由减少一样。这就意味着隐私和消极自由的第三步联系可能不仅涉及行为的实施（或不作为），也涉及实施某些行为（或不作为）的倾向。

某些学者认为，提及"倾向"导致结论包括了与事实相反或某些假设的障碍，此种做法将导致自由的定义太过宽泛。但是，显然"倾向"这一要素是笔者分析中必不可少的一部分，笔者会提出某些理由来捍卫它。① 反向事实并非是指干扰者的行为或倾向（某位女士决定杀死性犯罪者的意图和禁飞策略都是真实的），它存在于被干扰者所实施的行为当中（性犯罪者永远不会实际进入他邻居的领地，而禁飞名单上的人也从来不会在航空公司买一张从德黑兰到伦敦的单程机票）。例如，假设笔者正在自己的办公室内工作。一个场景是：办公室的门被锁了，但笔者没有钥匙，笔者不能自由地离开办公室。另一个场景是：某人正在笔者的办公室外等待，笔者办公室的钥匙在他手上，如果他知道笔者离开办公室，他将会把门锁上。在这一情景当中，笔者同样没有办公室的钥匙，因此不能离开。如果笔者尝试离开办公室，笔者将会发现自己被锁在里面。在纯粹消极自由的语境下，笔者在上述两种场景中都是不自由的。

诚然，许多现实生活中的不自由都是此种形式。笔者不能自由抗

---

① See for more details Matthew Kramer, "On the Counterfactual Dimension of Negative Freedom", Politics, Philosophy & Economics 2 (2003): 63 – 92.

议政府，笔者出国旅游也可能涉及某些实际的障碍。此外，尽管笔者的不自由可能存在于当笔者尝试抗议时或旅游时，但是，笔者也确实受到了干扰。将"倾向"排除在干扰的范围之外会给自由引来一个难以置信的评价，这就是，公民处于极权制度之下。因此，在定义自由的概念时，我们最好将减少他人消极自由程度的"行为人具有干扰的倾向"也包括在内。

公开他人的隐私导致观念的改变，观念的改变再促使行为的发生或实施某种行为的倾向的产生。这一框架完全是通用的。可以肯定的是，在大多数情况下，法学家和哲学家所处理的隐私案例都印证了他人消极自由的减少。但是，我们没有理由认为，所有公开他人隐私的案例都会涉及他人消极自由的减少。如果行为人 A 将有关 B 的信息透露给 C，这一信息对 C 来说可能不是新的，在此种情况下，C 就没有理由改变原本要对 B 所实施的行为。即便这一信息对 C 来说是全新的，C 因为知晓信息后即便改变了观念，但是 C 在之后所实施的行为不一定是由于知晓信息。某位银行工作人员知道了某个客户患癌症的信息之后，或者雇主在得知应聘者在朋友聚会上的一举一动之后，也可能找不到他们之所以改变行为（或行为的倾向）的原因。

实际上，公开他人的私人信息往往都能造成他人消极自由的减少。如果你不公开自己的某些个人信息，那么，大量的服务你可能都不能获得（如进入某个夜总会、进行医疗服务等），此外，许多市场交易也可能会要求参与交易者提供大量的个人信息（诸如购房、创业等）。在此类情形下，C 确实更新或修正了他对 B 的观念，但是由 C 的新观念所驱使的行为（或行为的倾向）并不会限制 B 的消极自由，相反，他们增强了 B 的自由。确实，由那些危言耸听的学者所提出的侵犯隐私的案例往往都涉及自由的减少，但是这并不能掩盖公开他人私人信息既可能导致他人自由的减少，也可能促进他人的自由，当然，也有可能对他人的自由并不会造成任何改变。

上述分析隐私和消极自由的方法与传统的从角色转变或关系等分析方法有何不同？如果行为人一直透过笔者办公室的窗户偷看笔者写论文，那么，从角色转变的角度来看，笔者十分厌恶行为人的此种行径，因为行为人的此种行为迫使笔者接受成为被观察者，所以笔者在从事写作时将变得更为困难（或变得更不可能）。又或者，当笔者与朋友在聊天时，行为人进行了偷听。从人际关系的角度出发，当行为人偷听时，笔者与朋友之间互相交换礼物的行为的发生变得更加困难（或变得更加不可能）。现在上述论证似乎表明，无论是从角色转变还是从关系的角度都可以证明，公开他人的私人信息使他人更不自由。笔者将不能更自由地写作，不能更自由地保持与朋友之间的关系。似乎是这样的。

在传统的涉及隐私和自由的观点中，它们关于自由的概念并不是消极的。侵犯隐私并不会影响笔者写作的进程或赠与礼物给朋友的行为，因为偷窥者和偷听者并非对笔者造成外部障碍，他们不是阻碍笔者打字，也不是对笔者的朋友说出某些话。此外，与传统的观点不同，笔者的分析并不关心行为人目前的行为，而是指行为人所实施的隐私侵扰行为可能会在将来的某一时刻影响他人的消极自由。这一观点并不是指窃听者能够更容易地与我朋友进行对话，而是指窃听者可能会在将来使用窃听的内容来阻碍笔者的消极自由。（例如，想象窃听者是一名笔者所住的极权国家的政府线人，笔者与朋友以贬低的口吻在谈论我国的总统。）总而言之，通过关注将来行为的外部障碍，笔者的分析方法与传统的分析方法区分显著。

（二）隐私和消极自由认知

人们经常抱怨自己的隐私受到侵犯，传统观点根据正常的参与者在某个特定活动所感知到的沮丧、被冒犯的感觉，或者在特定的关系中感到失落来解释怨恨的感觉。然而，此种方式导致的问题在于，人们往往很难区分以下的情形：一个场景是，当笔者正在写作时，行为人透过窗户偷看笔者；另一个场景是，当笔者正在自己的办公室写作时，与笔者同在一个办公室的同事在持续观察笔者。虽然两种情形都涉及观点的变化，但是大多数人都仅在第一种情况下感到恼火。

当面临此类情形所引起的情绪不好时，传统观点很难对此做出解释。笔者所提出的分析方法则恰好可以提供解释。为了达成这一目的，仅仅考虑消极自由妥协的方式是不够的，因为偷窥者和同事可能会在同样的程度上改变笔者所享有的消极自由。相反，我们必须考虑侵犯隐私对他人消极自由的认知所造成的影响。

由于笔者非常了解自己的同事，因此知道该位同事不会抄袭自己的文章，也不会擅自使用笔者放在桌子上的信用卡到网上购书，更不会与笔者的学生八卦笔者与电脑对话的习惯。相反，笔者对偷窥者的了解是少之又少的。笔者甚至不知道他为什么会偷窥自己。笔者所知道的所有信息仅仅可能是，偷窥者想了解笔者的工作模式并进而策划盗窃笔者的房子，偷窥者可能想掌握某些商业秘密，或者他想查看办公室是否有哪些值得偷的东西，又或者他可能是某位正在做实地考察的人类学家。但是，这些只会增加笔者对将来可能发生的侵扰行为的未知，笔者更加不确定自己能够做什么。

让我们仔细考虑以下两个例子。美国的国家合众银行在提供某些银行业务时，要求客户在网上填写某些个人信息。某位黑客闯入了银行的电脑服务系统，因此接触到了银行超过 10000 名客户的机密信息。许多客户决定购买信用监控服务，防止将来可能发生的身份盗窃行为的风险，客户的做法反映出他们受到未来干扰的不确定性增加了。①

三位便衣警察在美国的俄亥俄州的哥伦布调查某个涉嫌毒品犯罪的暴力团伙。当某些团伙成员受到审讯时，他们的律师要求查看便衣警察的个人档案。律师顺利拿到了他们的档案，这些档案包括的信息有，便衣警察的名字、家庭住址、电话号码、驾驶证号码以及有关警察家庭成员的信息。目前为止似乎没有警察受到任何伤害，也似乎没有任何律师将这些档案透露给他们的同事知晓。但是，显而易见的是，便衣警察受到伤害的风险性和不确定性增加了。②

侵犯隐私和消极自由的认知之间的联系是隐私与消极自由之间早期联系的一种内在化形式。行为人 A 将有关 B 的私人信息透露给 C。B 知道他的信息被公开，将隐私和消极自由之间联系的三步骤进行内化，B 知道 C 也许会使用知道的信息实施某些特定的行为（或不作为）或产生实施特定行为的倾向（或不作为）。如果 B 非常了解 C，B 了解有关 C 当前观念的某些信息，了解 C 改变信息的方式以及 C 的愿望。因此，B 可以预测公开私人信息对 C 的行为所造成的影响，B 对消极自由的认知可能像以前一样准确。但是，如果 B 不了解 C，

---

① Pisciotta v. Old Nat. Bancorp 499 F. 3d. 629 (2007).
② Kallstrom v. City of Columbus, 136 F. 3d. 1055 (1998).

B 就无法推断 C 将如何处理这些信息。B 无法预测 C 的行为，因此，B 对消极自由的认知将会减少。

三、隐私和消极自由

笔者在本文所提出的隐私分析方法的优势之处在于，此种方法允许我们将对他人隐私提供特殊保护的观点综合在一个统一规范的词汇中。在某种情境下是否保护他人的隐私往往一直都是一个需要衡量的问题。然而，传统的观点往往会提出一个相当不和谐的集合：例如，一边是观念改变或人格尊严，而另一边是言论自由或市场交易自由。一旦我们根据消极自由抓住隐私的价值，我们只需要一个衡量标准——自由。

诚然，此种策略存在一定的风险。隐私自由论的怀疑者也许承认笔者所提出的，隐私侵权行为将改变他人消极自由的程度，但是他们仍然拒绝根据笔者的分析得出任何规范性的结论，也即，接收 B 的私人信息的 C 是否会使用该信息干扰 B，取决于 C 的道德责任感和法律责任感。如果 C 在了解 B 的某些新信息之后，决定使用 B 的信用卡号码或因为性偏见而决定解雇 B，由于 C 所实施的行为是受到法律禁止的，这里并不存在任何保护 B 隐私的依据。此外，如果 C 在了解 B 的某些新信息之后，C 决定和 B 结束朋友的关系，这件事是 B 自己可以应对的，即便它是不太道德的。

当面临衡量自由价值的情形时，人们在许多情况下都会碰见道德责任和法律责任。例如，考虑媒体上播放的暴力行为和随之发生的攻击行为之间的联系。法律措施的支持者表明，信息之间的关联性非常显著，潜在攻击行为受害者的利益大于某些电影和电视节目观看者的利益。[1] 相反，反对监管者则指出，只要观众可以认识到攻击行为所造成的道德责任和法律责任，就没有必要对媒体上的暴力行为进行规范。存在禁止谋杀、攻击行为的法律就已经足够。

诸如此类反对规范媒体暴力行为的观点只有发生以下情形才可能成立，这就是，只有分配责任给接触了媒体暴力行为之后而发生攻击

---

[1] Susan Hurley, "Imitation, Media Violence, and Freedom of Speech", Philosophical Studies 117 (2004): 165–218.

行为的作恶者,上述观点才能成立,但是,这一假设也许是不正确的。例如,如果观众无视自治,不负责任地模仿他们在电视上所看到的攻击行为,那么他们是否能够被束缚在责任范围内就值得怀疑。在此种情形下,法律规范媒体暴力行为可能迫在眉睫。

媒体暴力行为的情形可能很难提供强有力的说服力,因为观看媒体暴力行为后模仿刑事犯罪和其他形式的攻击行为往往涉及大量的事前计划,这一点是与行为人减少自治或绕过自治不符合的。此外,只有一小部分的观众才在之后实施攻击行为。[1] 但是,在涉及隐私的问题上,情况就有所不同了。

私人信息的接收者往往都有轻信别人的倾向,他们往往太过笼统地概括所了解的有限信息,他们也经常产生偏见——所有的这些他们都是没有意识到的。此外,私人信息的接收者所实施的行为的综合影响是重大的,即便行为人个人的贡献微不足道。信息接收者经常保持匿名。诸如此类的有关观念修正和行为人的经验事实表明,在许多情况下,为了减少私人信息接收者所实施的行为对他人自由所造成的负面影响而进行的道德或法律责任的分配往往很困难,甚至是不可能的。笔者将在下文对此做出解释。

(一) 集体行为

有关集体侵扰行为的一个具有说服力的例子在于,电子垃圾邮件、广告宣传邮件和不请自来的销售电话。从某个公司打来的某个电话可能让你感到烦扰,但是如果有一天,你接到了某个电话(往往是在晚餐时间),原因是你的电话公司将有关你的家庭信息卖给了很多公司,这时候,你仅仅是遭受了消极自由的减少。同理而言,当你的电子邮箱塞满目录单和其他一些你永远都不会光顾的公司的邮件时(你必须处理掉它们),处理这些垃圾邮件每天都需要花费你宝贵的(商业)时间,更别提在删除垃圾邮件过程中还有可能删掉有用的邮件。例如,垃圾邮件的成本可能在世界范围估计达到130亿美元,而在美国则达到42亿美元,而这仅仅是指一年的成本。

---

[1] See Boudewijn de Bruin, "Media Violence and Freedom of Speech: How to Use Empirical Data", Ethical Theory and Moral Practice, 11/5 (2008): 493–505.

此外，集体侵扰行为比起这些相对无害的例子，还有可能造成毁灭性的影响。尤其是现在互联网已经快速成为一大群人们讨论政治和社会话题、发表观点的地方，当然，也包括对公民个人发表意见的地方。一个著名的可悲例子发生在韩国，某位大学生拍摄到某位路人拒绝清理宠物狗在首尔地铁上排泄的粪便。该大学生将照片放在互联网论坛上，网民纷纷谴责那个路人的行为，言辞尤为激烈。三言两语的评论或许她还可以接受，但是成百上千的网民的长篇大论使她变得臭名昭著，当她进入首尔校园时她被称为"狗屎女孩"并被无理地对待，后来她辍学了，离开了学校。[1]

此处尤为重要的是，这些集合性的影响并不总是能够被个人轻易地感知。如果笔者每年向你提供一个商品目录，或者拨打一个销售电话，在笔者的观点中，这些行为只会轻微地干扰到你的生活。同样，互联网的评论者没有意识到他们自己是作为大型反对群体当中的一部分，他们或许不会参加某个游行集会去反对女孩不清理狗粪的行为。抽象而言，信息接收者知道他们正在做什么，但是他们不会一直知道还有许许多多的人也在做同一件事，如果他们也知道其他人正在做一样的事情，他们也不一定能意识到诸如此类的群体匿名行为可能构成巨大的集体侵扰行为。

（二）匿名

在分配责任给私人信息的接收者时，集体干扰行为产生了概念上的问题。由于接收者通常在实践中保持匿名的状态，责任问题很难设定。当梅甘法（Megan Law）为匿名的个人提供接触大量性犯罪者信息的途径之后，此类信息库就形成了；在互联网论坛上大肆咆哮的网民往往保持匿名的状态；黑客和盗窃身份的人大部分都是匿名的；新闻和电视节目在满足大一批匿名的观众。如果他们实施侵扰他人的行为，那么，将很难追溯到个人并且让他们承担责任。

---

[1] Daniel Solove, The Future of Reputation: Gossip, Rumor, and Privacy on the Internet (New Haven: Yale University Press, 2007), pp. 1 – 2.

（三）轻信

Tommy Hilfiger 是一位时尚设计师，网上曾有传言，称 Tommy Hilfiger 到 Oprah Winfrey 的节目上做客时曾说："如果我知道非裔美国人、西班牙人、犹太人和亚洲人会买我设计的衣服，我就不会把它们设计得如此好。我希望这些人不要买我的衣服，因为我的衣服是为白人上层阶级而设计的。"这花费了他公司很多钱。读者非常严肃地看待这一报道，但事实上 Hilfiger 在现实生活中并没有参加过 Oprah 的节目，完全是谣言。①

Richard Posner 和其他隐私怀疑者坚信，互联网为设置错误提供了一个快速且强大的方式，因为私人所要求的筛选准确性最后将导致互联网与传统媒介一样有着质量控制的有效性。尽管笔者对这一观点并不持乐观的态度。② 首先，笔者对笔者的银行和保险公司所提供的精确信息享有明确的利益，笔者可能不太关心 Hilfiger 设计的衣服是否有着同样水平的精确度。其次，即便网站开始更正错误，正如报纸经常做的那样，网站也不会成为有效改正错误的机器，因为许多网友不会再重新回到他们了解错误谣言的网页。最后，众所周知，许多网站的可靠性非常难判断，许多网民都有倾向去相信像 Hilfiger 的例子那样的谣言，即便它不是完全正确的，但是人们会认为，它可能基本上是正确的——因为谣言不可能无中生有。

（四）过度泛化

许多信息的接收者都急于在所获得信息的基础上过度地泛化该信息。假设有人给笔者看了某个视频剪辑的段落，视频的内容中有个男子正毫无理由地对着一个孩子叫喊。笔者不会认为，自己不能仅仅从一段 10 秒钟的视频就对该男子产生任何判断，而是很可能会对该男子产生负面的看法，笔者可能会因为这一观点从而决定不雇佣该男子做保姆或日托的工人。尽管此种做法可能听起来比较可恶，但是这正

---

① Nicholas DiFonzo, The Watercooler Effect (London: Penguin Books, 2008), pp. 204 – 205.
② Richard Posner, Frontiers of Legal Theory (Cambridge: Harvard University Press, 2004), p. 93.

是我们前面所看到的雇主的行为，他们检查应聘者的社交网站上的个人档案。他人展现在 Facebook 上的内容仅仅反映了他人生活的一部分，此外，似乎有理的是，比起经常将自己的档案公开在互联网上的应聘者，那些档案更为传统（或仅仅是在网上不存在）的应聘者在参加学生时代的社会活动时显得更为粗糙。但是，在决定是否聘用某个人时，许多雇主都没有留心诸如此类的统计学上的推理。

（五）偏见

私人信息的接收者经常在既存观念或偏见的基础上处理接收的新信息，而往往某些既存的想法都是错误的。例如，许多男人和女人对于强奸受害者都存在错误的偏见，例如，强奸行为的发生往往是由于女性鼓励男性实施强奸行为，强奸犯属于下层社会的人，或者有关女性受到强奸的报道是错误的，等等。[1] 诸如此类天然不正确的偏见将会影响某些人对待强奸受害者的方式。事实上，尽管在美国还没有发生某些极端的例子，但是，在欧洲某些强奸受害者被报道出正是因为这些偏见而被剥夺继承权、被迫与家人断绝关系、离婚等。

如果人们可能因错误的观念如轻信他人、过度泛化信息和偏见而承担责任，那么，怀疑者可能不会对他人的隐私提供特殊的保护。不过，对有关轻信他人、过度泛化信息和偏见的心理学方面的研究表明，实际生活中这些现象的存在是极其常见的。研究还表明，人们经常不会注意到自己受到这些错误观点的影响。人们往往不会意识到自己正在受先入为主的观念的影响，实际上我们离得出结论和确定信息还有一定的距离。例如，电视新闻节目制作新闻项目的框架方式会对观众的观念有着举足轻重的影响，但是大多数的观众都不会意识到这一点。在 2003 年伊拉克战争开始时，大概有 30% 的福克斯新闻频道的观众都相信，美国的情报机关实际上已经找到了大规模的杀伤性武器。但是，在大量的反证面前，这怎么可能是真实的呢？确实，福克斯新闻频道没有陈述任何错误的报道；相反，观众的错误观念是在新

---

[1] Marietta Sze-chie Fa, "Rape Myths in American and Chinese Laws and Legal Systems: Do Tradition and Culture Make the Difference?", Maryland Series in Contemporary Asian Studies 4 (2007): 1 – 109.

闻制作者长期的框架技术下所形成的。新闻节目始终将注意力放在白宫的声明中，即现在有证据证明伊拉克存有大规模杀伤性武器，而有关撤回的新闻段落往往放在后面。例如，有关证据的声明往往会放在新闻节目的开头，伴随着生动的视频图像或者是专家采访；相比之下，撤退会被放在新闻的结尾，一般仅由播音员念出来，既没有图像也没有采访。许多观众在不知晓这些新闻技巧的情况下就会形成错误的观念，而新闻媒体对此并不需要承担责任。

总而言之，隐私侵扰行为可能导致他人消极自由程度的降低。而至于行为人是否需要对侵扰行为承担责任，隐私自由的怀疑者可能并不认为需要进行规制。笔者将在下文提出几种难以分配责任或者根本无法分配责任的情形。毫无疑问，在这些案例中，他人因保护隐私所享有的自由利益需要与接收者所享有的信息自由、言论自由等自由利益进行衡量。诚然，如何对这些利益进行衡量是一个艰巨的任务，而且他人享有的私人信息的利益也不一定总是取得赢面。不过，如果笔者根据消极自由来分析隐私侵扰行为的做法是正确的，并且接收者因了解信息而形成的观念在某些情况下确实绕过自治的范围，那么，对于为什么隐私自由怀疑者抛弃怀疑主义的原因就有了清晰的答案。隐私是一种自由价值，在特定的情况下，隐私的自由价值比其他的自由价值更为重要。

四、隐私和消极自由的认知

许多自由主义理论家已经为消极自由的价值发声，诸如来自生活经历的观点，来自发展的观点，来自责任的观点和来自自我满足的观点。[①] 尽管这些观点往往很复杂，但是它们的结构很简单。如果他人的消极自由增加，那么他人可以尝试过不同的生活，他人可以参加更多的活动来促进技术、科学和文化的进步，他人可以更经常地就自己的行为承担责任（而不是将责任推卸给别人或国家承担），他人将可

[①] See, for instance, John Stuart Mill, On Liberty (London: John W. Parker and Son, 1859); Friedrich von Hayek, The Constitution of Liberty (Chicago: University of Chicago Press, 1960); Thomas Hurka, "Why Value Autonomy?" Social Theory and Practice 13 (1987): 361–382; Ian Carter, The Independent Value of Freedom', Ethics 105 (1995): 819–845.

以更好地满足自己的欲望。

笔者进一步剖析这些观点的精确结构,发现它们不仅涉及消极自由,而且涉及他人对消极自由的认知。当他人享有实施某种行为(如 A 行为)的消极自由时,他人如果没有意识到自己享有实施 A 行为的自由时,他人就不会实施此种行为。只有那些笔者能够意识到享有的自由才能包括进生活和负责任做决定的经验中。自由是可贵的,但是对自由的认知也一样可贵。笔者将其称为"已知的自由",它不仅包括他人对自己享有的自由的认知,还包括他人对自己不自由的认知。正如 Isaiah Berlin 所言,知道自己不享有实施某种行为的自由,能够宽恕自己在尝试不可能时的沮丧感。①

在本文的第二部分,"隐私、自由和认知",我们了解到,他人享有的隐私受到侵扰可能会导致他人对消极自由认知的减少。如果 B 知道 A 将其私人信息透露给了接收者 C,而且 B 也不知道 C 会如何处理信息(C 会如何改变他的观念、C 会实施何种行为或具有实施何种行为的倾向),那么 B 不得不暂停许多对未来消极自由的观念。B 的观念很多取决于 B 是否可以预测 C 的观点改变、C 的行为及 C 的倾向。假设笔者相信自己可以从德黑兰飞往伦敦,其中一个场景是,笔者之后了解到自己的旅行行程已经公开,笔者同样知道在所有联接伦敦和德黑兰的航线上自己的名字都被列入了禁飞名单。因此,笔者知道自己不能自由地直接飞往伦敦。这就造成笔者消极自由的减少,但是,这并没有造成笔者对自己享有的自由或不自由的认知的减少,因为笔者已经知道自己不能自由地飞往伦敦。

另一个场景是,笔者仅仅知道自己的旅行行程被卖给了某些航空公司。笔者并不了解禁飞名单背后的标准,但是知道笔者的旅行行程可能被认为是"可疑的",笔者并不确定自己是否会被禁飞。但是,不论笔者是否确定自己会被禁飞,笔者都需要怀疑自己最初相信自己能够飞往伦敦的想法。这就造成笔者享有的已知自由的减少。

在本文的第二部分"隐私、自由和认知"当中,笔者曾经讨论过一个例子,这就是,某位电脑黑客获得了银行客户的金融记录,犯罪团伙的辩护律师获得了曾经调查团伙实施毒品犯罪行为的警方卧底

---

① Isaiah Berlin, Two Concepts of Liberty (Oxford: Clarendon Press, 1958), p. 29.

的个人档案。正如我们所见，上述情况将导致受害者已知自由的减少。在知道自己的隐私受到侵犯后，这些受害者怀疑自己享有的自由或不自由的观念。

然而，当我们在衡量自由利益时，并非所有的减少的已知自由都应当受到严肃对待。A 告知了 C，B 是一名保时捷汽车的所有人。C 是一名臭名昭著的偷车贼。B 知道了这一消息，并且声称她不再认为自己的车不会被偷了。但是 B 仍然将自己的车停在自己住所的前面，甚至还经常将钥匙留在点火开关处。B 仍然是以相信自己的车不会被偷的观念来行动的。在此种情况下，B 的观念并没有结构性的改变。假设 A 告知 C，B 拥有一辆保时捷轿车。尽管 C 是 B 的一位可靠守法的朋友，但是 B 还是在知道信息被公开后决定雇佣一个人 24 小时看守自己的车。在此种情况下，B 享有的已知自由实际上减少了——B 确实改变了自己的车不会被偷的观念，而且她采用了一种非理性的、偏执的改变方式。上述两个例子表明，因对自由的认知减少而产生的观念改变必须是可论证的及合理的。

为了进一步这一观点的具体含义，笔者提供了一个近期的与隐私有关的法律案例供读者研究，即 Stollenwerk v. Tri-West Healthcare Alliance 一案[①]。本案是因手提电脑和电脑软件的盗窃导致 Tri-West 公司的客户个人信息泄露的案件，其中的个人信息包括客户的姓名、家庭住址和社保账号等。作为原告之一的 Brandt 的个人信息曾被几次用来尝试非法获得信用卡账户，而其他的原告（Stollenwerk 和他的妻子）的个人信息在被盗之后则没有遇到此种情况。Stollenwerk 认为，他所面临的受到身份盗窃行为的风险已经高到足以购买信贷监控服务和额外的保险，因此他要求法院判令 Tri-West 公司就其信息泄露行为承担侵权赔偿责任，但是法院最终驳回了他的诉求。

在该案中，Stollenwerk 享有的已知自由以可论证的及合理的方式减少。Stollenwerk 提出的购买信贷监控服务和额外保险的诉讼请求清楚地阐明，Stollenwerk 改变了对未来可能受到的侵扰行为的观念。如果没有发生盗窃事件，Stollenwerk 不会购买诸如此类的服务。此外，他的观点有足够合理的理由被采用。小偷可能偷的是电脑的软件，也

---

① 254 Fed. Appx. 664 (2007).

有可能是储存在电脑软件中的信息。此外，另一位被告的个信息被滥用的事实表明，Stollenwerk 的怀疑并非是不理性的。例如，Stollenwerk 并不是以偏执的方式改变自己的观念，他并没有声称自己遭到绑架或自己的住所遭到盗窃的可能性将增加，法庭的文件显示，Stollenwerk 在咨询保险专家时已经足够细心。

然而，处理 Stollenwerk 一案的法庭与许多其他人一样，都不愿意接受此种方式的推理。在 Stollenwerk 一案中，法院裁定，原告不享有诸如此类的请求权。在 Giordano v. Wachovia Secu-rities, LLC 一案①中，Giordano 向法院起诉她的金融服务公司，称公司在运输时丢失了某个包含有客户名称、家庭住址和社保账号的包裹。法院认定，原告缺乏提起诉讼的宪法性依据，因为原告所主张的将来遭受身份盗窃行为的可能性是值得怀疑的，原告不能向法院证明她已经遭受了值得进行赔偿的实际损害。

而在另外某些案件的裁决中，法院则认定原告享有提起诉讼的依据。例如，在 Ruiz v. Gap, Inc. 一案②中，原告到 GAP 公司应聘时在某个网站上输入了个人信息，后来，包含有原告及其他应聘者个人信息的电脑被偷走了。与 Giordano 一案的裁决不同，在 Ruiz 一案中，法院依赖于专家的判断，认为 Ruiz 有遭受身份盗窃行为的可能性。法院接受了专家的观点，这就是，在发生盗窃行为一年之后，身份盗窃行为发生的可能性将比平均发生这一行为的可能高 5 倍（从 4% 上升到 19%），法院因此裁决原告享有提起诉讼的权利。然而，由于原告并没有遭受任何实际损害，法院最终认定，尽管原告遭受身份盗窃行为的风险增加了，但是这并不足以构成可赔偿的损害。

在个人信息遭到侵害的案件中，法官并非认定原告遭受实际损害，而是明确客户应当知晓自己的信息遭到泄露。今时今日，显而易见的是此类告知不会违反个人享有的已知自由。从 Ruiz 一案的信息中我们可以知晓，如果他人的个人信息被泄露，那么，他人在一年内

---

① Giordano v. Wachovia Securities, LLC, 2006 WL 2177036. For other relevant cases, see Jay M. Zitter, "Liability for Risk of Future Identity Theft", American Law Reports 6th, 50 (2009): 33.

② Ruiz v. Gap, Inc., 622 F. Supp. 2d 908.

遭受身份盗窃行为的可能性将为19%。平均而言，每位遭受身份盗窃行为的受害者都需要花费80小时和850美元来减轻因此种行为所带来的结果，它已经造成了实际意义上的侵扰。因此，他人了解身份盗窃的可能性之后反而增加了已经享有的已知自由。

即便自由主义者可能倾向强制公开信息泄露行为，他们也完全有理由质疑法院在定义信息泄露行为受害者时所用的概念。首先，他们可能会质疑法院认为"未来发生身份盗窃行为的风险性更大是值得怀疑的"这一观点。在美国，有关身份盗窃行为的可靠信息大量存在，将这些信息放置一边并非是公平处理这一问题的方法。法院所做的质疑可能性的裁决关注的是可能性的大小而不是可能性的信息来源。不过，这一推理也是可疑的。他人有19%的可能性需要花费80小时和850美元来解决因遭受身份盗窃行为所造成的损害，这一可能性显然是一个实质性的风险。此外，从信息的角度来看，最好描述原告境况的方式是，原告遭受身份盗窃行为的风险性提高了5倍（从4%提高到19%），而不是只关注原告当前遭受损害的可能性为19%。因此，法院因为可疑而置可能性一旁不理的做法是不正确的。

法院裁决不当的第二个理由在于，它们认为，未来遭遇身份盗窃行为的风险不足以构成实施损害。根据笔者在本文所倡导的隐私的自由价值的分析方法，行为人公开他人私人信息可能会以下列两种方式对他人造成损害：其一，造成他人自由的减少。他人隐私的泄露可能会导致行为人实施侵扰行为或产生实施侵扰行为的倾向。诚然，原告没有足以在法庭上证明此种伤害的事例，第一种形式的伤害在这里并不适用。其二，公开他人的私人信息可能会减少他人所享有的已知自由，也即他人对自身自由或不自由的观念的恶化。目前更为重要的是，这些观念并非是假想的。它们是错误的，并非是在假想的未来，而是在信息泄露的那一刻起就产生了直接的结果——他人决策的能力受到了阻碍。比起个人信息泄露之前，当前他人在负责地制定计划和决策时的有利地位不如之前，因为他人必须结合当前的计划及远不如之前确定的当前对自由和不自由的观念。

总而言之，笔者有足够理由认为，在面临近来的个人信息泄露案件时，法院最好重新审视它们在裁决案件时所依据的"无损害，无违法"的规则。确实，这并不意味着不重视法院在面临确定的损害时的困境,而是在个人信息泄露案件中,原告改变观念的方式确实是可证明的且是合理的。隐私的自由价值首先针对的就是隐私自由的怀疑者,笔者也无意掩盖这一事实。然而,如果笔者的观点不是强有力的,那么就没有理由不让笔者告诉法学界。侵犯隐私可能减少他人所享有的自由,或他人对自由的认知,又或者同时对他人享有的自由利益造成损害。

五、结语

笔者有关隐私自由价值的观点是根据一个相当狭隘的自由的概念所得出的,但是,笔者的观点平等适用于任何贯穿纯粹消极自由的宽泛的自由概念。在一定程度上,他人纯粹消极自由的减少也将造成他人所谓的共和主义的自由的减少——或任何与之有关的其他概念。笔者的观点表明,隐私也具有共和的价值。此外,隐私自由怀疑者曾经不信服角色转变或关系或自尊等方面的观点,笔者所提出的隐私的自由价值的观点并非是反对上述观点,而是为它们增添了说服力。诚然,认定他人所享有的隐私比别人享有的言论自由更为重要并非难事,如果我们使用一个或同样的衡量标准——自由的价值,那么,比起对比他人享有的自由价值与别人享有的关系或自尊的价值孰重孰轻,对比两个人所享有的自由价值孰重孰轻显得更为容易。因此,从关系或自尊的角度出发的观点完全有理由用笔者所提供的分析方法来补充自己的观点。然而,学者将纯粹消极自由与隐私联系起来分析将不会空手而归,即便对他们而言,隐私是存在价值的。

第四编　隐私权的功能（二）

隐私、分离与控制

史蒂夫·马修斯[1]著　谢晓君[2]译

目　次

一、导论
二、隐私的两种模式
三、隐私的范围
四、不能简化隐私道德性方面的解释
五、建立不同的隐私解释
六、露阴癖患者
七、如何最好地或最大可能地实现隐私
八、通过自主权表达隐私
九、结语

一、导论

　　隐私在概念上是复杂的。对于隐私的条件、价值以及其作为一种道德性的地位，这往往会存在区别。在学者的著作中，似乎有相当强烈的一致意见认为，隐私在道德上是重要的，要么因为它可以增强他

---

[1]　史蒂夫·马修斯（Steve Matthews），美国查尔斯特大学法学院博士。
[2]　谢晓君，中山大学法学院助教。

人的自主权和人格尊严，要么因为它可以为维护我们亲密的社会关系提供空间。然而，有争议的是，隐私是否在道德上足够重要以至于能够保证其权利地位，尽管如此，还是许多人认为，至少在自由民主的社会中，对隐私的保护是一种值得维护的权利。进一步的问题是，隐私权是否来源于其他更基本的权利，例如财产权。①

然而，关于隐私条件的问题，有的人认为隐私在于他人享有控制别人接触其人身（包括信息接触）的能力，有的人认为隐私在于他人与公共领域之间存在一定程度的界限，这两者之间存在重大的分歧。有人认为，这两种解释都不能解答"隐私的条件是什么"这一问题。② 但是，笔者希望保留这两种解释的某些方面，因为每种解释都有一些似乎非常合理的地方。因此笔者在此对这两种解释持保留态度。

笔者首先会介绍隐私的模式和范围，并且笔者会考虑一些相类似的情况：隐私的损害或侵犯可能发生在个人信息的领域范围内或身体感知的领域范围内，并且这些损失或侵犯行为通常涉及个人生活的敏感领域，而他人被推定认为对这些敏感领域是享有正当的控制利益的。然后，通过回应 Thomson 关于隐私的不可减少性，笔者将提出了本文的主要观点。对隐私的条件进行定义是有问题的，因为一方面，将仅仅与公共领域分离的他人视为处于隐私状态，这不能完全区分隐私与其他有不同规范特征的情况，例如排斥。另一方面，如果我们在分析的第一阶段就建立关于自主控制的标准规范基础，我们会面临一系列破坏性的反对。解决这个困境的方法是，首先将分离视为隐私的必要条件，但是要承认的是，我们对别人的认识往往是他（她）与我们相分离。这一认识上的限制提醒我们，隐私是我们在实际领域中实现的，作为我们所享有的自主权的一个方面，隐私是分离。

对隐私的选择是我们自主权的一个方面，因此，隐私的条件当然会被视为只有在他人能够控制的情况下，他才能够获得隐私，但这并不意味着我们认为隐私在道德上往往是有价值的。这是我们特别想要的一个结果，尤其是在某些著作承认隐私在某种情况下会被滥用的情

---

① Thomson, J., 1975. "The Right to Privacy", Philosophy and Public Affairs, 4, 295-314.
② Inness, J., 1992. Privacy, Intimacy and Isolation, Oxford: Oxford University Press.

况下，例如，在住所内为滥用隐私的人提供庇护，或者隐匿犯罪活动。尽管并不总是如此，但是一般来说，隐私是一件好事，因此有些人认为："隐私不是一个免费的午餐。相信……隐私对自由社会至关重要，这就是相信它物有所值。"①

二、隐私的两种模式

我们对隐私的兴趣存在两种基本模式：信息的（informational）隐私和感知的（perceptual）隐私。例如，一个窥视狂看着你的浴室窗户，一个多管闲事的人窃听你的谈话，一个商业竞争对手在你的办公室安装窃听器——这都是一些关于感知的例子。又例如，一个小报新闻刊登了关于你的尴尬私事，一家经纪公司将你的私人信息出售给一家广告公司，政府部门为了检查福利欺诈而违法复核你的个人信息——这都是一些关于信息的例子。此外，还可能会存在混合的情况，例如，偷窥狂在看你的浴室窗户时，可能不仅侵犯了你的隐私，而且还发现了一些关于你的个人信息，比如说看到你的背部有文身。对于单纯关于感知的案例与单纯关于信息的案例，它们二者之间的区别似乎就是侵权行为的持续时间。在单纯关于感知的案例中，只要行为人持续观看，侵权行为就会持续（尽管一旦权利以这种方式受到侵犯，它就会成为超越侵权的事实）。在单纯关于信息的案例中，只要行为人在未获允许的情况下获取他人信息，侵权行为就会发生。

有些学者②认为，隐私完全是一种关于信息的问题，但这是少数派的观点。与之相比，更多数人认同将隐私问题扩展为感知和信息两个方面，这也是笔者所赞同的观点。但是，你可能会认为，关于感知的案例可以被关于信息的案例吸收，因为当行为人通过观察他人而构成对他人隐私的侵犯时，这一观察的事实同样导致行为人获得他人的个人信息。然而，Richard Parker 描述了一种可能存在的情况，在这

---

① Reiman, Jeffrey, 2004. "Driving to the Panopticon: A Philosophical Exploration of the Risks to Privacy Posed by the Information Technology of the Future", in Privacies: Philosophical E-valuations, Beate Rossler (ed.), Stanford, CA: Stanford University Press, 194 – 214. (Reprinted from his 1997, 169 – 188).

② Parent, W., 1983. "Privacy, Morality and the Law", Philosophy and Public Affairs, 12, 269 – 288; Westin, A., 1967. Privacy and Freedom, New York: Atheneum.

种情况下,虽然行为人对他人进行观察,但是他人不会因此而被披露新的信息。① 这个例子涉及一个女人的情人离开她之后,他通过窗户秘密地观看她的裸体。在这一过程中,他没有获得任何新的信息,因为他以前都看过了她的裸体,但尽管如此,他的行为仍然构成隐私侵权行为,因为她没有允许他观看其裸体。

三、隐私的范围

某些学者(可能受到美国宪法性隐私权案件的影响,例如 Roe v. Wade 一案)认为,隐私权包括对他人的身体完整性、生活方式、节育等事情做出决定的权利。但是,这些都是自由问题,而不是隐私问题。因为如果隐私是指行为人不能在感知上接近他人或获取他人的信息,那么,这可能也会满足他人对进行一系列个人决定的需求。例如,堕胎。如果我们假设堕胎在道德上是可被允许的,那么终止怀孕就赋予他人对其身体做出选择的权利,因此这是对其身体完整性的自由权。然而,为什么这可能会被认为是隐私权呢?对于那些认为堕胎(以及实际上对身体的其他控制)构成隐私权之一的人,他们可能混淆了他人控制其身体的权利与控制涉及其身体信息的权利,认为对涉及其身体信息进行控制的权利在道德上是属于敏感性的。因此,他人终止怀孕是一回事,他人在不被发现的情况下终止怀孕是另一回事。对于笔者而言,即便他人享有其个人信息不被公开的权利,但这也不能推导出他人享有堕胎的权利。

这个回答是否回避了问题?仅仅对自由和隐私二者做出区别,这似乎不足以表明与身体完整性以及其他不是真正的隐私争议等有关的决定性问题。然而,他人不仅仅在隐私的情况下才有权在这一领域内做出一系列的个人决定,例如终止怀孕。因为即便他人脱离其隐私的环境,他人对于与这一决定直接相关的正当理由也不会消失。对于他人想要控制自己对其身体的行为,这不仅仅取决于他人的隐私条件。对此,种族间的婚姻(以及更具有时代特征的同性恋婚姻)的情况是具有启发性的,因为婚姻行为根据定义不属于隐私,它在道德和法律上的地位正是取决于在公共仪式过程中获得的公众认可。因此,试

---

① Parker, Richard, 1974. "A Definition of Privacy", Rutgers Law Review, 27, 275–296.

图将这一权利建立在隐私的基础上，这不仅看起来是难以置信的，而且也是自相矛盾的。①

笔者在此认为，隐私需要一系列条件，从而使他人（或一群人）可以免受行为人在感知上的侵扰，以及免受行为人对其（或群体）信息的收集行为侵扰。（为了方便阐述，笔者将在下文中通常使用个人隐私一词。）对行为人的这种限制与对那些希望控制他人行为、生活方式或在某种程度上物理干扰他人的限制是不同的，因为控制他人行为、生活方式或在某种程度上物理干扰他人的行为远比违法查找他人信息的行为严重。当然，笔者乐意承认，对他人实施物理侵扰行为（对他人实施搜索行为）的行为人也侵犯了他人的隐私，但是这除了被认定为是一种已经发生的物理袭击行为之外，这似乎也是一种犯罪行为。

因此，虽然 Parker 的例子有所教训，但是隐私的丧失或侵犯主要在于行为人积极地、在未获允许的情况下发现他人的一些事情。在 Parker 的案例中，虽然行为人没有发现任何关于其情人的新的信息，但是在侵权行为发生期间，行为人违反其情人的预期获取她在感知上的信息。在笔者看来，对于在具体的隐私侵权行为案件中什么才是在道德上受到侵犯这一问题，这就是最接近我们认知的例子。我们所反对的是，行为人积极地对他人进行认知，或者获取他人的信息，并且通过这些方式强迫他人分享不能与他们分享的话题内容。

即便不将堕胎、节育、控制他人对其身体所实施的行为看作严格意义上的隐私问题，但是仍然存在如何界定隐私问题的范围这一难题。什么才能被正确地认为属于隐私信息，以及他人可以在多大程度上抵制行为人查看其个人信息和财产信息？在这一简短的篇幅中，很难全面回答这个问题，但是，笔者将对这一答案提出两个限制：第一，当他人享有隐私时，行为人就不能接触他人的人身，并且笔者认为之所以存在这一限制，只是因为我们享有实质上的或推定的自主权。大概也就是说，隐私的范围不应该超出相关私密问题的范围之内，例如，他人的身份、他人如何看待自己与其他人之间的关系、他

---

① Johnson, J., 1989. "Privacy and the Judgment of Others", The Journal of Value Enquiry, 23, 157–168.

人的个人活动、收获、购买商品、所参加的俱乐部、所参加的敏感但合法的商业活动等。第二，出于与自主权相关的相同原因，隐私范围的解释应该与自主权所固有的规范性保持尽量相似的模糊状态。换句话说，对于规范他人和行为人之间的界限，如果自由通常是实现隐私最好的方法，那么他人应该享有多少隐私（通常）取决于他们自己。至少在某种程度上，隐私是一种他人可以保持或放弃的东西。"通常""在某种程度上"这些限定词表明笔者意识到，他人对其自己进行控制是一种自由，并且这应当在道德社会中有所限制，因为在社会中，他人的个人行为受到他人承认其是众多社会成员之一的限制。此外，这也应该受到他人并不总是谨慎行事的限制：享有太多的隐私，或者将自己过度暴露于社会公众面前，这些在目前来说都可能是有害的。隐居者或色情电影明星可能没有意识到他们对其后来的生活所造成的伤害。正如上文已经提到的，隐私（或者缺乏隐私）具有潜在的代价，这导致必须对其加以限制。

四、不能简化隐私道德性方面的解释

对于隐私在道德性这一问题，Judith Thomson 在 1975 年做出了最清楚的、最持久的解释。[①] 曾经有很多学者尝试反驳 Thomson 的解释，并获得不同程度上的成功。[②] 在此，笔者之所以会提供另外一个解释，部分原因是这样做在方法学上是有效果的，有助于把重点放在什么才是在获取隐私的条件中真正受到威胁的。正如我们将看到的那样，通过表明为什么 Thomson 错过了这一重点，这有助于发现隐私在根本上是一个关于规范的问题，也就是，应当对他人个人信息和空间的分享进行规范。根据隐私，他人有权限制行为人接触其人身，从而确定他人自身内在和公共领域之间的界限。在这个意义上，隐私在根本上是关于他人如何通过自我介绍的方式来对自己进行个性化，而这一方式是他人完全能够控制的。

[①] Thomson, J., 1975. "The Right to Privacy", Philosophy and Public Affairs, 4, 295–314.

[②] See Julie Inness, Privacy, Intimacy and Isolation, Oxford: Oxford University Press, 1992: 33; Adam Moore, Privacy: its Meaning and Value, American Philosophical Quarterly, 40, 2003: 218; Jeffrey Reiman, Privacy, Intimacy and Personhood, in Critical Moral Liberalism: Theory and Practice. Lanham, MD: Rowman & Littlefield, 1997: 152.

众所周知，Thomson 认为，隐私权不得在其他更基本的权利（例如，财产权）之外被独立地定义。Thomson 认为，当行为人侵犯他人的隐私权时，行为人实际上所侵犯的是许多其他权利的其中之一，而且他人的隐私权被包括在这些其他权利之中。事实上，她声称，在不存在这些其他权利的情况下，他人的隐私权也不可能存在。她将此称之为简化假设（simplifying hypothesis）。这些其他权利包括财产权、自由权、不被伤害的权利以及她称之为某些"不重要的"权利，例如他人享有行为人不得违反其意愿修剪其头发的权利，或享有将墨水扔在一旁的权利。她把这些称为他人所享有的权利。

Thomson 十分重视财产权这一情况。事实上，她认为，对于只有当财产权受到侵犯的时候隐私权才会受到侵犯，这是最主要的部分。换句话说，她认为财产权包括其他权利，而其中一项权利就是隐私权。因此，他人在一定程度上有权不披露其信息，或者有权不被察觉，或者有权不被行为人看到或处置其财产等，这些都是他人对其信息、身体或财产享有所有权所表现出来的一部分。

她首先将这一观点与对一个客体或一张色情图片的所有权相联系起来。她说："现在结果证明（如果我是对的话），在观看他人的色情图片时，我们侵犯了他人的财产权，尤其是他人对于其他人不应当看到这一图片所享有的消极权利，这是他人基于照片所有权而享有的（众多）权利之一。"

随后，Thomson 指出，她的观点同样也适用于不涉及个人财产的案件，也就是说，可以适用于涉及"他人对自身享有所有权"的案件。因此，例如，她认为在涉及他人"左膝"的情况下，这在原则上与物质上的所有权没什么差别。

例如，女人在过去销售她们自己的头发，以及人们卖血，所以他人在原则上也有可能销售他们自己的左膝。然后，她将所有这些情况都解释为（她认为），他人对其所享有的身体权利就像他人对其财产所享有的权利一样。

如果要反驳她的观点，就必须存在这样一种情况，也就是，虽然他人的隐私权受到侵犯，但是这种隐私权不能被解释为属于所有权或其他某些不同权利中的一部分。还是以左膝为例。假设他人在一场事故中失去了一条腿，导致他人现在必须使用假肢，如果他人认为，至少对于特定群体而言，他人使用假肢的行为是一件非常隐私的事情。现在想象一下，如果他人的假肢丢了，并且因为他人很穷，所以他人偷了别人的假肢来代替。如果有人通过监视他人从而发现他人的状况，他人可能会感觉到隐私受到侵犯。为了在此不回避任何问题，这种侵权行为可能会被表现为这一描述，即"他有一条假腿"。这种形式的言语留下了一种可能性，即他人确实有这一假腿享有所有权。

然而，肯定的是，他人的隐私权受到侵犯，但这并不是因为他人对这一假腿享有所有权。根据假设的情况，他人对这一假腿并不享有所有权。因为对被盗财产的占有在定义上不属于所有。笔者并不反对隐私受到侵犯这一事实，因为在没有获得他人允许的情况下，他人拥有的某些东西被行为人看到了，并且反对与否不可能取决于他人对这一假肢是否享有所有权。

一般来说，声称他人对隐私侵权行为的情绪反应（感到愤怒等）取决于他人是否作为客体的所有权人，这一观点似乎存在直觉上的错误。对隐私做出如此商业的、法律的解释似乎已经不合时宜。但是，对 Thomson 观点的解释大概就是，对于什么是隐私的理解，这是从对什么属于他人的理解中以广泛、宽松地方式延伸出来的。并且，这种对所有权的理解肯定也仅仅是象征性的。当笔者和朋友在一家餐厅进行私人对话时，虽然这是"我们"的对话，但是在这一情况下，我们肯定难以控制对话能被听到的范围。

如果成功的话，这一论点只是对将隐私主要视为财产权做出回应。但 Thomson 的基本立场是简化假设。正如她说道："如果他人有权控制行为人不应该对他实施这样或那样的行为，那么，他就有权防止行为人为了获取其个人信息而对他实施某种行为。"这是另一个幌子的主要基本点。她的要点是，不可能存在隐私权与某些其他权利相分离的情况。但是，与隐私权仅依附于财产权的观点相比，这个观点要弱得多。因为根据这一观点，隐私权受到侵犯的条件包括行为人打算在未经他人许可的情况下获取他人的信息这一条件。并且，除了个人信息之外，"未经他人许可"还可能会被用于其他情况，而这已经被认为构成表面上的错误。因此，行为人对他人进行窥探的行为构成表面上的错误，行为人在没有获得他人同意的情况下阅读他人日记的行为构成表面上的错误，行为人对他人进行威胁的行为构成表面上的错误，行为人对他人进行贿赂的行为构成表面上的错误，行为人对他人进行折磨的行为显然也是错误的；等等。在这些情况下，错误在于行为人获取他人个人信息的手段。如果这是正确的话，那么它将能够为 Thomson 较弱的观点提供支撑：对侵犯他人隐私的主张要求存在非法的手段。如果是真的话，那么并不奇怪的是，无论 P 在任何时候受到隐私侵权行为，P 都会在某种程度上受到不公正对待。

然而，对 Thomson 观点的这种解释掩饰了重要的一点。在刚才所提到的每一种违法手段的情况下——窥视、折磨以及等等，这都是对侵权行为的认定来说是必要的，行为人通过在道德上已经不被允许的手段获得他人的某些私人信息。但肯定还有其他一些案例，也就是，在行为人获取他人私人信息的过程中，不存在这些非法手段。例如，在没有预谋的情况下，如果行为人并没有通过表面上错误的手段积极寻找，只是在偶然的情况下获取到他人的个人信息呢？行为人搬进了一个新房子，望着后面的窗户，无意中发现新的邻居在赤身裸体地洗澡，而行为人徘徊在那里看了好一会儿。一个朋友向行为人披露了一些关于他自身非常亲密的细节，并且他显然认为这些是属于隐私的，但行为人随后便去告诉其他人。在每种情况下，虽然行为人可能都没有对他人实施任何错误的手段，但是行为人确实侵犯了他人的隐私。笔者认为，在这些案件中，他人享有隐私权，并且这一隐私权是建立在没有其他相关权利特征的情况下的。如果这种情况有可能存在，那么 Thomson 的基本观点将行不通。

五、建立不同的隐私解释

在对隐私条件进行定义时，一些学者区分了对隐私的描述性（或自然的）理解以及对条件的规范理解。例如，James Moor 在其著作中支持这一区别。① 他写道："他人自己勘察洞穴的行为属于一种自然的隐私状况。此外，一个规范的隐私状况是受到道德、法律或传

---

① Moor, James H., 1997. "Towards a Theory of Privacy in the Information Age", Computers and Society, 27, 27-32; Moor, James H. And Tavani, Herman T., 2001. "Privacy Protection, Control of Information, and Privacy-Enhancing Technologies", Computers and Society, 31, 6-11.

统规范保护的。"笔者不太确定自然的隐私状况这一想法是不是必然连贯的，因为一方面，在缺乏一些规范性考虑的情况下，例如习俗，与某些其他可能性相比，什么才能让独立于其他人的他人享有隐私？为什么他们不能只是与我们相隔离或相分离，或者远离我们，或者保持独居、相互排斥，或者其他情况？另一方面，很难看出如何对规范的隐私状况进行定义，除非我们对这一概念做出预先假设。对于Moor的洞穴探险者而言，除了存在物理上的分离之外，如果她希望隐私规范能够起作用的话，那么，洞穴探险者似乎也可以享有隐私。

一个纯粹描述性的隐私解释对社会公众和个人之间的界限进行不理性的阐述，它必然注定失败，原因大概是隐私的概念在本质上是规范性的，被构建在传统、技术、社会、法律和道德等因素的基础上，这些考虑因素会使他人享有一个被他们周围的环境赋予个性的动态过程。这样一来，我们似乎无法摆脱为隐私提供在规范方面的定义是负载的和循环的这一问题。

然而，我们似乎面对一个相类似的问题：我们的定义要么在定义范围内有过于广泛的特征描述，要么会趋于循环。它之所以将趋于循环，是因为一旦我们将隐私概念根据定义分析为规范性要素，那么自然的"隐私"状况只能成为真正的隐私。通常，为了回应这个一般性问题，我们或者将被下定义的词视为是原始的，或者说明明显的循环是非恶性的、有益的，或者提供明确非循环的、具有真正意义的定义。但是，很难看出这些解决方案会对此有什么帮助，所以笔者建议我们争取另一个解决方案，也就是，把对隐私条件进行定义这一原来的问题视为在一定程度上是一个不恰当的问题。这会导致我们对隐私性质进行定义存在不同的方法。

笔者建议将这一问题"什么是隐私的条件"理解为以下两个问题：

第一，构成隐私的实证条件是什么？笔者提供了一个标准答案：隐私的实证条件是指，在这些条件下，他人（或群体）免受行为人侵扰，以及对获取他或他们的个人信息有所限制。

第二，通常来说，如何最好地实现隐私？笔者做出以下回答：通常要最好地实现隐私，可以通过尊重他人在实际上或推定上希望能够控制接触其人身的这些自主性愿望。（笔者会在本文最后两部分对此详细阐述。)

笔者认为，上述第一个问题的标准答案提供了一个必要的隐私条件，尽管不是充分的隐私条件，第二个问题的答案强调了第一个答案中缺乏规范性的这一问题，但是它也强调了一个相类似的实际问题，也就是，我们并不总是知道与我们相分离的人是否有兴趣保留这种方式或认为与我们相分离是有价值的，因为这属于隐私。

为了回应这两个问题，对隐私的条件做出解释是有好处的，其中第一个好处就是，我们现在不需要否认所谓的控制理论，尽管这些理论通常可以为"隐私的条件是什么？"这一原始问题提供答案。因为我们现在不是说隐私是一种控制的形式——它看起来只是一个错误（它看起来像是一个类别的错误），但是我们认为，当我们注意到他人对于其自己和公共领域之间的界限享有法律上的控制权时，隐私的实证条件才能最好地实现。此外，还应该补充一点，虽然这是最好的方法，但它并不是唯一的方法（因此，笔者使用"通常"这一限定词）。例如，一个昏迷的人不能对其人身进行控制，所以在这段时间内，他们的隐私不能通过对人身的控制而获得尊重。因此，在这种情况下，我们需要特别说明，行为人必须在实施行为时存在这样一个假定，也就是，假设这个人如果不是处于当前这一状态的话，他将会对其人身进行控制。另外，还有一些其他情况，诸如：当我们有理由认为他们在未来会后悔节目内容的侵犯性质时，我们也许应该推翻一个青少年打算出现在"现实"电视节目中的决定。所以，一般来说，他人对公共舞台（包括真正的和比喻的）的抨击这一理性决定可以适当地引发隐私决定，并且这些决定应该在恰当的范围内得到尊重——我们认为决定的范围应该由他人自己做出合适的允许，但这并不需要将我们限制在任何受尊重的决定中。

第二个好处就是，隐私和控制之间的契合是通过足够抽象的方式赋予的，不回避隐私是否属于一件好事这一问题。也就是说，过少的隐私当然不是一件好事，正如在某些情况下，自由选择也不会是一件好事一样，或者像一个人自愿地、故意地进入一个世界——一个充满奴役、卖淫或者毒瘾的世界，不再享有他们曾经享有过的控制权。在隐私的案例中，想象一下那些出现在一系列色情电影中的人，以及他们在以后的生活中对此感到非常后悔。

第三个好处就是，对于以这种方式建立观点，这强调了对隐私关于控制理论的解释中频繁出现的反驳：即便他人可能全面保留对其自身的控制（感知上的以及与他们个人信息相关的），但是他人却没有隐私。① 正如 Miller 和 Weckert 所主张的："如果在某个社会中，每个人都准备向所有人透露自己的一切事情，那么根据控制理论的解释，他们仍然享有隐私条件。但是，他们实际上肯定不存在隐私条件。相反，他们已经选择放弃这一条件。"因此，不受限制的控制在这种情况下并不能成为隐私的充分条件。Daniel Cohen 认为这可能也不是一个必要条件，并写道：他人可能无法披露一些关于自己的个人信息，即使他想这样做。想象一下，如果他人打算告诉其朋友他的爱情生活，那么，他却遭受短暂性的失声。在这种情况下，即使他似乎缺乏披露其个人信息的能力，但是他也不会遭受隐私的丧失。在这个案件中，虽然他人失去控制的能力，但他仍然享有隐私。

第四个好处就是，正如上文提到的"什么是隐私的条件"？这一问题是不恰当的。这之所以是不恰当的，是因为这个问题对答案存在误导性的预测，也就是说，对隐私的描述存在一个或一组必要的和充分的条件。隐私有分离要素，而分离必然是一个必要条件，笔者已经在本文的第一部分对此做出描述，分离还可以作为一个实证条件，因为隐私的规范性并不是表现为静态的；相反，它以一种实践的方式存在。无论是个人还是集体，一旦我们对决定所产生的私人空间进行思考，那么我们就通过在个人和社会公众之间划分界限而"获得"隐私。我们用于描述隐私的言语支持这种动态概念。笔者对一个同事说"私下地，我也认为这个观点行不通"，从而表明现在已经放弃的沉默。或者，笔者在朋友的葬礼上说："我可以私下走开一下吗？"通过这样的询问来表明希望有独处空间的欲望。这些例子表明，隐私当然是分离，但是，这是建立在实际（有时是推定的）控制下的分离，也就是说，分离的人是在相妥协的社会空间中为自己留下一些空间。

---

① Seumas Miller and John Weckert, "Privacy, the Workplace, and the Internet", Journal of Business Ethics, 28, 2000: 256; Helen Nissenbaum, "Protecting Privacy in an Information Age: the Problem of Privacy in Public", Law and Philosophy, 17, 1998: 572; Judith Thomson, "The Right to Privacy", Philosophy and Public Affairs, 4, 1975: 304; William Parent, "Privacy, Morality and the Law", Philosophy and Public Affairs, 12, 1983: 273.

因此，笔者的观点是，根据控制理论对实证的隐私条件进行定义是不起作用的，但是那些提倡对这些条件只需要采取分离理论的人需要解释，他人如何对接触其人身进行限制才能构成与仅仅是匿名、孤独、隐居或者甚至自我忽视相区分的隐私。例如，Adam Moore 指出，对于隐私的条件而言，只有隔离是不够的，因为真正的隐私需要一个自愿的层面。[①] 笔者认为这是完全正确的，但是笔者不希望像 Cohen 的例子所表现的那样将自愿作为必要条件。笔者希望，在隐私来源于其实际意义的情况下，将自愿视为规范性的中心和代表。

例如，当我们说到尊重他人的隐私是很重要的时候，并不意味着只有当他人与我们相隔绝、相分离或独居一处时，我们才需要尊重他人的隐私。我们所要尊重的是他人明确表达的选择，或者我们从他们的行为中推断的选择，或者我们必须假设他们会合理做出的选择，而他们已经对这些选择维持了一段时间，或者仍然对他们的个人信息保持控制。

六、露阴癖患者

露阴癖患者（exhibitionist）这一例子有助于说明建立隐私解释的必要性。首先，这一情况可能会有观点上的问题。因为在表面上看来，这是他人故意通过控制其自身的暴露而放弃其隐私。笔者认为，他人对隐私的享有不是建立在他们所选择的公开暴露程度这一基础上的，除非我们将他们的状况偏好与自然特征相联系。对于隐私的分离特征，即不暴露，这包括对这种分离享有实际的或推定的控制和选择。露阴癖患者是否因为没有选择放弃这种分离，从而构成这一解释的一个反例？

这是对观点的一种误解。要么当他人选择这一状况时，要么当我们在这一环境下认为他人选择这一状况是合理的时候，隐私往往是最有可能实现的。笔者特别不认为，获取隐私的充分条件是他人可以对他们自己与其他人之间的界限做出选择。显然的是，正如露阴癖患者的例子所表明的，这个观点是荒谬的。在对什么是隐私进行定义时，

[①] Moore, Adam D., 2003. "Privacy: its Meaning and Value", American Philosophical Quarterly, 40, 215-227.

我们认为这必须首先取决于他人是否免受行为人的侵扰，但这个答案只能是近似的、模糊的。

实际上，这是实践中所发生的事情。我们通常会了解到这样一个情况，也就是，他人与我们相分离。我们需要知道的是他们希望与我们相分离，并且这一认识上的限制要求我们对他们的隐私做出判断。这一判断在于对他人或者他们希望明确保持距离的推定，因为他们和我们之间的界限是他们所希望保持的。并且在这种情况下，我们对他们愿望的尊重是有道理的，因为我们通常认为，对于他人而言，或者对于他们是其中一部分的群体而言，隐私是不是一件好事，这需要他人才能够为自己做出最好的决定。

根据这一澄清，我们如何对露阴癖患者的情况进行分析呢？在描述层面上，有人可能会认为，因为露阴癖患者的私人部位被暴露，所以他没有隐私。但是，这显然在语言逻辑上是行不通的。"闪光灯就隐私侵权行为起诉受害者"这一标题是相当滑稽荒谬的。我们显然不希望认为，对于将自己暴露于社会公众前面的他人而言，他的隐私就受到了侵犯。而且，笔者的语言直觉同时也反对露阴癖患者遭受隐私丧失这一观点。然而，为什么露阴癖患者的隐私既没有受到侵犯，也没有遭受丧失呢？我们对隐私定义的表达对此是有帮助的：他人只有在免受侵扰的情况下才具有隐私，而就露阴癖患者而言，他似乎更倾向于相信他享有侵扰自己的自由。这就是笔者认为我们应该如此思考的。露阴癖现象不是一个单独行为，它需要一个受害者。至少可以说，这些受害者会认为自己的隐私受为威胁，而不是露阴癖患者的隐私。毕竟，从受害者的角度来看，他们不能免受侵扰，而且他们控制接触的能力也受到了侵犯。

露阴癖患者的例子是具有启发性的，因为它提醒我们隐私是一个界限问题，而不是一个如 Thomson 所认为的财产问题。一旦将隐私视为一个界限问题，那么隐私的客体就变得明显了，尽管在大多数情况下，由 A 享有和控制的一些个人特征或信息有时可能会由 B 持有，但 A 至少应在某种程度上享有控制权。这或许可以解释，为什么我们可能会认为发生在我们附近的非常大声的对话侵犯我们的隐私，而不是大声对话者的隐私，尽管我们可以听到他们所说的每一个字。（也许正是因为我们可以听到每一个字，侵扰行为因而明确具有侵犯性。)作为一个界限问题,隐私应被视为在人与人之间的范围内管理传播信息和感知内容的规范。

七、如何最好地或最大可能地实现隐私

对隐私解释应该遵循上文所谈到的限制:隐私是一种他人可能会要求更多或者放弃的东西。毕竟,肯定的是,隐私旨在规范他人与公共领域之间的界限。隐私不是一个静态的条件,而是他人随着时间的推移而加以管理的。正如不断发展的活动一样,隐私可以被实现、维持或放弃。请再次注意,我们并不是在此声称隐私是他人对接触其人身的选择和控制。我们所说的是,选择和控制是最好实现隐私的一个主要手段,但这不是唯一的手段。因为在笔者的朋友或家人不能保护其自身隐私的情况下,笔者也可能会对他们的隐私进行保护。

在笔者对那些不能保护自己隐私的人进行隐私保护的情况下,笔者通常之所以这样做,是因为笔者推定他们更希望能够在这些事情上实现自己的意志。因此,我们在这种情况下并没有完全摆脱自主权的价值。但是,"通常"在此处是一个关键词,因为不是所有的隐私保护都应该与个人选择有关。在有些案件中,他人对自己隐私的选择可能不是正确的选择。正如 Nagel 最近极力主张的,他人有时选择放弃过多的隐私,有时不恰当地保留过多的隐私。[①] 尽管如此,在大多数情况下,我们应该认为,他人自己对接触其人身的限制做出决定是最好的。

对于认为他人对接触其人身进行控制一般是实现隐私的最佳途径,另一个原因在于,他人与公共领域之间的界限是通过手段而不是意志进行划分的,他人的意志可能对于隐私是否实现或者其他东西有一定的怀疑。排斥或疏忽的情况可能与隐私的情况相当接近,尽管在前者的情况下是群体不理睬他人。群体甚至可能会说服自己认为,他们之所以对被排斥或被忽视的人采取这样的态度,是因为出于尊重他人隐私的动机,或者至少这是部分的动机。或者说,几个星期、几个月的时间过去了,群体可能会认为这是他人对独处的选择。当然,虽然处于这种困境的他人可能确实选择独处,而不是面对遭受排斥的侮

---

① Nagel, Thomas, 1998. "Concealment and Exposure", Philosophy and Public Affairs, 27, 3 – 30.

辱，但是，如果将此时他人所处的状况视为意识到隐私（以及可能是它带来的价值），这是错误的。他人对自己和公共领域之间保留界限的选择应该是建立在能够重新进入该领域的可能性的基础之上，而不是建立在这种情况之上。分离不是指群体强迫他人离去，并以隐私为借口。隐私是他人与其所处的社会环境之间相互妥协的产物。

八、通过自主权表达隐私

在本文相关的意义上来说，隐私取决于他人自己，而且笔者认为，他人的自主能力应该与隐私的实现是密切相关的。所以笔者应该在本文中对自主权和隐私之间的关系进行一些论述。

自主权是指他人的自我管理（self-rule），并且他人对自主的享有是一个程度问题。自主不像灯光一样可以被打开或关闭。反过来说，例如，他人在睡觉时会"失去"他们的自主权，但一般来说，我们不会考虑他人是否享有自主权。我们更有可能考虑的是，他人在不同程度上享有自主权。虽然笔者可能会自由地控制自己的工作空间，但无法控制国内的环境；虽然笔者的健康状况可能会与自己的运动能力相关联，但是笔者对研究所需要的智力完好无缺；虽然当地的法律可能会影响笔者停车的地方，但是不会影响笔者对车辆的拥有；等等。在无数的方式中，笔者根据自己认为合适的方式来管理自己生活的能力可能会在不同的方面有所增强或有所减弱。因此，不要认为他人的自主权是绝对的，他人控制其生活方方面面的能力是相对的。不必惊讶的是，我们要反思自我管理这一概念。如果自我（self）是由各个方面构成的，那么，很正常的是，对"它"的控制必须涉及对其所包含的各个方面的控制。正如上述例子所表明的那样，这一控制可以受到或多或少的限制，这也并不奇怪。

如果是这样，那么他人完全丧失自主权的情况将会是罕见的，除了被杀害这一明显限制的例子。即使在被监禁这一极度剥夺自由的情况下，他人仍然有能力在监狱内进行思考、移动。所以与其说他人丧失自主权，还不如说他人丧失管理自己生活的控制，或者丧失权力，或者丧失决定特定爱好的能力。因此，非法拘留涉及他人的自由结社权，强制和不正当收购房屋侵犯了他人的财产权，袭击涉及侵犯他人的身体完整权，等等。虽然所有这些情况都属于自主权的损失，但是更多的是涉及他人的自由权利、财产权等。因此，在所有这些情况中，虽然他人以其认为合适的方式控制其生活的能力受到侵扰，并且他们的自主权利理所当然会受到侵犯，但是我们显然不能在这些更细致的案件中抽离自主权这一概念。如果有人对你说，"我的自主权受到了威胁"，那么下一个问题明显是，"以什么方式"？

于是，隐私很容易符合这个模式，因为对于规范或个人界限而言，他人对隐私的需求与对自主权的需求是十分类似的。如果这一方面的自主权表现为他人控制自己的信息或身体的（可以运行的）能力，那么这就会与他人以其认为合适的方式控制其生活的能力有所雷同。尽管如此，作为绝对的自主权中的一个分类，隐私的存在需要相区别的保护。

这个解释得到事实的支持，也就是，对于自主权受到侵犯，没有一个单一全面的情绪反应。这取决于他人自主权的哪个方面受到威胁。虽然袭击所造成的恐惧与丧失安全有关，但是也有可能是袭击所造成的愤怒，因为袭击的原因可能与他人无关。在侵犯隐私的情况下，隐私侵权行为所侵犯的是他人对未经允许不得获取其个人信息或在感知上接触他人这一推定。这种感觉涉及他人遭受失败的愤怒，因为他人承认在个人和公共领域之间的制定界限的重要性。在通常情况下，对安全、身体完整性、隐私以及其他的威胁会带来双重的情感反应，因为它们都是他人自主权受到侵犯的形式。其中，一方面，这与丧失安全、隐私等方面有关；另一方面，这似乎是一个更普遍意义上的不满，也就是，享有自主权的他人没有得到应有的尊重。

九、结语

笔者在此认为，隐私问题不仅仅是一个涉及信息的问题，而且还包括人与人之间的相遇和交往。笔者反对那些包括自由问题或所谓决定性隐私的观点。笔者认为隐私具有独特性，而不是 Thomson 所认可的简化假设。最重要的是，笔者表明，一旦我们对与隐私条件理论有关的不同问题做出这些解释加以回答，主张控制理论的学者和主张分离理论的学者之间的辩论就会存在难以区分正误。个人分离（物理的或者信息的）对于隐私是必要的，并且只有他人在实际上或推定上享有选择和控制的能力，此时才能构成所谓的分离。然而，这一解释还不足以解决定义隐私条件所产生的一系列问题。

隐私的社会心理功能

巴里·施瓦兹[①]著　魏凌[②]译

目　次

一、导论
二、隐私的群体保护功能
三、隐私有助于社会地位的区分
四、隐私和偏差
五、隐私和建筑物
六、去隐私化

一、导论

　　作为行为的方式，来或者去对应着退缩或脱离，它们值得我们进行研究。Simmel 在他的文章《桥和门》一文中曾谈到的观点："通常，我们认为，在某些程度上，我们是与外界隔离的，如果某些事物想要参与进来，那么，必须先打破此种隔离的状态。不论是从实践的角度，还是从逻辑的角度，倘若此种隔离的状态没有被根本打破，那么讨论此种隔离的状态是毫无意义的。不论是直接的还是象征意义上的，身体上的和精神上的，人们都在持续不断地打破隔离状态，进而建立起新的隔离状态。"[③] 然而，Simmel 忽视了分离之后如何融合的问题，这就是，人们是如何通过人际关系的去或留而被约束到一起的。与这一问题相关的社会学研究方法就是通过分析作为高度制度化

[①]　巴里·施瓦兹（Barry Schwartz），美国宾夕法尼亚大学社会理论和社会行为学家。
[②]　魏凌，中山大学法学院助教。
[③]　Georg Simmel, "Brucke und Tiur", in Briicke und Tur (Stuttgart: K. F. Koehler, 1957), p. 1.

的退出模式——隐私来解决问题。

二、隐私的群体保护功能

通常,当他人遇见某个让人无法忍受的人(或者只是偶尔让人无法忍受的人)时,他人都会从社交活动中撤离,回到隐私生活中来。在此种情况下,如果人们既不能释放或消遣自己的隐私,又想避免产生冲突的话,那么,就只能终止与对方的关系。根据 Freud 所提出的矛盾原则,亲密关系不但最有可能产生开放的敌意,而且最有可能产生爱意,而过度接触是导致矛盾突出的因素之一。① 因此,问题必须像 Homan 所提出的命题那样被提出:"当他人与某个人进行频繁地交往时,往往意味着他人喜爱那个人(当然此种互动应当是建立在双方互相没有义务的基础上)。"② 通常来说,Homan 的观点是成立的,但是,他忽视了最基本的一点,这就是,这里存在某个阈值,当双方的互动行为超过该阈值的范围,那么交往行为就可能变得难以忍受。因为人们往往互相远离,交往行为本身也在维持此种状态。

保护他人的隐私,是指在稳定的社会制度中所确立的允许或不允许行为人观察或披露他人信息的规则。如果这些保障没有成功确立,如果这里不存在与隐私有关的规则,那么他人的每一次撤退行为都会伴随着一定程度的间谍行为,由于没有隐私保护规则的存在,对方自然而然就会实施侵犯他人隐私的行为。Simmel 曾言:"秘密在人与人之间设置障碍,但是,它同时也引诱别人来突破障碍。"③ 诸如间谍行动、窥探行为和窃听行为等都成为支撑这一观点的象征行为。

通常,"监视"一词用于描述行为人有组织地侵犯他人隐私的行为。按照监控者和反监控者之间紧张关系的不同,社会制度的特性也不同。曾经有许多反乌托邦的文献,例如,在 George Orwell 所撰写的描写病态过度监视行为的一书《1984》中,George Orwell 就是针对监视行为来写的。一方面,无条件地保证私密性容易产生导致内部混

---

① Sigmund Freud, Group Psychology and the Analysis of the Ego (New York: Bantam Books, Inc., 1960), pp. 41–42.
② George C. Homans, The Human Group (New York: Harcourt, Brace & Co., 1950), p. 111.
③ Georg Simmel, "The Secret and the Secret So-ciety", in Kurt Wolff (ed.), The Sociology of Georg Simmel (New York: Free Press, 1964).

乱的危险，因此许多行政司法部门都对此进行了调整。另一方面，监控行为本身可能产生它试图阻止的混乱和无序状态。如果几乎没有关于隐私的结构性规定，那么他人所实施的撤退行为就相当于"隐藏行为"。对于 Simmel 而言，"这是最粗暴、最表面、最根本的隐藏方式"。当人们被禁止享有隐私权时，人们只能把他人实施的与社会分离的行为看作一种鬼祟的行径。但是，如果所有各方都认同他人享有隐私权的话，关于隐私的规则将成为规范人们进行周期性交往行为的共同约束。

倘若我们假定在已经确立的社会关系中存在隐私，那么隐私的应用将有助于群体的团结。脆弱的社会关系或处于发展过程的社会关系都不能忍受人们纷纷离群所带来的压力。相反，处于稳定社会结构中的成员认为，维持个人之间的界限并不会受到伤害。当然，这一观点也很好地反映在 Frostian 格言中，即"好的围栏促进好邻居的出现"。

三、隐私有助于社会地位的区分

众所周知，隐私反映并且帮助在同一社会群体中区分不同的社会地位。例如，在武装部队中，非委任军官或许和士兵住在同一建筑楼内，但是他们会住在某个单独的房间内。高级军官会与非委任军官住在同一基地的不同建筑楼内，不过，最高级别的军官更有可能会离开军事基地而住在私人住所内。

在组织生活中，高层人员的隐私受到结构性的保护，如果想要获得最高层人员的隐私，那么，必须先通过中间层级。相反，低层人员所享有的控制别人接触自己的权利是较弱的，因此他们所享有的隐私权较为容易受到侵犯。即便是在家庭生活中，下层人民由于缺少"管家"，他们的隐私也更容易泄露，而在富人阶层，他们可以通过管家来更好地控制是否让别人接触自己。

隐私是用于交换的物品。人们可以在医院、交通工具、宾馆、电影院，通过交换的方式来获得隐私。最为明显的，在公共厕所，人们使用一毛钱就可以在一刻钟内占用某个厕所及厕所的水槽和镜子。尽管某些公共厕所提供了免费使用的马桶，但是，这些厕所是没有门的。

隐私一直是一种奢侈品。评论员 Phyllis McGinley 指出："穷人在城市里可能不得不为了需求而挤在一起，为了获得保护，处于边界的人会而紧贴身边的邻居。但是，随着文明社会的发展，那些能够支付得起的人们都会选择远离别人的住所。埃及人计划出了葡萄园，希腊人有了门廊和海边的别墅，罗马人则围绕他们的庭院放置了围栏。隐私作为他人床上的亚麻被单或银币的标记而被视为值得争取的物品。"① 基于同一角度的考虑，Goffman 认为，在当前，底层人民的住宅缺少前区和后区的差异。②

行为人侵犯他人隐私的能力也能反映他们的社会地位。例如，内科医生的社会地位较高，此种地位不仅来源于他们的专业技能，也来源于他们的权威可以忽视隐私所带来的障碍。然而，此种特权不限于社会地位高的人享有，我们不能忘记某些不具备挑战上司人格能力的社会地位低下的人。Goffman 引用了 Mrs. Frances Trollope 的话，"我确实经常有机会观察到某个现象，富人对他们的奴隶的存在有着习惯性的冷漠。富人与他们的奴隶谈论他们的状况时，他们的能力和他们的行为就好像奴隶不能听见一样。某位年轻的女士在白人绅士面前表现出优雅得体的一面，但是该女士在要求其黑人仆人为其系上蕾丝时表现出最完美的冷静一面"。在一般社会中，假设他人无视别人存在的行为被视为无理行径，那么，这情况还被视为，在规定的社会环境下，他人自我与别人之间的隐私屏障没有成功确立。

从上述所有的内容中我们可以推断出，在亲属团体之外，某个极端的等级被授予那些自愿移除隐私保护的人。为了保护那些自愿地向陌生人裸露身体的病人免受耻辱，医生的声誉被过分夸大，尤其当这些医生与患者的性别不同时。同样，如果仆人的目的是用来为主人洗漱或穿衣的，那么，他们的地位当然应该是较低的。

那些能够获取客人私人关切的高级或低级人员都必须履行明确的义务，这些义务与获得私密信息的方式有关，其中最重要的义务是，他们一旦获得客户的私人信息之后将如何处理。对机密信息进行明示或暗示的保护可以减少权力的转移，否则将导致私人信息的泄露。然

---

① Phyllis McGinley, "A Lost Privilege", in Province of the Heart (New York: Viking Press, 1959), p. 56.
② Erving Goffman, The Presentation of Self in Everyday Life (Edinburgh: University of Edinburgh, 1958), p. 123.

而，不论是让某类人享有某个极端的级别还是保证信息的机密都是使"行为人需要知道他人的隐私"这一行为变得合法化，这将可能导致侵扰行为的发生。

四、隐私和偏差

谈及此处，笔者试图指出隐私对社会秩序的两个方面所带来的稳定效应。当人们变得非常紧张或易受刺激时，隐私让他人从社会关系中释放，隐私的撤退功能有利于促进横向的社会秩序。隐私也是稀缺的社会商品，因此，他人享有隐私权将反映和阐明不同的地位，从而戏剧性地形成了纵向的秩序。但是，我们也必须承认，隐私为此种形式的偏差提供机会，尽管这也许将改变它原本稳定的秩序。隐私承认行为人实施的无形侵权行为，它有利于完整维护某些容易被公众反抗推翻而不涉及隐私的规则。

Moore 和 Tumin 在讨论无知的功能时曾说明，"所有的社会群体都要求某些无知来保护关系的袍泽"①。Goffman 明确指出，由于群体成员可能发生角色释放，特别是对于某些反常的人而言，因此每个公司都提供了"参与盾牌"进行保护，在公司活动之外，他人可以做回自己。正如 Merton 所言："抵抗人的行为的完全可见性的动力显然来自于群体生活的结构特性。在社会团体中，为了符合角色期待，某些留有余地的措施会被提前准备。如果要求所有角色在任何时候都不允许出现偏差，那么，就必须制定严格的标准，对不同的个人能力进行培训，在紧急情况下提供补贴，否则，将难以达到严格的合规程度。这是本书中其他地方所指的社会制度，甚至是制度化的逃离规则的来源之一。"② 因此，每个群体都有它们自己的"制度逃离带"，它的范围随着环境的改变而扩张或收缩。基于此，Rose L. Coser 根据观察者的社会地位的不同进行考察。她指出，位于较高社会地位的人自愿放弃他们的可视性，他们通过提前公告来对侵扰行为做出通知。③

---

① Wilbur E. Moore and Melvin M. Tumin, "Some Social Functions of Ignorance", American Sociological Review, XIV (December, 1949).
② Robert K. Merton, Social Theory and Social Structure (New York: Free Press, 1964).
③ 15 Rose L. Coser, "Insulation from Observability and Types of Social Conformity", American Socio-logical Review, XXIV (February, 1961), 28 – 39.

之后，偏离的范围通过上层和底层的社会阶层来调整。

Moore 和 Tumin 强调了阻止偏差对整个群体的重要性。毫无疑问，将所有发生在社会生活中的罪恶、犯罪和错误行为公开将危及社会的稳定性。从这个角度来看，新闻媒体所关注的极其偏离社会规范的事物可能与这点符合。同样，他人与别人在情感的基础上接触得越多，他人就需要私人设备来隐藏不良习惯和破坏自我名誉的信息。例如，如果某个孩子突然了解到他父亲所有非公开的行为，如果父亲知道了所有的反常行为都是由他的孩子一手炮制的，那么，父亲与孩子之间相互赞赏的成熟关系将不可能建立。同样的观点也可以在良好的婚姻关系中体现。良好的婚姻关系不仅取决于夫妻双方互相接受对方所扮演的角色，还取决于双方掩盖不雅行为的能力。这就预先假定了丈夫和妻子之间需要有一点物理距离。此外，Simmel 还补充说，倘若他人将与个人有关的所有信息都毫无保留地向别人披露，那么将"使一段负有生命力的关系变得瘫痪，也使关系的继续显得毫无意义"①。

隐私使消费秘密成为可能。例如，笔者观察到，青少年在他们锁定的房间内抽烟或喝酒。同样，Goffman 曾指出："妇女可能会将《星期六晚间邮报》放在客厅的桌子上，但是她们可能会将《真实浪漫》（某些清洁工阿姨肯定会清洁的东西）一书隐藏在自己的卧室内。"② 然而，某些消费秘密的模式已经公开。例如，自从《花花公子》出现后，中产阶级男性不再需要私下雇佣人来编写好色之徒喜欢的色情杂志。随着某些活动不再保密，另一些活动进入了地下模式。因此，今时今日在《圣经》中找到欢乐的人很可能处于私人场所而不是在公共场所或交通工具上。这些新的特性可能成为 Simmel 制定的一般规则的具体例证，"原本开放的东西成了秘密，原本被隐藏的东西则抛弃了它们的秘密性。因此，我们可能会出现一个矛盾的想法，在其他情况下，人类群体仅仅需要改变所确定的秘密比例，在交换过程中则保持量子不变"③。

---

① Simmel, "The Secret and the Secret Society".
② Goffman, The Presentation of Self in Everyday Life.
③ Simmel, The Secret and the Secret Society.

偶然地，正如个人必须在他们所处的公共场所中使用适当的语言，他们也必须保持正当的身体语言。当他人面临不同的公共遭遇时，他人必须采取不同的身体语言。但是，他人的此种公共姿态并不会耗尽他人的身体所能够展示的所有姿态。当他人必须在长时间内维持同一个姿势时，为了保持舒适性和扮演一个好的角色，他人知道自己的身体必须保持一致的变化。隐私使他人能够行使各种各样的非公共姿态，从而使他人在身体上能够进行公共生活。

应当强调的是，缺乏可见性并不能保证他人享有隐私权。对于某些具有强大的超自我意识的人来说，他们不可能将隐私用于某些反常的目的，相比起他们，那些不断地看到父亲、母亲内心世界的人，或者在上帝的指引下有着异样的私人生活的人，外界对他们的道德要求是较低的。这就揭示了一个有趣的悖论。隐私确实在一定程度上为他人提供了免受公众期待的自治和自由。但是，正如 Durkheim 所一直提醒我们的那样，远离一般规范秩序的结果就是道德混乱和社会紊乱。（这也就是秘密社会通过仪式来补偿纯粹自治所固有的道德混乱状态的原因。）通过隐私，他人的自我意识可能会逃离公共秩序的统治，但是，它们可能会服从于一个新的权威：超自我意识。在某些程度上此种情况是确定的，但是，他人也可能冒险地建议，超自我意识像社会团体所要求的合作那样，也有着它自己的制度化逃离地带。超自我意识不可能是顽强不屈的，因为如果对自我产生的每一个偏差都进行惩罚，那么将严重损害他人的自我意识。

五、隐私和建筑物

笔者在上文已经指出，隐私规则或者保证他人的隐私权有助于维护横向和纵向的社会秩序。此类规则也体现在社会组织的物质结构中。例如，Lindesmith 和 Strauss 曾经指出，人际接触和撤退之间的社交准则通过一系列的同心圆在建筑结构中被制度化。特定的规则允许或禁止进入这一结构的不同部分，特别是为了保护神圣的"内心圆"。[1] 在浴室下发现了更具体的物理制度规范，浴室的尺寸和设计

---

[1] Alfred R. Lindesmith and Anselm L. Strauss, Social Psychology (New York: Henry Holt & Co., 1956).

的变化受到身体的清洁必须在私密的情况下进行这一要素的限制。隐私规范通过建筑安排的结合得以加强。事实上，浴室的建成尽管只是为了字面上的保证，但是浴室所供应的功能应当是单独的。① 然而，这一规范性的物理限制承认了更复杂的次要社交准则，正如 Bossard 和 Boll 所说的那样："事实上，中层阶级家庭几乎是一起上升的，他们几乎没有浴室，这也就出现一个问题，不过，这一问题已经通过非常狭窄的既定仪式来解决——洗浴仪式。他们已经制定出规则和制度来确定谁先沐浴（根据谁必须先离开家里）、规定他们能够在家里沐浴时间的长短、超时所要接受的惩罚，以及在什么情况下可能会产生人员的重叠。"② 因此，社会体制的实际安排打开或关闭了人们互动或撤退的可能性，也为支持某些必要的社交准则的前景提供了某些复杂仪式的背景。毋庸置疑，此类仪式的形式总是受到建筑学方式的修改。

Charles Madge 还敦促建筑设计师在设计中明确考虑社会生活的矛盾性。例如，人类同时习惯自我展示和退缩。此种由 Madge 所指出的二元性，要求住房项目需要存在一个"中间领域"，例如，后院或花园，将住所或内心圆与普通的"绿色区域"区分。③ 以此种方式划分我们的物理生活空间是为了满足我们对外交往的选择，另外，也是为了规范空间强加给我们的交往模式。

McGinley 认为，门在人类事件上的重要性相当于火的发现。门必定来自于那些自我意识已经发展到可以感受别人的压迫并且体验到必须反对此种压迫存在的人。继续使用门很有可能增强促进其创造的分离性。因此，门不仅促进了他人的自我意识，正是人们有这样的意识才创造了门。

人们在自我和别人之间设置障碍的行为是自我界定的，因为当人们从交往行为当中撤离时就意味着从角色当中抽离，心照不宣地，人们会通过角色将某种身份强加于他人的身上。因此，减少对门的保护

---

① Alexander Kira, The Bathroom (New York: Bantam Books, Inc., 1967).
② J. H. S. Bossard and E. S. Boll, Ritual in Family Living (Philadelphia: University of Pennsylvania Press, 1950).
③ Charles Madge, "Private and Public Places", Human Relations, Ⅲ (1950).

是放弃门所保护的个体独立感。正如 Simmel 所指出的那样，某些程度的自我交往是一切社会所具有的特征。①

笔者现在想讨论各种各样的门，包括水平滑动门（抽屉）和透明门（窗户）。笔者也将墙壁作为相对不可透过的个人障碍，与门这一选择性的可透过的物体进行对比。

门为他人和别人之间提供了界限（例如，我们的财产、行为和外表）。行为人违反此种界限意味着对他人自我的侵犯。例如，侵入他人不动产的行为和破坏他人房屋的行为都是不可忍受的，不仅是因为行为人的行为可能破坏他人的财产，还因为行为人的行为使他人丧失对来访者的控制权。在此种情况下，人们不再能够控制允许或不允许让某些人在何种程度上接触自己的财产和信息。受到行为人窥探行为的受害者感到愤怒，不仅因为他们的裸体被人观察，还因为他们丧失了控制可能获得有关他们身体信息的人的数量和类型的权利。为了证明这一点，我们需要证明，即便行为人没有观察到受害人的裸体，行为人的窥探行为也是不能容忍的。

Simmel 指出：“窗户的可视感几乎完全是从内向外的，窗户是为了让居民看见外面的世界，而不是让外面的人来窥探住所发生的事物。”此种禁令确保建筑物内的居民也能享有对外部世界的视觉支配权，同时，窗户也为居民提供控制接触世界的权利。不过，阴影或窗帘可以用于调节私人行为和公共行为领域之间的可接触性，根据情境适宜性在公共场所对他人提供保护。体现这一观点的其中一个规则就是 Goffman 所阐述的"民事注意义务"。

与窗户不同，控制进出口的门则是有区别的。谁可以在什么时间和什么情况下开门必须有非常清晰的规则。前门和后门通常是任何家庭成员在任何时间和任何情况都可以进出的唯一一扇门。父母可能会随时进入孩子的房间并且检查抽屉，但是来访的客人不会这样做。但是父母必须意识到，某些私人的门（抽屉）不应该打开（尽管父母和孩子之间可能是朋友的关系），如果他们这样做了，那么，一些新的装有与自我特性有关的容器将会被找到，例如，在床垫和弹簧之间的区域。然而，孩子不能检查他们父母抽屉的内容，也不能在夜晚进

---

① Simmel, "The Secret and the Secret Society", p. 373.

入父母的房间。因此，侵略权被视为权威的一个基本要素，它的合法性与权利行使程度有关。相应地，权威取决于行为人实施的行为是否能够豁免。Cooley 认为："权威，特别是当它掩盖了某些个人的内在弱点时，往往围绕它本身就会形式人工谜团，目标是为了阻止熟人的接触，也给予他人的想象一个理想化的机会。除了其他目的之外，自我隐藏也保留了简单的一种优势。"在这一点上，Riesman 写道："与农夫的单间房屋和原始部落的'长屋'相比，普通房屋里的孩子在墙壁内长大，这是父母享有优势隐私地位的物理象征。墙将父母和孩子分开，墙也将办公室和住所分开，墙壁也让孩子很难听到父母真实的、不加掩饰的看法，这也就使得孩子很难去评论父母所下的命令。在许多情况下，父母做的比他们说的真实多了。"此外，我们可以根据对侵入的相互期待来反映个人关系。不同程度的隐私侵犯行为或是义务，或许是特权，也可能是犯罪行为，这取决于人际关系的性质。显而易见，此种强加的期待可能并非建立在互相同意的基础上。

父母照顾孩子的义务凌驾于孩子所享有的隐私权之上，同时，此种义务也将孩子置于社会裸露地位，因为孩子丧失控制是否让别人看见自己的权利。然而，如果受到无限的侵扰行为，那么，他人将处于耻辱的状态，正如反对"距离过近"的规则所暗示的那样。Simmel 在讨论自由裁量权时曾经表达了这一种观点，该观点的其中一个特性即他人有权要求与自己有密切关系的人侵犯自己的隔离权。[①] 因此父母和孩子之间的妥协折中是必要的，此种妥协通常通过门的操作来实现。例如，当孩子在睡觉时，他们的卧室门可以呈半开状态，门的这一位置体现父母对孩子自我的尊重。此外，如果我们审阅了大量的情况，我们可能会发现现存的普遍模式。当孩子处于婴儿时期时，门一般都是完全打开的，随着儿童时期自我意识的发展，直到青春期前，门可能会变成半开的状态，而到了青春期阶段和成年阶段，当冥想、梳理和身体检查变成必须时，门可能完全关闭甚至上锁。在这一时期，父母经常完全否认他们所感觉到的权威，并且通过在一定距离内上锁的门来保证隐私。

当然，丈夫和妻子在某些特定的情况下也必须保持双方之间的分

[①] Simmel, "The Secret and the Secret Society", pp. 320–324.

离。例如，当配偶正占据浴室时，另一方在进入前必须先敲门。这并非是尊重他人裸体的象征，而是尊重他人享有决定将自我呈现给另一方的方式的权利。这一规则确保自我和自我表现将维持在一个可控范围，它将独立于其他人的幻想，它也有助于促进自我意识。这一规则在完全制度化的机构当中体现得最为清晰，比如在武装部队，首先使用有着一定程度的羞辱意味的敞开的成排厕所，之后士兵将变成完全没有自我意识的人。在诸如此类无门的世界中，我们发现，"前区和后区"之间的区别变得模糊不清，在这些区域中，自我意识在被提醒后又被抛弃，在传统社会中，那些混淆这两个区域的人将被认为粗俗之人。

与门相反，墙代表着"隔绝"而不是"分离"，它否认了人们遭遇或撤回社会交换的可能性。它剥离了清楚体现在门上的自由元素。"墙是必不可少的"，Simmel指出："他人可以为自己设定界限，此种界限是自由的，以便他们能够再次提高界限并从中移除自己。"Simmel接着谈到，"隐私是指他人有一块完全属于自己的空间，他人可以与整个世界分离"。但在强制隔离中，人一定是被控制在某个空间内。门将外界与内部分离，墙壁则是完全消除外界。门关上，墙壁则是围上。然而，门经常被转换成墙，如我们在常见的做法中所看到的，因为孩子做错事而"将孩子锁在自己的房间内"。在此种意义上，许多家庭建有私人地牢，或者说，将儿童房改造成单人小间——这些都迫使我们区分正式和非正式的监禁。

隐私并非取决于可上锁门的可用性。例如，Goffman曾经提出"自由场所"，在那里，犯人免受任何监控，"他们可以做自己，与某些病房的不安感形成鲜明的对比"。此外，每个囚犯都有私人领地，一个特殊的角落，或一个靠近窗户的地方。"在某些病房，某些病人在白天会随身携带他们的毯子，此种行为被视为是高度退缩的行为，每个人都会在地板上蜷缩起来并且用毛毯完全覆盖自己，他们在被覆盖的空间里有一定的控制余地"。因此，人们退出与别人的人际交往关系并与自己在一起，创造一个他们能够统治的更大的权威，这也回应了Simmel所观察到的，"建立避难所的人，就像第一个寻路人那样，显示了人类对自然的霸权，因为他们从连续性和永恒的空间开辟出一个角落"。

总之,隐私孤岛存在于所有的建造物中,即便是最为亲密的家庭。这些岛屿由一组复杂的规则进行保护。当这些规则受到破坏时,人们就会寻找秘密的场所,人们也会发明并且使用某些设施来实施秘密行为。这些场所和它们的渗透性构成了一种类型的地图,它既是人际关系指南,也揭示了自我参与人际交往的性质。

隐私、财产和自我。任何引用私人场所的内容就会涉及个人财产。为了观察和操纵自己的财产,他人在更多的时候不会撤退回到隐私当中,当然,财产包括身体和那些非身体的物品。

这里存在两种类型的物品——允许公众观察(可以被称为个人物品)和禁止公众观察的物品(私人财产)。私人财产,正如我们所使用的术语,可以进一步根据谁是亲密对象而确定谁能接近或使用此种财产。家庭成员可以观察到他人的某些私人物品,但是有些物品除了他人自身其他人是不能看的。毫无疑问,后一种物品对于他人的个性有着非常特别的意义,其中一些是神圣的,不应当暴露在外给别人污染;有些物品则非常粗俗,将他人的这些物品暴露在外将使他人产生羞耻感,但是,这两种类型的物品都具有个人特色,都代表他人自我的重要方面。从占有者的角度而言,这些物品不应当供别人玩弄。

这是因为人们在私人和个人事务上投入了大量的自我,而在某些极权机构,他人需要将自我意识与物质对象分离。当个人主义必须被最小化时,私人所有权总是不断受到监视。在此种情况下,个人物品的获得和贮存以"藏匿"的形式存在,他人可能从长袜到裤子的裤腿都在藏匿物品。

因此,在一定程度上,直接或间接地获取他人财产或以私人方式雇佣他人将享有一定的权力,如果明智而审慎地使用这一权力,那么可以很好地为他们的利益服务。Hughes认为:"此种利益是由清洁工所判断的垃圾得来的,并且因为如此,清洁工获得了高于租户的权力。清洁工可以从某些撕碎的信纸当中知道某些隐藏的爱情,他们能够从许多未启封而被浪费的信件中预知金融危机或金融风暴。也许他们拖延了某个不可靠的女人要求立即服务的请求,因为清洁工从那个女人所抛弃的垃圾中得知她有抹布。垃圾给了清洁工神奇的力量去对待那些自命不凡的恶棍和租客。笔者认为具有某种神奇的力量,是因为此种行为看起来似乎没有背叛任何人,因此把清洁工对他人的了解变成一种公开的权力。"但是，确切而言，此种权力并不需要被有效行使。知晓此种信息仅仅要求他人对别人保持一定程度的谦逊和尊重。

六、去隐私化

笔者试图表明，他人撤回到别人难以接触的装备精良的世界的可能性将缓和紧张的群体关系。但是，我们也必须意识到，人们并不总是能够成功地保护自己的隐私。意外泄露信息和各种各样的间谍活动威胁到隐私试图维护的信息控制权。但是，信息控制也包括他人有目的性地泄露信息，甚至抛弃秘密。正如人们需要从公共交往中放松自己，他们会定期逃离公共生活来释放自己，缺乏令人缓解的隐私将使人疯狂。不过，尽管过度处于私人状态的人从公共生活解脱出来，他们仅仅成为自己的负担——他们成为自导自演的人，但是这样的生活是单调乏味的。自娱自乐是最耗尽心力的事务，它要求人们同时扮演两个角色：演员和观众。两个角色都是快速互相转换的。当隐私因此耗尽时，就必须寻找新的公众观众。

此外，由于日常生活经常号召便利主义和互惠主义，我们也被引导放弃某些私人信息和私人活动。例如，众所周知，为了雇佣别人作为我们的资源，我们需要向别人披露某些我们的信息，至少要告诉他们某些出于某种原因我们必须强调的信息。当此种情况发生时，将会发生两件事情：其一，我们将获得一定程度的满足；其二，也是最为重要的，我们的改变（或方法）披露了我们之前所保留的信息，这是因为自我披露充满了互惠的力量。由于我们献出了自己的某些东西，此种行为对其他人起到号召作用，其他人作为回馈也会给予我们某些信息。人与人之间相互的信息交流和令人满意的结果将会出现。不难想象，当此种压力或需求被扩大时，这一步骤就会变得制度化，亲密关系就不再是个选择，它将被强制执行，私人活动将被视为一种鬼祟行径且具有可惩罚性。当他人所做出的撤退行为不仅需要受到惩罚，而且他人自己也会感到愧疚时，剥夺他人隐私的目的就达成了。某位家庭主妇可能经历了像Whyte所描述的被剥夺隐私的过程："我已经承诺要将自己的隐私奉献出去。我感到糟糕，但是我没有要求他们喝咖啡。我并不怪罪他们，因为他们是用自己的方式做出反应。无论如何我也会尽力做这件事。"

但是,从传统社会的角度而言,丧失隐私使他人免受许多明显的社会痛苦,他人也免受完全的监控行为所带来的侵扰。民众自愿将自己向公众公开,因此他们可以相对免受不乐意的接触所带来的污染。他们的披露是选择性的,并且经过深思熟虑。侵扰行为人是经选择的,对他人而言披露行为并不会遭受痛苦。诚然,人们的资源能力取决于他们了解邻居的能力。因此,在平民生活中,人们发现了自我披露的有效性,人们交际的需求太迫切了,而之前被我们忽视的东西(隐私)太有价值了。

但是,那些真正相信自己确实是如他们向外界所披露的那样的人所作出的自我牺牲实在太大了。人们意识到履行良好的角色需要进行必要的伪装和欺骗,因此在履行角色时需要不断否定自己的人格和回忆自己何时曾经反对过别人。为了让自己真实,我们必须欺骗他人。在这一特定的意义上,隐私阻止他人太过密切地认识自己,否则他人就容易在公共角色的扮演中失去自己。日常生活是在真诚和欺骗所具有的持续紧张关系、在自我释放和自我娱乐中、在拥抱公众的冲动和逃离不适的群体要求中所发生的。因此,人们的身份因人们保留自我的能力而维持。Goffman 认为:"当我们密切观察在某个社会角色身上发生了什么时,一段社交行为或任何其他的社会组织包括单位,我们所能观察到的事物都不是全部。我们总是找到个体雇佣的办法来保持某些距离,在他人和其他人认为他们应当被识别之间存在某些肘部空间。当人们进入某个广泛的社会单元时,人们意识到自身作为人的感觉,而当人们拒绝进入社交活动时,人们的自我意识会涌现。社会中的固体建筑给我们的社会地位提供了物的支持,而我们的个人身份感常常存在于缝隙当中。"对于 Goffman 来说,隐私是人们能够用来拒绝参与社会活动的某个方法,隐私也有助于增强人们的个性。

道德性隐私权的性质和价值

J. 安吉洛·克里特盖尔[①]著　凌玲[②]译

目　次

一、导论
二、理想中的道德性隐私权理论
三、道德性隐私权的性质
四、道德性隐私权的价值
五、两个相互矛盾的道德性隐私权理论
六、结语

一、导论

一般情况下，哲学上的隐私利益都是学者们在定义隐私这个概念时发现的。对于隐私和隐私权这两个概念，每个学者都有自己的见解。Judith Jarvis Thomson 认为，隐私权本身就是隐私的"衍生物"，二者之间是紧密相连、密不可分的，因此，人们没有必要对这两个概念做出明确的区分。[③] Thomas Scanlon 则认为，隐私权包含公民所享有的免受外界侵扰的权利。[④] 在众说纷纭的隐私权研究领域，James Rachel 的观点独树一帜，她将隐私权定义为他人所享有的决定行为人能

[①] J. 安吉洛·克里特盖尔（J. Angelo Corlett），《国家哲学评论》首席主编。
[②] 凌玲，中山大学法学院助教。
[③] Judith Jarvis Thomson, "The Right to Privacy", Philosophy & Public Affairs, vol. 4 (1975), p. 313.
[④] Thomas Scanlon, "Thomson on Privacy", Philosophy & Public Affairs, vol. 4 (1975), p. 315.

够在何种程度上了解他人的能力。① 由于美国法学界无法对隐私的性质做出一个令人一致信服的解答,所以,William A. Parent 表示,"美国的隐私理论正处于概念上的混乱状态,② 我们急需对隐私这个概念下一个定义——这个定义不仅能够勾勒出隐私的核心内容和中心思想,而且还能够促使人们对隐私领域内的各个不同的概念做出清晰的、精确的、合理的区分"。③

正如 Julie Innes 所解释的那样,在哲学上或者法律上,学者们对隐私的讨论内容大致可以分为以下三种类型:

(1) 对隐私在概念层面以及道德层面上是否具备独立性的质疑。

(2) 对隐私的两大组成部分——隐私的功能以及隐私的具体内涵的分析。

(3) 对隐私的价值的探讨。④

但无论如何,人们必须将隐私和隐私权这两个概念区别开来。⑤在概念的层面上讲,这两者的区别十分重要——即使不享有隐私权,公民也可以有自己的隐私。⑥ 反过来讲,即使公民享有隐私权,公民的隐私也可能得不到别人的尊重。在很多情况下,在探讨道德性隐私权(the moral right to privacy)的性质和价值时,充分理解或分析隐私这个概念可以促进人们对隐私权的内涵的理解。

---

① James Rachels, "Why Privacy is Important", Philosophy & Public Affairs, vol. 4 (1975), p. 325. For a critical discussion of Thomson's, Scanlon's, and Rachels's respective views on privacy, see Jeffrey H. Reiman, "Privacy, Intimacy, and Personhood", Philosophical Dimensions of Privacy, ed. Ferdinand Schoeman (Cambridge: Cambridge University Press, 1984), pp. 300 – 316. For an alternative definition of "privacy", see Madison Powers, "A Cognitive Access Definition of Privacy", Law & Philosophy, vol. 15 (1996), pp. 369 – 386.

② William A. Parent, "A New Definition of Privacy for the Law", Law & Philosophy, vol. 2 (1983), p. 305.

③ William A. Parent, "Recent Work on the Concept of Privacy", American Philosophical Quarterly, vol. 20 (1980), p. 341. For a historical overview of the concept of privacy, see Judith DeCew, In Pursuit of Privacy (Ithaca, N. Y.: Cornell University Press, 1997), chapter 1.

④ Julie Inness, Privacy, Intimacy, and Isolation (Oxford: Oxford University Press, 1992), p. 23.

⑤ Parent, "A New Definition of Privacy for the Law", p. 309. This distinction is echoed in Roland Garrett, "The Nature of Privacy", Philosophy Today, vol. 18 (1974), p. 280.

⑥ David M. O'Brien, Privacy, Law, and Public Policy (New York: Praeger, 1979), p. 15.

更具体地说，学者将道德性隐私权当成一个独立的概念（理论）而展开的一系列讨论，应当以促进人们对"混合性的道德性隐私权理论"的理解为目的。所谓混合性的道德性隐私权理论，是指一个在被 Richard Wasserstrom 称为"传统的"隐私权理论和"可替代性的"隐私权理论中保持中立的隐私权理论。① 在本文中，笔者将尝试为道德性隐私权提供一个规范性的解释，这个解释将会促进隐私权在法律上的发展。②

二、理想中的道德性隐私权理论

笔者认为，在研究道德性隐私权理论的其他内容之前，如果人们能够在"道德性隐私权理论至少应当涵盖哪些方面的内容"这个问题上达成一致，那么，这将对人们更好地理解这个理论有十分显著的作用。首先，为了避免人们混淆隐私和隐私权这两个概念，道德性隐私权理论应当对道德性隐私权这个概念提供一个明晰的定义。为了使人们更进一步区分隐私和隐私权这两个概念，道德性隐私权理论对道德性隐私权下的定义还应当明确区分不同类型的隐私权。其次，道德性隐私权理论应当准确、详细地阐释道德性隐私权的价值所在。这在某种程度上可以促使人们理解，为什么道德性隐私权是一种道德层面上的权利。再次，道德性隐私权理论应当使人们认识到道德性隐私权与法律性隐私权之间的差别——道德性隐私权不一定是法律性隐私权，如果它还能为人们在这些情形中所享有的隐私权提供保护，那就

---

① Richard A. Wasserstrom, "Privacy" in Contemporary Issues in Business Ethics, ed. Joseph R. Desjardins and John J. McCall (Beimont: Wadsworth Publishing Company, 1985), pp. 204 – 214.

② For a descriptive account of the legal (Constitutional) right to privacy, see Louis Henkin, "Privacy and Autonomy", Columbia Law Review, vol. 74 (1974), pp. 1421 – 1425; David A. J. Richards, "The Jurisprudence of Privacy as a Constitutional Right", in Privacy, ed. William C. Bier (New York: Fordham University Press, 1980), pp. 135 – 151; and Jeffrey Johnson, "Constitutional Privacy", Law & Philosophy, vol. 13 (1994), pp. 161 – 193. For a discussion of various technological ways in which privacy can be invaded, and ways in which the law might be revised in order to protect against unwarranted privacy intrusions, see Alan F. Westin, Privacy and Freedom (New York: Atheneum, 1967). A critique of Westin's conception of privacy is found in Kent Greenawalt, "Privacy and its Legal Protections", Hastings Center Studies, vol. 2 (1974), pp. 45 – 47.

再好不过了。最后,道德性隐私权理论应当①充分地、有逻辑性地论证道德性隐私权所具备的各种价值,而不是无力地空谈隐私权有多么重要却提不出有力的论据。

在本文中,笔者首先会提出一个能够满足以上所有要求的道德性隐私权理论,并充分论证该理论的正确性。其次,笔者还会详细地阐释道德性隐私权的本质属性以及基本的道德价值。再次,笔者会解释公民在何种情况下享有应当受到尊重的道德性隐私权及其原因。最后,笔者会研究公民是否享有不以法律规定为依据的隐私权。如果答案是肯定的,那么,这就意味着,不管法律有没有相关的规定,公民的隐私权都应当受到尊重——不因为别的,就因为公民的隐私权本身就是应当受到尊重的,这就跟人生而自由是一样的道理。② 尽管在现实中,正如我们将会看到的那样,道德性隐私权本身就是一系列相关的权利、能力以及豁免权的结合体,但是,在解答上述问题时,笔者仍会恰当地参考道德性隐私权的相关内容。

三、道德性隐私权的性质

在某种程度上,道德性隐私权与其他道德性权利一样,都是公民出于各方面的考虑而赋予道德主体(其实就是公民自己)的权利。又或者,正如 Joel Feinberg 所解释的那样,当公民主张自己的某种权利以社会的伦理道德原则或者文明社会的大多数公民的良心为基础的时候,其所主张的权利就是道德性权利。③

笔者认为,所谓道德性权利,是指一种具备正当性的利益或者主张,根据该种利益或者主张,道德主体(公民)至少享有以下一种

---

① R. G. Frey, "Privacy, Control, and Talk of Rights", Social Philosophy & Policy, vol. 17 (2000), pp. 25–44.
② A similar question is posed in Lloyd L. Weinreb, "The Right to Privacy", Social Philosophy & Policy, vol. 17 (2000), p. 25.
③ Joel Feinberg, Social Philosophy (Englewood Cliffs, N. J.: Prentice-Hall, 1973), chapter 4. Feinberg calls such a right a "conscientious right". Also see Joel Feinberg, Rights, Justice, and the Bounds of Liberty (Princeton, N. J.: Princeton University Press, 1980); "In Defense of Moral Rights" in Joel Feinberg, Freedom and Fulfillment: Philosophical Essays (Princeton, N. J.: Princeton University Press, 1992). For a criticism of the notion of moral (or natural) rights, see Jeremy Waldron, Nonsense Upon Stilts (London: Methuen, 1987).

或者多种权利①：①独处并根据自己的喜好②追求自己心中的梦想③的权利；②尽量少披露或者有选择性地披露有关自己的信息的权利；④③不对外宣传自己或者自己的私人事务的权利；⑤ ④根据自己的意愿适当地曝光自己的私人领域或者允许/禁止别人进入自己的某些私人领域的权利；⑥ ⑤享有受到别人尊重的自治权的权利；⑦ ⑥尊重或者评估爱情与友情的权利；⑧ ⑦免受来自没有搜查令作为依据的侵犯隐私的政府执法行为的侵犯的权利；⑨ ⑧控制有关自己的信息⑩、拒绝/允许别人访问自己的信息以及表明自己的身份或者个性的权利⑪。所

---

① Note the inclusive disjunctiveness of this description of the right to privacy. There seems to be insufficient reason why the moral right to privacy cannot respect privacy in each of the mentioned ways.

② S. D. Warren and L. D. Brandeis, "The Right to Privacy", Harvard Law Review, vol. 4 (1890 – 1891), pp. 193 – 220.

③ For a general theory of rights which is based on the notion of right holders being project pursuers, see Loren Lomasky, Persons, Rights, and the Moral Community (Oxford: Oxford University Press, 1987).

④ Elizabeth Beardsley, "Privacy: Autonomy and Selective Disclosure", NOMOS XIII: Privacy, ed. J. Pennock and J. Chapman (New York: NYU Press, 1971), p. 65. Also see William A. Parent, "Privacy, Morality and the Law", Philosophy & Public Affairs, vol. 12 (1983), pp. 269 – 288; "A New Definition of Privacy for the Law"; Joseph Grcic, "The Right to Privacy: Behavior as Property", Journal of Value Inquiry, vol. 20 (1986), p. 139. Such views have been called "information models of privacy" (Jeffrey L. Johnson, "Privacy and the Judgment of Others", Journal of Value Inquiry, vol. 23 [1989], p. 160).

⑤ This view is articulated in H. J. McCloskey, "The Political Ideal of Privacy", The Philosophical Quarterly, vol. 21 (1971), pp. 303 – 314.

⑥ Ernest van den Haag, "On Privacy", in Pennock and Chapman, pp. 149 – 168.

⑦ This view is articulated in H. J. McCloskey, "Privacy and the Right to Privacy" Philosophy, vol. 55 (1980), pp. 25 – 26.

⑧ Charles Fried, "Privacy [a Moral Analysis]" in Philosophical Dimensions of Privacy, ed. Schoeman, p. 214.

⑨ See Inness, Privacy, Intimacy, and Isolation.

⑩ This point might be extended to include unwarranted intrusions of privacy in public. For example, Anita Allen argues that in certain public places people ought to be free of invasive surveillance [Anita Allen, Uneasy Access (Totowa: Rowman & Littlefield, 1988), chapter 5]. Also see Helen Nissenbaum, "Toward an Approach to Privacy in Public: The Challenge of Information Technology", Ethics and Behavior, vol. 7 (1997), pp. 207 – 219; "Protecting Privacy in an Information Age", Law & Philosophy, vol. 17 (1998), pp. 559 – 596.

⑪ DeCew, In Pursuit of Privacy, pp. 73 – 80.

谓道德性隐私权，就是指人们所享有的能够自由地做自己喜欢的事情①的正当利益或主张。② 在他人享有这种权利的情形中，行为人自然而然地承担不得侵扰他人的私人生活的道德性义务。这也是道德性隐私权被人们称为消极权利的原因。当公民所享有的道德性隐私权受到别人的尊重时，该种权利可以为公民创造一个受到保护的私人领域，公民在该领域内可以自由地安排自己的生活而不受别人的任何影响。也就是说，道德性隐私权包括被人们称为"个人自治"的权利。通过将道德性隐私权理解成一种"以控制权为基础"的权利，人们可以更好地理解道德性隐私权的重要性主要就在于，它可以保护公民免受未经合法授权的侵扰行为以及信息披露行为的侵犯。③

道德性隐私权有以下类型。

第一种是信息性隐私权（information privacy right）。所谓信息性隐私权，是指根据上文①、④、⑧这三种权利，公民所享有的能够控制与自己本人有关的信息的权利和能力。

第二种是控制性隐私权。所谓控制性隐私权（control privacy right），是指根据上述①、②、⑤、⑥、⑦这五种权利，公民所享有的掌控自己各个方面的生活的能力。而上述的第③种权利，似乎是信息性隐私权和控制性隐私权的结合体。公民所享有的各类控制性隐私权也必然会涉及公民所享有的自治性隐私权（autonomy privacy right）。在涉及这两种道德性隐私权的案件中，法院总是会把道德性隐私权当成一系列与 Wesley Hohfeld 所说的法律性权利相对应的权利。④ 但实际上，道德性隐私权与法律性权利之间并不存在一一对应

---

① One must, however, exercise caution in referring to privacy as an interest. For to do so itself "presupposes that it is something people would be better (or believe they would be better) for having, and that already amounts to an evaluative presupposition in its favour" (Stanley I. Benn, "The Protection and Limitation of Privacy", Australian Law Journal, vol. 52 [1978], pp. 601 – 602).

② For a critique of the choice and interest models of rights, see Eric Mack, "In Defense of the Jurisdiction Theory of Rights", The Journal of Ethics, vol. 4 (2000), pp. 71 – 98.

③ Thomas Huff, "Thinking Clearly About Privacy", Washington Law Review, vol. 55 (1980), pp. 778 – 782.

④ Wesley Hohfeld, Fundamental Legal Conceptions (New Haven, Conn.: Yale University Press, 1919).

的关系。换言之,并非所有的道德性隐私权都是法律性权利。笔者认为,道德性隐私权与法律性权利之间的联系与区别应当以 H. L. A. Hart 对法律性权利的分析为准。

各类自由权之间的共同点在于,它们都赋予公民在生活中自由地做出各种选择的能力以及自由地做自己想做的事情的权利。这也许就是自由权的核心内容。与自由权十分接近的权利包括公民所享有的提出各种主张的权利、公民所具备的各种能力、公民所享有的豁免权以及其他类似的权利。以这种观点看待自由权,人们会发现,道德性隐私权可能就是一系列的道德性自由权的结合体。道德性隐私权是一种对世权,权利主体可以对自己以外的所有人主张权利。因此,作为自由权的一种,道德性隐私权是一种消极的、对世的、正当的权利主张。① 但是,它也是一种可以让渡的权利。公民可以自愿放弃自己所享有的这种权利。因为(根据某些学者的观点)道德性隐私权是自由权的一种,所以它是一种可以保护公民所享有的多种利益的权利。

因为道德性隐私权属于任意性权利,因此,在确定公民享有该权利的情形中,公民有权做自己想做的任何事情。例如,在自己家里的时候,公民享有根据自己的喜好播放音乐的道德性隐私权——当然,公民在这种情形中享有的道德性隐私权也应当受到合理的限制,如虽然公民可以听自己喜欢的音乐,但他/她不能因此打扰别人,否则,公民的行为又相当于侵害了别人的隐私权。这正如 Jeremy Waldron 曾经所写的那样:绝对的自由权反而会导致社会道德的衰退以及公民个人权利的削弱,只有受到恰当限制的权利才是社会的正确选择……公民必须享有一个私人的、自由的空间——在这个空间之内,公民可以自由地决定自己做什么事情、怎么去做,在做出这些决定时,公民只需要考虑自己的感受和想法,不应当受到外界的任何干扰。②

---

① Stated in this way, my concept of a moral privacy right is similar to H. L. A. Hart's notion of a legal right as having at its core a bilateral liberty to X or not-X as one sees fit, plus a protective perimeter of claim rights to non-interference. See H. L. A. Hart, "Bentham on Legal Rights" Oxford Essays on Jurisprudence, 2nd Series, edited by A. W. B. Simpson (Oxford: Clarendon Press, 1973), pp. 171–201.

② Jeremy Waldron, The Right to Private Property (Oxford: Oxford University Press, 1989), p. 295.

例如，根据自己所享有的道德性隐私权，员工有权拒绝向老板提供超出正当的道德规范所要求的有关自己的信息。① 对于那些超出正当的道德规范所要求的私人信息，员工享有控制权，他可以自主决定是否向老板提供这些信息。如果他不想将自己的这些信息告诉老板，那么，他所享有的道德性隐私权可以保护她不被老板强制要求提供这些信息。尽管在某些情况下，公民所享有的道德性隐私权并不能使公民拒绝向某些人提供自己的某些信息。但是，道德性隐私权可以为公民的私人信息提供这样的保护。② 以上是学者们对信息性隐私权的其中一种解释。

进一步讲，在某种程度上，在一些其他的情形中，公民所享有的决定别人知道多少有关自己的信息的能力涉及公民的自治权和言论自由权；在这种情况下，道德性隐私权就像是一个"权利口袋"③ 中的一部分，这一部分（道德性隐私权）包括公民的自治权和言论自由权这两种道德性权利在内。④ 在 Griswold v. Connecticut⑤、Stanley v. Georgia⑥、Eisenstadt v. Baird⑦、Roe v. Wade⑧、Paul v. Davis⑨ 以及

---

① Hyman Gross, "Privacy and Autonomy", in Pennock and Chapman, p. 169. Critics of this notion of privacy as control of information about oneself revealed to others include Ruth Gavison, "Privacy and the Limits of Law", in Schoeman, Philosophical Dimensions of Privacy, pp. 346–402; Parent, "Privacy, Morality, and the Law", p. 344; DeCew, In Pursuit of Privacy, chapter 2.

② See Parent, "Recent Work on the Concept of Privacy", pp. 341, 347.

③ Feinberg, Social Philosophy, p. 70; Carl Wellman, A Theory of Rights (Totowa: Rowman & Allenheld, 1985), pp. 83–84. Of privacy, Stanley I. Benn writes, "it deals, therefore, with a cluster of immunities which, if acknowledged, curb the freedom of others to do things that are generally quite innocent if done to objects other than persons, and even to persons, if done with their permission" (see Stanley I. Benn, "Privacy, Freedom, and Respect for Persons" in Schoeman, Philosophical Dimensions of Privacy, p. 225).

④ For a discussion of the right to privacy and its relation to the Fifth Amendment (to the U. S. Constitution) right against self-incrimination, see Robert S. Gerstein, "Privacy and the Right to Self-incrimination", Ethics, vol. 8 (1970), pp. 87–101.

⑤ 381 U. S. 479 (1965).

⑥ 394 U. S. 557 (1969).

⑦ 405 U. S. 438 (1972).

⑧ 10 U. S. 113 (1973).

⑨ 24 U. S. 693 (1976).

Whalen v. Roe① 等涉及隐私权的案件的判决中，人们可以发现，法院似乎经常把道德性隐私权视为"权利口袋"的一部分。从法律的角度上看，隐私权经常以《美国联邦宪法第四修正案》和《美国联邦宪法第九修正案》的规定②为基础，人们认为隐私权相当于这些宪法性规定所指的"有序的自由权"。一方面，隐私权的范围包括公民在结婚、生小孩、避孕、流产、私人教育、旅游、投票、药物治疗等情况下所享有的自主决定权。另一方面，法律性隐私权包括《美国联邦宪法第一修正案》所规定的某些权利（如言论自由权）在内。③ 因此，隐私权经常像是一个权利的结合体而不仅仅是一种单一的、只与隐私有关的权利。④

此外，根据康德（德国著名的哲学家）学派的学者所提出的"尊重人本身"的原则，⑤ 如果人们不幸被别人当成实现社会效益的工具，那么，这明显是在贬低人作为"人"所具备的价值。而隐私权的价值之一在于，它可以使公民避免成为别人为实现社会效益而使用的"工具"。因为对公民而言，隐私权不仅是自己本身就享有的一种权利（这种权利不是由外界赋予公民的），而且这种权利还具备十分重要的价值，因此，它可以促使公民更好地追求自己的理想。根据这种理解方法，学者其实相当于把道德性隐私权视为道德性自治权所关切的其中一部分内容。⑥ 此外，对人们创造、发展以及维持与别人

---

① 29 U. S. 589 (1977).
② Of course, the Third Amendment limits the Government's right to quarter soldiers in homes during times of peace without the consent of the owners, a frequently forgotten aspect of constitutional privacy.
③ See Joel Feinberg, "Limits to the Free Expression of Opinion", in Philosophy of Law, ed. Joel Feinberg and Hyman Gross, Fifth Edition (Belmont: Wadsworth Publishing Company, 1995), pp. 262 – 277.
④ For an account of the legal protections of privacy, see Greenawalt, "Privacy and its Legal Protections".
⑤ Benn, "Privacy, Freedom, and Respect for Persons", p. 228.
⑥ Ferdinand Schoeman, "Privacy and Intimate Information", in Schoeman, Philosophical Dimensions of Privacy, pp. 414 – 415. Benn agrees with this point, but adds that political freedom and personal relations also concern and depend on privacy. See Benn, "Privacy, Freedom, and Respect for Persons", pp. 234 – 236.

之间的亲密关系而言，隐私权具备十分重要的作用。① 道德性隐私权与人们能否得到别人的尊重、能否维持与别人之间的爱情、友谊以及信任息息相关。② 正如 As Thomas Nagel 所言："事实上，人们之所以享有决定是否披露有关自己的某些信息的权利，是因为这种权利体现了人性的需要——也可以这么说，人之所以为人，正是因为人可以掌控自己。"③ 而 Frederick Schauer 则认为，即使是公众人物的基本隐私权也应当得到社会的尊重，他们不应当被迫放弃自己所享有的基本隐私权。④ 所以，人们所享有的基本隐私（不是所有的隐私权）权应当得到公认和尊重，只有道德主体（指在具体的情形中享有隐私权的人）自己可以放弃自己的基本隐私权，别人不能强迫道德主体自己放弃自己的基本隐私权或者通过其他手段剥夺道德主体的基本隐私权。在某种程度上，出于平衡人与人之间的利益的目的，人们才更加意识到上述这些原则在人类生活中的重要性。这些原则解释了人们为什么需要将隐私权当成一种道德性权利来尊重。事实上，一个有序的社会应当培养出一种合理的隐私文化。但是，只有在人们不仅了解隐私权作为一种道德性权利的重要性和性质，而且还了解道德性隐私权具体涵盖哪些权利的环境下，社会才可能培养出这种正确的隐私文化。

但是，道德性隐私权的性质是如此的复杂，人们如何能够认定，它的价值到底体现在哪些方面？道德性隐私权到底在多大的程度上属于一种道德性权利？笔者将会在下文做出进一步的探讨。

四、道德性隐私权的价值

在已经分析了隐私权和道德性隐私权概念的基础之上，有一个十

---

① Robert S. Gerstein, "Intimacy and Privacy", Ethics, vol. 89 (1978), pp. 76 – 81.
② Fried, "Privacy [a Moral Analysis]", p. 205.
③ Thomas Nagel, "Concealment and Exposure", Philosophy & Public Affairs, vol. 27 (1998), p. 4.
④ Frederick Schauer, "Can Public Figures Have Private Lives"? Social Philosophy & Policy, vol. 17 (2000), pp. 306 – 307.

分重要的主题亟待人们去探究：隐私权①在道德层面上的价值②。根据上文对道德性隐私权的性质的论述，人们可以得知，对人们而言，道德性隐私权具备许多价值，它对人们十分重要。③ 但是，得出这个结论的原因何在？至少在某种程度上，人们对这个问题做出的解答似乎回答了以下这个问题：哪些法律应当为人们所享有的隐私权提供保护？换言之，在某种程度上，隐私权在道德层面上的重要性也阐释了：哪些道德性隐私权应当受到法律的尊重——哪些隐私权属于法律性隐私权。Robert H. Bork 曾经说过，"在法律上，'隐私权'已经变成一个宽松的标准"。④ 换言之，他认为，因为人们并不清楚隐私权的具体范围，所以，人们会将许多实际上与隐私无关的权利当成受到法律保护的隐私权。如果 Robert H. Bork 的观点是正确的且人们认为《美国联邦宪法》直接地或者间接地规定了公民享有隐私权的观点是错误的（换言之，《美国联邦宪法》实际上并没有赋予公民隐私权），⑤ 那么，明确厘清哪些隐私权属于或不属于法律性隐私权，这对人们而言尤为重要。

William L. P 教授指出，美国的各个州以各种各样的方式制定了成文的隐私权法。在美国，隐私权法主要由四种各不相同的隐私侵权行为（这四种隐私侵权行为分别侵犯了不同的隐私利益）组成，这

---

① his is not to deny that there are other (non-moral) reasons for the value of privacy. For "privacy is also clearly an interest in an economic and social sense as well ..." (Clark, "Privacy, Property, Freedom, and the Family", p. 170).

② This question is distinct from that of the value of privacy itself, as discussed in Judith Andre, "Privacy as a Value and as a Right", Journal of Value Inquiry, vol. 20 (1986), pp. 311 – 313. For a discussion of the value of privacy in medical contexts, see Judith W. DeCew, "Alternatives to Protecting Privacy While Respecting Patient Care and Public Health Needs", Ethics and Information Technology, vol. 1 (1999), pp. 249 – 255.

③ For a discussion of the value of privacy in a politically liberal regime, see Greenawalt, "Privacy and its Legal Protections", pp. 49 – 52. My purpose, however, is to provide a normative account of the moral value of the right to privacy in general, regardless of political affiliation. It is argued, then, that the right to privacy is valuable for all persons, to some meaningful extent.

④ obert H. Bork, The Tempting of America: The Political Seduction of the Law (New York: The Free Press, 1990), p. 97. For a critical analysis of Bork's view of Constitutional originalism, see David Lyons, "Constitutional Interpretation and Original Meaning", Social Philosophy & Policy, vol. 4 (1987).

⑤ Henkin, "Privacy and Autonomy", p. 1410.

四种隐私侵权行为分别为：①侵扰他人安宁或者私人事务的隐私侵权行为；②公开披露他人私人事实的隐私侵权行为；③公开丑化他人形象的隐私侵权行为；④擅自使用他人的肖像或姓名的隐私侵权行为。① 法律性隐私权主要的目的在于保护公民免受这些隐私侵权行为的侵害。②

但是，对于人们而言，道德性隐私权的价值何在？正如 Aristotle 所断言的那样，人类都是社会性动物，都离不开群居生活。但是正如 Nagel 向人们所警示的那样："有一点对公民的自由权而言十分重要，那就是公民不应当仅仅是一种带有社会性和政治性的物种。"③ 言下之意，Aristotle 认为，虽然人们习惯于群居生活，但是，人们的生活也需要私人空间。此外，Feinberg 对道德性隐私权的性质的认识（上文有相关阐述）是正确的，那么，当公民主张自己的某种权利以一系列的政府管理规则（在涉及法律权利的情形中）或者社会的伦理道德（在涉及道德性隐私权的情形中）为依据的时候，其所主张的权利应当得到法律以及道德上的承认。通过主张自己的权利的行为，公民可以捍卫自己的自尊以及得到别人的尊重。此外，在某种程度上，公民的这种行为可以促使社会更加尊重公民的权利和尊严。Feinberg 还认为，公民仅仅享有权利是远远不足够的；公民还必须清楚自己享有以及有权行使哪些具体的权利。④ 如今，对于公民所享有的一般性权利，Feinberg 明确表示，对于公民而言，道德性隐私权是公民所享有一项特别重要的道德性权利。道德性隐私权保护的恰好就

---

① William L. Prosser, "Privacy [A Legal Analysis]", in Schoeman, Philosophical Dimensions of Privacy, pp. 104 – 155. For an analysis of Prosser's position, see Edward J. Bloustein, "Privacy as an Aspect of Human Dignity", New York University Law Review, vol. 39 (1964), pp. 962 – 1007.

② Note that the above inclusively disjunctive description of the moral right to privacy ([1] – [8]) can accommodate each of these four categories of legal protection. For (1) is captured by the conception of privacy as a claim to be let alone to pursue one's own projects as she sees fit; (2) is congruent with the view of privacy as the want of disclosure or to selective disclosure of information about oneself; (3) is consistent with the notion of privacy as the absence of public knowledge of one's own affairs or her person; and (4) seems to be subsumed under the idea of privacy as the right to expose of access to her proper domain.

③ Nagel, "Concealment and Exposure", p. 17.

④ Joel Feinberg, "The Nature and Value of Rights".

是隐私本身。

在涉及医疗的情形中，Judith W. DeCew 曾论及道德性隐私权对公民隐私权的保护作用（价值）：隐私权不仅使公民免受那些会阻碍他们发展人际关系以及在人际关系中展现自我的侵扰和压力，而且还使公民可以拒绝让别人知道自己的个性和其他详细信息。公民不仅总是担忧自己的信息被别人披露、自己的身体被别人操控、自己参与的活动以及决定会受到别人所施加的各种压力的不良影响，而且还越来越害怕自己会受到别人的审查、质疑、嘲弄、压迫或者被别人利用。在这种生活环境之下，保护公民隐私权可以保障公民享有足够的自由，保证公民可以免受别人的审查、压迫、利用。公民要求得到这种保护，一方面，这是为了更好地爱护自己、提高自己的自尊心；另一方面，这是为了更加深入地认识自己的本心、价值以及提高自己与别人发展各种人际关系的能力。①

法律在隐私权上的缺漏使得公民特别容易受到来自社会的侵害，并由此导致公民丧失自尊以及自爱的能力，使公民遭受巨大的精神创伤。此外，Feinberg 对权利的价值的看法与 Inness 对隐私权的价值的看法基本一致——后者曾说道，"隐私权的价值就在于，它承认每个人都具备自主的能力和权利——每个人都懂得爱和关心别人，每个人都有自己的喜好。它要求人们必须尊重别人的这种能力和权利"。②

笔者必须指出，对隐私权的道德价值的这种看法源于康德学派的观点。这种观点以人本身的价值为出发点，但与之相反的是，也有一些人对隐私权的价值的评价是以以功利主义的观点为基础的。与康德学派对隐私权的价值的观点相同的是，有些人可能适用 John Stuart Mill 所提出的"侵害原则"来探讨有关隐私权的价值问题。③ 通过这些方法，人们会总结出隐私权在道德层面上的价值就在于为公民提供

---

① Judith W. DeCew, "The Priority of Privacy for Medical Information", Social Philosophy & Policy, vol. 17 (2000), p. 213.
② Inness, Privacy, Intimacy, and Isolation, p. 95.
③ For a discussion of the harm principle, see John Stuart Mill, On Liberty (Indianapolis: Hackett Publishing Company, Inc., 1978); Joel Feinberg, Harm to Others (Oxford: Oxford University Press, 1984). Previously, my notion of the nature of the moral right to privacy was harm-based.

保护。例如，在公民不妨害别人的合法利益的范围内，隐私权可以保护公民的自由不受侵害。

但是，为了保障自己的自尊受到别人的尊重，公民必须清楚地知道自己享有主张隐私权的权利且知道应当如何充分地行使这些权利。对于某些公民而言，即使他们知道自己享有道德性隐私权，但他们也不知道，根据现有的法律体系，他们可以向法院起诉别人侵犯自己的隐私权以保护自己的相关权利。此外，甚至某些公民知道现有的法律体系支持甚至鼓励自己提起隐私权诉讼保障自己的权利，他们也只会在某些特定的情况下行使自己的这些权利，并且他们根本不知道应当如何充分有效地行使自己的权利。公民享有的权利可以促使公民受到别人的尊重，但是，仅仅享有某种权利并不能使公民受到足够的尊重或者使公民享有完全意义上的人格尊严。只有在公民的利益受到侵害的情况下公民可以提出捍卫权益的主张或者禁止别人实施侵害自己权利的行为时，公民才能真正享有完全意义上的人格尊严。

笔者认为，Feinberg的观点是正确的——隐私权的价值在于为公民提供了一个可以捍卫自己的自尊和人格尊严、受到别人的尊重的生活环境。此外，似乎那些虽仍未被论证但却确实存在的隐私权也具备这方面的价值。Feinberg构想了一个公民不享有任何权利的社会（Feinberg将其称为"荒野"）。这个构想揭示了一个事实：公民生活在这样一个社会里将会失去多么多的东西，而且，公民失去的东西远远不止隐私权本身，而是还有很多比隐私权更加重要的东西。

假设存在一个与Feinberg所构想的"荒野"社会不一样的社会——我们可以称其为"公共城"（Publicsville）。在"公共城"中，每位公民都享有各种各样的权利，如财产权、组建家庭的权利、获得某些医疗福利的权利等。但不幸的是，生活在"公共城"中的公民不享有隐私权。也就是说，不管公民做了什么事情，这个社会都不会为公民所享有的免受来自社会公众的侵扰的权利提供任何保障措施。这就意味着，不管行为人对他人做出何种无礼行为或者窃取了他人的何种私人信息，在何种程度上侵扰了他人的私人生活（原本他人希望可以过上安宁的生活），他人都无法通过主张任何权利来反对或者禁止行为人的行为。事实上，"公共城"这个社会拒绝承认隐私权的存在，它要求其公民在别人或者政府的要求面前无条件说出或者披露有关自己的信息。"公共城"是一个侵犯性意味相当强烈的社会，它对其公民追求隐私生活的理想十分不满。

人们发现，生活在"公共城"里的公民缺乏的正是公民对自己的生活、行为以及自己应当得到别人何种程度上的尊重所享有的控制权。显而易见地，根据社会的一般原则，"一个人知道另一个人越多的事情，这个人就越能毁掉另一个人"。[1] 此外，实际上，生活在"公共城"里的公民根本不能成为一个真正意义上的"个人"，因为，他们中的每一个人都害怕别人发现自己发表或持有某些不被社会认可的观点或者发现自己与某些人保持在社会公众看来并不恰当的人际关系。总而言之，"公共城"这个社会极度缺乏对公民自由的尊重，它的公民被剥夺了决定自己的人生道路、喜好以及决定与何人发展爱情、友谊的权利。由此可见，如果一个社会里的公民想要成为一个真正的具备独立人格的人，那么，这个社会必须在某种程度上承认并尊重公民的隐私权。

因此，如果 Feinberg 关于隐私权在保护公民的自尊与人格尊严、确保公民能得到别人的尊重上具备十分重要的价值的观点是正确的，那么，享有隐私权似乎也是公民实现自我尊重的必要前提。如果公民连自我尊重都做不到，那么，谈论公民的人格尊严是毫无意义的。对于保护公民享有以及维持对自我的尊重而言，隐私权是必不可少的——当然，这个结论对公民的人格尊严同样适用。更进一步讲，正如 Charles Fried 所说的那样，"隐私权面临的威胁同样是公民追求真正的独立人格所面临的威胁"。[2]

综上所述，Thomson 有关"隐私权只是隐私的衍生物"的观点是错误的，恰好相反，隐私权是人们所享有很多基本权利的组成部分。如果人们无法保障自己的隐私权，那么，人们所享有的很多种权利也不过是过眼云烟。因为隐私权是一项能够促使人们实现其他权利的基本权利，因此，人们将其视为一项道德性权利是一种比较合适的做法。所谓道德性权利，是指被每个人都享有的使自己的独立人格被社会所承认的、平等的权利。道德性权利对人们能够学会自我尊重以及

---

[1] Benn, "Privacy, Freedom, and Respect for Persons", p. 226.
[2] Fried, "Privacy [a Moral Analysis]", p. 205.

得到别人的尊重而言是不可或缺的。① 如果说道德性隐私权是指那些保护公民的人格尊严的权利，那么，在某种程度上，隐私权就是指特别注重保护那些懂得尊重别人的公民免受来自外界的伤害的道德性权利。②

但是，正如公民仅仅享有各种权利仍然不足以保护自己的人格尊严一样，为了保护公民能够真正享有人格尊严，公民不仅必须知道自己可以向别人主张隐私的权利，而且还必须清楚自己应当如何有效地实现自己的隐私权主张。如果公民根本不知道自己可以向别人主张自己的隐私权或者不知道如何有效地实现自己的隐私权主张，那么，即使公民名义上有人格尊严，他也不能获得真正的人格尊严。因此，一个社会必须制定一些能够保护隐私权的法律，否则，即使公民的某些主张是符合道德标准的，社会的一些陋习（如种族歧视或性别歧视）也会极大地阻碍公民实现其权利主张。

五、两个相互矛盾的道德性隐私权理论

针对道德性隐私权，法学界存在两种极端矛盾的理论：其中一种理论尊重公民所享有的所有道德性隐私权，而另外一种却只在最低程度上尊重公民的道德性隐私权。法学界将第一张理论称为"尊重隐私权理论"，将第二章理论称为"否定隐私权理论"。③ 尽管这两种理论都不可能得到哲学家的支持，但是，它们包含的某些观点或参考因素不仅可以清楚地向人们阐释道德性隐私权的重要性，还可以为道德性隐私权的理论化提供一个新的方法。

（一）尊重隐私权理论

对于尊重隐私权理论，不管是它的内在价值还是外在价值，它们

---

① This analysis of the moral value of privacy is not inconsistent with Rachels's claim that privacy is important in that it enables persons to control or regulate their own relationships with others. See Rachels, "Why Privacy is Important". It is also congruent with the functional notion of the value of privacy found in Jeffrey L. Johnson, "A Theory of the Nature and Value of Privacy", Public Affairs Quarterly, vol. 6 (1992), pp. 271–288.
② A similar point is made in Reiman, "Privacy, Intimacy, and Personhood", pp. 310–311.
③ According to Wasserstrom's description of such views, the former is the "traditional" position on privacy, while the latter is the "alternative" view.

都以公民能够控制自己的行为、思想、表达能力以及与自己相关的信息为基础。① 如果隐私权不能保护公民的上述权利，那么，尊重隐私权理论的价值就无从说起。尊重隐私权理论十分清楚地指出了公民希望保持自己某些信息或事物的机密性的愿望。例如，在某些情况下，某些东西对于公民而言是至关重要的，公民为了保护这些东西愿意付出任何代价。根据该理论，隐私权是保证公民的大部分人权或者其他权利的基础，如果公民的隐私权遭到了侵害，那么，公民的上述权利也同样会遭到侵害。例如，如果一名妇女有过流产的记录，那么，根据尊重隐私权理论，该名妇女对这个记录（信息）享有隐私权，她可以主张自己有权严格地保持这个记录的机密性，而且不允许别人窃取或者公开这个记录。不管怎样，如果这个记录被别人公开了，那么，该名妇女可能会受到来自社会公众或者某些人对她的公开侮辱。除此之外，她还可能由此被老板解雇，被自己所在的社区所排斥以及遭受其他不公的待遇。因此，尊重隐私权理论将隐私权当成一项最基本的公民权利来尊重。隐私权是一种可以促使公民实现其他权利的基本权利，——根据这种观点，如果公民的隐私权遭到侵害，则公民对自己的生活所享有的控制权也会受到侵害。

但是，尊重隐私权理论遭到某些人的反感——这也不是毫无缘由的。有人认为，隐私权并非时时刻刻都具备如此之高的价值，事实上，只有在某些特定的社会所发生的某些特殊情形中，隐私权才具备这么高的价值——在这些情形中，隐私权所发挥的作用也只能简单地反映出某部分特别重视隐私权的人对某种权利的特别喜好。假设存在这样一个社会，这个社会里的人都特别珍惜隐私权。但即便如此，这个社会里相信隐私权对自己有助益的人既不认为将隐私权的价值捧得如此之高是合理的，也不认为隐私权对自己而言是最好的权利。事实上，人们相信的只是，如果一个社会重视公民的隐私权，那么，这或多或少会促进某些社会功能的发挥罢了，并不是说隐私权有多么至高

---

① This is a "control-based" account of privacy. As Jeffrey L. Johnson states, "the notion of control is central to the concept of privacy" (Johnson, "Privacy and the Judgment of Others", p. 157). However, there is a "separation-based" account of privacy that can be held by the privacy rejecting theory. This terminology is borrowed from Inness.

无上的作用于价值。为了更好地论证尊重隐私权理论的合理性,支持该理论的学者需要论证以下观点:①对道德性隐私权的价值做出高度评价是合理的;②在道德层面上,隐私权对所有既定的社会秩序而言都是有益的。如果没有了这两个论据的支撑,那么,人们似乎没有足够的哲学基础论证尊重隐私权理论的合理性。

此外,人们也可以这么说,尊重隐私权理论过于重视隐私权,以至于根据该理论对隐私权的基本特征的分析,为了保障隐私权得到应有的尊重,每个人都几乎要将自己孤立起来、与世隔绝。① 因为根据尊重隐私权对隐私权的重视,人们总是要强调自己享有保持自己的隐秘性的权利,如果人们总是那样做而不尝试与别人有所分享和沟通,那么,人们将会失去很多与社会交流的机会甚至会因此变成一个孤独的、不合群的人。如果道德性隐私权总是被人们当成自己最基本的权利,那么,它会使人们总是把自己放在一个与社会公众对立的位置,使人们总是对社会的其他人带着一种警惕的敌意或者把别人都当成竞争对手。此外,与其他某些权利一样,他可能导致人们变成"自给自足的个体"②,在这种情况下,人们不仅"与社会隔绝,完全生活在个人的小天地里",③ 而且还会有明显的个人主义倾向,很容易就粗暴地否定社会生活的内在价值。④ 虽然尊重隐私权理论有上述这些弊端,但这也并不代表着隐私权对社会而言毫无价值。只是说,人们不应当将隐私权当成是一项绝对的、毫无争议性的道德性权利。正如 H. J. McCloskey 所言:"保护公民的隐私权相当于限制(其他)公民的自由权。"⑤ 这种观点似乎暗示了,一般而言,隐私权只是一项初步权利(prima facie right),而不是对公民而言最为重要的权利;只

---

① This concern is raised in regard to both "right-based" moral theories and R. M. Hare's utilitarian view of rights. See Joseph Raz, "Right-Based Moralities", in Utility and Rights, ed. R. G. Frey (Minneapolis: University of Minnesota Press, 1985), chapter 2; J. L. Mackie, "Rights, Utility, and Universalization" in R. G. Frey, chapter 4.
② Karl Marx, "On the Jewish Question", The Marx-Engels Reader, Second Edition, Edited by R. C. Tucker (New York: Norton, 1978), p. 77.
③ Marx, "On the Jewish Question", p. 78.
④ Charles Taylor, "Atomism", in Philosophy and the Human Sciences: Philosophical Papers (Cambridge: Cambridge University Press, 1985).
⑤ H. J. McCloskey, "Privacy and the Right to Privacy", p. 35.

有在公民的自由权受到合法限制的某些情形中,隐私权才会成为公民最优先考虑和保护的权利。根据 Gerald Dworkin 的观点,"隐私权绝对不是一种绝对权,在那些被社会认为更加重要的权利面前,隐私权必须有所退让"。①

(二) 否定隐私权理论

但是,如果隐私权真的只是一种初步权利,那么,人们应当在何种程度上尊重或者否定隐私权?否定隐私权理论不仅没有高度评价隐私权的价值,而且还将隐私权视为阻碍社会进步和社会和谐的一大障碍。② 否定隐私权理论提出了一个与尊重隐私权理论完全不一样的社会化模式。根据尊重隐私权理论,隐私权是公民所享有的一项基本权利,在一个珍视隐私权的社会里,公民不需要公开自己的信息。但是,根据否定隐私权理论,社会的一个主要特点就在于每个公民的一举一动都是公开的。在这种社会里,有关公民的信息都被视为公共信息,公民不能根据自己所享有的自治权对这些信息主张控制权。换言之,公民不能主张只要自己能公开自己的某些信息,也不能禁止让别人知道自己的信息。Wasserstrom 主张,这种反对公民享有隐私权的社会文化导致的一个后果在于,对于无法坚决地提出自己享有独处以及不被别人监视的权利这个事实,生活在这种社会文化中的公民并没有像我们现实生活中的人那么重视——他们不会像我们那样敏感地知道自己到底失去了多少权利。③

当然,否定隐私权理论所描绘的社会模式不是人们真正需要的社会模式。任何一个健康、持久的社会都不会允许行为人侵犯"在本质上属于私人的"他人生活。所以,像否定隐私权理论所描绘的那

---

① Gerald Dworkin, "Privacy and the Law", in Privacy, ed. John B. Young (New York: John Wiley & Sons, 1978), p. 115. Also see Grcic, "The Right to Privacy: Behavior as Property"; O'Brien, Privacy, Law, and Public Policy, p. 20; Lorenne M. G. Clark, "Privacy, Property, Freedom, and the Family", in Richard Bronaugh, Editor, Philosophical Law (Westport: Greenwood Press, 1978), p. 169.

② Such a position on privacy is similar to the one found in C. Keith Boone, "Privacy and Community", Social Theory and Practice, vol. 9 (1983), pp. 1–30.

③ Wasserstrom, "Privacy", pp. 210–214.

种几乎完全放弃隐私权的社会并不适合人们的生活。根据否定隐私权理论，社会可能会拒绝公民对自己的普通生活享有隐私权，但是，公民仍然能对自己的性行为等生活内容享有受到保护的隐私权。也有人认为，根据否定隐私权理论，公民对其性行为（或与性有关的其他事情）也不享有隐私权，别人有权公开这些事情。Wasserstrom认为明确表示，这种观点相当错误地理解了否定隐私权理论。因为，不管是否定隐私权理论还是根据该理论进行管理的社会，它们都尊重公民对其某些在性质上属于私人的生活所享有的隐私权——否定隐私权理论并非否认公民所享有的所有隐私权。事实上，有人认为，现代社会中的某些社会主义社会或者公共社会的社会模式都是对这种隐私权保护模式的阐释。尊重隐私权理论与否定隐私权理论的主要区别在于，前者高度评价隐私权所具备的价值，而后者只尊重公民对其"在本质上属于私人的"那部分生活（如性生活）所享有的隐私权。

接下来，笔者将会分析否定隐私权理论的不合理之处。尽管否定隐私权理论仍然允许公民对自己那些在本质上十分私人的事实享有隐私权（也可以说是信息控制权），但是，它相当于潜在地否定甚至剥夺了公民对其一般性事实所享有的控制权——公民无法决定哪些人可以或者哪些人不可以获取与自己的一般性事实有关的信息。如果人们认为，一般的公民自由权是一个美好的事物，那么，显而易见地，否定隐私权理论至少在某些方面剥夺了公民本应获得的美好事物（自由权）。例如，如果一个人患了艾滋病，原本该人不应该因此受到社会的歧视以及被老板辞退，但是，否定隐私权理论剥夺了该人对自己得病这件事保密的权利，因此，该人很可能会因此受到很多不公平待遇。此外。对于那些公民不想让别人知道的、只与自己有关的信息，否定隐私权理论剥夺了公民对这些信息保密的权利和自由。这些例子都揭示了否定隐私权理论带来的一个后果：否定隐私权理论剥夺了公民对只与自己有关的、不想让别人知道的私人信息进行保密的权利——除了一个例外，对于那些"在本质上属于私人的"生活信息，公民仍有权对它们进行保密。否定隐私权理论还存在一个很大的缺陷——它没有向人们详细地解释，具体哪些生活事实才构成"在本质上属于私人的"、必须受到隐私权的绝对保护的生活事实。

综上所述，尊重隐私权理论与否定隐私权理论都存在自己的缺陷。此外，这些缺陷导致了隐私权在发展的过程中遭遇了以下问题：如果不仅有人对"一般性的隐私权也应当受到尊重"的观点提出有理有据的反对意见，而且还有人提出一般性的隐私权得不到社会的承认这一现象是一种严重的法律漏洞的观点，那么，人们到底应当如何正确看待道德性隐私权的价值和受尊重的程度？在什么情况下隐私权应当得到人们的尊重以及法律的保护？在什么情况下人们不应当承认隐私权的存在？具备何种条件的情形才能产生道德性隐私权？

根据混合性的道德性隐私权理论，在涉及隐私权的不同情形中，人们可能会尊重某个人或者某个集体所享有的隐私权，也可能否定该隐私权的存在。该理论会同时接受以下两个规范性原则：

尊重隐私权原则：假设 S 是一名公民或者由多名公民组成的集体。如果在一个涉及隐私权的情形中，根据一般人（如具备积极的心理个性和社会特征的心理健康的人或正常的社会集体）所持有的合理期待（reasonably expected），别人获取有关 S 的某些信息的行为会不正当地（undeservingly）严重损害（harm）S 所享有的自治权或其他利益且 S 是这种情形所涉及的隐私权的第一权利主体，那么，在这种情况下，S 至少在某种程度上享有应当受到尊重的隐私权。

否定隐私权原则：假设 S 是一名公民或者由多名公民组成的集体。如果在一个涉及隐私权的情形中，根据一般人（如具备积极的心理个性和社会特征的心理健康的人或正常的社会集体）所持有的合理期待（reasonably expected），别人获取有关 S 的某些信息的行为肯定不会不正当地（undeservingly）严重损害（harm）S 所享有的自治权，又或者别人之所以会做出损害 S 所享有的自治权行为，是为了保护其他比该自治权更为重要的利益，那么，即使 S 是这种情形所涉及的隐私权的第一权利主体，S 所享有的隐私权也得不到人们的尊重和肯定。

不管是在涉及个人还是集体的情形中，这两个隐私权原则都具备可适用性。[①] 此外，这两个隐私权原则不存在按字母表排序的顺

[①] This point is made in Ferdinand Schoeman, Privacy and Social Freedom (Cambridge: Cambridge University Press, 1992), chapter 6. For a discussion of Schoeman's position, see DeCew, In Pursuit of Privacy, pp. 67–73.

序——在那些人们无法明确判断权利主体的隐私权应当受到人们的尊重还是应当遭到人们的否定的情形中，人们总是优先适用尊重隐私权原则。如果人们按字母表排序的顺序对这两种隐私权进行排序，那么，这将会使人们在涉及隐私权的情形中无法正常地评估保护隐私权带来的损害和利益或者错误牺牲了人们所享有的应当受到尊重的隐私权。

但是，人们应当如何理解"损害"（harm）"涉及隐私权的情形"（privacy contex）"合理期待"（reasonably expected）以及"不正当地"（undeservingly）等词汇的意义？所谓"涉及隐私权的情形"，是指那些权利主体（agent）的隐私权很可能受到侵害的情形。具体而言，"涉及隐私权的情形"是指公民虽作为所涉隐私最主要的权利主体，但其隐私权很可能遭到侵害（如该公民不能决定别人到底是将自己信息公开还是替自己保守秘密）的一系列情形。

所谓"损害"，是指行为人在毫无根据的情况下对他人保护自身利益所施加的阻碍。① 只要行为人的确对他人实施了这种损害行为，那么，不管他人自己有没有意识到自己的利益受到了损害，行为人的行为都构成损害他人利益的行为。如果他人享有隐私权且其隐私权遭到行为人的侵害，那么，他人对自己的隐私权所享有的利益就遭到了损害。

所谓"合理期待"，是指在涉及隐私权的情形中，一个心理健康的人对自己的隐私权应当得到尊重还是否定的真实看法。例如，一名员工的信息是应当被公开还是应当被保密，这取决于心理健康的人对这些信息的公开行为持何种态度。这暗示了，某种情形能否产生公民隐私权取决于"有理性的人"对该种情形所持的态度。例如，假设Sophia是美国联邦政府的一名工作人员。为了得到这个职位，Sophia向政府提交了大量的"必要"信息。这些信息成了美国联邦政府为Sophia所建立的个人档案中的部分内容，并且这些个人档案由美国联

---

① Feinberg, Harm to Others.

邦政府所掌控。① 但是，这些信息包括了 Sophia 的婚姻状况和学术生涯情况以及有关 Sophia 涉嫌为自己作伪证的丑闻。那么，在 Sophia 被怀疑做伪证的情况下，政府执法机关是否有合理的理由搜查 Sophia 的个人档案？根据混合性的道德性隐私权理论中的尊重隐私权原则，政府执法机关只能搜查 Sophia 的个人档案中与其涉嫌做伪证一事有着最紧密关联的信息。如果政府执法机关搜查了 Sophia 的个人档案中的其他信息，这都会侵犯 Sophia 对那些信息所享有的隐私权。

所以说，混合性的道德性隐私权理论"混合"了否定隐私权理论和尊重隐私权理论这两个隐私权理论——它试图同时承认和尊重否定隐私权理论与尊重隐私权理论这两个相互矛盾的理论。此外，它还拒绝承认现实生活中只有一种值得受到保护的隐私权的观点。支持混合性的道德性隐私权理论的学者坚持认为，在上文所述（本文第三章第一段）的 8 种权利都是隐私权的表现形式，这 8 种表现形式并存的局面并不存在逻辑上的矛盾或者概念上的混乱。换言之，根据混合性的道德性隐私权理论，隐私权并非只能有一种表现形式或者说只包含一种单一的权利，而是由多种权利共同构成的混合体。

但是，也有学者会对混合性的道德性隐私权理论提出以下反对意见。有学者认为，在上文提到的 Sophia 那个例子当中，禁止政府执法人员获取有关 Sophia 的负面信息的隐私权原则也应当禁止政府执法人员获取有关 Sophia 的正面信息。这是因为，这些正面信息也可能引起 Sophia 的同事的嫉妒或者偏见。根据这个反对意见，禁止政府执法人员获取有关 Sophia 涉嫌作伪证的信息的隐私权原则也应当禁止政府执法人员获取有关 Sophia 以优异的成绩毕业于法学院的信息。正如政府执法人员获取有关 Sophia 的负面信息的行为会为 Sophia 的工作带来不便一样，政府执法人员获取有关 Sophia 的正面信息的行为也有可能带来同样的后果。如果 Sophia 的同事知道 Sophia 是其毕业院校最优秀的毕业生，那这可能会引发 Sophia 的同事对 Sophia 的妒忌，使得 Sophia 的同事做出损害 Sophia 的事业的行为——这还

---

① For a discussion of an employee's privacy right to access her personnel file, see Jane Duran, "Rights in the Workplace: Access to Personnel Files", Public Affairs Quarterly, vol. 1 (1987), pp. 121–128.

可能给美国联邦政府带来间接的损害（如美国联邦政府的工作低效）。因此，对混合性的道德性隐私权理论提出反对意见的学者解释道，尊重隐私权原则禁止政府执法人员获取所有会对 Sophia 带来负面影响的信息，而不仅仅是禁止政府执法人员获取有关政府执法人员获取有关 Sophia 的负面信息。对此，人们要注意区分带来负面影响的信息与负面信息这两个概念，一般来讲，前者的范围比后者的范围宽泛很多，因为正如上文所述，不仅负面信息会给人们带来负面的影响，正面积极的信息也一样可以带来负面的影响。尽管这个说法与人们的直观感受有所不同，但事实就是如此。

对于上述这种反对意见，支持混合性的道德性隐私权理论的学者们辩驳道，尽管 Sophia 的同事对 Sophia 的嫉妒、猜忌以及类似的情绪都是真实存在的，但这都是一些十分负面的心理，都不属于"积极的心理品质"，人们不应当以这些负面、消极的情绪和心理作为标准来判断哪些信息属于或者不属于 Sophia 的私人信息。这是因为，Sophia 的哪些信息属于私人信息以及判断政府执法人员能否获取这些信息不应当取决于 Sophia 某些心理不健康或者总是充满各种消极情绪的、会因为 Sophia 的成就而记恨 Sophia 的同事的态度，而应当取决于那些接近 Sophia 的私人生活的、心理健康、仅在发现 Sophia 某些特殊信息（负面信息）的时候才可能对 Sophia 做出负面评价的人的态度。因此，在上文列举的 Sophia 的那个例子当中，一方面，根据混合性的道德性隐私权理论中的尊重隐私权原则，在自己的隐私权可能遭到损害的情形中，Sophia 可以反对政府执法人员搜集那些可能会对自己产生损害的私人信息。另一方面，根据混合性的道德性隐私权理论中的否定隐私权原则，政府执法人员可以搜集有关 Sophia 的正面信息（如涉及其成就的信息或者可以促进其事业发展的信息）。

在他人的隐私权可能遭到损害的情形中，如何理解行为人"不正当地"损害他人的隐私权中的"不正当地"这个概念十分重要。在没有做出任何保证他人不会因此受到损害的情况下，如果行为人披露他人的信息，致使他人受到严重的损害，那么，在这种情形中，行为人的行为构成"不正当地"损害他人权益的行为。假设 Sophia 决定竞选其母校校长一职，而且其母校的校董事会提及 Sophia 曾经被指控作伪证的信息。那么，根据尊重隐私权原则，如果校董事会公开了 Sophia 曾被指控作伪证的信息，Sophia 十分可能隐私受到损害，尤其是在 Sophia 的指控并没有被定罪的情况下，校董事会因此受到的损害更是不正当的损害；所以，校董事会应当尊重校董事会的隐私权，不应当公开 Sophia 的这些信息。如果校董事会公开了 Sophia 的这些信息并导致 Sophia 与校长一职失之交臂，而 Sophia 的资历原本应当比其他竞选人更加能够胜任校长一职，那么，这种情形恰好就是校董事会通过公开 Sophia 的这些信息（Sophia 因为涉嫌作伪证而遭到警方逮捕且因此受到指控的信息）而"不正当地"损害 Sophia 的隐私权的完美例证。事实上，混合性的道德性隐私权理论恰好为防止这些问题的出现提供了理论基础。

对此，也有人提出以下反对意见：作为雇主，其有权尽可能地了解更多的有关 Sophia 的信息，以做出是否雇用 Sophia（作为校长）的决定。例如，假设 Sophia 正在竞选美国总统，而 Sophia 实际上曾被法院判决犯有伪证罪。那么，美国的公民是否有权知道 Sophia 的这些信息？一方面，如果答案是肯定的，那么，这似乎与混合性的道德性隐私权理论不相符。因为据上文所述，根据否定隐私权理论，只有在不会对 Sophia 造成严重损害的情况下，人们才可以披露 Sophia 的相关信息，否则人们的披露行为相当于"不正当地"损害了 Sophia 的隐私权。但显而易见的是，公开 Sophia 曾犯伪证罪的信息肯定会对 Sophia 的竞选造成几乎是不可挽回的负面影响。根据这一点，在这种情形中，人们不应当公开 Sophia 的这些负面信息。但是，Sophia 作为总统候选人，她的这些信息对于选民来说十分重要，因为它们可以令选民更充分地了解 Sophia 的人品与个性。公开 Sophia 的这些信息以了解 Sophia 的人品与个性无疑也是选民的一种权利——这与人们通过适用否定隐私权原则得出的结论截然相反，但否定隐私权原则却无法对此做出令人信服的解释。另一方面，如果人们对于美国的公民是否有权知道 Sophia 的这些信息这个问题的答案是否定的，那么，这种答案与尊重隐私权原则是保持一致的。但这明显有违人们的直觉和常识——在一个民主自由的社会里，人们不仅是新闻自由权的坚定支持者，而且都认为自己享有了解将会成为国家领导的人的权利。这揭示了人们对混合性的道德性隐私权理论存在的双重反对意见，这些问题应当引起人们的重视。

在上述的第一个反对意见中，人们应当注意到，尽管根据尊重隐私权原则，如果人们公开 Sophia 的犯罪信息的行为将会"不正当地"损害 Sophia 的隐私权，则人们不应当公开这些信息。但是，这并不代表，根据尊重隐私权原则，人们不能公开那些对 Sophia 构成"正当的"损害的信息。在 Sophia 已经被法院判定犯有伪证罪并且法院的判决完全遵循正当程序进行的情况下，Sophia 对这些信息所享有的隐私权并不受到尊重隐私权原则的保护。若 Sophia 已经被法院判定犯有伪证罪，那么，与之相关的信息都会影响选民在公共事务投票中的决定。因此，支持混合性的道德性隐私权理论的学者都主张，根据尊重隐私权原则，Sophia 已经被法院判定犯有伪证罪事实使得 Sophia 对这些信息所享有的隐私权已经不属于受法律保护的隐私权范围之内。毕竟，在这种情况下，人们公开 Sophia 的定罪信息的行为不会构成"不正当地"损害 Sophia 的隐私权，反过来说，即使人们公开 Sophia 的定罪信息的行为对 Sophia 构成损害，那这种损害也是属于"正当的"损害。这算得上是社会对那些犯了比较严重的错误的人的一种惩罚。根据本段文章的解释，混合性的道德性隐私权理论相当于已经反驳了第一个反对意见——在这方面，它仍然是一个逻辑通顺的理论。

对于上述的第二个反对意见，关于选民是否有权得知 Sophia 曾经犯有伪证罪的信息这个问题的否定回答，它与混合性的道德性隐私权理论是没有关系的，与之有关的理论应该是"可替代性的"隐私权理论或者否定隐私权理论。但是，由于学者已经根据混合性的道德性隐私权理论对第一个反对意见做出了解答，所以，学者要根据混合性的道德性隐私权理论对第二个反对意见做出解答也不是一件难事。

Sophia 这个例子所引发的讨论同时涉及尊重隐私权理论和否定隐私权理论，因为根据本文开篇对隐私权的定义，这些讨论涉及上文所述的 8 种隐私权中的第②、④、⑧种隐私权——这几种隐私权都与公民的信息性隐私权息息相关。但是，除此之外，在很多其他类型的隐私权情形中，如在上文所述的 8 种隐私权中的第①、⑤、⑦这 3 种包括自决权和自治权在内的隐私权情形中，混合性的道德性隐私权理论也可以发挥十分重要的指导作用。在涉及各种隐私权问题的情形中，参考或者直接适用混合性的道德性隐私权理论可以促使人们做出一个最后，一方面，公民享有不被电话销售员骚扰的权利，这不仅是公民享有的一项基本的自治权，也是一种合法正当的道德性利益。另一方面，在某些情况下，公民所享有的道德性隐私权可能会遭到别人的"合法的"侵害。例如，在别人的生命权遭到威胁的情况下，别人可能会牺牲公民的隐私权来自救，这种"牺牲"对公民带来的侵害在法律上是合法的。又例如，虽然公民享有对自己的病例进行保密的权利，但是，在别人有着更急迫的需要必须了解该公民的病例信息时，公民对病例享有的隐私权也有可能遭到"合法的"侵害。

六、结语

在本文中，笔者介绍了两种截然相反的隐私权理论：尊重隐私权理论和否定隐私权理论。此外，这两种隐私权理论都引发了不少反对意见，这导致了隐私权在理论上处于一种十分混乱的局面，引发了不少"隐私权问题"。笔者详细阐释了隐私权的在道德层面上的重要价值，这是为了在众说纷纭的隐私权领域中对隐私权下一个明晰的定义，更恰当地阐释隐私权与其他权利的区别，以促进人们对隐私权的基本了解。[①] 由尊重隐私权原则和否定隐私权原则构成的混合性的道德性隐私权理论初步结合了尊重隐私权理论和否定隐私权理论的观点，初步解决了尊重隐私权理论和否定隐私权理论之间的极端矛盾带来的各种问题。除此之外，笔者还对某些学者针对混合性的道德性隐私权理论提出的主要反对意见加以分析与反驳。对此，笔者还详细阐释了一些支持否定隐私权理论的学者与支持尊重隐私权理论的学者都十分重视的隐私权内容。或许在以后，学者们可以以混合性的道德性隐私权理论作为基础，进而提出一个成熟的隐私权理论。这个成熟的隐私权理论不仅可以完美地融合政治上、法律上以及社会学上的各种隐私权理论，而且还可以促使人们理解"损害"这个概念在隐私权理论中的重要性——只有人们清楚自己的隐私权在何种情况下可能（或者不会）受到"损害"以及何种行为会（或者不会）对隐私权

[①] For doubts concerning the possibility of defining the conceptual boundaries of privacy, see Richard Posner, "The Right of Privacy", Georgia Law Review, vol. 12 (1978), p. 401.

构成"损害",人们才能真正地明白何为"隐私权"。这也是学者们一直致力于解释道德性隐私权这个概念的具体含义的目的所在。但是,正如 Fried 所主张的那样,尽管道德性隐私权是一种道德性权利,但人们却要通过社会制度以及政治体制的设计来保护该种权利——把保护道德性隐私权的希望寄托在人们的道德驱使上是毫无意义的。① 尽管如此,正如 Stanley I. Benn 所总结的那样:"只要隐私利益涉及人们的重要事务或者私人事实,如新闻自由权,人们就必须谨慎地考虑应当如何妥当地、逐步地解决这些隐私权问题,而不是操之过急地开展不适当的立法活动。"②

---

① Fried, "Privacy [a Moral Analysis]", p. 213.
② Benn, "The Protection and Limitation of Privacy", p. 692.

隐私、自由与对人的尊重

斯坦利·I. 本[①]著　凌玲[②]译

目　　次

一、导论
二、隐私与尊重人的一般原则
三、一般原则的适用
四、"私人事务"与个人构想
五、结语

一、导论

如果一对夫妻搬到一个非常僻静的小城镇居住，那么，他们希望自己的生活不会被别人所观察甚至监视。如果实际上恰好没有人碰见他们，那么，他们所做的一切事情都是他们之间的秘密，没有第三人会知晓。对此，他们是否应当将有关他们在生活中的一言一行都向社会广而告之，使他们的私人事务变成众所周知的大众谈资？又或者他们只是错误地以为自己隐居在一个小镇就可以保持自己的隐私不被外人知晓，而实际上他们的行为都可能被路人看得一清二楚？但是，无论如何，一个人的私人事务（private affairs）的确是私密的。私人事务并不是指那些可以完全脱离别人的视野或者完全不被别人知晓并因此成为秘密的事实。实际上，所谓私人事务，是指那些在没有得到他人的同意时，行为人不适宜探究以及不应当向公众公开（或者尽量少公开）的事实。如果行为人公开这些私人事务的细节等信息，则

[①] 斯坦利·I. 本（Stanley I. Benn），国立澳大利亚大学社会科学研究员。
[②] 凌玲，中山大学法学院助教。

他人有权就此提起（侵权）诉讼。同样地，对于一个私人空间（private room）而言，不管是否有不请自来的外来闯入者闯入其中，它也仍然属于隐私空间，它的隐私性质不会因此有所改变。这种情况与上面居住在小城镇的夫妻的情况不同，对于那对夫妻而言，即使他们的行为一般不会被别人侵扰，但是，这也不能充分说明他们的所有行为都属于私人事务。因为，"私人事务"的本质不在于别人"不能看到"，而是别人"不应该"擅自观看。

在这些情形中，人们总是用"私人（事务）"这个概念来主张自己享有免受别人观察的权利——主张权利的这种方式既是依附于社会规范的（norm-dependent），也是可以被人们直接援引的一种社会规范（norm-invoking）。① 一方面，之所以说它是依附于社会规范的，是因为在判断何为私人事务以及私人空间时，人们必须参考某些社会规范。所以，不管对"私人事务"做出何种定义，人们都会以某些限制行为人在未经授权的情况下观察他人、公开他人的事务、干涉他人的事务的社会规范为基础——即使实际上这些规范并不是人们对"私人事务"下定义的必要前提。另一方面，之所以说它是可以被人们直接援引的规范，是因为只要说一句"这是我的私人事务"，人们就可以主张他不希望介入自己事务的任何人干涉自己的事务。这就解释了为什么人们不需要对信件以及警告牌的"私人"性质进行特别说明——因为信件的密封状态以及警告牌上面的内容已经明确告诉别人，当事人不欢迎别人观看自己的信件或者进入警示牌所指的地方。②

在定义隐私这个概念时，人们不需要得到正式的授权或者经过严密的商榷才能决定援引哪些社会规范。事实上，只需要通过自己对社会文化的理解，人们就可以决定援引哪些社会规范。例如，如果他人秘密地做了某件事情，他不希望被人知道，那么，即使行为人没有经

---

① I do not use "immunity" in this paper in the technical Hohfeldian sense. Where it is not used in a simple descriptive sense, I intend that a person complaint should be understood to be immune from observation if he has grounds for appropriate for unauthorized persons to watch it.

② Of course, though "Someone has been reading my private letters" is enough to state a protest, it need not be well founded; the letters may not really qualify as private, or even if they are, there may be other conditions overriding the implicit claim to immunity.

过严正的考究，他也应该知道，根据一般的社会规范，他不应该刺探他人的这些信息。如果行为人对此实施了某些不恰当的行为，他人自然可以根据相应的社会规范起诉行为人的行为侵犯自己的隐私。也可以说，人们在适用"隐私"这个概念时是没有选择余地的。换言之，人们应当保持自己的隐私不被别人知道。这种说法相当于以前人们对于"私人部位"这个概念的理解（如今看来，这个概念多多少少有些过时了）。在过去，所谓"私人部位"，不是指那些别人不应该看的身体部位，而是指人们自己应当将之保持隐秘不被别人看到的身体部位。在我们的社会文化中，性行为和排泄行为都是隐私行为，这不仅仅因为人们在实施这些行为时有权免受别人的观察，也是因为人们有义务不让别人看到自己的这些行为以引起别人的尴尬。因此，所谓公开权（liberty to publicize），是指公民所享有的观察事物以及向公众或者某部分群体公开这些事物的权利。虽然这种权利的适用范围很广，但是，它跟公民所享有的免受别人观察的权利之间并不存在必然的联系。换言之，并非公民行使自己的前一种权利就必然会侵犯其他公民的后一种权利。

不管是在事实上还是在逻辑上，人们在定义隐私这个概念时援引的社会规范是多样复杂的。在这些五花八门的社会规范中，有的赋予了人们免受别人观察的权利，有的则是禁止人们实施某种行为，有的则是人们在某种情况下必须援引的。或许这就是我们的社会文化多样性的一种体现，在现实生活中，如果人们不能直接援引"隐私"这个概念（理论），那么，实际上，人们根本不能真正享有免受别人观察的权利。此外，人们的私人事务随时都有可能被别人公开。如果真的是这样子的话，在某些特殊情况下，人们可能还能偶尔享有不被别人观察的权利，但是，在人们的一些不向公众公开的行为被别人偷看时，这种社会文化和社会规范完全不足以为人们主张自己权利提供坚实的后盾。但不管人们在定义隐私这个概念时援引的社会规范有多么的复杂或者多样化，比起社会文化的不确定性，人们提出的一些隐私权主张所依据的社会规范还是比较稳定有效的。

本文的首要目的就是探究以下主题：在多大的可能性上，根据人们"对人的定义"（conception of a person）所认定的人所具备的某些基本特征，人必须享有最低程度上的免受别人观察以及报道的权利。

二、隐私与尊重人的一般原则

毫无疑问，如今"隐私权"这把保护伞所支持的主张不只是人们享有免受观察、偷听、报道以及受到自己不愿意承受的公众关注的权利。但是，这些主张正是笔者在写本文时首先想到的、也是认为最重要的主张。这些主张（如果它们能够得到承认）可以解决很多隐私权问题，限制行为人所实施的侵犯他人的行为，有时候，即使行为人的行为得到他人的允许，其行为仍然会受到限制。事实上，这个世界上根本不存在哪些在本质上就是不能被别人看到的事物（包括人类本身），又或者说，人们将自己发现的事情告诉那些对这些事情感兴趣的人这种行为本身是没有什么过错的。例如，人们总是想要挖掘事情的真相，只是单纯为了满足自己在科学上的好奇心以及自己的各种兴趣，并不总是为了实现自己的某些主张或者利益。在道德上，笔者主张的一个基本原则在于，人们享有做一切自己想做的事情的自由权，除非别人有更充足的理由可以合理地阻止人们行使这种自由权——这种理由可以以别人的自由权或者其他道德原则（如公正、尊重人、避免不必要的痛苦）为基础。对此，是那些主张限制别人的自由权的人要为自己的行为的合理性承担举证责任，而不是那些自由权受到限制的人要为前者的行为不合理承担举证责任。现在的问题在于，是否存在某些道德原则可以支持以下初步主张：除非得到 A 的同意，否则 B 无权观察 A 或者报道与 A 相关的事实。是否存在这样一个隐私原则，它可以使人们主张自己的一切活动都免受别人的干扰——只有出于某些特殊的考虑，这个原则才可以被推翻？还是说，这个世上存在这样一种不受限制的自由权（general freedom），它使人们可以探究、观察以及报道别人的一切事实，除非在某些特殊的情形中，出于尊重别人的某些特别私人的事实，人们的这种自由权才受到限制？

对于如何解决上述的问题，笔者的策略在于：第一，探究是否每个人（不管这个人是谁）都享有被认为是一种初步权利的隐私权。如果隐居在小城镇的那对夫妻发现有人在偷听他们讨论相对论的对话，则他们是否有权就此提起诉讼？第二，不管上述的这些权利依据是否真的存在，人们是否能对"私人事务"这个概念做出合理的、不完全以社会习惯为依据的解释？此外，在何种范围内，行为人在没有得到他人的邀请的情况下闯入该范围内的行为会被认为是不合适的行为?

对于第一点,如果说,真的是每个人都享有被认为是一种初步权利的隐私权,那么,根据这种说法,即使隐私权只是一种初步权利,它的主体范围似乎也有些过于广泛了。每一个希望自己不被别人观察或者不被别人识穿身份的人都可能总是宅在家里或者外出的时候也带着一层伪装。在公共场所"被别人看到"与"被别人近距离仔细观察或记录下来"是两个很不一样的概念。如果行为人在《周六日报》或者《社会科学》的毕业论文上披露了他人的相关事实,那么,这很可能会对他人的生活带来很大的负面影响,所以,他人会对行为人的主张行为感到十分害怕或者愤怒。但是,这并不代表这他人会对行为人在路上看到自己的行为也表示出十分的愤怒。当然,如果行为人像观鸟研究者观察红尾鸟那样详细地观察他人,他人肯定会对这种过度的观察行为感到气愤。

笔者先列举这些琐碎的小事作为事例,是为了避免两个非常复杂的考虑因素。第一,笔者假设了一些不会对当事人造成明显损害的侵犯行为作为例子。这些行为都是影响很小的,不会像人们公开别人的性生活细节或者摧毁别人的事业那种行为会对当事人造成巨大的伤害。人们不会因为别人偶尔看了一下自己就感到愤怒,只有在被别人一直盯着看时,人们才会感到气愤。如果行为人观察别人的行为本身就是或者必然会对他人带来损害,那么,即使行为人观察他人的行为得到了他人的同意,其行为仍然会遭到社会的反对。但是,在笔者所举的那些小事例中,他人的同意可以为行为人的行为免责。第二,通过集中精力研究这些未经授权的、简单的观察行为,笔者可以暂时不考虑那些会阻止行为人所实施的、会阻止他人在自己的私人生活中想要做的事情或者强求他人做自己不想做的事情的侵扰行为。[①] Mill 曾在《自由》期刊上写过一篇对这种侵扰行为进行讲解的文章。如果他人想要用尖刺打自己的毛驴,那么,不管是通过用刑罚来恐吓他人

[①] W. L. Weinstein's illuminating contribution to this volume, "The Private and the Free: A Conceptual Inqiury", is mainly concerned with Mill's question; I shall touch on them only indirectly.

还是拿走他人手中的尖刺，行为人都可以达到阻止他人打毛驴的目的——这就是笔者刚刚所说的侵扰行为。但是，如果行为人仅仅是看着他人，使得他人因为自己的行为被行为人观看而放弃该行为，那么，行为人的观看行为不足以构成这种侵扰行为。因为在这种情况下，他人完全可以选择无视行为人的观看而继续实施自己的行为。行为人的观看只能影响他人对自己的行为的看法，而不能阻止他人实施行为。因此，行为人的观看行为不会令人反感到令人们认为这是一种会侵害他人自由权的行为。事实上，社会上的确存在一些让人十分反感的侵扰行为，这些行为一般都是人们预料不到的、让人们感到惊讶的行为。例如，如果行为人仅仅观看以及报道他人的某些行为，这不可能会让他人感到高度反感。但笔者在本文中的目的不在此，而在于探究这样一个问题：是否存在这样一种不以特殊情况为前提的普通情形，在这种情形中，行为人的行为也会让他人感到十分反感？

当然，行为人很可能通过某种方式利用他人的信息来伤害他人。在面临人们对偷听行为、窃听行为的反感和反对时，国家信息中心和私人侦探们据以维护自己的信息收集行为的主要依据在于，只有在极少数的偶然情况下，他们所收集的信息才会被一个残暴的政府或者无耻之徒所滥用来敲诈或者欺骗人们。一个人对别人的信息知道得越多，就越有能力毁掉别人。如今，人们据以反对被别人看到（只是普通的观看行为）的主要依据就在于对自己的信息被其他主体滥用并因此对自己造成不利影响的担忧。如果有一个人在仔细观察我的房子，我很可能怀疑这个人是在为自己接下来的不法行为"踩点"。但是，如果这个人能够说服我相信他/她没有怀有这种不法意图，或者向我证明他/她这种观察行为不可能会以任何方式对我产生不利影响，那么，我就没有更合理的理由来反对他/她的观察行为。例如，Eliza Doolittle 对 Higgins 将她在 Govent 公园的演讲记录下来的行为感到愤怒，因为她相信，像她这种满大街兜售鲜花的卖花女，如果遭到别人近距离的仔细观察，那么，她很容易受到政府执法人员的迫害。她说："你不知道这行为对我来说意味着什么。他们要改变我的个性，将我带到街道上与绅士谈话。"① 但是旁观者之所以也对 Higgins 的行

---

① G. B. Shaw, Dygmalion, Act I.

为感到愤怒，这不是因为出于与 Eliza Doolittle 有相同的担忧，也不是因为 Higgins 可以从他们的口音中认出他们的出身；而是因为隐含在 Higgins 的行为里面的某些态度——Higgins 对他们缺乏尊重。其中有人气愤地对 Higgins 说，"你凭什么知道有关那些跟你从来没有接触过的人的事情并将之公开？你把我们都当成什么啦？是你脚底的尘埃吗？你凭什么冒犯这些绅士"？让这些人对 Higgins 的行为感到愤怒的是，Higgins 的行为明显对人缺乏尊重。他把人当作一种客体或者样本，如他所说的"污垢"，他不懂得这样一个道理：人是一种有感情的、有始有终的、有梦想、有抱负。在道德上能够对自己的决定负责的主体。人会对别人对观察自己的行为做出回应——这是一个没有生命的客体做不到的。这也是 Eliza 对 Higgins 诸多抱怨的原因。人们的这种愤怒为人们的以下初步主张提供了一个可能被承认的理论基础：人们有权拒绝被别人用看动物或客体的方式来观察自己。因为这种行为缺乏对人应有的尊重，是一种"冒昧的"极其无礼的行为。

如果行为人像观察一个客体一样集中精力观察、审视他人，那么，他人对自己的认识和信仰就会受到影响，他人会通过别人眼中的自己来评价和认识自己。事实上，根据 Sartre 的观点，如果行为人将他人当成一个客体（观察对象），仔细地审视他人，那么，他人也将会把自己当成人行为人所观察的一个客体。① 因此，他人将无法根据自己的独立意志认识自己以及发展自己的个人性格，而是会根据行为人对他人的看法去改变自己，有意无意地、亦步亦趋地根据行为人对自己个性的认识和行为的预测来将自己改造成行为人眼中的样子。如此一来，他人对自己作为一个完全自由的、具备选择能力的行为主体的认识遭到了极大的破坏。他人对自己的认识已经被固定下来（被行为人对他的看法所束缚了），原本他人可以有无限种选择，他可以按照自己的想法选择成为什么样的人，但因为受到行为人的审视行为的影响，他只能选择成为行为人眼中的自己。根据 Sartre 的理解，人们在与别人的人际交往中需要摆脱这种审视行为给自己带来的影响，因为这会逐渐地危及甚至摧毁人们对自己的信仰。例如，在 Ego 的眼里，Alter 只是一个存在的事实，或者说是一个观察的对象（客体）

---

① See J. P. Sartre: L'etre et le neant (Paris, 1953), Part 3, "Le pour-autrui".

而已，但 Alter 却是自己的独立世界里的独一无二的主体；相反，在 Alter 的世界里，Ego 也只是一个观察的对象（客体）而已。也就是说，正如 Ego 对 Alter 的看法与 Alter 对自己的看法完全不同，人们眼中的自己与别人眼中的自己这二者之间存在本质上的敌对关系。每个人一旦怀疑自己的思想自由受到别人的限制（或者说每个人一旦感受到别人对自己的主体地位的否定——如 Ego 只是把 Alter 当成一个客体），他们就会通过宣告自己在自己的主观世界里的绝对重要地位来强调自己的主体性。但是，正如 Sartre 承认的那样，这种人与人之间的"主体地位"之争只是人们在自寻烦恼——正如在 Ego 与 Alter 之间，Alter 跟自己强调自己的主体地位对于 Ego 而言是毫无意义的，因为无论 Alter 怎么想也不会改变 Ego 的想法——除非 Ego 慷慨地将自己的主体地位让给 Alter，但是，这"让"的这一行为又再次强调了 Alter 在自己世界里的主体地位。所以说，人与人之间的"主体地位"之争是没有用的，每个人在自己世界里都占据主体地位。

　　Sartre 认为，上述现象并非是个案，而是一个具备普遍性的、必然存在的困境。但是，在《分裂的自我》①一文中，R. D. Laing 认为，人们对自己主体意识的认识是一种典型的精神分裂症状。在 R. D. Laing 看来，如果有人否定自己的个性与自由发展，那么，这个人就会试图通过隐藏真实的自我而逃离别人的控制和否定。精神分裂患者的问题在于他不相信自己是作为一个人的存在。如果他一直生活在别人的世界里，那么，他需要别人的观察和关注来说服自己，自己的确是一个真实存在的人。但是，他又讨厌受到别人对他的评价的影响，所以他又总是尝试把自己隐藏起来。引发他这种困境的可能不是别人观察他的方式，而是他与观察者之间存在的特殊关系。

　　但是，Sartre 并没有解释，为什么只要人们意识到别人也是一个主体，就马上会引发人们对别人的敌视感。即使笔者对自己拥有无限种可能的未来（或者说无数种可能的自己）的认识真的受到别人对自己的看法的影响，使得笔者所理解的未来的可能性变少了，又或者说笔者对自己的认识仍然是不自由的，但导致笔者对自由的理解出现了变化的也不是别人对笔者的看法——别人对笔者的看法只是会使得

---

① Harmondsworth, England, 1965.

笔者开始认识到自己以前忽略的一些事实。又如果说，笔者对自己的认识是自由的，没有受到别人的影响，那么，别人对笔者的看法完全不会给笔者的自由带来任何改变。如果人们对于自己的认识必然存在上文所述的困境，那么，笔者能不能从中推测出别人也像看待一个主体人物一样看待我？我是不是也会遭遇和 Alter 一样的问题？笔者与别人之间存在的关系是否是双方之间相互憎恨的根源？我们双方之间是否都能发现对方把自己当成一个有尊严的主体而不是一个没有意志的客体？

正是因为精神分裂者不相信自己是一个人，所以，他们不能与别人之间形成这样一种人际关系或者接受别人对他们的尊重。所以，在精神分裂者看来，别人对他实施的每一个行为（即使只是瞥一眼他）都是对他们的挑衅和侮辱。此外，毫无疑问，行为人可以通过很多种能够对他人造成伤害的方式来观察他人，这使得行为人的确可以通过自己的观察行为对他人带来像身体攻击一样真实的侵犯。但是，当然，这并不能成为他人要求行为人在看到自己时必须躲到看不到自己的地方或者闭起眼睛什么也不看的正当理由。但是，这的确可以为人们的某些主张提供依据。例如，对于一名医生而言，他总是有机会可以像观察、审视一个客体一样观察病人的身体；在这个过程中，如果医生表现得好像他不是在给一个人做检查，而像是在检查一个客体——这个医生完全没有把他正在检查的病人当成一个会对他的检验成果以及病症解释有着自己的看法与价值判断的人；那么，病人的确有理由可以对该名医生的行为表示愤怒。

有人单纯地认为，上述检查行为之所以遭到人们的反对只是因为观察者这种粗心大意的观察行为会给敏感的被观察者造成精神上的伤害。有人认为，如果观察者不要公开自己的观察行为，而只是偷偷地观察被观察者，那么，这些精神伤害就可以避免了——这种观点是十分错误的。行为人不尊重他人的行为不会对他人带来伤害——至少不会对他人造成精神上的伤害，这更多的是会给他人感到行为人在侮辱他，不至于让他人受到精神创伤。行为人对他人所实施的审视行为一般也不会让他人感到反感，只有那些未经允许的审视行为（即使该行为不会对他人造成现实的损害），可能会被他人认为是粗鲁的无礼行为，并因此引起他人对行为人的怨恨。

笔者认为，隐私权的一般原则应当以"对人的尊重"原则（这个原则比前者更加基础、更具有普遍适用性）为基础。作为一个人，笔者认识到，一个意识到自己的主体地位、把自己当成自己的主人的人，他有能力为自己规划以及成功地与别人建立人际关系。将别人视为人就是将别人视为一个实际的或者潜在地选择者（也可以说是有能为自己的决定负责的人）——生活在这个世界上，他可以坚持自己的想法、根据自己对这个世界的变化做出自己的判断以及改正自己的错误。每个人本身都是自己的专属事业，对于人们自己而言，这份"事业"不是或多或少带着幸运色彩的成功经历，而是掺杂着成功与失败的人生历程；就好像在不知道什么事情对自己重要的情况下，人们无法确定应当如何评价自己的生活与人生，所以，推己及人，人们也应当明白，应当由别人自己来决定哪些事情是对自己重要的事情，人们不应当干涉别人的决定。Higgins 对别人的冒犯之处就在于他对别人所重视的事情漠不关心。如果一个人不能理解自己的目标和行为对自己有什么重要性，那么，这个人可能就不能很好地明白自己到底是什么。即便如此，为了明白自己作为一个人而不是一个客体的事实并能据此提出维护自己作为人的尊严的主张，人们还必须更进一步地明白，别人也一样是把自己当成一份终身事业来尊重、爱护的人。要做到把别人当成人一样尊重，人们应当承认并重视这一点：每个人的人生都受到他们自己的决定的影响，其他人不应当诸多干涉。通过对人的尊重原则，笔者认为，任何一个有资格成为合格的人的人，至少都有权获得这种最低程度上的考虑。

当然，笔者并不是主张，人们对于每一个事物都有着明确的态度。笔者主张的是，每个人都应当享有足够的个人空间去思考、选择的愿望，这个愿望应当得到满足。这是因为，每个人对于别人的行为都持有这样一种愿望和态度：他希望别人的行为不要影响自己的事业。例如，B 反对虐待动物的意愿本身不应该是 A 是否应当停止刺杀自己的毛驴的原因。如果仅仅因为 A 停止刺杀毛驴的行为会使 B 感到高兴，反之则 B 会感到伤心沮丧，那么，这个理由不足以说明 B 可以以自己的意愿影响甚至改变 A 的决定和行为——因为这种想法是将 B 当成了能够替 A 做选择的人，而不是将 B 视为能够承担自己的快乐与不快等情绪的人，这缺乏对 A 作为一个人的尊重。只有在 A

愿意根据 B 的选择改变自己的行为的情况下，B 的态度才会成为 A 所做出的选择的考虑因素。B 的选择要么会否定 A 本来的选择（这明显会干涉 A 的行为自由），要么会改变 B 之前对 A 的行为的看法。B 可能不同意 A 观察 C 或者听到 C 与 D 的谈话的行为——虽然 B 会对 A 的行为评头论足，但 B 却希望自己的行为环境（笔者将之称为 B 的事业）不会受到任何人的影响。另外，如果 C 知道 A 正在听自己与 D 的谈话，那么，A 的这种侵扰行为可能会改变 C 对自己的认识以及 C 与别人之间的人际关系。或许在这之前，C 处于一种忘我的状态，他可以自由自在地畅谈自己的构想或看法，但现在他意识到自己的想法和构想可能会得到 A 的赞赏，也可能遭到 A 的嘲笑。如此一来，出于对 A 对自己的看法的影响，C 就不能像之前那样畅所欲言。又或许，即使 C 意识不到这些，但是仅仅因为 A 的存在，C 与 D 之间的谈话就变味了。笔者认为，导致这种变化的并非是 C 与 D 之间讨论的内容，而在于 C 对自己的表现（讨论）的理解。不请自来的 A 的突然闯入是粗鲁无礼的，因为他没有意识到或者不在乎自己的存在将会改变 C 对自己的看法以及改变 C 与 D 之间的谈话的性质。[1] 当然，A 的行为不会对 C 带来什么损害，可能 C 仍然可以像之前那样沉醉在自己的表现（谈话）之中。但是，在这种情况下，对于 A 是否应该出站，C 的意愿是一个很重要的考虑因素（B 的意愿不算），如果 C 想起诉 A，那么，他的行为是有法律依据的。

  如果他人主张自己享有不被行为人擅自观察的权利，那么，他人以对人的尊重原则作为理论依据会比他人以功利主义的看法以及行为人负有避免自己的行为对他人造成伤害的义务为依据更加有效。当然，在某些特殊的情况下，后一种依据可以也可以有效地强化他人的主张的说服力。但是，对人的尊重原则不仅可以令他人反对行为人对其实施的公开观察行为，还可以令他人反对行为人对其所实施的秘密观察行为——即使行为人的秘密观察行为不会对他人构成任何伤害。

---

[1] Of course, there are situations, such as in university common rooms, where there is a kind of conventional general license to join an ongoing conversation. A railway compartment confers a similar license in Italy, but not in England. In such situations, if one does not wish to be listened to, one stays silent.

行为人所实施的秘密观察行为——偷看行为应当受到谴责，这是因为，行为人的这种行为相当于欺骗了他人，使他人错误地判断自己所处的环境，阻止他人做出理性的选择。如果行为人故意改变他人的行为环境、隐瞒自己在偷看他人的事实，那么，行为人就不能声称自己尊重正在努力实现自己的构想和事业心的他人。行为人的这种行为对他人带来的侵犯与行为人公开观察他人的行为（如 A 公开听 C 与 D 的谈话）对他人带来的侵扰是不一样的。在 A 公开听 C 与 D 的谈话的情况下，A 的行为会影响 C 对自己（的进取心）的看法——他对自己的看法与之前 A 不在现场时变得不一样了；A 应当对此负责。但是在后一种情况下，C 并不知道 A 的存在。但无论如何，因为 C 原本以为没有人知道自己的这些谈话内容，但 A 实际上却偷听了——这明显违背了 C 的意愿；因此，在这种情况下，C 受到了 A 的不公对待。C 可能正在做自己的美梦，也可能正处于情绪低落的状态，但不管怎样，A 的行为都使得 C 变成了一个彻头彻尾的傻瓜。假设 C 正处于一个可能被别人观察的情形之中，C 不想让别人知道自己在做什么，于是 C 选择了秘密行动。那么，不管是谁，如果他在没得到 C 的同意的情况下偷看了 C 的行为，那么，这都是对 C 的不尊重。这不仅是因为偷看者侵犯了 C 的隐私，还因为偷看者枉顾 C 的意愿，替 C 做出了选择——原本 C 不希望有人看到自己的行为，所以他选择秘密行动，但偷看者明显违背了他做出的选择。笔者可以想象，在别人征求了笔者的同意的情况下，笔者不会反对别人观看笔者工作的样子。但是，如果别人根本没经过笔者的同意便这么做，笔者一定会很气愤——即使我并不介意他的行为本身会对笔者带来什么影响。因此，只有在有充分的理由要调查犯罪嫌疑人的身份和行为的情况下，政府执法人员才可以偷偷地观察和追踪犯罪嫌疑人。这不是因为犯罪嫌疑人不享有作为一个人所享有的隐私权，只是因为有另外更重要的利益使得政府执法人员可以这么做而已。此外，在精神病人完全没有能力做出理性选择的情况下，精神病医生才可以对精神病人做出这样的行为。即便如此，精神病医生的行为也应该当以精神病人的利益为主，否则，其行为将会受到很多限制。

　　隐私的一般原则与对人的尊重原则之间存在紧密的联系，这种联系可以解释，对于国家成立搜集公民与政府机关之间的所有联系以及相关信息的国家信息中心的想法，为什么很多人感到十分愤怒。实际上，政府机关提供的某些信息是错误的，即使它们提供的公民信息是正确的，也有可能会丑化公民的公众形象。如果一个公民在很久之前行为不检，但如今已经洗心革面且得到大家的认可，大家都已经忘记他以前那些不好的事情。这个时候如果政府公开了他以前的信息，这无疑对他现在的形象而言是一个巨大的打击。如果政府机关的电脑变得无所不知、无所不能，大部分公民都会对这种现实感到恐惧。国家通过大量的立法活动来抑制政府机关对公民信息的滥用。但是对于一些反对者而言，国家的这种做法是治标不治本的，因为在他们看来，国家要做的事情不是缓解公民对政府机关滥用信息的担忧，而在于平复公民对于别人可以在不经过自己同意或者告知自己的情况下通过政府机关（即使这是一个完全值得公民信任的政府机关）来查询自己的信息这一事实的愤怒。因为，行为人了解他人的信息这一事实会强烈改变他人对自己的看法，所以，如果政府机关在收集公民信息的时候不能确保解决技术问题带来的信息外泄并由此导致的信息被滥用的问题，那么，公民会认为政府机关相当于完全忽略了他们作为人所应当受到的尊重。

笔者已经阐释，对人的尊重原则可以清晰地指明公民会对哪些行为感到愤怒和厌恶。只有这些行为满足一定的条件时才会让公民感到愤怒。例如，如果有一个人一直盯着笔者的脸看，那么，笔者肯定无法忽视他对我的关注。如果这个人只是一直在审视笔者身上穿的衣服，那么，笔者对自己的认识不会受到影响。但是，如果他一直盯着笔者没穿在身上的衣服（例如，笔者已经把这件衣服送给一名长者了）或者笔者停在门外的小车看，那么，笔者有没有理由可以对他这种行为感到愤怒？笔者可以合理地主张自己能够免受那些不请自来的观察者或者报道者的侵扰的依据何在？正如笔者在上文所言，仅仅凭借自己不想让别人看到自己所做的事情这一个观点是不足以说明人们享有这种权利的。只有在行为人的行为干涉了与他人本身密切相关的事情时，对人的尊重原则才有适用空间。否则，如果只要行为人的行为不符合他人的意愿，他人就可以以对人的尊重原则为依据反对行为人的行为，那么，对人的尊重原则的适用范围也归于泛滥了。如此一来，他人就可以肆意地限制行为人观察和报道一切事物的行为，这明显是不合理的。笔者不会认为，只要笔者对某件事物有感觉，那么，该事物就必定与笔者本身有关联。根据笔者所提议的隐私原则，任何一个希望自己不会被别人当成没有思想的客体一样审视的人都享有提出免受别人审视的主张的权利。但是，人们提出这个主张的依据不能仅仅是人们自己的意愿，而应当是人们对于自己被当成一个客体一样审视的感受与自己被尊重为一个有意识和经历的主体的感受之间存在的关系。人们不能仅凭借某件事物与其有关，就主张他与此事物之间的所有联系都可以免受别人的观察——人们想要提出这种主张还需要提供更多的理由。

到底何种理由才足以使人们提出免受别人的观察的主张？毫无疑问，何为人的概念与人的身体的概念之间的紧密联系可以为人们的这种主张提供重要的依据。尽管在精神分裂者看来，这两个概念本身就具有分裂的可能性。但是，除此之外，文化上的规范在这里所发挥的作用也不可忽视。在一个充斥利益主义的社会文化里，一个人所拥有的财产被别人视为其个性的延伸、社会地位的体现、成功的指标以及品味的体现；别人总是会通过鉴定他的衣服去鉴定他这个人。在其他类型的文化社会中，评价人的判断标准是很不一样的。我们对自己的潜力、个性的评价与我们对何为值得骄傲的事情、何为羞耻这个问题的回答有关——毫无疑问，对于这个问题回答，不同文化环境下的人会做出不一样的回答。因此，即使是隐私原则的适用也会受到文化多样性以及不同的文化下的社会规范的影响。这些社会规范的不同一般与人们对家庭、财产等事物的看法的不同有关。

三、一般原则的适用

对人的尊重原则是隐私的一般原则的基础，虽然如此，对人的尊重原则也仅仅相当于为他人限制恣意观察和报道的行为提供了基本的依据而已。它给人们提出这种主张提供了正当理由，但它并不会推翻人们所提出的其他特殊依据。对人的尊重原则可能会被人们曲解或者误用。例如，在某个情形中，它合法地限制了人们的某些不当行为；相比之下，对公民隐私的保护反倒没有那么重要了，又或许，它会危及人们报道新闻的政治自由。人们可能会认为，在每个案件中，新闻媒体都应该证明其所报道的新闻涉及合理的公共利益。但是，对于

"何为涉及合理的公共利益的新闻"这一问题，人们没有明确的标准，这导致了某些新闻媒体不敢轻易发表新闻。法院已经谨慎地承认，如果新闻媒体不能明确自己所发表的新闻是否应当被曝光，那么，在这种情况下，新闻媒体的新闻自由权是得不到承认的。

根据一般原则，人们还不能决定应当如何解决这类型的道德问题，人们只能明白，哪些事情是需要论证的、各方的举证责任是怎样的、什么样的理由可以成为一个合理依据。因此，为了让充分地论证自己的主张，人们还应当找到其他的更深层次的原则作为依据。对此，笔者可以以那些涉及名人隐私的案例为例。根据美国的一个法官所言，法律"承认某种公众好奇心的合法性——如公众对社会名人的性格以及与其相关的大量的私人信息的好奇心"。[①] 但是，是公众所有这些好奇心都是合法的，还是只是对那些与社会名人有关的事情的好奇心是合法的？如果一个人的某些行为总是得到社会公众的关注，那么，他的这些行为本身是不是就带着公开事件的性质？例如，这个人指挥一个管弦乐队的事实是人们都会感兴趣的事情，这会使得这个人本身带有更加强烈的娱乐气息，使得他的行为比那些不为人知的事情更加能吸引社会公众的关注。但是，大多数人对这类型的娱乐项目的喜好并不能成为人们违背隐私原则的合理依据。因为，即使假设人们享有做任何没有理由拒绝的事情的自由，但是，人们也不能主张自己享有按照自己的喜好任意妄为的权利。如果人们只是把娱乐人物当成自己娱乐的来源之一，那么，人们的这种态度相当于把那些娱乐人物当成动物园里的一个动物而已，完全没有把他们当成人来尊重。当然，有些人总是像那些娱乐人物一样向社会公众大献殷勤，那么，社会公众就会认为那些人已经允许自己打探、讨论或者传播有关他们的事情。在这种情况下，这些被社会公众谈论的人没有权利就此提起诉讼。但是，作为一名社会名人，即使是一名心甘情愿成为名人的人，他们也仍然能主张自己享有作为一个人权利，别人仍然像尊重一个人那样尊重他们。不可否认的是，这引发了很多与社会名人的信息有关的特别主张，这些主张甚至使得社会名人无法主张自己享有隐私权。例如，在任命最高法院的大法官时，相关人员必须预料到社会

---

① See W. L. Prosser, "Privacy", California Law Review, 48 (1960), 416–417.

公众对候选人的商业信誉的关心。又例如，一名杰出的音乐指挥家参加一个传统的大型公开演出，对此，所有希望演出成功举办的人都会关心这名指挥家的很多相关信息，如他的音乐历程、他在哪里接受训练的、哪些人会影响他的演出等。人们对他的这些信息的关心是否合法？是否具备合法的利益？但是，明显的是，人们决不能偷窥他那些与音乐无关的事实，如他在白酒方面的品位或者对女人的喜好。隐私原则会在某些领域做出让步，但是在其他特殊的、隐私利益比其他利益更加重要的领域或者情形中，隐私原则则始终保护公民的隐私不受侵犯。因为隐私原则本身是不会限制自己的适用范围的，它构成了公民根据自己作为一个人所应当享有的尊重，提出要求别人尊重自己的初步主张。

四、"私人事务"与个人构想

行为人对他人的窥探属于对他人的私人事务的侵犯，据此，他人提出了自己享有免受行为人观察（审视）的权利的主张。这种主张实际上是一种与以往的隐私权主张很不一样的辩论策略。通过"私人事务"这个概念来巩固他人在某些领域中所享有的隐私权，比他人依据一般原则主张假定的免受行为人的观察的权利更能强有力地论证自己所享有的权利的正当性。要证明行为人的这种观察行为是侵犯行为，他人不仅需要一个论据，还要提出一个有足够说服力和重要性的特殊理由来证明自己不应当受到行为人的侵扰。因此，尽管 Higgins 在语言学上的研究利益可以使其在 Goven 花园的无理行为变得合法化，但是，这完全不能论证 Higgins 窃听 Eliza 在其卧室里的谈话的行为的正当性。

属于特别的私人领域之内的行为和经历大都复杂多样，除此之外，关于何种行为和经历才属于这个私人领域之内，这在很大程度上取决于不同的社会所具备的不同文化环境。在某些地方，甚至于人们不用提出任何合理依据就可以主张自己的所有行为和经历都属于私人领域内。例如，在我们的社会文化中，为什么包括排泄在内的身体功能都应当在隐秘的情况下进行，但吃东西却没有必要非得私下秘密进行？当然，只要人们的某些行为被划进私人领域这个范畴之内，那么，如果处于这些规范之下的人们在做这些行为的时候被别人看到了，则人们会因此感到十分痛苦和尴尬。尴尬，是一个人在自己的生殖器官被别人看到后的正常反应，这其实都是受到社会文化的影响的。如果一个人在这种情况下居然没有丝毫尴尬的感觉，那么，他会被人说成是厚颜无耻或者麻木的人。但是，尽管这种社会文化使人们对某个领域享有隐私利益，但是，这种隐私利益必须以社会规范为依据，且这个社会规范本身也应当是一个完全合理的规范。

但是，隐私的领域并不仅局限于上述的领域，其他的隐私领域与公民的生活和个性密切相关，如果公民的隐私权得不到保障，那么，公民很难甚至不可能享有这些隐私领域。

自由的个人主义传统特别强调了三个个人构想，这三个个人构想都对应了某个范围内的"私人事务"。第一个是有关人际关系的隐私，第二个是公民自由的隐私，第三个是隐私与个人自治。

（一）人际关系的隐私

关于人际关系，笔者认为，人与人之间的人际关系是具备价值性和重要性的，这种价值性和重要性至少体现在人们对别人的所作所为所持的态度上。

所有典型的人类之间的关系——当然，石头和袋熊之间不可能存在人际关系——都会涉及某些因素，但是却很少与"角色预期"（role-expectancy）存在关系。人们总是根据自己对别人的理解与别人构建各种各样的人际关系。为了得到笔者买票的票价，如果火车售票员给了笔者正确的火车票，那么，他就完成了自己在与笔者存在的关系之间应当承担的功能——人际关系的内容不外如是；将笔者与售票员隔开的、只给笔者留出付款的足够空间的栅栏，就是笔者与售票员之间的人际关系的一个象征。人们不可以对自己的行为漠不关心，但是人们不需要费尽心思去模仿别人的行为或者了解别人的性格。

对人们而言，父子之间的关系或者夫妻之间的关系比上述那种人际关系必要多了。如果笔者所列举的例子不能说明这一点，则这些例子都是不够完美的。在这些人际关系中也存在人们的"角色预期"，但是，在这些人际关系中的人总是会以自己的方式满足对方的这些"预期"。例如，有的房间是专门给"父亲"这种角色的。此外，某些特殊的责任只有父亲这个角色才能完成。此外，人际关系的价值的实现依赖于，人们能够对自己在具体某段人际关系中的角色和责任有足够的认识以及人们相互之间的关心程度。有的父子之间的相处可能比较拘谨，但是如果他们相互之间漠不关心，那么，他们之间的关系的核心内容就相当于没有了。也就是说，实际上，他们之间的父子关系名存实亡。尽管朋友与爱人之间的关系也有一定的社会传统模式和惯例，但他们之间的"角色构建"（role-structured）比亲人之间的要少。他们之间的人际关系的标志在于：他们相互交流自己的感受和态度、安慰对方或者向对方提出自己的建议。他们之间的友情已经变成过去式，甚至他们之间的感觉从来就是不真实的（如有人一直在欺骗对方或者对对方虚情以待），但是，他们之间的关系仍满足了上述的标志，他们之间至少曾经存在过朋友这种人际关系。

人们之间的人际关系肯定是有意义的；例如，如果未成年人与成人之间存在的贪污受贿的关系中，则未成年人是需要保护的。但是，尽管人们可能、也很希望防止这种人际关系的产生，但是，实际上只有极少数的第三方可以规范或者重塑这种人际关系。通过提高售票员的工作效率，或者促使乘客更加清晰地表达自己的目的地，火车站的管理员可以改善乘客和售票员之间的人际关系。正是因为人们对自己在某段人际关系的标志（自己应当扮演的角色）都很清楚，所以人们都只对自己在人际关系应当如何表现有兴趣，而且人们对别人的表现应当达到何种标准也有自己的认识。因为人们在人际关系之中对对方的行为要求不会影响人们之间的友情，所以，在所有人际关系中，都不存在不知道自己的标志（应当扮演的角色）却可以正确地评价别人的人。①

侵扰人们之间的人际关系是一件很糟糕的事情。当然，人们通常会将自己面临的麻烦带到人际关系之中，例如，人们会向自己的朋友或者婚姻咨询师寻求解决麻烦的意见。但是，人们也只会在少数的情况下邀请咨询师加入到自己与别人已经建立的人际关系之中。至于人

---

① According to the newspaper Szbad Nep. Some members of the Communist Party in Hungary ave not a single working man among their friends, and they are censured in a way that implies they had better quickly [London]. July 20. 1949, quoted by P. Halmos, Solitude and Privacy [London, 1952] p. 167.

们与咨询师的这种人际关系能不能维持下去，这取决于咨询师能不能谨慎地给人们提出有用的建议。人际关系是有待考察和有创造性的，人际关系只有得到人们足够的关心和注意力才能继续保持下去，它们还要求人们在交往的过程中不断地调整自己的个性以及交往的外部环境。这些人际关系在本质上就是私人的、隐私的。人们不能与所有的第三人建立人际关系，也不能每次都像召开一个公开讲座那样在第三人面前公开自己与别人的谈话内容。①

如果人们珍惜自己享有的人际关系，那么，人们至少必须承认某些特别的私人领域的隐私性。因为家庭以及家庭住宅是人们建立、发展和维持重要的人际关系的最重要的环境，所以，它们必须免受来自外界的侵扰。但是，理所当然地，一名经常虐待孩子的父亲不能主张自己在家庭住宅内可以享有这种权利——但是，别人对其住宅的合法侵扰也仅限于指出该名父亲与其孩子之间的虐待关系；如果别人的侵扰行为泄露了这种关系无关的事实，这是不合理的。但是，在社会公众关心某段人际关系中是否存在虐待、剥削或者漠不关心等事实的存在的时候，人们只能对自己的人际关系享有最低程度上的隐私空间。但是，对于其他的人际关系，它们仍然属于人们的私人事务。

但是，人们对隐私的关注，尤其是对人们对家庭人际关系所享有的隐私权的关注遭到了一些学者的批评——他们认为这是文艺复兴后期的资产阶级社会所表现出来的一种不健康的特征。具体人们可以参见 Edmund Leach 的批判：

在过去，在人们的生活中，家人和邻居一直都给予了人们大力的支持。如今，家庭之间的关系反而被隔绝了。人们只在家庭内开展家庭生活；在家庭之内，夫妻之间的关系，父母与孩子之间的关系变得越来越紧张。这种紧张的关系带来的压力已经超出了人们能够承受的范围。狭隘的隐私、廉价的秘密完全不能为人们构建一个友好的社会

---

① Charles Fried has argued that privacy is logically prior to love and friendship, since a necessary feature of these concept is a "sharing of information about one's actions. Belifes. Or emotions which one does not share with all, and which one has the right not to share with anyone. By conferring this right, privacy creates the moral capital which we spend in friendship and love" ["Privacy", in G. Hughes, ed., Law, Reason, and Justice (New York, 1969), p. 56].

和幸福的家庭，反过来，它们是引起人们各种不满情绪的来源。①

除此之外，Paul Halmos 也发表的相似的意见，他认为，过度地强调隐私使得"现代人为了摆脱孤独而过多地投入到家庭生活当中，并由此导致了现代人形成了狭隘的家庭观"。

最终，因为摆脱不了对紧密的家庭关系的依赖，现代人开始越来越忽略家庭以外的人际关系，并且人们根本没有意识到自己对家庭以外的人和事的冷漠……一对已婚夫妇之间出现了朋友以及伙伴的关系，那么，人们会认为这是一件大好事——即使这对夫妻从来不把对方以外的人当作朋友或者伙伴。此外，家庭关系的紧密和团结一致是现代人另外一种对事态度的体现：现代人总是认为，这个世界中的人（家人除外）都是存在对立关系的，这个世界很危险，只有家人是唯一值得依赖的人，人们应当保护自己的家庭免受一切外来人的侵扰。②

根据这种观点，人们坚持要求享有私人空间的态度是人们的病态心理的标志或者附带原因。但是，人们在某种程度上承认这种观点的做法也不会削弱笔者在上文所提出的公民所享有排除别人干扰自己的生活的权利；因为，这种观点也只是说明了现代人只愿意与少数人建立人际关系的心态以及那些愿意与别人建立人际关系的人需要承担过多的情感问题的现状。

Halmos 也在一定程度上承认了情侣之间的人际关系系以及"一个男人与其妻子之间的亲密接触和相互陪伴"的价值和重要性，也承认了在某些人际关系中，当事人的确有必要排除外在的一些干扰："人们应当根据各种文化的不同承认不同程度上的隐私权，这些隐私权普遍存在于人类之间，在动物之间也不罕见。"③ 但是，他没阐释清楚的一点是，一般而言，隐私到底有多大的价值？那些受到神经失

---

① E. Leach, A Runaway World, The 1967 Reith Lectures (London, 1968), p. 44.
② P. Halmos; Solitude and Privacy, (London, 1952), pp. 121 – 122.
③ Solitude and Privacy, p. 121. The standpoint Halmos adopts may be inferred from the following passage: "While...the material needs of man...have been increasingly satisfied, since the Industrail Revolution, the bio-social needs have been more and more neglected. Culture, a fortuitous expression of the basic principia of life, rarely favoured man's pacific, creative gregariousness..." p. 51.

调所带来的痛苦折磨的人一般都会喜欢 kibbutz（以色列的集体农场），因为那里没有过多的压力和过于个性化的附着物，这让他们感到安全、舒适。但是人们发现，kibbutz 那里的孩子的人格并不是很健全，准确来说，这是因为，他们所拥有的稳定情绪是以丧失与别人建立深入的人际关系的能力为代价的。或许，人们必须在一个敏感的、具备人的理解能力的、人们只能通过在一个受限的圈子中培养人际关系的社会和一个外向的、人们在其内具备自我调节能力的礼俗社会之中做出一个选择。但是，在某种程度上，人们选择珍惜前者，换言之，人们应当承认隐私权的重要性和价值。

人们对人际关系应当享有一定程度上的免受外来的侵扰的权利，且不同的侵扰行为会对人际关系产生不一样的侵扰后果。其中最极端的一种侵扰方式就是行为人直接参与别人之间的人际关系当中。例如，行为人的强行加入使得亲密的二人关系变成尴尬的"三人行"——这种侵扰行为当然会引起人们强烈的反对。但是，如果行为人只是以观察者或者报道者的身份关注别人之间的人际关系，那么，这似乎并不足以引起人们极其强烈的反对。对于那些极有主见的夫妻而言，即使有寄宿客正在看着他们，他们也可以专心做自己的事情。当然，如果别人肆无忌惮地看着人们，人们很难自然地向其他人抒发自己内心所想。此外，在全程都有第三方的注视的情况下，人们也无法像私下交流那样与其他人建立相互有所回应的人际关系。但是，笔者不知道，在私人的、没有第三方干涉的环境是否属于人们建立人际关系的必要条件，还是这只是社会文化的一种趋向？当然，在一个很多人一起共处的环境中，人们也可能建立人际关系。但是在这种情况下，建立人际关系的人需要旁边的人的机智配合和好心退让。有证据显示，在这种环境下，人们会培养成一种避免别人干扰的心理能力（psychological avoidance arrangement），即一种尽量使自己不被别人注意的能力以及相应的信心——正是这种能力为人们构建了物理上的隔离状态，使人们可以在类似于不受外界干涉的情形中做自己的事情。[①]

[①] See A. F. Westin; Privacy and Freedom (New York, 1967), p.18, for references to evidence of this point.

人际关系对人们的重要性要求法律对人们的行为做出一定的限制——这种限制可以通过反歧视法来实现。不管人们提出什么样的理由来侵扰别人对其他人区别对待的自由，例如，一个人想雇佣员工，那么，这个人有理由按照自己的喜恶来进行招聘；这些理由都不能阻止这个人行使他所享有的这种权利。如果人们珍惜自己的家庭关系，那么，这个家庭里面的成员应当有权邀请或者接受某人（如房客）进入家中。俱乐部的成员之间的关系与这种关系又不一样。实际上，人们加入俱乐部是为了拓宽自己的人际关系，但是，人们并不期待自己会与所有成员都建立人际关系。在俱乐部中，某些人之间的人际关系特别亲密，这些人拒绝俱乐部的其他人加入其朋友圈中的行为并不会危害整个俱乐部的人际关系。不管怎么样，如果一个俱乐部的绝大多数成员都反对在俱乐部内部搞小团队，否认成员们享有排斥其他成员的权利，那么，这会使俱乐部的成员感到很大的压力，这最终必然会导致俱乐部的解散。

当然，人们的偏见不能赋予人们在人际交往中歧视别人，给予别人不公平或不合理待遇的权利；因为这有损别人的人格尊严。如果某种人际关系可以被人们归为某一类特殊的人际关系，那么，根据人际关系的不同类型，这种人际关系里的人可以合理地对别人进行区分对待。但是，在某些人际关系中，因为人们的相互关系，这些人际关系已经影响到人们的生活质量，那么，这种人际关系属于隐私领域，可以免受各种规范的限制。（在一些充满压力和敌意的情形中，有一些十分重要的原因，它们不鼓励人们之间形成一些排外的小团队——因为人们的这种行为会煽动其他人的不满情绪。但是，这相当于提出了进一步的特殊理由来反对隐私权，这种重要的理由是以人际关系的价值为基础的。）

（二）公民自由的隐私

第二个有关隐私的个人构想与生活在只有最少的规则的社会中的公民息息相关；它是人们在以下的社会中生活的方式：在这个社会里，第一，每个公民都受到合理合法的保护，以免受别人的权力的侵犯；第二，公民可以按照自己的社会角色选择自己的生活方式。在一个隐私权仍存在很大争议的社会中，前一个考虑因素受到了人们极大的关注。政府机关（国家信息中心）的公民信息档案和计算机数据库使人们担忧自己会受到政府执法机关恣意的指控或这些信息会误导政府执法人员（并使得政府执法人员对自己做出不利行为）。但是，对此，人们不必担忧，至少在原则上，这些信息的安全性受到制度上的保护。与第一个考虑因素相比，第二个考虑因素更加基础，它的存在依赖于私人与官方这个两个概念之间的区别。

尽管法官不会因为判决受到法律追究，但因为法官承担着重要的社会责任，所以，法官在法庭上的判决对于公众有十分大的影响力。但是，法官在自己家或者办公室所说的话——即使与法律有关——那都是另外一回事，这些话并不代表官方立场也不会引起与官方有关的后果。当然，如果该法官恰好是一个俱乐部的秘书长，那么，他以这个身份对俱乐部成员所说的话都不属于他的"私人事务"。但是，反过来，这个俱乐部的成员也可能会拒绝政府执法人员调查其秘书长的话语，因为这会侵扰俱乐部的"私人"事务。何为私人，何为官方？这取决于人们在解答这个问题时的参考物是什么。但是，官方与非官方之间的区别必须是人们可以理解的。的确，人们偶尔会扮演一些公共（官方）角色，如选民、纳税人、陪审员等。但是，人们完全能够区分自己的这些公共角色与家庭角色、自己作为店员、俱乐部财务主管等角色之间的区别。公民与政府工作人员不同，公民不需要扮演特殊的官方角色，公民就像是一名普通的议员，而不是一个议会大臣，不需要在国会中扮演特殊的官方角色，承担某些官方职能。

人们对隐私权的这种看法与自由主义者的看法十分相近。极权主义者认为，对于整个社会而言，每个人本身以及每个人所做的所有事情都具备十分重要的意义。人们把自己视为为了整个社会的美好未来而自觉奋斗的组织者；对于社会而言，人们的行为和人们之间的人际关系比什么都重要。因此，公共领域包括所有公共（官方）角色以及所有相关的职能，如政治上的、经济上的、技术上的等一切与承担公共责任有关的角色与职能。

另外，自由主义者主张的不仅仅是人们享有私人领域的能力——在私人领域内，只需要在最低程度上尊重别人的权利，人们就不需要对自己的行为做出任何的解释。此外，自由主义者还进一步主张，在其他的领域内，人们应当对自己的行为负有解释清楚的义务。例如，人们的工作会对国民生产总值造成何种影响。但是，人们还是承认，只有在经济不景气，自己所在的行业人才匮乏或者自己的工作才可能引起严重的经济后果的时候，自己的工作才具备这样的社会意义。出于对政府补贴和关税的考虑，人们可能同意政府操控自己对生活环境的选择；例如，人们会同意政府在干旱的时候采用云播种技术来缓解干旱的困境；但是，人们拒绝承认，每个人都应该像政府工作人员或者国家银行的管理者那样为自己的经济选择承担公共责任。

上述这种构想并没有为普通的公民区分私人领域提供有效的标准，事实上，这更像是一个针对政府工作人员的构想——只有管理人员（employee of administration）是应当受到责备的（如果他们行为并没有承担相应的公共责任），至少是应当受到道德上的谴责——除非他们出示证据表明自己不是因为自身的原因才导致问题出现的。当然，他们所承担的责任与他们自愿扮演的公共角色（如丈夫、员工等）相对应，但是，这些承担责任都是他们自己做出的选择，而不是别人强加在他们身上的。如果他们扮演着陪审员、纳税人等公共角色，那么，他们就会承担由别人附加的责任。

正如人们会援引人际关系隐私来证明过分排斥外人的、受到限制的家庭观的合理性，自由公民的隐私也会被人们用来论证自己的经济个人主义的合理性。对此，H. W. Arndt 提出了一个批判意见：

人们对于隐私的狂热似乎成为人们实施反社会行为的保护伞……这种对隐私的狂热以人们对社会怀着的个人主义观念为基础。在这种情况下，人们不仅认为，社会上的所有公共机构都以保障公民个人的福利为终极目标，而且还认为这个社会是个"胜者为王、败者为寇"的社会。怀着这种观念的个人主义者将人们所看到的"公共利益"直接转化为他们对"政府"的理解，总是对政府怀着一股敌意，认为政府会危及自己的私人生活。[①]

对于那些用经济效益、社会公平、国家安全等因素来削弱隐私权，主张公民应当为自己的日常行为负社会责任的观点，人们可以从很多方面进行反驳。但是，在自由主义者看来，他们被迫根据这种观

---

① H. W. Arndt, "The Cult of Privacy", Australian Quarterly, XXI: 3 (September 1949), 69, 70–71.

点生活是他们所处的理想生活状态的倒退——原本他们可以根据自己的想法来做任何自己的事情。

(三) 隐私与个人自治

第三个个人构想是指人们享有独立的意志,人们可以完全掌控自己的行为。当然,这并不意味着,人们的行为不受任何拘束,只是说,人们可以自己评判自己的处事原则,而不是要根据自己所处的社会环境对自己的要求来决定自己的行为。如果遵从社会的要求做事会使人们感到不安,那么,人们可以拒绝社会强加给自己的压力和指令。为了克服盲从心理给自己带来的局限,人们已经提出了很多意见来说明隐私对自己的重要性。

如果人们相信有人正在观察自己,那么,人们的行为就会变得跟之前不一样。如果人们不能确定自己是否被别人观察或者听到,那么,人们的所有行为都会有所变化,就连人们的个性也会转变。[1]

此外,Edward V. Long 议员遗憾地感叹,"如果人们的一言一行都可能被记录在案,那么,在人们的信息被别人一点一滴地积累起来的这种情况下,人们很难畅所欲言或者随心所欲地做自己想做的事情",这使得人们之间的相互陪伴变得越来越少。[2]

对此,人们所害怕的不仅仅是政府机关的权威。除此之外,人们还受到来自朋友和邻居等人的强大压力——因为人们的朋友和邻居等人都对人们的表现有自己的预期,为了不使他们失望,人们可能会强迫自己满足他们的预期。如果人们使得这些人失望,人们可能会失去这些人的喜欢甚至会面临比这更加不好的境地——被这些人讨厌。很多人都只在可以合法地排除被别人观察的领域内按照自己内心的感受自由自在地做自己想做的事情。人们需要一个可以为人们提供庇护的港湾,在那里,人们可以摘下自己的面具,尽情释放最真实的自己,不用理会世界的眼光,不用委屈自己去讨别人的喜欢。为了维持自己健全的心智,人们需要有一个私人的空间,只有得到人们信任的、与人们之间存在心照不宣的默契、不会把人们的信息泄露出去的人才可

---

[1] Foreword to Edward V. Long, The Intruders (New York, 1967), p. viii.
[2] Ibid., p. 55.

以进入这个空间。

按照这种说法,隐私就被人们当成一个类似于二流社会的二流人物对生活环境的需求。这些人是绝对独立的、自主的人,他们拥有强大的意志力可以拒绝别人带给自己的压力,他们鼓励自己遵从自己内心的信仰。他们看不起那些不守信用的人,拒绝根据世界对他们的看法而改造自己。有些人因为世界对自己的要求而变得优柔寡断,但他们不一样,他们不会因为外界的影响而放弃自己的自由。Long 议员认为,"这毫无道理","为什么社会总是要强调美国梦的一致性?人们必须反对或者预防过多的社会压力对自己的影响:每个人都享有一个私人的空间,人们在这个空间内可以尽情地培养和发展自己的个性"。但是,有人提出疑问:Long 议员对权利的这种看法是否符合社会道德标准?防止人们受到社会强加的过多压力不仅可以通过允许人们逃离群众、保持孤单状态来实现,还可以通过社会对异教的容忍来实现。苏格拉底从来不向社会要求自己要私下传授哲学知识。Long 议员带着明显的赞同语气援引了 Learned Hand 法官的一段话:"我相信,人类的社区正在走向瓦解……人们对理性至上的信仰变得那么脆弱,致使人们甚至不敢相信自己的信仰是对的。"人们孜孜不倦地通过牺牲隐私权来获得社会好感的做法是社会病态化的标志。

当然,社会上像苏格拉底那样的人很少,大部分人都不知道自己到底是什么这个问题毫无知觉,他们也不知道知行一致以及假装什么都没有的勇气的可贵。而其他人所需要的自由不过就是在一个受到保护的最小领域内做真实的自己、做自己认为最好的事情的自由。人们不能通过实践独立的判断来学习当一个自治的人。对那些成长到一定阶段的孩子而言,对他们进行道德教育是一件很重要的事情。有时候,人们应当让这些孩子做出自己的独立判断。即使在成人之中,或许也还很多人都还没有成熟到可以毫不退缩地面对别人的公开指责。

五、结语

笔者最后一步的论证又回到了隐私的一般原则上——笔者在本文中几乎花了一半的篇幅讨论这个主题。笔者认为,把别人当人和选择者一样尊重,是指把别人当成一个可以创造自己的事业、可能在实现理想的过程中因为别人的观察行为而遭到阻碍、破坏、挫折的人。如果人们的事情被别人看到,那么,人们对自己的看法和认识会遭到剧烈的改变。例如,现在有一个人在享有自治权的情况下获得了实现自己的理想的方法,如果他变得越来越独立自主,则保护自己免受别人的窃听和偷窥对他的重要性就会减少。当然,即便如此,他也需要私人的空间保护自己的人际关系免受来自流言蜚语等事情的伤害。

但是,这并不会削弱一般原则的理论基础。一般原则的理论基础不在于它赋予了人们隐私,使人们可以更好地实现对自己的自治;而在于任何一个可以自治的人都值得别人的尊重。如果这些人希望在不被别人察觉的环境中追求自己的事业和理想,那么,他有权在自己所希望的环境中这么做——除非别人有更有力的理由可以阻止他们这么做。这种观点只是论证人们应当尊重别人的事业本身,这与别人的事业能否成功无关。

最后,笔者认为,隐私是人们的事业取得成功的重要条件,尽管这个条件的重要性正在逐渐被削弱。

隐私权的三分法
——安宁隐私权、独居隐私权和私密性决定隐私权

加里·L. 波斯特维克[①]著　黄淑芳[②]译

目　次

一、导论
二、隐私权和空间理论
三、安宁隐私权
四、独居隐私权
五、私密性决定隐私权
六、对安宁隐私权、独居隐私权和
　　私密性决定隐私权的简要概括
七、结语

一、导论

在美国，Brandeis 法官对 Olmstead v. United States 一案[③]的判决持反对意见。他认为，独居生活的权利是"最全面的权利以及最受文明人重视的权利"。Brandeis 法官在 Olmstead 一案中所提出的有关电话窃听的观点后来被证明是正确的，不过，与他所提出的有关电话窃听的观点相比，他提出的保护人类自主权利这一观点的影响更为深

---

① 加里·L. 波斯特维克（Gary L. Bostwick），1963 年获美国西北大学法学学士学位；1976 年获美国加利福尼亚大学伯克利分校物资调运规划硕士学位；现为美国著名律师。
② 黄淑芳，女，中山大学法学院助教。
③ 277 U. S. 438 (1928).

远。如果隐私权不是文明人最重视的权利，那么，律师在代理案件的时候也就不会把隐私侵权作为一个常用的诉由。从过去五年所判决的一方援引隐私权概念的案件中，我们可以看出，隐私权所涵盖的利益范围很广。

我们可以部分列举一些这样的案例：一个城市是否可以拒绝在他们的公共汽车上做政治广告？① 当女儿昏迷不醒时，她父亲是否有权决定断开他女儿的生命支持系统？② 州的立法机构是否应该禁止成年人之间私下同意的鸡奸行为？③ 一个城市是否应该限制相互间没有关系而又生活在同一房间里的人数？④ 由于一条大麻嗅探犬嗅出一辆停放在公共场所的活动房间中藏有大麻，随后警方向法院申请搜查令，并在该房间中搜出大麻。通过这种方式得到的证据可以被法庭接受吗？⑤

上述案件都涉及隐私权问题，但我们不能因为这些案件都涉及隐私权问题而忽略它们之间重要的不同点。隐私权这一概念包含了不同的利益，对不同的利益，法官和律师应该做出不同的处理。在某些情况下，隐私利益可以得到宪法的保护。而在其他情况下，它几乎不受任何形式的保护。美国联邦最高法院已经做出了多个法院判决，这些判决对隐私权的保护程度各不相同。建立一个始终一致的隐私权保护标准是很困难的，Rehnquist 法官强调了这一任务的艰巨性。Rehnquist 法官指出，美国联邦最高法院过去在审理隐私权案件的时候，要么就将隐私权案件归到不合理的搜查一类，要么，就不对隐私权案件进行分类，⑥ 美国联邦最高法院的这种做法不能不让我们想起那句老话："一项没有说明的权利是不受保障的权利。"

由于各种不同的原因，法官们对隐私权的分析显得相当混乱。这其中的原因主要有：其一，法官们对隐私权的起源这个问题没有达成一致意见。其二，过往的隐私权案件通常都是根据法律结论或口头结

---

① Lehman v. Shaker Heights, 418 U. S. 298 (1974).
② In re Quinlan, 70 NJ. 10, 355 A. 2d 647 (1976).
③ Doe v. Commonwealth's Att'y, 403 F. Supp. 1199 (E. D. Va. 1975).
④ Belle Terre v. Boraas, 416 U. S. 1 (1974).
⑤ United States v. Solis, 536 F. 2d 880 (9th Cir. 1976).
⑥ Paul v. Davis, 96 S. Ct. 1155, 1166 (1976).

论进行分类，而不是根据引起案件冲突的主要事实来对案件进行分类。[1] 几乎所有的隐私权问题都与美国联邦宪法第四修正案有关，但如果我们不首先确定他人享有哪些隐私利益、这些利益又是如何受到保护的这些问题，我们考虑隐私权与美国联邦宪法第四修正案的关系的作用就不大。因此，这篇评论将对过去那些根据案件主要事实而不是根据法律结论进行分类的案件进行分析。相关案件事实情况之间的差异能为我们提供不断的数据，这是我们这篇文章在研究过程中所依赖的理论。通过这种方式，我们可以为今后隐私权案件的分类确定一个可适用的理论标准。从案件最基本的事实情况出发，进而从它们形形色色的外表下发现它们相互联系的地方，如果我们通过这种方式对案件进行分类，每一类案件的相似点就会更多。事实上，这种方式和普通法一样古老。遗憾的是，这个简单易行的方式却长期被隐私权法所忽略。

笔者认为，涉及隐私权的案件可以分为三种：涉及个人安宁的隐私权案件，涉及个人独居的隐私权案件，涉及个人私密性决定的隐私权案件。在这些案件类别中，个人利益受到威胁的情况不同，我们应该在隐私利益受到保护前对隐私权案件进行分类。相同类型隐私权案件的差别微乎其微，如果我们不理解这些案件之间不同的地方，在现今隐私权理论如此混乱的情况下，合法的隐私权利益将得不到保护。本文提出的隐私案件的分类将使得法院以及其他诉讼当事人对隐私权的分析更加简化和清晰。

二、隐私权和空间理论

对隐私的追求不是人类行为的独特现象。心理学家已经证实，不同种类的动物都希望划定它们个人生活与外界的界限，动物都有限制别人进入它们个人领域的本性需求。[2] 为了保持动物与动物之间私生活的空间，每个动物都会划定自己同其他动物之间的隐私空间。动物学家证实，动物间也存在许多距离理论，每个距离理论的内容是不相

---

[1] A recent and very thorough annotation on the right of privacy, Annot., 43 L. Ed. 2d 871 (1976), illustrates this tendency.
[2] E. Hall, The Hwden Dimension 9 (1966).

同的。"安全距离"意味着同一物种的动物之间保持着正常距离。"警戒距离"就是动物感知到可能要受到伤害的距离,此时它已开始警觉,并做好进攻的准备。"临界距离"是指动物已经感到没有逃跑的可能,自身安全受到严重威胁,此时猛兽随时可能进攻,如果敌人进入到"临界距离",动物就会狗急跳墙进行反击。这些距离的临界点是判断动物个体行为的关键因素。

Douglas 法官在审理 Griswold v. Connecticut 一案以及对 Osborn v. United States 一案的判决提出异议时,提到了"隐私区"一词,因为他意识到,动物之间的这种现象在人类行为中同样存在。[1] 在这过去的一个半世纪中,我们时常面临隐私权难题,存在于动物世界的这种界限亟须在人类范围内得到法律的认可。法院在审理隐私权案件的时候会不自觉地想要解决下列问题:隐私权的范围是什么?在什么情况下,侵入他人隐私是法律允许的?允许侵入他人隐私权的范围和程度在不同的情况下会有怎样的不同?

在我们对隐私权案件进行分类之前,我们首先要承认他人享有排除行为人离开其个人生活周边地区的权利。在 Warren 和 Brandeis 的《论隐私》一文中,他们强调承认隐私权的必要性,并介绍了"不可侵犯的人格权"原则。[2] 此外,他们还特别强调了他人享有其个人生活的某些内容不被报纸报道的权利,这种权利应该受到法律保护。在这篇文章中,虽然他们没有用到"隐私区"一词,只是用"个人独处的权利"一词对隐私权进行粗略的定义,但"个人独处的权利"在一定程度上也起到了描述隐私权的作用。在 Olmstead 一案中,Brandeis 又用到了"个人独处的权利"一词。从那以后,许多人也开始将"个人独处的权利"理论用于其他案件,但这些案件所面临的情况与"个人独处的权利"提出时最原始的情况不同。我们必须明白,"个人独处的权利"一词的含义并不够丰富,不足以成为隐私权分析的一个万能工具。"个人独处的权利"包含在"隐私区"一词中,不过,"隐私区"一词的定义不够清晰,它对不同的情况也没有加以具体区分。

---

[1] 385 U.S. 323, 352 (1966).
[2] Warren & Brandeis, The Right to Privacy, 4 HARv. L. REv. 193, 205 (1890).

1960年，为了进一步规范隐私权理论，Prosser对隐私侵权行为进行了系统研究。他认为，侵犯隐私权的行为是一种侵权行为。通过研究法院过往判决的隐私权案例，他将隐私侵权行为划分为四大类：①侵扰他人安宁的隐私侵权；②擅自使用他人姓名、肖像或者其他人格特征的隐私侵权；③公开他人私人事务的隐私侵权；④在公众面前丑化他人形象的隐私侵权。[①] 作为侵权法专家，Prosser分析的重点是"禁止"会造成损害的这些"行为"而不是如何"保护"他人的隐私权。Prosser所分析概括的内容并不够全面，许多后来出现的行为，如避孕行为、堕胎行为以及国家对一些性行为进行规制事项，Prosser的理论都没有涉及。很快，美国联邦最高法院在司法实践中就发现了Prosser隐私权理论的不足。因此，对隐私权案件进行重新分类也就变得很有必要。

有许多法官在审理案件的时候专门对隐私权进行讨论，而另外一些法官在审理案件的时候根本不提隐私权，他们用一种类似于隐私权的权利来讨论案件。虽然有一些有关"隐私权"的定义并没有阐明"距离"和"边界"的含义，显得比较抽象，但法院在判决案件的时候常常会采纳那些抽象定义。隐私权的三个区域，反映了三个独立不同的概念。不同区域的作用也不相同，法院对不同区域的保护程度也不同。

在对隐私权案件进行分类的过程中，美国联邦最高法院的意见占据主导地位。我们在本文中讨论的有些案件可能不涉及隐私权，但这些案件都对隐私权概念的发展起到重要作用。这些案件使得隐私权的含义更加完善，法院未来在判决类似案件时也要参照这些案件的做法。本文还对下级联邦法院和各个州法院的法院判决进行了讨论，以阐明这一抽象原则该怎样应用到不同的案件事实中。

涉及隐私权的案件往往会牵涉到其他法律问题，对于这些问题，本文不再做具体的分析。在这篇文章中，我们主要介绍隐私权理论的一些代表性观点，并论证隐私权概念在司法实践中是怎样一步步清晰起来的，希望本文的梳理能让错综复杂的隐私权理论变得清晰起来。

---

① Prosser, Privacy, 48 CALiF. L. REv. 383 (1960).

三、安宁隐私权

他人的安宁隐私权是指他人享有的免受行为人的任何打扰和干扰的权利。安宁权隐私权,是"个人独处的权利"中最经典的模式,也是隐私权中最消极的一类权利,它也是最依赖于他人感官印象的一种隐私权。安宁权通常与行为人的行为和活动相冲突,行为人消极的不作为或仅仅是行为人存在的这个事实就可能妨碍到他人的安宁。例如,只有当行为人被禁止说话的时候,他人才享有不成为行为人谈论对象的权利。因此,美国联邦最高法院认为,相对于他人的安宁隐私权,行为人受宪法保护的权利,如言论自由权和集会自由权,会优先得到法律的保护。

(一)住所安宁权与言论自由权的冲突

当他人的安宁权与行为人的权利相冲突的时候,法院并不太愿意保护他人的安宁权,Martin v. Struthers 一案①就是这方面的一个典型案例。在 Martin v. Struthers 一案中,生活在城市工业区中的许多居民都是夜晚工作,白天睡觉。为了保护该城居民免受行为人干扰,保护居民隐私权以及保证居民人身安全,降低犯罪率,该城出台了一项禁止推销员通过敲门或按门铃的方式发放广告的法令。一个宗教组织认为,该城出台的这项法令违宪,于是向法院提起诉讼。法院审理后裁定,该城的这项法令是违宪的,因为它限制了公民自由行使《美国联邦宪法第一修正案》所规定的自由权。法院还强调,如果该城的立法规定,禁止推销人员在户主挂出"请勿打扰"的牌子之后的推销行为,这种做法不仅能取得同样的立法目标,还会使得该法的争议性变小。美国公民根据《美国联邦宪法第一修正案》所享有的自由权的位阶高于他人享有的隐私权,当然,如果户主已经在房屋外面挂出了"请勿打扰"的牌子,这种情况又另当别论。

Martin v. Struthers 一案判决 8 年后,美国又发生了 Breard v. Alexandria 一案②。在该案中,Alexandria 市出台了一项法令,该法令

---

① 319 U. S. 141 (1943).
② 341 U. S. 622 (1951).

禁止杂志订阅推销员在未获得户主事先同意的情况下在户主私人住宅内进行订单招揽活动。这个案件和 Struthers 一案的不同点很容易区分，Breard 一案涉及隐私权与商业演说权利的冲突：我们赖以生存的隐私权和安宁权不能被谋求私利的机会主义者所践踏，商业演说并没有重要到可以任意侵入公民住宅周边安宁而不受法律禁止的地步。

当他人的安宁权与行为人的商业演说权相冲突的时候，法院会优先保护他人的安宁权。当他人安宁权与行为人的通讯权相冲突时，法院也会优先保护他人的安宁权。法院的这一态度反映在 Rowan v. United States Post Office Department. 一案①中。与前面的案件不同，在 Rowan v. United States Post Office Department 一案中，被告对户主的打扰并不是敲户主的门，而是不停地给户主寄信。美国联邦的一项法令规定，如果户主认为他们从发件人那收到的广告具有唤起情欲或性挑逗意味的内容，户主就可以要求邮政署长颁发一道禁止发件人再次向他们家寄送邮件的命令。出版商以及邮件服务机构辩称，该法令侵犯了他们根据宪法所享有的通讯权。

在 Rowan 一案中，不受欢迎的商业广告只不过是每天定时送到户主的收件箱，该行为并没有打扰到户主休息。因此，法院并没有支持原告的诉讼请求。不过，法院也认为，他人对行为人进入他人住宅周边地区所造成的感觉印象享有控制权。

不过，美国联邦最高法院不同意本案的判决，美国联邦最高法院提醒他们注意本案和 Martin v. Struthers 一案的相似之处。首席大法官 Burger 认为，收件箱也属于安宁隐私权的范围：与公民免受不愿见到的光、声音以及其他有形物体干扰的基本权利相比，通信权是很重要，但这也不涉及该法令是否合宪这个问题。当户主不愿意接受这类信件的时候，发件人的通信权就应该受到限制。

（二）在住宅外围观的观众

许多市的市政府都试图保护公民在其住宅外的隐私权，Saia v. New York 一案②就涉及这个问题。在该案中，纽约州的一项法令要

---

① 397 U. S. 728 (1970).
② 334 U. S. 558 (1948).

求,在公共场所使用扩音设备前,必须获得警察局长颁发的扩音设备使用许可证,这项法令在表面上看是违宪的。Frankfurter 法官与其他法官的意见不同,他提醒其他法官注意,扩音设备有给公民带来"听觉伤害"的危险,但其他法官并没有重视他的观点。仅仅在一年后,该法院又审理了一件几乎与 Saia 一案一样的案件——Kovacs v. Cooper 一案[①],在该案中,Cooper 城颁发了一项有关禁止卡车发出"响亮而刺耳的噪音"的法令。法院意识到,在现实生活中,除了市政当局的保护外,个人根本无法通过主张隐私权这一诉由要求在公共场所不受噪音的侵扰。这两个案件的不同之处是,Kovacs 一案的法令规定,所有能发出"响亮而刺耳的噪音"的卡车都不得在公共场所鸣笛。而在 Saia 一案中,当行为人获得警察局长颁发的扩音设备使用许可证后,他就可以在公共场所使用扩音设备。法院不想引用《美国联邦宪法第一修正案》来审查警察局长的行为,但一旦标准被改为"响亮而刺耳的"这一更为客观的标准的时候,他人的安宁权,即便不是在其个人住宅中,也将会得到优先保护。

不过,上述案件都没有回答,当他人受到什么刺激源的刺激时,法院才保护他人在其住宅外的隐私权利。在 Public Utilities Commission v. Pollack 一案中,[②] 哥伦比亚特区的公共汽车公司在汽车中安装了调频收音机,收音机在播放音乐的过程中插入了一些偶发新闻和商业广告,投诉者认为,他们受宪法保护的安宁隐私权受到了侵犯。美国联邦最高法院没有支持 Public Utilities Commission 的诉讼请求,法院认为,安宁隐私权并不是一项宪法权利。投诉者认为,"美国联邦宪法第五修正案保证每位乘客在乘坐由'联邦监管的公共汽车'的时候享有与他们在自己家里大致相等的隐私权"。不过,美国联邦最高法院指出,投诉者所提出的这一理由本身就是错误的。[③] 由于在 Griswold 一案中,法院已经承认隐私权是宪法上的权利。因此,法院会很容易错误地驳回 Pollack 的辩解理由。这两个案件之所以会有不同的判决,是因为这两个案件所宣称的是两种不同的权利。事实上,

---

[①] 336 U.S. 77 (1949).
[②] 343 U.S. 451 (1952).
[③] 343 U.S. at 464.

隐私权和安宁隐私权是同一权利的不同类别：Griswold 一案所宣称的隐私权受宪法的保护，而 Pollac 案中的安宁权是不受宪法保护的。

即便安宁权得不到宪法的保护，这也并不意味着立法机关不能制定规章去保护每天乘坐公共交通上下班的人。在 Lehman v. City of Shaker Heights 一案中，[1] 一个由政府运行的运输系统允许在汽车卡上刊登商业和公共服务广告，却不允许在汽车卡上刊登政治广告或有关公共事务的广告，Lehman 认为该法令无效，于是向法院提起诉讼。审理该案的 4 名法官认为，这一规章是有效的，因为该法令不仅能使市政府有效地避免那些带有偏见性的指控以及规避麻烦的行政问题，还能最大限度地降低将政治意见强加于乘客的风险。Douglas 法官最后也同意了上述 4 位法官的意见，他是根据乘客在公共汽车上享有隐私权这一理论做出的判断。因此，住宅之外的安宁隐私权只获得少数人的认可。

（三）观众隐私权与演说利益的平衡

上面这两个发生在公共交通工具上的案例为住宅外安宁隐私权的保护强度提供了一些参考。作为公共场所的一名受众，他人不得引用宪法上的隐私权来抗辩行为人的权利。法院的态度也很清晰，立法机关可以制定保护受众隐私权免受干扰影响的法律，但是法律绝不能过分保护受众的隐私权。

在 Cohen v. California 一案[2]中，一个男人身穿一件清晰地印着"去他妈的草案"这样字迹的夹克衫亮相洛杉矶的一家法院。根据加利福尼亚州的法律，这名男子因为"通过极具冒犯性的行为，恶意或故意扰乱安静或任何社区或个人的宁静"而被定罪。[3] 该男子不服，向法院提起了诉讼。加利福尼亚州辩称，其他人不可避免地受到原告粗鲁的反对方式的影响，为了保护受众的敏感神经，原告的行为最好是被禁止。由于原告并没有在事实上实施暴力行为或威胁使用暴力行为，因此，该案只是涉及隐私权问题。加利福尼亚州有必要这样

---

[1] 418 U. S. 298（1974）.
[2] 403 U. S. 15（1971）.
[3] CAL. PENAL CODE § 415（West 1970）.

保护公共场所中那些毫不知情也毫无戒备之心的受众的安宁权吗？Harlan法官认为，加利福尼亚州不能仅仅假设原告的行为刺激了公共场所那些不知情的听众或观众的敏感神经就对原告定罪，这不能成为限制原告言论自由权的正当性理由。因为，"我们在住宅外常常成为那些令我们感到反感语言的听众"。

尽管法院也同情那些成为"俘获"的观众和听众，但法院不会将"俘获"的定义延伸至那些能转移他们的视线或是能自动走开的人。这一案件的影响是，即使法院发现公民对这一事项享有隐私利益，但当它与言论自由权利排在一起的时候，公民的言论自由权会得以优先保护。[①]

在Erznoznik v. City of Jacksonville一案[②]中，法官运用了科恩（Cohen）原理。在该案中，佛罗里达州有一项法令规定，禁止电影院在任何公众能从街上或其他公共地方看到的显示屏上播放带有裸露镜头的电影，该案涉及这项法令是否有效的问题。佛罗里达州法院支持这项法令，认为该法令是有效的，但美国联邦最高法院推翻了佛罗里达州法院的判决。佛罗里达州声称，它有权通过法律保护其居民的敏感神经。涉案电影院中显示屏播放的裸露镜头能从两条临近街道以及一个教会的停车场看到，这刺激了该州居民的敏感神经。美国联邦最高法院法院承认，公民根据宪法所享有的言论自由权并不是绝对的，在一些情况下，公民的言论自由权可能受到限制。但只有当听众或受众在他们自己家里或者是当他们遭受了很严重的"俘获"的时候，宪法才会限制其他人的言论自由权。法院解释说，影院屏幕上的内容并没有强迫行人去看，因为行人不愿意看的话可以转移他们的视线。行人在公共街道上有限的隐私利益不能成为限制其他公民言论自由权的正当性理由。经典的利益平衡的分析理论在这里起到了作用，不过，法院明确降低了对公民隐私利益的保护，法院指出，受到影响的人是在公共街道上行走的人，因为这些人行走在公共街道上，那么这些人的隐私权自然应该受到限制。

[①] Similar intimations about the zone arose in Redrup v. New York, 386 U. S. 767 (1967),
[②] 422 U. S. 205 (1975).

四、独居隐私权

强调他人安宁隐私权的目的是为了排除某些特定刺激因素对他人的影响。与安宁隐私权不同，强调他人独居隐私权的目的是为了保持他人独居范围内特定事务的存在。对于受保护的个人来说，他人的安宁隐私权意味着他人的安静、平和状态受法律保护。而他人的独居隐私权则意味着他人享有防止其他人看到、听到或知道自己私事的权利。这一内容在《美国联邦宪法第四修正案》中以最传统的形式做了具体描述，《美国联邦宪法第四修正案》保护公民的人身安全，公民享有免受不合理的搜查和逮捕的权利。[①]

行为人将他人的物品或其他有形物品从他人家中或其他具有家的特征的地方，例如，办公室、商店、旅馆房间、汽车或计程车中搬走的案例通常会牵扯到《美国联邦宪法第四修正案》所规定的隐私权以及刑事监控中的除外规则。[②] 不过，研究对无形物质的侵扰，如对光、声音、气味以及信息的侵犯，构不构成侵扰独居隐私权这个话题会更有意思。传统上，《美国联邦宪法第四修正案》仅保护有形物质免受干扰，它对个人权利的保护并不够完善。除了《美国联邦宪法第四修正案》对他人独居隐私权的保护外，法院还愿意在多大范围内保护他人的独居隐私权，我们有必要将这一点弄清楚。

要解决这个问题，我们先来分析一件涉及监视的案例——Olmstead v. United States 一案。[③] 在该案中，Olmstead 和另一个人的电话谈话内容被政府工作人员窃听了，而政府工作人员所窃听到的电话谈话内容又被当作刑事检控证据。终审法院首席大法官 Taft 和 Brandeis 有关隐私权的观点恰好相反，他们两人的意见正好是隐私权观点的两个极端。首席大法官 Taft 并不想扩展《美国联邦宪法第四修正案》的含义，他认为："一个人在他家里安装了电话，并希望通过电话线与外界联系，那么在他家门外的电话线以及通过他家门外电话线传递

---

① See, e.g., United States v. Calandra, 414 U.S. 338 (1974).
② See Henry v. United States, 361 U.S. 98 (1959); United States v. Jeffers, 342 U.S. 48 (1951).
③ 277 U.S. 438 (1928).

的信息是不受《美国联邦宪法第四修正案》保护的,这种观点是合理的。"随后,Taft 法官提出了他的观点:法律是否保护他人的隐私利益与他的隐私期待有关。这暗示着,如果他人明知自己的电话谈话内容将传递到其独居区域之外,但他还坚持用电话与外界沟通,在这种情形下,他不享有合理的隐私期待。Taft 法官有关电话窃听的观点虽然被否决了,但他有关他人的隐私期待理论却流传至今。

Brandeis 法官钟情于对独居隐私权的保护,他没有关注理性人对隐私期待这一理论。在他的异议意见中,绝大多数内容引用了他和 Warren 40 多年前所写文章中的观点:"我国宪法制定者的目标是为民众追求幸福创造有利条件,个人独处的权利作为最全面也是最受文明人重视的权利,它是宪法制定者赋予个人对抗政府的重要手段之一。为了保护个人独处的权利,不管政府用什么方式,政府每一次不合理地侵入他人隐私的行为都违反了《美国联邦宪法第四修正案》。"①Brandeis 法官是这一观点的坚定支持者,他还具体的阐述了"不可侵犯的独居区"(至少不能被政府侵犯)的概念。他的这一理论从 Olmstead 案后得到了许多法官的支持。②

(一) 有政府共犯时

Taft 法官的观点限制了《美国联邦宪法第四修正案》对他人所享有合理隐私期待利益的保护,即便这样,他的观点还是在起着作用。在 Lopez v. United States 一案③中,Lopez 意图行贿一名国内税务代理,该税务代理没有明确拒绝 Lopez 的请求,但他用隐藏的录音机录下了他们的谈话,并检举了 Lopez 的行贿行为,法院根据税务代理提供的证据做出了 Lopez 有罪的判决。Lopez 不服,于是向法院提起了诉讼。Lopez 诉称,他和税务代理的谈话内容是通过不合法的方式获得的,因此,该对话不能成为对其定罪的证据。不过,法院并不认同 Lopez 的理由。法院认为,Lopez 明知行贿行为是犯罪行为,该行为

---

① 277 U. S. at 478.
② See, e. g. , Public Util. Comm'n v. Pollack, 343 U. S. 451, 467 – 468 (1952) (Douglas, J. , dissenting); United States v. White, 401 U. S. 745, 756 (1971) (Douglas, J. , dissenting).
③ 373 U. S. 427 (1963).

将受到法律的制裁。一旦他的犯罪行为被揭发,他和税务代理的谈话就极有可能作为呈堂证供。而且,即便 Lopez 没有预料到税务代理会录下他们的对话,但他至少可以预料到,一旦他的行贿行为被揭发,税务代理随时都有可能作为人证出庭作供。因此,Lopez 不能主张其隐私权被侵犯,因为当一个理性人与国内税收代理对话的时候,本来就没有隐私期待可言。

即使他人与其他机构的关系不像与他人与国内税收代理那样亲密,当那些政府共犯出卖他人时,他人的隐私利益也可能不受保护,其他案件的判决已经证明了这一点。被告雇用了自己的一个熟人帮他做调查工作,不过,这个人是联邦政府的线人。该线人录下了被告违法行为的电话录音,法院根据政府线人提供的电话录音做出了被告有罪的判决。① 在随后的案件中,法院认为,只要被告的言论被除了被告以外的人所知,被告就不能阻止政府使用这些言论,政府使用被告言论的行为并没有侵犯被告的独居隐私权:当不法行为人相信另一个人不会揭发他的违法行为时,他自愿向那个人吐露他所做过的不法行为。随后,他倾诉的对象向政府告密。在这种情况下,《美国联邦宪法第四修正案》并不保护不法行为人的隐私权。②

电话窃听法的转折点是 Katz v. United States 一案,③ 但该案也没有转变法院对电话窃听案件的态度。电话窃听案件最典型的是 United States v. White 一案④,在该案中,法院认为,独居隐私区的划定不足以阻止联邦政府对个人的窃听行为,因为会出现个人自愿向别人吐露非法行为,但他所倾诉的这个人却是联邦线人的情况。在 White 一案中,政府线人携带了发射器,这可以让政府特工偷听他与被告在餐厅、线人的车上以及他们房间中的谈话。根据政府特工的证词,法院以大比例做出了被告有罪的判决。这其中,有 4 个法官认为被告不享

---

① The Court in On Lee v. United States, 343 U. S. 747 (1952), upheld a conviction based on incriminating statements made by the defendant in his own shop to an old acquaintance who was wired to transmit the conversation to a narcotics agent outside.
② For a general discussion of the issue, see Greenawalt, The Consent Problem in Wire-Tapping and Eavesdropping, 68 COLUM. L. Rav. 189 (1968).
③ 389 U. S. 347 (1967). See text accompanying notes 73 – 75 infra.
④ 401 U. S. 745 (1971).

有合理的隐私期待：我们的问题不是某个特定的被告在特定的情况下享有的隐私期待是什么，我们的问题是，如我们在一个案件中所宣称的那样，被告的什么隐私期待在宪法上是正当的。Black 法官一贯认为，《美国联邦宪法第四修正案》对隐私权的保护仅限于禁止对住宅、文件资料以及个人财产不合理的搜查和扣押以及对个人不合理的搜查和逮捕。不过，他最后同意了上述 4 位法官的意见。因此，审判该案的大多数法官都同意，当一个人相信另一个人不会泄露他的秘密时，他将自己的秘密告诉另一个人，在这种情况下，他不享有合理的隐私期待。White 一案判决后 2 年，上诉法院可以援引由 9 个不同的巡回法院所判决的关于窃听口头谈话内容合宪性的判决。①

（二）没有政府共犯时

非自愿窃听法并不是静止的。Olmstead 一案允许行为人对办公室的电话进行窃听，但 1967 年发生的两个案件改变了法院对这类案件的态度。纽约州的州法规定，政府当局只要有合理的理由相信，通过窃听的方式可以获得犯罪证据，它就可以片面做出允许窃听的命令。在 Berger v. New York 一案②中，法院最后判决纽约州败诉，法院认为：我们关注的是，该法法条的字面含义中，是否含有通过授权令就可以侵入他人住宅或办公室的内容。根据对该法的法条内容的解读，该法许可这种做法，因此，该法违反了《美国联邦宪法第四修正案》。

实际上，法院还在该案的判决当中引用了 Taft 法官所判决的电话窃听案的判决理由。在该案中，Taft 法官禁止被告侵入他人受保护的独居生活区。当情况发生怎样的变化时，我们要加大对隐私权的保护？问清楚这个问题是合理的。在《美国联邦宪法第四修正案》中，个人身体、住宅、文件资料以及个人财产都得以具体化，但个人身体、住宅、文件资料以及个人财产的本质并没有改变，电话谈话内容受宪法保护这一原则也没有改变。美国电话的使用率已经有了很大的增加，电话也已经从奢侈品变为我们现代生活的必需品。审理 Berger

---

① Holmes v. Burr, 486 F. 2d 55, 58 (1973).
② 388 U. S. 41 (1967).

一案的法官在他们的判决中使用"不合理地侵入"一词，这意味着公民个人在这种情况下享有合理的隐私期待。尽管任何一个理性人都可以预测到，政府的这种行为将被禁止。但在该案判决中，法官明确否认了该案判决是禁止政府将来以这种方式侵入他人独居生活区的一个典型案件，该案是法院对变化中的合理的隐私期待标准的一个回应。

有关电话窃听法的里程碑案件是 Katz v. United States 案①，但该案没有起到改变隐私权重要分析点的作用。在该案中，联邦调查局通过连接到一个公共电话亭外面的电子设备窃听到上诉人的谈话，法院根据联邦调查局提供的这一证据做出了上诉人有罪的判决。Stewart 法官援引了 Taft 法官的理论：只要公民个人清楚地知道自己的谈话内容将被除自己之外的其他人知道，他就不是《美国联邦宪法第四修正案》所保护的主体。但是对于那些他力图保持私密的事务，即便是公众可以接触到的领域，也可能受到宪法的保护。隐私权的范围只能扩展到一个理性人可以期待的程度，法院应该认清这一点。Katz 一案带来的革命性变化是，法院承认公民的电话谈话内容，即便是在公共电话中的谈话内容也可能属于公民合理的隐私期待范围。

Katz 一案判决后，法院对独居隐私权保护的范围得以扩大，他人的电话谈话内容以及在公共电话上的谈话内容受法律保护。但是，当行为人在他人非自愿的其他情况下对他人谈话内容进行截取时，他人的隐私权也可能受保护。在 Lanza v. New York 一案②中，上诉人诉称，他和他弟弟在监狱的谈话被秘密录音，并成为法院对他定罪的证据。法院认为，监狱既不是住宅、办公室，也不是旅馆房间。在监狱中，官方监控历来是家常便饭。因此，在监狱中，Lanza 并没有隐私权期待，一旦他入狱，他也就不享有独居隐私权。

我们不能误导诉讼当事人，让他们以为合理的隐私权期待标准仅适用于监听或窃听案件。事实上，合理的隐私权期待标准适用于任何一个有关政府是否可以通过侵入个人独居区的方式获取犯罪证据的案

---

① 389 U.S. 347 (1967).
② 370 U.S. 139 (1962).

件。United States v. Solis 一案①是美国第九巡回法院最近判决的一个案件。在该案中,被告将一辆载有一吨大麻的卡车停在了一个加油站后面,为了掩盖大麻的气味,他在大麻上面铺了一层滑石粉。接到举报后,两个海关工作人员带着大麻嗅犬去查车,嗅犬嗅出车内藏有大麻。地方行政官随后颁发了搜查令,虽然 Solis 只有持有大麻的行为,但他却被指控他持有大麻的目的是贩卖大麻,初审法院还认为 Solis 有隐瞒证据的动机。② 上诉法院推翻了原审法院的判决,并采纳了 Katz 一案有关合理的隐私期待的判决意见,该案判决还阐述了其他理由,这其中的两个理由涉及隐私权:第一,卡车停放的地方是公共地方;第二,Solis 对他卡车上散发的气味享有隐私期待。我们看到,被告 Solis 已经努力去掩盖大麻的气味。法院认为,如果 Solis 不认为自己对大麻气味享有合理的隐私期待,他就不会用滑石粉去掩盖大麻的气味。③

本案的悖论反映了合理的隐私权期待标准存在的一个问题。Harlan 法官在 Katz 一案中创建了审理隐私权案件的检验标准,如果我们引用 Harlan 法官所创建的这一标准,被告 Solis 将陷入两难境地。其一,Solis 用滑石粉盖住的是违禁品,根据 Harlan 法官的观点,对被告 Solis 将不适用实际上的隐私权期待标准。其二,如果 Solis 没有用滑石粉盖住违禁品的话,那么,他的大麻也就置于公众视野中了。在这种情况下,根据 Harlan 法官的观点,Solis 将不受隐私权的保护,因为 Solis 没有隐藏秘密的意图,外人也就有极大可能会发现大麻。因此,如果按照 Harlan 法官的观点,不管 Solis 有没有用滑石粉盖住违禁品,他都不受隐私权保护。

合理的隐私期待标准还面临另外一个问题,即法院会太过死板地引用 Harlan 法官在 Katz 一案中所明确阐述的标准。在 United States v. White 一案中,Harlan 法官对该案的判决持反对意见,他提出了如下隐忧:构建以及对法条具体内容的阐述虽然是立法者的任务,但是作

---

① 536 F. 2d 880 (9th Cir. 1976).
② United States v. Solis, 393 F. Supp. 325 (C. D. Cal. 1975).
③ For other cases admitting similarly obtained evidence, see United States v. Bronstein, 521 F. 2d 459 (2d Cir. 1975); United States v. Fulero, 498 F. 2d 748 (D. C. Cir. 1974).

为法官，我们不应该只是单纯地引用法律条文的规定而不去考察社会上大多数人在这种情况下的期待。在特定的情况中，个人当然认为自己的隐私权受保护，因为法院在判决中已经明确了他们在那些情况下的隐私权受保护。

（三）私人主体

虽然面临没有特定适用标准这一难题，但是当国家侵入到社会大众认为一个理性人期望受隐私权保护的领域的时候，法院通常会禁止此类政府行为。不过，国家并不是唯一一个有能力或是有窥探他人活动企图的实体，私人主体也会给他人的私生活带来干扰。我们的文化，以及文化中的法律原则都支持对他人隐私权进行保护。即便如此，隐私权在公民的基本权利中也仅仅处于次要地位。

Hill 一家很不幸地被 3 个逃犯掳为人质，并被关在他们自己家里。这次事件很快被别人写成小说，小说又被改编成一部戏剧。《生活》杂志根据戏剧内容刊登了一篇图文并茂的故事，文章详细描述了在 Hill 家上演的这一起人质事件。这部戏剧详细描述了人质被施以暴力的画面，《生活》杂志刊登的内容也包含了这一内容，但在实际案件中，人质并没有被施以暴力。Hill 一家根据纽约州的隐私法起诉该杂志，并获得了胜诉。[①] 法院判决认为，其中的一场戏不仅没有新闻价值，而且对实质内容进行了扭曲，法院要求被告改正戏剧内容。而在 Time, Inc. v. Hill 一案[②]中，法院推翻了上述结论。法院认为，行为人根据宪法所享有的言论自由权和出版自由权应该优先于隐私权（至少在涉及公共利益的事务上是这样），除非 Time 杂志社明知事件是虚假的还进行报道，或 Time 杂志社肆意无视真相，胡乱报道。法院认为，编造、扭曲事实这个问题不在法院的分析范围之内，但是"有新闻价值的"或"涉及公众利益的事务"却是合理的隐私期待标准要研究的话题。Hill 则认为，当一个人卷入一起有新闻价值的事件中时已经很不幸了，法律却还要这个人证明自己对此享有隐私期待，这是不合理的。如果卷入"有新闻价值"事件中的是公职人员，那

---

① N. Y. Crv. RiGHTs LAw § § 50 – 51 (McKinney 1948).
② 385 U. S. 374 (1967).

么，由公职人员自证其权利，这样的做法就很合理。① 在这种情况下，"有新闻价值"标准就变成了我们熟悉的隐含条件或风险假定的法律原理。但是当"有新闻价值"标准适用在私人主体时，这个标准既显得没有同情心，又缺乏一致性。限制独居隐私权面临的另一个问题是，法院并没有明确，在一件"有新闻价值"的事件发生多久以后，他人才可以主张自己的隐私权。②

Hill 一案所描述的"有新闻价值"标准引起了人们的恐慌，该案的判决暗示着，他人对其自身私人事务是否享有隐私权完全由新闻出版机构来决定。第九巡回法院最近审理了 Virgil v. Time, Inc. 一案③，在这个案件中，人们可以不再担忧这个问题。在该案中，冲浪者 Virgil 接受了一本体育杂志的采访，并允许该杂志出版采访的内容。但是当他意识到这篇将要出版的文章的内容已经远远超出冲浪这项运动本身并对他的私生活进行了具体描述时，他撤销了允许刊登该文章的同意。然而，文章最后还是被公开出版了。于是，冲浪者 Virgil 向法院提起了隐私侵权之诉。Time, Inc. 提议本案转入简易程序审理，该公司辩称，Virgil 本人并没有否认出版社所刊登内容的真实性，因此，他们有权行使《美国联邦宪法第一修正案》所规定的出版自由权。不过，地区法院驳回了 Time, Inc. 的申请。Time, Inc. 对法院的裁决提起了上诉，上诉法院将其发回原审法院重审。上诉法院认为，并不是每一个事实都是有新闻价值的：Time, Inc. 所发表的声明似乎是在否认隐私权的存在，并强调窥探他人没有新闻价值的私人事务是免责的。不过，这并不是美国民权法的精神，我们也不认为这种行为是免责的。我们认为，为了保证我们的生活质量，那些被定义为隐私的事务应该受到法律的保护。因此，公众知情权应该受到合理的限制。基于上述理由，媒体行业也不能宣称自己拥有比公众更广的知悉他人私人事务的权利。

我们认为，只有当私人事务被证明是有新闻价值的，公开传播个

---

① See New York Times Co. v. Sullivan, 376 U. S. 254 (1964).
② See Briscoe v. Reader's Digest Ass'n, 4 Cal. 3d 529, 483 P. 2d 34, 93 Cal. Rptr. 866 (1971).
③ 527 F. 2d 1122 (9th Cir. 1975), cert. denied, 96 S. Ct. 2215 (1976).

人私人事务才不被《美国联邦宪法第一修正案》禁止。法院的判决理由并没有使得"有新闻价值"这一标准变得容易掌握,但是,法院的这一解释至少说明,有没有新闻价值并不完全由记者决定。

立法机关通常会更进一步来定义"有新闻价值"标准,并使得该标准符合当地的习俗,法院在判决案件时也要适用这一标准,这就是 Cox Broadcasting Corp. v. Cohn. 一案[①]中出现的情况。在格鲁吉亚州,普通法和格鲁吉亚州的州法都禁止公众传播任何强奸案女性受害者的身份。在一个电视台播报的一则新闻中,他们播报了一名被强奸女性的姓名。受害者的父亲认为电视台的行为侵犯了他女儿的隐私权,于是向法院提起了隐私侵权之诉。原审法院做出了支持受害者父亲的判决。电视台不服,提起了上诉,上诉法院经过审理后,推翻了初审法院的判决。上诉法院认为,受害者姓名已经出现在公众视野之中(有官方的法庭记录),因此,该电台的行为没有侵犯受害者的隐私权。隐私利益正逐渐被人们遗忘,因此,尽管州法已经明确了在这种情况下受害人享有合理的隐私期待,但法院却认为,宪法所提供的这种隐私期待是不合理的。

(四) 公务人员对私人事务的公开

相同的问题也出现在了 Paul v. Davis 一案[②],这个案件之所以特别,是因为它要求法院决定,根据《美国联邦宪法第一修正案》和刑事检控程序的相关规定,公职人员在收集证据时是否可以侵入他人的独居生活区。在该案中,Edward Davis 在路易斯维尔被捕,他被控入店行窃,但他在审讯中否认指控。这项指控的文件被封存了很长时间,很久以后法院才开始重新审理该案,因此,该案件受到长时间的关注。在此期间,两名当地警察在路易斯维尔大都市区的将近 800 名商人中间散发传单,传单共有 5 页,每页按字母顺序排列了抢匪的面部照片,每一页为首的字眼是"活跃的扒手"。在 Davis 的指控被驳回后不久,Davis 的姓名和照片也出现在传单之中。

由于这是国家公务人员的行为,因此,Davis 根据《美国联邦法

[①] 420 U. S. 469 (1975).
[②] Paul v. Davis, 96 S. Ct. 1155 (1976).

典》第 42 章第 1983 条的规定提起了诉讼，根据《美国联邦法典》第 42 章第 1983 条的规定，Davis 要证明自己的宪法权利被剥夺这一事实。在 Davis 的诉讼请求中，有一项诉讼请求是"受《美国联邦宪法第一修正案》《美国联邦宪法第四修正案》《美国联邦宪法第五修正案》《美国联邦宪法第九修正案》《美国联邦宪法第十四修正案》所保护的隐私权受到侵害"。法院没有支持 Davis 的这一权利主张，Rehnquist 法官指出，法院过往判决的优先保护隐私权的案件事实情况和本案有很大不同：其他案件是根据"在个人私人生活领域，国家没有限制个人行动自由的权利"这一理由提起诉讼的。本案的原告主张，公开他在一起入店行窃案中被捕的这一事实侵犯了他的宪法权利。他是根据"国家不得公开官方行为记录，比如说逮捕行为"这一理由提起诉讼的。在法院已经审理的案件中，没有任何一个案件原告的隐私权会因为这样的理由而受保护。在本案中，我们不会做出支持原告的判决，因为这种做法将扩大现有法院判决中有关隐私权的内容。

通过分析法官的上述观点，我们可以看出，在一个人被捕后，主张自己的隐私权受美国联邦宪法保护的请求不会得到法院的支持。不过，该案的判决并不意味着，任何公开报道他人被捕的行为都没有侵犯隐私权。这只是意味着，公开报道一次官方行为，如逮捕，没有侵犯隐私权。Paul v. Davis 一案有力地证明了，Griswold 案以及其后判决的案件都承认宪法对隐私权的保护。

五、私密性决定隐私权

与安宁隐私权和独居隐私权相比，他人的私密性决定隐私权是一个更具动态性的概念。要保护他人的私密性决定隐私权就必须保证他人所做的基本决定不受来自国家的破坏性因素的干扰。他人的私密性决定隐私权强调更多是有去做什么的自由，而不是有不受干扰的自由。私密性决定隐私权也是法院在审理大部分有关宪法上隐私权案件的时候必然会涉及的话题。

隐私权最早在《美国联邦宪法》中出现，随后，一系列侵入他人生活中最密切关心事务的案件的审判使得隐私权理论得以发展，第一个具体阐述私密性决定隐私权的案件是 Griswold v. Connecticut. 一案①。法院对隐私权的起源和隐私权的基础的态度不同，其他文章已经对编织隐私权大网的传统和原则进行了详细的研究，本篇评论主要研究 Griswold 一案确立了哪些私密性决定隐私权免受国家干扰。

Griswold 一案确立了已婚人士可以不受国家干扰、有权自由决定是否使用避孕药品的原则。但 Griswold 一案确立的这一自治原则是否只对已婚夫妇适用，这一点，审理 Griswold 案的法官并没有明确说明。Eisenstadt v. Baird 一案②最终将是否使用避孕产品的决定上升为个人的权利，与个人是否结婚无关。在该案中，马萨诸塞州的一项法律将销售避孕药品的行为定为重罪，注册医生和药剂师开具给已婚人士的行为免责。审理 Eisenstadt 一案的法官仔细研究了这项法令，但法院没有找到该法令区分对待已婚人士和未婚人士的合理解释：Griswold 一案说明，婚姻关系中总会伴随着隐私权问题。隐私权很重要，隐私权也是公民个人的权利，不管这个人结婚与否。隐私权意味着，生育小孩这种决定属于个人的私人事务，政府不得干涉。Eisenstadt 主张，Griswold 一案已经确立了已婚人士可以不受国家干扰、有权自由决定是否使用避孕药品的原则。但是，是否使用避孕药品的决定权并不为已婚夫妇独有，未婚人士同样享有是否使用避孕药品的决定权。

不过，我们所保护的决定权是决定使用避孕产品的权利还是决定生育子女的权利？这一点，我们还不是很清楚，Roe v. Wade 一案③以及 Doe v. Bolton. 一案④的审判为我们提供了答案。法院认为，隐私权包含了妇女决定是否终止妊娠的权利。审理这两个案件的法官认为，在有序的自由概念中，被认为是根本的或绝对的权利也包含在隐私权的范围之内。根据这种观点，国家为了国家利益，如卫生、医疗水平的维持和潜在生命的保护，就被允许侵犯公民的隐私权。法院还为终止妊娠案件的审理确定了一系列审判指南，该指南指出，在妊娠

---

① 381 U.S. 479 (1965).
② 405 U.S. 438 (1972).
③ Roe v. Wade, 410 U.S. 113, 153 (1973).
④ 410 U.S. 179 (1973).

的某一阶段后，终止妊娠就不再单独由怀孕妇女和她的医生来决定。

法院对自主决定权的重视使得法院在一些涉及隐私权案件的判决中丝毫不提隐私权。Skinner v. Oklahoma ex rel. Williamson 一案①是一起隐私权案件，该案发生在 Griswold 案之前。法院认为，俄克拉荷马州州法中有关允许对被判重罪而道德败坏的人进行绝育手术的做法违反了对公民的平等保护。结婚和生育决定了我们是否来到世上，是否做绝育手术当然是一个私密性决定，这是公民最基本的人权之一。Griswold 一案和 Skinner 一案的判决书内容有着惊人的相同，这不是巧合，因为这两个案件的法院判决意见都是 Douglas 法官所撰写的。他认为，俄克拉荷马州的优生学理论没有任何根据，该州不能强制要求重罪犯做绝育手术，该州的做法干预了公民的生育决定，侵犯了公民的隐私权。在决定对重罪犯做绝育手术这件事上，该州无法提供令人信服的理由。

Cleveland Board of Education v. LaFleur 一案②也很好地展示了法院在使用隐私权理论断案的时候又是如何做到对"隐私权"3个字只字不提的。LaFleur 一案也是利用私密性决定理论来审理的，但在该案中，私密性决定理论有了新发展，该案甚至保护有关生育的基本决定权免受间接干扰。LaFleur 学校的董事会要求怀孕教师在预产期前5个月休假，休假期间学校不再支付薪水。显然，该校董事会的决定并没有直接干涉教师的生育决定，它只不过是对那些想要生孩子的教师附加了一些威胁。法院认为，董事会的这一决定影响了妇女的基本权利，董事会在这件事上没有任何能让人信服的利益使得董事会得以免责。虽然该校董事会对教师是否生育的干预是间接的，但克利夫兰市在这件事上有让人信服的利益，对这样的行为，克利夫兰市应该干预。法院认为，婚姻和家庭生活中的个人选择受宪法的保护。为了证明这一点，法院引用一系列案例。本案虽然是一个私密性决定案件，但法院的判决书中没有一次提到"隐私权"这3个字。一旦基本决定权受保护这个先例被确定起来，那么州制定任何能够直接或间接影响公民做决定的规章的行为都是不被法律许可的。如果我们好好利用

---

① 316 U.S. 535 (1942).
② 414 U.S. 632 (1974).

这一规则，这一规则将会为大量案件的审判提供支持。

除了生育权外，私密性决定理论在其他权利的保护中也扮演着重要角色。一些重要的案例都发生在 Griswold 判决之前，其中的某些案例根本没有提到隐私权，但这些案例的判决都为我们更好地理解隐私权带来很大的帮助。要想知道私密性决定理论是如何运作的，我们就要去考察私密性决定所保护的权利类型，考虑能强化或弱化对权利保护的各种因素。

(一) 同居决定

弗吉尼亚州法院支持弗吉尼亚州有关禁止不同种族之间通婚的法令，但 Loving v. Virginia 一案[①]推翻了上述结论。法院采纳了 Skinner 一案法院的判决理由："婚姻是人类的基本权利，也是我们得以生存的根本。"弗吉尼亚州认为，弗吉尼亚州在维护种族完整性上以及防止混血公民的出现上享有合法权益，但法院驳回了弗吉尼亚州的答辩，因为弗吉尼亚州无法为侵犯公民私密性决定隐私权的行为提供令人信服的利益说明。虽然法院自始至终都没有提及隐私权，但 Loving 一案却被公认为是一个隐私权案件。[②]

很显然，决定结婚对象以及是否生育的权利包含在私密性决定隐私权范围之内。按照这个观点，选择生活伴侣的权利也应该受到宪法的保护，州政府不得干涉，这个问题在 Belle Terre v. Boraas 一案[③]中被提了出来。在 Belle Terre v. Boraas 一案中，当地一项规章限制没有亲属关系却住在一起的人数，法院支持该规章的规定。法院认为，该规章没有侵犯公民受宪法保护的权利，也没有侵犯公民的隐私权。Marshall 对该案的判决持反对意见，他认为，个人决定属于隐私权的范围：一个人的智力和情感需求通过与家人、朋友和同事的共同生活得到了很好的满足。生活伴侣的选择牵涉家庭内部的亲密关系以及生活的质量。选择生活伴侣的权利当然在受宪法保护的隐私权的范围之

---

① 388 U. S. 1 (1967).
② See Cleveland Bd. of Educ. v. LaFleur, 414 U. S. 632, 640 (1974); Roe V. Wade, 410 U. S. 113, 152 (1973).
③ 416 U. S. 1 (1974).

内。但其他法官没有采纳 Marshall 法官的意见，他们认为，选择生活伴侣的权利不够重要，也不够私密，不属于私密性决定隐私权所保护的范围。他们也拒绝扩展 Loving 一案中法律对选择结婚对象权利的保护，不将选择生活伴侣的权利纳入到法律保护的范围。

Belle Terre 一案为私密性决定理论的发展带来启发性思考，很显然，Griswold 案的判决与 Loving 案有关，Loving 一案和 Belle Terre 案的关系也是实实在在的。毫无疑问，决定和谁住在一起是私密性的决定。但 Belle Terre 的法院判决理由却暗示着，私密性决定仅仅是一种生活方式的基础，但生活中还有其他很多不是私密性的决定，而且这些非私密性决定中大多数与社会上大多数人的观点相对立。虽然有些利益在单独评价时很重要，也很私密，但是当法院意识到，在私密性决定理论中，这些决定可能并没有私密性，也不尽如人意的时候，相关隐私利益就更有可能得不到保护。

（二）培养子女决定

Loving 一案引用的另一起在 Griswold 一案审判前的案件是 Pierce v. Society of Sisters 一案①。Pierce 一案阐明了另外一种私密性决定也受到法律的保护：子女的教育。一个州的州法规定，所有的小孩都应该去公立学校就读，法院没有采纳该州州法的规定。法院认为，该州州法不合理地干涉了父母和监护人在他们自己的掌控下抚养、教育子女的自由，州法不应该指挥父母和监护人如何教育子女，这种推理模式是典型的隐私权推理模式。法院还认为，在很多情况下，决定如何培养子女的权利也在私密性决定隐私权的范围之内。当然，并不是培养子女的所有决定都在私密性决定隐私权的范围之内。在 Prince v. Massachusetts 一案②中，法院就强调了这个问题。法院宣称，法院尊重私密性决定隐私权，但法院对私密性决定隐私权的尊重并不能否认州在某些情况下可以干预监护人的培养子女决定。一个州的州法规定，小孩在公共场所贩卖物品的行为是犯罪行为。因此，小孩和他的监护人销售宗教性的文学资料的行为也是犯罪行为，法院认为这个州

---

① 268 U.S. 510 (1925).
② 321 U.S. 158 (1944).

的州法是合法的。法院认为，童工雇佣会产生很严重的后果，州对本州儿童的健康成长享有令人信服的利益。因此，为了儿童的健康成长，州可以干涉父母的某些子女培养决定。这个案件判决 30 年后，法院也承认州对堕胎享有令人信服的利益，州有权规制堕胎行为。

（三）身体完整决定

Blackmun 法官在 Roe 一案中指出，隐私权不包括按照个人意愿处置自己身体的不受限制的权利。[①] 怎样对待自己身体并不属于私密性决定隐私权的范围，我们也不应该将这样的案件归为隐私权案件。此后，其他几个案件的审理逐步确立了这样的原则。Jacobson v. Massachusetts 一案为我们阐明了这一典型的利益冲突。在本案中，美国马萨诸塞州的制定法规定，当公民基于宗教理由反对疫苗接种的时候，马萨诸塞州州法授权该州对这些人进行强制疫苗接种。在这样的案件中，法院可以阐述下列极具说服力的理由：尽管决定是否接种疫苗的权利可能在私密性决定隐私权的范围之内，但是国家在预防流行病暴发上享有令人信服的利益，这一点使得国家干预疫苗接种行为得以合法化。但是，法院在审理该案的时候，只是简单地认为这种冒着患天花风险的决定不在私密性决定隐私权的范围之内。

上文提到的这种分析模式还在很多其他涉及身体完整决定权的案件中被反复运用。这些个人决定尽管从表面看很私密，但涉及身体完整的决定与集体利益有关，因此，有关身体完整的决定属于公共利益范畴。例如，为了证明一个人酒精过量而从他身上抽血就没有侵犯个人的私密性决定隐私权。在 Breithaupt v. Abram 一案[②]中，虽然被抽血的人因为在一次严重的碰撞中昏迷，并且在抽血之时也处在昏迷状态，但是法院拒绝将通过抽血得到的证据排除在证据清单之列。在随后的另一起案件，即 Schmerber v. California 一案[③]中，被告虽然是清醒的，但是被告拒绝采血，法院还是根据控方提供的被告血液样本做出了被告有罪的判决。Douglas 法官对该案的判决持反对意见，根据

---

① 410 U.S. at 154.
② 352 U.S. 432 (1957).
③ 384 U.S. 757 (1966).

他在 Griswold 案中的观点，他认为本案应该运用隐私权分析的思路：没有比本案中的强制抽血行为更能体现对隐私权的侵犯了。其他法官有可能同意 Douglas 法官的意见，但他们还是会做出取证行为有效的判决，因为国家在控制醉驾上享有令人信服的利益。

从表面上看，决定吃什么东西、喝什么东西是个人私密性的决定，其实不然。在最近发生的 Minnesota State Board of Health v. City of Brainerd 一案①中，初审法院做出了支持 Minnesota State Board of Health 要求 City of Brainerd 氟化该城自来水的请求，并颁发了强制执行的书面命令。该案上诉至明尼苏达州最高法院，明尼苏达州最高法院做出了维持原判的裁决。City of Brainerd 认为，宪法赋予该城居民的隐私权使得该城有权拒绝氟化城市自来水，但法院认为，明尼苏达州卫生部在该城城市居民的身体健康上享有令人信服的利益。第三巡回法院审判的 Scott v. Plante 一案②又是另外一个极端例子。在该案中，Scott 起诉 Plante 违背他的意愿，强制他服用精神病治疗药物，他还主张自己根据《美国联邦法典》第 42 章第 1983 条的规定所享有的权利受到侵害。上诉法院在审查该指控是否属于法典中的诉由后，将该案发回原审法院重审，并根据上诉人的指控列举了上诉人可能被剥夺的宪法权利，这其中就包括被收容者的身体隐私权。

当一个人所做的决定关乎个人身体时，这种决定就不可避免地会涉及其他人的利益。因此，关乎个人身体的决定不受亲密性隐私权的保护。法院在审理这样的案件的时候不会去考虑国家干涉此类行为是因为国家对涉及身体的决定享有令人信服的利益，因为个人涉及身体的决定首先就不受私密性决定隐私权的保护。尽管有一些法官和学者高度重视对他人身体隐私利益的保护，但是法官做出的支持保护他人身体隐私权的案件大多数是有关生育权的案件。

或许，在涉及个人身体最基本的决定中，是生还是死的问题无论从哪方面看都是私密的和重要的决定。在 In re Quinlan 一案③中，新泽西最高法院根据隐私权的分析，做出了支持父亲的判决。在该案

---

① 241 N. W. 2d 624 (Minn. 1976).
② 532 F. 2d 939 (3d Cir. 1976).
③ 355 A. 2d 647 (NJ. 1976).

中，一个女孩的病已经没有希望治好，于是，他父亲要求医生停止对他女儿的任何治疗。如果隐私权包含了妇女在特定情况下有权做出终止妊娠的决定，那么隐私权也包含了病人在特定情况下有权做出拒绝接受治疗的决定，二者的道理是一样的。当国家利益变得弱小时，个人利益就变得强大。最终，二者的较量到达某一点时，个人权利战胜国家利益，基于上述理由，我们有理由相信，如果女孩有能力做出决定，女孩的决定会得到法律的支持。

（四）家庭持有物

一些不涉及家庭、婚姻、母爱、生育、身体完整以及子女抚养的案件使得私密性决定隐私权的范围得以扩展。在 Stanley v. Georgia 一案①中，警方持搜查令进入了 Stanley 家，搜查 Stanley 持有非法出版物的证据。警方没有搜到非法出版物，不过他们发现 Stanley 在家中藏有淫秽影碟。根据佐治亚州州法，Stanley 被判持有淫秽物品罪。我们的问题是，佐治亚州能不能只是因为公民在家中存放淫秽物品就判定 Stanley 持有淫秽物品罪呢？佐治亚州的做法是否合宪？佐治亚州辩称，有一些东西，个人不能看，甚至不能持有。法院驳回了佐治亚州的辩护意见，法院认为，决定在家里读什么书、看什么电影是个人的选择：Stanley 认为，自己在家中喜欢读什么、看什么的权利也就是使他智力和情感需求得以满足的隐私权。法院认为，佐治亚州不能仅仅因为个人在家中持有淫秽物品就定这个人犯了持有淫秽物品罪，但法院强调，仅仅在自己家中时，有权决定读什么书、看什么电影的决定才受到私密性决定隐私权的保护。

1973 年判决的三个案件进一步强化了法院在 Stanley 案中所坚持的限制范围。在 United States v. 12 200 Foot Reels 一案②中，法院支持美国联邦有关禁止为个人使用而进口淫秽物品的法令。审理 Paris Adult Theatre I v. Slaton 一案③和 United States v. Orito 一案④的法官都

---

① 394 U.S. 557 (1969).
② 413 U.S. 123 (1973).
③ 413 U.S. 49 (1973).
④ 413 U.S. 139 (1973).

认为，在住宅外观看淫秽物品的行为不受宪法上的隐私权的保护，他人无权在公共场所观看淫秽物品。

如果我们承认在家中持有淫秽物品是个人的选择，那么，我们在家中持有其他物品也应该不受到政府的干涉，这是美国阿拉斯加州最高法院在审理 Ravin v. State 案①时用到的理由。在该案中，Ravin 在其住宅中藏有大麻。对隐私权理论发展做出显著贡献的首席大法官 Rabinowitz 撰写了本案的判决意见，他认为，为供个人使用，成年人可以在自己住宅中持有大麻，这种行为受到宪法的保护。Rabinowitz 法官对 Stanley 案以及其后判决的类似案件进行了研究：不论是根据阿拉斯加州宪法还是美国联邦宪法，个人在其住宅中享有的隐私权都是公民最基本的权利。但这并不意味着个人可以在自己家中做任何事，隐私权受到两方面的限制。第一，我们认同美国联邦最高法院在 Stanley 案中的判决意见，我们认为，当他人基于个人使用目的在家中持有淫秽物品时，他人才对其持有的淫秽物享有受宪法保护的隐私权。如果他人基于商业的目的在家中持有淫秽物品，则他人对其持有的淫秽物品不享有受宪法保护的隐私权。第二，当他人的个人权利与其他人的健康、安宁权或是公共利益相冲突的时候，他人的个人权利应当让位于其他人的权利或是公共利益。在宪法上，他人不可能享有在自己家中为所欲为的权利。因为他人在自己家中的行为既可能影响他自己，也可能影响到其他人。如果他人在其自己家中的行为仅仅影响他自己，不会影响到其他人，那么，他人在其自己家中的所作所为就仅仅为其个人私人事务，不关别人的事。如果他人在其自己家中的行为会影响到其他人，或者影响到公共利益，不论这种影响是直接的还是间接的，那么，他人在自己家中的行为就丧失私人性。此时，他人的个人利益应该让位于公共利益。我们认为，当案件涉及大麻时，个人权利就不得不让位于公共利益。尽管该案件在美国其他州不是具有约束性的先例，但法官在该案中的私密性决定隐私权分析的模式很有价值。

---

① 537 P. 2d 494 (Alas. 1975).

（五）双方私下自愿的性行为

Griswold 一案的判决开始让我们思考，对个人某些性行为的管制很快就会被认为是对个人隐私权的侵犯。显然，决定和另一个自愿与之发生性关系的人为何种性行为是个人的私密性决定，美国联邦最高法院在过去的这些年都是这样判决的。但是，这种决定其实并不受私密性决定隐私权的保护。

在 Doe v. Commonwealth's Attorney 一案①中，审理该案的 3 名法官都认为，根据弗吉尼亚州有关规制鸡奸行为的法律，同性恋者间的自愿性行为属于个人隐私。该案件判决以后，弗吉尼亚州最高法院面临该州州法是否侵犯了被告宪法上隐私权、享受正当程序以及平等保护的问题。初审法院的裁决肯定没有问题，初审法院的理由也成为我们审理此类隐私权案件的唯一指南。

我们很难反驳 Merhige 法官在初审法院的不同意见：美国联邦最高法院一致认为，在婚姻和生育子女这些问题上，《美国联邦宪法第四修正案》所规定的正当程序条款保护个人做出决定的权利，该权利不受任意的和无正当目的限制。个人对自己关心的私密性事务所做的决定，政府不得干涉，这是任何一个人都应该享有的权利。我认为，这些案件的审判支持了上述原则。对我来说，一个成年人在自己家中选择和什么人发生性关系是最私密的决定，也是他最关心的私密事务。双方自愿的性行为除了有身体损害情况发生外，国家对这类事情不享有令人信服的利益。Merhige 法官的观点和本评论对私密性决定隐私权的定义具有一致性，但他的观点不是主流观点，最高法院认为主流观点更具说服力。

审理 Doe 一案的法官只提到了 Griswold 这个案例。他们认为，Griswold 一案的启示是，只有婚姻、家庭生活中的决定才受到私密性决定隐私权的保护，同性性行为显然不属于上述情况中的任何一种，同性恋性行为不受私密性决定隐私权的保护。Harlan 法官对 Poe v. Ullman 一案的判决持不同意见②，为了说明他的观点，Harlan 法官指

---

① 403 F. Supp. 1199 (E. D. Va. 1975).
② 367 U. S. 497, 553 (1961).

出，Griswold 一案的判决中并未禁止州对性滥交和不法行为进行规制。Harlan 法官认为，同性恋、通奸、乱伦行为，虽然是私下进行的，但这些行为应该受到刑事处罚。审理 Doe 一案的法官跟 Harlan 法官的观点一致，他们认为，实施鸡奸行为的决定并不受私密性决定隐私权的保护。

退一步说，即使决定实施同性恋性行为的权利被证明属于私密性决定隐私权的范围，州也有合理的理由去干涉此类行为。无论他人的同性性行为是发生在公共场合还是在私人场合，国家都可以基于抑制犯罪的需要进行干涉。这种观点完全是在回避问题，因为这种观点忽视了隐私权的本质，有些私人事务对个人来说极其重要，并且该行为并不是发生在公共场所，那么这些行为就不属于犯罪行为。法院认为，如果州能够证明该行为有可能导致道德罪行，那么，州的干预行为就是合法的。为了证明州对此享有令人信服的利益，法院引证了一起由相同的地区法院判决的案件。① 在这起案件中，一对已婚夫妇邀请一个陌生人来他们家，在他们 11 岁和 13 岁的女儿面前用相机录下了他们的之间的性行为（弗吉尼亚州法律认为是强奸和鸡奸的行为），他们的女儿在学校散播这些淫秽照片使得该案件被发现。本案的判决理由和 Stanley 一案的判决理由相冲突，审理 Stanley 一案的法官认为，由受保护的淫秽物品引起的在个人住宅外的潜在威胁不能成为法院干涉 Stanley 在自己家中的私密性决定的理由。在个人住宅外的、传播少数性倾向的行为无法与淫秽物品的传播相比。

Doe 一案和 Stanley 一案的冲突阐释了隐私权分析的两个重要特征。

第一，有超过一个的准则用于决定一个特定的决定是否值得私密性决定隐私权的保护。如果一个特定的决定被认为是"密切关注的私事"，我们就有理由保护它。Harlan 法官和 Blackmun 法官却赞同另一个准则，即，在有序的自由概念中，这种决定权是否是重要的，或者说是固有的。决定实施鸡奸行为也有可能是个人密切关注的私事，但我们很难说这种决定在有序的自由概念中也是固有的。许多法院，包括现在的联邦最高法院，都更愿意适用后一个标准。

---

① Lovisi v. Slayton, 363 F. Supp. 620 (E. D. Va. 1973).

第二，更具有潜意识，为做出的决定附加"私密性""固有的"或"在有序的自由概念中是固有的"这些标签并不完全取决于对特定私密性决定本质的评价。只有在那些个人决定的所有可能结果至少是可以勉强接受的情况下，法院才会在对隐私权请求进行初步审查时附加这些标签。法院结合当下的风俗习惯，认为这个人的决定是社会接受不了的，那么法院就会认为这个决定不够私密，不值得法律保护。如果社会可接受行为的标准改变，那么相同的决定也有可能会受到保护。这个解释在一定程度上解释了为什么 Griswold 一案、Roe 一案 Quinlan 一案和 Ravin 一案中保护他人的私密性决定隐私权。这也解释了为什么法院不保护 Doe v. Commonwealth's Attorney 一案和 Belle Terre 一案中私密性决定隐私权的原因。在 Griswold 一案、Roe 一案 Quinlan 一案和 Ravin 一案中，他们的决定都是私密的（正如这些案件中持异议法官的意见中所描述的那样），但在这些案件中，法院最终都没有保护他们的私密性决定隐私权。

六、对安宁隐私权、独居隐私权和私密性决定隐私权的简要概括

在他人的安宁隐私权、独居隐私权和私密性决定隐私权当中，安宁隐私权是这三者中地位最不稳固的一位，因为它不受宪法的保护。这一点，在大多数涉及私人主体间的安宁隐私权冲突案件中最为明显。宪法限制国家的行为，也限制政府干涉个人的权利，但宪法有关规制关公民间冲突的条文极少。另外，即使政府确实做了一些干涉个人安宁的行为，如 Rowan 案、Pollack 案和 Lehman 案中所出现的那些情况，法院对待个人安宁隐私权的态度还是很谨慎。

宪法通常都不会保护他人享有的安宁隐私权，并且常常授权行为人对他人实施一些侵犯他人安宁隐私权的行为。由于美国联邦宪法被认为是唯一一部有可能保护安宁隐私权的法律，因此，不论美国联邦宪法对保护安宁权做了哪些限制，这种行为都会视为是对侵犯安宁隐私权的默许。《美国联邦宪法第一修正案》有关保护安宁隐私权的条文规定得不够明确，法律是否过分保护安宁隐私权这个问题常常由法院来决定。Harlan 法官认为，各个州在保护公民安宁隐私权的时候是否已经逾越了州的权力范围，我们可以从三个方面来提问这个问题：

是否有"重要的隐私利益"的存在？该隐私利益是否被一种"根本上不可容忍的方式"所侵犯？怎样定义"根本上不可容忍的"？

上面三个问题说明，隐私权的拥护者仅仅证明有"重要的隐私利益"的存在是不够的。法院还要求证明隐私利益被"侵犯"，并且是以一种"根本上不可容忍的方式"被侵犯的。因此，一个人在自己家中享有隐私权，但是在街上，同一个人的隐私权就可能不再是重要的了。我们不知道法院关注"被俘获者"是因为关注被俘获者本身的隐私利益，还是因为法院认为对隐私利益的一丁点侵犯都是不可容忍的。不管怎样，当公民成为俘获者时，法律的天平已经倾向于隐私权的保护。

"根本上不可容忍的方式"不容易判断，但我们可以注意以下两点：

第一，如果刺激源对个人感官的影响很大（如响亮而刺耳的声音），法院就会认为这种侵扰是不可容忍的。这种做法与一般的隐私权观点相一致，但法院也还会仔细审查侵扰的内容，并根据侵扰行为的内容来决定该侵扰是否是不可容忍的。带有性挑逗内容的信件有可能被认为是不可容忍的，投递此类信件就可能侵犯了他人的安宁隐私权。还有一个疑问是，政治广告的投放是不是也侵犯了公民的安宁隐私权？法院的调查范围超过了法院的职责，这种做法很具争议性。虽然我们很难阐明"说了什么"和"用什么方式说"这两者的不同之处，在这个多元化的社会，在决定侵扰行为是不是"基本上无法容忍"这个问题上，如果法律集中精力关注侵扰的形式，而不是侵扰行为的内容，隐私权会得到更好的保护。

第二，在许多有关独居隐私权的案件中，法官也要求运用相应的利益平衡分析程序，当另一个人试图将他人信息供自己私人使用时，这就已经侵犯了他人的独居隐私权。这种情况下的独居隐私权和安宁隐私权一样，得不到宪法的保护。此外，这类侵入他人独居隐私权的行为还可能因为保护宪法下的新闻自由权这一原因而免责。普通法和制定对独居隐私权的保护不得逾越宪法强加的限制。

独居隐私权案件和安宁隐私权案件有一些相似之处。第一，尽管法院应该尽量避免仅仅根据侵扰行为的内容来判决侵犯安宁的隐私权案件，但是侵扰行为的内容始终是审理侵入独居隐私权案件的法官最关心的内容。如果一件事是有新闻价值的或是该事件是公共纪录，法律就不得将该事件规定为秘密。法院很少考虑信息公开形式的可容忍性或者衡量信息被公开者保持信息私密的利益。如果一件事是真实的，并且是有新闻价值的，那么这件事就不能被隐瞒起来。我们在安宁隐私权中的分析模式，虽然可能还不太成熟。不过，和私主体间独居隐私权案件中的分析模式相比，独居隐私权案件中的分析模式显得更苛刻和冷酷。审查事件是否具有新闻价值会使得因为遭遇巨大不幸而具有新闻价值，或者是因为罪行严重而具有新闻价值，或者是因为学识渊博而具有新闻价值这三者的差别变得不明显。是否具有新闻价值标准对强奸案的受害者姓名和被逮捕者的姓名的性质不加区分，被逮捕者的姓名属于公众领域，因为在那些很少有人会去查阅的警察局或法院文件中都有这些名字，这些名字也会出现在电视新闻中或公开散发的传单中。

在安宁隐私权案件中适用的标准明显偏向于言论自由权这一边，但我们还是试图找到言论自由权和安宁隐私权相冲突场合之间的细微差别。当私主体间利益相冲突时，也是偏向于新闻出版自由的保护，我们应该制定一个强化对独居隐私权保护的标准。

当个人的独居隐私权被国家侵犯时，美国联邦宪法将会对独居隐私侵权进行定义，并强化独居隐私权的界限。国家获取公民个人信息的行为受到《美国联邦宪法第四修正案》的限制，法院将其主要精力用于决定某种信息获取行为是不是不合理的。作为决定该行为是否合理的辅助手段，法院采用了一种独特的主观和客观相结合的手段。首先，法院会询问案件当事人，在特定情况下他是否对这件事有隐私权期待，即便该人回答他对此事有隐私权期待，但如果法院认为社会上大多数人都不认为这种隐私权期待是合理的，法院还是会判决国家对该人的信息获取是合理的。第一个问题似乎根本起不到作用，而且还把问题弄得更加混乱了。如果案件当事人已经做了一些努力，使得个人信息尽量保持在隐秘状态下，那么，他就应该对此信息享有合理的隐私权期待，这个问题也就变成社会上大多数人是否认可行为人的这种确信。但如果个人根本就没有做任何保持个人信息私密的努力，我们可以预知，社会上大多数人都不会认可该人对此信息享有合理的隐私权期待。剔除这样一个既复杂又抽象的表象对我们的隐私权分析有利，我们不如直接询问，社会是否愿意将给定的情形中对独居隐私权的保护包含在《美国联邦宪法第四修正案》中对个人安全保护的条款中。通过这种方式，合理的隐私权期待标准既具有弹性，又不失其强制力。

没有一部美国联邦宪法修正案明确保护私密性决定隐私权。美国法学家也试图证明，至少有五部宪法修正案是保护公民私密性决定隐私权的，尽管大家对保护私密性决定隐私权的法律渊源还存在争议，但有一件事是清楚的：私密性决定隐私权只能从美国联邦宪法中寻求保护，美国没有其他法规对私密性决定隐私权进行具体界定。

根据我们的分析，审理私密性决定隐私权案件的法官需要解决如下两个问题：第一个问题，我们所要保护的决定是私密性决定吗？如果是，那就产生第二个问题，政府干涉个人的决定有令人信服的利益吗？法律人对第二个问题都很熟悉，因为这样的平等保护的分析框架是隐私权案件分析的指南，但第一个问题是解决隐私权和其他权利冲突的独有问题。

法院在决定私密性决定隐私权是否应该保护个人自治权的时候，通常会借助"私密性""固有的"和"在有序的自由概念中所固有的"这些标准。然而，解决私密性决定隐私权案件最清晰的标准或许来自美国阿拉斯加州最高法院的阐述：隐私事务之所以是隐私的，那是因为隐私事务不会对除了行为人之外的人产生任何不利影响，因此，这些事与他们无关。"与他人无关"标准不仅进一步阐明了过去私密性决定隐私权案件的审判标准，还可用于将来的私密性决定隐私权案件的分析。很显然，疫苗接种、自来水的氟化以及高速路上的行车安全不仅仅是个人的决定，这还涉及许多其他人的切身利益，这也是法院判决类似案件持有的态度。而儿童虐待、家暴事件虽然发生在个人住宅内，但这些事也与他人有关。审理 Doe v. Commonwealth's Attorney 一案的大多数法官认为，双方自愿的同性性行为也涉及其他人的利益，为了论证他们的观点，他们还列举了在当地一所学校发生的同性性行为给学校其他人造成的影响。与审理 Doe 一案大部分法官的观点不同，绝大多数的隐私权支持者认为，做这样的私密性决定除了给决定做出者带来不利影响外，不太可能给其他人带来不利影响，因此，这样的决定就与其他人无关。这个标准会比那些抽象的

"固有的"的标准更实用。

七、结语

任何人，无论是诉讼当事人还是法官，都面临隐私权问题，我们必须杜绝将独居隐私权看作一个整体的思想。个人独处的权利与规制动物行为的空间理论相一致，和动物世界一样，人类行为中也有不同的空间理论，不同的空间理论有不同的内容，它们的作用也各不相同，我们已知的已经有三个空间理论。在审理独居隐私权案件的时候，我们应该注意该案到底涉及哪个空间理论，因为每个空间理论的分析模式，证据类型、标准以及保护该空间的法律都各不相同。

三种隐私权最重要的差别是，它们是否受到美国联邦宪法的保护。Griswold一案开创了隐私权对私密性决定的保护，国家不得干涉个人私密性决定，其后判决的案件强化了对私密性决定隐私权的保护。当涉案物品是有形物或有形财产时，《美国联邦宪法第四修正案》保护公民个人的独居隐私权。除了上述情况外，政府对个人信息的获取或媒体对个人私事的报道就可能不会受到法律的禁止。而安宁隐私权完全得不到美国联邦宪法的保护。

美国联邦宪法对三者保护程度的差异并不是三者的唯一区别，每一类隐私权所保护的权利不同。安宁隐私权保护行为人的安宁，独居隐私权保护个人私事的私密状态，私密性决定隐私权保护个人行为的自由。不认真区分隐私权的类型就提出隐私权请求，诉讼双方当事人和法院都会被这一含糊的诉讼请求弄糊涂。由于个人对自身自由权维护的迫切心情以及法院审理案件的不慎重，每一类隐私权案件所要求达到的标准常常被忽视。

最后，我们必须认识到，隐私权是一项不断发展变化的权利。本篇评论试图阐明隐私权保护与哪些事实的改变有关；不过，同一事实随着时代的不同和社会上大多数人对多大程度要求隐私权保护是合理的，以及哪些决定最好留待个人来决定观念的转变也会带来不同的结果。诉讼当事人将来提起隐私权之诉的时候，要注意社会隐私权观念的转变以及大多数人的认可程度。

第五编　隐私侵权责任和隐私侵权责任的抗辩事由

隐私损害的界定

M. 瑞恩·卡罗[①]著　孙言[②]译

目　次

一、导论
二、为何要对隐私损害划定界限
三、隐私损害的界限与核心属性
四、反对理由
五、结语

一、导论

烧伤是由高温导致的一种损害，这种损害具有一定的症状，并且可以分成不同的烧伤等级。医生在对烧伤的病人进行诊断时，可以立刻洞悉病患的病情并且对症下药。医生不仅可以果断地排除其他病因，甚至可以建议病患如何在将来避免这一损害的发生。

何为隐私损害？隐私损害与烧伤或者其他损害又有何区别？对于这些问题，我们往往难以言喻。如果要对隐私损害的概念进行定义，那么我们可以认为，隐私损害是指隐私侵权行为所导致的负面后果。

[①] M. 瑞恩·卡罗（M. Ryan Calo），美国斯坦福大学法学院用户隐私项目主管。
[②] 孙言，中山大学法学院助教。

这一概念并没有为法律带来多大的发展，也没能使相关法律问题变得更加明晰，相反的，隐私损害这一概念往往被视为是法律改良或法律救济的绊脚石。只有当行为人导致的隐私损害是"可辨识的""真实的""明确的""实质的""基础的"或"特殊的"，法院才会考虑判决行为人承担损害赔偿责任。许多著名的学者都质疑，隐私损害究竟是不是一项损害。

本文并不打算重新定义隐私权的概念，也不打算对隐私权所保护的种种价值进行分门别类。本文旨在对隐私损害展开论述，认为隐私损害是一种具有自身特点与机制的独特的损害形式。通过介绍隐私损害的特定界限，本文提供了一种合理的方法，通过这种方法我们可以排除其他因素的干扰，从而更好地认识隐私损害。本文还通过一种新颖的方法，使隐私损害的衡量与救济成为可能。

在本文中，笔者认为，大多数的隐私损害分为两种类型：一种是主观隐私损害，另一种是客观隐私损害。主观隐私损害是指他人感觉自己受到了违背其意愿的观察时所产生的主观感受。这种隐私损害表现了，当他人认为自己正在或将要受到别人的观察或监视时，所产生的十分厌恶、反感的心理状态，例如，焦虑或难堪等。举例而言，在 Hamberger v. Eastman 一案①中，承租人由于其私人信息的大量外泄而感到焦虑不安；在 Keith 一案②与 Laird v. Tatum 一案③中，原告对被告的广泛监视行为所产生的担忧。

客观隐私损害则是指行为人使用他人的私人信息，以强迫或者意料之外的方式对付他人所导致的后果。举例而言，行为人在用户毫不知情的情况下销售用户的联系方式，导致用户遭到垃圾邮件的骚扰，再比如行为人泄露了机密信息，因而暴露了一名卧底情报特工的身份。在 Schmerber v. California 一案④中就有一个著名的、强迫使用他人信息的例子，在该案中，警方在未经许可的情况下抽取了一名酒后驾驶的嫌疑人的血液，并将该血液检验结果作为指控其犯罪的证据。

---

① 206 A. 2d 239, 241 (N. H. 1964).
② United States v. U. S. District Court (*Keith*), 407 U. S. 297 (1972).
③ 408 U. S. 1 (1972).
④ 384 U. S. 757 (1966).

主观隐私损害与客观隐私损害截然不同却又密切相关。正如威胁往往是殴打的事先行为，同样地，他人在感到自己受到违背其意愿的观察时也往往会忧虑行为人将会滥用自己的私人信息。本文并不打算从形而上学的角度质询隐私权的性质。但是本文所提出的界定方法又恰恰是建立在这一标准概念之上。主观隐私损害与客观隐私损害如同一枚硬币的两面，是他人失去对自己信息或个人特质的控制的两种表现形式。

本文的第一部分首先探讨了为隐私损害划定界限的好处。在对隐私损害划定界限时，我们需要考虑两大因素，其一为"限制性原则"，其二为"承认规则"。在某些案件中，如果我们不将其定性为隐私损害案件，那么，就能够促使法院与理论学者正视其他基础价值上存在的问题，例如，自治或平等。在避孕、堕胎、反自然性行为的相关案件中，这种现象则表现得更加显而易见，之所以如此原因在于，在这些案件中，法院往往将之与隐私权挂钩，使得人们无法认识到法律需要对一些其他的重要价值给予保护，尽管这些价值可能在政治更具争议性。相反地，对于一些不常见的损害，由于缺少具体的检验标准，或是案件中没有明显的行为人，法院有时会拒绝承认这类损害。

本文的第二部分详细阐述了一系列现实中隐私损害的界限与特性，并且讨论了这种界定方法的相对优势。这种界定方法在一定意义上与事实"相符"，它囊括了大部分我们认为会造成隐私损害的情形。这种方法通过与以往不同的方式，实现了精神损伤与实质损伤的统一，从而使隐私损害的概念更加清晰明了。此外，这种方法还将隐私损害与隐私侵犯分离开来，打破了人们的普遍观点，即只有人类实施的对他人的观察行为才构成隐私损害。在不存在人类行为人的情况下，隐私损害也可能发生，并且在现实中也实实在在地发生了。

了解了隐私损害的内在机制之后，我们就能够以一种新的方式对隐私损害的程度进行衡量。举例而言，在主观隐私损害的案件中，我们可以询问他人对行为人的观察行为的反感程度有多少，其对自己受到观察这一事实的认识程度有多少。因此，在 De May v. Roberts 一案中，一名女性将医生的朋友误以为是专业医疗人员，而允许其观看了自己的分娩过程，尽管行为人的观察程度是有限的，但无疑是十分违背他人意愿的。① 相反地，人们往往默许在公共场所实施的观察行为。但是，在笔者看来，过度的闭路电视监控也可能造成某种程度的损害。

本文的第三部分对各种反驳观点进行了回应。学者们常常认为隐私损害包括了"威胁""危险"以及"建筑构造损害"（architectural harms）。而笔者不认同这种观点，笔者相信，如果将上述这几种损害与隐私损害区别开来，认清隐私损害是构成这些损害的其中一部分因素，那么，我们就能够更好地理解这些损害、避免这些损害的发生。笔者还认为，隐私损害可以离开隐私侵犯而独立存在，反之亦然，隐私侵犯也可以离开隐私损害而独立存在。笔者认为，本文提出的方法使人们认识到了偶然的，甚至是自发的隐私损害的存在的可能性，例如，一个偏执型精神分裂患者会错误地相信，自己正处于别人的监控之下，此外，该方法还对经典的隐私侵犯类型，即隐藏的偷窥狂（Peeping Tom）所带来的损害提出了质疑。

二、为何要对隐私损害划定界限

本文的目的在于描述隐私损害的界限，并且描述隐私损害的内部机制。然而，为什么隐私损害的界限是值得我们探究的呢？通过对隐私损害与其他损害进行区分，或是对隐私损害与隐私权的基本概念进行区分，我们能够获得哪些启示呢？在本部分的第一节中，笔者将证明，为隐私损害划定界限有助于我们为隐私权以及其他价值提供保护。在本部分的第二节中，笔者阐述了一种十分具有影响力的定义隐私权的方法，即 Daniel Solove 所提出的隐私权的"分类法"，这种分类法含蓄地质疑了为隐私损害划定界限的可能性与有效性。

（一）为隐私损害划定界限的重要性

隐私损害是隐私权问题中一个十分关键却理论研究不足的方面。即使只是为了厘清概念，我们也应当了解隐私损害的机制与范围。但是对于想要维护隐私权以及其他法律价值的学者、法院与政府而言，确定隐私损害的界限能够为他们提供许多实际的帮助。当前惯用的隐

---

① 9 N. W. 146 (Mich. 1881).

私损害的定义提出了"限制性原则",这一原则可以防止概念的稀释,揭示其他重要的损害类型。同时该定义还提出了"承认规则",从而使法院在面临新型的隐私损害时,能够对该损害进认定。

1. 限制性原则

如果我们对一个问题做出了错误的判断,那么就可能会导致难以修复的后果。设想一下,如果一名医生将胃部灼热误诊为一度烧伤,那么将会发生什么后果呢?这名现实中不太可能存在的医生可能会以一度烧伤为病症,在处方中开出抗生素软膏与镇痛药布洛芬,而不是开出治疗胃部灼热的抗酸药并且指导病人改变饮食结构。起初,由于医生的确诊或是止痛药的止痛效果,病人也许的确会感觉有所缓解,但是最终,医生给出的错误的治疗方法并不能有效地治愈病痛。

法院也可能对损害做出错误的判断,这将导致法院只能从表面上为他人提供一时的安慰,而不能从根本上为他人提供救济。如果没有限制性原则的制约,在某些情况下,即使隐私权并非案件的首要价值所在,法院也会从隐私损害的角度出发,做出错误判断或犹豫不决。此外,一旦法院认定行为人的行为对他人造成了隐私损害,那么法院往往不会再对其认定进行重新斟酌。

举例而言,在 Griswold v. Connecticut 一案[①]中,联邦最高法院废除了一项康涅狄格州的制定法,该项制定法禁止人们使用避孕措施。应该说,Griswold 一案争议的焦点在于女性或夫妻所享有的决定是否生育后代的基本自由。但是法院始终认为,这项制定法中针对避孕措施的相关规定主要涉及他人的婚姻隐私。在 Roe v. Wade 一案中,上诉人"Jane Roe"认为,被上诉人实施的恶名昭彰的人身限制行为是对她人身自由的限制。[②] 而法院却认为"隐私权的含义……十分宽泛,足以将女性决定是否终止怀孕的权利包括在内",进而废除了相关的法律规定。

在 Lawrence v. Texas 一案中,联邦最高法院废除了一项德克萨斯州的制定法,该项制定法将某些同性之间发生的性行为宣告为犯罪行

[①] 381 U.S. 479 (1965).
[②] See Roe v. Wade, 410 U.S. 113, 129 (1973).

为。① 法院在判决的开头承认："本案涉及他人所享有的自由，这一自由不仅是空间上的自由，还涉及了其他更加不寻常的维度上的自由。"然而，法院在判决时并没有将自由权作为唯一的依据，也没有援引平等理念，而是再一次根据涉案行为的私人属性，废除了相关的限制性规定。

人们有理由提出疑问，我们是否应当将这些否定女性或同性恋者控制自己身体的权利的法律规定理解为是一种隐私损害。关于这一点，本文将在下一部分展开论述，隐私损害与上述事项完全不是一码事。尽管如此，我们还是不得不承认损害的发生。在 Roe 一案以及 Lawrence 一案中，由于案件的争议恰巧都牵涉到一个十分特殊的群体（分别为女性与同性恋者），因而这些案件被认为隐含了平等的法律价值。这些法律规定还干涉了他人所享有的、如谚语所言的"追求幸福"的自由。

法院在处理持有淫秽物品案件时，以持有人的行为发生在私人领域为由保护其隐私权，如果法院在保护他人使用避孕措施或是选择性伴侣的权利时也以此为由，那么即便法院宣告了上述行为的合法性，法院也未能真正地解决这些问题。恰恰相反，这种方法也许在短期，即在社会尚未准备好对那些实际问题予以承认之前，能够起到一定的作用，然而，从长远上来看，这种方法只会模糊问题的本质，并且可能低估了损害的严重性。

这并不是在否认隐私权的价值。笔者所批判的是，司法对隐私损害这一概念的过度使用，致使这一概念泛化成为一个包罗万象却又毫无意义的万应型概念。因此，限制性原则的第二个好处就在于，它能够保护隐私权的概念免受稀释。如果我们对林林总总的争议都标上了隐私损害的标签，将避孕规定乃至滋扰侵权都认定为隐私损害的话，可能就会使我们忽略了，一旦我们失去了隐私权，将会多么严峻而麻烦。对隐私损害进行界定有助于提炼出隐私损害的概念，说明法院在审理案件时应当从隐私权本身的内涵出发。

2. 承认规则

医生的一个轻率的诊断可能会掩盖十分严重的医疗问题。但是有

---

① 539 U. S. 558 (2003).

时,尽管医生观察到了一系列症状,但却认为病患并没有任何疾病。法院也是如此,对于不常见的损害行为,法院往往也不予承认。想要更好地理解隐私损害的界限与机制,我们还需要考虑"承认规则",这一规则能够帮助我们辨别、证明一些不明显的隐私损害。

举例而言,常常有商家以营销为目的筛选出弱势群体的相关信息。老年人以及其他群体在购买商品时,往往无法准确地判断交易的相关信息。且不论他们可能受到故意的欺诈行为,大量证据表明,许多商家都在收集、销售特定弱势群体的名单。这些名单往往根据一些他人的敏感信息汇编而成,例如,他人的年龄以及伤残情况等,并且列表中通常都包含有他人的姓名、联系地址以及其他可以识别他人身份的私人信息。

然而,如果我们没有认识到其中潜在的隐私权问题,我们就很难理解并且规制这类问题。老年人以及残疾人与其他所有人一样,都生活在社会群体之中。他们与其他社会成员一样消费商品、投票表决并且与外界开展各种交流,并且都希望得到理想的结果。老年人也必然会收到各种报价与广告。但是如果我们认识到,行为人根据弱势群体的敏感私人信息,将他们列为目标,使他们受到了特殊的对待,我们就应该保护他们的信息,并且避免其信息的披露,让广告商无机可乘。

除此之外,一些其他的例子也告诉我们,建立起一套界定隐私损害的原则方法将为我们最初的设想提供证据与支持。举例而言,我们往往认为未经同意的垃圾邮件是一种隐私损害,并且联邦法律也基于这种认识对垃圾邮件进行规制。但是这种类推得出的结论是十分牵强附会的:基于何种理论人们可以认为,行为人违背他人意愿向他人发送商业邮件属于隐私侵权行为,而用厕纸塞满他人住宅的邮箱却是一种恶作剧行为?此外,那些不请自来的邮件的内容受到《美国联邦宪法第一修正案》的保护,这使得这一行为更难受到规制。

我们在研究不请自来的电子邮件所造成的隐私损害时,必须要从一个独特的视角出发,着重探究这些大量的垃圾邮件是如何产生的。正如几位学者所指出的,行为人往往是通过购买或盗用得来的私人信息,向他人发送垃圾邮件的。行为人必须取得他人的电子邮箱地址才能向他人发送垃圾邮件,而电子邮箱地址常常被视为可识别他人身份的私人信息。这就意味着我们可以采取一种新的方式对垃圾邮件进行规制,即直接将发送垃圾邮件的行为认定为对他人的"客观隐私损害"。

(二) 对分类法的批评

不止一位著名隐私权学者曾经质疑过定义隐私权或定义隐私损害的可能性与有效性。Daniel Solove 在其一系列有影响力的论文与著作中驳斥道,隐私权不可以或者不应当被分解为一个或者数个概念。根据 Solove 的说法,此前所有定义隐私权的尝试要么涵盖过广(overinclusive),要么涵盖不足(underinclusive),都没有成功地对隐私权进行界定。因而 Solove 抛弃了以往空想式的隐私权定义方式,转而根据某些与隐私权概念相关的法律依据,挑拣出一系列引发隐私权问题的行为活动,这些行为活动彼此紧密相关却又有所区别,从而构成了一个隐私权的"分类法"。

说到 Solove,我们理所当然要提到他所提出的"'隐私权'主题之下"的隐私损害的 16 个子分类。① 但是同时他也提出,"各种隐私权问题之间互不相同,并且不具有一个共同的核心特性"。为了缓和理论上的冲突,Solove 采用了哲学家 Ludwig Wittgenstein 的"家族相似性"(family resemblances)理论。② Wittgenstein 认为,同一主题的各种概念之间不一定要具有共同的特性;"更确切地说,这些概念有着共同的源头,这一源头由许多相类似的特性组成,因而每个概念都是从类似而又不同的特性中提取出来的"。

Solove 还借用了 Wittgenstein 所举的一组具有家族相似性的例子进行说明,即"体形、容貌、眼睛的颜色、步态、性格等"。"每一个孩子都与其父母、兄弟姐妹有着某些相似的特征,但是他们之间又并非完全相同。尽管如此,他们彼此之间还是具有某些的相似性。"正如同 Wittgenstein 所提出的具有相似性的家庭中的各个成员,隐私权所表现出的不同方面之间没有共同的特性,但是却能够创造出"一个相互重叠、纵横交错的相似性的复杂网络;有时在整体上具有

---

① Solove, Understanding Privacy, supra note 4, at 46.
② *Id* at 42 – 44.

相似性，有时在细节上具有相似性"。

就这样，Solove 暗示，试图界定隐私权或是隐私损害的概念是一种毫无意义且目光短浅的做法。以往对隐私权的界定总是错漏百出，要么把与"隐私权"无关的行为包括在内，要么将与"隐私权"有关的行为遗漏在外。他指出，比起将隐私权问题本身进行分类，他对隐私权问题的识别更感兴趣。

上述论述并不是对 Solove 的分类法的全盘否定，事实上，Solove 所提出的分类法为我们展现了一幅十分完整、细致、融会贯通的隐私权的图景。Solove 的分类法实现了他的承诺，即构建"一个以多元化的角度与结合具体语境的方式理解隐私权的理论框架"。① 然而，为了说明这种分类法中存在的限制，以及对隐私损害进行界定的需要，我们首先需要分析，Solove 是如何将各种隐私权问题进行分类的。

分类法是一种对事物进行分类的方法。Wittgenstein 提出了家族相似性的理论，但是想要对事物进行分类必须遵循"首要原则"（overarching principle）。② 以杂货店的商品列表为例，列表中记载了人们需要并且能够在杂货店中购得的商品名称。杂货店的商品列表中没有石油，但是有西红柿。那么对于隐私损害的列表或分类而言也是一样，某些行为属于隐私损害，某些行为又不属于隐私损害。在这之中，用于判断何者被包含在内、何者被排除在外的标准就显得十分关键。

Solove 在决定何者被包括在内时所采用的标准，主要以某些法律依据的认可为根据。他的分类法"对一些获得社会承认的隐私权问题做出了说明"③。它捕捉到了"人们在对隐私权的各种讨论中，在法律、判例、宪法性规定、指导方针以及其他法律渊源中所提到的各种隐私权问题"。由于"法律能够切实地证明，社会公众认为哪些问题应当引起人们的注意"，因而 Solove 尤其以法律作为分类的依据。

但是如果有人不同意这些法律渊源的话将会如何呢？如果有人认为某种损害不属于隐私损害呢？笔者早已指出，我们不应将限制堕

---

① Solove, Understanding Privacy, supra note 4, at 10.
② Id at 105.
③ Solove, Understanding Privacy, supra note 4, at 101-102.

胎、避孕以及非自然性行为的规定认定为对隐私权的侵犯，因为只有这样，才能够体现这些问题所涉及的真实的法律价值，例如自治权、平等权。相反地，一旦出现了新的损害形式，如果此前法律依据并未承认这种损害形式，那么，当他人对此主张权利时，法院又该如何是好？对于这个问题，只有等到出现了新的损害形式之后，才能得到确定的答案。

仅仅与其他隐私损害相类似不足以作为判断行为人造成的损害是否属于隐私损害的依据。有时我们也需要在体系结构中增加一些与现有事项全然不同的新的事项。例如，我们可能会认为，即使养子女或者继子女与其他家庭成员在"体形、容貌、眼睛的颜色、步态、性格等方面"不存在任何相似性，但是他们也是家庭的一部分。我们可能还会认为，一对同性恋伴侣也能够组成一个家庭，因而其中一方可以在医院以家属身份探视另一方。可见，我们在对家庭这一概念进行定义时，需要考虑的因素不应仅限于以往对于相似性的描述。我们必须给出一个内涵更加丰富的定义，这一定义必须建立在规范性承诺与政治性承诺的基础上，并且经得起分析与异议的考验。

相反地，我们可能认为现实中两种相类似的现象实际上是相同的。皮肤烧伤与胃部灼热在某些方面相类似，比如它们都会引起疼痛，在医学语言中都使用了"烧伤"（burns）一词。但是，他们在某些方面却又有着很大的差别，即对于两种病症的恰当的诊断与治疗十分不同。在面对差异时，仅凭相似性不足以判断二者是否属于同一种事物，此时真正的问题在于哪些相似特性是判断二者是否属于同一种事物的关键。

诚然，Solove 的方法十分明智。他采取了一种更为实际的方法，尤其将注意力集中于隐私权问题及其对他人与社会公众所造成的损害，避免了对隐私权概念的漫无目的的探寻。但是如果没有实行限制性原则或者承认规则，那么当法律渊源将那些与隐私权关系不大的损害认定为隐私损害时，我们就无法对其进行否认，或者当某些新型的隐私损害出现时，我们就无法将之纳入隐私损害的范畴，这样一来将不利于保护隐私权以及其他法律价值。在下一部分中，我们将迎难而上，为隐私损害的认定应当从隐私损害本身的内涵出发的理论进行辩护。

三、隐私损害的界限与核心属性

界定隐私损害的界限与核心属性能够帮助我们揭示隐私损害的价值，辨别并解决实践中出现的新问题，并且避免隐私损害的概念遭到稀释。但是隐私损害的界限与特性究竟为何？很少有学者对这一问题展开专门的探究。在本部分中，笔者将详细地对隐私损害的界限与机制进行阐述。

笔者认为，隐私损害分为两种类型。

第一种类型是"主观隐私损害"。这种隐私损害是他人遭受损害的内部表现。主观隐私损害来源于，他人感觉自己受到了违背其意愿的观察时所产生的主观感受。主观隐私损害可以是突发的，也可以是持续的，可以发生在一个人身上，也可以发生在一群人身上。主观隐私损害的严重性可大可小，既包括监控摄像机给他人带来的轻微不适，还包括他人受到的"比单纯的身体损害更加严重的精神痛苦"[1]。一般而言，如果行为人观察他人的行为是违背其意愿的，那么，行为人的行为就会对他人造成损害。令我们感到迟疑的是，往往现实中行为人实施的观察行为都是受到他人欢迎的。但是实际上，在判断行为人的行为是否对他人造成主观隐私损害时，并不一定要求行为人实施了现实的观察行为并且造成损害；只要他人感到自己受到行为人的观察，就足以认定行为人的行为对他人造成了主观隐私损害。

第二种类型是"客观隐私损害"。这种隐私损害是他人遭受损害的外部表现。在这类损害中，行为人使用他人的私人信息，以强迫或者意料之外的方式对付他人。当行为人以他人的私人信息为依据，对他人实施对其不利的行为时，例如，政府通过数据挖掘的手段，获悉他人的私人信息，阻止他人搭乘航空旅行；或是行为人在流言蜚语的基础上炮制对他人的负面评价时，行为人的行为就对他人造成了客观隐私损害。客观隐私损害还包括行为人将他人的私人信息用于犯罪的行为，例如身份盗用或者谋杀。只有当行为人对他人信息的使用是出乎他人意料的，或是他人虽然知道但是行为人强迫使用其信息时，行为人的行为才构成客观隐私损害。然而，与主观隐私损害遇到的问题

---

[1] Warren & Brandeis, *supra note* 1, at 196.

一样，实际中，如果行为人要利用他人的信息对付他人，行为人完全不必亲自动手。

客观隐私损害与主观隐私损害之间有所不同但又存在一定的关联。好比威胁与殴打是两种不同的侵权行为。① 这两种行为都可以独立存在，而无须依赖于另一种行为。尽管如此，这两种侵权行为又存在一定的联系，威胁行为会令他人产生对殴打行为的担忧。威胁行为所造成的损害是内部的或者主观的，并且会使他人忧虑自己将会受到违背其意愿的身体接触。殴打行为所造成的损害恰恰就是违背他人意愿的身体接触。

隐私损害的这两种类型之间也存在着一定的关联。客观隐私损害是实际发生的不利后果，这些不利后果是由行为人实施的使他人失去对其信息的控制的行为或是影响介入人们感知的行为造成的，例如身份盗窃行为或是炮制负面舆论的行为本身。而大体上，主观隐私损害则是指，当他人认识到自己对其信息失去控制时而产生的恐慌或不安。因而，这两种类型的隐私损害互不相同但又相互联系。它们就好比同一枚硬币的两面，是他人在对自己的私人信息失去控制时所遭受的两方面的损害。

在本部分的第一节中，笔者将对主观隐私损害进行阐述。在本部分的第二节中，笔者将对客观隐私损害进行阐述。在本部分的第三节中，笔者将会详细讨论这种二元的隐私损害的研究方法将会带来许多好处。

(一) 主观隐私损害

从广义上来说，主观隐私损害是指，他人在感觉到自己受到违背其意愿的观察时所产生的主观感受。而观察是指直接观看他人，包括他人的身体、脑电波或是行为。同样地，阅读记录他人偏好、社会关联及行踪的报告也属于对他人的观察。观察还包括对他人的推断，比如我们会根据对别人的了解，"观察"他人的状态。根据 Roger

---

① *Compare* Restatement (Second) of Torts § 21 (1965) (describing the tort of assault), *with id.* at § 13 (describing the tort of battery).

Clarke 的包罗万象的 "数据监控"（*dataveilance*）概念①，在本文中，观察还包括 "会使大多数人感到更加拘谨、不安，产生抑制效果的"② "不经意的观察"。

为了避免这一概念使所有人与人之间互动都上升到隐私权问题的层面，只有当观察行为是 "违背他人意愿" 时，行为人的行为才会构成隐私损害。法律通常认为，他人的同意分为两种；此外他人对行为人的观察行为的厌恶程度也有大小之分。对于行为人的观察行为，人们可能会十分欢迎，也可能会保持中立，可能会十分反对，也可能只是稍有怨言。举例而言，大多数情况下，如果我们在公共场所中受到其他人的观察，我们可能只是有少许抵触情绪，但如果我们在私人场所或是十分尴尬的时刻受到其他人的观察，我们就会深为反感。

造成主观隐私损害的主要原因可能是突发的，也可能是持续的。一个简单的观察行为可能会使他人在某一刻感到十分尴尬，例如，一位女性在通过机场安检的反向散射装置时，该装置会显现出她的裸体图像，那一刻她会感到十分尴尬。然而，如果令她尴尬的相关事实在网络上四处传播、久久不散，那么她就会一直感到后悔难堪。以近期的一个案件为例，在 Reeves v. Equifax Information Services 一案中，联邦初审法院驳回了其中一名被告征信所提出的简易判决请求，在该案中，原告声称仅仅是知道有关自己的信用报告是未经修正的，就给其造成了精神痛苦的损害。③

主观隐私损害并不需要与行为人的行为同时产生，许多情况下，受侵犯的感受具有延迟效应。在经典的隐私权判例 De May v. Roberts 一案中，一名女性在分娩时有一名医生以及一名男性在场，她认为这名男性是医生的医疗助理。④ 后来，她才发现这名男性是医生的熟人，并未接受过医疗培训。尽管当这位女性相信这名男性是医疗助理时，她并没有提出任何异议，但是 "由于后来她发现这名男性并非医疗助理"，因而法院允许她对该男性提起隐私侵权之诉，要求被告

---

① Roger Clarke, *Profiling: A Hidden Challenge to the Regulation of Data Surveillance*, 4 J. L. & INFo. Sci. 4032 (1993).
② Ruth Gavison, *Privacy and the Limits of Law*, 89 YALE L. J. 421, 447 (1980).
③ No. 2: 09cv45KS-MTP, 2010 WL 2036661 (S. D. Miss. May 20, 2010).
④ 9 N. W. 146, 146 (Mich. 1881).

赔偿其损失。因此，实际上在许多情况下，他人对自己受到主观隐私损害后知后觉，当其发现侵扰行为时行为人实施的具有侵扰性的观察行为早已结束（或因此而结束），例如，房东在房客的房间内安装窃听器。

此外，当行为人实施了系统的观察行为，即其观察行为是计划或某种模式的一部分时，就产生了另一种不同的隐私损害。举例而言，无处不在的私人监控就属于这种类型的隐私损害，这种监控是家庭暴力情形中行为人对他人进行控制的一个关键的组成部分。在一天之中反反复复地"考勤"被认为是家庭暴力的早期征兆。一些暴力受害者还会感到所谓的"习得性无助"（learned helplessness），之所以如此，某种程度上是由于受害者将自己被监控的感觉内在化（internalized），造成了自己的心理障碍。

联邦最高法院曾经承认，政府实施的系统监控会对公民造成威胁。法院在 Keith 一案①中指出，"合法的社会公众异议不应当由于不加制止的监视权力而惧怕臣服"。"未经授权的政府窃听不应成为公民的威胁，不得阻碍公民私下里对政府行为发表异议与讨论。"尽管法院在 Laird v. Tatum 一案中判决，原告提供的证据不足以支持其对政府的过度监视提出的侵权之诉，但是法院还指出，由于"政府的规定具有威慑效应或'寒蝉'（chilling）效应，直接侵犯了《美国联邦宪法第一修正案》所保护的公民权利"，因而政府的行为构成"宪政法上的隐私侵权行为"。②

从本质上来看，间歇的独居，是指他人在一段时期内远离其他人的观察的状态，是人们日常生活中的重要部分。人们需要独居，从而更好地自我放松、思考求知、自我发展以及促进心理健康。正如 Alan Westin 所指出的：隐私权使人们"在日常生活中受到的情感刺激得到缓解"，"一直保持'紧张的'状态将会对人体组织造成损害"③。Charles Fried 还指出，如果我们的一言一行都暴露在公众面

---

① United States v. U. S. District Court (*Keith*), 407 U. S. 297, 314 (1972).
② 408 U. S. 1, 11 (1972).
③ WEsTIN, *supra note* 1, at 35.

前，那么我们就必须始终谨言慎行。①

实际上，现代反乌托邦小说常常探讨的一个共同话题就是，人们越来越缺少远离人群的独处的时光。George Orwell 在小说《1984》中所描写的"电幕"，成了现代社会中四处可见的景象。② 在 Yevgeny Zamyatin 创作的小说《我们》中，建筑物都是透明可见的。③ 而在 Aldus Huxley 创作的小说《美丽新世界》中，社会不断向人们灌输特定的心理条件反射，其中出现的最频繁的就是使人们对独居产生厌恶。④

重要的是，在判断行为人的行为是否构成隐私损害时，法院并不需要考察行为人是否确实实施了观察行为，只需要他人认识到或怀疑自己受到行为人的观察，行为人的行为就对他人构成隐私损害。行为人对他人的观察可能会对他人造成许多损害，例如，令他人十分尴尬、对他人造成寒蝉效应、令他人失去独居的机会等，而只要他人相信自己正在遭到观察，就能够形成这些损害。这正是恶名昭著的"敞视监狱"（Panopticon）的关键所在。⑤ 在敞式监狱的模型中，环形的塔楼永远是可见的，但是却无法确定狱卒的目光落在何处。正如 Michel Foucault 所指出的，囚犯的循规蹈矩并不是因为他们确实被狱卒实实在在地监控着，而是因为他们相信自己正受到狱卒的监控。更准确地说，敞视监狱之所以能够发挥作用是由于人们不确定是否有人正在观察自己，但是，无论实际上是否有人在观察自己，都只会产生类似或者相同的效果，那就是人们更倾向于相信自己正在被观察着而谨言慎行。

相关的情况还发生在虚拟摄像头上，尽管虚拟摄像头事实上仅仅是人的代替品。即使我们在理智上明知我们所面对的仅仅是一幅图像或是一台机器，但是我们的大脑传递给身体的反应却完全不同，我们做出的反应仿佛面前出现的是活生生的人。这种反应就包含了使他人

---

① Fried, *supra* note 1, at 483-484.
② George Orwell, Nineteen Eighry-Four (1949).
③ Yevgeny Zamyatin, We 28.
④ Aldus Huxley, Brave New World 241 (Harper Perennial 1946).
⑤ *See* Michel Foucault, Discipline and Punish: The Birth of The Prison 200 (Alan Sheridan trans., Vintage Books 2d ed. 1995) (1977).

产生自己正被观察或评头论足的感受。举例而言，如果在募捐箱上画上一对眼睛，那么，人们就会在买咖啡时在信任系统上支付更多的金钱。因此，在某些情况下，即使面对的不是活生生的人，我们的态度、行为甚至于生理机能都可能发生改变，并且确实发生了改变。

(二) 客观隐私损害

主观隐私损害是他人在感觉自己受到观察时所产生的受伤的主观感受。但是，为什么当他人认为自己受到别人的观察时，会觉得不自在或是忧惧呢？在某些情况下，人们的这些反应似乎是反射性的或是物理性的。另一个人的出现，不论是真人还是图像，都会给他人造成一种"心理唤醒"，如果这种心理唤醒太过极端或是违背他人意愿，那么就会对他人造成损害。至少对于整个西方社会而言，羞于被人看见自己的裸体的观念似乎正是由于这种原因而根深蒂固。[①]

然而，通常而言，我们之所以对受到观察而感到的不安，是因为我们担心其他人对自己的观察会导致一些现实生活中的负面后果的发生。这些负面后果可以是具体的，例如，TJX商店的顾客会担心TJX公司的数据外泄，其原因在于一旦发生数据外泄，就可能导致顾客的身份被盗用，进而蒙受巨大的损失。[②] 负面后果也可能具有更广的传播面，例如在公开他人私人事务隐私侵权纠纷中，行为人会根据他人的私人信息炮制对他人的负面评价。

客观隐私损害是指他人受到的外部影响，行为人以强迫或出人意料的方式使用他人的私人信息。这里所说的"私人"信息并不是指法律意义上所称的"能够识别其他人身份"的信息，而是指与他人密切相关的信息。如果行为人使用的是他人的一般的个人信息，那么，他人就不能对行为人提起隐私损害之诉。例如，聘请一位美丽的代言人能够使商家的产品更加吸引顾客，广告商可能会利用这一"事实"，进而利用代言人的美貌向广大顾客销售汽车。上述行为并不涉及他人的隐私，只有当商家的行为涉及他人的特定信息，例如年龄、偏好、缺陷时，其行为才涉及对他人隐私的侵犯。

---

① Solove, Understanding Privacy, *supra note* 4, at 53, 147.
② *In re* TJX Cos. Retail Sec. Breach Litig., 564 F. 3d 489, 491 (1st Cir. 2009).

行为人使用他人信息的行为还可以是出人意料的。如果他人将自己的私人信息四处宣传或是他人了解并且同意了行为人对其信息的使用，那么行为人使用他人信息的行为就不构成隐私损害行为。因此，如果行为人为了赢取赌金而将他人的电子邮件地址卖给别人，并且行为人与他人都知道这个电子邮件地址将会被用于出售交易，那么，行为人与他人之间产生的纠纷就未必要上升到隐私损害的层面。如果一个人认为另一个人毫无吸引力而决定在派对上不和他交谈，这个人的行为也不会对另一人造成隐私损害。这是由于，这种类似歧视的行为通常都在我们的意料之中，并且被人们所默许。

然而，正如通常那样，如果一个人完全不知道别人收集了自己的信息，或是即便他知道别人收集了自己的信息，也不知道别人的用途为何，那么问题就出现了。在网络隐私问题上，这种基本矛盾展现得淋漓尽致。许多网络用户根本就不知道自己在网络上丧失了多少私人信息，更不知道这些信息被用于何种用途。用户可能会为了赌金而在网站上注册，但是他们从来没有认识到，他们的这种做法将使他们成为销售名单中的一员，他们收到的不请自来的电子邮件的数量将会大大增加。或者用户会将自己的私人信息公布在社交网络上，但其并未意识到他所公布的信息将成为他求职路或求学路上的绊脚石。

为了解决这一问题，美国隐私权法律并没有禁止他人分享私人信息或是禁止公司使用客户的私人信息，而是试图确保他人能够知晓其信息的使用情况，并且享有较低程度的选择权。至少有一个州颁布了相关法律，要求收集他人私人身份信息的网站必须披露其所收集的信息的类型、使用的用途以及分享信息的对象。

联邦贸易委员会也曾经在与隐私权相关的执法活动中强调了"公平信息实践原则"（fair information practice principal），此举实际上也将其他的原则排除在外。尽管越来越多的人认识到这一系统存在的缺陷，但是它仍然反映了一种自由主义的直觉，即如果人们在他人的预料之下自由地使用他人的私人信息，那么，人们的这种行为并不构成对他人的隐私损害，并且也不应当受到法律的规制。或者，他人会怀疑信息的用途，因此不愿意将自己的信息透露给其他人。尽管如此，他人的信息还是会被行为人强制使用。从隐私权的角度看，这一问题似乎就涉及了《美国联邦宪法第四修正案》所保护的他人免受不合理搜查与扣押的权利。我们认为某种情况下可以容许行为人实施这种强制行为,但是考虑到其行为可能造成的损害,我们要求行为人在实施强制行为时必须按照适当的程序。这一问题还可以推动一项由来已久的权利的实现,即任何人都可以拒绝自证其罪的权利,尽管在实践中这一权利往往只是说得好听。

在 Schmerber v. California 一案中,警方在未经许可的情况下抽取了一名酒后驾驶的嫌疑人的血液,并将该血液检验结果作为指控其犯罪的证据[1],警方的行为很明显就属于上文提到的强制行为。但是强制行为也存在一定的范围。人们在开展许多重要的活动,例如航空旅行与医疗护理时,都必须以交出私人信息或是以有损人格的、令人不安的方式暴露身体为前提。但是实际上,在日常生活中,除了接受监控我们似乎也没有其他选择。正如 Richard Posner 所指出:"如果整个城市的人们都知道自己处于摄像机的监控之下……那么,对监控的屈服就成为人们的自愿之举……"[2]

此外,客观隐私损害行为还要求行为人必须将他人的信息用于使他人处于不利地位;否则,行为人的行为就与人们普遍理解下的"损害"一词相去甚远了。医生在检查我们的身体,并不是为了对我们造成损害,恰恰相反是为了保护我们的健康。如何判断行为人的行为是否不利于他人,这并不是一个简单的问题。例如,联邦贸易委员会的工作人员指出,具有针对性的网络广告能够为用户带来便利,而另一份近期研究则表明,大多数用户都认为针对性的网络广告是一个困扰用户的问题。我们在判断行为人的行为是否使他人处于不利地位时,基本上也存在着类似的问题。法院与政府在对此进行判断时,所依据的制定法五花八门,所采取的判断标准也多种多样,并无固定的方式可言。

与主观隐私损害一样,行为人在实施对他人不利的行为时,并不一定需要由人类实实在在地查阅他人的私人信息,也不需要由人类亲自观察、收集、滥用他人的信息。机器就能够很好地胜任上述任务,它们可以对林林总总的隐私信息进行梳理,自动做出决定,进而通过

---

[1] 384 U. S. 757 (1966).

[2] *Posner, Privacy, Surveillance, and the Law*, supra note 3, at 247.

负面的方式对他人造成有形的影响。

正如 Danielle Keats Citron 在另一个情况下所指出的:"在过去,电脑系统可以帮助人们根据一定的规则处理个案。而现如今,自动化系统已然成为一种主要的决策者。这类系统常常代替人类做出决策,通过一定的程序终止人们的医疗补助计划、粮票以及其他生活福利……电脑程序认定子女应当扶养父母,对于未尽扶养义务的子女,电脑程序会通知相关州政府机构对其提起收缴扶养费的程序。在电脑程序的运作下,选民可能在没有得到任何通知的情况下被排除在选民名单之外,小型企业可能被认定为没有资格签署联邦合同。"①

Citron 的研究中认为,尽管自动化决策是通过正当程序做出的,但是自动化决策会对社会带来许多危害。自动化决策常常强制地或出人意料地使用他人的敏感的私人信息,因而可能对他人造成隐私损害。

我们不妨仔细思考一下 Richard Posner 以及其他学者所举的一个例子,他们想要论证,只有在有人看到了涉案的他人私人信息之后,行为人的行为才构成隐私损害。Google 公司提供的电子邮箱服务 Gmail 系统能够自动浏览用户的邮件,并且根据其从邮件中挑选出的一些关键词在页面上显示相关的广告。Google 公司向其用户保证,他们的邮件不会被任何人看到,因而寄信人也不会受到其他人的评判,不会感到尴尬,Google 公司的雇员也不会借邮件的内容对他人造成损害。

但是,我们设想一下,如果另一个邮箱用户想要向 Google 公司的用户兜售商品,比如一辆自行车。那么 Google 的邮件系统将会自动浏览寄信人寄来的电子邮件,然后可能会在寄信人提出的销售要约旁显示出与自行车销售相关的链接,而这些链接往往是由商家向 Google 支付一定的广告费,再由 Google 显示在客户的页面上的。换句话说,在某些情况下,Google 公司可以浏览用户收到的电子邮件,并且在未通知用户或未经用户同意的情况下,利用这些邮件直接与寄信人展开竞争。尽管上述行为给他人造成的损害可能十分微不足道,

---

① Danielle Keats Citron, *Technological Due Process*, 85 WASH. U. L. REv. 1249, 1252 (2008) (emphasis in original) (footnotes omitted).

但是即使是从理论的角度出发，我们都不得不认为其行为涉及对隐私权的侵犯。

我们举一个更加具有戏剧性的例子。假设警察要求一名心理医生提供其病人的谈话记录。心理医生根据宪法、职业特权以及隐私权的一般规定——毕竟病人的谈话记录属于极其私密的信息，拒绝了警察的要求。而警察回答："别担心，没有人会查看谈话记录，我们只是想大致浏览一下记录，如果有人在记录中提到了吸食大麻或者其他的违法行为，我们会根据档案上的地址向此人发送传票。但是无论如何，警方都不会窥探谈话记录的内容。"我们可能可以根据其他不同的理由拒绝警方的要求，但是同样地，这种行为还是会被视为是隐私损害行为。

对信息的自动化收集、加工、决策等现象仍将继续影响人们的生活。Citron对自动化现象的研究向人们论证了，实际上一直到今天，自动化系统常常被用于否定公民的有形利益、评定对公民的处罚、甚至根据一些私人信息限制公民出行。Citron列举了一系列自动化损害他人利益的实例，例如前往航空旅行的乘客，被数据核对程序误判，将其列入"禁飞"名单；家长被自动化系统以出人意料的方式误判为不支付子女抚养费。我们无法确知这些自动化系统在做出判断时所依赖的信息来源，但是种种迹象表明，它们所使用的信息绝不是出于公民的本意。

（三）从分类方法考量隐私损害的优点

笔者在上文中已经说过，我们可以将隐私损害分成两种截然不同但又联系密切的类型。这种分类方法有许多优点。对于大多数人来说这种分类方法是十分合适也容易为人接受的：根据主观隐私损害以及客观隐私损害的定义，即他人感觉自己受到了违背其意愿的观察时所产生的主观感受，以及行为人使用他人的私人信息，以强迫或者意料之外的方式对付他人所导致的后果，可以将法律所认可的大部分隐私损害行为包括在内。此外，此方法还界定了隐私损害的界限，进而保护隐私损害这一概念免受稀释，将其与其他价值剥离开来，并且使法院得以对一些从前没有记录在案的隐私权问题进行识别与认可。

另外，此方法还论证了一个人们普遍持有的有关隐私损害的性质的观点的不足，这一观点认为，只有在他人明确感知到行为人的行为时才存在隐私损害。Richard Posner 认为，只有当人们非法获得了其无权获得的信息，并不当地使用了该信息之后，其行为才构成隐私损害。[1] 单纯收集甚至处理他人信息的行为，例如，使用电脑实施以上行为，并不构成隐私损害。只有当一个感知能力正常的个人取得或者见到了该信息，并能从该信息中获知当事人的隐私，其行为才能构成隐私损害。[2] 但即使如此，一位业务能力出众的"专业人士"，比如医生或者情报官员，就能很好地减轻受害人所受的隐私损害。[3] 同时，虽然仅仅是偷窥的行为就已经被视为一种隐私损害行为，但 Posner 始终认为，只有当偷窥者采取了其本不该采取的行为，并给他人造成了身体上或者经济上的损害结果，才能构成真正的隐私损害。

Posner 争论道，真正获得他人的感觉信息或者隐私信息是构成隐私损害必不可少的要件，并且持有这种观点的学者不止 Posner 一个。Eric Goldman 就曾质疑，"单纯的信息搜集行为，怎么可能产生隐私损害"[4]？单纯的信息处理行为，如果从未"向任何人展示"，就不可能导致"任何种类的损害结果。"而 Orin Kerr 所提出的针对《美国联邦宪法第四修正案》意义下的搜索行为的检验标准也同样认为，法院在裁量时必须以"隐私信息曝光为前提"，并且他认为，如果案件中没有发生损害结果，那么，法院就不能援引宪法性规定将单纯利用计算机搜集信息的行为定性为隐私损害。[5] Richard Parker 则将"隐私"特别定义为"对能够感知我们生活的人的有效控制"，[6] 按照他的定义，只有在行为人违背他人的意愿感知了他人的生活时，行为人的行为才构成隐私损害。Parker 还强调，"政府部门或者其他组织收集个人信息的行为，本质上并不构成隐私损害，但却可能对人们的隐

---

[1] Posner, Privacy, Surveillance, and Law, supra note 3, at 253-254.
[2] Richard Posner, Editorial, Our Domestic Intelligence Crisis, WASH. POST, Dec. 21, 2005, at A31.
[3] Posner, Privacy, Surveillance, and Law, supra note 3, at 251.
[4] Eric Goldman, Data Mining and Attention Consumption, in Privacy and Technologies of Identity 225-226 (Katherine Strandburg & Daniela Stan Raicu eds., 2005).
[5] Orin S. Kerr, Searches and Seizures in a Digital World, 119 HARV. L. REV. 531, 551 (2005).
[6] Parker, supra note 1, at 281.

私造成威胁"。

只有其他人真正感知到他人或者他人的隐私信息，行为人的行为才能构成隐私损害这一要件是有充分的法律依据的，因为非人类所为的信息搜集行为并不违反《美国联邦宪法第四修正案》的规定。在两起重要的《美国联邦宪法第四修正案》的案例中，联邦最高法院都认为，由于警犬只会在嫌疑人确实藏有违禁品时才会发出警报，因此，只要嫌疑人没有携带违禁品，警察根本就不会知悉嫌疑人身上携带的其他隐私物品[1]，因而警方使用警犬对嫌疑人进行缉毒搜查的行为并不构成隐私损害行为。在《美国联邦宪法第四修正案》的视角下，关于上述要件的争论甚至曾经引发过有关隐私保护问题的更大的争论。

与上述讨论的问题相比，本文所提出的方法的一个优点就在于，它明确了观察行为可能造成的所有隐私损害。第一，即使任何人都不曾亲眼见过他人的信息，但只要他人觉得其生活已被其他人所感知，隐私损害就已经存在。这是因为人们有充分的理由相信，只要他人的生活正在被其他人窥视，就很可能造成损害结果。第二，即使任何人都不曾亲眼见过他人的信息，机器也毫无疑问具有收集、处理并非法使用隐私信息的能力。人们甚至已经开始着手掀起更大的自动化浪潮。而本文提出两种隐私损害类型无疑可以适用于这种潜在的隐私损害，而上文所谓"是否违背他人意愿"的规则却无法适用于这种潜在的损害。

除此以外，本文的方法还有其他优点。本文所提出的隐私损害的两种隐私损害类型是可以经得起实践检验的。按照本文的方法，法院与政府——特别是在专家的帮助下——是能够对下列问题做出准确的调查的，例如，他人是否感觉到了其正被行为人偷窥、行为人是否获得了监视他人或者搜集他人信息的授权以及他人是否预见到其个人信息将会被用于特定目的等。经过调查，上述问题的结果都是明确的，并且大部分都将是不容争议的。当然，对于一些特定行为或是新现象、新情况而言，本文的方法肯定是不适用的。

---

[1] Illinois v. Caballes, 543 U. S. 405 (2005); United States v. Place, 462 U. S. 696, 707 (1983).

此外，本文的方法还为隐私损害的相对严重性的评定提供了标准。在主观隐私损害案件中，我们既可以根据他人对偷窥行为感到的厌恶程度，也可以用行为人偷窥行为的严重程度，来评定具体的隐私损害的相对严重性。如果上述两个指标都达到了一个很高的程度，那么，行为人的行为就构成了最高程度的隐私损害；如果上述两个指标之一达到了一个很高的程度，法院就可以判定行为人存在隐私损害。

上述方法在解决"公共领域中的隐私权"这一老大难问题上非常有用。现有法律有关此问题的规定是繁杂而僵化的：现行法律认为处于公共领域中的个人不具有合理的隐私期待，因此一般来说，发生在公共领域中的窥探他人隐私的行为不构成隐私侵权。既然不存在隐私侵权，隐私损害就更无从谈起了。

上文已经讨论了主观隐私损害的特征，但是应当说，在这种类型的隐私损害中，他人的主观厌恶程度是很低的——比如只有20%的程度。但是否就可以仅凭主观厌恶程度判定隐私损害程度呢？答案显然是否定的：我们必须在此程度上再乘以监视行为的严重程度。就当今数量众多的室外监视行为而言，如室外闭路电视监控、大范围航拍等，如果通过上述行为获得的数据又被加以储存与处理，那么其监视行为的程度无疑是很高的。因而，上述行为可能最终造成的隐私损害也是极其巨大的（可达到80%的程度）。

同样地，除了从被泄露信息的严重程度判定隐私损害程度之外，我们还可以根据他人知情或同意的程度来衡量客观隐私损害的程度。我们可以以联邦贸易委员会最近对Sears百货公司提起的指控为例。[①] 尽管联邦贸易委员会承认Sears百货公司已经提醒消费者注意他们下载的软件很可能被他人用以追踪其个人信息，但由于这种追踪个人信息的行为实在防不胜防，因此，联邦贸易委员会仍然指控Sears百货公司构成不正当的商业欺诈行为。本文的方法可以很好地论证联邦贸易委员会做法的合理性，并可将其推广适用。

---

① In the Matter of Sears Holdings Management Corporation, FTC File No. 082 3099 (Sept. 9, 2009). In the Matter of Sears Holdings Management Corporation, FTC File No. 082 3099 (Sept. 9, 2009).

四、反对理由

本文认为应当为隐私损害划定界限,并且一般而言,大多数隐私损害都可以分为主观隐私损害与客观隐私损害两种类型。针对本文的观点,反对者可能会提出以下反对理由。

第一种反对理由是本文的方法只能适用于特定的个人隐私损害。这种损害最多只能针对群体性隐私损害,但不能适用于日趋严重的所谓的"建筑构造损害"案件,如破坏住宅安全系统侵入他人住宅的行为。①

第二种反对理由是本文的方法与当前我们对一些问题的普遍认识相矛盾。当前我们普遍认为,只有在大多数人都认为行为人的行为构成隐私损害时,对其进行处罚才是正当的,即法院对行为人的行为的判断必须"符合正常人有关何时人们享有隐私权或何时人们丧失了隐私权的认识"②。笔者已经在本文的第一部分指出,即使某些行为在立法者、执法者看来构成隐私损害,我们也必须将这些行为排除在隐私损害行为之外。但是,即使我们认同隐私损害存在一定的界限,本文的方法可能在以下两种情况下有违当今的普遍认识:第一,本文认为,即使是过失行为,也会导致自发性的隐私损害;第二,在本文看来,偷窥狂这种典型意义上的隐私侵权者,似乎并未造成任何隐私损害。下文将分别对上述两种反对理由做出回应。

(一) 反对理由一:受损危险

隐私信息监控中心(Privacy Rights Clearinghouse)是一家设立于加利福尼亚州的非营利性机构,该机构一直致力于追踪数据泄露行为。该机构估计,自2005年1月至本文写作之日,已经有超过3.55亿个人隐私数据被公开。几乎每一个州都已经制定了自己的信息泄露通知法,要求个人或组织在泄露了他人信息之后必须及时通知受害人或者政府有关部门。

信息泄露行为本身并不会自动地引发身份盗用、敲诈或者其他不

---

① See supra note 16.
② See Parker, supra note 1, at 276.

法行为。应当说,被泄露的3.55亿个人隐私数据的大部分并未遭到不法使用。但是,这样大范围的信息泄露行为还是极大地增加了产生不良结果的风险,难道有人会否认这一点吗?既然如此,为何笔者未对此做出说明呢?

从本质上来讲,信息泄露应该属于主观隐私损害的范畴。当一名顾客在邮件中被告知他的个人信息已经被泄露时,他肯定会像本文所说的第一种隐私损害类型所描述的那样,为自己可能因此而遭到侵害而感到不安与焦虑。也就是说,他会认为行为人已经或者可能违背其意愿使用其隐私信息。顾客会有这样的担心是非常正常的,退一步而言,就算是毫无相干的我们,在得知别人的信息被泄露时,也会同样对自身的隐私信息感到一丝担忧。

上述情况下他人还只是仅仅知道自身的隐私信息已经被泄露,但如果他人并不知道自身信息已经被泄露,或者并不知道信息泄露已经导致了其他负面结果时又该如何?如果发生上面的情况,按照现行的观点,除非或者直到他人知悉其信息被使用时,否则,既不存在主观隐私损害也不存在客观隐私损害。更糟糕的是,按照现行观点我们可能得出这样的结论——信息泄露通知本身就是一个恶魔,它促使了原本不存在的(主观)隐私损害的发生。

但是,笔者并不认同上述的通行观点。因为潜在的隐私损害与实际的隐私损害并不相同,这就好比潜在的烧伤隐患与实际发生了烧伤症状并不相同一样。两者在概念上就存在截然的不同之处:实际的隐私损害就是实实在在的损害,而潜在的隐私损害仅仅是一种发生损害的可能性。如果他人觉得自己可能因信息泄露而更易遭受损害,就会产生隐私损害,这就好比当他人担忧自己可能遭到人身攻击时,就会制造出人身侵权一样,都是十分不合理的。但是如果不存在心理上的忧虑或者非自愿性的身体接触,其实就不存在所谓的隐私损害或殴打罪。

让我们再举另一个与隐私权无关的例子:人体免疫系统经过艰苦奋战,终于在一种疾病对身体造成不良影响之前制服了该种疾病。很明显,该疾病的确对人体造成了一定损害:它使患者疲于与病痛做斗争,并使他不能像以前健康时一样欢乐地环游世界。但是我们要明白,虽然你遭受了一定损害,但那毕竟要好过将艾滋病病毒(一种可以使人体免疫系统彻底瘫痪的病毒）与季节性感冒病毒一并植入你的体内以求你的免疫系统能对两种病毒都产生免疫力，如果真的那样做，只会令你得不偿失。因为每种病毒都有自身的机制、特性与治疗方法，虽然艾滋病病毒将会使季节性流感病毒更具有致命性。

同样地，本文并不是要贬低信息泄露行为的严重性，也不是要否定惩治身份盗用行为的不便性，更不是要否认在上述情况下完全不存在任何隐私损害。总之，本文同样认为认清潜在的隐私损害的本质是非常必要的，辨清损害的类型将帮助我们选择一种更为恰当的法律救济方式来处理实际发生的隐私损害问题。例如，某些法律规则的目的就是帮助我们防止特定隐私损害的发生；而其他法律规则赋予人们免受隐私损害的权利以及防止政府侵犯个人隐私。① 尽管从严格意义上来说，信息泄露通知法是催生其中一种隐私损害类型的"始作俑者"，但信息泄露通知法确实可以在防止隐私损害发生、保护当事人免受隐私损害等问题上发挥重要作用。

（二）反对理由二：建筑构造损害

Daniel Solove 曾不止一次地在他的著作《数字人》与其他场合中自信地强调②，一直以来，对于隐私损害的一个主导隐喻就是上文提及的 George Orwell 的《1984》一书中的老大哥（Big Brother）。③ 这个幻想出的意象被用来隐喻那些从事着大量的监控活动的庞大势力。近年来，这一隐喻已经转变成了人们对不可计数的小兄弟的担忧，单位与个人都受到了更加普遍、更成问题的窥视。然而，目前的状况还只是冰山一角。

Solove 认为，在现代社会背景下，我们在思考隐私权问题时不应再以 Orwell 写作的《1984》一书为参考，而应从 Franz Kafka 写作的《审判》一书的角度出发。在《审判》一书中，主角 Josef K. 陷入了一场神秘的法律审判程序中。④ 他根本无从得知自身处境的任何信

---

① Samuel Bray, Power Rules, 110 COLUM. L. REv. 1172, 1173 (2010).
② Solove, The Digital Person, supra note 16; SotovE, Understanding Privacy, supra note 4, at 133; Solove, Privacy and Power, supra note 16.
③ ORWELL, *supra* note 87.
④ Franz Kafka, the Trial (1925).

息，更别提为自己的权利而斗争。最终，Josef K. 在完全不知道发生了什么事的情况下，屈死在州法院的审判之下。

在 Solove 看来，这就是我们所处社会所面临的危机。我们明知那些别有用心的人正在收集、处理与使用我们的信息，他们的所作所为有时对我们十分不利。但是我们要么别无选择，要么被蒙在鼓里。在与其说隐私损害来源于已知实体以某种明确而有争议的目的实施的一种从头到脚的监控，更确切地说，在现代社会中，隐私损害更表现为行为人在他人不知情的情况下，偶然实施的破坏、歧视、暴力行为，给他人带来的模糊的不安与不适。

换句话说，隐私损害不仅仅会像本文看似假设的那样给个人造成损害，在某种意义上，隐私损坏还可能给社会造成"建筑结构上的"损害。隐私权的缺失促使并且助长了权利失衡的不良现象，妨碍了公民对自我权利的实现。这给我们的社会带来了十分严峻的建筑上或结构上的损害。

毫无疑问，这种建筑构造损害是一种损害。然而，我们最好不要将这种建筑构造损害定性为隐私损害。恰恰相反，建筑构造损害会对社会凝聚力与社会信赖造成损害，它是一种恰巧由隐私损害所构成的独特的损害类型，并且通常情况下，隐私损害并不是唯一的组成部分。

举例而言，在 Julie Cohen 看来，"当人们的一举一动受到普遍的监控时，人们开始倾向于选择那些更加平庸而主流的行为模式"①。之所以会产生这样的效应，其原因在于人们感到自己受到了别人的观察，也就是说人们受到了主观隐私损害。如果社会上的绝大多数人都受到了这种损害，那么我们可以想见，公民权利、艺术创造、技术革新都将受到"建筑构造上的"威胁。但这并不意味着，如果人们丧失了上述价值，人们的隐私就受到了损害。与知识产权法律制度的失败或是公立学校的匮乏一样，如果人们失去了隐私权，其损害无疑是十分严重的，但也是十分独特的，与其他损害类型有着明显的区别。

我们还可以想象一下，一支好事而又缺乏职业道德的警察队伍将会给其巡查的街区带来什么样的损害。假设这些警察无缘无故地监控

---

① *Cohen*, *Examined Lives*, supra note 83, at 1426.

人们的一举一动，随意传唤无辜之人，滥用警力。上述的几种行为都具有独特性，并且分别会产生特定且不同的损害结果，每种行为都值得我们进行单独的研究。但是从总体上来看，这些损害共同构成了另一种损害——对社会信任的侵蚀。这种损害由多种行为构成，其中包括过度监控，滥用裁量权以及未经授权的权力行使。但是，这种对社会信任的损害又与上述单个行为所造成的损害有着千差万别。

（三）不存在隐私侵犯的隐私损害

法院、政府以及隐私权学者往往倾向于将目光集中在信息的收集、加工与传播上。[1] 按照这种模式，每一项新技术诞生都会由于提高了人们观察他人的能力而对隐私权形成威胁，无论是1890年问世的快拍相机[2]或是2009年出现的基因算法[3]。正如上文所讨论的，Parker以及其他学者认为，判断行为人的行为是否构成隐私损害应当根据他人是否感到自己的意愿遭到了违背，他们的这种解释也反映了法院、政府及隐私权学者的倾向。隐私损害的主要特征就是，事件中存在一个观察者与一个不警觉的或不情愿的受害者。

然而，笔者认为，隐私损害的发生有时并不需要所谓的观察者。从某种意义上来看，隐私损害发生并不需要由人类实施观察或者决策的行为，就观察行为而言，他人只要感到自己受到观察，就意味着隐私损害的发生；就决策行为而言，自发性的隐私损害并不需要所谓的决策行为。但是笔者还需强调，即使在设计阶段或是实施阶段，人类的参与从来就不是隐私损害发生的必要条件。在笔者看来，主观隐私损害完全可能由他人的精神疾病或其他巧合所导致。

当然，我们不能将他人自己产生的幻觉看成其遭受了隐私侵犯，这一观点遭到了诸多异议。对于本文得出的这一结论，笔者丝毫也不觉得奇怪。在其他任何情况下，损害与侵犯这两个概念都是没有必然联系的；既然如此，在隐私权领域，这两个概念之间又怎么会有交集

---

[1] Calo, *supra* note 90, at 817 – 825（evidencing this tendency）.

[2] Warren & Brandeis, *supra* note 1, at 195

[3] Tal Z. Zarsky, "*Mine Your Own Business!*": *Making the Case for the Implications of the Data Mining of Personal Information in the Forum of Public Opinion*, 5 YALE J. L. & TECH. 1, 4 – 6（2002 – 2003）.

呢？如果行为人出于恶意对他人拳脚相加，而他人进行正当防卫而打伤了行为人的鼻子。在这种情况下，行为人的鼻子受的伤仍然算是一种损害。类似的情形还有许多，比如狂风吹断了树的枝丫，树枝砸在了一个人的头上。同样地，被树枝砸伤的这个人明显遭受了损害。观察所带来的损害则不同。偏执型精神分裂、幻觉、相信神正在注视着我们而产生的愧疚感，这些损害都属于隐私权所保护的范畴。即使这类损害并不具有可诉性，但是他人所遭受的隐私损害并不会由于损害的产生是自然的或是自发的而不复存在。

（四）不存在隐私损害的隐私侵犯

偷窥狂一词，有着久远而沉重的历史渊源。Godiva 夫人为了让她的丈夫，也就是国王，不再对臣民征收沉重的税金，答应了国王提出的条件，裸露着身体在街道上骑行，而那个叫 Tom 的男孩偷窥了这一幕。由于其无礼的行为，Tom 被刺瞎了双眼。而如今，偷窥狂的形象演变得更为骇人听闻，例如，男人偷窥女士更衣室的行为，法院在审理这类案件时，通常会援引隐私损害的相关规定。有时法院只是十分隐晦地引用这类规则，例如，在 Kyllo v. United States 一案中，警察暗中监视毫无警惕的"屋中的女人"，大法官 Scalia 在判决中就采取了一种暗示的论调。①

如果 Tom 活在今天这个时代，他就能够保住他的眼睛。我们会认为，由于 Godiva 夫人不具有合理的隐私期待，并且也不能证明其受到了损害，因而 Tom 的行为不构成隐私侵犯行为。但是，Tom 一案明显是一个特例。正如 Peter Swire 所指出的，今天的"偷窥"行为往往涉及行为人对数据库的不当使用。Swire 根据行为的严重性，将"偷窥"记录的行为分成了严重性等级不同的三种类型。② 第一种类型是"注视"，指的是行为人在未经他人允许的情况下观察他人，给他人造成窘迫尴尬；第二种类型是"传播流言蜚语"，指的是行为人将其收集到的他人信息透露给其他人，这种行为比"注视"更加严重；第三种类型是"攫取"，指的是行为人利用他人的信息对他人

---

① 533 U. S. 27, 39 (2001).
② Peter P. Swire, *Peeping*, 24 Berkeley Tech. L. J. 1167, 1168 (2009).

造成不利，例如勒索敲诈行为。

如果要将笔者提出的理论框架套用到 Swire 的分类上，那么注视行为将对应主观隐私损害，而传播流言蜚语与攫取行为则对应客观隐私损害。但是，如果一个雇员查看了一项记录之后，没有发表任何评论，也没有任何人知道他曾经查看过这些资料，那么，在这种十分常见的情况下，应该如何判断呢？类似地，在 Kyllo v. United States 一案中，偷窥狂偷窥那位女士洗桑拿浴，如果那位女士以及大法官 Scalia 都不曾发现偷窥狂的所作所为，那么又将如何定性行为人的行为呢？

有一种观点认为，当观察者隐藏于暗处或未被发现时，由于此时行为人实施了不正当的行为，并且其行为违背了他人的意愿，因此，这种情况下行为人的行为是一种典型的隐私损害行为。如果我们觉得有人在我们看不到的地方偷看我们洗澡，那么我们一定会十分恼怒。但是按照笔者的观点，除非并且直到被观察者发现自己被观察，否则我们不能将行为人的行为定性为隐私损害行为。如果他人没有发现自己受到行为人的观察，那么，他人就不会因为行为人违背其意愿对其观察而产生反感，更不会认识到行为人利用其信息对其不利。正如 Richard Park 所言："如果将隐私权定义为一种心理状态"，笔者在本文中正是这样定义的："只要他人对自己受到观察的事实毫不知情，我们就不能认为行为人的行为造成了隐私损害。"①

笔者并不认为上述的这种结论分歧对本文的理论会造成致命的影响。我们需要注意到，偷窥狂的案件中都涉及了多方当事人，包括了行为人、他人以及其他旁观者，对于行为人的行为，各方都有着自己的视角。这三方当事人中只有两方当事人知道行为人实施了隐私侵犯的行为。

笔者相信，我们都会倾向于认为上述隐藏的偷窥狂的例子中，他人受到了隐私损害，这种倾向实际上是内部视角与外部视角合并而产生的。② 如果假设中的他人没有意识到自己受到观察，那么他人就没有遭受损害。然而，处于外部视角的我们却会自然而然地由于移情作

---

① Parker, *supra note*, at 278.
② *Cf* Orin S. Kerr, *The Problem of Perspective in Internet Law*, 91 GEo. L. J. 357, 357 (2003).

用,而将我们的感知投射在他人的身上。

我们不妨思考一下以下的思维试验:一位发明家发明了一个神通广大的望远镜,通过这个望远镜他可以看到遥远星球上其他生命形态的一举一动。又或者他发明了一个能够从另一种维度观察事物的工具。上述的任一种发明都能够使他看到他人私生活方方面面,同时不会对他人造成任何影响(虽然根据量子力学的原理这是不可能的)。虽然假设中的行为与隐藏的偷窥狂的行为如出一辙,但是假设中的这种行为却不会引起人们的担忧。无论行为人使用哪种方法,这名发明家的所见所闻都不会比偷窥者的所见所闻要更全面,并且在这个思维试验中我们早已设定,行为人的行为不会在现实世界中对他人造成任何负面影响。

显而易见,在上述思维试验中,发明家的观察行为仍然有着被发现的危险,或者他的成果可能会被其他人滥用。作为第三方的我们,也许也会在仅仅获悉可能存在跨维度望远镜后,而担忧自己可能会受到损害。我们可能会产生怀疑,怀疑我们是否是宇宙中唯一的智慧生物。因而,偷窥狂的例子也存在相同的效应:我们会在心里快进事件的发展态势,预见到行为人的行为会被他人发现,他人就会感到尴尬、恐慌、羞耻,然后再将他人可能产生的这些心理反应追溯到还未发现偷窥者的他人的身上。当然,在假设之外,只有当偷窥狂被抓住之后他们的所作所为才会为人所知。

五、结语

就如同烧伤是一种特殊而可争端的病情一样,隐私损害也是一种独特的损伤,且具有一定的界限与特性。本文认为,通过为隐私损害划定界限,我们不仅可以适当地将隐私损害从其他损害中区别开来,还可以在新的隐私损害出现时对其进行识别。依据本文提出的方法,我们可以深入了解到隐私损害这种独一无二的损害类型的性质与范围。当然,主观隐私损害与客观隐私损害都经得起进一步的分析与检验。从许多方面上来看,隐私权都处于法律这门伟大科学的尖端。我们希望,通过详细阐释隐私损害的外部边界与核心属性,本文能够为学者指出一条隐私权研究的新的途径。

侵犯他人隐私权所承担的损害赔偿责任

迪尔曼·乌尔里克·阿梅隆[①]著　韩林平[②]译

目　次

一、导论
二、德国联邦法院管辖范围内的法律研究现状
三、Caroline I 一案判决的影响
四、德国法中与公民基本权利相关的《基本法》第 5 条和"横向影响"原则
五、英国法对《欧洲人权公约》的内化
六、结语：德国法对英国法的价值

一、导论

在当今社会，新闻媒体最大的特点之一即是给社会公众提供极其大量的信息。信息来源的多元化[③]导致新闻媒体在吸引消费者的眼球、争夺市场份额和增加发行量的竞争过程中变得愈发无情。然而，新闻媒体本身很少会成为这些竞争行为的受害者，受害者往往都是新闻媒体报道的在完全未经本人同意的情况下被拖入众人注目的焦点的报道对象——公众人物或者其他没那么出名的个人。而新闻媒体这样的行为往往构成对其报道对象隐私权的侵犯行为。

[①] 迪尔曼·乌尔里克·阿梅隆（Tilman Ulrich Amelung），德国雷根斯堡大学罗马法、民法和比较法制史研究员。
[②] 韩林平，中山大学法学院助教。
[③] P. Schwerdtner, *Personlichkeitsschutz im Zivilrecht*, in Karlsruher Forum 1996: Schutz Der Personlichkeit 43 (E. Lorenz ed., 1997).

在德国法律领域，上述问题很早便引起了学者的关注，最值得注意的是，德国的很多高等法院（higher courts）希望在案件审理过程中公正对待越来越受到重视的隐私权这一公民权利，因此也对上述问题给予高度关注。虽然《德国民法典》（German Civil Code, Bürgerliches Gesetzbuch, BGB）仅保护公民某些方面的隐私权①，不允许受害者获得非财产性损害赔偿（除非法律另有明确规定），但是随着公民权利和法律的发展，德国法院逐渐创设了"一般性人格权"（general right of personality）这一概念。一般性人格权以德国"基本法"（Basic Law, Grundgesetz, GG）中的基础性原则为依据，通过判例法不断发展完善。德国公民有很多可适用的法律救济方式来保护自己的该项权利，例如权利受到影响的人均有控告申诉权，又例如受害者有权获得非财产性损害赔偿。

初看起来，在保护公民隐私权方面，英国法的立场和德国法截然不同。在英国法之下，目前并不存在某项法律，规定公民在私人生活受到外界尊重的方面享有独立的或者一般性的权利（无论这种权利被称为隐私权还是人格权），而现有的对公民该方面利益的保护非常零碎且不完善。因此，隐私权遭受侵害的受害者必须借助其他方式保护自己的隐私权。一方面，受害者可能以行为人违反了其他侵权法规定为理由，向法院提起其他侵权诉讼，以此名义来保护自己的隐私权，例如，名誉侵权之诉、侵扰侵权之诉、不动产侵权之诉、假冒侵权之诉以及恶意欺诈侵权之诉等；另一方面，受害者可能借助其他概念追究行为人的责任，例如指责行为人违反保密责任、藐视法庭或者侵犯其版权。如果上述保护隐私权的尝试均未成功，那么隐私侵权受害者将很难再得到法律救济。② 在过去的几十年里，和德国的情况类似，一些人针对隐私权的受保护现状提出改革倡议，呼吁创设内涵广泛的隐私权这一概念，但均以失败告终。③ 对此，一部分原因在于大部分人认为隐私权或者类似的权利太难界定，还有一部分原因在于对这一权利的承认和保护将大大限制新闻自由。

---

① Cf section 12 Bürgerliches Gesetzbuch [BGB].
② See Tolley v. Fry, I K. B. 467, 478 (C. A. 1930).
③ See generally R. Wacks, Privacy and Press Freedom 3 – 10 (1995).

我们无法确切了解英国法对隐私权的态度何时发生了转变，但是在英国法发展过程中，一个事件很可能标志着英国隐私权法发展的新时代的开始，这一事件即为：英国国内法对《欧洲人权公约》(European Convention on Human Rights，以下简称 ECHR) 的承认和采纳，包括对 ECHR 第 8 条中保护个人私人生活和家庭生活受到外界尊重的规定的承认和采纳。[1] 根据英国首席大法官 Bingham 勋爵的观点，在法院之下通过判例推动英国隐私权法的发展是英国承认和采纳 ECHR 的必然结果。[2]

有观点认为："对英国隐私侵权未来发展可能性的争论最好应当建立在一定基础，例如全面、仔细地研究其他在实践中保护公民隐私权的国家的隐私权法体系建构——之上。"[3] 英国目前正处于隐私权法改革的酝酿阶段，恰好可以比较、参考和借鉴德国开始于"二战"之后、至今仍未结束的隐私权法改革。本文将介绍德国隐私权法的现状，特别是最近由德国联邦最高法院（Federal Supreme Court, Bundesgerichtshof, BGH）重新提出的关于隐私侵权诉讼中损害赔偿的计算方法的问题。笔者经过一系列仔细分析将表明，隐私权和言论自由并不是两个无法调和与共存的权利。

在本文中，笔者将从以下几方面进行分析。首先，笔者将介绍损害赔偿的必要条件和目的；其次，笔者将重点分析德国判例法和新闻媒体对德国联邦最高法院保护公民隐私权的判决的接受程度；最后，笔者将探究隐私侵权损害赔偿责任应当受到的限制。

二、德国联邦法院管辖范围内的法律研究现状[4]

在德国，社会对于有效保护公民人格权的需求在 20 世纪逐渐显现。两个因素被普遍认为是推动德国联邦最高法院偏离当时德国王室拒绝保护公民人格权的态度、转而承认公民享有一般性人格权的关

---

[1] The Human Rights Act 1998 came into force on October 2, 2000.
[2] See The Times (London), Oct. 9, 1997, at 12.
[3] B. S. Markesinis & N. Nolte, Some Comparative Reflections on the Right of Privacy of Public Figures in Public Places, in Privacy and Loyalty 113, 131 (P. Birks ed., 1997).
[4] Entscheidungen des Bundesgerichtshofes in Zivilsachen [BGHZ] 128, I = Neue Juristische Wochenschrift (NJW) (1995) 861 (Caroline Ⅰ).

键。第一个因素在于，在经历了战争期间纳粹政权对人类价值的肆意践踏之后，人们对于重塑人类诸如人格尊严和个人自由之类的基础性价值存在需求和期待。这些价值在德国 1949 年宪法中均受到了保护。第二个因素在于，众所周知，社会发展和科技进步使得行为人在未经他人授权的情况下通过各种监控设备、监控手段擅自侵扰他人私人领域的行为越来越容易，他人遭受该类行为侵犯的风险也逐渐增加。①

无论是德国法律界还是英国法律界均认为，战后德国保护公民一般性人格权的法律的发展是迅速且全面的。为了保持文章的连贯性，也为了使读者更好地理解本文的主体内容，笔者先对德国保护公民一般性人格权的法律的发展做简要总结。

(一) 德国联邦最高法院对 Caroline Ⅰ 一案的司法态度

确切地说，德国战后的隐私权法发展始于 1954 年德国联邦最高法院在 Schacht 一案②中做出具有开拓性的判决。在 Schacht 一案中，原告是一名律师，被告是某周刊出版社。原告曾写信给被告要求其对其出版物刊载的文章中关于原告的客户的内容做出某些更正。原告的客户 Schacht 是希特勒当权时期的德国国家银行总裁。被告在没有做出任何回复的情况下，将该信件进行截选，并以"致编辑的信"的名义刊登在了周刊上，使得这封信件看上去仅仅像是原告在表述其个人立场。原告向法院起诉，主张被告侵犯其人格权利，并成功使得被告发布了撤回声明，同时更正了周刊上的失实内容。德国联邦最高法院认为，由于德国基本法已经承认了公民享有不可侵犯的尊严权 [Art. 1 (1) GG] 和自由发展的人格权 [Art. 2 (1) GG]，一般性的人格权应当被视为一项受到宪法性保障的公民基本民事权利，应当受到社会生活中每一个人的尊重。

在另一个同样重要的案件 Gentleman Rider 一案③中，上述结论得到了又一次确认和扩张。在该案中，被告拍摄了原告参加骑马比赛的

---

① L. B. Lidsky, *Prying, Spying, and Lying: Intrusive Newsgathering and What the Law Should Do About It*, 73 TUL. L. REV. 173 (1999).

② BGHZ 13, 334 (*Schacht-Briefe*), B. S. Markesinis, *The German Law of Obligations*, Volume Ⅱ. *The Law of Torts: A Comparative Introduction* 376 (3d ed. 1997).

③ BGHZ 26, 349.

照片,并在未经原告同意的情况下将此照片用于制作自己的产品宣传广告,而该广告产品是一款被宣传能够提高使用者性能力的产品。德国联邦最高法院判定,被告的行为侵犯了原告的一般性人格权,责令被告向原告支付 10000 DM 的非财产性损害赔偿。这一判决不同于先前《德国民法典》第 253 条①的规定。该案中,审理案件的法官认为,公民的人格权利是一项应当受到保护的基本宪法性权利,若公民在该权利受到侵害时无法得到救济赔偿,那么该权利将形同虚设,因此,法律拒绝对这些侵权行为受害者提供非财产性损害赔偿的做法是令人无法接受的。然而,尽管该案在隐私侵权赔偿救济方面有极大的突破,但侵权行为受害者能够以此种方式获得赔偿救济的案件仍仅限于行为人的行为严重损害他人人格且他人无法适用其他能够提供适当补救措施的救济手段来获得救济的案件。

通过将一般性的人格权定性为一项宪法性的绝对权,德国联邦最高法院触及到了一个宪政法层面的有争议的问题。德国基本法本质上是保护公民免受政府权力过大给其造成的损害的。然而,德国基本法并未明确、直接地保护公民免受来自其他私主体的侵害。德国法将公民言论自由作为一项重要的宪法性权利进行保护,并且德国法上存在所谓的基本权利之间的"横向影响"(horizontal effect,此处指《欧洲人权公约》对德国调整私主体之间权利义务关系的立法活动的影响,无论该法律是纯粹为了调整私主体之间的权利义务关系而制定的还是主要为了调整私主体与公权力之间的纠纷而制定的)原则,在此背景下,德国法如何保护公民免受来自其他私主体的侵害?笔者将在下文中详述。

还有一个涉及非财产性损害赔偿的案件,即 1973 年的伊朗公主 Soraya 的案件②。Soraya 公主是曾经的伊朗国王穆罕默德-礼萨·巴列维的前妻,也是一位国际知名人士,被告捏造事实,宣称其与 Soraya 公主进行了访谈,并将捏造的访谈内容进行了报道。该案中,德国联邦宪法法院(Bundesverfassungsgericht-BVerfG)有权就此事做出裁决。

---

① Section 253 BGB.
② Entscheidungen des Bundesverfassungsgerichts〔BVerfGE〕34, 269 = NJW (1973) 1221 (Soraya).

德国联邦宪法法院在回顾了德国联邦最高法院在类似案件中的判决①后，遵循了德国联邦最高法院的做法，再次证明了保护公民人格权的强烈需求。该案中，德国联邦宪法法院认定，责令行为人就其侵犯他人隐私权的行为承担非财产性损害赔偿责任的做法并不违背德国宪法，因为这对有效保护公民的尊严权和人格权利有促进作用，而保护公民的尊严权和人格权利正是宪政秩序的核心所在。德国法院曾在很多案件中涉及行为人是否应当对其侵犯他人人格权利的行为承担非财产性损害赔偿责任的问题。而直至德国联邦最高法院在上述 Soraya 公主一案中在这一宪政性问题上立场的转变，德国才可以说完全承认了行为人侵犯他人人格权利应当承担非财产性损害赔偿，并将此纳入其法律体系，成为其中的一部分。

（二）德国联邦最高法院在 Caroline I 一案中的判决理由

几乎直到 Soraya 一案的判决做出 30 年后，在一个被告侵犯一位高等贵族的隐私领域的案件——Caroline I 一案②中，德国联邦最高法院才再次收到要求法院保护原告的人格权利的呼声。该案中，原告 Caroline I 是一位摩洛哥公主，是摩洛哥亲王兰尼埃三世的长女，被告是一家德国小报。被告在其发行的小报上刊登了一则关于原告的报道，并对外宣称这篇报道是被告对原告的"独家访谈"。报道的标题为"Caroline——首次吐露她的悲伤、她对世界的恨以及她对幸福的追求"，报道旁边还附有 Caroline 公主及其家人的私人照片以证明报道的真实性。然而，实际上，这则报道完全是被告虚构的。

法院认为，被告的行为严重侵犯了原告的一般性人格权。被告在小报中刊登虚假署以原告姓名、但却完全不出于原告之口的评论的行为，以一种"客观来讲"非常严重的方式侵犯了原告对于自己在公众面前的形象的自主决定权。被告故意侵犯原告的隐私生活以获取自身的商业利益。被告对其不计后果地将原告人格权利"被迫商业化"（forced commercialisation）的行为应当承担特别的损害赔偿责任。尽管法院并未非常严格地要求被告对原告承担恢复原状性质的损害赔偿

---

① Bundesgerichtshof [BGH] NJW 685 (1965).
② OLG Hamburg, NJW (1996) 2870.

责任（restitutionary approach），但是法院指出，在评定该案中原告遭受的损失大小时，被告通过实施侵权行为所获得的利益应当作为被合理考虑在内的因素之一。德国联邦最高法院驳回了被告向本院提起的上诉请求，而指定汉堡上诉法院对案件进行上诉审并做出最终裁决。汉堡上诉法院支持了德国联邦最高法院的事实认定，重新评估了被告所需承担的非财产性损害赔偿的数额（原审法院判决被告承担30000 DM 非财产性损害赔偿），并最终判定被告向原告支付180000 DM 非财产性损害赔偿，这一数额也是德国有史以来侵犯他人一般性人格权的案件中判令被告承担的最高赔偿额（需注明的是，这一赔偿额包含被告对原告的隐私生活实施的三个独立的公开行为的赔偿）。

（三）发展中的变革

Caroline Ⅰ 一案在德国的法律发展史上引起了极大的轰动[①]。根据德国现有的判例法[②]，一旦行为人被证实实施了侵犯他人一般性人格权的行为，如果行为人对他人权利的侵害足够"严重"（serious），那么他人可以要求行为人承担非财产性损害赔偿责任。在裁判行为人应当承担的非财产性损害赔偿具体数额时，动机、过错的严重程度以及违法行为的模式类型和违法程度都是考虑因素。影响"赔偿"（satisfaction）计算的因素是我们应当特别强调的。在侵犯他人一般性人格权的案件中，他人遭受的非财产性损害是很难用数字精确表示的，所以，从"恢复原状"（restitutio in integrum）的意义上说，真正的赔偿或者补偿是难以实现的。也正因为如此，在这类案件中，若原告要求被告进行"损害赔偿"（award of damages），那么，"损害赔偿"的计算必须考虑被告的侵权行为给原告造成的伤害。然而，"损害赔偿"的救济措施只能作为不得已的救济措施，也就是说，原告只有在没有其他可适用的救济措施能够为其提供适当赔偿或者补偿的情况下才能够适用"损害赔偿"的救济措施。德国联邦最高法院的判决确认了上述原则[③]，但并未止步于此。德国联邦最高法院还提

[①] See R. Gerhardt, *ZRP-Rechtsgesprdch*, Zeitschrift for Rechtspolitlk（ZRP）366（1996）.
[②] See BGHZ 26, 349; BGHZ 39, 124（Femsehansagerin）; BGHZ 128, 1（Caroline Ⅰ）.
[③] Bghz 128, 1 (12).

出，法院在评判侵犯他人人格权利这类特殊案件中被告侵权行为的严重程度时，还有一个因素应当被考虑在内，这一因素为"被告为获取商业利益而使得原告人格权利被迫商业化的程度"。此外，法院还依据一个在德国传统民事责任背景下较为陌生的因素，来评判被告所应当承担的赔偿数额，以确保该数额与被告企图得到的利益相当，即为了使得被告无法从违法行为中获利。根据德国联邦最高法院的观点，此类案件性质的特殊性使得我们应当将法律的"威慑作用"（deterrence）纳入计算赔偿数额的考虑因素。[1] 被告所需支付的赔偿数额应当足以达至对被告起到震慑作用、阻止其实施进一步的侵权行为的目的。若欲达到这样的威慑作用，法院需要大幅增加目前为止被告对其侵犯原告隐私权的行为所应当承担的赔偿数额。

这种做法尚未得到普遍认可。正如上文所述，在传统意义上，"预防作用"（prevention）和"威慑作用"（deterrence）的概念均为刑法体系中的概念，与刑法的目的相关联。根据法律体系中各部门法的正统地位，对违法行为予以惩戒是刑法的任务，而对公民因违法行为而造成的损失进行补偿是民法的任务。[2] 通过在侵犯他人隐私权的案件中引入"威慑作用"这一概念，德国联邦最高法院可以说是跨越了损害赔偿和惩罚的界限，因此，也有观点指责其行为模糊了刑法与民法的区别。[3] 然而，即便在没有仔细研究德国法中损害赔偿和惩罚的关系的情况下，我们也可以看出，法律的威慑作用原则对于德国隐私权法并不像想象中那么陌生。实际上，早在1961年，德国联邦最高法院就曾指出，若不承认非财产性损害赔偿责任的适用，那么法律将会失去最有效的而且也往往是唯一的保护公民人格权利的手段。[4] 类似地，德国联邦宪法法院在上文提到的 Soraya 一案中判决被告承担非财产性损害赔偿责任，尤其值得注意的是法院做出这一判决的理由是非财产性损害赔偿的威慑影响将能够敦促新闻界的更多记者

---

[1] Bghz 128, 1 (16).

[2] H. Lange, Schadensersatz 9 (2d ed. 1990); H. J. Hirsch, *Zur Abgrenzung von Strafrecht und Zivilrecht*, in Festschrift for Karl Englisch Zum Siebzigsten Geburtstag 304 (1969).

[3] *Cf* C. W. Canaris, *Gewinnabschopfung bei Verletzung des allgemeinen Persbnlichkeitsrechts*, in Festschrift For Erwin Deutsch 85 (H. -J. Ahrens et al. eds., 1999).

[4] *See* BGHZ 35, 363 (367) = NJW (1961) 2059 (*Ginseng*).

遵守新闻职业道德。① Caroline Ⅰ一案与从前不同的是，德国联邦最高法院在该案中首次明确将"威慑作用"列为评估原告所遭受的损失以及被告应当承担的非财产性损害赔偿数额的因素。此后，其他法院遵循了这一做法。

汉堡上诉法院在上文提到的 Caroline Ⅰ一案上诉审中阐明，德国联邦最高法院发展的关于非财产性损害赔偿的规则应当被严格适用。在判决被告向原告支付 180000 DM 的非财产性损害赔偿时，汉堡上诉法院表示，"被告是否会承担更高数额的赔偿金而影响新闻媒体未来的行为"②。

德国法院的上述做法对德国新闻媒体来说意味着什么？毫无疑问，像 Caroline Ⅰ一案中一样的引起轰动的新闻报道是让人无法忍受的。但是还存在一个不争的事实，即言论自由和出版自由是排在最高位的宪政价值。③ 在德国联邦最高法院最近的判决的影响下，这些最基本的自由是否会有受到不适当限制的危险？

德国法上一个公认的原则，即一般人格权和表达自由均为民主秩序的重要方面，也正因为如此，这两者中无一能够要求优先于另一原则而被考虑。因此，在两者发生冲突的案件中，法院必须仔细权衡各种存在分歧的利益。相应的，在 Caroline Ⅰ一案中，德国联邦最高法院表示其判决被告承担的赔偿数额可能不足以达到有效遏制过分的出版自由的效果，尽管这一声明被记载在法官的附带意见中。然而，想要达到一个完美的平衡往往是不现实的。在这类案件中，法院必须做出裁判——在全面考虑某个案件所有的具体情况和影响因素的情况下，哪个利益值得受到优先保护。

在 Caroline Ⅰ一案中，德国联邦最高法院将公主的隐私权作为优先保护的利益。本文接下来的章节将探讨这一决定对随后的德国判例法的影响。我们能否发现德国法院倾向于以牺牲表达自由为代价优先保护公民隐私权的普遍趋势？我们能否认为 Caroline Ⅰ一案建立了一个德国法的新"趋势"？正如下文即将证实的，第一个问题的答案是

---

① *See also* OLG Karlsruhe, NJW (1973) 851 (853).
② OLG Hamburg, NJW (1996) 2870 (2872).
③ *Cf* BVerfGE 7, 198 (208) (*Liith*).

否定的，但是第二个问题的答案尚不确定。迄今为止，这类判例的数量太少，以至于我们无法从中得出一个全面的结论，但是下一章节第一部分中，笔者对一些近期做出的该类案件裁判的分析将表明，德国法院并不倾向于剥夺新闻媒体的基本权利。对德国法律文献的调查结论以及对德国新闻媒体反应的分析结论也能够支持这一观点，笔者将在下一章节第二部分和第三部分分别对其进行阐述。

三、Caroline Ⅰ一案判决的影响

（一）随后的判例法——完善权利边界

为了更好地分析德国在 Caroline Ⅰ一案之后的判例法发展，我们有必要回顾一下德国联邦最高法院建立的与行为人通过违法行为所可能得到的收益相关的非财产性损害赔偿标准。通过上文的分析可知，在侵犯人格权的案件中，原告若欲要求被告承担非财产性损害赔偿责任，那么被告的行为应当满足两个要素：①被告"重大疏忽"（grossly negligent）的行为侵犯了原告的人格权利；②被告实施该行为的目的是获得自身商业利益。这两个要素中，第一个涉及被告实施的某种类别的侵权行为（fault），第二个涉及被告的动机（motives）。此外，根据法院提出的他人权利"被迫商业化"的概念，我们可以增加第三个要素，也是一个在德国之后的判例当中又重新出现的要素，即③被告是否故意忽视或者违背原告的意思表示和相反意愿。这一标准由三个要素组成，是侵权行为的基本模式。

在接下来的章节中，笔者将探讨一些德国法院最近做出的判决，以期进一步明确这些标准在具体实践中的适用及其在损害赔偿定量问题上的影响。因此，我们需要在"单纯的"（pure）隐私权案件——此类案件不涉及任何损毁他人名誉的因素——和被告以损毁原告名誉的方式侵犯原告一般性人格权的案件之间做出区分。虽然后一种侵权案件类型并不一定涉及被告对原告隐私权的侵犯，但是它与另一个重要的问题有关，即被告对其侵犯原告人格权利的行为所需承担的损害赔偿数额是否普遍提高。

大概在 Caroline Ⅰ一案判决做出一年后，与摩洛哥公主 Caroline

有关的另外三个案件在德国联邦最高法院接连被提起。① 在 Caroline Ⅱ一案②中，原告 Caroline 公主以一家出版社为被告提起诉讼，指控被告在其两本杂志的头版头条刊登原告患乳腺癌的新闻报道。该案中，法院表示，公民的个人健康状况与其隐私领域有关。原告 Caroline 公主根本没有身患癌症，除此之外，法院适用 Caroline Ⅰ一案判决中的规则，认为对被告的侵权行为做出评判的关键因素在于被告侵害原告的人格权利是以获得自身的商业利益为目的的。基于被告这一将原告权利无情地"被迫商业化"的行为，法院判令被告承担 100000 DM 非财产性损害赔偿。

在另一个涉及 Caroline 公主之子的案件③中，审理法院判决的理由也围绕原告权利的"被迫商业化"这一点展开。该案中，原告为 Caroline 公主的长子 Andrea，他就被告在杂志上公开其一系列照片的行为向法院提起诉讼，要求被告对原告受到的伤害进行赔偿。德国联邦最高法院认定，本案中被告通过公开原告照片的行为向公众展现的是原告的"日常"（everyday）活动，这一行为本身并不构成严重程度足以使被告承担非财产性损害赔偿责任的侵犯原告隐私权的行为。然而，法院认为，被告侵权行为的严重性在于，被告多次故意忽略原告的意思表示和相反意愿，以期获得自己的商业利益。因此，原告要求被告承担非财产性损害赔偿责任的要求应当被支持。

除了上文讨论的赔偿标准，在被告以侵犯原告肖像权的方式侵犯原告隐私权这类案件中，德国法院越来越倾向于判令被告对原告承担非财产性损害赔偿责任。对于这一趋势，Caroline 系列案件给我们提供了另一个有趣的解释。在被告公开关于原告隐私信息或者不实信息的文字报道的案件中，原告可能有权在与被告达成一致意见的情况下发表"免责声明"（disclaimer）以免除被告的责任，也可能有权要求被告对其行为进行"改正"（correction）。而侵犯原告肖像权的案件与此不同，法律若欲有效保护他人对自身肖像的隐私权，阻止行为人

---

① BGH, NJW（1996）984（*Caroline* Ⅱ）；BGH, NJW（1996）1128；BGHZ 131, 332（*Caroline* Ⅲ）；BGH, NJW（1996）985（*Caroline's son*）.
② BGH, NJW（1996）984（*Caroline* Ⅱ）；BGH, NJW（1996）1128.
③ BGH, NJW（1996）985（*Caroline's son*）.

在未获得他人授权的情况下公开他人私人照片,那么,只能够通过要求行为人承担非财产性损害赔偿责任的方式进行。[1] 这一解释涉及法律以维持正常社会秩序为目的而对公民提供的法律保护的有效性的问题;[2] 还涉及法律的威慑作用,因为一旦行为人的行为达到应当承担非财产性损害赔偿责任的标准,那么,法律的威慑作用将会发挥作用。从德国 Caroline I 一案之前的案件中,我们已经可以看出,威慑作用已经成为影响侵犯原告肖像权的案件中被告承担的非财产性损害赔偿数额大小的最重要因素。

上文已经提到过,损毁他人名誉的案件与隐私权案件之间需要作出区分。然而,尤其是在德国法中,区分这两者的界限常常难以确定。[3] 理论上讲,名誉侵权和隐私侵权应当能够被区分开来,尤其因为前者涉及行为人捏造关于他人的"虚假"(false)信息的行为,而后者涉及行为人揭露他人的"真实"(true)信息的行为。但是,在德国法中,一方面,"一般性人格权"可以说是一项无所不含的权利,它保护权利人免受所有侵犯其人格权利的行为的侵害[4];另一方面,德国法院有意将名誉侵权诉讼排除在刑法的调整范围之外。这两方面因素使得名誉权和隐私权两者间的界限变得模糊。由此导致的结果即为,仅就损害赔偿的计算问题来说,德国法院不再在"名誉侵权"(defamation)和"隐私侵权"(privacy)之间做出区分。因此,美国学者 Wacks 认为在美国法中,名誉侵权诉讼经常能够作为原告保护自身"隐私权"的一种方式,这一观点可能在德国法中也同样成立。"名誉侵权"和"隐私侵权"的概念是联系非常密切的,并且在判例法中,两者在一定程度上是相互重叠的。

在一个被称为"沉默的牧羊人"(Silence of Shepherds)的案件[5]中,一名天主教神父以一家小报的出版社为被告向法院提起诉讼,以

---

[1] BGH, NJW (1996) 985 (986); see also BGH, NJW (1996) 1131 (Lohnkiller); OLG Bremen, NJW (1996) 1000 (Willi Lernke).

[2] See BVerfGE 34, 269 (Soraya).

[3] See Charleston v. News Group Newspaper Ltd., 2 All E. R. 313 (1995); 2 EuR. REV. PRIVATE L. 237 (1997).

[4] See BGHZ24, 72 (78); BGHZ30, 7 (11).

[5] OLG Koblenz, NJW (1997) 1375.

被告在一篇报道天主教神父涉嫌对未成年人实施性侵犯的文章中擅自使用原告的照片为由要求被告承担非财产性损害赔偿责任。科布伦茨上诉法院（Koblenz Court of Appeal）支持了原告的主张，主要原因有两个方面。一方面，被告的行为侵犯了原告的"肖像权"，因此就侵犯了原告的人格权利；另一方面，要求被告承担非财产性损害赔偿责任是合理的，因为被告擅自使用原告照片的行为丑化了原告的形象。换句话说，尽管法院对被告行为的认定——被告的行为构成"隐私侵权"——是基于被告在未经原告授权的情况下擅自使用原告照片这一行为做出的，法院在确定被告应当承担的非财产性损害赔偿数额时仍依据被告所报道事务的虚假程度。

本文关注的内容包括隐私侵权损害赔偿的赔偿条件、目的以及具体数额计算。通过上文分析，我们可知一点，德国法院在侵权案件损害赔偿具体数额的计算问题上适用的是同样的标准和原则，无论涉案的侵权行为的性质如何。这一点也能从德国许多法院的做法中得到证实，即德国联邦法院在 Caroline Ⅰ 一案和 Caroline Ⅱ 一案这类隐私权案件中的判决理由同样被很多法院适用于名誉侵权案件当中。因此，笔者在本文中除了研究单纯的隐私侵权案件之外，也应当研究一些名誉侵权案件，这样才能获得一个更严谨全面的答案，来回答"在德国隐私权案件中，被告承担的非财产性损害赔偿具体数额是否有一个显著增长的趋势"这个问题。

在 Stern-TV 一案[1]中，原告是德国某大型医院的一名医疗顾问，被告是一家电视台。该案中，被告在未经原告同意的情况下播出了一档与原告有关的电视节目。在这档电视节目中，被告报道称原告存在严重违规行为且已受到非常多的指控，在此基础上公开批评原告的专业技能。然而，通过德国医疗委员会更加细致的调查，原告受到的公众指控在诉讼程序上被证实是错误的。尤其值得注意的是，被告的电视报道导致了原告被医院解雇的严重后果。在这一案件中，原告成功获得了财产性损害赔偿和非财产性损害赔偿。科隆上诉法院判定被告向原告承担 50000 DM 的非财产性损害赔偿。案件被上诉至德国联邦最高法院。德国联邦最高法院的法官从与 Caroline Ⅰ 一案相一致的角

---

[1] BGH, NJW (1997) 1148.

度来评判此案，法官认为，鉴于被告的行为已经严重损害了原告作为一名医生的名誉权，威慑作用应当作为确定被告责任大小的考虑因素之一。结合其他因素，他们认为被告应当承担超过 50000 DM 的非财产性损害赔偿，因此，将此案发回下级法院重审。

在另一个名誉侵权案件[①]中，地区初审法院判定被告承担 20000 DM 的损害赔偿，不莱梅上诉法院将该数额增加至 30000 DM。该案中，原告在不莱梅称得上是一位在体育和政治领域都被市民熟知的公众人物，被告是汉堡宪法保护办公室（Hamburg Bureau for Protection of the Constitution）前主任。被告在其回忆录中揭示了原告曾作为一名情报人员所开展的活动。虽然这一陈述大体上是真实的，但是，被告的陈述使得读者产生错误印象，认为原告还曾经为苏联克格勃（Soviet KGB，即苏联国家安全委员会）效力。该案中，法院认为上文提到的 Caroline 标准同样适用于以名誉侵权为背景的案件。被告不仅通过书中的表述丑化了原告的形象，还通过在未经原告同意的情况下公开发行涉及原告的回忆录的行为故意漠视了原告与被告存在冲突的利益。尽管法院在判决书中并未明确提及法律的威慑作用，但法官在判决中适用 Caroline Ⅰ 判例的标准，强调道：根据德国《基本法》第 1 条和第 2 条的立法目的，被告应当向原告承担较高数额的非财产性损害赔偿。

上文这些德国法院支持原告获得非财产性损害赔偿的判例使得一些希望在英国法律体系中引入隐私侵权的英国律师开始关注这样的问题——德国法院的做法是否使得新闻媒体变得沉默？保护隐私权的开始是否意味着言论自由的权利的终结？

为了减轻公众对这些问题的担忧，笔者从以下三个方面进行分析。

1. 赔偿数额并无过度增长趋势

第一个方面在于，通过对 Caroline Ⅰ 一案和之后遵循它的判例中被告的最终赔偿数额进行比较，我们可以证实该赔偿数额并无过度增长趋势。例如，在 Caroline Ⅰ 一案中，汉堡上诉法院要求被告对其在三个不同的独立出版物中分别实施的侵权行为向摩洛哥公主 Caroline

---

① OLG Bremen, NJW (1996) 1000 (*Willi Lemnke*).

承担总额为 180000 DM 的损害赔偿。尽管法院没有明确说明这笔损害赔偿在三个独立的侵权行为之间的具体划分，我们可以大致按比例计算，每个独立的侵权行为对应约 60000 DM 损害赔偿，这是一个适当的赔偿数额。在 Caroline Ⅰ 一案中，德国联邦最高法院认定出版社对其在两个出版物上侵犯原告权利的行为分别承担损害赔偿 50000 DM 的这一数额在合理范围内，"不会超出能够有效预防侵权行为的再次发生的合理赔偿上限"①。话说回来，在 Caroline 一案的判决做出之前，隐私侵权诉讼和名誉侵权诉讼中这种规模的非财产性损害赔偿也并不是没出现过。最著名的是 30 年前的荷兰王子 Bernhard（Prince Bernhard of the Netherlands）一案②。该案中，原告指控被告在其小报中的报道构成损毁原告名誉的侵权行为，并从中获得了 50000 DM 非财产性损害赔偿。几年后，一名著名的德国政治家向法院提起诉讼，指控被告对外散播原告试图贿赂反对党成员的消息的行为构成对原告的名誉侵权行为，法院支持原告的主张，判决被告承担 50000 DM 损害赔偿。③ 另外，就在德国联邦最高法院做出 Caroline Ⅰ 一案判决的几个月前，德国卡尔斯鲁厄上诉法院判定德国网球运动员 Stefanie Garf 因一首流行歌曲影射并讽刺她和她父亲之间的乱伦关系而获得了 60000 DM 的损害赔偿。④

因此，我们很难说德国侵犯人格权的案件中被告所需承担的赔偿数额呈现过度增长的趋势。恰恰相反，在被告故意侵犯原告人格权利以获取自身商业利益的案件中，虽然法院似乎倾向于将被告承担的赔偿数额定在接近现有非财产性损害赔偿数额范围的上限的位置⑤，但是法院并不准备在过去关于赔偿数额的规定的基础上扩大这一数额的范围。由此看来，公民对于"言论自由和新闻自由可能因人格权侵权案件的赔偿数额而受到限制"这一问题的担忧就显得毫无根据。然而，应当补充的是——类似的"限制"（restraint）在未来是否会出现？对于这一问题，眼下我们无法得出明确的答案。

---

① BGH, NJW (1996) 984 (985).
② OLG Hamburg, Archiv ftr Urheber-, Film-, Funk-und Theaterrecht [UFITA] (1971) 322.
③ BGH, NJW (1977) 1288.
④ OLG Karlsruhe, NJW (1994) 1963.
⑤ BGHZ 128, 1 (16) (*Caroline* Ⅰ); OLG Hamburg, NJW (1996) 2870 (2874).

2. 对非财产性损害赔偿规则的适用并不盲目

第二个方面在于，一系列判例证明，德国法院并未将 Caroline Ⅰ 一案判例解释为一种可以不受控制、不加选择地在案件中适用非财产性损害赔偿规则的特许通行证。相反，非财产性损害赔偿被法院理解为一种兜底救济条款，只要在满足以下两点的情况下才能适用：①被告的侵权行为达到一定严重程度；②没有其他可适用的救济措施能够为原告提供合理的赔偿或者补偿。关于第二点，德国法院一直认为只有在"其他可适用的救济措施"是不完整且不充分的时候，法院才能够适用与 Caroline Ⅰ 一案相同的损害赔偿救济措施。至于被告侵权行为的严重程度，Caroline 系列判例表明，侵权行为人的动机、侵权行为的模式类型以及过错程度都是衡量侵权行为严重程度的考虑因素。德国法院严格依据这些标准进行案件审理。在上诉审中损害赔偿数额被降低的判例能够证明这一点。

在最近的 Rotlichtfurst（俗称 prince of the red light district，红灯区的王子）一案[①]中，原告是德国萨尔布吕肯一位知名的房地产经纪人，被告是当地的一家报社，原告向法院提起诉讼，指控被告在其在当地发行的报纸中将自己称为一个"皮条客"（pimp）以及"萨尔布吕肯红灯区王子"。被告对原告的描述无法被证明是真实的。初审法院判决被告就其侵犯原告人格权利的行为向原告赔偿 20000 DM。上诉审法院将这一数额降低至 7000 DM。萨尔布吕肯上诉法院认为，考虑到本案中被告报纸的流通范围非常小，而且被告的报道也有可能是真实的，被告对原告的报道行为尚未达到如此严重的程度，从具体数额上来讲，不需要承担多于 7000 DM 的损害赔偿。

在上文提到的"沉默的牧羊人"一案中，科布伦茨上诉法院也将被告所需承担的损害赔偿数额从 30000 DM 减少至 20000 DM。参考 Caroline Ⅰ 一案判例中的做法，审理该案的法院认为，在被告故意侵犯原告的人格权利以获取自身商业利益的案件中，初审法院判决被告承担的损害赔偿总数额不得超过一定的合理限度。然而，在此前的案件中，被告只有在"严重疏忽"（gross negligence）的情况下才可能承担责任。

[①] OLG Saarbrucken, NJW (1997) 1376 (1379).

因此，德国法院似乎能够根据行为人侵扰他人行为的严重性、公开他人信息的方式以及过错程度来灵活应对不同类型的侵权案件。德国法院甚至可能允许我们得出以下结论——由于存在这样的灵活性，损害赔偿的救济措施为侵权行为受害者提供了一种补偿其非财产性损失的方式，而且较之于要求被告在其报纸头版头条刊登一则"反陈述"（counter-statement）或者"更正"（correction）的救济方式，这种方式对言论自由和新闻自由所带来的影响和限制更小。①

3. 人格权利案件涉及最多的政治领域

第三个方面在于，德国法院在最重要的一些领域几乎不会对言论自由造成任何限制，例如，政治领域。因此，在德国涉及政治背景的判例中，法院判定禁止某人发表自己意见、表达自己观点的判例是非常少的。② 提交至德国法院的侵犯人格权利的案件绝大部分是关于大众媒体上刊登八卦新闻的。这些八卦新闻通常根本不涉及公共利益，即使是在某个所谓的公众人物也被卷入其中的情况下。然而，在真正涉及政治领域的隐私侵权案件中，被告侵入原告隐私领域的行为就很少得到应有的惩罚。

下面，让我们回归上一章节末尾提出的问题。我们能否察觉到德国法院倾向于以牺牲表达自由为代价优先保护公民隐私权的普遍趋势？我们能否认为 Caroline Ⅰ 一案建立了一个德国法的新"趋势"？我们认为，上文给出的暂时性答案仍然有效：诸多判例表明，德国法院并未承认普遍优先保护人格权利的宗旨或者政策。德国法律方面的学术著作也支持这一观点。③ 到目前为止，对 Caroline Ⅰ 一案确立的规则的质疑和反对之声逐渐浮现，这些质疑和反对主要针对该规则的理论性质，这也是笔者接下来即将讨论的。

---

① See the recent decision of the *Bundesverfassungsgericht*, Beschluss vom 14.1.1998, NJW (1998) 1381.

② See BVerfG, NJW (1987) 2661 (*Strauss caricature*). But see BVerfGE 82, 43 (*Strauss placard*) and BVerfGE 82, 272 (*Zwangsdemnokrat*).

③ Cf P. J. Tettinger, *Das Recht der personlichen Ehre in der Wertordnung des Grundgesetzes*, JURISTISCHE SCHULUNG（JuS）769（1997）; R. StUmer, *Die verlorene Ehre des Bundesbfirgers-Bessere Spielregeln ftr die offentliche Meinungsbildung?*, JURISTENZEITUNG（JZ）865（1994）.

(二) 德国法学界对 Caroline I 一案判例规则的接受

从 Caroline I 一案这一判例受到批判的程度来看，德国法学家针对案件最终的判决结果的批判较少，而针对德国联邦最高法院据以打破传统得出创新性判决的方法和理论的批判较多。因此，正如慕尼黑上诉法院首席大法官所述："被告对其故意违反法律的行为所承担的损害赔偿的增加这一现象是可以接受的。受到质疑的是损害赔偿增加的方法（method）。"①

德国法学界的质疑主要来自四个方面：

（1）威慑作用这一审理案件的考虑因素将惩罚性元素引入民法领域，使得民法与刑法之间的区别变得模糊。

（2）被告通过违法行为所获得的利益这一审理案件的考虑因素使得判定被告行为是否违法的法律与判定被告赔偿责任大小的法律之间的区别变得模糊。

（3）侵犯他人人格权利的案件中被告赔偿责任的增加容易导致人格权利的潜在市场化、商业化（commercialisation）。这有可能会起到鼓励公民"出售"（sell）自己的人格权利的效果。

（4）侵犯他人人格权利的案件中被告赔偿责任的增加可能过度限制《基本法》第 5 条第 1 款中所表达的对公民言论自由和出版自由的宪政保护。

接下来，笔者也分别从这四个方面进行详细分析：

（1）从第一点来看，根据德国的法律传统，现代法律制度对"补偿对他人造成的损害或伤害"与"惩罚违法行为人"这两者做出了明确区分。损害赔偿普遍适用于隐私权法框架，而违法惩罚一般情况下适用于刑法领域。②一些主张维护这一传统法律制度框架的法学家主张，若法院在适用隐私权法的案件中跨越两者间的界限而做出裁判，那么，不仅会导致被告像美国模式一样承担过多的损害赔偿责任，而且跨越了民法和刑法的界限。然而，大多数学者并不认同这一

---

① See W. Seitz, *Prinz und die Prinzessin-Wandlungen des Deliktsrechts durch wangskominerzialisierung der Persnlichkeit*, NJW (1996) 2848.

② H. Stoll, "*Renzedies*", *in* Xi Int'l Encyclopedia of Comp. L. ch. 8 – 103.

论断。根据某学者的观点,在损害赔偿和违法惩罚之间做出严格、明确的区分是不符合法律现实且有违社会实际需求的。特别是在人格权利领域,若要使得公民人格权利得到有效的保护,那么,惩罚性元素就不能够被完全排除。

另有学者指出,限制损害赔偿以使其远不足以对原告进行充分补偿是使得最近几年新闻媒体擅自侵犯公众人格权利的活动变得越来越容易的首要原因。[1] 损害赔偿仅仅能够起到象征性的作用,也难怪新闻媒体得出这样的结论——"侵权赔偿就相当于支付账单而已!"此外,还有一些人以损害赔偿这一救济方式的理论完整性为依据,反对和限制人格权侵权受害者可适用的救济措施的有效性。他们认为,损害赔偿这一救济方式的推广必须在综合考虑其理论完整性和影响力的基础上进行,而不是仅仅抓住其一个特征即可。因此,威慑作用只是几个需要考虑的相关因素之一,只有综合考虑所有相关因素,才能合理判定被告是否应当承担责任。

惩罚作用和威慑作用是刑法的基本功能,英国的一些民事案件诉讼律师往往适用惩罚性损害赔偿的救济措施来达到惩罚、威慑和清偿的目的,对这两个功能并不熟悉。[2] 然而,在英国法之下,惩罚性损害赔偿的救济手段只有在案件中被告的违法行为满足英国上议院在1964年的 Rookes v Barnard 一案[3]中提出的三种类型之中的一个以上时才可以适用。这三种类型分别为:①政府工作人员实施压迫、随意或者其他违反宪法规定的行为;②被告通过违法行为能够得到的利益超过应支付给原告的赔偿数额;③法律明确授予原告获得该赔偿的权利。在这三种类型当中,第二类尤其在本文的讨论范围之内。虽然过去大多数此类案件涉及非法驱逐承租人之类的事件,但是最近一个损毁他人名誉的案件[4]在英国上诉法院(Eng. C. A.)受审。该案中原告提出的惩罚性损害赔偿请求与德国联邦最高法院在 Caroline Ⅰ 一案

---

[1] M. Prinz, *Geldentschadigung bei Personlichkeitsrechtsverletzungen durch die Medien*, NJW (1996) 953.
[2] Law Comm'n: *Aggravated, Exemplary and Restitutionary Damages* (LawCom No 247, 1997) para. 4.1.
[3] Rookes v. Barnard, [1964] App. Cas. 1129.
[4] John v. Mirror Group Newspaper Ltd., Q. B. 586 (Eng. C. A. 1997).

中建立的标准有着惊人的相似之处。

英国上诉法院要求原告证明被告符合以下三点：①被告明知自己公开的关于原告的信息是不真实的或者不一定真实的（对应 Caroline Ⅰ一案中的"被告故意或重大过失"）；②被告实施公开行为的动机是获得利益（对应 Caroline Ⅰ一案中的"被告侵犯原告人格权的目的是获得自身商业利益"）；③一般性损害赔偿（compensatory damages）的赔偿数额不足以像惩罚性损害赔偿一样达到惩罚和威慑的目的（对应 Caroline Ⅰ一案中的"没有其他可适用的救济措施对原告进行充分救济"）。甚至该案中被告承担的惩罚性损害赔偿具体数额（50000 欧）也与 Caroline Ⅰ一案中的数额相当。然而，这位摩洛哥公主 Caroline 的案件能否被归入名誉侵权案件之中仍旧是一个存在争议的问题。

英国法律委员会认为惩罚性损害赔偿的法律亟须改革。至于德国法，它为我们提供了一个在民法中加入惩罚性因素这一值得考虑的判决影响因素的范例。至少 Caroline Ⅰ一案似乎在整个欧洲层面上反映了欧洲法律的发展。①

（2）从第二点来看，法律的威慑作用是否应当与非财产性损害赔偿数额的评估有关？这一问题与另一个由德国联邦最高法院在 Caroline Ⅰ一案中提出（但最终未做出回答）的问题有密切联系，即非财产性损害赔偿的数额中是否应当包含被告通过违法行为所获得的收益。换句话说，如果威慑作用是法律所追求的目的，那么，责令被告承担利益返还责任（disgorgement of the profit）是否应当成为实现这一目的的手段？

这一问题尚未被解决。德国联邦最高法院已经明确拒绝在 Caroline Ⅰ一案中要求被告承担利益返还责任（account of profits），即使法院承认在判定被告这家杂志社应当承担的赔偿责任时，其通过侵犯他人人格权利所获得的利益是一个考虑因素。② 同时，法院对这一问题的解决方法也引来很多争议。在案件判决中考虑被告通过违法行为所获得的利益使得判定被告行为是否违法的法律（law of delict）

---

① Cf C. Von Bar, Gemeineuropaisches Deliktsrecht 603 (1996).
② BGHZ 128, 1 (16).

与判定被告赔偿责任大小的法律（law of restitution）之间的区别变得模糊。因此，大部分学者支持从损害赔偿的角度——而非利益返还的角度——判定被告所应当承担的责任，他们认为这样更加符合主流观点。从损害赔偿的角度确定被告的责任存在两个问题，其中一个已经不复存在。第一个问题在于，在上文提到的 Gentleman Rider 一案中，法院认定原告要求被告承担损害赔偿责任的诉讼请求不能得到支持，因为原告并未遭受任何财产损失，因此原告不能适用《德国民法典》第 812 条中关于财产转移的规定来保护自己的权利。这一点现在已经不再适用。① 第二个问题是关于确定被告所获得的相关利益的证明困难。显然，要确定侵权行为人获得的实际利益，我们需要考虑不止一个因素。在一些情况下，侵权行为人还有可能没能够获得任何利益。因此，一些人建议将报纸杂志销量的增加或者出版社为购买出版的材料所出的价格作为确定被告责任的考虑因素。然而，除非进行一些"客观测试"（objective test），否则，对这一建议的遵循将会导致法院在严重程度相当的侵犯他人人格权的案件中得出完全不同的结果，判定被告承担数额相差巨大的损害赔偿责任。Otho Schlechtriem 提议以一种更简单的方式确定被告所获利益。出于对法律的威慑作用的考虑，他认为只有要求被告承担返还全部利益的责任，才能防止类似 Carline Ⅰ 一案的行为人不计后果地将他人人格权商业化的行为的发生。为了支持这一观点，我们可以参考其他存在类似规定的法律制度。②

虽然大部分学者支持人格权侵权行为人承担单纯的损害赔偿责任，法院在是否采纳学者观点的问题上却一直犹豫不决。依据法院的观点，该类案件中的重点问题在于对遭受非财产性损害的原告进行充分、适当的赔偿或者补偿，而不在于要求被告返还其违法所得。换句话说，侵犯他人人格权案件所适用的救济原则是"支持原告的"（plaintiff-sided，考虑原告遭受的损害），而非"支持被告的"（defendant-sided，考虑被告获得的利益）。

（3）从第三点来看，德国法学界学者与法院之间的意见分歧反

---

① BGH, NJW (1992) 2084 (*Fuchsberger*).
② *Cf* Ali v. Playgirl, Inc., 447 F. Supp. 723, 728 (S. D. N. Y. 1978).

映了一个关于人格权利的性质的更普遍的问题。人格权利正逐渐发展成为一种财产性权利,这意味着原本被视为单纯的非财产性权利的人格权利正发展转变为能够用金钱来衡量的权利。① 这一"商业化"进程广受批判,因为它导致公民隐私领域的商业化,而且它鼓励公民"出售自己的人格"。一些人认为,侵犯他人人格权利的案件中损害赔偿的增加将会推动这一人格权商业化趋势的发展。

然而,笔者相信,关于非财产性损害赔偿的优劣评价都必须在新闻媒体和法律文化不断发展的社会背景下进行。在当今很多出版社和广播公司眼里,商业利益的重要性不断增加,在此情况下,我们也有必要对侵犯他人人格权利的行为进行商业评判。一旦我们能够意识到公民的非财产性权利在社会文化发展进程中已经拥有越来越多"市场价值"(market value),那么这样的意识能够引导我们得出结论——这些非财产性权利的所有者有权对其权利进行"市场化"。因此,这样背景下的权利商业化可以被视为非财产性权利所有者的意愿,他们同意自己的权利被定价销售。如果行为人在未经权利所有者同意的情况下将其人格权市场化,那么行为人只需要因权利所有者错失了自行销售其权利的机会而对其进行赔偿。② 这样的救济方式也引发了其他问题,例如赔偿数额的计算,又例如是否被告利用原告权利所获得的全部利润都是因为原告而产生的。基于上文的分析,后一个问题尚未得出明确答案。一些学者反对利益返还的救济方式,就是因为他们认为该救济方式会导致原告从被告的侵权行为中获得"不应得的利益"(undeserved windfall)。在反对利益返还的救济方式的声音中,这是一个较有力的反对理由,但是这一问题是可以克服的,例如,通过为人格权利被侵犯的权利人所获的赔偿金建立"媒体基金"(press fund)的方法克服。

(4)从第四点来看,隐私权和言论自由常常被视为人类基本权利中完全相对的两个权利。笔者在上文中的分析表明,这种相对性其实似乎并没有看上去那么尖锐。下面,是时候进入下一个讨论话题——在德国联邦宪法法院之下,普遍性人格权和言论自由之间的关系

---

① *Cf* H. P. Gotting, Personlichkeitsrechte Als Vermogensrechte (1995).
② *See*, *e. g.*, Restatement (tird) of Unfair Competition § 46 (1995).

是怎样的。

四、德国法中与公民基本权利相关的《基本法》第5条和"横向影响"原则

一些观点认为，隐私权和表达自由是两个相互矛盾的不可调和的权利。的确，对一个人人格和隐私权的保护意味着另一个人言论自由的权利受到限制。公民"自由表达和传播观点的权利"是受到德国《基本法》第5条第1款[①]保护的。根据德国法院的态度，允许公民享有揭露信息以及进行思想层面上的互动交流的权利对于一个自由民主的社会来说是不可或缺的。[②] 然而，由于言论自由和隐私权这两个权利都被理解为宪法性权利，原则上来说没有一个可以在司法程序中受到优先于另一个的保护。因此，若某人的隐私权与另一人的表达自由的权利发生了冲突，法院就需要在这两个权利之间进行平衡。在讨论法院近年来在此问题上的原则及其发展之前，我们必须先提出这样一个问题——隐私权、言论自由等宪法性权利到底如何对人与人之间的关系产生影响？

正如上文所述，依据德国《基本法》，公民基本权利的最初作用在于保护公民免受政府权力的过度压制。然而，人们很快发现，在现代社会当中，公民基本权利除了受到来自政府权力过度行使的威胁之外，同样受到来自拥有经济实力或者社会权力的其他私主体的威胁。因此，一些法院和学者提出，有必要将某些领域的私法权利"宪法化"（constitutionalisation）。这一提议通过"对基本权利的横向影响"（Drittwirkung der Grundrechte）而成为现实，也就是说，"第三方在适用私法关系的过程中对宪政法规产生的影响"[③]（以下简称"横向影响"）推动了私法权利"宪法化"的进程。他人是否能够适用德国《基本法》中保护公民基本权利的规定而以另一个私主体为被告向法院提起诉讼？德国宪法本身并未对该问题给出明确答案，而是由一个

[①] D. P. Kommers, the Constitutional Jurisprudence of The Federal Republic of Germany 506 (4th ed. 1997).

[②] *See* BVerfGE 5, 85 (205); BVerfGE 7, 198 (208).

[③] *See* J. Fleming, *Libel and Constitutional Free Speech*, *in* Essays for Patrick Atiyah 333, 334 (P. Cane & J. Stapleton eds., 1991).

正在进行的诉讼案件正在对该问题作出解答。由于可公开的案件信息有限,笔者在此仅对该案做简短概述。

德国联邦宪法法院最初在著名的 Luth 一案①中对该问题做出过评判。在 1950 年,一位名叫 Erich Luth 的新闻出版机构官员(尽管 Luth 是政府官员,但是以私人身份作为本案诉讼当事人)呼吁公众抵制一部由导演 Veit Harlan 执导的电影。导演 Harlan 在纳粹时期曾因执导反犹太人电影而臭名昭著。Harlan 以 Luth 为被告向法院提起诉讼。该案中,初审法院支持原告的请求,向被告颁发禁止令。被告不服,向汉堡上诉法院提起上诉,但被驳回。此后,被告向德国联邦宪法法院提出申诉,主张法院的判决侵犯了自己受《基本法》第 5 条第 1 款保护的言论自由这一宪法性权利。德国联邦宪法法院认为,《基本法》建立起的是一个贯穿于德国整个社会文化背景的"客观价值体系"(objective system of values, objektive Wertordnung),且这一价值体系普遍影响着人们对其他法律的解释和适用。② 因此,我们在理解法院作为向被告 Luth 颁发禁止令的依据——《德国民法典》第 826 条——时,"应当考虑《基本法》第 5 条第 1 款的重要意义,且应当出于保护言论自由的特殊价值的目的去对其进行解释,值得注意的是,该条文的适用范围应当是非常广泛的,以便保护公民在各个社会领域的言论自由,尤其是在公共生活(public life)当中"③。虽然,根据《基本法》第 5 条第 2 款的内容,"一般性法律"(general laws, allgemeine Gesetze)给言论自由的权利设置了一些限制,但是这些法律本身却也必须在《基本法》的背景之下作出解释。因此,任何对言论自由施加限制性影响的"一般性法律"本身都是有局限性的("相互影响"理论,theory of "reciprocal effect")。基于以上分析,德国联邦宪法法院取消了向被告颁布的禁止令。

在德国,Luth 一案是体现宪法所保护的公民基本权利的重要意义和价值的最重要判例之一,最值得注意的是,法院是基于对《基本法》第 5 条的解释对该案作出判决的。然而,言论自由和隐私权

---

① BVerfGE 7, 198, at 352.
② See BVerfGE 7, 198 (205).
③ BVerfGE 7, 198 (208), at 357.

的关系之间存在一个非常有趣的情况,即德国联邦宪法法院明确表示,《基本法》第5条第1款不能优先于保护其他正当利益的法律条文而被适用。法院指出:自由表达观点对人类的思想会造成影响,从这个意义上来讲表达自由应当受到保护;但这并不意味着仅因为行为人是在表达自己的观点,他就有权损害别人应当受到保护的与表达自由相冲突的权利。我们应当在这之间寻求一个"利益平衡"(balance of interests);表达自由若侵犯了另一个受到优先保护的权利,那么必须做出让步。在某个具体案件中,表达自由是否应当受到保护取决于对所有案件因素的综合考虑。①

因此,司法审判的过程就是一个权衡相互冲突的价值的过程。这一观点在上文提到的伊朗公主 Soraya 一案中得到证实。在 Soraya 一案中,德国联邦最高法院建立了一种新的"具有要求损害赔偿性质的宪法性隐私权"(constitutional right of privacy sounding in damages)②。该案中,报道虚假采访内容的被告出版商对法院的判决结果非常不满,被告特别强调,法院的判决限制其出版自由(根据《基本法》第5条第1款),是违反宪法规定的。德国联邦最高法院在该案的判决中试图为如何平衡隐私权与言论自由之间的关系这一问题建立一些指引或者准则。再来看德国联邦最高法院在 Luth 一案中的判决理由,法院一开始就着重强调一般性人格权不能绝对优先于言论自由和出版自由而受到保护;相反,在某些案件中,基于具体情况的需要,言论自由和出版自由可能会限制一般性人格权的行使。③ 然而,在权衡言论自由与其他宪法所保护的价值之间的关系时,法院可以考虑——新闻媒体是因为所报道的涉案事务涉及重大公共利益,所以本着严肃的有针对性的态度将该事务告知公众;还是仅仅为了满足社会公众茶余饭后追逐八卦新闻的消遣娱乐而随意公开他人隐私事务。

Luth 一案和 Soraya 一案中表达的原则此后在很多其他案件中被多次阐述和重审。由于文章篇幅有限,笔者不再做进一步的详细分析,仅尝试对这些逐步建立起的帮助平衡言论自由和隐私权的原则和

---

① BVerfGE 7, 198 (210), at 210.
② BVerfGE 34, 269.
③ BVerfGE 34, 269 (282).

标准进行总结。

原则上讲，当行为人以报道社会舆论、公众观点为目的而侵犯他人人格权利时，行为人的言论自由或者出版自由应当优先受到保护。与此相反，当新闻媒体以凭借对原告人格权利的商业化来获取自身商业利益为目的而侵犯原告人格权利时，原告的隐私权应当受到优先保护。一般来讲，当新闻媒体报道的信息不真实①或者是通过非法手段取得②时，原告无法适用《基本法》第5条第1款来保护自己的权利。另外，如果原告的隐私信息在被告实施任何行为之前已经被公共领域所知晓，或者如果原告故意向公众揭露自己的隐私信息以吸引公众关注，那么法院将不愿意对原告提供任何隐私保护。③ 最值得注意的是，政治性言论被理解为"自由、民主的国家秩序"（free democratic state order）中不可或缺的重要部分，一般来讲，该类言论将会优先于其他宪法性价值（例如私人的名誉权）而受到保护。④ 当然，如果被告所公开信息的公共价值是微不足道的，那么隐私权将会受到优先保护。⑤

由于德国法院以其特有的方式来权衡利益冲突，我们很难明确阐述这其中的原则或者标准是什么。也正因为如此，德国法院体系也被指责为妨碍司法判决的可预测性，从而增加了法律的不确定性。然而，实践似乎表明，特别是在言论自由与隐私权对立的敏感领域，根据个案的具体情况来做出裁判的"微调"（fine tuning）式做法实际上促进了司法公正的实现。对此，最近发生的 Porn Actor 一案⑥或许能够成为典型的例证。

在 Porn Actor 一案中，申请人是一名在德国广播公司 SAT 1 工作的游戏节目主持人，被申请人是一家小报的出版商。被申请人在其发行的小报上刊登了一篇关于申请人的报道，称申请人20年前曾出演过色情电影，这篇报道后来被证实为真实的。申请人申请法院向被申

---

① BVerfGE 54, 108.
② *See* BGHZ 73, 120 (*Kohl/Biedenkop*); BVerfGE 66, 116 (*WallrafJ*).
③ *Cf* Landgericht Berlin, NJW (1997) 1155 (*Porn Actor*).
④ *See* BVerfGE 54, 129 (139) (*Kunstkritik*) and BVerfGE 93, 266 (*Soldaten sind Morder I*).
⑤ *Cf* BGHZ128, 1; BGHZ131, 332.
⑥ Landgericht Berlin, NJW (1997) 1155 (*Porn Actor*).

请人颁发临时禁令,以防被申请人继续散播相关言论。区法院的工作是在《基本法》第5条第1款的管辖范围内,衡量申请人的隐私权与被申请人的言论自由,以及该信息是否涉及公共利益以使得公众对该信息享有知情权。法院一开始就强调,一位色情演员的私人活动关系到其私人领域,因此应当受到《基本法》第1条第1款和第2条第1款的保护。然而,考虑到申请人曾在几年前将自己过去的这些经历向媒体公开,法院对其隐私权的保护应当受到限制。申请人曾公开其经历的行为可以被视为"放弃隐私权"的表现,这也导致原则上,该案中被申请人基于《基本法》第5条第1款所享有的权利不受申请人隐私权的限制。然而,法院继续支持申请人的主张,认为案件具体情况的不同要求我们对其区别对待。首先,申请人出演色情电影已经是20年前的陈年旧事。其次,即使有人认为这一点与该案无关,我们还是有必要强调申请人曾在媒体面前公开、充分讨论过的原告曾出演色情电影这件事不涉及任何公共利益。对该事件的讨论完全是为了满足公众永不满足的好奇心;其信息价值非常小或者完全不存在。被公开的信息的公共信息价值越小,对其进行隐私权保护的必要性就越大。因此,法院判定,该案中,申请人的隐私权应当优先于新闻媒体的出版自由而受到保护,并依此支持其申请,向被告颁发了禁止令。

在过去几十年里,法院不断发展完善面对相互冲突的权利的"平衡的艺术"(art of balancing),而上述案件是这一艺术发展到极致的一个典型例证。该案证实德国联邦宪法法院建立的标准得到了严格的遵循和执行,同时承认了言论自由和隐私权均为非常重要的公民权利。言论自由从未被忽略;相反,作为民主的基石,其重要性得到进一步重申。只有在某些案件的具体情况之下,言论自由才有可能让步于隐私权。

本文第四部分的目的在于表明,德国法上承认并保护公民隐私权的做法并不意味着对言论自由的绝对限制。隐私权和言论自由均为"自由民主的基本秩序"(free democratic basic order)中不可分割的组成部分,两者的关系并非互相限制,而应当是互相补充。如果两者产生冲突,我们应当权衡两者的关系,如果可能的话,使之平衡。就言论自由和个人名誉之间的关系问题而言,一些判例表明,德国法院倾向于对言论自由给予比个人名誉更多的保护。至于言论自由和隐私权的关系，判例表明，在隐私信息所涉及的公共利益小于他人隐私利益时，言论自由（以及出版自由）必须让步于隐私权，以保护他人对自己私人领域的隐私权。最后，新闻媒体本身也支持并认同关于言论自由和隐私权的发展现状。因此，英国律师应该能猜到下一章节笔者将要讨论的内容。

五、英国法对《欧洲人权公约》的内化

2000年10月2日，《欧洲人权公约》（*European Convention on Human Right*，ECHR）在英国正式生效。对此，英国政府宣称其目的在于"在公约之下对英国公民本就享有的权利给予更直接有效的保护"。① 尽管英国是ECHR的主要起草国之一，而且是在1951年首个签署ECHR的国家，直到2000年，英国才将ECHR并入国内法。目前英国的情况是，ECRH已经成为英国法律渊源，而且可能成为国内法院诉讼案件中当事人保护自己的权利的法律依据。②

ECHR的核心条款是第6条第1款的内容，根据该条款，"公权力"（public authority）实施的行为若与ECHR所保护的权利相抵触，那么将被视为违法行为。在这个层面上，"公权力"的含义为何？ECHR第6条第3款故意对该词做出了较宽泛的定义，使其包括法院、仲裁庭以及"任何能够行使公共性质的权力的个人"。因此，初看起来ECHR并不约束私人或私营实体，例如新闻媒体，即不具有"直接的横向影响力"（direct horizontal effect）。然而，若对ECHR进一步分析，我们会发现ECHR的横向影响力并未被完全排除，原因有以下两个。第一个原因在于，ECHR第3条第1款规定，只要不存在特殊原因，那么缔约国有义务以与公约相一致的方式解释国内法律。这一义务应当得到普遍遵守。这意味着只要在某个案件中法院需要对法律进行解释，那么该义务就应当被遵守，包括平等民事主体之间的诉讼案件。第二个原因在于，ECHR在定义"公权力"一词时

---

① Home Office，*Rights Brought Home*：*The Human Rights Bill* para. 1. 19（Cm 3782，1997）.
② Sunday Times v. U. K. （1991）Series A，vol. 217；Observer and Guardian v. U. K.，(1991) Series A，vol. 216.

将法院和仲裁庭包含在内,这意味着这些机构在对普通法上平等民事主体之间的诉讼案件进行裁判时,同样有义务确保其解释和适用国内普通法的方式与公约相一致。①

此外,显然根据 ECHR 第 6 条的内容,像广播标准委员会(Broadcasting Standards Commission)和报刊投诉委员会(Press Complaints Commission, PCC)这样的机构也将被定义为"公权力"机构,这将导致这些机构在隐私权相关事件中做出的裁定可能成为随后法院诉讼案件的审理对象。原告可能以自己受到 ECHR 第 8 条保护的权利受到侵犯为由以上述机构为被告向法院提起诉讼。然而,新闻媒体在该问题上向政府表达了深刻的关切,作为对新闻媒体的回应,政府决定修订依据 ECHR 所指定的立法草案,在其中增加"特别为保护言论自由、新闻自由和出版自由而设计"的新条文。② 这些条文不仅适用于一方当事人为公权力的案件,而且适用于任何一方当事人的言论自由可能受到限制的案件。其立法目的在于,当一方当事人要求获得可能有违 ECHR 的救济时,提高其获得救济的门槛,同时列出法院在判断是否给予当事人相关救济或保护时所应当考虑的影响因素。

六、结语:德国法对英国法的价值

英国法对 ECHR 的并入和内化会给英国隐私权法的发展带来何种影响?这是一个很难预测的问题。③ 然而,毫无疑问自此以后法院将会被要求在言论自由和私人生活隐私权之间做出平衡,将个案具体情况和所有相关判例法纳入考虑范围。就这方面来讲,德国法对英国法可能有重要的参考价值。

一位著名的美国律师 Karl Llewellyn 曾表示,在欧洲大陆,人们奉行的法律思维是"有趣的(interesting)、严格的(demanding)和不切实际的(impractical)"④。暂且撇开这三个特征中的前两个,一

---

① See N. Bamforth, *The Application of the Human Rights Act 1998 to Public Authorities and Private Bodies*, 58 CAMBRIDGE L. J. 159 (1999).
② *Hansard*, H. C., col. 535, 2 July 1998 (the Home Secretary, Mr. J. Straw).
③ *Cf* Human Rights and the European Convention 212 (B. Dickson ed., 1997).
④ Frankfurter Allgemeinezeitung, Nov. 26, 1997, at 2.

个问题仍然存在，即德国法中更加理论化和教条化的法律思维方式能否在英国普通法上被转化和适用。有人主张，两国法律体系的相似程度和两国法律相互比较发展的潜力是不可低估的。① 笔者在该方面欲做出三点说明。

首先，正如上一章节所述，ECHR 的并入和内化将会给英国法带来一些横向影响，推动英国保护本国公民那些在公约保护范围之内的权利不受来自其他平等主体的侵犯。这并不证明"公民权利私有化"（privatising human rights）对于英国法是一个陌生的事务。实际上，早期的一些尝试起草英国的《权利法案》（*Bill of Rights for Britain*）的努力已经至少起到了部分推动作用，意识到有必要保护公民权利不受来自其他私主体的侵犯。② 除此之外，英国法院在解释制定法和普通法，或者在私力救济程序中运用司法上的酌情决定权（judicial discretion）时已经开始参照 ECHR 的内容。③ 可见，德国法上针对公民基本权利的"直接横向影响"原则对整个德国法律秩序产生了"辐射"（radiat）作用，也对德国法院对法律的解释造成了"影响"（influence）。这可能成为一个范例，用以示范如何在不过度削弱管理私主体之间关系的"意思自治"（private autonomy, privatautonomie）原则的基础上，克服传统法律制度中的公私划分问题。

其次，"横向"的含义包括对存在冲突竞争关系的价值利益的平衡。这一含义被英国政府关于英国《人权法案》（*Human Rights Bill*）的政府白皮书认可："值得注意的是，我们的法院应当平衡保护公民基本权利和满足社会整体利益两者之间的关系，尤其是在涉及《人权法案》第 8 条至第 11 条内容的领域。在该领域，政府可能会以'民主社会的需要'为由限制公民权利的受保护程度。"④ 关于平衡的艺术，无论是欧洲人权法院的判例还是德国国内法院的判例均能够提供丰富的判例法，来作为英国法官的灵感之源。而这些英国法官"以其追求务实的倾向，应当成为塑造艺术的主人"。英国和德国律

---

① See R. Zimmermann, *Savigny's Legacy*: *Legal History, Comparative Law and the Emergence of a European Legal Science*, 112 L. Q. R. 576, 590 (1996).
② A. Clapham, *Opinion*: *The Privatisation of Human Rights*, *1* Ehrlr 20, 23 (1995).
③ *Cf* M. Hunt, Using Human Rights Law In English Courts 147 (1997).
④ Home Office, *Rights Brought Home*: *The Human Rights Bill* para. 1.19 (Cm 3782 1997).

师之所以都不愿了解或借鉴海峡另一端的律师的做法,应当归咎于一个普遍存在的成见,即普通法和民法从属于不同的法律体系。然而,暂且不说该成见应当谨慎使用这一事实,单凭德国立足于具体案件去解决个案中的利益平衡问题的做法就足以为英国提供有吸引力的借鉴价值。德国法院已经发展出一套可以灵活运用的合理标准,用以控制利益平衡的程序,从而在很大程度上保证了该程序的可预测性。因此,为了制定自己的标准,英国法院或许可以从德国的做法中获得一些灵感和启发。

最后,回到本文讨论的重点,在隐私侵权法律救济方面,德国法或许能够为英国法提供重大借鉴价值。正如上文所述,侵权行为受害者可以从诸多救济方式中选择对自己的救济方式(假设适用侵权救济的条件均成立),从允许侵权行为受害者做反陈述(counter-statement)到给予受害者以非财产性损害赔偿,都在可选择的救济方式之内。通过上文的分析可知,德国联邦最高法院尝试在言论自由和隐私权这两个相互竞争的价值之间做出平衡,法院所追求的最佳状态是:一方面,原告受到有效的隐私权保护;另一方面,被告的言论自由也没有受到不合理限制。非财产性损害赔偿中经济上的考虑因素的重要性日益增加,这是当今社会环境和新闻媒体报道的巨大变化导致的后果。因为人格权利的"商业化"(commercialisation),侵害人格权利的救济方式也随之被商业化。这不应当对英国普通法律师的法律适用造成阻碍。虽然一些英国法官的确对英国律师适用英国法对其当事人的隐私侵权损害进行救济的方式非常不满,但是德国法上的做法似乎为英国律师找到了一个能够达到令人满意的结果的办法,既能避免原告的隐私权无法受到保护,又能避免因新闻媒体承担过重的损害赔偿责任而压制了新闻舆论自由。

当然,在保护隐私权领域复杂的利益价值的问题上,不存在唯一理想的法律方法,而且比较法的方法也并不仅仅是简单地将一个法律制度中的法律传统移植到另一个法律制度中去。它应当是了解利用其他法律制度的宝贵经验,以期从不同角度观察审视本国的法律制度,从而发现并改进其中的缺陷和不足。在这个意义上,大法官 Leggatt 在 Daye v. Robertson 一案中谈及美国法时说:"我们不需要《美国联邦宪法第一修正案》来保护言论自由,但只有在公民隐私权得到落实的情况下,言论自由才不会被滥用。"① 应当强调的是,每一部隐私权法都应当具备一个最基本也是最简单的特征——它应当有效。② 这样,这部法律才能被视为有价值的。德国模式从整体上来讲已经相当有效。因此,它或许能够为英国法官提供一些鼓励来迎接其在不久的将来可能面临的任务,即英国隐私权法的制定。③

---

① See Frankfurter Allgemeine Zeitung, May 9, 1998, at 71.
② P. Prescott, Kaye v. Robertson-A *Reply*, 54 MOD. L. REv. 451, 454 (1991).
③ See T. U. Amelung, Der Schutz Der Privatheit Im Zivilrecht (2001).

隐私侵权所产生的收益赔偿责任

斯尔克·哈德尔[①]著　韩林平[②]译

目　次

一、导论
二、主要英美法系国家和地区相关现行法律概况
三、隐私侵权收益赔偿责任的规范性做法
四、结语

一、导论

行为人侵犯他人隐私权的方式多种多样，比如，在未经他人同意的情况下擅自闯入他人物理性的私密场所，在未经他人同意的情况下公开他人私人生活细节，或者在未经他人同意的情况下擅自使用他人姓名或者肖像。这些行为均被称为隐私侵权行为。实施隐私侵权行为的行为人除了要承担隐私侵权责任之外，还可能需要承担其他民事责任，例如违约责任、违反保密义务责任（从传统意义上讲）、违反信托义务责任、版权侵权责任、名誉侵权责任或者不动产侵权责任。此外，在主要的英美法系国家，立法机关制定了专门调整隐私侵权行为的法律，这些法律要么通过普通法（包括衡平法在内）的形式体现，要么通过制定法的形式体现，均能够用于解决隐私侵权民事责任的承担问题。行为人若对他人实施隐私侵权行为，就应当承担损害赔偿责任，此处的损害赔偿责任包括财产性损害赔偿责任和非财产性损害赔

---

① 斯尔克·哈德尔（Sirko Harder），德国图宾根大学法学博士，澳大利亚莫纳什大学法律系高级讲师。
② 韩林平，中山大学法学院助教。

偿责任。

在某些情况下,行为人实施隐私侵权行为所获得的利益大于受害人因侵权行为而遭受的损害(包括非财产性损害)。一个典型的例子即为,新闻媒体在报纸头版头条刊登针对某公众人物的隐私生活的报道,其报纸因此销量大增,新闻媒体凭借对该公众人物隐私事务的报道所获得的利益远大于该公众人物因隐私事务被公开而遭受的损失。本文将探讨,在这类隐私侵权案件中,法院在何种情况下应当受理原告(即隐私侵权行为的受害者)提起的隐私侵权之诉,在何种情况下应当要求被告对原告承担收益赔偿责任(gain-based relief),将其凭借侵权行为获得的利益返还给原告。至于该类隐私侵权行为是否可诉这一问题,不属于本文的讨论范围。在对世界各地主要英美法系国家隐私权法做简要梳理之后,本文将讨论,收益赔偿责任是否应当在隐私侵权案件中普遍适用。本文中,笔者并不认为隐私侵权责任应当被视为一个与一般民事责任分离出来,与其他民事责任划清界限,而欲在接下来的内容中分析:如何将隐私侵权损害赔偿责任纳入"民事侵权损害赔偿责任"(restitution for wrongs)这一一般性的民事责任体系中。本文还将论证,公民的隐私权是一项绝对性权利,若行为人在未经他人同意的情况下侵犯他人隐私权,那么,他人可以以隐私权被侵犯为由要求行为人承担收益赔偿责任。如何精确计算他人应当获得的收益损害赔偿的范围以及数额?这一问题也不在本文的讨论范围之内。

二、主要英美法系国家和地区相关现行法律概况

(一)澳大利亚

从传统意义上讲,澳大利亚不存在普通法上的隐私侵权。[①] 2001年,澳大利亚联邦高等法院(High Court of Australia)的几个大法官

[①] Victoria Park Racing and Recreation Grounds Co Ltd v Taylor (1937) 58 CLR 479, 495 – 496, 517, 521, 523; Australian Law Reform Commission, Unfair Publication: Defamation and Privacy Report No 11 (1979) [223]; Australian Law Reform Commission, Privacy Report No 22 (1983), vol 2, [1076].

注意到，澳大利亚法律对行为人侵犯他人隐私权的行为完全没有做出任何规定，① 但是这几个法官却无一尝试通过制定规则或者其他方式来推动相关隐私侵权领域的司法发展。"因此，从本质上来讲，澳大利亚联邦高等法院并未为隐私侵权受害者提供适用普通法来进行权利救济的可能性，也未为隐私侵权受害者提供开放性的救济途径，允许其适用其他领域的规定保护自己的隐私权。"② 21世纪初，曾经在2个案件③中，原告基于隐私权被侵犯这一理由提起诉讼，一审法院在判决中已经采纳原告的诉讼理由并支持了原告的诉讼请求（这两个一审判决均不涉及针对收益赔偿责任的讨论），但是维多利亚州上诉法院并未对这一判决做出任何表态。④ 澳大利亚普通法对隐私侵权这一领域的规定一直保持空白，似乎澳大利亚法院更倾向于将制定专门的隐私侵权规范的任务交给制定成文法的立法机关，而不是由法院通过普通法的形式来担此重任。⑤

实际上，早在1988年，澳大利亚便制定了《隐私权法》(Privacy Act 1988)，为澳大利亚公民的隐私权提供了有限的保护。该法调整大型私营机构收集、储存以及使用他人私人信息的行为。依据该法，只有在两种情况下，行为人的行为能得到豁免，他人不得依据该法要求行为人承担隐私侵权责任：①新闻媒体基于新闻报道的合理需要而实施该行为⑥；②政府机构基于正当管理需要而实施该行为。⑦公民在私人信息受到侵犯时，可以向澳大利亚信息行政长官（Australian Information Commissioner）提出申诉，信息行政长官针对公民

---

① *Australia Broadcasting Corporation v Lenah Gaine Meats Pty Ltd* (2001) 208 CLR 199, 248, 258 (Gummow J and Hayne J), 328 (Callinan J). Gaudron J agreed with Gummow J and Hayne J.
② *5H osking v Runting* [2005] 1 NZLR 1, 18 (Gault P).
③ *Grosse v Purvis* [2003] Aust Torts Reports 81 – 706; *Doe v Australian Broadcasting Corporation* [2007] VCC 281 (3 April 2007).
④ *Giller v Procopets* (2008) 24 VR 1, 35 – 36, 106, 107.
⑤ Peter Bartlett, "Privacy Down Under" (2010) 3 (1) *Journal of International Media and Entertainment Law*, 145, 162 – 163.
⑥ *Privacy Act 1988* (Cth) s 7B (4).
⑦ the Australian Law Reform Commission, *For Your Information: Australian Privacy Law and Practice* Report No 108, 2008 [5.9] – [5.48].

提出的申诉可以做出非强制性的决定，这一决定可能要求行为人承担财产性损害赔偿责任（compensation for pecuniary loss）或者非财产性损害赔偿责任（compensation for non-pecuniary loss），但不包含收益赔偿责任。虽然该决定不具有强制性，但是澳大利亚公民可以要求法院强制执行。

近期，澳大利亚有三个法律改革机构呼吁立法或者司法机关将隐私侵权行为列入法定诉讼理由之中。2008年，澳大利亚法律改革委员会（Australian Law Reform Commission）提出，澳大利亚应当颁布联邦法律，将严重侵犯他人隐私权的行为明确规定为法定诉讼理由，并且为受害者提供多种隐私侵权法律救济途径，责令行为人对他人承担损害赔偿责任（damages）、承担利益返还责任（account of profits，即上文所述的"收益赔偿责任"）或者颁发禁止令（injunction）禁止行为人实施的隐私侵权行为等，但不包括责令行为人承担惩罚性损害赔偿责任（exemplary damages）。① 2009年，新南威尔士州法律改革委员会（New South Wales Law Reform Commission）提出，应当对澳大利亚新南威尔士州2002年颁布的《民事责任法》（NSW）[Civil Liability Act 2002（NSW）]进行修订，将侵犯他人隐私权列为法定诉讼理由，② 法院应当有权责令被告对原告承担隐私侵权责任，而且，法院除了可以责令被告承担法条列举的责任之外，还可以责令被告承担"其他法院认为在案件所处情况下理应承担的责任"。该建议也未涉及惩罚性损害赔偿责任，将其排除在法院可判决被告承担的隐私侵权责任范围之外，但提出法院可以将利益返还责任作为一项"特殊补救办法"来对他人的隐私侵权损害进行救济。在2010年，维多利亚州法律改革委员会（Victorian Law Reform Commission）提出，行为人擅自使用他人私人信息的隐私侵权行为或者侵扰他人安宁的隐私侵权行为应当被规定为隐私侵权诉讼的法定诉讼理由③，在该类诉讼

---

① Australian Law Reform Commission, *For Your Information: Australian Privacy Law, and Practice Report* No 108 (2008) ch 74, esp Recommendations 73 and 74–75.
② New South Wales Law Reform Commission, *Invasion of Privacy* Report No 120 (2009) [4.14], [4.16].
③ Victorian Law Reform Commission, *Surveillance in Public Places* Final Report 18 (2010) [7.126].

中，法院可以判决被告承担损害赔偿责任或者向被告发布禁止令，但不可以判决被告承担惩罚性损害赔偿责任或者收益赔偿责任。

（二）加拿大

在加拿大，无论是加拿大联邦最高法院（Supreme Court of Canada）还是省级上诉法院（provincial appellate court），均不承认普通法上的隐私侵权。① 一般来讲，基层法院通常类推适用既存的侵权责任制度来对隐私侵权问题做出说明。② 然而，在2006年，安大略省最高法院的 Stinson 大法官在 Soinvar v. McDonald's Restaurants of Canada Ltd. 一案③中呼吁："是时候承认隐私侵权为一种独立的侵权类型了。"自此以后，其他法院也纷纷在初审判决中表达对类似观点的支持。④ 加拿大或许正朝着承认"隐私侵权是一种独立的普通法上的侵权类型"的方向发展。至于在隐私侵权之诉中，被告是否应当承担收益赔偿责任，加拿大似乎尚无涉及该问题的司法判决或者相关决定。

在加拿大适用普通法的省份当中，有4个省份颁布了制定法上的隐私侵权制度，这4个省份分别为不列颠哥伦比亚省、纽芬兰拉布拉多省、萨斯喀彻温省以及马尼托巴省。其中，前3个省份均在其《隐私权法》（Privacy Act）中规定了以下内容："隐私侵权是侵权行为的一种，若行为人在没有正当理由的情况下故意侵犯他人隐私权，那么，他人可以向法院提起诉讼，而无须证明该行为给自己造成的损害。"⑤ 类似地，1987年，马尼托巴省制定《隐私权法》，该法第2

---

① A statement that comes close to such recognition was made by Carruthers CJPEI speaking for the Appeal Division of the Prince Edward Island Supreme Court *in Dyne Holdings Ltd v Royal Insurance Co Canada* (1996) 135 DLR (4th) 142, 160.
② See the cases discussed by Alex Cameron and Mimi Palmer, "Invasion of Privacy as a Common Law Tort in Canada" (2009) 6 (*11*) *Canadian Privacy Law, Review 105*, 107 8.
③ *Soinvar v McDonald's Restaurants of Canada Ltd* (2006) 263 DLR (4th) 752, 763.
④ See the cases discussed by Alex Cameron and Mimi Palmer, "Invasion of Privacy as a Common Law Tort in Canada" (2009) 6 *Canadian Privacy Law Review 105*, 111 – 113; *Jones v Tsige* [*2011*] ONSC 1475 (23 March 2011) [28] – [57].
⑤ *Privacy Act*, RSBC 1996, c 373, s *1* (*1*); *Privacy Act*, RSNL 1990, c P – 22, s 3; *Privacy Act*, RSS 1978, c P24, s2.

(1) 条规定："行为人在没有正当理由的情况下侵犯他人隐私权的行为构成侵权行为。"在损害赔偿责任方面，不列颠哥伦比亚省的《隐私权法》未对此做出规定，而马尼托巴省、纽芬兰拉布拉多省以及萨斯喀彻温省则为隐私侵权受害者提供了几种救济方式，包括他人可以要求行为人承担利益返还责任。①

（三）英格兰和威尔士

原则上，英格兰和威尔士地区不存在普通法上的隐私侵权制度。② 然而，1950 年签署的《欧洲人权公约》（European Convention on Human Rights）第 8 条重点保护个人隐私权以及享受家庭生活的权利，且英国在 1998 年制定了《人权法》（Human Right Act 1998）这部国内法，以此采纳并吸收了《欧洲人权公约》所规定的内容。受其影响，英国法院（包括英格兰和威尔士的法院）对英国衡平法上的违反保密责任原则做出扩大解释，将公民隐私权纳入该原则的保护范围之内。③ 在一些案件中，被告通过其他途径而非从原告处获取原告私人信息，然后在未经原告授权的情况下擅自公开这些信息，依据传统的违反保密责任原则，法律规定要求原被告之间先前存在应当承担保密责任的特殊关系，④ 而现在，法院已经打破了这一限制，不再考察原被告之间的关系，转而考察被告是否知道或者应当知道原告对其信息享有合理隐私期待，以及原告的隐私利益是否比被告实施隐私侵权行为所获得的利益更重要、更值得保护。特别是在案件涉及被告表达自由（freedom of expression）的情况下，法院的考察会尤其审

---

① *Privacy Act*, RSM 1987, c P125, s 4 (1) (c); *Privacy Act*, RSNL 1990, c P 22, s 6 (1) (c); *Privacy Act*, RSS 1978, c P 24, s 7 (c).

② *Ma/one v Metropolitan Police Commissioner* [1979] Ch 344, 372 – 373; *Kaye v Robertson* [1991] FSR 62; *Wainwright v Home Office* [2004] 2 AC 406, 423; *Campbell v MGNLtd* [2004] 2 AC 457, 464, 471, 495; *McKennitt v Ash* [2008] QB 73, 80; Percy H Winfield, "Privacy" (1931) 47 *Law Quarterly Review* 23.

③ See *Seager v Copydex Ltd* [1967] 1 WLR 923, 931 (Lord Denning MR); *Attorney-General v Observer Ltd*, sub nom *Attorney-General v Guardian Newspapers Ltd* (No 2) [1990] 1 AC 109, 255, 268, 281; *Kitechnology BV v Unicor GmbH Plastmaschinen* [1995] FSR 765, 777 – 778.

④ See eg, *Coco v AN Clark (Engineers) Ltd* [1968] FSR 415, 419; [1969] RPC 41, 47.

慎，因为表达自由是《欧洲人权公约》第 10 条重点保护的权利。[1]

正如上文所述，基于英国法院对违反保密责任原则的新诠释，法院在适用该原则审理案件时应当考察的内容有所变化，现在法院应当考察被告是否"侵犯原告隐私利益"（breach of privacy）或者"擅自使用原告信息"（misuse of private information）。[2] 依据违反保密责任原则的新含义，侵犯原告隐私利益的行为或者擅自使用原告信息的行为都被视为"侵权行为"，这一原则不仅被纳入现行英国侵权法律体系的规定之中，而且被写入侵权法相关书籍。[3] McGregor 提出建议，认为隐私侵权作为一种独立的侵权类型的地位必须被大众所承认。[4] 然而，在原告主张被告"侵犯隐私利益"的案件中，法院通常将"侵犯隐私利益"这类行为认定为衡平法上的一般民事损害行为，而非侵权行为。在 Douglas v. Hello! Ltd（No. 3）一案[5]中，上诉法院拒绝适用 1995 年《国际私法（补充规定）》[Private International Law (Miscellaneous Provisions) Act 1995] 中的规定来调整被告"侵犯隐私利益"的行为。该法主要涉及调整侵权行为的法律的选择问题。此外，在 Mosley v. New Group Newspapers Ltd 一案[6]中，原告适用相关规定要求被告承担惩罚性损害赔偿责任的请求被法院驳回，理由是衡平法上并未规定被告应当承担惩罚性损害赔偿责任，而且侵犯他人隐私权的行为仍应当被归入衡平法上的一般民事损害行为，而非侵权行为。因此，就目前的情况来讲，侵犯他人隐私权的行为应当被视为衡平法上的一般民事损害行为。

在这样的分类之下，法院当然应当支持隐私侵权诉讼的原告要求被告承担收益赔偿责任的请求，因为收益赔偿责任是衡平法上的一般

---

[1] Eric Barendt, "Balancing Freedom of Expression and Privacy: The Jurisprudence of the Strasbourg Court" (2009) *1 Journal of Media Laiw* 49.

[2] *Campbell v MGN Ltd* [2004] 2 AC 457, 465 (Lord Nicholls); Harvey McGregor, *McGregor on Damages* (Sweet & Maxwell, 18 ed, 2009) [42 – 002].

[3] See eg, Simon Deakin, Angus Johnston and Basil Markesinis, *Markesinis and Deakin's Tort Law*, (Clarendon Press, 6th ed, 2008) ch 22; W V H Rogers, *Winfield and Joloiicz on Tort* (Sweet & Maxwell, 18th ed, 2010) [12.82] – [12.87].

[4] Harvey McGregor, *McGregor on Damages* (Sweet & Maxwell, 18th ed, 2009) [42 – 017].

[5] [2006] QB 125, 160.

[6] [2008] EMLR 679, 725 – 728.

性民事损害赔偿责任,他人在遭受一般民事损害的情况下均可以要求被告承担收益赔偿责任。从传统意义看来,利益返还责任适用于行为人违反受托义务的案件和行为人违反保密责任的案件中,虽然法院可能仅在被告违反义务的行为有主观故意的情况下才责令被告承担利益返还责任。① 从传统意义上讲,无论被告行为的受责程度到底有多大,法院在衡量被告违反保密责任所需承担的损害赔偿责任时,都有可能仅仅根据被告在取得原告同意或者获得相关知识(特别是商务知识)时所需花费的成本大小来进行评估,而不考虑被告行为的受责程度。② 然而,在原告诉被告违反保密责任的案件中,法院若适用传统的收益赔偿责任来判定被告应当承担的责任大小,那么法院主要考虑的将是涉案商业秘密或者其他有价值的商业信息的重要程度,而且这些信息也未必全部都是隐私信息。③

在 Douglas v. Hello! Ltd (No. 3) 一案中,上诉法院判定:因为被告实施了侵犯原告隐私利益的行为,所以原告要求被告承担收益赔偿责任的主张应当得到支持。该案中,原告 Michael Douglas 为一名演员,被告为一间名为"Hello!"的杂志社。被告在其出版物上刊登了一张其在原告与 Catherine Zeta-Jones 的婚礼上暗中拍摄的婚礼照片,而在此之前,原告的妻子(即 Catherine)已经将独家拍摄并报道其婚礼的专有权利卖给了"OK!"杂志社,并且已经采取了详尽措施来避免别人在未经其授权的情况下拍摄其婚礼照片。在 Douglases 诉"Hello!"违反保密责任一案中,上诉法院明确指出,若被告通过刊登原告婚礼照片的行为能够获得巨大的利润,那么,被告"将会毫不犹豫地"这么做。该案中,法院拒绝根据原告在制作进场证件等行为过程中花费的多少来计算损害赔偿的数额大小,因为原告绝不可能允许被告在未经授权的情况下对其照片进行刊登报道,而且原告的确通过授予"OK!"杂志社独家特许权的方式排除了其授予被告许

---

① *Seager v Copydex Ltd* (No. 1) [1967] 1 WLR 923, 932 (Lord Denning MR); *Vercoe v Rutland Fund Management Ltd* [2010] Bus LR D141, 142-145.
② *Seager v Copydex Ltd* (No 2) [1969] 1 WLR 809; *Universal Thermosensors Ltd v Hibben* [1992] 1 WLR 840, 858-859.
③ Normann Witzleb, "Justifying Gain-Based Remedies for Invasions of Privacy" (2009) 29 (2) *Oxford Journal of Legal Studies* 325, 332.

可权的可能性,也正因为如此,原告在此过程中的花费是难以评估计算的。基于这些原因,审理该案的法院承认了利益返还责任在该案损害赔偿数额计算过程中的适用,要求被告基于其为此侵权行为带来的收益对原告承担收益赔偿责任。

(四) 新西兰

新西兰的制定法保护公民某些方面的隐私权。[①] 在 2004 年的 Hosking v. Runting 一案[②]中,新西兰上诉法院以大多数意见确立了隐私侵权的地位,在原则上承认了隐私侵权是普通法上的一类独立的侵权行为。该案中,尽管法院依据普通法上的一般规定,反对将"行为人在未获授权的情况下使用他人肖像"的行为视为可诉行为,但是审判长 Gault 明确表明其观点——"对他人私人生活的不当宣传"构成侵权行为,而且这一观点也被大法官 Blanchard 所认同。Gault 法官并未对隐私侵权救济是否应当适用于"行为人不合理地侵扰他人独处或者隐居的权利的行为"这一问题进行讨论,而是表明"隐私侵权之诉的可诉范围应当在法院未来的实践中得到渐进式的发展和扩大"。在另外一个案件中,大法官 Tipping 也同意 Gault 的观点,对隐私侵权这一普通法上的新的侵权行为做出这样的描述:"若原告对其私人信息或者资料享有合理隐私期待,那么,被告公开这些信息或者资料的行为即为一种可诉的侵权行为,除非这些信息或者资料涉及合法的公众关切,被告可以公共利益为由为自己辩护。"[③] 此后,隐私侵权这一普通法[④]上的新的侵权类型被适用于一起案件的初审判决中(法院在该判决中表示,新西兰普通法上尚无关于隐私侵权的责任承担问题的规定),但是新西兰最高法院却没有对隐私侵权这一侵权类型是否存在这一问题做出任何回应。

在隐私侵权救济责任方面,审判长 Gault 和大法官 Tipping 均在 Hosking v. Runting 一案中表示,该类案件中被告应承担的最主要责

---

① *Broadcasting Act 1989 (NZ)*; *Privacy Act 1993 (NZ)*; *Harassment Act 1997 (NZ)*.
② [2005] 1 NZLR 1.
③ This argument is discussed by Normann Witzleb, "Justifying Gain-Based Remedies for Invasions of Privacy" (2009) 29 (2) *Oxford Journal of Legal Studies* 325, 352-356.
④ [2005] 1 NZLR 1, 38 (Gault P), 62 (Tipping J).

任为损害赔偿责任，在适当的情况下，法院也可以向被告颁发禁止令。此处列举了责令被告承担损害赔偿责任以及颁发禁止令两种隐私侵权救济途径，这一列举是否为穷尽式列举，是否将责令被告承担收益赔偿责任这一救济方式排除在可适用范围之外，目前还不清楚。

（五）美国

尽管美国宪法对公民表达自由的重视和保护为公民隐私权的保护设置了很多障碍[1]，但是，美国法院在很早以前就已经承认普通法上隐私侵权的可诉性。在1960年，美国学者Prosser教授通过对美国以往普通法上隐私侵权判例的总结，将隐私侵权分为以下四类：①侵扰他人安宁的隐私侵权行为；②公开他人私人事务的隐私侵权行为；③在公众面前丑化他人形象的隐私侵权行为；④擅自使用他人姓名、肖像的隐私侵权行为。[2] Prosser教授的这个四分法理论后来被《美国侵权法复述（第二版）》所采纳。[3] 收益赔偿责任至少可以适用于擅自使用他人姓名或者肖像的隐私侵权诉讼（即第四类）。[4]

在美国，很多州都有保护公民某些方面隐私利益的法律。一个最典型的例证即为《加利福尼亚州民法典》（*California Civil Code*）第1708.8条。该条规定，行为人若以一种会引起一个理性人高度反感的方式获取他人在参与私人事务或者家庭活动时的视觉图像、录音资料或者其他物理性资料，那么行为人应当对其行为承担责任。该法第1708.8条第4款规定行为人可能承担3倍赔偿责任，而且进一步规定："若原告能够证明被告实施隐私侵权行为是出于商业目的，那么被告还需基于对该节规定的违反，向原告赔偿其所获得的一切非法所得以及其他报酬。"

三、隐私侵权收益赔偿责任的规范性做法

在单纯的隐私侵权案件当中，原告可否要求被告承担收益赔偿责

---

[1] *Time Inc v Hill* 385 US 374 (1967); *Bartnicki v Vopper* 532 US 514 (2001).
[2] William L Prosser, "Privacy" (1960) 48 (3) *California Law Review* 383, 389.
[3] American Law Institute, *Restatement* (*Second*) *of Torts* (1977) ss 652A 652E.
[4] *Shepard's Pharmacy Inc v Stop & Shop Companies Inc* 37 Mass App Ct 516, 524; 640 NE 2d 1112, 1117 (Ct App, 1994).

任？对于该问题，我们可以通过两种方法来寻找答案。

第一种方法，即把隐私侵权责任视为独立于其他一般民事责任的一类特殊侵权责任，考虑与隐私权相关的特殊政策性因素，由此分析收益赔偿责任是否应当被适用。在此路径之下，有观点认为，收益赔偿责任的适用能够对实施隐私侵权行为的行为人起到震慑的作用，因为该类隐私侵权行为造成的损失往往是非财产性的，而行为人对他人非财产性损失的损害赔偿根本无法达到使原告的生活恢复原状的效果。相反，也有观点认为，在新闻媒体不妥当地公开报道知名公众人物的私人生活事务时，适用收益赔偿责任对其进行惩罚将会过分抑制言论自由的发展。

第二种方法，即制定一般性的标准，用以判断"在一般性民事案件中，什么情况下行为人应当承担民事损害赔偿责任"，然后再具体到隐私侵权这类特殊民事侵权案件当中，用这一标准来判断在具体隐私侵权案件中，行为人是否应当承担民事损害赔偿责任。本文采用这种方法来探究"收益赔偿责任是否应当适用于隐私侵权案件"这一问题。一些学者主张，收益赔偿责任应当适用于所有民事案件[1]，或者至少应当适用于所有民事侵权案件[2]。但是，目前大部分学者更倾向于另一种观点，即区分适用收益赔偿责任的案件和不适用收益赔偿责任的案件。该部分将对上述这场争论中主要参与的学者的理论做简要概述，然后探究每一种理论若应用于实践中的普通法上的隐私侵权将会带来的效果。某些情况下，行为人对其实施的侵权行为应当承担某种隐私侵权责任，但是，并不仅仅需要承担隐私侵权责任，可能还需要承担合同违约责任或者不动产侵权责任，这种应当承担多类责任的行为不在本文的详细探讨范围之内。此外，在本部分中，基于对不当得利的一般性概念分析，笔者将提出自己的观点：在一些隐私侵权案件中，被告在未经授权的情况下，通过侵犯原告的隐私权这种绝对性权利来为自己获取不当得利，在这类隐私侵权案件中，收益赔偿

---

[1] Kit Barker, "The Nature of Responsibility for Gain: Gain, Harm, and Keeping the Lid on Pandora's Box" in Robert Chambers, Charles Mitchell and James Penner (eds), *Philosophical Foundations of the Law, of Unjust Enrichment* (Oxford University Press, 2009) 158.

[2] Gareth Jones, *Goff& Jones: The Law, of Restitution* (Sweet & Maxwell, 7th ed, 2007) [36-006]; Harry Street, *Principles ofthe Law, ofDamages* (Sweet & Maxwell, 1962) 254.

责任这种责任承担方式应当被适用,行为人应当就其对他人实施的隐私侵权行为承担收益赔偿责任。

(一)伯克斯(Birks)

在 Birks 看来,在以下三类案件(这三类案件有相互重叠的部分)中,行为人应当对其行为承担民事损害赔偿责任:①被告故意以获得利益为目的实施民事违法行为;②被告违反了某项义务,而该义务的目的就在于防止被告获得不正当利益;③被告实施某种违法行为,而规定被告承担"民事损害赔偿责任"就是防止被告通过该违法行为获得利益或者对他人造成伤害的有效方法。①

第一类案件与我们探讨的话题是收益赔偿责任是否应当适用于隐私侵权案件,密切相关,因为其包含一类隐私侵权行为,即被告故意以获取利益为目的侵犯原告隐私权的隐私侵权行为。该类案件所涵盖的范围非常广泛,因为它可以包含所有违法报道他人私人事务的新闻媒体,因为报社卖报纸是为了获取财产利益。然而,根据 Birks 的说明,该类案件所指的情况是:新闻媒体故意利用他人的隐私信息来获得超出正常经营能够获得的额外利益。而且法院可能还要求被告在实施侵权行为时知道其行为的违法性或者至少了解其所报道的故事是他人隐私信息,才能够认定被告的行为违法。这些结论均可以通过 Birks 在其文章中列举的行为人出卖损毁他人名誉的故事的例子而得出,我们能够确定的是,Birks 在第一类案件中所说的"收益"并不是单纯的利益,而是因违法行为而获得的"额外"利益。由此可以得出,Birks 提出的第一类行为人可能承担民事损害赔偿责任的案件并未涵盖所有隐私侵权案件。

第二类案件仅在一种情况下涉及我们所讨论的话题,即被告侵犯了原告隐私权,而要求被告尊重原告隐私权的目的在于防止被告利用原告隐私信息获得不正当利益。要求行为人履行尊重他人隐私权这一义务的主要目的之一是防止行为人给他人造成精神痛苦或者财产损害。但是人们履行义务的目的可能不止一个。Birks 自己也强调了这

---

① Peter Birks, *An Introduction to the Law*, *of Restitution* (Clarendon Press, revised ed, 1989) 326-346.

一点，并且解释道，如果防止被告获得不正当利益是该义务的"主要目的"，那么，被告的行为就属于此处的第二类案件，法院应当要求被告承担民事损害赔偿责任。他在自己的文章中以违反保密责任作为例证。从文中引用的案例和背景可以清楚得知，Birks 讨论的是违反保密责任的传统含义，即行为人（受托人）将他人（行为人对其负有保密责任的委托人）告知的秘密信息转而告知另一人的行为，而不是违反保密责任扩张后的新含义，即行为人（受托人）将其合法获取但应当保密的他人（委托人）私人信息公之于众。Birks 注意到，人们基于两个原因寻求法律对其秘密信息的保护。第一个原因在于，在这个公众人物私人生活不断被揭露、政府秘密信息也不断被泄露的时代，人们希望能够有效捍卫自己的隐私权。因此，当被告试图利用原告的隐私信息获取额外利益时，原告并未将该信息视为财产。第二个原因在于，当涉案隐私信息是一个能够"创造财富"的商业秘密时，人们希望捍卫自己的财产权。基于上述分析，Birks 提出的关键性问题在于，原告更希望保护的是自己的隐私权还是财产权？

对这一问题的探究并不能够准确得出哪些隐私侵权案件属于第二类案件的结论，但上文提到的 Douglas v. Hello! Ltd 一案[1]的确属于此处的第二类案件，因为在该案中，原告 Douglases 所做行为的目的并不是封锁消息、保持其婚礼及婚礼影像资料的秘密性。相反，原告早已经将报道影像资料的权利卖给了"OK!"杂志社。该案中，原告行为的目的显然在于保护其他杂志社的排他性协议并为其带来的财产利益。因此，杂志社在未经原告授权的情况下擅自公开原告婚礼照片的行为即为一个侵犯原告财产利益、为其自己谋取财产利益的违法行为。然而，在 Campbell v. MGN Ltd 一案[2]以及 Mosley v. News Group Newspapers Ltd 一案[3]中被告实施的隐私侵权行为则完全不同。在 Campbell 一案中，原告 Naomi Campbell 是英国超级名模，她不会有兴趣利用其出席禁毒匿名集会（Narcotics Anonymous meetings）的信息进行商业活动；而在 Mosley 一案中，原告也绝对不会有兴趣利用其

---

[1] [2006] QB 125.
[2] [2004] 2 AC 457.
[3] [2008] EMLR 679.

进行性行为的信息来谋求财产利益。这两个案件中,原告寻求的均为法律对其信息隐私权的保护。

总结起来,Birks 针对"原物返还"性质的损害赔偿案件所提出的三分法理论适用于一些隐私侵权案件,但并不适用于全部隐私侵权案件。

(二) 埃德尔曼 (Edelman)

Edelman 认为,民事侵权中的收益赔偿责任应当分为两种类型,分别是"恢复原状性质的损害赔偿"(restitutionary damages) 和"非法所得性质的损害赔偿"(disgorgement damages)。恢复原状性质的损害赔偿旨在扭转被告损害原告的利益而为自己获取不正当利益的局面。该类损害赔偿的基础是亚里士多德的矫正正义理论 (corrective justice),一般情况下适用于所有民事侵权案件。在一个行为人未经授权擅自使用他人作为商业秘密的饮料配方的案件中,法院在判定被告应当承担多少恢复原状性质的损害赔偿责任时,可以参考一个专业人士在不使用现有的秘密配方的情况下研制出该种饮料需要付出多少花费。① 这样的责任承担判定方法能够使得原告从被告处夺回被保护的信息的市场价值。非法所得性质的损害赔偿的目的不在于扭转被告损害原告的利益而为自己获取不正当利益的局面,其目的在于剥夺被告通过实施违法行为而获得利益的能力,而不考虑该利益的来源。在惩罚性损害赔偿责任的规定缺失或者无法足够充分地发挥作用时,非法所得性质的损害赔偿责任的规定能够对实施违法行为的行为人起到一定震慑作用。该类损害赔偿适用于行为人违反信托义务的案件中,也适用于行为人为了获得超过他人损失的额外利益而故意实施侵权行为的案件中。为了获得财产利益而故意收集或者揭露他人秘密信息就是该类案件的典型实例。

Edelman 在其分类理论中未对隐私侵权做专门性的说明。但是显然,根据 Edelman 的分类理论,行为人若通过侵犯他人隐私权的方式获得利益,那么他们应当承担非法所得性质的损害赔偿责任,要将其

---

① James Edelman, *Gain-Based Damages: Contract, Tort, Equity and Intellectual Property* (Hart, 2002) 209 – 210, referring to *Cadbuiy Schiveppes Inc v FBI Foods Ltd* [1999] 1 SCR 142.

所获得的全部利益返还给他人，因此，只有在行为人以获得财产利益为目的故意实施隐私侵权行为时，法院才能够适用该理论判决被告承担非法所得性质的损害赔偿责任。例如，在新闻媒体未经授权擅自公开他人隐私信息的案件中，原告若欲请求法院判决被告承担非法所得性质的损害赔偿责任，应当证明被告实施侵权行为时是以通过该侵权行为获得额外利益为目的的。此外，根据 Edelman 的分类理论，原告可能还需要证明被告知道或者应当知道其行为的违法性。因为 Edelman 在其理论说明中谈及 Seager v. Copydex Ltd（No.1）一案①，该案中，被告在未经原告授权的情况下擅自使用原告的一个秘密设计方案。而大法官 Denning 勋爵在判决书中指出被告的行为"或许不构成对原告隐私权的侵犯"……因为被告在使用原告设计方案时并不知道该设计方案属于原告的商业秘密。②

在 Edelman 的分类理论中，恢复原状性质的损害赔偿普遍适用于所有民事侵权案件，因此也适用于所有隐私侵权案件。承担恢复原状性质的损害赔偿的被告应当向原告赔偿的数额即为原告受保护隐私信息的市场价值。在某些案件中，若被告不实施侵权行为，那么，原告的隐私信息原本即为可出卖信息，被告也愿意购买该信息。在这类案件中，该隐私信息的市场价值可参考原被告双方若达成买售交易原本可能成交的价格来确定。但是在另一些案件中，原告的隐私信息是不可出卖的或者没有市场的，特别是在一些情况下，原告显然绝不可能同意任何人公开其涉案隐私信息。在这类案件中，涉案隐私信息的市场价值较难确定。因此，根据 Edelman 的理论，在所有隐私侵权案件中，被告的行为若构成对原告隐私权的侵犯，那么被告就应当承担收益赔偿责任，但是并非在所有隐私侵权案件中，收益赔偿责任大小的判断标准都是清晰的。

（三）弗里德曼（Friedmann）

Friedmann 将民事侵权背景下被告应当承担收益赔偿责任的情况

---

① [1967] 1 WLR 923.
② James Edelman, *Gain-Based Damages: Contract, Tort, Equity and Intellectual Property* (Hart, 2002) 214-215.

分为两种。其中第一种情况是出于威慑和惩罚的考虑，要求被告对其侵权行为承担收益赔偿责任。被告因违反信托义务而承担收益赔偿责任就是这种情况的典型案例。这样看来，隐私侵权案件似乎不在该情况的范围之内。另一种被告应当承担收益赔偿责任的情况更加普遍存在，即为被告擅自使用原告财产或者擅自利用原告准财产利益的情况。在此语境下，原告"财产"不仅包括实际意义上的有形财产和无形财产，还包括其他专属权利，例如，名誉权和保持身体完整性的权利等。被告若实施任何侵犯原告以上"财产权"的行为，都应当承担收益赔偿责任，无论该行为是否构成严格意义上的侵权行为。公民的准财产权（Quasi-property rights）是一种受到保护的利益，例如，法律保护人们的思想、信息、商业秘密以及机会。由于准财产权缺乏排他性，有时难以判断某些对象是否属于他人的准财产权，所以，并非在所有行为人擅自使用原告财产或者擅自利用原告准财产利益的案件中，被告均需承担收益赔偿责任。原告若欲请求法院判令被告承担收益赔偿责任，还需证明其他因素，例如被告所实施行为的不正当性。

在隐私权的背景之下，Friedmann 明确将准许别人使用自己姓名、肖像或者其他人格特征的排他性权利（公开权，right of publicity）视为一种"财产权"。因此，Friedmann 支持在这类隐私侵权案件中应当适用收益赔偿责任的观点，认为在上文提到的 Douglas v. Hello! Ltd. 一案①中，被告应当对原告承担收益赔偿责任。至于其他隐私利益是否应当适用收益赔偿责任进行保护，Friedmann 并未明确表明态度。在其一篇最近发表的文章中，Friedmann 指出隐私权涵盖的利益是多种多样的，并且强调明确公民在各种隐私利益被侵犯时分别可否适用收益赔偿责任进行救济这一问题的重要性。② 在那篇文章中，Friedmann 提到，"公开权"是可转让的，而防止别人公开自己私人事务的权利可能是不可转让的。我们不清楚 Friedmann 是否希望以被侵犯的权利的可转让性为基础，来说明在隐私侵权案件中应当适用收

---

① ［2006］QB 125.

② Daniel Friedmann, "The Protection of Entitlements via the Law of Restitution-Expectancies and Privacy" (2005) 121 *Law, Quarterly Review* 400, 417, 418.

益赔偿责任。Friedmann 在最初阐述其民事侵权的收益赔偿责任理论时，已经明确表示权利的可转让性不能作为适用收益赔偿责任的条件，理由是即使他人的某个权利本身是不可转让的，行为人违法使用他人权利的行为也已经将其市场化，将其转化为一项可转让权利。关于这一点，Friedmann 在文章中以一种情形为例，即行为人擅自公开他人私人事务的情形。因此，Friedmann 的观点是，收益赔偿责任应当适用于所有隐私侵权案件中。

（四）杰克曼（Jackman）

根据 Jackman 的观点，在所有权侵权（proprietary torts）、不动产侵权（restrictive covenant）、违反信托义务以及违反保密义务（传统意义上）等违法行为中适用收益赔偿责任，能够保护公民私有财产安全、保障合作双方的信托关系或者信任关系的顺利发展，促进各领域社会制度的完善。① 在一些情况下，单纯要求行为人承担损害赔偿责任不足以保护公民私有财产安全、保障合作双方的信托关系或者信任关系的顺利发展，促进社会制度的完善，因为有时隐私侵权受害者并未遭受损失。此时，要求行为人承担收益赔偿责任或许可以有效达到此目标。不同于不动产侵权，在合同违约方面，Jackman 认为，损害赔偿责任的适用通常足以保障社会公众在签订和履行合同的过程中保持良好的社会秩序，但是在一些情况下，利益返还责任（即收益赔偿责任）的附加适用还是有需要的，例如行为人为了获得额外的利益而故意违反合同约定。Jackman 在其理论阐述过程中从未特别提及过"隐私权"（Privacy），因此，显然 Jackman 并不认为隐私权是一项应当适用收益赔偿责任进行保护——否则不利于社会制度完善——的权利。

（五）加菲（Jaffey）

和 Edelman 观点相同，Jaffey 在恢复原状性质的损害赔偿（hypothetical-fee awards）——Jaffey 将其称为"使用损害赔偿"（use claim）和非法所得性质的损害赔偿（disgorgement of profits）这两种

---

① 1 M Jackman, "Restitution for Wrongs" [1989] 48 (2) *Cainbridge Law, Journal 302.*

民事损害赔偿类型之间做出了明确的区分。① 然而，和 Edelman 不同的是，Jaffey 并不认为责令被告承担使用损害赔偿责任总是能够使得原告从被告处夺回被保护的信息的市场价值。进一步来说，Jaffey 与 Edelman 的观点的不同之处在于，在两种损害赔偿类型中，收益赔偿责任可适用的范围不同。根据 Jaffey 的观点，行为人并不仅仅在实施侵权行为时才需承担使用赔偿责任，在签订和履行涉及权利与财产交换的合同时也应当受到使用赔偿责任的调整。在合同履行过程中，若被告侵犯原告的排他性权利去获取合同条款以外的不合理利益时，应当承担使用赔偿责任。这方面的案例很多，涉及有形财产和无形财产侵权，不动产契约违约以及劳动合同违约等。但不涉及名誉侵权、不动产侵权、欺诈或者普通的合同违约。隐私侵权似乎同样不包含在可以适用使用赔偿责任的民事损害赔偿类型之内。但是，隐私侵权可以适用非法所得性质的损害赔偿进行救济，因为根据 Jaffey 的理论，非法所得性质的损害赔偿应当适用于所有民事损害赔偿案件（排除 Jaffey 在其理论中明确列举出的大部分合同违约责任）当中。

（六）特滕伯恩（Tettenborn）

Tettenborn 认为，收益赔偿责任应当适用于两种民事侵权类型之中。② 第一种类型为违反忠实义务的行为，此类行为与本文所讨论的主题无关，在此不加赘述；第二种类型为侵犯他人财产权的行为，此处的财产权不仅包括传统意义上的财产权，还包括原本不属于财产权、但其存在的全部或者部分目的是进行交易或者转化为财产的权利。鉴于被告不应当避开与原告的议价过程而直接从原告处获得利益，收益赔偿责任在这一类型之下应当被适用。原本不属于财产权、但存在的目的是进行交易或者转化为财产权的权利有很多，例如，免受他人攻击或者伤害的权利。也正因此，当第三人支付钱财要求被告痛打原告的情况下，原告不得要求被告承担收益赔偿责任，因为被告

---

① Peter Jaffey, *The Nature and Scope of Restitution: Vitiated Transfers, Imputed Contracts and Disgorgement* (Hart, 2000) especially chs 1, 2, 4, 11, 12 and 13.

② Andrew Tettenborn, *Law of Restitution in England and Ireland* (Cavendish, 2002) [11-7] – [11-10], [11 21].

所获得的财产是既存的，而不是原本不存在的。具体到隐私权，Tettenborn 在其理论中将隐私权分为"可交易"（tradeable）的隐私权和"不可交易"的隐私权两种类型。根据 Tettenborn 的观点，排他性地使用某人的姓名或者肖像的权利属于可交易的隐私权，因此应当适用收益赔偿责任进行救济；而防止别人侵入自己住所的权利和防止别人公开自己隐私事务的权利则属于不可交易的隐私权，因此不能够适用收益赔偿责任进行救济。

（七）温里布（Weinrib）

根据 Weinrib 的观点，上文提到的矫正正义的思想是用于解释隐私权法的最合理方式："隐私权法调整的对象刚好处于一个违法行为的施害人与受害人的位置，且该违法行为的受害人尚未得到相应的救济。"[①] Weinrib 利用这个思想来解释为何收益赔偿责任并非对所有民事侵权责任都适用。我们经常提到，仅仅凭借"施害人获得利益与受害人遭受损失有实际上的因果关系"这一点不足以证明要求被告承担一般性损害赔偿责任是合理正当的。同样地，仅仅凭借"施害人所获得的利益来自于其对受害人实施的侵权行为"这一点也不足以证明要求被告承担收益赔偿责任是合理正当的。行为人的侵权行为与其所获得的利益之间有否历史性的联系并不重要，重要的是行为人获得的利益是否显示了该侵权行为的惯常特征，即是否在一般情况下，实施该侵权行为均会获得该利益。在决定是否应当适用收益赔偿责任时，法院应当判断被告获得的利益是否就来自于原告的权利本身，如果答案是肯定的，那么，原告要求被告承担收益赔偿责任就是合理正当的。这样一来，被告获得的利益就不仅仅是其实施侵权行为的结果，而是侵权行为本身的体现。例如，擅自使用他人专有权利的案件就属于上述应当适用收益赔偿责任的案件，Weinrib 将他人的专有权利定义为一种绝对性权利，而且认为这种权利通常能够被他人获取以及转让。

[①] Ernest J Weinrib, "Restitutionary Damages as Corrective Justice" (2000) *1 Theoretical Inquiries in Law 1*, 5. See also Ernest J Weinrib, *The Idea of Private Law* (Harvard University Press, 1995) especially ch 3.

此外，侵权行为人与他人之间的特殊关系可能促使行为人能够通过侵权行为获得来自他人权利本身的利益，在这种情况下，行为人应当承担收益赔偿责任。这样的特殊关系有两种类型：第一种类型是几方当事人先前就存在的关系（信托关系最为典型），该类型与本部分讨论内容无关，不再赘述；第二种类型是"被告以明示或者暗示的方式表明其将原告的权利视为财产，且被告可以占有该财产"。Weinrib 认为，在上文提到的第三人支付报酬要求被告痛打原告的情况下，实际上被告将原告保持身体完整的权利视为一件商品，原告可以向法院要求被告向原告支付其实施侵权行为所获得的报酬。同样的，隐私侵权行为也可以从这个角度分析，被告可能将原告的隐私信息视为一件商品。不容忽视的是，原告若欲要求被告承担收益赔偿责任，还要证明"被告明知其行为构成对原告的侵权行为，且被告实施侵权行为时以获得利益为目的"。因此，根据 Weinrib 的理论，只有在隐私侵权行为人明知其行为的违法性的时候，收益赔偿责任才能够适用。

（八）沃辛顿（Worthington）

Worthington 认可了民事侵权责任之下的两种收益赔偿责任，这两种收益赔偿责任分别适用于不同领域。第一种是被告在以不正当手段获得利益（ill-gotten profits）时应当承担的责任，此种责任仅在原被告双方原本存在的忠实义务或者信任关系被打破的情况下才适用。Worthington 将此种不当得利视为不受法律调整的不当得利。此种类型不在本文的讨论范围之内。第二种收益赔偿责任是被告在擅自使用原告财产权利时，因侵犯原告财产的"使用价值"（use value）而应当承担的责任。Worthington 将该类型中被告获得的不当得利视为削弱原告财产价值的不当得利。她指出，若被告在未经授权的情况下使用原告财产，那么原告作为财产权所有人可以请求法院责令被告赔偿其财产的"使用价值"，但不能请求法院责令被告向原告返还其利用该财产获得的所有不当得利。Worthington 将这一概念运用于不动产纠纷、动产纠纷、金钱纠纷以及无形财产纠纷之中。此外，她还预言，将来"信息权利"将会成为某种独立的权利，社会发展会使得保护公民信息安全的内容逐渐从调整违反保密责任的法律体系（在该体系中，核心是当事人之间的信任关系，而不是其信息本身）中被独立出来，而上述"使用价值"的概念还将被运用于信息权利纠纷之中。一旦"信息权利"真正成为一项独立的公民权利，那么，人们在隐私侵权遭受损害时，就可以依据 Worthington 的理论向法院提起诉讼，主张被告侵犯了自己隐私信息的"使用价值"。

四、结语

总的来说，在大部分适用普通法的司法管辖区域内，至少某些形式的隐私侵权就其本身而言是可诉的，在其中一些司法管辖区域内，原告不得仅就自身所遭受的损失要求被告承担赔偿责任，但是可以选择就被告通过实施侵犯原告隐私权的行为而获得利益要求被告承担责任。在澳大利亚，是否存在普通法上的隐私侵权这一侵权类型尚不确定，成文法对公民隐私权的保护也非常有限，已经有三个法律改革机构呼吁澳大利亚制定成熟的法律，将隐私侵权纳入合法诉讼理由，其中，有两个法律改革机构表示，利益返还应当被规定为一种隐私侵权责任的计算方式，即原告应当有权要求被告承担收益赔偿责任。

在承认隐私权的各国范围内，收益赔偿责任原则上应当被适用为一项隐私侵权救济责任。隐私权包括排除行为人进入他人私人领域的权利，这是一项绝对权。绝对权有一个特征，即任何使用该权利的行为均应当有利于权利持有人的利益维护，除非法律或者权利持有人本人另有规定或者说明。收益赔偿责任的承担是行为人在未经授权的情况下擅自使用他人绝对权的自然后果。该绝对权是否可转让或者原告是否打算将该权利商业化均不应当影响行为人承担收益赔偿责任，因为被告在未经授权的情况下擅自使用原告的权利的行为已经事实上将原告的绝对权商业化。

公众人物与私人事务

苏珊·M. 吉尔斯[①]著　张雨[②]译

目　次

一、导论
二、公众人物原则在宪政性书面名誉侵权法中的发展
三、Bartnicki v. Vopper 一案之前，隐私权法中的公众人物原则充满了矛盾与冲突
四、冲突还在继续——Bartnicki v. Vopper 一案
五、公众人物原则在隐私侵权责任制度中的发展趋势
六、结语

一、导论

美国联邦最高法院早已做出过这样的判决，即一旦书面名誉侵权法与《美国联邦宪法第一修正案》产生冲突，那么，法院就会根据原告是否属于公众人物来确定应对作为被告的新闻媒体采取何种保护措施。[③] 本文将讨论的问题是"公众人物原则"（public figure doctrine）是否可以，或者说是否应当作为一种宪政性的判断标准，从而被适用于隐私侵权案件的审理中。在 Bartnicki v. Vopper 一案[④]中，至少有两位美国联邦最高法院的法官急切地表达了他们的意愿：即应

[①] 苏珊·M. 吉尔斯（Susan M. Gilles），英国格拉斯哥大学荣誉法学学士（LLB），哈佛大学法学院法学硕士（LLM）。
[②] 张雨，中山大学法学院助教。
[③] See Gertz v. Robert Welch, Inc., 418 U. S. 323 (1974).
[④] 532 U. S. 514, 535 – 541 (2001) (Breyer, J., joined by O'Connor, J., concurring).

将"公众人物原则"纳入到美国联邦隐私权法中。

本文将在第二部分简要描述公众人物原则在宪政性书面名誉侵权法中的产生历程。在 Bartnicki 一案中，法院限制性将公众人物原则适用到了隐私权法中，笔者将在本文的第三部分中重新审视该案的判决。该案的法院似乎多次反对利用原告的公众人物或普通公民身份对隐私侵权案件进行宪政性分析，但是，笔者认为隐私侵权法一直以来都对公众人物与普通公民做了区分，并且法院已经将公众人物原则应用到另一相关领域——个人有权抵抗政府对其信息性隐私权的侵扰。

正是在这样的背景下，法院对 Bartnicki 一案做出了判决。[①] 本文的第四部分展示了法官们相互冲突的判决意见，并着重探讨了 Breyer 法官的观点，他认为，在隐私侵权案件中，原告的身份（公众人物或普通公民）是法院判决是否进行宪政性保护的核心标准。本文认为，Breyer 法官所提倡的分析方式涉及了案件中的多个因素，并且这是一种个案式的价值权衡的分析方法。它与书面名誉侵权法中的相关理论截然不同，甚至在效果上不如书面名誉侵权法中的理论。

在 Bartnicki 一案发生之后，公众人物原则会如何发展？本文的第五部分正是对该问题的探讨。笔者预计，诉讼当事人的身份问题将成为隐私侵权法的一部分。同时，本文认为，如果法院要将公众人物原则移植到美国联邦隐私权法中，则法院必须仿照目前的书面名誉侵权法，适用"界定式权衡"（the definitional balancing）[②] 的原则，而摒弃 Breyer 法官的个案式分析法。

二、公众人物原则在宪政性书面名誉侵权法中的发展

在 York Times Co. v. Sullivan 一案[③]中，美国联邦最高法院以全体一致的判决意见对书面名誉侵权法进行了重大的改革，这场改革意味着今后法院在判断是否应适用宪政性保护时，将充分考虑到原告的身份问题（比如"公共官员"public official），以及涉案的冒犯性言

---

① 532 U. S. 514.
② 美国联邦最高法院发展了一种被称为"界定式衡量"（the definitional balancing）的原则，意即划分不同的言论类型，予以不同程度的宪法保障。相比"逐案权衡"原则，这一原则所给予的保障具有相对明显的确定性。（译者）
③ 376 U. S. 254 (1964).

论的具体内容（比如该言论是对公职行为的评论 criticism of "official conduct"）。在随后的十年中，法院内部对该问题的观点开始出现分裂。1971 年，美国联邦最高法院法官中的大多数都认为，法院是否采用宪政性保护方式仅仅取决于涉案言论的具体内容，他们同时也提倡一种"公众关切"（matter of public concern）的标准。[①] 然而，1974 年，法院在审理 Gertz v. Robert Welch, Inc 一案[②]时，却转变了这一观念，法院宣布原告的身份（是公众人物还是普通公民）才是宪政性保护的决定性因素，而涉案言论的内容与此毫无关联。

从 Gertz 一案之后，在书面名誉侵权案件中，法院通常都以原告的身份为基础来进行宪政性分析。虽然涉案言论的内容已经从法院分析的各个层面中悄然退出，但在书面名誉侵权法中，公众人物原则仍然占据着主导地位。实际上，法院已经从法理学的角度详细诠释了"公众人物"的概念，我曾经认为这个概念中包括公共官员（他们因为肩负着履行政府事务的职责，所以获得了公众人物的身份）与公众人物（他们因为有突出的表现，或是使自己成为一个备受争议的人物，因此而获得了公众人物的身份）。[③]

公众人物原则认为，当一个普通公民遭受了书面名誉侵权，国家为该普通公民提供的侵权救济就具有更大的价值，但如果一位公众人物或公共官员同样遭受了书面名誉侵权，国家为其提供的侵权救济意义就不大。之所以这样说，原因在于法院认为当公众人物作为原告时，他们并不需要法律救济，因为他们有足以自助的能力，比如他们能获取更多的机会接近媒体并利用媒体对诽谤言论加以反驳。也正是因为公众人物能够自助，所以国家公权力才不会给予他们过多的侵权救济。相反，国家为普通公民提供侵权救济的价值更大，因为他们无法借助于媒体，所以，就必须依靠侵权法作为他们反驳诽谤言论的唯一途径。

于是法院便建立了这样的理论，即公众人物不应获得太多的法律救济，因为他们一旦进入公共领域，就意味着他们将要承受名誉被损害的风险。公众人物"必须要接受那些卷入公共事件的必然后果"，

---

① Rosenbloom v. Metromedia, Inc., 403 U.S. 29 (1971).
② 418 U.S. 323 (1974).
③ Gertz, 418 U.S. at 344 – 345.

包括承受被丑化与被诽谤的风险。因为他们自愿担任公职人员或是自愿成为社会中的突出人物,所以,公众人物被推定为已经自愿放弃了对自我名誉的保护,有鉴于此,法院认为比起普通公民而言,公众人物不应得到过多的法律救济。普通公民从未自愿承受被写进虚假报道的风险,因此他们才更有理由向法院提起诉讼。法院将"承担风险"的理由作为区分公众人物与普通公民的重要基础。

如上文所述,公众人物可以享有的法律救济更少,因此法院裁定,根据《美国联邦宪法第一修正案》,当公众人物作为原告时,他们不仅需要证明新闻媒体通过虚假报道损害了他们的名誉,还必须提出清晰的、并能使人信服的证据,从而说明当这些媒体做出虚假报道时,媒体明知该报道虚假,或是媒体本身存在鲁莽行为,对该报道的真伪持放任态度。① 这种严格的过错标准被称之为"实际蓄意"(actual malice)②。它成为无数公众人物诉求法律救济的障碍。实际上,一位作家曾将它称之为"不可逾越的障碍"。③ 相反,当普通公民作为原告时,即使在诉讼中涉及的事件具有公众关切(public concern),他们也只需要证明被告存在过失。④

因此,公众人物原则在书面名誉侵权法中至关重要——它在名誉侵权案件的审理中居于核心地位,在司法实践中,它决定着当事人在名誉侵权诉讼中的胜诉抑或败诉。

三、Bartnicki v. Vopper 一案之前,隐私权法中的公众人物原则充满了矛盾与冲突

(一) 法院在对隐私侵权行为的合宪性进行分析时均未适用公众人物原则

与书面名誉侵权相反,当法院在审理公开丑化他人形象的隐私侵

---

① Id. at 346; New York Times Co. v. Sullivan, 376 U. S. 254, 279 – 280 (1964).
② New York Times Co. , 376 U. S. at 279 – 280.
③ Nat Stern, Unresolved Antithesis of the Limited Public Figure Doctrine, 33 Hous. L. Rev. 1027, 1028 (1996). See also David A. Anderson, Is Libel Law Worth Reforming?, 140 U. Pa. L. Rev. 487, 488 (1991).
④ See Gertz, 418 U. S. at 347; Rodney A. Smolla, Law of Defamation 3. 30 (2d ed. 1998).

权行为与公开披露他人真实私人事务的隐私侵权行为时，法院考虑到了这二者与《美国联邦宪法第一修正案》的冲突，但法院没有以公众人物与普通公民的区别为由给予不同当事人以不同范围的宪政性保护。首个典型的案件是 Time, Inc. v. Hill 一案①。该案属于公开丑化他人形象的隐私侵权案件。公开丑化他人形象的隐私侵权与书面名誉侵权紧密相关。根据公开丑化他人形象的隐私侵权责任制度，当行为人公开了关于他人的虚假信息后，他人有权提起诉讼。但这并不要求他人必须证明自己的名誉遭到了损害，仅仅要求他人的形象已被虚假信息所丑化，这种丑化"对于一个理性人而言具有高度冒犯性"。尽管两种侵权行为具有诸多的相似之处，但法院宣布不会将其在书面名誉侵权案件中所建立起的分析方法适用到公开丑化他人形象的隐私侵权案件中，因为法院要重新适用一种宪政性的判断标准。② 意见分裂的法院在最终的判决中指出，当涉案言论中存在公众关切，则从宪政保护的角度而言，原告必须要证明被告具有实际蓄意。在公开丑化他人形象的隐私侵权案件中，宪政性保护的关键似乎在于涉案言论的内容，而非"公众人物"身份。

　　Time, Inc. 一案的结果与法院拒绝将公众人物的判断标准适用于隐私侵权案件，这二者可能只是在时间上存在巧合。在 1967 年 Time, Inc. 一案被判决之前，法院在审理 Gertz 一案时，已经开始号召多数人认可普通公民/公众人物的判断标准，所以 Time, Inc. 一案的判决可能只是恰好反映了当时法院内部的分裂意见。然而，法院从未否定 Time, Inc 一案的判决结论，事实上在另一个丑化他人形象的案件——Cantrell v. Forest City Publishing Co 一案③中，它紧随 Gertz 一案发生，法院拒绝就 Gertz 一案是否改变了 Time, Inc. 一案的判决做出裁定。鉴于这些不确定性与模糊性，诸多低等法院遵循了 Time, Inc. 一案的判决，继续将"公众关切"的标准适用到公开丑化他人形象的隐私侵权案件中，但有人却预测法院将适用公众人物/普通公民的判断标准。但到目前为止，美国联邦最高法院在审理丑化他人形

---

① 385 U. S. 374 (1967).

② Time, Inc., 385 U. S. at 387 – 388.

③ 419 U. S. 245 (1974).

象的隐私侵权案件中仍然拒绝将当事人的身份作为宪政性判断标准的一个衡量因素。

此外，法院同样未能将公众人物判断标准适用到另一种隐私侵权案件中，即公开他人私人事务的隐私侵权案件，法院在此反复适用的是《每日邮报》（Daily Mail）标准。①《美国侵权法重述（第二版）》将此种侵权行为定义为，对他人"有关其私人生活的事务"予以公开，并且被公开的事务属于"对一个理性人而言具有高度冒犯性，公众对此不享有合法利益"。② 因此，这就使行为人必须因"公开他人真实事务"的行为而承担法律责任。最典型的案件是，某些新闻媒体会在其新闻报道中公开强奸案受害者的姓名，或是公开某些少年犯的姓名，但这种公开行为为法律所禁止。此类案件的原告会以新闻媒体公开了其真实的私人信息为由，要求被告给予其损害赔偿金。

但法院一直都禁止原告的这种索赔行为，法院适用《每日邮报》标准，该标准关注的是被告获得信息的方式与信息的内容，但对原告的身份置之不理。法院曾判决道："如果一家报社通过合法的途径获得了真实的信息，并且该信息对公众而言具有重大意义，那么从宪政意义上来讲，公职人员可能不会禁止新闻媒体公开这种信息的行为。在此，并不存在促进最高层次的国家利益的需要。"③ 许多案件虽然已经宣告了强大的隐私利益：比如，未成年犯罪嫌疑人的姓名、强奸案受害者的姓名不能被公开；在对司法不当行为进行调查时应当保密。但法院在判决每一类案件时都认为，行为人公开的真实的私人事务属于受到法律保护的言论，因为行为人是通过合法方式获取这些信息的，并且它们对于公众而言具有重大意义。因此，在公开他人真实私人事务的案件中，《每日邮报》原则表明，宪政性保护是否被采用取决于涉案言论是否具有公众关切（包括获取信息的途径是否合法），但这却与原告究竟是普通公民还是公众人物无关。

---

① So named for its articulation in Smith v. Daily Mail Publ'g Co., 443 U. S. 97 (1979). Ironically, while the holding in Daily Mail has evolved into the controlling test in cases of conflict between privacy and press freedom, the Daily Mail Court claimed it was not deciding this question, asserting that "there is no issue here of privacy". Id. at 105.
② Restatement (Second) of Torts 652D (1976).
③ Daily Mail, 443 U. S. at 103.

总之，法院已经注意到了丑化他人形象的隐私侵权与公开他人私人事务的隐私侵权这两类隐私侵权的合宪性问题，法院每一次在审理这些案件时，所适用的评判标准都会涉及涉案言论的内容，但却与原告的身份问题无关。

（二）公众人物或普通公民的身份问题属于隐私侵权责任制度中的一个因素

虽然法院在分析隐私侵权案件的合宪性问题时并未明确适用公众人物原则，但是原告究竟是普通公民还是公众人物的问题却一直在隐私侵权责任制度中发挥着举足轻重的作用。Warren 与 Brandeis，这两位有功于"隐私侵权"概念的创造，他们早已指出了普通公民与公众人物的区分，并且认为公众人物只有在少量的情况下才能提起隐私侵权之诉。[①] Warren 与 Brandeis 宣称"隐私权并不禁止人们公开那些具有公众关切的事务"。但是，何为"公众关切"？该问题的答案将因为原告是普通公民还是公众人物而有所不同。公众人物"已经宣称自己放弃了这样一种权利，即使自己的生活不因公众监督而受到影响的权利"。他们只有在极少的情况下方能提起隐私侵权之诉。虽然某些事物"对于一般人而言"属于隐私，但对于公众人物而言，则属于"公众享有合法利益的事务"。比如，"对于一个普通公民而言，一个人的怪癖应免受公众议论，但对于一个政治候选人而言，他的怪癖则具有公众关切。"Warren 与 Brandeis 承认若要适用以上理论，则法院需要慎重审查"每个案件的不同背景"，以便评估每个案件中公开信息的行为是否适当，他们也承认"不幸的是，在适用该理论时，不仅将面临诸多困难，并且其适用的范围也难以确定。"

《美国侵权法重述（第二版）》对公开他人私人事务的隐私侵权进行定义时，也对公众人物与普通公民进行了区分。《美国侵权法重述（第二版）》重申，何种事务具有能够使行为人免责的公众关切，该问题的答案将根据原告身份的不同而有所差异。公众人物不能因为其所参与的公共事务被公开就提起诉讼（因为这些事务不属于私人

[①] Samuel D. Warren & Louis D. Brandeis, The Right to Privacy, 4 Harv. L. Rev. 193, 215 (1890).

事务），有评论表明，甚至当自己的私人事务被公开后，公众人物也只有在极少的情况下方能提起侵权之诉："大众（对公众人物）所享有的合法利益可能已经超越了公共事务的界限，在某种合理的程度之下，这种合法利益已然延伸到那些对一般人而言属于私人事务的信息之中了。"①

《美国侵权法重述（第二版）》实际上已经意识到，公众人物也享有隐私期待。但是，在哪些案件中，原告的身份问题能够决定被告的侵权责任？《美国侵权法重述（第二版）》明确指出了该问题的答案："一些对杀人犯或美国总统的事务进行公开的行为可能并无不当，但是，如果公开的仅仅是他们遭遇车祸的信息，那么，这种公开行为可能就不能享有这种特权了。"

目前，公众人物与普通公民的差异仍然在普通法的分析中扮演着举足轻重的角色。若要评判涉案信息是否是"公众享有合法利益"的信息（或者说是"具有新闻价值"），大部分的州法院都会考虑到原告究竟是公众人物还是普通公民。② 比如，一个里程碑式的案件——Kapellas v. Kofman 一案③，该案的判决就阐明了检验新闻价值的三步标准。该标准表明，要判断涉案信息是否具有新闻价值，则必须考虑该信息是否具有社会价值，公开该信息会对他人私人事务造成多大程度的侵扰，"当事人承担公众恶名的自愿程度"。

一个有趣的转折是，许多法院将这种普通法上的公众人物原则视为一种要件，该要件能够决定法院是否根据《美国联邦宪法第一修正案》而向被告提供宪政性保护。但是，美国联邦最高法院从未适用过该标准。

---

① Id.
② See, e. g., Kapellas v. Kofman, 459 P. 2d 912, 921 (Cal. 1969); Goodrich v. Waterbury Republican-Am., Inc., 448 A. 2d 1317, 1331 (Conn. 1982); Rawlins v. Hutchinson Publ'g Co., 543 P. 2d 988, 992–993 (Kan. 1975); Bilney v. Evening Star Newspaper Co., 406 A. 2d 652, 660 (Md. Spec. App. 1979); Wilson v. Grant, 687 A. 2d 1009, 1015–1016 (N. J. Super. Ct. App. Div. 1996).
③ 459 P. 2d 912 (Cal. 1969).

(三) 公众人物原则与政府对公民信息性隐私权的侵犯

本部分是笔者探讨公众人物与隐私权法的最后一章内容，我将从 1977 年法院判决的 Nixon v. Administrator of General Services 一案①谈起。Nixon 一案并不是隐私侵权案件，原告并非以新闻媒体侵犯自己隐私为由提起了侵权之诉。在该案中，法院面对的是这样一个挑战，即总统录音与材料保护法 [The Presidential Recordings and Materials Preservation Act (PRMPA)] 是否应适用于前总统 Nixon，本法授权联邦政府对尼克松在总统任期内的文件与录音加以占有、分类（区分公共事务还是私人事务），并可以选择性地公开。Nixon 宣称他对于信息性的隐私享有一种宪政性的权利，该权利能够对抗联邦政府，使他的相关文件免受公开。

法院在判决中指出，Nixon 享有一项宪政性的隐私权，该权利能够阻碍美国联邦政府对其个人信息的公开，但是在对大量因素进行权衡考量后，法院认为该隐私权没有因总统录音与材料保护法而受到侵犯。就目前而言，该案判决的显著特点在于，法院重新将目光聚焦在了 Nixon 本人的"公众人物"身份上。审理该案的法院在对隐私权进行分析时，援引了书面名誉侵权的案例，同时阐述了这样的问题，即当 Nixon 成为公众人物后，他是否"自愿放弃了法律对隐私权的保护，这种保护所给予的对象原本是那些并未选择走入公众视野的普通公民"。法院总结道，即使是公众人物，他人也享有某些能够对抗政府的隐私权，"包括总统在内的公众人物在其私人生活中并不是完全不享有宪法所保护的隐私权"。因此，这表明当法院用一种权衡多项因素的标准去判定被告的行为是否构成了隐私侵权时，原告的"公众人物"身份无疑被纳入到法院的考量范围中。

此后，法院并没有多次重申 Nixon 一案的判决，因为该案未能对此进行解释，即能够对抗政府行为的宪政性权利究竟适用于多大范围，更不用说公众人物的身份对该权利有何影响了。然而，Nixon 一案却表明，当原告以政府侵犯其信息性隐私权为由提起诉讼时，"公众人物"身份是法院进行宪政性分析的一部分。虽然这并未表明在

---

① 433 U.S. 425 (1977).

审理隐私侵权案件中法院会将公众人物的身份作为宪政性标准的一部分，但它却意味着，法院在一定程度上已经承认了公众人物的身份与隐私相关。

经过以上讨论，我们可以感觉到在 Bartnicki 一案之前，隐私权法中的公众人物原则充满了矛盾与冲突。在审理隐私侵权案件时，法院似乎曾经反对将公众人物原则适用到判断宪政性保护的标准中，因为法院往往更愿意聚焦于涉案言论的内容与行为人获得涉案信息的方式。然而，侵权责任法早已将公众人物与普通公民的差异视为自己的一部分了。此外，在对不同的隐私冲突进行宪政性分析时（比如政府对他人个人信息的公布），法院已经明确同意将公众人物的身份作为宪政性分析的要素之一。

四、冲突还在继续——Bartnicki v. Vopper 一案

是否应将原告是公众人物还是普通公民的身份问题纳入到隐私权法中，法院一直对此持矛盾态度。这突出反映为法院内部对 Bartnicki v. Vopper. 一案[①]的三种观点。美国联邦最高法院的大多数法官都赞同 Stevens 大法官的观点，即应适用《每日邮报》这种以涉案言论内容为基础的评判标准，并回避了所有涉及原告身份的问题。首席大法官 Rehnquist 对此持反对意见，他认为，如果说侵犯他人隐私的言论能够帮助到法院来判决是否应对被告采用宪政性的保护措施，那么，这样的情况只会少之又少，首席大法官 Rehnquist 也只顺带提到了原告的身份问题。然而，另一种并存的意见由 Breyer 大法官提出，并得到了 O'Connor 大法官的同意。这种观点明确提倡宪政性的评判标准应该包括原告的身份问题（原告是公众人物还是普通公民）。本文将根据相关案件事实对以上每一种意见进行分别讨论。

（一）案件事实——手机、窃听与爆炸的门廊

Bartnicki 一案让人难忘。从 1992 年到 1993 年，怀俄明州谷西部高中的教师工会与校董事会屡屡发生正面冲突。"引起争议"的工资谈判被铺天盖地的新闻媒体所报道。1993 年 5 月教师工会的两名代

---

① 532 U. S. 514 (2001).

表，即原告 Kane 与 Bartnicki 鉴于校董事会决不妥协的态度，他们讨论了工会的应对策略。在讨论的过程中，Kane 说道"如果他们再不将我们的工资提高百分之三，那么我们就去他们家……炸掉他们的前廊，我们不得不对这些家伙施加影响，（暂停）这是真的，是真的。因为你知道的，这是一个坏消息。"如果 Bartnicki 没有用手机打电话给 Kane，如果没有不明人士截获了这次通话的内容，那么，这次谈话原本可能永远也不将为人所知，这场诉讼也就不会发生。

那位不明的拦截者将该这次通话的录音发到了 Jack Yocum 的邮箱中，Jack Yocum 是当地纳税人组织的领导，该组织强烈反对工会提出的要求。Yocum 向校董事会成员播放了该录音，之后又将该录音交给了 Vopper，Vopper 是当地广播电台的一名评论员，他曾在之前的节目中对教师工会进行了批评。Vopper 在广播中播放了记录 Kane 与 Bartnicki 通话的录音，这次节目随后引起了当地媒体对工会的广泛批评。

原告 Kane 与 Bartnicki 在美国联邦法院中起诉了 Yocum（这位税收提倡者是录音的发现者）、Vopper（广播电台的评论员）以及新闻媒体（它播放或是报道了该录音的内容）。原告修改后的诉讼请求要求被告给予其损害赔偿金，因为非法拦截其电话通话违反了本州与美国联邦的窃听法。不论是本州的立法还是美国联邦的立法都对此种违法行为规定了非常高的损害赔偿金。法院明确知道的事实是，那个真实的拦截者即拦截了通话并录音的不明人士的确负有法律责任——但是没有人知道这个人究竟是谁，也就没有人能够起诉这个不明的拦截者。原告起诉 Yocum、Vopper 与新闻媒体，因为他们在获得了非法拦截的通话之后，又对它进行了公开。

表面上，美国联邦窃听法规定了这类行为人的法律责任，他们"故意公开了……对任何其他人……电子通信，行为人知道或是有理由知道该信息是通过非法拦截他人电子通信信息而获得的"①。法院刚开始审理本案时能够推定的事实便是对该通话的最初拦截行为是非法的；同时，被告"至少有理由知道"最初的拦截行为是非法的；被告故意公开了这段通话的内容。简言之，几位被告已经违反了美国

---

① 18 U.S.C. 2511 (1) (c) (2000), cited in Bartnicki, 532 U.S. at 520 n. 3.

联邦法律以及本州与此并行的规定。因此，（法院所面临的）唯一问题就是在这种情况下适用这些法律是否会违反《美国联邦宪法第一修正案》。六名大法官都赞同 Stevens 大法官的意见——"当隐私利益与报道重大公众事件的利益相互冲突时，为了权衡这二者，隐私利益就须让位。"

（二）Stevens 大法官的意见

Stevens 大法官的意见得到了 Ginsburg、Kennedy、Souter、Breyer 与 O'Connor 几位大法官的赞同。该意见旨在维护新闻媒体（和普通公民）公开他人私人通话内容的权利，当然，行为人没有通过非法的窃听手段获取该通话，并且该通话的内容具有公众关切。Stevens 大法官的意见有两个鲜明的特征。

该意见认为隐私本身就具有重大的意义，它甚至承载着宪政价值。Stevens 大法官一开始就认为该案呈现了"最高层次的利益之间的冲突：一方面，人们享有传播公共事务的自由，另一方面，人们也享有隐私利益，尤其是对于自己的私人信息"。对隐私重要性的强调以及法院将隐私界定为一种言论权，这些事实都引起了诸多学者的争论，即 Bartnicki 一案是否标志着高度保护隐私权的新时代已经来临？

虽然 Stevens 大法官的意见实际上革新了他原来对隐私权的阐述，但在如何解决言论自由与隐私权的冲突上，他的意见却没有任何创新。大部分的法官都明确表示对于该问题应该适用《每日邮报》原则，在这种情况下，法院是否采用宪政性保护措施便取决于涉案信息是否是通过"合法的途径获取"的，以及涉案言论是否具有"公共重要性"。法院轻易地总结道："本案中的通话内容具有公众关切。"法院虽然注意到在公立高中里教师的工资问题已经引起了一场旷日持久的争论，法院最终在 Bartnicki 一案的判决中指出"这样的宪政性保护毫无价值"。

Bartnicki 一案中的电话录音是否是通过合法途径取得的？这个问题备受争议。但是法院早已表明，其有两项发现允许法院判定这的确是通过合法途径取得的。（此时法院扩大了"合法取得"的范围。）首先，法院注意到几位被告并没有参与到实际的拦截行为之中，虽然这并不显著，但是法院也发现被告"获取录音内容的方式是合法的，即使该录音本身是被其他人不法拦截而得"。法院判决道，除非新闻媒体原本就与拦截者互有关联，否则，它将不承担法律责任："一位陌生人的非法行为还不足以将《美国联邦宪法第一修正案》所设置的保护屏障从具有公众关切的言论前移开。"

该案的判决在《每日邮报》原则的基础之上被迅速作出，法院认为本案中被告的言论应当获取《美国联邦宪法第一修正案》的保护。Stevens 大法官用了大量篇幅来评价政府利益的影响力，以便判断政府利益是否具有《每日邮报》标准所要求的那种"最高层次"（的利益）。Stevens 大法官总结道，无论是为了防止窃听，还是为了减少他人因通话被别人非法拦截而遭受的伤害，这二者的价值都不能胜过公开具有公众关切的信息的价值，因此，法院判决道，《美国联邦宪法第一修正案》禁止原告在这种情况下得到法律救济。

值得注意的是，法院似乎执着于《每日邮报》原则，并且执着于《每日邮报》原则所包含的公众关切原则与合法获取的标准。法院对 Bartnicki 一案的判决似乎再一次标志着，在隐私侵权案件中宪政性保护的决定性因素是涉案言论的内容而非原告的身份。Stevens 大法官从未提起公众人物原则，在他的意见中，唯一值得我们警醒的是，他坚持认为，法院应仅仅对 Bartnicki 一案所呈现的问题进行判决，此外，他拒绝制定一种普遍的规则，这种普遍的规则能够判定公布他人真实私人事务的行为人是否应该承担法律责任。

（三） Breyer 大法官的意见

Breyer 大法官与 O'Connor 大法官的意见一致——这样的共识使几位法官的意见形成了必要的大多数一致——它采用了一种完全不同的论证方式。Breyer 大法官的意见相对简洁，他强调道，自己与 O'Connor 大法官都认为由多数法官意见形成的判决"应仅仅局限于该案所呈现的具体事实"，并且反对任何人对该案做出这样的理解，即认为该案的判决意味着"新闻媒体获得了非常广泛的宪政性豁免权"。

随后，Breyer 大法官强调，他与 O'Connor 大法官都认为隐私权举足轻重。Breyer 大法官将隐私描述为一种"宪政性关切"（constitutional concern）。在他看来，因为该案涉及多种"宪政性关切"的冲突与矛盾，所以利用《美国联邦宪法第一修正案》的传统的严格审查方式已经不合适了。相反，Breyer 大法官引用了他在此前有关言论的案件中的一致意见，他认为宪政性的标准只是一种"恰当地适用"，即就是说，"相关法律是否能在言论限制与言论自由两种后果之间达到一种合理的权衡"。Breyer 大法官清楚地表明许多旨在保护隐私的法律都能达到这一标准①，但是他认为窃听法不能合理地调和相关宪政性关切的冲突。②

在执行这种"恰当适用"的分析法时，Breyer 大法官谈到了三个因素：一是媒体行为的"合法性质"，二是涉案言论的主题（是否对他人构成暴力威胁）③，三是原告作为"有限目的公众人物"（limited public figures）是否只享有"少量的隐私利益"。他总结称："言论表达者享有合法隐私期待的概率非常低，而公众能够挫败这些期待的概率很高。"有鉴于此，再加上（新闻媒体）行为的合法性质，法律的执行将会给新闻自由带来不对称的损害。

因此，在 Bartnicki 一案中，Breyer 大法官的论证方式与其他多数法官有所不同。第一，他提倡一种逐案式的（case-by-case）合理适用的权衡标准（他反对严格审查）。第二，在进行价值权衡时，他将原告的身份作为一种考虑因素（将《每日邮报》标准中的两个要素转化为三个要素）。

Breyer 大法官没有解释为什么公众人物的身份会成为隐私侵权案件应当考虑的一个因素；他只是宣称，这与书面名誉侵权法相关，并且是对书面名誉侵权法的援引。正如我们所知道的，公众人物的身份被公认为是这部法律中的一个因素。Breyer 大法官认为，正如参与这场备受争议的罢工工会的谈判代表一样，原告也是"有限目的的公

---

① Id. at 537 – 538 (commenting that "as a general matter, despite the statutes' direct restrictions on speech, the Federal Constitution must tolerate laws of this kind because of the importance of these privacy and speech-related objectives").

② Id. at 538. Justice Breyer argued that the wiretapping statutes enhanced speech as the assurance of privacy "encouraged conversations that otherwise might not take place". Id. at 537. They restricted speech by "directly, deliberately, and of necessity" penalizing media publication. Id.

③ Id. at 539 (Justice Breyer noted that revelation of such violent threats would be privileged at common law).

众人物",因为他们都"自愿参与到了一项备受争议的事件当中"。因此他们使自己"遭受了更多的公众监督,与其他单纯参与私人事务的普通人相比,这些有限目的公众人物也相对减少了自己原本享有的隐私利益"。Breyer 大法官清楚地表明,公众人物并不是不享有任何隐私利益,他实际上暗示着,一旦某种价值平衡的状态有所改变,同时他人的(不存在公众关切的)私人事务被公开出版,那么,即使他人是公众人物,他也能够胜诉从而获得法律救济。

他在最终的结论中再次强调未来的隐私案件不能再指望得到自己与 O'Connor 的投票:"我最终同意法院的判决,即在本案中对某些法律的适用违反了宪法,但是我反对让本案的判决超越其具体的事实而适用到其他案件中。"

(四)异议

在 Bartnicki 一案中,首席大法官 Rehnquist 表达了自己的异议,并得到了 Scalia 与 Thomas 两位大法官的支持。该意见主要有两点:首席大法官 Rehnquist 反对适用严格审查的方式,并且宣称隐私是一项值得保护的利益,隐私非常重要。首席大法官 Rehnquist 认为"严格审查"并不恰当,因为诸多的法律都是在增强言论自由而不是削弱言论自由,这些法律在价值上是中立的,并不能够用于那些适用《每日邮报》标准的案件。在对严格审查进行论述之后,该异议旨在维持这些法律的效力,因为它们"在实质上促进了政府的利益":"一方面,国会关注于防止那些最初以违法方式而截获的通话信息在随后会被公开(根据'市场干涸'原理),另一方面,国会关注的是对'珍贵的隐私权'进行保护。"①

在 Rehnquist 大法官对其异议进行论述的最后三页内容中,他着重对隐私权进行了探讨,并认为这种隐私权中包括他人对自己的电话内容的权利:从最狭义的解释而言,个人的隐私权必须使他人的电话通话内容免遭窃听与非自愿地公开。Rehnquist 大法官指出,Warren

---

① Id. at 549 – 553. Ironically, Chief Justice Rehnquist, hardly known for his own deference to Congress, faults the majority with not recognizing that Congress is a far better factfinder than the judiciary. Id. at 549 – 550.

与 Brandeis 将隐私视为个人生活的必须，同时，公众能够期待自己的电话内容属于隐私，而刑法早就将这种期待纳入到自己的保护范围之中。此外，《美国联邦宪法第一修正案》也承认了不发表言论的权利（a right not to speak），数以万计的手机用户的言论自由将被法院的判决所削弱。这些异议表明，当重要的隐私利益与"一个宣扬言论自由的边缘诉求"相互冲突时，隐私而非言论自由会从中胜出。

首席大法官 Rehnquist 一方面强调了隐私的重要性，另一方面又批评多数人未能对隐私进行成功的保护。在他的论述中，唯一参考了公众人物身份的评论是："宪法不应该保护那些未经他人同意，而将他人之间的对话予以公开的行为。即使这些对话涉及公众人物与公共事件，它们依然属于隐私，并理应受到保护。虽然公众人物在一些领域已经放弃了他们免遭公众监督的生活，但这并不意味着，也不应意味着他们同时放弃了自己与别人进行私密交谈的权利，这也并不表明他们已经放弃了使自己与别人的私密交谈免遭故意拦截与故意公开的权利。"

一方面，这段涉及公共人物的论述表明，当遇到有关电话内容的隐私问题时，不论是通话的内容还是交谈双方究竟是公众人物还是普通公民的身份，都与首席大法官 Rehnquist 的意见相关。任何人（不论他是公众人物还是普通公民）都享有正当的权利以便保护自己与别人的私人对话免遭非法公开。有鉴于此，对于那三位持不同意见的法官而言，公众人物身份的问题的确与他们相关。但是，在另一方面，首席大法官 Rehnquist 做了这样一番精确的措辞："虽然公众人物在一些领域已经放弃了他们免遭公众监督的生活"，但他们并没有"放弃与别人进行私人交谈的权利"，这些措辞可能表明公众人物的身份与私人电话以外的其他问题相互关联。首席大法官 Rehnquist 暗示道，对于每一个与隐私权相关的诉求，我们都必须审视作为公众人物的当事人是否已经放弃了他们自己的隐私权。所以，如果他人的公众人物身份已经关系到他人是否有权对自己的私人电话内容进行隐私保护时，那么，该公众人物身份也将与其他的隐私诉求相关。

（五）结论

在隐私侵权案件中是否应当分析原告的公众人物身份？Bartnicki

一案表明法院内部对此问题已经产生了严重的分歧。两名现在现任的大法官——Breyer 与 O'Connor 大法官，直到现在，他们被记录在案卷中的法律意见仍然认为，在隐私侵权案件中，公众人物的身份应属于宪政性标准的一部分。但是美国联邦最高法院中的另外四位大法官都认为，公众人物的身份似乎是无关紧要的（在《每日邮报》标准中，涉案言论的内容与获得信息的方式才是决定性的因素）。另外三位持不同意见的大法官明确地表达了他们强烈的保护隐私的倾向，但他们对于公众人物身份的相关问题却是含糊其辞，模棱两可。

五、公众人物原则在隐私侵权责任制度中的发展趋势

我们应该如何对待公众人物身份在隐私权案件中的冲突与矛盾呢？更重要的是，未来，公众人物原则在宪政性隐私权法中会有怎样的发展趋势？

（一）言论的内容才是唯一的判断标准

首当其冲的一种可能便是公众人物原则将被排斥在隐私侵权案件之外。正如我在上文中所列举的一般，没有任何重要的隐私侵权案件——不论是 Time, Inc. 一案还是 the Daily Mail 一案，它们都没有适用公众人物的标准，反而是仅仅聚焦于涉案言论的内容。Bartnicki 一案中多数法官的意见也反映了这种倾向，但他们认为获取信息的方式与涉案言论是否具有公众关切这二者才是宪政性保护的症结所在。然而，如果说公众人物原则将从未来世界中消失，那么，这种说法似乎也不太可能。有三个理由能够证明：以上这些案例的判决具有诸多弱点；我们能够列举一些正当理由，它们能够证明法院应当适用公众人物原则；当今美国联邦最高法院法官的投票。

第一个原因是指仅关注言论内容的标准不可能会流行，因为它几乎没有什么权威。正如我在本文第三部分的开头所谈到的一样，在公众人物原则出现之前，Time, Inc. 一案的判决仍然经过了充分地论证，人们对 Time, Inc. 一案判决的质疑至少出现在 Cantrell 一案之后。一些法院在阅读这个模糊的先例时，会认为公众人物原则至少在丑化他人形象的隐私侵权案件中属于宪政性分析的一部分。

将《每日邮报》标准适用到公开披露他人真实事务的隐私侵权

案件中同样是模棱两可的。法院并没有明确地反对将公众人物原则用于这类案件的分析当中。① 此外,虽然这些案件的判决意见都仅仅以涉案言论的内容为判断标准,但它们仍然会涉及宪政性的书面名誉侵权法,同时也会讨论到原告的公众人物或普通公民的身份。因此,如果说公众人物的身份与隐私权法格格不入或是说两者难以相容,那么,这样的说法将没有任何权威可言。

首先,法院屡次明确地拒绝提出一项普遍的隐私规则,这实际上正好放大了那些先例所存在弱点。在 Time, Inc. 一案②与 the Daily Mail 一案中,法院均拒绝适用一项普遍的隐私规则。所以,虽然法院在这些先例中从来没有适用过公众人物的判断标准,但它们同样也没有明确反对过这种标准,实际上也为它打开了大门。

其次,当法院在书面名誉侵权法中适用公众人物原则时,它们对此所进行的正当性分析同样也可能适用到隐私权法中。正如我在本文第二部分讨论的一样,在书面名誉侵权法中,法院对于适用公众人物原则而提出的重要理由是作为公众人物的原告并不值得获取损害赔偿,因为他们本身就承受着负面宣传的风险。

相似的理由屡次被法院用于讨论隐私问题。比如,在 Time, Inc 一案中,法院的意见一直存在这样的可能性,即在隐私侵权案件中,原告究竟是公众人物还是普通公民,这会使原告获得不同的法律待遇,因为他们二者自助的能力有所不同,并且他们本身承受的风险也有所差异。③ Breyer 大法官在他对 Bartnicki 一案的法律意见中也表明,普通公民与公众人物承受的风险不同,这正是在隐私案件中采用公众人物标准的理由所在:他认为原告"通常所享有的合法隐私期待的概率很低",作为工会的谈判代表,原告"自愿参与到了一项被公众

---

① n most of the cases the plaintiffs were private figures (rape victims named in governmental records and juvenile accused), and the Court was not called on to address how public figures would be treated. The exceptions are Bartnicki, 532 U. S. at 543 (where the plaintiffs were union representatives, and in Justice Breyer's eyes, public figures) and Landmark Communications, Inc. v. Virginia, 435 U. S. 829, 829 (1978) (where the plaintiff, a state court judge, was a public official).

② 385 U. S. 374, 390 – 391 (1967) (declining to announce a rule going beyond the facts before it).

③ 385 U. S. at 390 – 391.

争议事件中……因此，他们将遭受更多的公众监督，与其他单纯参与私人事务的普通人相比，这些有限目的公众人物相对减少了自己原本享有的隐私利益"。

法院将公众人物与普通公民承受的风险不同作为一项论述理由，这种论证方法的有效性何在？我们当然可以对此提出质疑。但是，如果我们愿意接受书面名誉侵权案件中的分析方式，那么，将它运用到隐私侵权案件中似乎也同样具有说服力。然而，有一种说法是，公众人物一旦进入公众的视野，他们就会预期到自己将会丧失隐私，另一种说法是他们此时会预期到将会出现有关自己的错误报道，这种错误通常是由过失引起的。第一种说法比第二种说法具有更强的说服力。在克林顿与莱温斯基的故事发生之后，至少有一位评论员曾经总结道，公众人物理不应享有任何的隐私期待，他们"本就应该在这种假设的条件中行事，即他们生活的每个方面都将被公众所知"[①]。总之，当法院在解释它们为何将公众人物原则用于宪政性的书面名誉侵权法中时，法院所阐述的主要理由似乎也正说明了法院应将公众人物原则用于隐私侵权案件。

从目前美国联邦最高法院法官的投票来看，公众人物原则似乎很可能会适用于隐私侵权案件中。Bartnicki 一案表明，在目前的美国联邦最高法院中，只有 4 票赞同仅以涉案言论内容为评判标准（这 4 票来源于 Stevens、Kennedy、Souter 与 Ginsburg 4 位大法官）。Breyer 与 O'Connor 两位大法官（他们两位为多数意见投了第五票与第六票）提倡在案件的审理中须考虑到公众人物身份。持异议的 3 票（来自首席大法官 Rehnquist、Justices Scalia 大法官与 Thomas 大法官）对隐私侵权诉讼做出的限制少之甚少，这 3 位法官的意见至少是为在隐私侵权案件中适用公众人物原则敞开了大门。假设有一位普通公民以私人事务被公开为由向法院提起诉讼，Breyer 与 O'Connor 2 位大法官可能会与另外 3 位持异议的大法官联合起来，从而形成一个新的多数意见。该多数意见可能会判决原告要求获得损害赔偿的诉求成立，并且

---

① William A. Glaston, The Limits of Privacy: Culture, Law and Public Office, 67 Geo. Wash. L. Rev. 1197, 1203 (1999).

会将原告的公众人物/普通公民的身份视为判决的关键。① 简而言之，因为那摇摆不定的两票（它们对于多数意见的形成是必需的）认为公众人物与普通公民的区分非常重要，因此，这两种身份的区分很可能会被写进美国联邦隐私权法。

（二）隐私侵权之诉需要公众人物原则

鉴于以上分析，我们知道法院很可能会将某种形式的公众人物原则适用于美国联邦隐私权法中，本文剩下的部分将会论证 Breyer 大法官所推崇的分析方法是不可取的，我们应该适用的是另一种公众人物的分析方法，它的基础是"界定式衡量"（definitional balancing）的原则。

1. 重审 Breyer 大法官的论证方式

（1）从另一个角度解读 Breyer 大法官的公众人物分析法。回顾一下 Breyer 大法官所推崇的"公众人物"分析法，我们便可以发现它与 Nixon 一案、普通法中的分析方法非常相似。首先，在这些领域中进行公众人物分析都要求对多个因素进行价值权衡，当然，公众人物身份就是其中一个因素。因此，在 Nixon 一案中，法院为了评判这位美国前总统的隐私权是否受到了侵犯，几乎考虑到了该案的所有因素。当然也包括原告公众人物的身份、他实际享有的隐私期待、这些信息所具有的公众关切以及原告所采取的保密措施。

与此相似的多因素权衡法也常常出现在普通法中：如何判断涉案的报道是否具有新闻价值？一种普遍的分析方法是，考虑到以下诸多因素，并在它们之间达到权衡——法院须考虑涉案信息对于社会的价值有多大；该报道对他人私人事务的侵扰程度有多深；当事人承担公众恶名的自愿程度。在 Bartnicki 一案中，Breyer 大法官也建议适用与此相似的多因素分析法。他提倡应当对这些因素进行权衡——发表言论者"合法的隐私期待"、涉案事件中存在的"公众关切"、被告行

---

① Indeed, given the express refusal of even Justice Stevens to rule on how a private matters case would come out, and his repeated description of privacy as an "important interest", there may be nine votes on the Court to allow liability for publication of a matter of private concern about a private person. See Bartnicki, 532 U. S. at 532 – 533.

为的"合法性质"。① 正如某个州法院曾说过的一样:"公众人物或普通公民的身份问题虽然不具有决定性的意义,但却是多个因素中应当被重视的一个。"②

以上三个领域还有第二个显著特征,即虽然每个领域的因素有所不同,但都包括原告的公众人物身份,也包括涉案信息是否具有公众关切的问题。③ 因此,原告的身份与涉案言论的内容是每个标准都要权衡的因素。

此外,Breyer 大法官的分析方法、Nixon 一案的判决与普通法所推崇的判断标准,这三者都属于一种个案的、特别的权衡标准。④ 比如,在 Nixon 一案中,法院拒绝"抽象地"考虑原告的诉求,因为法院坚持认为若要审理该案的诸多问题,则必须联系该案的具体事实。普通法也呈现出了这种个案的权衡法。此外,Breyer 大法官所提倡的判断标准也是一种逐案(case-by-case)的权衡标准。Breyer 大法官明确地告诫法院"应避免适用一种过于宽泛而僵硬的宪政性规则"⑤,他坚持认为在个案中询问"是否应在这种情况下适用某些法律,这显得更为具体",也更为合理。

Breyer 大法官的模式体现了公众人物分析法所具有的许多重要特点,它们似乎都与 Bartnicki 一案之前的隐私权法相类似。其中,三个显著特点就是:这是对多因素进行权衡的判断标准,原告的身份问题与涉案言论的内容均属于法院须考量的因素,这种权衡法是个案的、特别的逐案分析法。

(2) Breyer 大法官所提倡的公众人物原则并不是宪政性书面名誉侵权法中的公众人物原则。当我们将上文所讨论的公众人物标准与书面名誉侵权法中的公众人物原则相互对比,我们就能清楚地看到这里存在两种不同的分析方式,它们均伪装在同一名称之下。让我们先

---

① Bartnicki, 532 U. S. at 540.
② Shulman, 955 P. 2d at 486 n. 9.
③ See Nixon, 433 U. S. at 465; Bartnicki, 532 U. S. at 540 (Breyer, J. , concurring); Kapellas, 459 P. 2d at 922
④ For the classic distinction between ad hoc balancing and definitional balancing, see supra note 173.
⑤ Bartnicki v. Vopper, 532 U. S. 514, 541 (2001).

回顾一下书面名誉侵权法。在书面名誉侵权法中提倡适用公众人物标准的建议者提出了公众人物标准所具有的两个主要理由（相比公众关切标准而言）。第一，公众人物标准能够避免使法院遭遇这些困难，即法院需要想方设法地判断出到底哪些话题是公众感兴趣的。[1] 实际上，一些法官担心的不是法院是否具有准确定义"公众关切"的能力，而是法院所具有的宪政智慧，因为司法机构对言论话题的批准都将威胁到言论自由。相反，在 Gertz 一案中，对于如何界定原告的公众人物/普通公民身份，法院似乎只遭遇到了相对较少的困难。审理本案的法院宣称"在审理名誉侵权案时，对于如何界定原告身份的问题，我们没有碰到任何困难"。因此，在书面名誉侵权法中，一旦法院采用了公众人物原则，也就意味着它摒弃了公众关切的标准。法院在解释其将公众人物标准适用到书面名誉侵权法中时提出了第二个理由，即采用公众人物标准能够避免逐案权衡原则，取而代之的是"界定式衡量"原则。正如法院所言："如若要根据不同的案件而寻找到权衡各种利益的不同方法，这是非常不切实际的。我们必须制定出一种普遍的适用规则。"[2] 因此，在书面名誉侵权法中，公众人物原则要求法院必须要判断出原告究竟属于哪一种身份，以及原告必须证明被告的过错程度。当然，这并不要求法院进行个案的多因素权衡分析，实际上，法院非常反对那种具体的、个案化的标准。

总之，书面名誉侵权法采纳了公众人物原则，从而削弱了公众关切标准的地位，也确立了一种"界定式衡量"原则。但 Breyer 大法官所提倡的公众人物原则（实际上也是 Nixon 一案与普通法所采用的理论）却是一种相反的分析方法。因为 Breyer 大法官所提倡的这种分析方法认为公众人物与公众关切都是法院需要在个案审判中权衡的因素，这似乎已经远离了书面名誉侵权法中的公众人物原则，隐私权法的变革之路因此也显得有些异类。

2. 为隐私权法描述出一种类似于书面名誉侵权法的公众人物原则

如果将书面名誉侵权法中的公众人物原则引入到隐私权法中，将会形成怎样一种宪政标准？首先，这样的分析方式实际上在命令法院

---

[1] For instance, in dissent in Rosenbloom v. Metromedia, Inc., 403 U.S. 29 (1971).
[2] Gertz, 418 U.S. at 343–344.

必须在审案初期就确定原告的身份。随后，法院必须制定出一项能够普遍适用的规则，它详尽地规定了用来证明每种身份类型的证据，法院必须在保护这些特殊身份的原告与保护言论自由之间进行利益权衡。在公开丑化他人形象的隐私侵权案件中，书面名誉侵权法所创建的实际蓄意标准以及与此类似的过错评判规则均能够被移植到隐私权法中，因为这两种侵权责任制度都旨在惩罚那些虚假的言论。① 但是，在公开他人真实私人事务的隐私侵权之诉中，涉案的言论却是真实的，因为书面名誉侵权法所关注的是新闻媒体是否知道其报道的虚假性，所以此时便不能将书面名誉侵权法的相关规则移植到公开他人真实私人事务的隐私侵权中了。

我们可以设想这样一种方案，将"界定式衡量"原则适用于公开他人私人事务的隐私侵权以及其他类似的法定诉由中。比如，法院可能会判决道公众人物决不能因为其真实的私人事实被公开就获得损害赔偿（也就是说大众对公众人物真实信息的关注使得国家不愿为公众人物提供法律救济，也因为他们早已承受了私人事务被公开的风险）。对于普通公民而言，因为涉案信息具有公众关切，所以，法院也能够做出以下判决，即因为有证据证明涉案信息具有公众关切，所以即使不存在最高层次的政府利益，公开这些私人信息的行为人也无须承担法律责任（这也就是《每日邮报》原则）。② 这便使普通公民/私人事务成了判决原告获得损害赔偿的最有力的理由。鉴于美国联邦最高法院的大法官们在 Bartnicki 一案中的投票情况，我们可以推断出美国联邦最高法院的多数意见可能会认为：在不涉及公众关切

---

① In constitutional libel law, if a plaintiff is determined to be a public figure or a private figure and the speech is on a matter of public concern, the plaintiff must prove falsity and a heightened fault standard (actual malice or negligence respectively) that focuses on the press's attitude toward the truth. See Gertz, 418 U. S. 323. Such heightened fault standards would work in false light privacy cases, since falsity must be proven, and thus the Court could, as it did in Time, Inc., transplant the actual malice test. Time, Inc., v. Hill, 385 U. S. 374, 387 – 388 (1967).

② uch a scheme would thus leave unaltered the results in the leading disclosure cases: Cox Broadcasting Corp. v. Cohn, 420 U. S. 469 (1975); Oklahoma Publishing Co. v. Oklahoma County District Court, 430 U. S. 308 (1977); Smith v. Daily Mail Publishing Co., 443 U. S. 97 (1979); and Florida Star v. B. J. F., 491 U. S. 524 (1989). Landmark Communications Inc. v. Virginia, 435 U. S. 829 (1978).

（public concern）的事务上，适用《美国联邦宪法第一修正案》对公众谈论该类事务的言论自由进行保护的意义较小（即使公众对此事的谈论具有真实性）；相反，适用美国各州隐私权法为公民提供隐私侵权救济的意义则大得多，因此公民追索隐私侵权赔偿的行为应当被允许和支持，但法律可以在隐私侵权赔偿数额方面做出一定的限制。

本文的目的并不是提倡一套实质性的宪法规则与另一套宪法规则相互对抗。本部分的论证已经足以证明，如果适用一种类似于书面名誉侵权法的"界定式权衡"标准，这将会发展出另一种"公众人物"原理，它不同于Breyer大法官所提倡的公众人物原理。

（三）为什么书面名誉侵权法的"界定式权衡"原则要优于Breyer大法官的建议

本部分将要对此展开论述，即法院应该适用一种界定式权衡原则，而非个案的、特别的权衡方式。一些法官，尤其是Black大法官，他们都反对进行任何的利益权衡，反而认为我们应该制定并遵循一些绝对的规则，因为利益权衡实际上是低估了言论自由的价值，也违反了《美国联邦宪法第一修正案》的初衷。① 但这种观点在书面名誉侵权案件中从来没有获得过胜利，法院也公开承认它早已采用了利益权衡的方式，如今的法院似乎更加坚定了进行利益权衡的信念。

书面名誉侵权法中的分析方法与Breyer大法官提倡的方法存在不同之处，但这种差异并不在于赞成利益权衡还是反对利益权衡，而是在于界定式权衡还是逐案式权衡。也就是说，问题在于法院究竟对所有类型的案件进行衡量（比如公众人物案件），对其进行归类，然后为每种类型的案件制定出一套适用于该类案件的规则或是遵循Breyer大法官的建议，在每个案件中重新权衡各种因素。②

目前的困境并不在于法院面临着一个新兴事物，正如Powell大法官所指出的那样：30年前，当法院在审理Gertz一案时，法院也面临着同样的选择，只不过这个选择存在的领域是书面名誉侵权法。

---

① See, e.g., Konigsberg v. State Bar of Cal., 366 U.S. at 61-63 (Black, J., dissenting).
② The distinction between "definitional" and "ad hoc" balancing was first proffered by Professor Nimmer. See Nimmer.

"从理论上讲,需要在新闻需要与个人的赔偿诉求之间达到平衡,逐案分析的方式会打击到这种平衡。"① 但是,他指出了逐案分析方式的两个缺陷:"逐案分析方式会造成难以预测的结果和无法确定的隐私期待。"这将"致使(法院)对低等法院的监督责任难以操作"。总之,"如若要根据不同的案件而寻找到权衡各种利益的不同方法,这是非常不切实际的"。因此,审理 Gertz 一案的法院就选择了一种"普遍的适用规则"。

相同的反对意见在隐私侵权案中也有同等的影响力。Powell 大法官所担忧的那种不可预测性与不确定性同样也在 Breyer 大法官对 Bartnicki 一案的意见中得到了体现。虽然 Breyer 大法官已经界定了那些需要被权衡的因素,但是正如一些学者所言:我们永远无法精确地认定任何一个因素的价值……我们也无法确定这些被衡量的因素是否价值相当,我们甚至不能确定一种因素的缺失或者另一种新兴因素的出现究竟对判决结果有多大影响。因此,当某个新闻媒体正打算发表一篇文章,该文章的内容是关于一个公众人物的私人事务,那么,该媒体的律师就会为他的客户提出以下的建议:这种做法可能会招致法律责任。这种结果的不确定性最为恼人,因为在《美国联邦宪法第一修正案》的背景下,法院所追求的目标之一就是要尽量减少侵权法给真实言论带来的"寒蝉效应"(the chilling effect)。②

法律越是不确定,人们就会对法律责任存在越多的担忧,与此同时,人们的言论也将受到更多"寒蝉效应"的影响。③

相反,如果法院将书面名誉侵权法中的界定式权衡原则适用到隐私侵权法中,则各位法官将能提出更清晰的法律意见。比如,假设法院适用了这种原则,那么,这位律师就可以对他的媒体客户讲,因为这篇文章中的主人公是一位公众人物,所以只要该文章的内容属实,即使该公众人物向法院提起诉讼,他也不可能会获得损害赔偿。或者

---

① 418 U.S. at 343.
② "寒蝉效应"是一个法律用语,特别在讨论言论自由或集会自由时,指人民害怕因为言论遭到国家的刑罚,或是必须面对高额的赔偿,不敢发表言论,如同蝉在寒冷天气中噤声一般。寒蝉效应的发生,将导致公共事务乏人关心,被视为过度限制言论或集会自由的不良后果。(译者)
③ See New York Times Co. v. Sullivan, 376 U.S. at 254, 278 (1974)

我们可以假设这位潜在的原告是普通公民,但是这篇文章的内容本身就具有公众关切,那么律师就可以对该媒体讲:一旦发生诉讼,作为被告的媒体就必须要证明它获得这篇文章素材的途径是合法的,并且该文的内容存在公众关切。毋庸置疑,判决结果不确定性一直都存在(比如,法院一定会认为原告就是公众人物,或者说法院会认为涉案的言论本身具有公众关切吗?),但那种个案分析法认为每一个案件的事实都是不同的,它们都具有唯一性,比起个案分析法,我刚刚呈现的那种普遍性的原则似乎具有更高程度的可预测性。

Powell 大法官的第二个反对理由是个案分析法将使上诉审查机制变得难以操作。这是一个非常重要的问题。如果初审法院采用的是个案分析法,那么上诉法院在对每一个案件进行简要的复审时,都要判断初级法院是否同意,此时上诉法院将削弱自己在保护言论自由方面所扮演的角色。相反,书面名誉侵权法告诉我们,在采用界定式平衡的方式时,上诉法院将在保护言论自由方面扮演非常重要的角色。已有研究表明,如果书面名誉侵权案件的判决倾向于原告,则其中百分之七十的案件通常都会受到上诉法院独立的反向审查,这可能是针对全案,也可能只针对部分内容。[1]

如果法院采用个案分析法,则另一种重要的程序性保护方式将会消失。这就是即决审判(summary judgment)。在书面名誉侵权法中,即决审判高效而简易,它能够避免滥讼的现象,因为有大量的起诉根本不符合法院规定的宪政性要件。如果法院采用了个案分析法,它会在每个案件中对不同的利益进行权衡,那么这将使即决审判举步维艰。

总之,Breyer 大法官所提倡的分析方式将进一步增加判决结果的不确定性和难以预测性,而这种不确定性与难以预测性正是宪法一直以来旨在消除的现象。同时,如果法院采用 Breyer 大法官所提倡的分析方式,也会摧毁程序性保障的效力,但界定式权衡的方式却能够为案件的审理提供程序性保障。相比个案分析法,界定式权衡的分析方式具有三个显著优势。首先,如果在宪政性的媒体法中只存在一种

---

[1] See Gilles, supra note 25, at 1777 – 1779(reporting on the statistical findings of the Libel Defense Resource Center and other researchers).

公众人物原则，而不是两种不同的公众人物原则，那么，这必将减少诉讼当事人、律师与法院的混乱与困惑。其次，目前美国联邦最高法院的多数意见也将赞同采用这种方式。因为在书面名誉侵权案件中，法院适用该方式已经长达 50 年之久。并且，这种分析方式也能够同时满足目前美国联邦最高法院中三派的利益。最后，一定程度上这种分析方式也能够增强对隐私的保护程度，虽然不及他们所想，但这正是在 Bartnicki 一案中持异议的法官们所追求的效果。虽然由以不同的方式表达出来，但 Breyer 与 O'Connor 大法官的共同意见实际上也涉及了公众人物的分析方式。在 Bartnicki 一案中提倡《每日邮报》标准的 4 位法官至少也能认可界定式权衡方式中的一些规则，尤其是，正如我在上文所言，如果《每日邮报》标准能够成为这些规则中的一部分。此外，适用界定式权衡的分析方式无须首先撤销现存的先例，即无须推翻法院之前在隐私权领域所做出的判决。

六、结语

公众人物原则与隐私权法的故事依然没有结束，或者说美国联邦最高法院至少未能写下这个故事的结尾。本文的建议是，如果法院打算将某种类型的公众人物原则适用于隐私权法中，那么，法院就应该适用界定式权衡的原则，正如书面名誉侵权法一般，而绝不能再沿用 Breyer 大法官所提倡的那种较为低级的个案分析法了。

隐私权与《美国联邦宪法第一修正案》的价值

肖恩·M. 斯科特[①]著 黎晓婷[②]译

目　次

一、导言
二、平衡个人隐私权与《美国联邦宪法第一修正案》的方法
三、新的判断标准与《美国联邦宪法第一修正案》
四、新的判断标准与医疗信息披露
五、结语

一、导言

1995年11月8日，退伍军人Colin Powell将军在新闻发布会上宣布，他不参加1996年美国总统竞选活动。此前，《费城考察家》(*Philadelphia Inquirer*)和《新闻周刊》(*Newsweek*)报道了他的妻子——Alma Powell正在接受抑郁症治疗。当被问到这些报道时，Powell将军表示他不会责怪新闻媒体。然而，一篇《纽约时报》(*The New York Times*)的社论却严加斥责同行的行为。社论写道："（关于Powell太太的）故事……不属于新闻，我们无权干涉。Powell太太未曾考虑参与竞选。除非她自愿选择公开，否则，她的病史不属于公共领域。如果编辑的理由是Powell太太的精神问题可能会影响到Powell先生的决定，那么，除非Powell太太拒绝接受药物治疗并

[①]　肖恩·M. 斯科特（Sean M. Scott），美国洛杉矶矶罗耀拉法学院副院长、法学教授。
[②]　黎晓婷，中山大学法学院助教。

且该治疗能帮助她向其丈夫提供有益建议时，Powell 太太的病情才属于新闻……最后要强调的是，这是对隐私的侵犯。新闻媒体每天都在侵犯隐私……虽然报道新闻是记者的责任……但记者也只是在报道重大新闻所必需时，才有权侵犯他人隐私……"①

这篇社论和前述有关 Alma Powell 病情的报道恰恰反映了个人的隐私信息权益与《美国联邦宪法第一修正案》（以下简称《宪法第一修正案》）保护新闻自由相冲突。披露和公开隐私信息可以构成隐私侵权诉因的基础。一旦有人提起这种隐私事实侵权诉讼，法院就可能要平衡隐私权和《宪法第一修正案》。隐私事实侵权制度虽然曾得到法院的认同，但在《宪法第一修正案》的冲击下已是岌岌可危。联邦最高法院最近对这两种利益的衡量更实质性地削弱了隐私事实侵权制度。

法院在保护个人隐私的时候，常常会担心能否对《宪法第一修正案》的价值提供足够的保护。这两种权利的冲突常被视为个人的独处权利与公众的信息需求的冲突。然而，这种解释实在过于简单。隐私权和《宪法第一修正案》之间的冲突也许并不是个人与社会之间的冲突。隐私事实侵权制度不仅保护个人的人格或尊严利益，也推进了《宪法第一修正案》保护的价值。因此，优先保护隐私事实并不必然损害宪法第一修正案的价值，甚至还能推进这些价值。

现行的解决隐私事实侵权制度与《宪法第一修正案》冲突的方法还没有注意到隐私权的宪法第一修正案价值。本文将讨论，如果改变原告的隐私事实侵权诉讼的初步证明要求以及新闻价值原则，能否帮助法院在不违反《宪法第一修正案》的前提下，提高对隐私权益的保护程度。

值得注意的是，首先，本文主张，隐私事实侵权案件的新闻价值证明责任应从原告转移至被告身上。因此，原告无须证明被披露的信息欠缺合理的公众兴趣（legitimate public interest）。相反，被告媒体在请求《宪法第一修正案》保护的时候，必须证明被披露的信息具有新闻价值。其次，新闻价值原则应增加逻辑关系要件，即要求被告证明被披露的信息与合理的公众兴趣之间有着实质的联系。另外，被

---

① A. M. Rosenthal, Two Enemies of the Press, N. Y. Times, Nov. 14, 1995, at A25.

告还需证明信息是通过合法途径取得。最后，原告还可以通过证明存在州的强制性利益来请求法院限制被告公开信息，从而推翻新闻价值的存在。

本文第二部分讨论法院平衡个人隐私权与《美国联邦宪法第一修正案》的方法。第三部分讨论本文提出的判断标准会对《宪法第一修正案》的价值产生哪些影响。第四部分（以 Powell 太太为例）讨论涉及秘密医疗信息的案件如何适用本文提出的判断标准。

二、平衡个人隐私权与《美国联邦宪法第一修正案》的方法

（一）隐私事实侵权制度的发展

Samuel Warren 和 Louis Brandeis 被誉为隐私侵权法之父。1890年，两位学者在《哈佛法律评论》中阐释了社会有建立救济措施来对抗过分热心的、不受限制的新闻媒体的必要性。[①] 他们提出公民享有"'独处'的权利"。这种"独处权"不仅指名誉权，还包含了隐私权。隐私权又包括在披露真实的隐私信息会对个人造成不法伤害，即引起不必要的精神和情感痛苦时，隐私信息不被披露的权利。依据两位学者的观点，有关个人的"私人生活、习惯、活动和关系"的特定事实都只属于个人，如果有人公开这些事实，权利人有权提起侵权诉讼。

起初，法院并不愿意承认隐私侵权诉讼。直至 Pavesich v. New England Life Ins. Co. 一案[②]，佐治亚州最高法院才认可了第一种隐私侵权形式，从而迈出了历史性的第一步。该案是关于普通法禁止行为人利用他人姓名做宣传商业产品之商业用途的隐私权利。1927 年，法院在 Brents v. Morgan 一案[③]中认可了有关散播隐私信息的隐私侵权诉讼。渐渐地，普通法建立起隐私侵权制度。1934 年，《侵权法复

---

① Samuel D. Warren & Louis D. Brandeis, The Right to Privacy, 4 Harv. L. Rev. 193 (1890).
② 50 S. E. 68 (Ga. 1905).
③ 299 S. W. 967 (Ky. Ct. App. 1927).

述（第一版）》明确将隐私侵权包括在普通法的救济范围以内。

美国除了有多个州通过普通法保护隐私权利，还有几个州马上颁布了相关的成文法，更有甚者将隐私权利载入了州宪法。如今，有35个州通过普通法或成文法认可了隐私事实侵权制度。《侵权法复述（第二版）》（以下简称《复述》）列举出构成隐私信息侵权责任的四大要件：①公开披露；②隐私事实；③对于理性人而言，涉及的对象具有高度冒犯性；④不涉及合理的公众关注。

1. 公开披露

《复述》规定："公开……是指让某对象被公开，即告知一般公众该对象，或告知相当多的人该对象以致它被大致确定为公共知识之一。"大众媒体的披露行为符合公开披露的要件。

2. 隐私事实

关于"隐私事实"并没有确切的标准。被公布的事实至少不能是公共记录或公众可以公开查询的对象。例如，行为人公开刑事逮捕、刑事审判或破产记录等对象都无须承担侵权责任。同理，公开容易看见的或公共场所的对象一般不产生侵权责任，这些对象也不属于隐私范畴。因此，行为人公开公共场所内的逮捕行为、使用关于越南战争中军事行动的照片，或描述田径公开竞赛中的原告等都无须承担侵权责任。另外，关于两性关系或生育的信息一般被视为属于隐私范畴以内。

3. 冒犯性披露

和"隐私事实"的定义一样，关于何谓冒犯性事实的问题取决于各个案件的实际情况。原告必须证明，"一个理性人有理由且深刻地感受到事实的广泛披露对其造成了伤害"。然而，隐私侵权法的立法宗旨并不是要保护所有具有隐私属性的信息，而是如 Prosser 所说的："隐私权法并不保护那些对于公开隐私信息过于敏感的脆弱的人。"

4. 涉及合理的公众关注

第四个要件是被披露的对象不涉及合理的公众关注，它与被披露事实的"新闻价值"相关。任何可能引起公众关注的信息都可以被认为具有新闻价值。本文第二部分将详细讨论这一要件。

(二) 隐私事实侵权的宪法抗辩理由

当个人起诉大众媒体披露隐私信息的行为侵犯个人隐私时，被告大众媒体常常会主张，《宪法第一修正案》保护其披露行为。因此，个人保护自己的隐私信息不被公开的权利与社会的新闻价值存在着冲突。

现行平衡个人隐私权与《宪法第一修正案》的方法有两种，即合法取得原则和新闻价值原则。尽管新闻价值原则只是普通法上的原则，但法院认为它的确立正是为了保护《宪法第一修正案》的价值，因此，将之视为一项宪法原则。但无论是合法取得原则，还是新闻价值原则，都无法为隐私利益提供足够的、统一的保护。

1. 合法取得原则

有 4 个案件被诉至联邦最高法院，原告都声称新闻媒体侵犯其隐私权益，并请求法院禁止新闻媒体披露其秘密信息。[①] 当时，法院坚持认为《宪法第一修正案》应高于原告的损害赔偿请求权。只是直至 Smith v. Daily Mail Publishing Co. 一案，[②] 法院提出了个人平衡隐私信息利益与《宪法第一修正案》的原则，即"合法取得原则"。该原则自诞生以来即被法院用来平衡个人隐私信息利益与新闻自由。它规定，公开隐私信息的行为如果满足以下三个因素即受宪法保护：一是被公开的信息是通过合法途径取得，二是信息涉及公共利益，三是强加侵权责任不是为了保护州的强制性利益。

第一个案件是 Cox Broadcasting Corp. v. Cohn. 一案[③]。它涉及一部乔治亚州成文法的合宪性。该成文法规定，公布或广播任何强奸犯罪受害人的姓名或身份的，构成轻罪。在 Cox 一案中，一名电视台记者从公开的法庭记录中获得了强奸罪及谋杀罪的受害人的姓名，并在报道庭审过程中使用了死者的姓名。当死者的父亲起诉被告违反了乔治亚州的成文法时，被告以《宪法第一修正案》和《美国联邦宪法

---

① Florida Star v. B. J. F. , 491 U. S. 524 (1989); Smith v. Daily Mail Publishing Co. , 443 U. S. 97 (1979); Oklahoma Publishing Co. v. District Court, 430 U. S. 308 (1977); Cox Broadcasting Corp. v. Cohn, 420 U. S. 469 (1975).

② 443 U. S. 97 (1979).

③ 420 U. S. 469.

第十四修正案》（以下简称《宪法第十四修正案》）为由提出抗辩。最高法院认为："一旦真实的信息被披露于公众可以查询的法庭文档中，新闻媒体就不能因为公开这些信息而受到惩罚。"法院判决，乔治亚州惩罚被告广播行为的规定违反了《宪法第一修正案》和《宪法第十四修正案》。

在 Cox 一案之后的第二年发生了 Oklahoma Publishing Co. v. District Court 一案①。在该案中，一名未成年人被控犯有二级谋杀罪。新闻媒体到场旁听了法庭审理程序。庭审法官对此全然知情，却未曾反对新闻媒体出席审判。俄克拉荷马郡地区法院签发了诉前禁令，禁止新闻媒体公布未成年人刑事诉讼程序中的未成年人姓名或照片。被告不服，起诉至最高法院。案件的争点在于地区法院的诉前禁令是否符合宪法的规定。最高法院认为地区法院的诉前禁令违反了《宪法第一修正案》和《宪法第十四修正案》，因为依据 Cox 一案，法院不得禁止被告公布那些从公开的庭审程序中获得的信息。本案正如 Cox 一案，未成年人的姓名被"公开披露于刑事诉讼中"并因此"被放置于公共领域"。

Oklahoma Publishing 一案两年后，法院审理了 Smith v. Daily Mail Publishing 一案。Smith 一案涉及一部西弗吉尼亚成文法的合宪性。该成文法规定，新闻报刊未经未成年人法庭批准而公布未成年犯罪嫌疑人的姓名的，构成刑事犯罪。被告新闻报刊从案发现场的证人、警方和助理检察官处获得了未成年谋杀犯罪嫌疑人的姓名及相关信息并予以公开。一审法院判决新闻报社违反了成文法。但最高法院认为该成文法违反了《宪法第一修正案》，并推翻了一审判决。最高法院在判决的时候首次提出了合法取得原则，用以平衡隐私信息权利和《宪法第一修正案》。法院论述道："如果新闻报刊通过合法手段取得涉及公共利益的真实信息，州政府惩罚新闻报刊公开该信息将违反宪法的规定，除非有推进州的最高利益的必要。"保护未成年的犯罪嫌疑人身份的利益还不能满足这一标准。

Florida Star v. B. J. F. 一案②是最近联邦最高法院处理隐私利益

---

① 430 U. S. 308 (1977).
② 491 U. S. 524 (1989).

和《宪法第一修正案》的冲突的案件。最终，法院依据 Smith 一案的合法取得原则废止了佛罗里达州成文法关于禁止披露强奸犯罪受害人的姓名的规定。在该案中，B. J. F. 在佛罗里达州杰克逊维尔市里，被歹徒以尖刀利刃威胁被实施了强暴。事后她向地方警察局报案。警方制作了立案报告，却不小心将 B. J. F. 的姓名写入了报告并放置在警察局的记者接待室内。Florida Star 报社的记者从报告中获得了受害人姓名并公布了包括 B. J. F. 姓名在内的警方报告。B. J. F. 起诉地方警察局和新闻报社，主张披露行为违反了佛罗里达州禁止大众媒体公开任何性犯罪受害人姓名的成文法律规定。佛罗里达州法院支持了 B. J. F. 的主张并责令新闻报社承担民事赔偿责任。最高法院推翻了一审判决，认为如果被告是从警方报告中合法取得信息的，一审法院责令被告承担赔偿责任的判决有违《宪法第一修正案》。对此，学者们纷纷指责到，法院的判决杜绝了隐私利益优先于《宪法第一修正案》获得保护的一切可能性。事实上，White 法官在反对意见中提出，法庭接受了 Florida Star 的"要求……摧毁了20世纪的法律界里最耀眼的发明创造——隐私事实侵权法……即便法官意见并没有说明，但隐私事实侵权法将面临绝顶之灾"。但无论 White 法官的预言多么的可怕，合议庭依然在判决中明确提出，他们并不认为隐私侵权之诉在面临《宪法第一修正案》的挑战时会必败无疑。Florida Star 一案至今已逾21年，隐私事实侵权法的命运仍是未知之数。

合法取得原则一般适用于公共记录、政府文件或通过其他方式予以公开的信息。当信息未被公开、而隐私事实侵权制度与《宪法第一修正案》发生直接冲突时，部分法院会使用新闻价值原则，而非合法取得原则。他们既不考虑信息是否通过合法途径取得，也不探究州的强制性利益是否要求州法施以限制。其他法院则采用合法取得原则。

在 Macon Telegraph Publishing Co. v. Tatum 一案①中，原告以新闻报刊违反了隐私事实侵权法为诉因起诉至佐治亚州最高法院。法院认为原告无权以新闻报刊在性侵犯报道中公开其姓名为由，要求新闻报刊承担隐私侵权赔偿责任。在该案中，原告用枪打死了一名意图对其实施强奸的歹徒。负责调查的警察向被告的记者透露了原告的姓

---

① 436 S. E. 2d 655.

名,但同时劝告记者不要公开原告的姓名。尽管如此,被告还是公布了原告的姓名及住址。法院在审理过程中指出,Florida Star 一案对该案不具有约束力。因为原告的诉因并不是普通法上的隐私侵权制度,而且州法也只是依据纯粹的过失责任标准责令被告媒体承担侵权责任。不仅如此,法院还从狭义上解释 Florida Star 一案:"联邦最高法院认为,当新闻报刊从警方报告中获知强奸犯罪受害人的姓名并予以公开时,《宪法第一修正案》禁止法院责令新闻报刊承担赔偿责任。"然而,尽管州最高法院认为 Florida Star 一案不具有约束力,却依然采纳了 Florida Star 一案的合法取得原则,并驳回了原告的赔偿请求。

Doe v. Star Telegram 一案①的法院也采纳了 Florida Star 一案的判断标准。Star Telegram 一案的原告惨遭他人强暴,事后向警方报案。警方进行了立案。被告的记者从警局取得了立案报告的复印件,并在被告报刊上刊载了两篇文章报道该起强奸事件。虽然被告没有公开原告的姓名,但两篇文章都包含了大量关于原告的个人信息。为此,原告起诉被告侵犯其隐私。一审法院支持了被告的直接裁判动议。德克萨斯州上诉法院推翻了一审判决并发回重审。同时,上诉法院认为,Florida Star 一案的判断标准是认定被告侵权责任的合适标准。法院的多数意见认为 Florida Star 一案具有约束力,因为它"涉及真实的报告和州保护的隐私利益之间的冲突,这正是本案的争点所在"。另有法官认为应依据新闻价值原则审理案件。

尽管法院倾向于从狭义上解释 Florida Star 一案并将其限制适用于已被公开的信息,但该案已对隐私事实侵权法造成了灾难性的、不可忽视的打击。这种打击主要有两方面:第一,它禁止法院限制被告公开其合法取得的信息;第二,它要求原告证明限制信息的公开对于推进州的利益而言是"完全必要的"。这从本质上提高了隐私侵权案件中原告的证明责任。原告不仅需要证明被公开的信息不具有新闻价值,还必须证明限制信息的公开符合州的强制性利益。

进一步说,在 Florida Star 一案的判断标准中,合法取得要件可能会使另外两个要件变得毫无意义。法院虽然认为应依据三个要件判

---

① 864 S. W. 2d 790 (Tex. Ct. App. 1993), rev'd on other grounds, 915 S. W. 2d 471 (Tex. 1995).

断披露行为是否受《宪法第一修正案》的保护，但在法官意见中，却花费了大量的笔墨讨论信息是否通过合法手段取得，并在尾段对其适用的判断标准总结道："我们只是认为，如果新闻报刊公开的真实信息是通过合法手段取得的，法院就不能责令新闻报刊承担法律责任，除非是为了保护州的最高利益……"这种对信息取得方式的强调，正好体现了法院对合法取得要件的重视。如果法院任由合法取得要件吞没另外两个要件，学者们的预言就会应验：隐私事实侵权制度将被掏空。信息是否属于隐私，以及信息是否属于公共记录将变得毫无意义。只要被告媒体能够证明信息是通过合法途径取得的，其公开信息的行为就不可能侵害他人的隐私权利。

2. 新闻价值原则

（1）范围。Florida Star 一案的法院似乎将新闻价值判断标准纳入了合法取得原则之内。早在第一篇有关隐私权的 Warren 和 Brandeis 的文章中，新闻价值即被视为是对隐私事实侵权责任的限制。特定隐私信息的保密权并不是没有界限的。两位学者提出，隐私权不能禁止"公开涉及公共利益或一般利益的对象"。这种观点逐渐发展成为新闻价值原则。现行的新闻价值原则包含两大规则：第一，新闻媒体可以对公众人物做出公共评论；第二，新闻媒体可以对涉及合理公共利益的事件做出公正评论。正如联邦最高法院所言，新闻价值原则的范围是："在这个高度重视言论自由和新闻自由的社会里，我们必然会有被暴露的风险。'为了能够发挥舆论自由对这个国家的历史作用，舆论自由应当包括社会成员解决当代问题所必需的或有用的信息。'"

法院在判断新闻价值时，在很大程度上偏向了新闻媒体。他们不愿意限制或定义何谓新闻价值，而宁可听从新闻媒体的意见。有学者指出，这是因为法院不愿意定义何谓"新闻"，而且法院担心"新闻媒体会为了规避侵权责任而自我检查，以至于惧怕行使《宪法第一修正案》赋予的权利"。从本质上讲，法院就是认为信息只要被登载于报刊上，即具有新闻价值。与其说新闻价值的终极裁判者是法院，毋宁说是媒体。鉴于此，隐私事实侵权诉讼在新闻价值抗辩事由面前，几乎都是要失败的。而由于法院在解读 Florida Star 一案的判断标准时如此轻视新闻价值判断因素，我们几乎可以肯定合法取得判断因素才具有关键作用。

（2）举证责任。某些学者就隐私事实侵权诉讼中的新闻价值举证责任进行了一些讨论。Prosser 认为新闻价值举证责任应由被告承担。但是，复述却将举证责任强加在原告身上，要求原告证明信息不涉及合理的公众关注。大多数州的法院要求原告证明相关事实不涉及合理的公众关注。例如，在 Howard v. Des Moines Register & Tribune 一案[1]中，法院明确指出"原告不仅要证明披露行为具有冒犯性，还需证明信息的披露不具有新闻价值。因此，新闻价值不是被告在抗辩时才提出的特权，而是原告在履行举证责任的过程中必须证明的要件"。无独有偶，加利福尼亚州的法院仿效复述要求原告证明信息不涉及合理的公众关注。在 Diaz v. Oakland Tribune 一案[2]中，虽然一审法院认为隐私事实侵权诉讼的新闻价值证明责任应由被告承担，但加利福尼亚州上诉法院推翻了该判决。

由原告承担新闻价值举证责任存在以下两大问题。

第一，要求原告承担举证责任实质上是要求原告证明被告不享有《宪法第一修正案》的抗辩理由，这就违反了一般的宪法特权制度。在一般情况下，被告若要主张自己的行为受宪法特权的保护，就必须证明自己享有宪法特权或宪法抗辩事由。原告无须证明相关法律符合宪法的规定或者被告的行为不受宪法特权的保护。在涉及商业言论和淫秽言论的情况亦是如此。如果原告起诉被告违反了有关商业言论或淫秽言论的州成文法律规定，被告就有责任提出并证明《宪法第一修正案》抗辩事由。

第二，由原告证明信息的披露不具有新闻价值，使得原告只能依据一种《宪法第一修正案》的价值来证明自己的主张。而且原告必须证明，不披露相关信息并不违背《宪法第一修正案》的帮助社会公众获取信息的价值。换言之，原告只能主张不披露信息不违反《宪法第一修正案》，而不能提出不披露信息能推进《宪法第一修正案》的价值。倘若无法证明信息不具有新闻价值，原告就没有机会提出不披露相关信息能推进《宪法第一修正案》的其他价值。原告不能提出不披露信息能促进真理的追求、公民自治或公民自主等价

---

[1] 283 N. W. 2d 289.
[2] 188 Cal. Rptr. 762 (Ct. App. 1983).

值。原告的请求常常被驳回乃至直接裁判的事实恰恰证明了这一点。由被告承担举证责任至少赋予原告基于《宪法第一修正案》的其他价值提起诉讼的机会。

三、新的判断标准与《美国联邦宪法第一修正案》

（一）新的判断标准

基于司法实践采纳了 Florida Star 一案的三因素判断标准，本文提出新的判断方法。第一，被告必须证明信息是通过合法途径取得的。第二，由被告承担新闻价值因素的证明责任。第三，新方法将采纳加利福尼亚州法院判断新闻价值时所使用的三个因素中的两个因素，并辅之以另一其他因素。加利福尼亚州法院用于判断新闻价值的因素包括：被公开的事实的社会价值；相关文章侵扰私人事务的深度；原告自愿接受公众注意的程度。另一其他因素则要求被告证明所有信息的披露——包括识别原告的身份——都与合理的公众关注实质相关。最后，原告可以通过证明隐私事实侵权责任有利于保护州的强制性利益，从而推翻新闻价值的存在。

在详细讨论以上考虑因素之前，笔者先阐述该方法的成立理由。理由如下：一是新方法要求被告证明宪法特权的存在，而不要求原告证明特权的不存在，因此更符合一般的宪法抗辩制度；二是依据新方法，一旦证据显示披露行为构成侵权，证明披露行为受《宪法第一修正案》保护的责任即落在被告身上，因此新方法有利于保护信息隐私权，又由于隐私利益对于健康的、自由的和多元的民主制度有着至关重要的作用，因此这种规定更符合社会的需要；三是新方法允许法院依具体个案进行裁量，它没有绝对地禁止信息的公开，而允许法院依据具体情况自由衡量相关利益；四是新方法为了避免法院过于看重 Florida Star 一案判断标准的合法取得因素，而对新闻价值因素给予更多的重视。

关于"实质相关"因素，Prosser 和 Keeton 曾指出，当隐私信息被公开披露，"原告和公共利益之间必须存在某种逻辑联系"。[①] 部分

---

① W. Page Keeton et al., Prosser and Keeton on The Law of Torts, § 117, at 862. (5th ed. 1984).

法院在被告主张被公开的对象涉及合理的公众关注时，提出了类似的要求。仅仅证明披露的对象涉及合理的公众关注是不足够的——被告必须证明被披露的信息与合理的公众兴趣实质相关。在 Gilbert v. Medical Economics Co. 一案①中，上诉法院第十巡回法庭指出："每位社会成员都会在某些时刻参加一些被认为涉及合理公众关注的活动，如果这些活动能成为他人揭露参加者的真实秘密的理由，隐私事实侵权制度将失去存在的意义。因此，为了平衡新闻自由和隐私权利，在每一次真实的、具有新闻价值的信息公开中，被披露的隐私信息都必须与合理的公众兴趣存在实质相关性。"这种限制也适用于公众人物。在 Diaz v. Oakland Tribune, Inc. 一案②中，被告公开披露了原告曾接受变性手术的事实。此时，原告正担任大学学生会主席。法院必须决定原告的变性人身份是否具有新闻价值。法院在判断原告的变性人身份是否在其作为一名公众人物所放弃的范围之内时，尝试寻找 Diaz 任职资格与其变性人身份之间的联系，但最终认定不存在任何联系。首先，法院认为 Diaz 的变性人身份与其忠诚度或判断能力无关。其次，法院认为 Diaz 是第一位学生会女主席的事实并不能"成为公众刺探她的整个私人生活的正当依据"。法院强调，公众人物只是放弃了与其公共行为相关的隐私权利。因此，被告的陈述必须与公共事务存在某种联系。

即便被告能够证明新闻价值的存在，原告还可以主张州的强制性利益禁止信息的公开。这一领域的判例法仍在不断发展，因此，我们难以确切地说何谓州的强制性利益。Florida Star 一案的被上诉人主张，涉诉的州成文法保护着三大强制性利益："性犯罪受害人的隐私；性犯罪受害人的人身安全——如果犯罪行为人知悉了受害人的姓名，受害人就可能沦为报复的对象；免除性犯罪受害人遭曝光的忧虑并鼓励他们举报犯罪的目标。"法院也承认这些利益的重要性，但认为涉诉的成文法并不是保护这些利益的必要条件。无论如何，法院还是谨慎地限制了其判决认定的内容："我们不排除在某些合适的案件中，责令公开强奸犯罪受害人姓名的被告承担民事责任对于促进这些利益而言是完全必要的，并且符合 Daily Mail 一案的判断标准。"由

---

① 665 F. 2d 305 (10th Cir. 1981).
② 188 Cal. Rptr. 762 (Ct. App. 1983).

此看来，Florida Star 一案中阐述的利益属于强制性利益。加利福尼亚州的法院在 Times Mirror Co. v. Superior Court 一案[①]中认定，当罪犯仍然逃逸在外时，对原告姓名采取保密措施能够保护州的强制性利益。在该案中，原告的室友惨遭谋杀。原告发现了室友的尸体并且看见了杀人凶手的长相。《洛杉矶时报》报道了这起杀人事件并使用了原告的姓名。原告以侵犯隐私为由起诉《洛杉矶时报》的出版商。法院驳回了被告的直接裁判动议，并认为，如果案件涉及刑事犯罪的目击证人而且罪犯尚未被逮捕归案，"（证人的）人身安全和州的刑事侦查利益可能要优先于社会公众知悉个人姓名的权利"。由此看出，当犯罪行为人依然逍遥法外时，州的保护个人安全和打击犯罪的利益构成州的强制性利益。

（二）转移举证责任对《宪法第一修正案》的影响

依据新的判断标准，仅当被告能够证明被披露的特定信息是合法取得的、具有新闻价值的并且与合理的公众关注实质相关时，披露隐私信息的行为才受法律的保护。人们反对这种方法的主要理由是，它会对《宪法第一修正案》的价值造成威胁。这种忧虑体现在隐私事实侵权案件的判决中，即担心惩罚公开真实信息的被告会造成媒体的"胆小怯懦和自我审查"。

但如果我们逐一讨论新方法的修正之处以及他们与"《宪法第一修正案》价值"的关系，就能发现这些修正之处并不会对《宪法第一修正案》造成不合理的负担。本文提出的判断方法会导致隐私权利的扩张，但它不会对《宪法第一修正案》的价值构成任何威胁。隐私权不仅关系到个人的隐私利益，还保护了更广泛的社会利益。这些社会利益可能正是《宪法第一修正案》保护的价值。本部分讨论隐私权背后的《宪法第一修正案》的价值，并说明保护隐私权益并不必然减损《宪法第一修正案》的价值，甚至在某些情况下推进了这些价值。

1. 被告新闻价值的举证责任

由被告承担新闻价值的举证责任可能会挤占《宪法第一修正案》的保护范围。有人担心，如果媒体被告必须证明公开特定信息具有正

[①] 188 Cal. Rptr. 762 (Ct. App. 1983).

当理由，媒体可能会选择不公开信息。这将遏制部分言论的公开，并导致新闻媒体频频进行自我审查。这种观点推定，披露信息必定能促进《宪法第一修正案》的价值，而不披露信息则必然不能。但仔细一想，这种推断是经不起推敲的。不披露隐私信息也能促进《宪法第一修正案》的价值。

许多关于《宪法第一修正案》的学说试图解答宪法保护言论的原因及范围。本文讨论其中的三大典型理论：①追求真理理论；②自治理论；③自我实现理论。

（1）追求真理理论。对真理的追求可能是第一个因被告承担新闻价值举证责任而受到威胁的价值。真理追求原则常常被视为言论自由最重要的依据。该原则指出，言论自由能帮助真理的发现，因此是必不可少的。毫无后顾之忧地公开和交流想法、自由地挑战权威、自由地批评都有利于真理的发现。

Holmes、Brandies、Frankfurter 和 Hand 等数位具有影响力的美国法学家在解释《宪法第一修正案》的时候使用了"观点市场"的比喻，并强调了它在《宪法第一修正案》中的重要地位。人们常常引用 Holmes 的论述："在我看来，人们打压异见是合乎逻辑的。如果你对自己的理据或权威确信无疑，并且一心一意要得到肯定的回答，你自然就能有条理地表达自己的观点并且驳倒一切异见。允许异见的存在似乎就意味着你底气不足，例如，在力所不及之时却依然强而为之，又或者意味着你并不在意结果，又或者你也怀疑自己的理据或权威。然而，当人们意识到时间能销蚀许多的坚定信念时，即便与自己行为所依据的观点相比，人们也更加相信，自由地交换观点更有助于实现人们的终极利益——测试真理的最佳方法是观察一个观点在市场竞争中获得接受的能力；而真理正是唯一能够帮助人们安全实现愿望的基础。这就是我们《宪法第一修正案》的理论依据。"[①]

[①] Abrams, 250 U. S. at 630（Holmes, J., dissenting）. Holmes 法官阐述的有关《宪法第一修正案》的追求真理的理论只是众多理论中的一种。Frederick Schauer 教授总结出各种真理追求理论的共同特征。第一，它们视言论自由为一种手段，即确认真理的过程，而不是终极目标；第二，观点市场了理论推定真理在于谬误对阵时将能战胜谬误；第三，真理追求理论对各种被社会大众接受的观点和广受认同的真理持怀疑精神。参见 Frederick Schauer, Free Speech: A Philosophical Enquiry, at 16 (1982).

减少对新闻媒体的限制确实有助于我们追求真理,但绝不是实现宪法价值的唯一途径。将相关信息告知社会大众固然能帮助我们追求真理,但让人们参与信息的公开披露也有助于实现这一目标。赋予人们以隐私权,尤其是在他们已经因为特定问题而成了公共争论的对象时,依然承认他们在某种程度上享有普通私人的权利,能够鼓励这些人参加公共争论。

无数文章证明,新闻媒体的严密监控已对人们竞选公共官员产生了寒蝉效应。这些文章显示,人们曾因为媒体严密监视他们的公共生活和私人生活而中断,甚至拒绝涉足政治生涯。类似的寒蝉效应也会阻却其他人表达自己对公共问题的看法。

如果我们能够鼓动社会公众了解社会问题并参加有意义的对话,我们的社会就会变得更加美好。参与对话有助于真理的追求,并鼓励人们成为见识丰富、而非愚昧无知的公民。如果赋予人们以隐私权——即禁止出版者公开自己无法确定其新闻价值的信息——能鼓励人们参与公共争论,那么,隐私权的存在就能促进《宪法第一修正案》的真理价值的实现。

Lee Bollinger 教授从压制公众讨论的角度研究新闻媒体追求真理的角色。他在《自由的新闻媒体的形象》一书中提出,美国联邦最高法院不愿意限制新闻媒体的做法已经对社会大众产生了消极的影响,尤其是在书面诽谤和隐私侵权领域。① 他指出,自 New York Times Co. v. Sullivan 一案②,新闻媒体给人的主要印象就是政府的看门人。《宪法第一修正案》禁止政府惩罚或检查新闻媒体的行为。我们不能信任政府调整公共争论,因为政府利益会引导政府向言论和新闻媒体施加不当的限制。国家的主人翁是社会大众,而不是政府——对于公共利益而言,不受限制的争论是必不可少的。新闻媒体是社会公众的代表,它有助于抵制国家的倒退,并成了公众讨论的平台。③

Bollinger 批评了新闻自由原则。他提出,新闻自由原则不能充分

---

① Lee Bollinger, Images of a Free Press 24 – 27 (1991).
② Lee Bollinger, Images of a Free Press, at2 (1991) [citing New York Times Co. v. Sullivan, 376 U. S. 254 (1964)].
③ Lee Bollinger, Images of a Free Press 20 (1991).

地保护与《宪法第一修正案》相冲突的社会利益。Bollinger 以书面诽谤和隐私侵权为例说明，法院低估了放任新闻媒体言论造成的隐私损失。Florida Star 一案和 Cox Broadcasting 一案就是其中两例。Bollinger 在讨论有关强奸犯罪受害人姓名的案件时提出："对隐私损失稍微敏感的法院都必定会注意到，对于正常人而言，自己羞辱、难堪的事实被录入地方法院的文档里，与成为地方报纸或电视新闻的头条是截然不同的。"[①]

Bollinger 还提出，法院还忽视了其他问题。法院认为放纵新闻报道所造成的损害是私人的损害，即仅仅那些受到书面诽谤或隐私侵权的人受到了损害。Bollinger 警告道，过于放纵新闻媒体必然会让我们付出更大的代价。他再次以书面诽谤和隐私侵权为例说明，法院仅仅考虑个人利益的做法"忽视了公共辩论的质量这种重要的社会利益"。Bollinger 也认为，新闻自治的代价之一就是"新闻自由可能威胁、而非促进公共讨论和公共决策——威胁到公共决策的质量、民主制度以及（New York Times v. Sullivan 一案及相关案例所确定的）《宪法第一修正案》的基本价值"[②]。

Bollinger 主张，新闻自由可能妨碍、而非鼓励公共讨论和公共决策，并"可能排挤重要的观点，成为观点市场的瓶颈"。缺乏名誉侵权法的救济，人们就得忍受书面诽谤的危害。某些人就会因为不愿承受这一风险而选择不参加公共生活。

上述主张也适用于隐私侵权案件。新闻自由也可能阻却人们表达观点，从而妨碍公共争论。如前文所述，Colin Powell 事件正是新闻自由妨碍人们表达自由的案例。Colin Powell 决定不参加美国总统的竞选活动。其中一个明显的原因是"Powell 觉得他的家人比当选总统更加重要。他们不愿因为竞选活动而'牺牲'自己的隐私"。将隐私权作为对新闻自由的限制能鼓励人们参加公共事务。如果出版商决定不公开新闻价值不高的信息，又如果信息的不披露能鼓励而非阻却社会公众参与讨论并表达观点，那么，信息的不披露将有助于真理的发现。

[①] Lee Bollinger, Images of a Free Press 26 (1991).
[②] 同上。

(2) 自治理论。如果法律要求被告证明新闻价值,自治理论是第二个受到威胁的《宪法第一修正案》的价值。学者担心,由被告承担举证责任可能会阻却人们公开有利于实现公民个人自治的信息,这将损害《宪法第一修正案》的自治价值。

《宪法第一修正案》自治理论的成立前提是,表达自由是民主机制正常运行的必要条件。自治理论认为:"《宪法第一修正案》的根本目的是促进丰富且有价值的公共辩论。"在当代,Alexander Meiklejohn 是这种理论的主要创造者和倡导者。Meiklejohn 反对以观点市场做比喻,而主张以市民会议做比喻。他推定,民主社会的人民是独立自主的。为了有效地进行自治,公民必须获得充足的信息——他们应当能够获取有关重大决策的各种信息并且不受任何限制。限制人民获取这些信息将妨碍民主协商并影响民主机制的运行。

人民自治理论的原则是,政府官员是人民的仆人,而不是统治者。他们有责任满足国家主人翁——人民的要求。因此,人民要向政府表达自己的诉求,就必须享有表达的权利。极端地说,自治理论认为只有政治言论才能获得《宪法第一修正案》的全面保护,或者至少比非政治言论获得更多的保护。正如 Owen Fiss 教授所指,言论获得的保护程度取决于它是否能够丰富公共辩论:"概而言之,(涉诉言论)是否丰富了公共辩论?当(且仅当)它丰富了公共辩论,且正因为它丰富了公共辩论,言论才受宪法保护,而不是因为它体现了公民自治。事实上,公民自治没有丝毫影响,甚至在必要时候,为了确保公共辩论足够丰富以实现真正的自主决定权,我们可以牺牲一定的公民自治。"[①]

无论是只有政治言论才受《宪法第一修正案》的保护,还是政治言论受到《宪法第一修正案》更多的保护,这两种观点都反映了政治言论是《宪法第一修正案》保护的核心。

学者们认为《宪法第一修正案》的主要目的是保护公民的民主自治,这种观点对《宪法第一修正案》的判例产生了重要影响。在 New York Times v. Sullivan 一案[②]中,法院强调民主社会与言论自由、

---

① Owen M. Fiss, Free Speech and Social Structure, 71 Iowa L. Rev. 1411 (1986).
② 376 U. S. 254.

表达自由间的关系。法院认为,公共官员不能提起书面诽谤之诉,除非能够证明被告存在实际恶意,即明知陈述的虚假或轻率地不顾涉诉陈述的真实性。法院在判决理由中提出,《宪法第一修正案》"是为了确保人民能够自由地交流观点,引起政治和社会发生人民所期望的变革"。为了进一步强调这一观点,法院援引了 Stromberg v. California 一案①的判决:"保护政治讨论的自由要求政府向人民的意愿负责,并且人民可以通过合法途径实现政治和社会的变革,它是共和国长治久安的必要条件,是我们宪法体系的基本原则。"

在 Dun & Bradstreet v. Greenmoss Builders 一案②中,法院重申,有助于促进公共讨论的言论应获得《宪法第一修正案》的更多保护。在该案中,法院必须解答,当毁损性陈述不涉及公众关注的问题时,私人原告是否需要证明被告存在实际恶意以获得书面诽谤的损害赔偿。法院的回答是否定的,其理由是:"我们一直认为,并非所有的言论都受到《宪法第一修正案》的平等保护。涉及'公众关注'的言论才处于'《宪法第一修正案》保护的核心'。"法院认为,关于私主体的、不涉及公众关注的言论受到较低的《宪法第一修正案》的保护。这符合《宪法第一修正案》的基本目的,即确保公共辩论的活跃。

不仅如此,保护隐私权益而禁止披露隐私信息也具有政治价值。正如 Emerson 教授所述:"隐私制度对于民主制度的运行有着至关重要的作用。"③ Edward Bloustein 教授也有关于隐私的政治价值的讨论:"一个人如果分分秒秒都被迫使生活在社会大众的包围之中,并且他的每个需要、每个想法、每个愿望、每个想象或每次快乐都必须被暴露于公众眼前,那便剥夺了他的基本人格与尊严。这样的人没有任何个性可言。他的观点是公开的,因此从来不与众不同;他的愿望为他人所知,因此总是符合社会的风俗习惯;他的感受被曝光于公众眼前,因此缺乏独特的个人魅力,而与任何人都一模一样。这样的人虽

---

① Stromberg v. California, 283 U. S. 359, 369 (1931).
② 472 U. S. 749 (1985).
③ Thomas I. Emerson, The System of Freedom of Expression 546 (1970).

然有感觉,却毫无个性;他不能被称作为一个人。"①

Bloustein 教授的观点有研究为证。研究显示,招致公众批评的风险会打击一个人公开提出乃至私下交流反对意见或非主流观点的意愿。② 民主、多元的社会的健康发展需要社会成员的积极参与。而隐私权能够鼓励民众参与并提高参与的质量,因为它赋予社会成员表达个人想法和观点的空间。人们可以私下表达想法和观点,从而鼓励他们独立思考、打破常规并挑战权威。隐私权让民众可以质疑常规并且提出自己的想法。一个人如果享有隐私权,便能先私下质疑现状并进而予以公开提出,从而对公共辩论做出有价值的贡献。我们追求的社会是一个鼓励多样化的独立判断的社会。我们希望每个人能提出自己的独立见解并接受政治辩论的考验。因此,为了实现这一美好蓝图,我们必须保护个人的隐私权。

Bollinger 还认为,我们有必要通过检查新闻媒体的行为以促进真理的发现。这种观点也适用于本文。人们参与公共讨论之所以是有益的,不仅是因为它有助于真理的发现,还因为它能够丰富公共辩论并推动民主的发展。由被告承担新闻价值的举证责任能够防止出版人公开新闻价值低的信息。出版人不公开信息的决定能鼓励人们就公众关注的问题进行讨论,从而推进社会大众进行民主讨论。

(3) 自我实现理论。该理论强调自我实现利益与人格利益。公民的自主权是第三个可能因为举证责任被转嫁至被告身上而受到威胁的利益。人们担心由被告承担举证责任会妨碍信息的公开,从而损害《宪法第一修正案》的自主权价值。许多宪法学者都把公民自主权视为《宪法第一修正案》的核心价值。以这种利益为基础的《宪法第一修正案》理论关注的是个人与《宪法第一修正案》的关系。不同

---

① Edward J. Bloustein, Privacy as an Aspect of Human Dignity: An Answer to Dean Prosser, 39 N. Y. U. L. Rev. 1003 (1964).

② 参见 S. E. Asch, Effects of Group Pressure Upon the Modification and Distortion of Judgments, in Groups, Leadership and Men 177, 181 (Harold Guetzkow ed., 1951); 又见 Knud S. Larsen, The Asch Conformity Experiment: Replication and Transhistorical Comparisons, 5 J. Soc. Behav. & Personality 163 (1990); Serge Moscovici, Social Influence and Conformity, in 2 Handbook of Soc. Psychol. 347 (Gardner Lindzey & Elliot Aronson eds., 1985); Nigel Nicholson et al., Conformity in the Asch Situation: A Comparison Between Con-temporary British and U. S. University Students, 24 British J. Soc. Psychol. 59 (1985).

于前两种理论，该理论推定《宪法第一修正案》所服务的是本身有着重要价值的个人利益，而非具有工具性意义的个人利益。因此，它保护个人利益并非为了推进社会价值，如发现真理或保障民主制度的正常运行。相反，《宪法第一修正案》保护个人利益是因为这些利益本身所具有的重要价值。

一般认为，公民自主理论所保护的个人利益包括自我实现利益和人格利益。

第一，自我实现利益。这种理论提出，《宪法第一修正案》的基础是保护个人的自我实现利益。如果出版人因为担心自己无法完成新闻价值的举证责任，并决定不公开新闻价值低的信息，人们获得这些信息的自我实现利益就会受到限制，从而损害《宪法第一修正案》的价值。

个人的自我实现利益既包括个人力量与能力的发展，也包括个人做出抉择以实现个人目标的能力。要成为一个完全的人，人的思想必须是自由的。一个人能够充分地实现自我，这本身就有着重要的价值。Schauer 提出了以下基本观点："这种观点……的基础是个人的成长、自我实现以及理性的发展……如果这种能力是区分人与动物的依据，那么，当一个人充分地运用这种能力的时候，才能被称得上是在享受完整的人生。由于完整的人生是指充分运用并发展个人的思想和思维，因此言论就成了个人实现自我的重要组成部分，并且是不可或缺的一部分。可见，言论自由的正当性并不在于它有益于社会，而在于它本身就是一项重要的利益。"

依据该理论，法律之所以保护言论，是因为它必须且必然与人的思想、理性、想象力和创造力相联系。它所保护的是人不同于动物的理由。这种《宪法第一修正案》理论同时考虑了说者与听者的权利，他们都在发展个人理性、创造力和感情能力的交流中得到了发展。

有法院承认个人的表达利益是《宪法第一修正案》的目的。在 Procunier v. Pmartinez 一案[①]中，法院需要判断监控服刑犯人通信的规定是否违反《宪法第一修正案》。法院最终认定相关规定无效，Marshall 法官精彩地解释道："《宪法第一修正案》不仅服务于政治需

---

① 416 U. S. 396.

要,而且也服务于人类的精神需要———一种自我表达的精神需要。自我表达是人类思想发展与身份意识所不可或缺的一部分。压制个人的自我表达,就会违背人们希望被认可的基本需要并损害个人的价值与尊严……服刑犯人也需要自我表达的渠道。《宪法第一修正案》与本院的责任就是保护这些宝贵的人格权利以满足这种基本的人类精神需要。"

有时候,法院并不会明确地提出公民的自主利益,而是将自主利益隐含在法庭意见里。例如,在 West Virginia v. Barnette 一案[①]中,法院需要判断公立学校的董事会能否强迫学生向国旗敬礼。法院认为这种强制性规定违反了《宪法第一修正案》:"我们认为,地方政府机关强迫学生向国旗行礼并宣誓的行为违反了宪法对地方政府权力的限制性规定,并且侵犯了《宪法第一修正案》所保留的、不受政府控制的精神领域。"这种标准虽然没有提及公民自主权或自我实现利益,却体现了法院关于公民自主价值的考虑。

第二,人格利益。以保护人格利益为基础的言论自由原则认为,言论自由主要保护个人的独立自主。这种理论在 Thomas Scanlon 那里得到了最好的阐释。[②] 依据这种理论,言论自由的基础是个人的选择是不可侵犯的。每个人在抉择过程中享有绝对的主权。Richard Fallon 教授将这种自主权描述为归属性自主权(ascriptive autonomy)。[③] 归属性自主权理论的依据是,公民享有个人事务的自主决定权;它"标志着一种个人主权的道德权利"。一个人要完全地行使这种主权,就需要被充分告知他所希望获得的信息。因此,他应当能不受限制地获取必要的信息,以行使自主权利并做出"明智的抉择"。如果将新闻价值举证责任强加于被告身上,就会导致出版人不公开信息,这可能会剥夺了听者做出明智抉择所需要的信息,从而对听者的自主权益产生消极影响。Scanlon 的自主理论认为人们享有免受政府强制、操

---

① 319 U. S. 624 (1943).
② Thomas Scanlon, A Theory of Freedom of Expression, 1 Phil. & Pub. Aff. 204 (1971). But see T. M. Scanlon, Jr. , Freedom of Expression and Categories of Expression, 40 U. Pitt. L. Rev. 519, 530–537 (1979). For an alternative articulation of the theory, see C. Edwin Baker, Scope of the First Amendment Freedom of Speech, 25 UCLA L. Rev. 964 (1978).
③ Richard H. Fallon, Jr. , Two Senses of Autonomy, 46 Stan. L. Rev. 877 (1994).

纵或破坏的自由。这种理论是对公民自主权益的消极性描述。正如 Schauer 所言："任何政府都无权通过阻止公民聆听某一方的声音来左右公民个人的抉择……因此，与其说 Scanlon 的理论是关于言论的自由，还不如说是关于获取信息的权利，更是关于个人的抉择免受政府干预的权利。"

联邦最高法院的判例也体现了对个人抉择和个人主权的尊重。在 Branzburg v. Hayes 一案①中，Stewart 法官在反对意见中指出《宪法第一修正案》和个人自主的联系："新闻媒体通过向人们提供丰富多样的信息和观点，促进人们的自我实现。"在 Abood v. Detroit Board of Education 一案②中，法院提出："《宪法第一修正案》的核心理念是，个人应当拥有信仰自由，并且在一个自由的社会里，个人的信仰应当是发自内心和良知地形成的，而不是国家所强加的。"这些判决表明，法院采纳了部分自主权理论学者的观点。

法院关于商业言论的判例清晰地体现了《宪法第一修正案》保护个人获取信息的权利。在 Virginia State Board of Pharmacy v. Virginia Citizens Consumer Council 一案③中，法院废除了 Virginia 州有关药剂师因公开处方药物价格而吊销或注销执照的规定。法院的理由是，《宪法第一修正案》保护信息的自由流通，消费者当然有权取得药剂师公开的信息："就特定的消费者而言，他对商业信息自由流通所享有的利益，可能等同于乃至更甚于他对重要政治辩论所享有的利益。"此外，联邦最高法院还有许多案例体现了对信息获取权的保护。

（4）隐私权与自主权。然而，对自主权的保护并不专属于《宪法第一修正案》。如果说个人自主决定权是个人自主权的核心之一，那么，隐私权也可以保护这种利益，而《宪法第一修正案》若做扩大解释，也可能会损害这种利益。如前述，自主权意味着个人主权，包括对自己生活做出抉择的权利。行为人如果不公开新闻价值较低、却极其隐私的事实，就能保护个人的自主权。如果擅自公开他人隐私

---

① 408 U. S. 665 (1972).
② 431 U. S. 209 (1977).
③ 425 U. S. 748 (1976).

事实，就会侵害权利人决定何人知悉该信息的权利，并违反个人自主原则。它对权利人人格尊严的侵犯并不因社会公众的反应或兴趣而有所改变。无论社会公众是嗤之以鼻还是深表同情，权利人的人格尊严都已经受到侮辱，他的私人生活也已被粗暴地暴露在众人眼前。

隐私权还能促进另一种自主权益，即个人的自我实现。如前述，个人的自我实现不仅包括身体机能的发展，还包括个人道德修养和价值观念的发展，而后者是一个人形成各种观点的基础。《宪法第一修正案》注重并保护个人的自我实现，隐私权则为个人的自我实现创造条件："只有在隐私之中，我们才能树立起真正属于自己的道德价值观念，这是实现道德自主的必要条件。如果无法在私人生活中树立自己的道德价值观念，我们就无法胜任自己的社会角色以及相关社会成员对我们的期待。我们可能无法作出社会角色所需要的抉择，甚至没有能力做任何决定。而树立起真正属于自己的道德观念，就需要有私人生活空间供个人进行反思、讨论和实践。"[1]

可见，隐私权和《宪法第一修正案》都能实现个人的自主权益。从某种意义上讲，隐私权和《宪法第一修正案》是一种共生关系。隐私权帮助人们发展自我，包括价值观、道德修养和个人观念的形成。这种发展常常是在个人对信息进行反馈的过程中发生的。而《宪法第一修正案》保护这些信息的传播。人们在形成观点以后，常常又会希望表达自己的观念。《宪法第一修正案》又保护人们表达自己的观点。总之，隐私权和《宪法第一修正案》对个人自主权都是不可或缺的，因此都应得到重视。

2. 举证责任的转移与名誉侵权制度

下文论证，由被告承担新闻价值举证责任不仅不会对《宪法第一修正案》造成不合理的负担，而且还能推进《宪法第一修正案》的价值。但除此以外，还有人批评，由被告承担新闻价值举证责任不符合名誉侵权法的举证责任制度。有法院借鉴名誉侵权法来平衡隐私权与《宪法第一修正案》。审理 Diaz v. Oakland Tribune 一案[2]的加利

---

[1] Robert S. Gerstein, California's Constitutional Right to Privacy: The Development of the Protection of Private Life, 9 Hastings Const. L. Q. 385, 422 (1982).

[2] Diaz, 188 Cal. Rptr. at 769–770.

福尼亚州法院在判决理由中主张仿效名誉侵权法的举证责任制度。他们认为，隐私侵权制度中的宪法特权应与名誉侵权制度中的宪法特权相似，因为隐私权和名誉权都是旨在保护个人的人格尊严利益。

名誉侵权制度中的宪法特权相当复杂，有人甚至说它们是令人困惑的。《宪法第一修正案》对书面诽谤性言论的保护程度取决于原告的地位和相关事项是否涉及公众关注。它们可以被分为四类。

第一类书面诽谤性言论是关于公众人物的、涉及公众关注的事项，适用 New York Times Co. v. Sullivan 一案①确立的标准。依据 New York Times 一案及相关案例，公众人物只有推翻《宪法第一修正案》赋予的特权，才能请求名誉侵权损害赔偿。要推翻该特权，公众人物必须证明被告存在实际恶意，即明知言论虚假或轻率地不顾言论的真实性。原告只有证明实际恶意的存在，才能获得惩罚性和推定性的损害赔偿。

第二类书面诽谤性言论是关于公众人物的、不涉及公众关注的事项。在这类案件中，关于原告承担的举证责任以及案件适用的损害赔偿责任归责原则都不明确，司法界也尚未解决这个问题。

第三类书面诽谤性言论是关于普通私人的、涉及公众关注的事项，适用 Gertz v. Robert Welch, Inc. 一案②演进而来的标准。在 Gertz 一案中，法院提出，名誉侵权诉讼的普通私人原告无须证明实际恶意的存在即可获得损害赔偿，并且州法院可以自主决定案件适用何种归责原则，无过错责任原则除外。但如果原告要获得惩罚性赔偿或推定性赔偿，仍然需要证明实际恶意的存在。

第四类书面诽谤性言论是关于普通私人的、不涉及公众关注的事项。联邦最高法院在最近的有关这个问题的案件中提出，州法院可以在被告未被证明存在实际恶意的情况下判予原告惩罚性和推定性的损害赔偿。③ 但原告是否仍需遵循 Gertz 一案并证明被告存在某种程度的过错，则尚未明确。

名誉侵权法的宪法特权制度体现了法律的复杂性，它只是隐私侵

---

① New York Times Co. v. Sullivan, 376 U. S. 254 (1964).
② 418 U. S. 323 (1974).
③ Dun & Bradstreet, Inc., v. Greenmoss Builders, Inc., 472 U. S. 749, 760 (1985).

权法不能仿照名誉侵权法的若干原因之一。

第一，法律的复杂性会对言论产生"寒蝉效应"。行为人必须苦心研究各种言论类别以推测自己的言论属于哪一类。正如一名学者所说："言论的法律后果的不确定性会导致一部分人过度自我检查，另一部分人却肆意揭露隐私，还会让那些未能遵守法律规定的人有了提出正当程序原则进行对抗的可能。"适用名誉侵权法的宪法特权制度会给隐私侵权法带来法律规则复杂以及自我检查的问题。它会产生、而非消灭法律的不确定性。新闻价值规则虽然也存在着一定的不确定性，但却远远低于名誉侵权法。

第二，名誉侵权法的举证责任是依据名誉权和《宪法第一修正案》各自保护的价值而进行分配的。名誉权保护的是个人的名誉利益。《宪法第一修正案》保护的是真理的追求、公民自治等价值。名誉侵权法则平衡着这些个人利益与社会利益。隐私权则不然，它不仅保护个人的尊严利益，还保护真理的追求、公民自主和公民自治等利益。由于隐私侵权诉讼不仅保护个人的人格尊严，还服务于《宪法第一修正案》的价值，故不宜照搬名誉侵权法。

第三，隐私信息侵权法从未依据原告的地位而改变隐私侵权责任构成要件。有关隐私权的判例也未曾采纳名誉侵权法的"原告——陈述人的地位规则"。

第四，新闻价值原则已将原告的地位考虑在内。如果被披露的信息涉及公众人物，法院一般会认定被公开的事项具有新闻价值。事实上，加利福尼亚州的法院在判断新闻价值的时候，考虑因素之一正是个人自愿获取公众注意的程度。由于新闻价值原则已将原告的地位考虑在内，因此无须援用名誉侵权法的规则。

第五，Gertz 一案提出的依据原告地位而适用不同的过错原则的理由，不适用于隐私信息侵权案件。Gertz 一案的判决认为，普通私人比公众人物更难以透过媒体对毁损性陈述进行反驳，因此应得到更多的保护。然而，这一理由并不适用于隐私侵权案件。名誉侵权必然与虚假陈述有关，公开反驳该陈述能够挽回部分乃至全部损失，因此具有重要意义。公开真相能够恢复受害人的名誉，保护侵权行为所损害的名誉利益。但是，隐私信息侵权不同于名誉侵权。隐私权所保护的并非名誉利益。在隐私侵权案件中，并不存在弥补性的或纠错性的言论。无休无止的媒体曝光并不能弥补侵权行为所造成的损害。事实上，更多的曝光正是原告所不希望的。因此，名誉侵权制度的理由不适用于隐私侵权。

最后，有人提出，因为法院对虚假印象（false light）的隐私侵权案件适用实际恶意规则，因此，隐私信息侵权案件也应适用名誉侵权规则。对隐私侵权案件适用名誉侵权规则的做法始于著名的 Times, Inc. v. Hill 一案[1]。在 Times 一案中，原告 James Hill 诉称被告在《生活》杂志上发表的一篇关于某部百老汇歌剧首演的文章侵犯其隐私权。该歌剧以 James Hill 的家人遭逃犯绑架的事实为原型，而文章暗指歌剧真实地再现了绑架事件。但事实并非如此。原告主要主张文章对他造成了虚假印象。法院认为，如果被错误报道的信息涉及公共利益，除非原告证明被告明知信息的虚假性或轻率地不顾信息的真实性而予以公开，否则得不到任何赔偿。此后，各法院都在涉及公众人物的虚假印象的隐私侵权诉讼中适用名誉侵权的实际恶意规则。

然而，名誉侵权规则虽然适用于虚假印象隐私侵权案件，却并不必然适用于隐私事实侵权案件。其中一种理由认为，虚假印象隐私侵权案件之所以适用名誉侵权规则，是因为虚假印象侵权和名誉侵权皆以虚假性陈述为基础。与隐私事实侵权相比，前两者更具有相似性，都保护个人的名誉利益。隐私事实侵权制度则不然，它必然涉及真实信息的披露。如前述，隐私事实侵权制度所保护的并非名誉利益。鉴于两种隐私侵权制度针对两种不同的损害，因此宪法对虚假印象侵权诉讼的限制不应适用于隐私事实侵权诉讼。另一种理由认为，Times, Inc. v. Hill 一案的法院并没有说，当"以原告的位置看来，披露行为是如此私密和不合理，以致触犯了社会大众的体面性标准"，名誉侵权的证明标准仍能豁免真实信息披露者的损害赔偿责任。案件不涉及上述真实信息的公开能否受宪法保护。[2] 直至今日，法院仍然坚持《宪法第一修正案》并不绝对地保护真实信息的公开，并且拒绝对隐私事实侵权案件适用名誉侵权规则。

---

[1] 385 U.S. 374 (1967).
[2] Time, 385 U.S. at 383 n.7 (quoting Sidis, 113 F.2d at 809).

3. 逻辑关系要件

上文阐述了反对由被告承担新闻价值举证责任的两大理由。本部分将讨论实质联系要件对《宪法第一修正案》的影响。如前述，本文主张的判断标准要求被披露的信息与涉及合理的公众关注的事项之间存在实质联系。《宪法第一修正案》所授予的特权并不是绝对的。要求被告证明被披露的事实与涉及合理公众关注的事项之间存在实质联系，能保证披露行为符合《宪法第一修正案》的价值。披露行为如果与《宪法第一修正案》的价值无关，则不受《宪法第一修正案》的保护。

如果缺少逻辑关系的限制，媒体发现的所有信息都可以被公开。隐私事实侵权制度将名存实亡。但是，这并不是《宪法第一修正案》所希望的。联邦最高法院也曾声明，《宪法第一修正案》并不保护一切真实的披露，言下之意正是不愿意废除隐私事实侵权制度。事实上，联邦最高法院还没有一个先例能够直接约束所有涉及信息的再次公开的案例，甚至对于《宪法第一修正案》和未被公开的隐私信息之间发生的冲突，法院也未能予以公平地处理。大多数法院坚持认为隐私事实侵权制度依然行之有效，而在 Florida Star 一案之后，法院也总是从狭义上解释 Florida Star 一案。[①] 这一切都表明，隐私事实侵权制度不应被消灭，尽管它明显受到《宪法第一修正案》的限制。

四、新的判断标准与医疗信息披露

前文已讨论了现行平衡隐私信息与《宪法第一修正案》的方法，并提出新的判断标准及其可能遇到的反对理由。下文将以医疗隐私信息案件为例讨论该标准。前文讨论的新的判断标准提出：第一，新闻价值的举证责任应由被告来承担，而非主张隐私侵权的原告；第二，被告必须证明被披露的信息与涉及合理公众关注的事项之间存在实质联系；第三，原告必须证明对信息公开的限制。本文是指隐私事实侵权制度对于推进某种州的强制性利益是必不可少的。本部分将对涉及高度隐私的医疗信息的案件适用这种标准，并具体以新闻媒体披露 Alma Powell 正在接受抑郁症治疗的案件为例。

---

① 参见本文第二部分第（二）节第 1 条的讨论及相关注释。

(一) 隐私侵权

首先，Powell 太太必须证明：①公开的行为；②隐私的信息；③该公开对于一个一般敏感的理性人具有高度的冒犯性并会引起极大的反感。

1. 公开行为

如本文第二部分所述，公开要件要求行为人向社会大众传播相关信息。该信息必须被传达至相当数量的人的耳中。如果大众媒体传播信息，则符合公开要件。媒体是"典型的社会大众的信息传播者"。[①] 在 Alma Powell 一案中，《新闻周刊》和《费城考察家》都报道了 Powell 太太的医疗状况。这种广泛的信息传播符合公开要件。

2. 隐私事实

像 Powell 太太这样的原告必须满足的第二个要件是，被披露的信息属于隐私。Powell 被披露的信息是秘密的医疗信息。秘密的医疗信息是当然的、典型的隐私。若干先例认定未经授权公开他人医疗信息的行为构成隐私侵权责任。[②] 在 Barber v. Times, Inc. 一案[③]中，密苏里州的法院必须回答，被告公开原告照片的行为是受《宪法第一修正案》的保护，还是违反法律侵害了原告的隐私。该案原告罹患怪疾，一边暴饮暴食，一边急剧消瘦。被告杂志社未经原告同意即报道了该事。文章不但指名道姓，而且附上原告在医院接受治疗的照片。法院支持了原告的请求，并解释道："如果隐私权是存在的话，它必然包括在家里或医院接受医疗服务……而不被公开相关个人信息的权利……无论隐私权受到哪些限制，它都必须包括禁止他人未经权

---

① David A. Elder, The Law of Privacy § 3: 3, at 154 (1991).

② 参见 Bazemore v. Savannah Hosp., 155 S. E. 194 (Ga. 1930); Banks v. King Features Syndicate, 30 F. Supp. 352 (S. D. N. Y. 1939) (被告未经同意即公开原告骨盆部位的 X 光照片，法院判决原告获得损害赔偿); Feeney v. Young, 181 N. Y. S. 481 (App. Div. 1920); Griffin v. Medical Soc'y, 11 N. Y. S. 2d 109 (N. Y. Sup. Ct. 1939) (被告未经同意而在医学杂志上刊登原告变形的鼻子); Clayman v. Bernstein, 38 Pa. D. & C. 543 (C. P. 1940) (被告未经同意而使用病人的毁容照)。在 Warren 和 Brandeis 发表《隐私权》以前，涉及医疗隐私的案件如 De May v. Roberts, 9 N. W. 146 (Mich. 1881) (一名男士在一名妇女生产之时破门而入，法院认为男士侵害了妇女的隐私权)。

③ 159 S. W. 2d 291 (Mo. 1942).

利人同意，即将权利人在医疗过程中告知医师或医师告知的个人身体信息与其姓名一并公开的权利。"法庭在法官意见中也认同《宪法第一修正案》的价值，但同时又指出这两种利益是可以协调的。它提出，文章涉及的对象如果涉及合理的公众兴趣，则能获得《宪法第一修正案》的豁免。否则，隐私权应被优先保护。

许多州都采用了 Barber 一案的做法。在最近的 Vassiliades v. Garfinckel's 一案[1]中，法院以 Barber v. Times, Inc. 一案为主要依据。Vassiliades 一案的原告起诉她的医师和两家百货商场侵害其隐私权。该名医师是一名整形医生，他在两家百货商场讲解整形手术时使用了原告的照片。原告声称，她从未同意医师将照片做这种用途，故提起隐私侵权之诉。法院认为，被告医师公开照片的行为侵犯了原告的隐私权。法院将这些照片等同于隐私的医疗信息，并认为隐私权至少包括对医疗信息保密的权利。

在 Y. G. v. Jewish Hospital 一案[2]中，原告主张，被告在电视上公开原告参加了试管婴儿培育项目（IVF）的庆功大会，侵害了原告的隐私权。原告曾参加 IVF 项目并在节目播出之时成功怀上了三胞胎。法院认为，原告参加 IVF 项目属于隐私事项，故原告提出的隐私侵权诉因成立。法院解释道，IVF 项目涉及的生育、性关系和医疗状况等事项无一不属于隐私。它重申了 Barber 一案提出的一般观念，即医疗信息是隐私的、而非公共的事项。

加利福尼亚州的法院明确且详细地指出，州宪法保护的隐私权包括对有关个人病史、医疗或身体状况的隐私信息进行保密的权利。法院在讨论医疗信息和隐私权的关系时提出："一个人的医疗状况属于隐私范畴，从性质上看，它比许多已被司法界承认和保护的隐私领域要显得更加私人和私密。"[3] 在一个关于州宪法保护医疗记录的经典案例中，加利福尼亚州的法院论述了我们应严格保护医疗信息隐私权的原因："向医师披露的事项一般都极其敏感，常常让人难以启齿，即便是在医生面前。若擅自披露，便不只是羞辱了那些脆弱的心灵

---

[1] 492 A. 2d 580.
[2] 795 S. W. 2d 488 (Mo. Ct. App. 1990).
[3] Gherardini, 156 Cal. Rptr. at 60.

……隐私权所保护的不仅包括一个人的心理状况，还包括他的五脏六腑、小病小痛和由此引发的情绪问题。一个人的肠胃状况和他的银行账号、藏书或美国有色人种协进会（NAACP）的会员身份一样，都受到隐私权的保护，社会大众或政府未经权利人同意都不得刺探。我们认为，本案原告主张的被侵害的隐私（即未经同意披露病人的医疗记录）完全属于（州宪法的隐私权的）保护范围。"[1]

在 Alma Powell 一案中，Powell 太太能够依据先例有力地证明，她正接受抑郁症治疗的事实属于隐私事实。这是关于她正接受医疗的信息。但必须指出的是，Powell 太太被披露的信息尽管从性质上讲属于隐私范畴，却也可能因知晓其医疗状况的人的数量而成为公共的信息。法院一般认为，向数量有限的人进行披露并不足以使隐私信息变成公共信息。但是，Powell 将军曾在新闻发布会上宣称，他和他的妻子曾向许多人说明太太的身体状况。法院必须判断，这一信息是否会因为知晓 Powell 太太的身体状况的人的数量而成为公共信息。

3. 被披露的信息的冒犯性

像 Powell 太太这样的原告必须证明的最后一个要件是，对于一般敏感的人而言，披露行为具有冒犯性。传播某些医疗信息能满足这一要件。法院已认定公开下列信息具有冒犯性：未经同意公开他人的裸照，原告的雇主告知其他雇员原告曾接受乳房或子宫的切除手术，公开偷拍而来的性爱录影带，披露原告的 HIV 病毒测试呈阳性反应。HIV、梅毒和其他性传播疾病等医疗事实一经披露，都可能具有冒犯性。

Alma Powell 正接受抑郁症治疗。抑郁症也是一种让人羞于启齿的疾病。病人们总是千方百计地对自己的病况进行隐瞒。披露他人患有抑郁症不仅仅是冒犯、更是羞辱了病人的人格。Powell 太太将有充分的事实证明，媒体单位披露抑郁症的行为将冒犯一个一般敏感的人。

（二）被告的举证责任

一旦 Powell 太太能够举出初步证据证明隐私侵权行为的存在，

---

[1] Gherardini, 156 Cal. Rptr. at 61.

公开 Powell 太太病况的媒体被告则有责任证明，被披露的信息是经合法取得且具有新闻价值。依据新的判断标准，新闻价值的判断标准包括：①被公开的事实的社会价值；②当事人获取公众注意的自愿程度；③被披露的信息与涉及合理公众关注的事项之间的关系。

1. 被公开的事实的社会价值

我们在思考被公开的事实的社会价值的时候，从某种意义上讲，也是在思考它的《宪法第一修正案》的价值。公开 Powell 太太的医疗状况具有哪些价值？答案可以是实现公民自治的价值，也可以是追求真理的价值。

（1）公民自治。被告新闻媒体可以主张，公开行为有助于实现公民自治的价值。Powell 太太嫁给了一个准备角逐美国总统的男人，许多人都在考虑是否投他一票。由于 Colin Powell 可能会成为一名总统候选人，因此社会公众需要获取有关他的妻子的信息来评价 Powell 将军的品质和执政能力。被告甚至可以进一步提出，社会公众之所以需要 Powell 太太的信息，还因为他们需要了解 Powell 太太的品质。鉴于政府要员及其配偶可能会产生重要影响，这些信息能够帮助公民更好地推断 Powell 一家能否胜任美国第一家庭的称号。Eleanor Roosevelt、Nancy Reagan 和 Hillary Rodham Clinton 都是在历史上发挥了重要作用和影响的第一夫人。此外，被告还可以主张，公开这些信息能够唤醒社会大众对抑郁症的关注，并推动相关的公识教育。它也许能够鼓励社会大众主动接受抑郁症的咨询与治疗。

（2）对真理的追求。被告新闻媒体可以提出，信息的传播有助于人们交流观点，从而帮助我们发现真理。除了公民自治价值以外，Powell 一案涉及的信息还揭示了有关抑郁症或概括而言，即精神疾病——的情况，因此具有追求真理的价值。供人讨论的信息越多，真理就越容易被发现。

Powell 一案涉及的是有关抑郁症的问题。被告新闻媒体可以主张，公开有关 Powell 太太的信息有助于纠正社会大众对精神疾病的误解，从而发现有关精神疾病的真理。这种观点成立的前提是，若公告天下一名影响力非凡的人患上了一种让人羞于启齿的疾病，能够消除其他病人的羞耻感。它能够帮助人们消除对精神病及其病患者的疑惑，并获取有关精神疾病的真相。至少有一个法院认同这种观点。在

Sipple v. Chronicle Publishing Co. 一案①中，原告起诉声称，被告新闻报社披露原告是同性恋的行为侵犯了其隐私权。Sipple 是一名普通的公民，他拯救了 Gerald Ford 总统，让 Sara Moore 刺杀行动功败垂成。在刺杀事件发生之后的第 3 天，《三藩市记事》(San Francisco Chronicle) 刊登了一篇有关 Sipple 的文章，文章指出 Sipple 在三藩市是一名有名的同性恋者。加利福尼亚州的法院没有支持 Sipple 的请求。他们认为被披露的事实具有新闻价值，予以公开是出于"合理的政治考虑"，包括消除人们以为同性恋者都是"胆小、软弱和怕事"的偏见。相应地，公开 Powell 太太的病况有助于消除人们对抑郁症病人的歧视。

2. 自愿的公众人物

在判断信息的新闻价值的时候，第三个考虑因素是权利人获取公众关注的自愿程度。Powell 太太未曾主动走到镁光灯之下。在丈夫还是美国参谋首长联席会议主席的时候，Powell 太太一直保持低调。她未曾担任一官半职，也没有在其他领域抛头露面。若不考虑和 Colin Powell 的婚姻，Powell 太太一直保持着一个普通公民的身份。她保持私人身份的程度将影响法院倾向于认定，被公开的信息不具有新闻价值。

3. 逻辑关系要件

新的判断标准给新闻价值的判断添加了第四个考虑因素：被披露的信息与涉及合理的公众关注的事项是否具有实质联系。如果公众关注的事项是指 Colin Powell 可能成为美国总统的候选人，我们要回答的问题就是，Powell 太太的病况与 Powell 将军可能成为总统候选人是否存在实质联系。这就类似于 Diaz 一案②的原告的状况。该案的争点是，原告曾接受变性手术的事实与她担任大学学生会主席的能力有没有实质联系。加利福尼亚州的法院认为，原告的变性人身份与她的诚实、正直或任职能力无关。

在本案中，Powell 太太的病况与 Powell 将军能否胜任总统一职几乎没有任何联系。首先，即便人们需要通过某些信息来判断总统候选

---

① 201 Cal. Rptr. 665 (Ct. App. 1984).
② Diaz v. Oakland Tribune, Inc., 188 Cal. Rptr. 762 (Ct. App. 1983).

人的品质，但涉案的信息并不是针对这位潜在的总统候选人，即 Colin Powell。其次，他的妻子正接受抑郁症的治疗并不影响 Colin Powell 担任总统的资格，也不影响他的管理水平、诚实和正直的品质或者判断能力。正如本文开篇援引的社论所言，如果 Powell 太太讳疾忌医，她的病情就可能与 Powell 将军的任职有关。然而事实并非如此。更何况 Powell 将军在案发之时还没有正式参加竞选。如果认为社会大众对那些可能成为总统候选人的普通私人也享有《宪法第一修正案》的利益，那么，《宪法第一修正案》的利益将会无处不在。每位公民都是潜在的总统候选人。这种对《宪法第一修正案》的解释过于宽泛，并且过分压抑个人的隐私权益。

（三）原告的反驳

Powell 太太可以通过证明隐私事实侵权诉讼能服务于州的强制性利益，从而反驳被告的新闻价值主张。Powell 太太可以提出，侵权诉讼有助于实现公民自治、公民自主和对真理的追求等价值。这些利益是强制性的，因为他们受《宪法第一修正案》的保护。接下来，Powell 太太就需要证明提起隐私侵权诉讼正是为了推进这些利益。

1. 州的强制性利益

（1）公民自治。Powell 太太可以证明，对其信息的保护是推进公民自治这一州的强制性利益的必要条件。披露 Powell 太太的病情，或许能使部分公民明白，即便是地位优越的人也可能患上抑郁症。这能服务于公民自治的目标。然而，如果 Powell 太太的故事的社会价值在于提高社会大众对抑郁症的认识，那么，涉案的文章无助于实现这一目的。正如 Diaz 一案的法院所说："文章的主旨决不在于告知社会公众一桩社会时事……特定信息的社会作用应放在具体语境中进行评判，而不能基于一些只是听者有心、但说者无意的作用。"[1] 仅仅指出病患者的身份而不提供有关疾病的信息，并不能够提高社会公众的认识。

即便被告确实意图向社会公众传播有关该疾病的知识，也未必需要公开病患者的身份并侵害病人的隐私。这种观点在 Barber v. Time,

---

[1] Diaz, 188 Cal. Rptr, at 773.

Inc. 一案中得到有力的证明。该案法院提出："要告知社会公众该种疾病的病症、性质、病因或结果等医疗信息，并不需要提及原告的姓名。"Lambert v. Dow Chemical Co. 一案①的法院也提出了类似的观点。法院认为，虽然在教学活动中展示原告脚上的照片属于合理使用的范围，却没有必要对原告指名道姓。

最后，如果披露行为的社会价值在于实现公民自治，那么，Powell 将军关于其放弃竞选总统的谈话却正好证明，不披露隐私更有助于这一目标的实现。Powell 将军暗示，他之所以放弃竞选总统，至少部分是出于家庭隐私的考虑。毫无约束的新闻媒体可能会打击有资格的人竞选总统的积极性。Powell 将军显然有资格成为一名总统候选人。若能当选，他将是第一名非洲裔美国总统。如果 Powell 将军放弃参选总统，那将是美国的一大损失。可见，公开信息的行为损害、而非推进了这种社会价值。

（2）公民自主。Powell 太太可以证明，保护有关其病情的信息能服务于个人自主权这一州的强制性利益。个人自主权将允许她自主决定哪些人可以接触这种个人信息。披露隐私信息侵害了个人的自主权。它剥夺了个人决定哪些人可以接触其隐私信息的权利，因此违反了个人自主原则。

（3）对真理的追求。Powell 太太可以证明，隐私事实侵权制度是推进追求真理这一州的强制性利益的必要条件。

首先，Powell 太太可以提出，对信息进行保密有助于真理的追求，尤其是在涉及医疗信息的情况。人们毫无保留地将病情全部告知医生是非常重要的。Powell 太太如果早知道她接受抑郁症治疗的事实会被公之于众，就可能会放弃接受治疗。将病情告知他人不仅是为自己的健康着想，更是为了保护全人类的健康。不仅如此，不断进行的疾病研究和实验有助于减轻甚至根治各种疑难杂症。如果缺乏隐私和秘密的保障，许多人都会不愿意参加这些研究和实验。

其次，Powell 太太可以反驳被告的消除羞耻感的观点。该观点推定，偏见源于无知。如果有偏见的人能获得更多的相关信息，真相自然能大白天下，偏见也会随之消失。然而，这种推理是值得斟酌的。

---

① 215 So. 2d 673 (La. Ct. App. 1968).

Schauer 批评道，真理未必能战胜谬误，知识也未必能战胜无知。[①]他指出，前述理论成立的前提是，人们是理性的并且能够接受相反的观点。因此，它推定，偏见也是理性的。但历史告诉我们，这种推断毫无根据。要证明真理可以战胜无知，就必须证明"要么真实陈述具有某种内在特质以致在任何情况下都显而易见，要么经验能够证明，在真理与谬误二者之间真理总能战胜谬误"。[②]但事实并非如此。一方面，被告观点的成立前提并不确定；另一方面，披露隐私信息所造成的损害却毫不含糊。权利人小心保护的隐私被公之于众，这显然会对个人尊严造成伤害。披露行为会使权利人产生羞辱和尴尬之感。权利人遭受的损害与社会公众因披露行为所获得的丁点益处相比，显得毫不相称。

最后，正如前文在讨论公民自治目标的时候所阐述的，由于 Colin Powell 要守护他的家庭隐私，我们无法获得 Colin Powell 作为一名总统候选人乃至总统而可能公开披露的信息。我们无法聆听他对于美国所面对的问题的想法、理念和观点，从而蒙受了一定损失。如果有这些观点，观点市场将变得更加繁荣。

2. 严格的限制

Powell 太太在完成隐私事实侵权诉讼能服务于公民自治、公民自主和追求真理等州的强制性利益的证明责任以后，还需要证明该侵权诉讼正是为了推进这些利益。这里涉及的问题依然是对信息公开的限制不能对《宪法第一修正案》造成不合理的负担。

隐私事实侵权诉讼对被披露极其隐私事实的受害者提供民事损害赔偿。上述问题就变成了这种民事救济措施是不是受害者所享有的、信息公开者负担的最低的救济措施。本文将通过讨论以下五种替代性救济措施来说明，民事损害赔偿是不是限制程度最低的救济措施：①刑事制裁；②法庭禁令；③陈述的撤回；④答复权；⑤政府对信息发布的控制。

对于《宪法第一修正案》而言，刑事制裁以及限制信息公开的法庭禁令都比民事救济措施造成更沉重的负担。一般而言，刑事制裁

[①] Frederick Schauer, Free Speech: A Philosophical Enquiry 25 – 30 (1982).
[②] Frederick Schauer, Free Speech: A Philosophical Enquiry 26 (1982).

都比民事制裁产生更多的寒蝉效应。与支付民事赔偿相比，人们都更害怕被判处刑事犯罪并遭受牢狱之灾。丧失自由和留下犯罪记录都是可怕的惩罚。

对于《宪法第一修正案》而言，诉前限制令比民事赔偿会造成更大的负担，不为法院所喜用。正如联邦最高法院所说的，所有"本院对表达自由的诉前限制制度都存在违宪的重大嫌疑"。[①] 法院之所以不愿意适用诉前令，是因为它在信息传播之前即予以抑制。联邦最高法院表明，他们更愿意在信息公开以后对其进行惩罚，而非事前进行抑制："一个自由的社会更多是在滥用言论权利的人实际违反法律之后进行惩罚，而不会将他们及其他人扼杀在未然之时。我们常常难以预见一个人会说什么，而且合法言论与非法言论之间常常需要被仔细区分，以致法院很容易发生任意检查。"[②]

适用法庭禁令，法院可以决定特定信息不被公开。适用民事损害赔偿制度，是否予以公开的决定权依然掌握在被告新闻媒体手里。新闻媒体依然享有选择权。因此，适用民事损害赔偿制度比适用法庭禁令更能鼓励新闻媒体发表言论。由于法庭禁令在信息传播之前即产生抑制作用，因此与民事损害赔偿制度相比，会对《宪法第一修正案》造成更大的负担。

陈述的撤回和答复权都不能救济被披露隐私事实的权利人所遭受的损害。如果被披露的信息是错误的，这两种救济措施是有效的。但在披露隐私事实的情况下，被披露的信息都是真实的，撤回与答复都显得毫无意义。一旦真实的隐私信息被公开，撤回陈述并不能产生任何作用。同理，权利人对于被披露的信息也不会有任何答复。该信息是真实的，不需要任何纠正。

最后一种救济措施是由 Florida Star 一案[③]的法院提出的。在该案中，州成文法规定，大众媒体若刊印、出版或广播性犯罪受害人的姓名，就需要承担民事责任。警察局粗心地将一份载有原告姓名的报告

---

① New York Times, 403 U.S. at 714 [quoting Bantam Books, Inc. v. Sullivan, 372 U.S. 58, 70 (1963)].
② Southeastern Promotions, Ltd. v. Conrad, 420 U.S. 546, 559 (1975).
③ 491 U.S. 524.

放置在记者招待室内,任何社会公众都可以进出该招待室。被告正是从这份报告中得知原告的姓名。法院认为,该州成文法并不是保护州的强制性利益的必要手段。法院指出,当政府对信息的原始披露负有责任时,保护性犯罪受害人的姓名免受公开的措施应受到更多限制。

Florida Star 一案的法院所提出的理由不适用于本案。Powell 太太的信息并不是经由政府发布的。因此,对隐私信息的发布实施更严格的内部控制并非一个可选项。以上五种替代性措施所造成的限制并不低于民事损害赔偿制度。因此,在本案中,隐私事实侵权诉讼是推进公民自治、公民自主和追求真理等州的强制性利益的必要手段。

五、结语

允许个人隐私权优先于《宪法第一修正案》,也许并不如某些法院所说的会对《宪法第一修正案》的价值造成损害。事实上,保护个人的隐私权益可能推进而非损害这些价值。应该指出,认可隐私利益能够帮助我们维护个人自主权和人格尊严,并推进民主制度的建设。